Holger Hübner

# DAS GEDÄCHTNIS DER STADT

Holger Hübner

# DAS GEDÄCHTNIS DER STADT

*Gedenktafeln in Berlin*

Argon

Autor und Verlag danken der Landesbank Berlin
für das stetige Engagement
am »Berliner Gedenktafel«-Programm
und für die Unterstützung bei der Veröffentlichung
dieser Bestandsaufnahme,
die über das von ihr geförderte Programm
weit hinausgeht.

Der Text wurde im Mai 1997 für den Druck letztmalig überarbeitet,
dabei wurde versucht, alle Veränderungen bis zu diesem Vorgang zu erfassen.
Es war aber nicht möglich, alle Eintragungen erneut zu überprüfen,
so stellen diese z. T. ältere Zustände aus der Erarbeitungsphase dar.

Lektorat: Dr. Karl-Robert Schütze


Druck und Verarbeitung: Clausen & Bosse, Leck
Satz und Repro: LVD GmbH, Berlin

ISBN 3-87024-379-1

# GRUSSWORT

Ein Buch über die Berliner Gedenktafeln ist nicht zuletzt ein Buch über die Geschichte der Stadt. An vielen Stellen werden wir durch sie an Persönlichkeiten und Geschehnisse erinnert, die die Geschicke Berlins maßgeblich beeinflußt haben. Bei Spaziergängen durch die Stadt sind dem aufmerksamen Betrachter diese Tafeln und Gedenksteine eine Bereicherung. Sie geben Aufschluß über die Vergangenheit und halten die Erinnerung an Personen und Vorkommnisse lebendig.

Die Landesbank Berlin unterstützt seit mehr als zehn Jahren eines der umfassendsten Programme, das sich neben dem Gedenken die historische Rekonstruktion des Stadtbildes durch Gedenktafeln zur Aufgabe gesetzt hat. Als das »Berliner Gedenktafel«-Programm 1985 zur Vorbereitung der 750-Jahr-Feier Berlins ins Leben gerufen wurde, übernahm die Landesbank Berlin, damals noch Berliner Sparkasse, das Mäzenatentum.

Bisher sind insgesamt über 230 Tafeln in den meisten Berliner Bezirken, seit 1992 auch im Ostteil der Stadt, angebracht worden.

Im Namen der Landesbank Berlin freue ich mich ganz besonders, daß das vorliegende Buch alle diese Gedenktafeln aufführt. Denn nun können wir uns auf unseren Spaziergängen gezielt auf die Suche nach Spuren der Vergangenheit machen – wider das Vergessen.

Ich wünsche Ihnen viel Freude bei der informativen Lektüre und vielleicht bei einem anschließenden Streifzug durch die Berliner Bezirke.

Ulf-Wilhelm Decken
Sprecher des Vorstandes der Landesbank Berlin

# INHALT

»Das auffallendste an Denkmälern ist nämlich,
daß man sie nicht bemerkt.«

Robert Musil (Denkmale, in: Nachlass zu Lebzeiten)

# EINLEITUNG

## Zur Geschichte dieser Sammlung

Eine große Stadt wie Berlin ist ein lebendes Geschichtsbuch. Nahezu in jedem Haus, an jeder Ecke hat sich irgend etwas abgespielt, hat jemand von Bedeutung gewohnt oder gearbeitet. Mal war der Mensch oder das Ereignis wichtiger, mal weniger bedeutend. Die Einschätzung hängt immer auch vom jeweiligen Betrachter und der Sicht der Zeit ab. Wenn man will, dann braucht man nur ein wenig an der Fassade der heutigen Stadt zu kratzen, und schnell kommt ihre Geschichte zum Vorschein.

Es gibt viele Möglichkeiten, um die Erinnerung an Menschen und Ereignisse zu bewahren: Bücher und Filme, Denkmäler oder auch Gedenktafeln und Gedenksteine. Sie alle spiegeln immer auch die Geschichtsauffassung von Zeiten und Systemen wider. Da man aber bekanntlich nur sieht, was man weiß, bleiben Denkmäler, Tafeln und Steine dem Blick des Passanten zumeist verborgen. Er sieht sie zwar, aber nimmt sie nicht wahr. Tut er es einmal, sei es zufällig oder durch aufmerksame Beobachtung, so führen sie aus dem Alltag in meist längst vergangene Zeiten.

Die Idee, ein Verzeichnis der Gedenktafeln in Berlin zu erstellen, ist schon etliche Jahre alt. Sie hat ihren Ursprung bei Besuchen im damaligen Ost-Berlin, wo mir bei meinen Wanderungen durch die Stadt immer wieder Tafeln an Häusern auffielen, die an »antifaschistische Widerstandskämpfer« erinnerten. Derartige Tafeln für Opfer des Nationalsozialismus oder Widerstandskämpfer fehlten in West-Berlin fast völlig. Hier erinnerte man, wenn überhaupt, an bedeutendere Politiker und Künstler. Ein Gedenktafelprogramm gab es nicht.[1] Es war – erste Hälfte der achtziger Jahre – die Zeit, in der man sich auch im Westen verstärkt der Aufarbeitung der jüngeren deutschen Geschichte zuwandte und dabei Lücken bemerkte, die man schließen wollte. So kündigte beispielsweise die SPD-Fraktion im Berliner Abgeordnetenhaus einen Entschließungsantrag zur Anbringung von Erinnerungstafeln und zur Einrichtung von Gedenkstätten bei Firmen an, die während der Nazi-Zeit Zwangsarbeiter beschäftigt haben.[2] Und etwa zeitgleich setzte sich der CDU-Abgeordnete Uwe Lehmann-Brauns für eine verstärkte Anbringung von Gedenktafeln an Stätten des Widerstandes gegen das NS-Regime ein. Der Tagesspiegel berichtete am 21.1.1986: »Insgesamt gibt es nach Mitteilung von Lehmann-Brauns in Berlin etwa 70 Orte, in denen sich der Widerstand gegen den Nationalsozialismus getroffen hat. In West-Berlin seien es 43. Auffällig sei dabei, daß in Ost-Berlin alle 26 Stellen des Widerstandes als solche gekennzeichnet seien, in West-Berlin jedoch nur ›eine Handvoll‹, erklärte Lehmann-Brauns.«

In dieser Zeit enstand die Idee, zusammenzutragen, was in der Stadt an Gedenktafeln vorhanden ist – auch aus Neugier darüber, ob denn die unterschiedliche Gewichtung bei Gedenktafeln und Gedenksteinen in Ost und West wirklich so war, wie sie schien.

Welch ein vieljähriges Unterfangen damit seinen Anfang nahm, war zu diesem Zeitpunkt durchaus nicht klar. Wollte man im geteilten Berlin erfahren, welche Person oder welches Ereignis durch eine Gedenktafel geehrt oder doch zumindest für die interessierte Nachwelt festgehalten wurde, stieß man auf erhebliche Schwierigkeiten. Natürlich konnte man (als West-Berliner) mit den schweifenden Blicken eines Touristen durch die Straßen der jeweiligen Halbstadt streifen und hoffen, das eine oder andere Interessante zu entdecken. Für eine systematische Erfassung fehlten alle Voraussetzungen. In den Westbezirken Berlins gab es keine vollständige Übersicht über die Gedenktafeln und -steine, die an oder in Häusern, in Parks und Wäldern oder an der Grenze angebracht bzw. errichtet worden waren. Selbst in den Bezirksverwaltungen existierten nur vereinzelt Übersichten, wie eine erste interessierte Nachfrage schon 1983 ergab. Die Unübersichtlichkeit mag auch damit zusammenhängen, daß verschiedene Einrichtungen für die Gedenktafeln in den Bezirken zuständig sind.

In Wilmersdorf z. B. wurde ein Verzeichnis beim Kunstamt geführt. In Zehlendorf hingegen wußte man damals auf Nachfrage gar keinen Rat, wie denn über die bezirklichen Gedenktafeln ein Überblick zu gewinnen wäre. Heute ist das anders.[3] Schöneberg führt ein ausführliches Verzeichnis beim Hochbauamt. Außerdem findet man in diesem Bezirk (allerdings nicht vollständige) Übersichten in Schaukästen (mit farbigen Dias und Stadtplänen) in den Rathäusern Schöneberg und Friedenau sowie im Kunstamt. Seit Herbst 1995 gibt es eine fast vollständige Übersicht in Form eines Faltblatts.[4] Für den Bezirk Wilmersdorf erschien 1991 ein – fast – vollständiges Verzeichnis der bezirklichen Gedenktafeln.[5]

Am 12.6.1984 fragte der Abgeordnete Ulrich Schürmann (SPD) den Senat u. a., ob er »eine Übersicht [hat], für welche Persönlichkeiten, historische Ereignisse oder historisch bedeutsame Bauwerke es in Berlin Gedenktafeln gibt?« Die Antwort darauf (LPD, 19.7.84) war genauso negativ wie die auf Zusatzfragen nach den seit 1945 vom Senat, den Bezirken oder überhaupt von anderer Seite angebrachten Tafeln. Es sei jedoch im Zuge des geplanten Gedenktafelprogramms »die Zusammenstellung einer katalogartigen Übersicht über die betreffenden Orte und ihre Geschichte vorgesehen«. Im Herbst 1985 kündigte der Charlottenburger Bezirksbürgermeister Baldur Ubbelohe für das damalige West-Berlin einen »Führer zu allen Gedenktafeln« an.[6]

In Ost-Berlin verhielt man sich zu DDR-Zeiten – zumindest gegenüber dem »Bürger Westberlins« – als handele es sich auch bei Gedenktafeln, die überall zu sehen waren, um ein Staatsgeheimnis, wenn man nach Übersichten oder einem Verzeichnis fragte. Aber das betraf ja nicht nur diesen Bereich. Vielleicht lag es auch dort zumindest zum Teil an den unterschiedlichen Programmen und Zuständigkeiten. Bei bedeutenderen Ereignissen war ein Magistratsbeschluß erforderlich, um eine Gedenktafel anzubringen. Bei »einfachen« Widerstandskämpfern konnten schon die Stadtbezirksverwaltungen eine Tafel am früheren Wohnhaus anbringen lassen. Entsprechend groß und unübersichtlich war deren Zahl. In ihrer allgemein anzutreffenden Gleichförmigkeit und der Stereotypie der Formulierung wirken sie recht lieblos. Die Nennung des Namens, die Angabe der Lebensdaten und der anonymisierende Begriff »antifaschistischer Widerstandskämpfer« allein würdigen einen Menschen und sein Tun nicht hinreichend.

Man war also auf Zufallsfunde an Häusern bei ausgedehnten Streifzügen durch die Stadt oder auf gezieltes Suchen in Büchern, Broschüren und Zeitungen angewiesen. Was in Gebäuden zu finden ist, entzieht sich der Kenntnisnahme so gut wie vollständig. Mit Sicherheit finden sich in Unternehmen oder öffentlichen Einrichtungen Tafeln, die in den benutzten Quellen nicht verzeichnet sind und dementsprechend auch hier nicht auftauchen. Für den einstigen Ostteil kann man davon ausgehen, daß es in allen Kinderheimen, Schulen, Unternehmen und deren Einrichtungen, die nach Sozialisten oder Widerstandskämpfern benannt waren, Gedenktafeln, Gedenksteine, Büsten oder »Traditionskabinette« gab. Allerdings sind die meisten nach der Wende sehr schnell verschwunden. So ist es nicht möglich, eine wirklich vollständige Übersicht zu gewinnen. An eine Gedenktafel wie die für Albin Köbis in der Pankower Schulzestraße wäre man überdies gar nicht herangekommen, weil das Haus im »Grenzbereich« stand.

In dem von der (Ost-)»Berlin-Information« 1987 herausgegeben Bändchen »750x Berlin«

steht unter dem Stichwort »Denkmäler«: »In Berlin gibt es 826 Denkmäler, darunter 82 Denkmäler der politischen Geschichte. Weiterhin gibt es 411 Objekte (29 Gedenkstätten, 93 Gedenksteine, 42 Erinnerungstafeln, 175 Gedenktafeln, 72 Kabinette der Traditionspflege), die an den antifaschistischen Widerstandskampf erinnern.« Diese Angabe geht weit über das hinaus, was Martin Schönfeld in seinem Anfang 1992 erschienenen Buch »Gedenktafeln in Ost-Berlin« erfaßt hat (157 Gedenktafeln und 14 Erinnerungstafeln). Aber vollständig ist die Angabe aus »750x Berlin« auch nicht, denn es fehlen natürlich all diejenigen Tafeln und Steine, die nicht in die vorgegebene Kategorie »antifaschistischer Widerstandskampf« fallen, und die es auch damals gab.

## Das Programm der »Berliner Gedenktafel«

Mitte der achtziger Jahre begann das von der Landesbank Berlin (damals Sparkasse der Stadt Berlin West) unterstützte »Berliner Gedenktafel«-Programm, in dessen Rahmen ursprünglich 300 einheitlich gestaltete Gedenktafeln aus Porzellan bis zur 750-Jahr-Feier 1987 im Stadtgebiet von West-Berlin angebracht werden sollten. Erstmals berichtete Der Tagesspiegel am 8.6.1984 unter der Überschrift »Charlottenburger Initiative für einheitliche Gedenktafeln bis 1987 / Sparkasse gibt dafür 500 000 DM – Kreuzberg will nicht mitmachen« über dieses Programm. Im LPD vom 12.7.1984 las man in der Senatsantwort auf eine Kleine Anfrage des Abgeordneten Ulrich Schürmann vom 1.6.1984 über das Gedenktafelprogramm der Bezirke im Rahmen der 750-Jahr-Feier u. a., man wolle das Programm unter der Federführung des Sonderausschusses des Rates der Bürgermeister zur Vorbereitung der 750-Jahr-Feier durchführen lassen. Die Feierlichkeiten seien Anlaß, aber nicht abschließendes Zieldatum, da es sich nach der Natur der Sache um ein unbefristetes Langzeitprogramm handele. Noch im Juni 1984 sollte ein eingeschränkter Wettbewerb für den Entwurf der Tafeln von der Sparkasse ausgeschrieben werden. Die Tafeln sollten später ein einheitliches Erscheinungsbild haben. Es sei aber nicht daran gedacht, die Vielzahl der bereits vorhandenen Tafeln zu ersetzen. Auch würden künftig bestimmte historische Stätten aufgrund der örtlichen Bedingungen oder aber aus inhaltlichen Gründen gesondert behandelt werden müssen.

Gewinner des Wettbewerbs war der Berliner Graphikdesigner Wieland Schütz. Der 2. Preis ging an den Bildhauer Günter Anlauf, den 3. Preis erhielt der Bildhauer Werner Ahrens und eine besondere Anerkennung bekam der Graphikdesigner Rudolf I. Schütz. In einer Ausstellung in der Sparkassenzentrale wurden die Arbeiten ab 24. Oktober 1984 gezeigt.[7] Die Tafeln haben das Format 63 x 45 cm, sind aus weißem Porzellan der Königlichen Porzellan-Manufaktur gefertigt und tragen unterhalb der oberen Kante die Worte »Berliner Gedenktafel«. Die Inschriften selbst sind in blauer Antiqua gehalten. Unten in der Mitte der Tafeln findet sich ebenfalls in Blau das Symbol der KPM. Zum Teil werden sie direkt in den Putz eingelassen, zum Teil in einem Edelstahlrahmen befestigt.

Die Koordinierung des Projekts lag anfänglich beim Bezirk Charlottenburg, sie ging später auf die Historische Kommission über. Die einzureichenden Vorschläge sollten zur Begutachtung über den Rat der Bürgermeister an einen sechsköpfigen wissenschaftlichen Beirat bei der Historischen Kommission weitergereicht werden. Dieser setzte sich zusammen aus je einem Vertreter der Akademie der Künste, der Historischen Kommission, des Vereins für die Geschichte Berlins, dem Leiter des Landesarchivs, dem Landeskonservator und einem Technik-Historiker. Dieser Beirat entwickelte für die Anbringung von Gedenktafeln maßgebliche Kriterien, ohne abschließenden Entscheidungen der Bezirke vorzugreifen.

Auf der Grundlage der Richtlinien von 1985 galten zu Beginn der neunziger Jahre eine Reihe inzwischen weiter modifizierter Grundsätze für das »Berliner Gedenktafel«-Programm. Dabei sollte die betreffende Persönlichkeit/Stätte eine über Berlin hinausweisende Bedeutung haben und die brandenburgisch-preußische sowie die deutsche Geschichte besonders betont werden. Die Tafel sollte Geschichtshinweise geben und zu einer Rekonstruktion des historischen Stadtbildes beitragen. Zudem sollten Persönlichkeiten aus allen Bereichen wie Politik, Wissenschaft, Industrie, Kultur, Kunst und Sport gewürdigt werden, die in ihrer Arbeit Herausragendes geleistet haben, unabhängig davon, ob sie heute noch jedem im Bewußtsein sind. Beim Gedenken an den Widerstand sollten Personen ausgewählt werden, die paradigmatischen Charakter haben und durch deren Ehrung auch die Erinnerung an nationalsozialistische Greueltaten wachgehalten wird. Das »Londoner Kriterium«, nach dem das Haus, an dem die Tafel angebracht wird, noch im Originalzustand erhalten sein muß, wurde in Berlin wegen der umfangreichen Zerstörungen als nicht brauchbar angesehen. Wenn eine Persönlichkeit schon durch einen Platz oder einen Straßennamen geehrt war oder ein Gedenkstein oder eine Gedenktafel in einem anderen Bezirk existierte, sollte in der Regel auf eine weitere Gedenktafel verzichtet werden. Weiter sollten in Anlehnung an die Bestimmungen über die Vergabe von Straßennamen Persönlichkeiten frühestens fünf Jahre nach ihrem Tod eine »Berliner Gedenktafel« erhalten. Außerdem sollte ein unabhängiger wissenschaftlicher Beirat, zu dessen Sitzungen immer Vertreter der vorschlagenden Bezirke eingeladen wurden, vor allem die historische Bedeutung der Vorschläge bestimmen und dafür sorgen, daß die Gesamtzahl der ausgewählten Objekte ein in sich schlüssiges Bild der Geschichts-, Kultur- und Kunstlandschaft Berlins widerspiegelt.

Bei dem »Berliner Gedenktafel«-Programm mochten nicht alle West-Berliner Bezirke mitmachen. Kreuzberg[8] entwickelte daneben noch ein eigenes Programm und Spandau lehnte es ab, sich zu beteiligen, u. a. weil man das vorgegebene Porzellantafeldesign nicht übernehmen wollte. Auch Schöneberg brachte weiterhin eigene Tafeln an, z. B. für das alte Schöneberger Rathaus, für den Sportpalast oder für Marlene Dietrich. Man wollte zum Text zusätzlich das Bauwerk oder die Person abbilden und griff lieber auf Bronze als Material zurück. Bei Marlene Dietrich war zudem der Abstand zwischen Todes- und Anbringungsdatum nach den Richtlinien noch zu gering. Neukölln ließ ein eigenes Gedenktafelprogramm für Opfer des Nationalsozialismus und für Widerstandskämpfer erarbeiten.[9] Überhaupt gingen die Vorstellungen der Bezirke darüber, was ehr- und gedenkwürdig sei, weit auseinander.

Am 22. Oktober 1985 wurden feierlich die ersten drei Tafeln enthüllt. Die erste war die Tafel am ehemaligen Haus der Zionistischen Organisationen, Meinekestraße 10. Es folgten die Gedenktafel für Robert Koch am Kurfürstendamm 52 und für Emil Nikolaus Freiherr von Reznicek, Knesebeckstraße 32. Zwar führte Ekkehard Schwerk (Tsp., 25.9.1986) ein knappes Jahr später Klage darüber, daß immer noch erst diese drei Tafeln angebracht seien und es Beschwerden der Bezirke über das Erscheinungsbild der Porzellantafeln wie über den Beirat gebe, der von den bislang aus den Bezirken eingereichten 338 Vorschlägen erst 122 Eingänge beraten habe. Doch es ging voran. Wieder elf Monate darauf hieß es im gleichen Blatt (Tsp., 19.8.1987), daß »noch in diesem Jahr in den Bezirken Charlottenburg, Steglitz, Wilmersdorf und Wedding die ersten Tafelkontingente aufgehängt werden. Für die ersten beiden Bezirke wurden jetzt insgesamt 29 Tafeln in Auftrag gegeben, Wedding und Wilmersdorf sollen demnächst mit etwa 25 Tafeln folgen.« In der Antwort des Senats auf eine Kleine Anfrage der AL-Abgeordneten Brunhild Enkemann (LPD, 7.6.1988) war zehn Monate später zu lesen, daß bisher »211 Tafeln installiert« wurden.[10] Es seien 381 Vorschläge eingegangen, von denen 232 befürwortet, 52 abgelehnt und die restlichen 97 Vorschläge zunächst zurückgestellt seien. Die bis dahin befürworteten Vorschläge kann man in der Senatsantwort nachlesen.

Dann kam unverhofft die Wiedervereinigung Berlins. Knapp eineinhalb Jahre danach meldete die Presse[11] die geplante Erweiterung des Berliner Gedenktafelprogramms auf die östlichen Bezirke. Die Landesbank »beabsichtige, erneut Geld zur Verfügung zu stellen«. Im Rat der Bürgermeister sei für den 20.2.1992 eine Vorlage angemeldet, mit der »grünes Licht« gegeben werden solle für diese Erweiterung. Inzwischen hängen längst die ersten Tafeln in verschiedenen Bezirken, die einst zu Ost-Berlin gehörten.

Ungeklärt blieb das Schicksal der »Berliner Gedenktafel« für Karl Berlich, Pfarrer an der Kapernaum-Gemeinde (Seestraße Ecke Antwerpener Straße). Im Heimatmuseum des Bezirks Wedding ist sie unbekannt (wiewohl einmal beantragt), und am angegebenen Ort oder in den Gebäuden der Gemeinde gibt es sie auch nicht, der Gemeinde ist sie ebenfalls unbekannt. Nach den Unterlagen der Historischen Kommission soll sie jedoch am 14.8.1987 am Haus Seestraße 37 enthüllt worden sein. An der Kirche wirkte der Pfarrer und Widerstandskämpfer von 1907–1950.

## Über den Umgang mit Gedenktafeln und Gedenksteinen

Man findet einerseits vielfältige Initiativen zur Anbringung von Gedenktafeln in der Stadt, auf der anderen Seite wird immer wieder »Geschichtsbewältigung« durch die Vernichtung von Gedenktafeln, den Abbau von Denkmälern oder durch Umbenennungen von Straßen- und Stationsnamen praktiziert.

Während im Ostteil nach der Wende die Tafeln und Erinnerungsmale z. B. für Grenzsoldaten und in erheblichem Umfang auch für »antifaschistische Widerstandskämpfer« verschwanden, wurden im Westteil neue Tafeln angebracht – auch für Widerstandskämpfer gegen den Nationalsozialismus. So wird die Stadt auch durch die Tafeln und den Umgang mit ihnen zum historischen Lehrfeld.

Bereits im Juli 1990 war beispielsweise die Tafel, die am Wohnhaus Swinemünder Straße 120 (unweit Arkonaplatz) daran erinnerte, daß Erich Honecker hier am 9. Februar 1984 die zweimillionste »rekonstruierte« Wohnung übergeben hatte, verschwunden. Allein Löcher im Putz kündeten von ihrer früheren Existenz.[12] Entfernt hatten Unbekannte auch die Tafel, die am Aufbau-Verlag in der Französischen Straße von blutigen Revolutionsereignissen 1918/19 kündete. Fünf verschwundene Gedenktafeln für Opfer des Nationalsozialismus wurden bereits 1991 am »46. Jahrestag des Kriegsendes und der Befreiung Deutschlands und Europas vom Faschismus« von Mitgliedern des Aktiven Museums Faschismus und Widerstand in Berlin e.V. ersetzt. Tags darauf stand in der Zeitung: »[...wurden] fünf Gedenktafeln angebracht, die an Menschen erinnern, die dem Verein ›für die verschiedenen Verfolgtengruppen der NS-Zeit repräsentativ erscheinen‹. Es handelt sich um Gedenktafeln für zwei junge deutsche Soldaten, die kurz vor Kriegsende von SS-Leuten unter der Brücke am Bahnhof Friedrichstraße erhängt worden waren, sowie um Tafeln für die wegen ihrer jüdischen Herkunft verfolgte Josephine Alwine Marcuse (Zionskirchstraße 15), die sozialdemokratischen Widerstandskämpfer Otto Schieritz (Senefelderstraße 33) und Heinz Nawrot (Richard-Sorge-Straße 10) sowie den Kommunisten Rudolf Paetzold (Simon-Dach-Straße 33).« (Tsp., 9.5.1991)

Das Aktive Museum hatte bis zu diesem Zeitpunkt sechzehn Fälle von Demontage festgestellt. Es dürfe nicht zugelassen werden, daß »›Tafeln, die im Ostteil der Stadt seit Jahrzehnten bestanden, nun im Zuge der Beseitigung all dessen, was an die 40jährige DDR-Geschichte erinnert, mit entfernt werden‹. Die Gedenktafeln für Verfolgte und Widerstandskämpfer seien

Teil einer gemeinsamen Vergangenheit, ›an die zu erinnern uns heute, angesichts von neuem Nationalismus und Fremdenhaß im wiedervereinigten Deutschland, notwendiger denn je erscheint‹.« (ebd.) Die Aktion wurde zu späteren Zeitpunkten wiederholt. Am 7.5.1993 z. B. brachten Vereinsmitglieder erneut acht Ersatztafeln an.

Die eigene Lebenserfahrung lehrt, daß in einigen Jahren, spätestens in einer Generation, interessierte Menschen nachfragen werden, wo denn diese oder jene Tafel geblieben sei. Vielleicht wird man nach ihrem Verbleib mühsame Recherchen anstellen müssen.[13] Eine momentane Stimmungslage in der heutigen Öffentlichkeit sollte jedenfalls nicht zu vorschnellen Aktionen führen, wenn sie auch gelegentlich künstlich angeheizt wird.[14]

Aus grundsätzlichen Erwägungen wurden die ermittelten Tafeln und -steine für DDR-Grenzsoldaten, die nach dem Mauerbau ums Leben kamen, nicht in das Hauptverzeichnis aufgenommen. Da sie aber existierten, sollen sie auch nicht verschwiegen werden und werden deshalb hier aufgeführt.[15]

Im Frühjahr 1992 empfahl die »Zeitweilige Kommission Denkmäler« der Bezirksverordnetenversammlung Mitte dem Bezirksamt, die Gedenktafeln im Bezirk aus DDR-Zeiten zu erhalten, aber mit einem Zusatz über ihr Anbringungsjahr zu versehen.[16] Im Spätherbst 1992 konstituierte sich die »Zeitweilige Kommission Gedenktafeln in Mitte« der dortigen BVV und nahm ihre Arbeit auf. Bis zum Frühjahr 1993 sollte ein Verzeichnis aller vorhandenen und verschwundenen Tafeln erstellt werden.[17] In der nachfolgenden Zeit hat die Kommission auch eine Reihe von Vorschlägen für künftige Gedenktafeln in Mitte erarbeitet. Auch in anderen Bezirken tat sich etwas. In Lichtenberg z. B. einigten sich im Januar 1994 der Kulturausschuß und das Bezirksamt darüber, die Gedenktafeln »an Opfer von Verfolgung und Widerstand in den Jahren 1933 bis 1945« als »Bestandteil des aktuellen Gedenktafelprogramms« zu erhalten. Neue Tafeln sollen hinzukommen.

Wie schwer der Umgang mit der Geschichte ist, zeigt sich nicht nur im früheren Ost-Berlin. Er wird auch bestätigt durch Schwierigkeiten beim Anbringen von Gedenktafeln für Gegner und Opfer des Nationalsozialismus oder für Sozialisten. Ist es Zufall, daß z. B. Hauseigentümer bei der (jüdischen) Sozialistin Rosa Luxemburg (Friedenau), dem Gewerkschafter Wilhelm Leuschner (Kreuzberg), dem (jüdischen) Schriftsteller Lion Feuchtwanger und seiner Frau Marta (Grunewald; geplant war eine Berliner Gedenktafel), dem (jüdischen und homosexuellen) Sexualwissenschaftler Magnus Hirschfeld (Charlottenburg; Berliner Gedenktafel) und dem (jüdischen) Arzt Benno Heller und seiner Frau Irmgard (Neukölln) einer Anbringung von Gedenktafeln an ihren Häusern die Zustimmung verweigerten? In diesen Fällen wurden Ersatzlösungen vor den Häusern gefunden. Die Schwierigkeiten bei der Anbringung von Tafeln am ehemaligen Reichskriegsgericht (Witzlebenstraße) oder bei der Erstellung von Verzeichnissen verfolgter und ermordeter Berliner Stadtverordneter[18] bzw. Reichstagsabgeordneter[19] sprechen gleichfalls Bände. Ohne die Gründe der Eigentümer zu kennen oder spekulativ werten zu wollen, seien hier auch diejenigen Fälle genannt, in denen es bisher im Rahmen des »Berliner Gedenktafel«-Programms wegen der ablehnenden Haltung nicht zu einer Anbringung kam: Frauenrechtlerin Gertrud Bäumer (Westend), Abwehrchef Wilhelm Canaris (Nikolassee), Schauspielerin Lucie English (Lankwitz), Maler Lyonel Feininger (Zehlendorf-Mitte), Theologe Adolf von Harnack (Charlottenburg), Komponist Friedrich Hollaender (Friedenau), Schriftsteller Uwe Johnson (Friedenau; Ersatztafel vor dem Haus); Direktor der Blindenbildungsanstalt Oskar Picht (Steglitz), Biologin Lydia Rabinowitsch-Kempner (Lichterfelde-West), Pädagoge und Widerstandskämpfer Adolf Reichwein (Südende), Schriftsteller Ludwig Renn (Charlottenburg), Schauspielerin Rotraut

burg), Schauspielerin Rotraut Richter (Steglitz), Schauspielerin Grethe Weiser (Grunewald) und Politiker Otto Wels (Köpenick).

**Was ist in diesem Verzeichnis erfaßt?**

Bei der Zusammenstellung dieses Verzeichnisses ergaben sich eine Reihe praktischer Fragen, die beantwortet werden mußten.

Die erste Frage war, was der Begriff »Gedenktafel« umfaßt, also, was in diese Sammlung aufgenommen wird. Eine Tafel an der Wand ist ein klarer Fall. Und wenn das Haus nicht mehr da ist? Wenn die Tafel sich dann zum Beispiel auf einem Stein befindet? Oder wenn sie an einem Denkmal befestigt oder die Inschrift direkt in einen Stein gemeißelt ist? Ist schließlich der Friedhofsstein, der daran erinnert, daß dort nach ihrer Erschießung zentrale Akteure des 20. Juli 1944 begraben wurden, bis man sie tags darauf exhumierte, verbrannte und ihre Asche an unbekanntem Ort verstreute, eine Form der Gedenktafel, die man aufnehmen sollte? Wenn ja, wie verhält es sich dann mit anderen Gedenksteinen auf Friedhöfen z. B. für gefallene sowjetische Soldaten oder für ermordete Familienangehörige?[20] Oder wie geht man mit den vielen anderen um, die der Opfer von Kriegen gedenken (allein auf dem Waldfriedhof Zehlendorf beispielsweise gibt es deren drei)?

Für eine konsequente und zufriedenstellende Beantwortung dieser Fragen sind die Übergänge zu fließend. Also sind in dieses Verzeichnis auch Gedenksteine aufgenommen worden, bei denen sich schnell wieder das Problem der Abgrenzung zu Denkmälern ergab.[21] Wo zieht man die Grenze? Ich weiß es nicht sicher, glaube auch nicht, daß man zur Beantwortung der Frage befriedigende Kriterien aufstellen kann. Das führt dazu, daß manche Ungereimtheit entsteht und Spielraum für die Aufnahme oder Nichtaufnahme von Texten bleibt. Nicht aufgenommen wurden jedenfalls die vielen Epitaphe für Gefallene aus den vergangenen Kriegen in Kirchen, auf Friedhöfen, in Rathäusern (z. B. für die Stadtbediensteten Schönebergs) und andernorts (z. B. für die Hochbahnangehörigen im U-Bahnhof Nollendorfplatz). Nicht aufgenommen wurden auch Inschriften an Häuserwänden wie beispielsweise in Marzahn, wo an der Brandmauer des alten Hauses Landsberger Allee 563 unter einem roten Stern auf russisch steht: Победа на Берлин (deutsch: »Sieg über Berlin«), darunter auf deutsch: *Auf dem Wege der Befreiung Berlins vom Hitlerfaschismus hißten Sowjetsoldaten in Berlin-Marzahn die Rote Fahne des Sieges*, oder in Charlottenburg, Leibnizstraße 102 (unweit Otto-Suhr-Allee), wo es an einem Fassadenvorsprung zum Nachbarhaus Leibnizstraße 103 eine szenische Darstellung gibt und die Inschrift: *1791 – Freiherr v. Münchhausen jagte hier auf dem Hofjagdrevier Charlottenburg.* Und was macht man mit Inschriften an Denkmälern wie dem der hl. Gertraud, die einen Durstigen tränkt, auf der alten Gertraudenbrücke (Mitte)? Rechts am Sockel des Denkmals steht: *Hei wie das Nass / durch die Kehle rinnt / und der Bursche mit eins / wieder Wuth gewinnt / nun dankt er laut, dir heilige Gertraut.* Und links ist eingraviert: *Ratten und Maeuse=/gezuecht / machst du zu nicht / Aber den Armen / im Land / reichst du die Hand.* Allgemeine Gedenksteine auf Friedhöfen sind im Regelfall nicht aufgenommen worden. Ebensowenig Steine oder Sockel von Büsten, auf denen nichts steht außer dem Namen und den Lebensdaten.[22] Aber auf eine so interessante Inschrift wie die am Grabmonument Zeitler auf dem Friedhof I der Georgen-Parochialgemeinde an der Greifswalder Straße mochte ich doch nicht verzichten. Die, finde ich, gehört auf jeden Fall dazu, so findet man sie hier wenigstens als Anmerkung vermerkt.[23]

Eine zweite Frage war, wie der Text der Inschrift wiederzugeben sei. Für die Ausgestaltung der Inschriften werden gern »künstlerische Freiheiten« in Anspruch genommen, jedenfalls was die Zeichensetzung, gelegentlich auch die Orthographie, betrifft. So enthält oftmals ein

Satz am Ende keinen Punkt, weil der nächste Satz graphisch deutlich abgesetzt ist. Ein Komma wird schon mal nicht als Komma dargestellt, ein Querstrich erfüllt seine Funktion, oder es wird ganz fortgelassen. Auch Umlaute findet man durch Vokal + e ersetzt – gelegentlich noch graphisch »verfeinert«. Das darf ruhig alles sein, nur für die Wiedergabe im Druck bereitet es gewisse Probleme.

Im Regelfall wird in dieser Sammlung der Originaltext wiedergegeben, auch wenn Punkt und Komma fehlen. Wenn der originale Text der Inschrift vorlag – also nicht aus schriftlichen Quellen übernommen wurde, sondern durch ein Foto belegt war und die Tafel oder der Stein aufgesucht wurde –, ist das Ende einer Zeile innerhalb der Inschrift durch einen Schrägstrich / markiert worden. Das spart Platz und läßt doch die Aufteilung erkennen. Häufig bestehen Inschriften nur aus Großbuchstaben. In der Wiedergabe ist jedoch bis auf ganz wenige Ausnahmen der üblichen Groß- und Kleinschreibung der Vorzug gegeben worden. Allerdings blieb dann die bei Großbuchstaben übliche Umschreibung von »ß« durch »ss« bestehen. In einem Fall gab es nicht ganz sicher auflösbare Leseschwierigkeiten durch die Verwendung von Großbuchstaben. Auf dem Gedenkstein für Werner Sylten, Müggelbergplatz (Wendenschloß), steht: … / RETTER RASSISCH / VERFOLGTER / OPFER DES FASCHISMUS /… Das kann gelesen werden wie: »Retter rassisch verfolgter Opfer des Faschismus« oder »Retter rassisch Verfolgter, Opfer des Faschismus«. Beides ist möglich, wenngleich zweiteres plausibler ist, da Sylten selbst zum Opfer wurde.

Ein besonderes Kapitel sind biographische Ungereimtheiten. Immer wieder nennen Quellen voneinander abweichende Lebensdaten. Das liegt sicher auch daran, daß durch die Übernahme von Angaben Fehler tradiert werden. Nicht schön, aber nicht zu ändern, denn man kann ja nicht in jedem Einzelfall die Kirchenbücher, Geburtsurkunden oder andere amtliche Unterlagen überprüfen. So wird leider auch diese Sammlung manchen Fehler enthalten. Wenn aber Ungereimtheiten auffielen, wurden sie nach Möglichkeit bereinigt. Wo dies nicht gelang, werden abweichende Angaben mit angegeben.

Zwei Beispiele will ich hier anführen. Einmal handelt es sich um den Reichsbahnschlosser und KPD-Funktionär Erich Steinfurth aus Adlershof, Friedlander Straße 139. Er wurde zusammen mit drei anderen im Februar 1934 am Schäferberg ermordet. Die Tafel an seinem Wohnhaus gibt den 2.2.1934 als Todestag an. Eine Quelle[24] gibt die Anschrift mit Friedländer Straße 129 wieder, den Todestag mit dem 1.2.1934. Die Broschüre »750x Berlin« (S. 7) gibt beides gleichermaßen wieder, nennt aber als Todesort die Gestapo-Zentrale, Prinz-Albrecht-Straße 8. Eine andere Quelle[25] verändert den Todestag auf der Tafel auf den 1.2., gibt aber als Todesort auch die Gestapo-Zentrale an. In einer Broschüre der Gedenkstätte Deutscher Widerstand[26] wird als Mordstelle der Schäferberg angegeben, als Datum jedoch der 22.2. 1934. Auf dem Gedenkstein an der mutmaßlichen Mordstelle verzichtet man – wohl angesichts der Datenflut – ganz auf präzise Angaben und gibt nur den »Februar 1934« an. Was stimmt nun?

Aber auch Lexika irren und selbst Grabsteine tragen gelegentlich zur Verwirrung bei. Bei Friedrich Friesen, einem »Helden« der Freiheitskriege, haben wir einen solchen Fall. Daß er in Magdeburg geboren wurde und bei dem Dorf La Lobbe bei Reims erschlagen wurde, ist unstrittig. Aber dann! Die Inschrift des Gedenksteins in der Hasenheide gibt als Geburtstag den 25.9.1785 an, das Grabkreuz auf dem Invalidenfriedhof an der Scharnhorststraße nennt gleichfalls den 25. September – aber 1784! Der Große Brockhaus (15. Auflage, 1930) nennt unisono mit Meyers Konversationslexikon (6. Auflage, 1905) als Geburtstag den 27.9.1785. Als Todestag nennen beide den 15.3.1814. Dem Gedenkstein an der Hasenheide zufolge starb Friesen am 25.3.1814 und nach seinem Grabkreuz am 16.3.1814. Was nun …?

Ein anderes Problem bilden Namen und deren Wiedergabe: Rechtschreibung beruht auf orthographischen Konventionen, und diese sind umstritten. Derzeit erleben wir gerade einen solchen Wechsel, Anfang des 20. Jahrhunderts (1902) gab es den vorigen. Dabei geht es nur um Äußerlichkeiten, die an der gesprochenen Sprache nichts ändern. Deshalb lassen Sie sich nicht stören, wenn Sie einen »Karl« finden, den Sie andernorts als »Carl« gelesen haben. Das hat seine Ursache allein in der Rechtschreibkonvention der Zeit, in der ein Mensch lebte oder in der sein Name niedergeschrieben wurde. Und wenn sie vor 1902 geboren wurde, hieß sie vielleicht Frida und anschließend Frieda. Bei ihm wurde dann aus Jacob ein Jakob. Gleiches gilt für andere Umschreibungen, z.B. Joseph / Josef oder Ziethen / Zieten usw..

Erzählen will ich noch von einem Kuriosum aus dem Herbst 1992. Im Bezirk Mitte, an der Ecke Bauhofstraße/Am Kupfergraben hatten »Spaßvögel in rotvertropfter Farbe« auf die übertünchte Tafel einer Arztpraxis gemalt: *In diesem Hause / wohnte / Karl Marx / bis zu seinem / 15. Lebensjahr.* So stand es in einem Artikel in der Neuen Zeit über den Umgang und die Zukunft politischer Denkmäler im Ostteil Berlins, in dem auch diese Tafel abgebildet war.[27] In der Bildredaktion hatte man aber wohl den Artikel nicht gelesen und auch nicht parat, daß Karl Marx seine Jugendjahre in Trier verlebte. Denn die Bildunterschrift verhieß: »Die Erinnerungstafel für Karl Marx' Berliner Wohnung wurde notdürftig ersetzt.«[28]

Immer wieder werden auch »provisorische Gedenktafeln« angebracht, die zumeist bald darauf wieder entfernt sind. So wurde z. B. am Zugang zur Humboldt-Universität am Nachmittag des 4.11.1992 – vor Beginn einer Kundgebung für den Erhalt des Asylrechtsartikels im Grundgesetz in seiner alten Fassung – eine schwarze Holztafel zum Gedenken an *Opfer der rassistischen Gewalt* angebracht.[29] Wenig später war die Tafel bereits wieder entfernt. Und anläßlich des 60. Jahrestages der nationalsozialistischen »Machtergreifung« brachten Mitglieder der Jugendorganisation »Die Falken« provisorische Tafeln für Opfer der Zwangsarbeit in deutschen Industriebetrieben während des »Dritten Reichs« z. B. bei Siemens, Nonnendammallee Ecke Rohrdamm, an.

Das einige Texte abschließende □ bedeutet, daß die Tafel – in den meisten Fällen im Rahmen des »Berliner Gedenktafel«-Programms – befürwortet, aber beim Abschluß des Manuskripts noch nicht hergestellt oder angebracht worden ist. Es bestehen durchaus Zweifel, ob diese von den Bezirken angemeldeten Tafeln auch alle in absehbarer Zukunft angebracht werden.

Mein Dank gilt allen, die mich bei der Recherche unterstützt haben: der Historischen Kommission Berlin, insbesondere Prof. Dr. Ribbe, Frau Laude und Frau Baudisch, vielen Mitarbeitern in den Bezirksämtern und Heimatmuseen und nicht zuletzt meiner Frau Heike und meinem Sohn Jakob, die mit der Zeit wie ich einen »Gedenktafelblick« entwickelten und mir manchen zusätzlichen Fund »ablieferten«, der sonst unbemerkt geblieben wäre. Ein Zeichen des Gedenkens will ich hier meiner Mutter Anna-Elfriede Hübner setzen, deren Grab schon nicht mehr ist.

## Anmerkungen

1 Unter den älteren Tafeln der Nachkriegszeit im West-Berliner Stadtbild sind verschiedene, die im Rahmen einer »Förderungsaktion der Spielbank Berlin« in den siebziger Jahren finanziert und angebracht wurden. Die Texte und Angaben auf ihnen sind aber sehr knapp gehalten. Charlottenburg brachte in den siebziger Jahren zumindest eine eigene Tafel an (für Asta Nielsen).

2 SPD-Fraktionsvorsitzender Walter Momper (Tsp., 10.1.1986).

3 Anfang Februar 1995 wandte sich Zehlendorfs Volksbildungsstadtrat Stefan Schlede mit der Bitte an die Bevölkerung, bei der Erstellung einer Dokumentation der Gedenktafeln und -steine im Bezirk behilflich zu sein, denn die in den vergangenen sechs Jahren angebrachten »KPM-Gedenktafeln« seien nicht die einzigen: »Das Bezirksamt plant, eine Schautafel am oder im Rathaus zu installieren, die alle im Bezirk befindlichen Gedenktafeln und -steine dokumentiert. Um eine annähernde Vollständigkeit zu erreichen, ist die Mithilfe der Bevölkerung erforderlich.« (LPD, 2.2.1995)

4 Bereits am 24.9.1991 schrieb die Berliner Morgenpost unter der Überschrift »Gedenktafeln gab's schon 1879«: »Von Albert Einstein bis Claire Waldoff, von August Bebel bis Kurt Tucholsky – mehr als 80 Gedenktafeln und -steine für berühmte Personen und Orte können aufmerksame Spaziergänger an Häusern im Bezirk entdecken. Jetzt gehen zwei Bezirksamtsmitarbeiter daran, für historische Wanderungen in Schöneberg eine Broschüre mit den Erinnerungsstätten zusammenzustellen.«

5 Gabriele Jäger, Wilmersdorfer Portraits. Spurensuche in einem Berliner Bezirk, Berlin 1991. Das Buch enthält auf den Seiten 197–214 ein nach Personen und Gebäuden getrenntes Verzeichnis »Gedenktafeln in Wilmersdorf«, in dem auch die Inschriften aufgeführt sind. Zudem sind bei den Biographien der gewürdigten Personen einige Tafeln abgebildet, davon alle – bis auf die für Kisch – aus dem »Berliner Gedenktafel«-Programm.

6 1991 war eine Übersicht - allerdings nur für den Westteil Berlins und nur für Tafeln, die einen direkten Bezug zum Ort ihrer Anbringung haben – beim Bezirksamt Charlottenburg in Arbeit, ist aber nie erschienen.

7 Charlottenburg: Wettbewerbsergebnisse »Berliner Gedenktafel« (LPD, 22.10.1984).

8 »Antifaschistische Tafeln in Kreuzberg / Gedenken auch an unbekannte Mitglieder des Widerstands gegen die Nazis«. (Tsp., 5.9.1987) Der Bezirk gab dazu zwei Broschüren heraus: »Kreuzberger Antifaschistisches Gedenktafelprogramm 1985–87« und »Kreuzberger Antifaschistisches Gedenktafelprogramm 1985–1990 und Gedenkzeichen an den Orten jüdischen Gemeinde- und Kulturlebens vor 1941«.

9 Den Wettbewerb für den Entwurf der Tafel gewann im Jahr 1993 Petra Müller. Ihre Tafeln zeigen jeweils auch das Porträt der Gewürdigten. (BM, 29.10.1993) Die erste Tafel wurde für den Arzt Dr. Günter Bodek in der Wildenbruchstraße angebracht.

10 Die Zahl war zu diesem Zeitpunk wesentlich zu hoch angesetzt. In der Antwort sind übrigens Spandauer Tafeln separat aufgeführt, weil der Bezirk »eine individuelle Form der Gedenktafeln bevorzugt«. Über Kreuzberg, Schöneberg und Reinickendorf heißt es, daß diese Bezirke »der Verfolgten des Naziregimes und dessen Gegnern außerhalb des Gedenktafel-Programmes« gedächten.

11 »Entscheidung: Gedenktafeln im Ost-Teil?« (BM, 19.2.1992).

12 WDR 3 (Fernsehen) berichtete am 4.6.1991 nach 23 Uhr über den Umgang mit Denkmälern in der Ex-DDR. Unter anderem hieß es dort, daß sich etliche Gedenktafeln sichergestellt im Keller des Märkischen Museums befänden. Einige, aber nicht die obige, hat der Verfasser dort auch aufgefunden.

13 »Verschwundene Gedenktafeln in der Bezirksgeschichte« (Tsp., 7.1.1986). Darin hieß es unter Bezug auf die Beantwortung einer Kleinen Anfrage durch den Senat, die Bezirke arbeiteten derzeit an einem möglichst vollständigen Verzeichnis aller Gedenktafeln. »Dabei soll auch nachgeforscht werden, an welchen Orten Gedenktafeln entfernt worden sind, die in den ersten Nachkriegsjahren angebracht worden waren. So wurden etwa an Weddinger Häusern 1945/46 Erinnerungstafeln für Widerstandskämpfer angebracht und später ›von Unbekannten im Zuge der Sanierungsmaßnahmen‹ entfernt. In der Antwort auf

eine weitere Anfrage der AL-Abgeordneten Ziesecke heißt es, ähnliche Vorfälle seien in Zehlendorf und Tempelhof verzeichnet worden. Dieser Teil der Nachkriegsgeschichte solle recherchiert und wissenschaftlich bearbeitet werden.« Bis heute liegt kein Ergebnis vor. Das illustriert die aufwendige Recherche und damit verbundene Schwierigkeiten. Auf die mündliche Anfrage Nr. 23 des CDU-Abgeordneten Günter Mardus »Was soll mit den sogenannten politischen Denkmälern aus der DDR-Zeit im Ostteil Berlins geschehen?« antwortete der Senator für Kulturelle Angelegenheiten, Ulrich Roloff-Momin: »Im Bereich der Senatsverwaltung für Kulturelle Angelegenheiten soll ein Beirat aus Historikern, Kunsthistorikern, Architekten und Künstlern tätig werden, über dessen Einsetzung der Senat entscheiden wird. Der Beirat soll eine Bestandsaufnahme und Bewertung aller Architekturensembles, Plastiken, Statuen, Büsten, Gedenkstätten, Stelen, Gedenksteine und -tafeln im Ostteil der Stadt vornehmen, die als ›politische Denkmäler‹ der ehemaligen DDR anzusehen sind, und differenzierte Vorschläge für den Umgang damit erarbeiten. Zu entscheiden haben die für die Denkmäler zuständigen Stellen (Senatsverwaltung für Stadtentwicklung und Umweltschutz) bzw. diejenigen, in deren Verwaltungsvermögen die hier stehenden Objekte stehen.« (LPD, 7.11.1991). Der Bericht der »Kommission zum Umgang mit den politischen Denkmälern der Nachkriegszeit im ehemaligen Ost-Berlin« wurde im Februar 1993 vorgelegt.

14 So erregte sich BILD (4.9.1991) unter der Überschrift »Nicht zu fassen: Honecker-Ehrung bleibt am Ephraim-Palais«. An der Fassade des Hauses »prange« einem folgender Gedenktafel-Text »entgegen« (was, nebenbei gesagt, nicht stimmt, da die Tafel unterhalb des Hauses angebracht ist): »›Eröffnung anlässlich der 750-Jahr-Feier Berlins ... im Beisein des Genossen Erich Honecker.‹ Vom goldverzierten Balkon des spätbarocken Gebäudes hatte der SED-Chef 1987 die bestellten Jubler begrüßt, ließ sich als Förderer der Architektur feiern. Daß daran noch zwei Jahre nach seinem unrühmlichen Abgang erinnert wird, finden Berliner und Touristen empörend.« BILD weiter: »Ein Steinmetz könnte die letzten sechs Worte mühelos entfernen. Doch Reiner Güntzer, Museumsreferent beim Senat, sieht dazu keinen Anlaß: ›Wir wollen behutsam mit der Geschichte umgehen. Es handelt sich nur um eine Aussage zu Fakten, denn Honecker war ja dabei.‹ Über die Bronzetafel werde erst entschieden, ›wenn klar ist, wie die Zukunft des Ephraim-Palais aussieht.‹ In die gleiche Kerbe hieb die (inzwischen eingestellte) »Neue Zeit« (3.3.1992, »E. H. unter uns«): »[...] lobt noch im Ostteil Berlins eine riesige Bronzetafel den einst so Mächtigen. Nicht irgendwo ist sie montiert, sondern mitten im Zentrum, an der Treppe zum Ephraimpalais im Nikolaiviertel. [...] Die Bronzetafel [...] vermerkt, daß [...] der Bau [...] ›im Beisein des Genossen Erich Honecker‹ eröffnet wurde. E. H. wurde bei dem Zeremoniell in den Rang eines Mäzens gehoben, und es wurde so getan, als habe er selber das Eckhaus neu geschaffen. Wer durch das Nikolaiviertel bummelt, wird die Inschrift kaum übersehen. Wie lange sie noch dort hängt, wird der Wettlauf zwischen zuständiger Behörde und Souvenirjägern entscheiden. Praktischer wäre es, das Deutsche Historische Museum nähme sich der Andachtstafel an, bevor sie als Beutestück eine Privatwohnung ziert, Immerhin gelangten schon weitaus sperrigere DDR-Male ins Zeughaus-Depot Unter den Linden.«

15 Folgende Tafeln/Steine für DDR-Grenzsoldaten wurden aufgefunden:
Im Bezirk Mitte:
**Schützenstraße (DDR: Reinhold-Huhn-Straße) Ecke Jerusalemer Straße (Südostecke)**. Gedenkstele, Inschrift: *Ihr Tod ist uns / Verpflichtung / Uffz. Reinhold Huhn / Wm. Helmut Just • Uffz. Jörgen Schmidtchen / Uffz. Peter Göring / Uffz. Egon Schultz • Uffz. Siegfried Widera / Uffz. Rolf Henniger • Uffz. Erich Steinhauer*
Hier stand früher ein anderes Denkmal für Reinhold Paul Huhn mit einer Tafel. Die Inschrift oberhalb der Tafel an der Wand lautete: *Sein Tod ist uns Verpflichtung / Die Mörder werden ihrer gerechten / Strafe nicht entgehen.* Tafelinschrift: *Hier wurde am 18. Juni 1962 Reinhold Paul Huhn, Unteroffizier der 1. Grenzbrigade Berlin, geb. am 8. März 1942, bei der treuen Pflichterfüllung zum Schutz der Staatsgrenze der Deutschen Demokratischen Republik von Westberliner faschistischen Banditen hinterhältig ermordet.*
Der Verbleib des ersten Denkmals und der Tafel ist nicht bekannt. Reinhold Huhn wurde etwa im Bereich des Denkmals von einem Fluchthelfer erschossen, der durch einen von West-Berlin aus vorgetriebenen Tunnel hierher gelangt war und von Huhn gestellt wurde, oder von anderen Grenzsoldaten, die das Feuer eröffneten.
Jörgen Schmidtchen (*28.6.1941 – †18.4.1962) wurde beim Schußwechsel während eines Fluchtversuchs der Offiziersschüler Gundel und Böhme am »Gleisdreieck Griebnitzsee« erschossen.
Rolf Henniger (*30.11.1941 – †15.11.1968) wurde aus der Waffe des beim Fluchtversuch selbst

umgekommenen einundzwanzigjährigen Volkspolizisten Horst Körner an der Grenze bei Klein-Glienicke erschossen.
Ulrich Steinhauer (*13.3.1956 – †4.11.1980) wurde beim gemeinsamen Streifengang mit Egon Bunge an der Grenze bei Schönwalde / Eiskeller von diesem erschossen, als Bunge nach West-Berlin flüchtete. Bunge wurde deshalb »im Februar 1983 in einem Berufungsverfahren zu vier Jahren und neun Monaten Jugendstrafe verurteilt«.
Die Daten der anderen finden sich bei den ihnen gewidmeten Tafeln oder Steinen.
**Am Kupfergraben** (gegenüber vom Bode-Museum, vor der Außenmauer der ehemaligen Kaserne des Wachregiments Friedrich Engels). Inschrift des rötlichen Steins: *Ihr Tod ist uns Verpflichtung / In dieser Kaserne dienten unsere durch / Westberliner Agenten ermordeten Genossen / VP Wachtmeister Helmut Just / geb. 2.7.1933 ermordet 30.12.1952 / Uffz. Peter Göring geb. 28.12.1940 ermordet 23.5.1962 / Uffz. Egon Schultz geb. 4.1.1943 ermordet 5.10.1964*
**Scharnhorststraße (schräg gegenüber der Einmündung der Habersaathstraße)**. Inschrift: *In diesem Grenzabschnitt / wurde am 23. Mai 1962 / Peter Göring / Unteroffizier der 1. Grenzbrigade / geboren am 23. Dezember 1940 / bei der treuen Pflichterfüllung / zum Schutz der Staatsgrenze / der Deutschen Demokratischen Republik / von Angehörigen der Westberliner / Polizei heimtückisch ermordet.* Hier hatte ein fünfzehnjähriger Schüler die Grenzanlagen überwunden und war bereits im Wasser des (noch zu Mitte gehörenden) Berlin-Spandauer Schiffahrtskanals, als DDR-Grenzsoldaten das Feuer auf ihn eröffneten. Dabei wurde der Schüler siebenmal getroffen. Er erreichte eine Treppe an der westlichen Ufermauer. Den Bergungsversuch durch West-Berliner Polizisten verhinderten die DDR-Grenzer durch weitere Schüsse. Zwei Polizisten schossen zurück. Dabei wurde Göring tödlich getroffen. Die DDR scheute sich nicht, in offiziellen Darstellungen Geschichtsklitterung zu begehen. In dem vom Institut für Denkmalpflege der DDR 1985 herausgegebenen Stadtführer »Berlin, Historische Stätten« heißt es auf Seite 33: »In diesem Grenzabschnitt verhinderte am 23.5.1962 der Unteroffizier der Grenztruppen der DDR Peter Göring (geb. 1940) einen Grenzdurchbruch von westlicher Seite auf das Territorium der DDR. Dabei wurde er durch gezielte Schüsse von Westberliner Polizei ermordet. Gedenkstein.« Und noch am 26.1.1993 behauptete das Neue Deutschland in einer »von propagandistischen Absichten ›gereinigte[n]‹ Chronologie der Morde« an Grenzposten, daß Göring versuchte, »einen Grenzverletzer ohne Anwendung der Schußwaffe festzunehmen". Am 6.10.1990 bildete Der Tagesspiegel den umgestürzten Gedenkstein ab und schrieb dazu: »Vandalismus als ›Vergangenheitsbewältigung‹. Vermutlich im Zusammenhang mit den Feiern zum Tag der deutschen Einheit wurde [...] der Gedenkstein [...] aus der Verankerung gebrochen und umgestürzt.« Ende Juni 1991 war der Stein mit der Tafel noch vorhanden, zwei Jahre später war der Ort eingezäunt, die Tafel von außen nicht mehr wahrnehmbar.
**Strelitzer Straße 55 (DDR: Egon-Schultz-Straße)**. Der Unteroffizier der DDR-Grenztruppen Schultz traf im Flur dieses Hauses am 5.10.1964 auf West-Berliner Fluchthelfer, die unter der Bernauer Straße einen Tunnel bis hierher vorgetrieben hatten. Der drohenden Festnahme entzogen sie sich durch Schüsse aus ihren Waffen. Dabei wurde Schultz getroffen. In der Geschichtsdarstellung der DDR wurde er durch »Westberliner Terroristen« ermordet. Nach Mitteilung der Senatsverwaltung für Justiz vom 26. August 1994 wurde Schultz jedoch durch Schüsse eines Kameraden bei dem Schußwechsel tödlich verletzt. Die Tafel wurde von einem Unbekannten entfernt und befindet sich (nach einem Bericht in WDR 3 vom 4.6.1991) im Keller eines Hausbewohners, der sie dem Dieb abgenommen hatte. Begraben ist Schultz in Rostock.
**Alexanderplatz 4 (DDR: Haus des Lehrers)**. Inschrift: *Am 5. Oktober 1964 wurde der Lehrer, Unteroffizier Egon Schultz, geb. am 4.1.1943, bei der Ausübung seines Dienstes zum Schutz der Staatsgrenze der DDR durch Westberliner Agenten meuchlings ermordet.* Die an der Außenfront des Hauses angebrachte Tafel ist entfernt, ihr Verbleib nicht bekannt.
Im Bezirk Treptow:
**Groß-Berliner Damm** (Grünanlage Ecke Sterndamm; Johannisthal). Inschrift: *Unteroffizier Siegfried Widera, geb. 12. Februar 1941, gest. 8. September 1963. Bei der treuen Pflichterfüllung zum Schutz der Staatsgrenze der Deutschen Demokratischen Republik von Banditen Westberliner Agentenorganisationen ermordet.* Widera wurde am 23. August 1963 (so eine Version) »von Mitgliedern der Fluchthelfergruppe Girrmann angeschossen«, nach anderen erhielt er von einem Flüchtling mit einem Werkzeug einen Schlag auf den Kopf. Er starb an den erlittenen Verletzungen. Beigesetzt wurde er in seinem Heimatort Hettstedt (Sachsen-Anhalt). Am 17.7.1992 war der Gedenkstein mit aufgesetzter Tafel nicht auffindbar. Er unterstand nach einer Mitteilung des Bezirksamts Treptow vom 2.9.1992 »der Verfügungsberechtigung der ehemaligen Grenzpolizei. Nach deren Auflösung wurde auch dieser Gedenkstein, wie andere, durch die Auflösungskommis-

sion entfernt. Der Verbleib ist nicht bekannt.«
Im Bezirk Lichtenberg:
**Hauptstraße 7 (DDR: Nikolai-Bersarin-Kaserne).** Inschrift: *Reinhold Paul Huhn, Unteroffizier der 1. Grenzbrigade, geboren am 8.3.1942, ermordet am 18.6.1962. Er wurde von Westberliner faschistischen Banditen hinterhältig erschossen, als er treu seine Pflicht zum Schutz der Staatsgrenze in Berlin erfüllte.* Hier dienten der DDR-Grenzsoldat Huhn und der Obermaat Willi Fricke (*27.8.1944), der am 1.7.1966 bei der Rettung zweier verunglückter Kinder starb. Die Gedenktafel links neben dem Haupteingang der einstigen Kaserne war im Juli 1992 demontiert, die Gedenkanlage als solche noch erkennbar. Der Verbleib der Tafel ist nicht bekannt.

16 Ein erster Versuch scheiterte am Widerspruch der Eigentümerin am 20.11.1996 am ehemaligen Gewerkschaftshaus am Engeldamm.

17 Berliner Zeitung, 30.11.1992; BM, 4.12.1992. Seit Mitte 1996 liegt ein Büchlein von Hermann Zech. »Gedenktafeln in Berlin-Mitte 1855–1996« vor.

18 »Schwierige Suche nach Naziopfern / Noch unvollständige Ergebnisse für neue Gedenktafel - Bericht des Senats«. (Tsp., 4.3.1987) Berichtet wurde, daß eine geplante Tafel im Rathaus Schöneberg [damals noch Sitz des Abgeordnetenhauses, Verf.] mit den Namen aller von den Nazis verfolgten und ermordeten ehemaligen Stadtverordneten auf sich warten lasse. Eine entsprechende Initiative gehe auf einen Beschluß des Abgeordnetenhauses vom Mai 1985 zurück. Hier könnte das Hindernis gleichermaßen wie bei den Reichstagsabgeordneten darin liegen, daß die Mehrzahl der Umgekommenen der KPD angehörten. »Geplante Gedenktafel für verfolgte Berliner Stadtverordnete wird zum Stein des Anstoßes. Totenliste mit KPD-Mehrheit«. (Vorwärts Nr. 20, 16.5.1987) Die Tafel gibt es bis heute nicht.

19 »Liste für Gedenktafel im Reichstag noch immer nicht fertig«. (Tsp., 31.1.1987) Mit der Tafel sei in diesem Jahr nicht zu rechnen, »weil an der Liste immer noch gearbeitet wird«. Für den Fortgang s. unter dem Stichwort Reichstagsabgeordnete (Tiergarten).

20 Stellvertretend für die vielen verweise ich auf Siegfried Ochs (*Frankfurt/Main 19.4.1858 – †Berlin 6.2.1929), begraben auf dem Urnenfriedhof Wedding, Gerichtstraße 37–38, Abt. III, Reihe 5, Nr. 115. Ochs gründete 1882 den Philharmonischen Chor, war Komponist und Chordirigent, schrieb Lieder, Duette, Klavierstücke, u. a. auch eine wundervolle Parodie im Stile bekannter Komponisten seiner Zeit zum Thema des bekannten Volkslieds »'s kommt ein Vogel geflogen«. Auf seinem Grabstein steht eine steinerne Urne mit dem Namen und den Lebensdaten. Darunter – am Stein – ist eine Bronzetafel mit den Anfangsnoten von Johann Sebastian Bachs »Dona nobis pacem«. Links angefügt ist ein Stein mit einer Bronzetafel und einem Musikstück von Johannes Brahms und der Inschrift: *Dem Gedenken / an unsere / teure Mutter / Charlotte Ochs / Ehefrau von Siegfried Ochs / geb. 3. Dez. 1866 in Berlin / Der Heimat und den ihren / gewaltsam entrissen / starb sie am 2. März 1943 / im Deportationslager / Theresienstadt* Rechts angefügt ist ein Stein, der oben gleichfalls eine Bronzetafel mit Noten von Brahms trägt und darunter die Inschrift: *Dem Gedenken / an unsere / teure Schwester / Gertrud Ochs / geb. 30. September 1894 / als jüngere Tochter / von Siegfried Ochs / Das Licht, das sie gesucht / gefunden und gegeben / leuchtet fort, trotzend / der Untat, der sie erliegen musste / Lager Auschwitz / Ende 1944*
Auf dem Jüdischen Friedhof Weißensee im Erbbegräbnis der Familie Asch (Feld O2, gegenüber der Einmündung des die Felder Q2/R2 trennenden Weges) erinnert eine Tafel an den Arzt Ismar Boas (s. a. Mitte). Die Inschrift lautet: *Dem Andenken / meines geliebten Mannes, / unseres / unvergesslichen Vaters / Ismar Boas / geb. 28.3.1858, / gest. 15.3.1938 zu Wien.*
Ein weiteres Beispiel ist das Grab von Emil und Pauline Benjamin auf dem Wilmersdorfer Waldfriedhof in Stahnsdorf (Feld B I, Äußerer Ringweg, kurz vor Feld C I). Am Fuß des Grabsteins erinnert eine Tafel an den Arzt Georg Benjamin (s. a. Wedding, Lichtenberg, Pankow). Inschrift: *Zum Gedenken / Dr. Georg Benjamin / geb. 10.9.1895 / Im KZ ermordet / 26.8.1942*

21 Wer mehr über die Denkmäler Berlins wissen will, dem sei das Buch von Stefanie Endlich und Bernd Wurlitzer, »Skulpturen und Denkmäler in Berlin«, Berlin 1990, empfohlen. Außerdem liegt seit 1995 die vom Landesdenkmalamt in der Senatsverwaltung für Stadtentwicklung und Umweltschutz herausgegebene Berliner Denkmalliste vor (Beiträge zur Denkmalpflege in Berlin, Heft 5, resp. Amtsblatt für Berlin 45. Jg., Nr. 45, 28.9.1995).

22 Beispielsweise die Büsten für Franz Mehring am Franz-Mehring-Platz und Alfred Döblin an der Karl-Marx-Allee 131 (beide Friedrichshain), den Chirurgen

Ferdinand Sauerbruch an der Ecke Delbrückstraße/Richard-Strauss-Straße in Grunewald oder der Findling mit Platte für Otto Suhr in der nach ihm benannten Siedlung Alexandrinenstraße/Oranienstraße. Der Gedenkstein für den Philosophen und Pädagogen Friedrich Paulsen in der Parkanlage am Fichtenberg (unterhalb des Carl-Heinrich-Becker-Wegs) trägt auf der Rückseite zusätzlich den heute (mit Blick in die deutsche Geschichte und auf das deutsche Gemüt) beklommen machend wie zugleich erheiternd wirkenden Satz: *Errichtet 1911 / von den deutschen Oberlehrern*

23 Familiengrabmal ZEITLER (*»dem Vater Weber Johann Jakob Zeitler, Marktleuthen 1.9.1807 – Berlin 4.11.1871, von den dankbaren Söhnen errichtet 1875«*), **Greifswalder Straße 229/234**, mit mehreren Angaben zu verschiedenen Stiftungen, die von Familienangehörigen der Zeitlers (1889 Weberstiftung, 1894 Frauenheim, 1896 Candidatenheim, 1901 Studienhaus, 1903 Fachschulenhaus) getätigt wurden, und folgender kulturhistorisch bedeutenden Inschrift auf einer großen Steinplatte an der linken Seite: *Der glückliche deutsch-französische Siebenmonats Krieg 1870–71 n. Chr. Geb. gab Anlass / zu soviel neuen Anlagen in der Reichshauptstadt, dass die Arbeiter knapp wurden und / durch Arbeits-Einstellungen höhere Löhne und kürzere Arbeitszeit erlangten. / Der Bau dieses Grabes – unten 2 Ruthen, oben 14 Fuss lang, 12' breit, 24' hoch – lag bis im / Herbst 1872 still, die Steinmetze arbeiteten im Sommer nicht, ihr Wochenlohn stieg von / 6 auf 14 Thaler. Bauhandwerker erhielten 5-6 statt 2 Groschen, Arbeiter nun $3^{1}/_{2}$ – 4, bisher / $1^{1}/_{2}$ Gr. für die Stunde. Harte Ziegel kosteten beim Baubeginn 8, später 25 Thlr. d. 1000. / Während des Baues wurden Maasse, Gewichte und Geld verändert. Die Ruthe (=12'= 144 / Zoll) wurde durch den (3' $2^{1}/_{2}$" langen) 100theiligen Meterstab, das Quart durch Liter (=8/9 Qu), / der Zentner (=100 Pfund = 3000 Loth) durch Klgr. (=2 Pfd.) verdrängt. Die Zahlung mit Silberthl. / (=30 Gr.=360 Pfg.) wurde durch die Gold(Mark)Währung ersetzt (1 Thlr.=3 Mark=300 Pfg.). / Neue Gesetze entstanden. Die Beurkundung von Geburt, Hochzeit, Tod ging von der Kirche auf / den Staat über. Ein Strafgesetzbuch für alle Deutsche. Ein bürgerliches Gesetzbuch erst 1900.* Ihr an der Frontseite unten rechts eingemeißeltes Versprechen *»Die Stadt Berlin erhält diese Gruft aus den Mitteln eines Ungenannten«* konnte oder wollte die Stadt nicht dauerhaft einhalten. Das Bauwerk befand sich jedenfalls am 1.12.1991 in einem traurigen Zustand.

24 Miethe, S. 43f.

25 Maur, Treptow, S. 44f.

26 Sandvoß, Widerstand in Steglitz und Zehlendorf, S. 168f.

27 »Fürsorge um Thälmann-Monument nimmt ab« (Neue Zeit, 2.10.1992).

28 Als Kuriosum darf man wohl auch die weiße Metalltafel betrachten, die über dem Eingang des dem Schauspieler Manfred Krug gehörenden Wohnhauses Eisenacher Straße 43 (unweit Grunewaldstraße) in Schöneberg angebracht ist. Sie hat ihren Ursprung in Artikeln in zwei Berliner Zeitungen wegen angeblich überhöhter Gewerbemietenforderungen und der daraus resultierenden Schließung eines Geschäfts und eines Lokals. Die Inschrift lautet: *Dieses Haus Nr. 43 steht / unter moralischer Aufsicht / der Berliner Zeitung / und der Bildzeitung, / denn es gehört / einem Schauspieler, / dem diese Blätter / schnurzpiepe sind.*

29 Die Inschrift der Tafel lautete: *Mahnmal / im Namen aller Opfer / der rassistischen Gewalt / in Deutschland 1990–92 / Mahmud Azhar. Antonio / Amadeu. Nihad Yusufoglu. / Jorge Gomondai. Matthios / Knabe. Helmut Lega. / Samu-/el Yeboah. Mete Ekşi. Nguy-/en Van Tu. Thorsten L. Sad-/ri Berisha und weitere / namenlos gehaltene Opf-/er [!] aus Afghanistan, Rum-/anien [!], Nigerien, Türkei, / Angola, Äthiopien.*

# MITTE

**Konrad ADENAUER**
*Köln 5.1.1876 – †Rhöndorf 19.4.1967
**Wilhelmstraße 54 (früher Wilhelmstraße 64; DDR: Otto-Grotewohl-Straße)**

Inschrift: *In diesem Hause wohnte von / Mai 1931 bis März 1933 / als Präsident des Preußischen Staatsrates / Konrad Adenauer / 5.1.1876–19.4.1967 / Ehrenbürger von Berlin*

Adenauer wurde 1917 als dem Zentrum nahestehender Kommunalpolitiker Oberbürgermeister von Köln. Die Nazis entließen ihn aus dem Staatsdienst. 1949 wurde er dreiundsiebzigjährig für die CDU zum ersten Kanzler der Bundesrepublik Deutschland gewählt und blieb dies bis zu seinem Rücktritt 1963. Am 10.10.1963 erhielt er die Ehrenbürgerwürde Berlins verliehen. Der katholische Rheinländer behielt stets Distanz zu Berlin, sah bei Fahrten dorthin immer schon »in Braunschweig die asiatische Steppe nahen. In Magdeburg zog er die Vorhänge herunter« (Der Spiegel 53/29.12.1975, S. 29). Enthüllung der Berliner Gedenktafel durch den Regierenden Bürgermeister Eberhard Diepgen, in Anwesenheit des Enkels, Konrad Adenauer, am 19.4.1994.

**AHAWAH**
**Auguststraße 14/16 (Hofgebäude)**

Inschrift: *Dieses Haus, erbaut durch den Architekten Eduard Knoblauch, / wurde aus Spendengeldern Berliner Juden finanziert / und erhalten. Es war von 1861–1914 Krankenhaus der / Jüdischen Gemeinde. Nach dem 1. Weltkrieg fanden jüdische / Flüchtlingskinder aus Osteuropa hier ein Heim, das / AHAWAH (Liebe) hieß. / Von 1941–1943 war dieses Haus ein Sammellager, in dem / alte jüdische Menschen auf ihren Abtransport in den Tod / warteten. 50 Jahre nach den Deportationen*

*erinnern wir / an die vergessenen Bewohner des Hauses. / November 1992 / Aktives Museum Faschismus und Widerstand in Berlin e.V.*

Ab 1916 befand sich hier die jüdische Kindervolksküche, aus der das Kinderheim »Ahawah« entstand. Die »Ahawah« wurde 1934 in Palästina in Kiriat Bialik (bei Haifa) durch die dorthin ausgewanderten Erzieherinnen und Kinder neu begründet. Nach dem Mißbrauch als Deportationssammellager zog die HJ in das Haus ein. Heute befindet sich hier das Internat der Sehschwachen–Schule. Die Geschichte der »Ahawah«, der Erzieherinnen und Kinder, schildert Regina Scheer eindringlich in ihrem Buch »Ahawah. Das vergessene Haus. Spurensuche in der Berliner Auguststraße«, Berlin 1993. Enthüllung am 5.11.1992 in Anwesenheit einer der ehemaligen – inzwischen vierundachtzigjährigen – Erzieherinnen, Hanni Ullmann, und zweier ihrer »Zöglinge«, Alfred Rosenstrauch (75) und David Marcus (75).

***Friedrich* Theodor ALTHOFF**
*Dinslaken 19.2.1839 – †Steglitz 20.10.1908
**Schumannstraße 20–21 (Charité)**

Büste auf Sockel aus rotem Granit (neben dem Verwaltungsgebäude), Inschrift: *Friedrich*

*Althoff gewidmet in dankbarer Erinnerung an die Neugestaltung der Charité 1903*

Der Jurist machte sich im Preußischen Kultusministerium um die Kulturpolitik verdient. In Berlin sorgte er sich u. a. um den Ausbau der Universität und die Verlagerung des Botanischen Gartens an seinen heutigen Standort in Lichterfelde. Dort ist er auch begraben.

**Walther ARNDT**
*Landeshut/Schlesien 8.1.1891 –
†Brandenburg 26.6.1944
**Invalidenstraße 43 (Museum für Naturkunde)**

Inschrift der Tafel am Museumseingang: *An diesem Museum / wirkte / von 1921 bis 1944 / der international bekannte / Zoologe / Professor Dr. med. Dr. phil. / Walther Arndt / Wegen seiner unbeugsamen / humanistischen Gesinnung / wurde der Gelehrte von den / faschistischen Henkern / zum Tode verurteilt / und am 26. Juni 1944 / im Zuchthaus / Brandenburg / ermordet*

Arndt leitete die Abteilung wirbellose Tiere des Zoologischen Museums der Berliner Universität. Er äußerte nach einem Bombenangriff 1943 gegenüber einem Kollegen, der ihn denunzierte: »Jetzt ist es zu Ende mit dem Dritten Reich. Es handelt sich nur noch um die Bestrafung der Schuldigen. Auf die Dauer läßt sich kein derartiges Lügenspiel treiben.« Da er schon vorher von einer Jugendfreundin aus Landeshut, wohin er wissenschaftliche Materialien vor der Zerstörung retten wollte, wegen antinazistischer Äußerungen denunziert wurde, schlug die Gestapo zu. Am 11.5.1944 wurde er wegen seiner Aussagen vom Volksgerichtshof unter Freisler (Aktenzeichen 5 J 72844) zum Tode verurteilt. Arndt wohnte in Moabit, Heidestraße 54. Seine Urne wurde ausweislich der Friedhofsunterlagen aus Marzahn überführt und am 22.12.1945 auf dem Friedhof Wilhelmshagen (Hochlandstraße Ecke Saarower Weg, Grabstelle D 1 26 a) beigesetzt. Das Grab existiert nicht mehr.

**Hans BEIMLER**
*München 2.7.1895 – † bei Madrid 1.12.1936
**Otto-Braun-Straße 70/72 (DDR und bis Ende 1995: Hans-Beimler-Straße; Statistisches Bundesamt, Zweigstelle Berlin; DDR: Haus der Statistik)**

Die Tafel ist entfernt, ihre Inschrift konnte nicht ermittelt werden.

**BEKENNENDE KIRCHE**
**Werderstraße (Friedrichswerdersche Kirche)**

Inschrift der Kupfertafel, die sich im Kircheninneren rechts neben dem Eingang befindet: *Acht führende Vertreter der Bekennenden Kirche / der Altpreußischen Union wurden am 23. Juni 1937 / in dieser Kirche verhaftet – am 1. Juli 1937 / folgte die Verhaftung Pastor Martin Niemöllers, / der nach Untersuchungshaft, Prozeß und Einkerkerung / in den Konzentrationslagern Sachsenhausen und Dachau / 1945 befreit wurde. / Unweit von hier, An der Stechbahn 3/4, befand sich / von 1939 bis 1940 das „Büro Pfarrer Grüber“ / das vielen rassisch Verfolgten solidarische Hilfe / zu leisten vermochte.*

Die Straße An der Stechbahn begrenzte den (alten) Schloßplatz nach Südwesten unweit der Schleusenbrücke. Die Tafel wurde 1987 angebracht.

**BERLIN**
**Gendarmenmarkt (DDR: Platz der Akademie)**

Links und rechts von der Haupttreppe des Schauspielhauses befinden sich sieben (ursprünglich acht) in das Pflaster eingelassene Tafeln mit Aussagen bekannter Menschen zu Berlin. Rechts (zum Französischen Turm hin) ist zu lesen (v.l.n.r.):
*Berlin ist gewiß eine der / schönsten Städte in Europa. / Georg Forster, 1779*
*Man hat Berlin noch lange nicht / in den Hän-*

*den, wenn man Mir statt / Mich hört (und) ... volkstümliches / Weißbier ... getrunken hat. / Adolf Glassbrenner*
*Es ist mir, als ob ich von / Berlin nicht wieder fortkommen / würde. Albert Lortzing, 1850*
*Ein Berliner Witz ist mehr / wert als eine schöne Gegend. / Georg W. F. Hegel, 1830*

Links neben der Treppe fehlt eine Inschrift, denn die Tafel enthielt ein Zitat von Erich Honecker, wurde deshalb bald nach der Wende entfernt und lagert heute im Märkischen Museum. Das Zitat lautet: *Buchstäblich aus Ruinen / auferstanden, wird das Berlin / von heute immer mehr zum Symbol / für den Siegeszug des Sozialismus / auf deutschem Boden. Erich Honecker 1979*
Die (v.r.n.l. verbliebenen) Inschriften lauten: *Dass ein längerer Aufenthalt in / Berlin mich fähig machen würde, / in meiner Kunst vorzuschreiten / ..., zweifle ich keinen / Augenblick. Friedrich von Schiller, 1804*
*Ich habe sie schon immer geliebt, / die alte Stadt; geliebt in / achtungsvoller Verehrung. / Otto Nagel*
*Das ganze Berliner Publikum / ist fein gebildet. / Ludwig van Beethoven, 1800*

**BERLINER (ROTES) RATHAUS**
**Rathausstraße 15**

Seit dem Frühjahr 1993 befindet sich links neben dem Eingang eine Plexiglastafel mit der Inschrift: *Berliner Rathaus / Erbaut von 1861–1869 nach Plänen von Hermann F. Waesemann / Bis 1945 Sitz der Stadtverordnetenversammlung und des / Oberbürgermeisters. Im 2. Weltkrieg teilweise zerstört. 1951–1956 / wieder aufgebaut. Bis 1990 Sitz der Stadtverordnetenversammlung / und des Oberbürgermeisters von Ost-Berlin. Seit dem 3. Oktober / 1991 Sitz des Regierenden Bürgermeisters und der Senatskanzlei*

**BERLINER (ROTES) RATHAUS**
**Jüdenstraße**

Im großen Innenhof befinden sich vier Gedenktafeln, jeweils zwei rechts und zwei links oberhalb der Durchfahrt. Die Inschriften lauten an der Durchfahrt Richtung Jüdenstraße (linke Seite): *Im Beisein Kaiser Wilhelm I / ward der Zusammentritt / des ersten deutschen Reichstages / in diesem Rathhause gefeiert / am 17. April 1871* (rechte Seite): *Im Beisein König Wilhelm I / ward der Grundstein / zu diesem neuen Rathhause / nahe dem Thurmbau gelegt / am 11. Juni 1861*

An der Durchfahrt Richtung Spandauer Straße lauten die Inschriften (linke Seite): *Die erste Sitzung des / Magistrats der Hauptstadt / ward in diesem Rathhause / abgehalten / am 30. Juni 1865* (rechte Seite): *Die erste Sitzung der / Stadtverordneten-Versammlung / ward in diesem Rathhause / abgehalten / am 6. Januar 1870*

Auf zwei weiteren übereinandergesetzten – nicht mehr aufgefundenen – Tafeln im Rathaus werden das Verhältnis von Meter und preußischer Rute verdeutlicht. Über der jeweiligen Abbildung des Maßes steht: *1 Meter [Stab] 100 Centimeter [Neuzoll] 1870* bzw. *Preußische halbe Ruthe 1816*

**Ismar BOAS**
*Exin Kr. Bromberg/Westpreußen 28.3.1858 – †Wien 15.3.1938
**Charité (Zugang Schumannstraße)**

Inschrift der Bronzetafel: *Zur Erinnerung an / Geheimrat Prof. Dr. med. / Ismar Boas / den grossen Forscher / und Lehrer / der Gastroenterologie / Exin 1858 Wien 1938*

Boas war der Wegbereiter der modernen Magen-Darm-Heilkunde. Er begann 1877 mit dem Studium an der Charité, an der er ab 1886 tätig war. 1896 gründete er das »Archiv für Verdauungskrankheiten«, 1914 die »Gesellschaft für Verdauungskrankheiten«, 1907 wurde er Titularprofessor. Er begründete u. a. auch eine Armenapotheke. 1936 siedelte er aus Nazi-Deutschland nach Wien über, wo er drei Tage nach dem deutschen Einmarsch Selbstmord beging. Die Tafel befindet sich im Foyer der Klinik für Innere Medizin »Theodor Brugsch« (Nordflügel, Virchowweg, 3. Stock, Foyer der Station 1 Gastroenterologie). Sie wurde am 16.9.1992 enthüllt. Auf dem Jüdischen Friedhof Weißensee erinnert im Erbbegräbnis der Familie Asch (Feld O2, gegenüber der Einmündung des die Felder Q2/R2 trennenden Weges) eine Tafel an Boas. Die Inschrift lautet: *Dem Andenken / meines geliebten Mannes, / unseres / unvergesslichen Vaters / Ismar Boas / geb. 28.3.1858, / gest. 15.3.1938 zu Wien.*

**Dietrich BONHOEFFER**
*Breslau 4.2.1906 – †Flossenbürg 9.4.1945
**Zionskirchplatz (Zionskirche)**

Inschrift: *In dieser Kirche / predigte / und konfirmierte / 1932 / der / Widerstandskämpfer / Pastor / Dietrich / Bonhoeffer / geb. 4.2.1906 / ermordet im KZ / Flossenbürg / am 9.4.1945.*

Bonhoeffer kehrte nach Aufenthalten in Barcelona, New York und London im Jahr 1935 nach Deutschland zurück. Hier war er von Anfang an für die Bekennende Kirche tätig. Ihm wurde die Lehrbefugnis entzogen, und er erhielt Schreib- und Redeverbot. 1942 übermittelte er im Auftrag der Bekennenden Kirche dem Kreisauer Kreis das Anliegen, an einer demokratischen Neugestaltung Deutschlands mitzuwirken. In Schweden sondierte er alliierte Bedingungen für eine deutsche Kapitulation. Er wurde am 5.4.1943 verhaftet und im Gestapo-Gefängnis, in der Strafanstalt Tegel, im KZ Buchenwald und im KZ Flossenbürg inhaftiert und schließlich ermordet. Die im September 1959 in der Kirche enthüllte Tafel befindet sich seit April 1984 an ihrem heutigen Platz neben dem Eingang.

**Johann Karl Friedrich *August* BORSIG**
*Breslau 23.6.1804 – †Berlin 6.7.1854
**Chausseestraße 1 Ecke Torstraße**

Inschrift: *August Borsig (1804–1854) / gründete 1837 auf diesem Gelände / eine der bedeutendsten / Maschinenfabriken Deutschlands und / gab damals der industriellen Revolution / einen wichtigen Impuls.*

Der Schwermaschinen- und Eisenbahnbau-Industrielle Borsig gründete hier vor dem Oranienburger Tor eine Eisengießerei. Bald wurde er zum führenden Lokomotivfabrikanten, dessen Fabriken über Moabit nach Tegel expandierten. Dort wurde sogar ein Ortsteil (Borsigwalde) nach dem damaligen Industrieimperium benannt. Gegenüber dem erhaltenen Hauptportal der Borsigwerke erinnerte noch bis in die neunziger Jahre das Lokal »Zur Lokomotive« neben dem alten Überführungsgleis zur Kremmener Bahn an vergangene Zeiten. Beigesetzt ist Borsig auf dem Dorotheenstädtischen und Friedrichswerderschen Friedhof, Mitte, Chausseestraße 126, Allee L 1, 74. Die schwarze Eisentafel wurde Mitte der neunziger Jahre angebracht.

**BOTSCHAFT DES KÖNIGREICHS GROSSBRITANNIEN**
**Wilhelmstraße (DDR: Otto-Grotewohl-Straße; neben dem Hotel Adlon)**

Inschrift eines symbolischen Grundsteins an der Stelle der alten Britischen Botschaft: *This plaque was unveiled by / Her Majesty Queen Elizabeth II / on the occasion of / Her visit to the site of the / future British Embassy to Germany / 21 October 1992*

Die messingfarbene Metalltafel ist auf einem dunklen, polierten Granitsockel befestigt. Die Portalgitter der 1945 bei Luftangriffen zerstörten alten Botschaft (Wilhelmstraße 70) wurden beim Abriß der Ruine ausgebaut. Seit 1964 befanden sie sich am Hauptportal des Britischen Hauptquartiers in Charlottenburg (ehem. Deutsches Sportforum, Adlerplatz). Sie wurden im

Zuge der Vorbereitung des Abzugs der britischen Streitkräfte aus Berlin wieder ausgebaut und im Keller der Außenstelle Berlin der Britischen Botschaft gelagert, um später einen Platz im geplanten Botschaftsneubau zu finden.

**BOTSCHAFT DER VEREINIGTEN STAATEN VON AMERIKA**
**Pariser Platz 2 (Südseite)**

Inschrift unter der Flagge der USA: *The Once and Future Site / of the U. S. Embassy Berlin / Der einstige und zukünftige Sitz der / Amerikanischen Botschaft in Berlin / Dr. Richard von Weizsäcker / Bundespräsident der Bundesrepublik Deutschland / Eberhard Diepgen / Regierender Bürgermeister von Berlin / Robert M. Kinnitt / Ambassador of the United States of America / 9. Januar 1993*

Die Messingtafel befindet sich auf einem Sockel aus schwarzem, poliertem Stein. Enthüllung am 9.1.1993.

**Bertolt BRECHT, eigtl. Eugen *Berthold* Friedrich Brecht**
*Augsburg 10.2.1898 – †Berlin 14.8.1956
**Helene WEIGEL**
*Wien 12.5.1900 – †Berlin 6.5.1971
**Chausseestraße 125**

Inschrift der Metalltafel rechts neben dem Eingang: *In diesem Hause / arbeiteten und wohnten / Bertolt Brecht / von 1953 bis 1956 / und / Helene Weigel / von 1953 bis 1971*

Der Dramatiker und Schriftsteller war in Berlin seit 1922 tätig. Während des Nationalsozialismus lebte er in Skandinavien und den USA, kehrte 1948 nach Deutschland in die sowjetische Zone zurück. Das Theater am Schiffbauerdamm wurde zum ständigen Spielort seiner Werke. Helene Weigel kam 1922 nach Berlin, 1929 heiratete sie Brecht. Sie emigrierte mit ihm während des Nationalsozialismus und kehrte mit ihm zurück. Berühmt wurde sie vor allem als »Mutter Courage«. Beider Grabstätte ist auf dem unmittelbar neben ihrem Wohnhaus gelegenen Dorotheenstädtischen Friedhof, Mitte, Chausseestraße 126, An der Mauer 26–29.

**Bertolt BRECHT**
**Bertolt-Brecht-Platz (am Schiffbauerdamm)**

Drei säulenförmige Stelen aus schwarzem Stein stehen am Brecht-Denkmal vor dem Theater am Schiffbauerdamm (»Berliner Ensemble«). Jede Stele trägt vier Inschriften (in der Reihenfolge der Säulen v.l.n.r.). Inschriften der ersten Säule: (Erste Seite) *Alle Künste / tragen bei / zur grössten / aller Künste, / der Lebenskunst /* (Absatz) *Der Künstler hat nicht nur / eine Verantwortung / vor der Gesellschaft, / er zieht / die Gesellschaft / zur Verantwortung /* (Absatz) *Die Scheidung / der Bedürfnisse / nach Unterhaltung / und nach Unterhalt / ist eine künstliche /* (Zweite Seite) *Echte, tiefe, / eingreifende Verwendung / der Verfremdungseffekte / setzt voraus, dass die Gesellschaft / ihren Zustand / als historisch und / verbesserbar / betrachtet. / Die echten / V-Effekte / haben kämpferischen / Charakter /* (Absatz) *Wahrer Kunstgenuss / ohne kritische Haltung / ist unmöglich /* (Dritte Seite) *Die / heutige Welt / ist den heutigen / Menschen / nur beschreibbar, / wenn sie als eine / veränderbare Welt / beschrieben / wird /* (Absatz) *Der / Unterschied / liegt zwischen / ›widerspiegeln‹ / und / ›den Spiegel / vorhalten‹ /* (Vierte Seite) *So bildet / sich der Mensch, / indem er sich / ändert / indem / er Ja sagt, /*

*indem er Nein sagt/ / indem er schlägt, / indem er geschlagen wird/ / Indem er sich hier gesellt, / indem er sich dort gesellt/ / So bildet sich der Mensch, / indem er sich ändert/ / Und so / entsteht sein Bild in uns/ / Indem er uns gleicht / und indem er / uns nicht gleicht*
Inschriften der zweiten Säule: (Erste Seite) *Das grosse Carthago / führte drei Kriege. Es war / noch mächtig nach dem ersten, / noch bewohnbar / nach dem zweiten. Es war / nicht mehr auffindbar / nach dem dritten /* (Absatz) *Krieg wird sein, / solange auch nur ein Mensch / am Krieg verdient /* (Absatz) *Man hat gesagt, / die Freiheit entsteht dadurch, dass man sie sich nimmt. / Nehmen wir uns also / zu allererst die Freiheit, / für den Frieden zu arbeiten! /* (Zweite Seite) *Ihr, / die ihr / auftauchen / werdet / aus der Flut/ / in der wir / untergegangen / sind/ / gedenkt/ / wenn ihr / von unsern / Schwächen / sprecht/ / auch der / finsteren Zeit/ / der ihr / entronnen / seid /* (Dritte Seite) *Sozialismus ... ist ... / als grosse Produktion / zu definieren. / Produktion / muss natürlich / im weitesten Sinn genommen werden, / und der Kampf / gilt der Befreiung / der Produktivität / aller Menschen / von allen Fesseln /* (Absatz) *Die Umwandlung / der alten Welt / in die neue / erfolgt nicht / ausserhalb der Welt /* (Vierte Seite) *Ja, ich glaube / an die sanfte / Gewalt der Vernunft / über die Menschen. / Sie können ihr / auf die Dauer nicht / widerstehen /* (Absatz) *Es setzt / sich nur soviel / Wahrheit durch, / als wir durchsetzen; / der Sieg / der Vernunft / kann nur der Sieg / der Vernünftigen / sein*
Inschriften der dritten Säule: (Erste Seite) *Das / Alte sagt / So wie ich bin / bin ich seit je./ / Das Neue sagt: / Bist du nicht gut, / dann geh /* (Absatz) *Wer noch lebt, / sage nicht: / Niemals!/ / Das Sichere / ist nicht sicher./ / So wie es ist, / bleibt es / nicht /* (Zweite Seite) *Auch uns selbst / können / wir nur begreifen, / indem wir in uns / eingreifen /* (Absatz) *Die / Veränderbarkeit / der Welt / besteht auf ihrer / Widersprüchlichkeit /* (Absatz) *Wirklicher Fortschritt / ist nicht / Fortgeschritten sein, / sondern / Fortschreiten /* (Dritte Seite) *Keiner / schuldet keinem etwas / jeder schuldet alles / der dritten Sache /* (Absatz) *Sag nicht zu oft, / du hast recht, Lehrer! / Lass es den Schüler erkennen! / Strenge die Wahrheit / nicht allzu sehr an: / Sie verträgt es nicht. / Höre beim Reden! /* (Absatz) *Unter sittlichem Verhalten / kann ich nur / ein produktives Verhalten verstehen /* (Vierte Seite) *Sorgfältig / prüf ich/ / meinen Plan: / er ist/ / gross genug. / Er ist/ / unverwirklichbar /* (Absatz) *Dauerten wir / unendlich/ / So wandelte / sich alles./ / Da / wir aber / endlich sind / bleibt vieles / beim alten/*

**BÜCHERVERBRENNUNG**
**Bebelplatz (früher Opernplatz) Ecke Unter den Linden (am Alten Palais)**

Inschrift: *Auf diesem Platz vernichtete nazistischer Ungeist / die besten Werke der deutschen und der Weltliteratur. / Die faschistische Bücherverbrennung / vom 10. Mai 1933 sei ewige Mahnung, wachsam zu sein / gegen Imperialismus und Krieg*

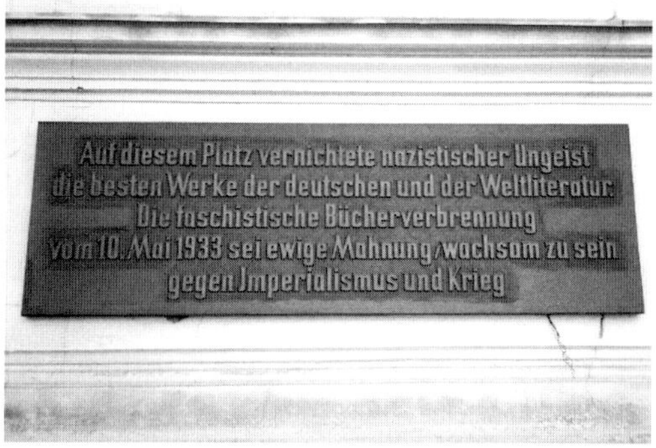


Anläßlich der Entscheidung des Wettbewerbs »Die Bücherverbrennung vom 10. Mai 1933« sagte Bausenator Wolfgang Nagel (27.9.1993): »Eine Gedenktafel am Alten Palais erinnert heute an die Bücherverbrennung von 1933. Sie wird dem Anlaß aus heutiger Sicht nicht gerecht.« In der Mitte des Bebelplatzes entstand nach Entwürfen des israelischen Bildhauers

Micha Ullman (Einweihung 20.3.1995) ein unterirdisches, 15 m tiefes und von oben einsehbares Denkmal mit leeren Bücherregalen für 20 000 Bände zur Erinnerung an die nationalsozialistische Untat. An den vier Seiten des Platzes sind am Rande der Begrenzung – jeweils in Höhe des Denkmals – in das Pflaster je zwei nebeneinandergesetzte Bronzetafeln eingelassen. Inschrift der linken Tafel (oben): *„Das war ein Vorspiel nur, dort / wo man Bücher verbrennt, / verbrennt man am Ende auch Menschen." / Heinrich Heine 1820*
(unten) *„Bibliothek" von Micha Ullman / Denkmal / der „Bücherverbrennung vom 10. Mai 1933" / gebaut 1994/95*
Inschrift der rechten Tafel: *In der Mitte dieses Platzes / verbrannten am 10. Mai 1933 / nationalsozialistische Stu-/denten die Werke Hunderter / freier Schriftsteller, Publi-/zisten, Philosophen und Wis-/senschaftler.*

### Max BUTTING
*Berlin 6.10.1888 – †Berlin 13.7.1976
**Brunnenstraße 148**

Inschrift: *Geburtshaus / des Komponisten / Max Butting / 1888–1976*

Schüler des Berliner Organisten A. Dreyer, anschließend an der Universität München. Er leitete von 1920–1927 die musikalischen Veranstaltungen der »Novembergruppe«, war Mitglied der deutschen Sektion der Internationalen Gesellschaft für Neue Musik. 1933 wurde er Mitglied der Preußischen Akademie der Künste.

1948 Cheflektor der Musikabteilung des Berliner Rundfunks, 1950 Gründungsmitglied der Deutschen Akademie der Künste (später Akademie der Künste der DDR), deren stellvertretender Vorsitzender er von 1956–59 war. 1968 Dr. phil. h. c. der Humboldt-Universität. Die helle Steintafel ist über der Toreinfahrt angebracht. Beigesetzt ist Butting auf dem Friedhof Pankow III, Leonhard-Frank-Straße 103.

### CHARITÉ
**Luisenstraße 11/13 (Zentrale Poliklinik)**

Inschrift der Kupfertafel links neben dem Eingang: *Neubau und Rekonstruktion / der Charité, Baustufe II / Für die städtebaulich-architektonische / Gestaltung erhielt das Kollektiv / Heinz Aust Dora Immerschied / Joachim Kallies Winfried Krause / Günter Kunert Jürgen Pilz / Karl-Ernst Swora / den Architekturpreis / der Hauptstadt der DDR, Berlin / 1988*

### CÖLLNISCHES RATHAUS
**Gertraudenstraße Ecke Fischerinsel (neben der ehemaligen Gaststätte »Ahornblatt« )**

Hier, am ehemaligen Standort des Cöllnischen Rathauses (Breite Straße/Scharrenstraße), befand sich am 18./19. März 1848 eine der am meisten umkämpften Barrikaden. Unter dem Kommando des Schlossers Karl Siegerist gelang es den Revolutionären in einem dreistündigen Gefecht, die angreifende Infanterie zurückzuschlagen. 70 Revolutionäre wurden getötet bzw. gefangengenommen. Unmittelbar neben der ehemaligen Gaststätte befindet sich eine 1982 errichtete Gedenkstele von Hans-Peter Goettsche, die an die Geschichte der Fischerinsel erinnert. Auf mehreren Bronzeplatten finden sich Motive aus der Geschichte Berlins, eine Handelsszene, ein Frachtschiff, Wappen Berlins, eine Feuersbrunst, das Gasthaus Zum Nußbaum, auch die Barrikade vor dem ehemaligen Cöllnischen Rathaus ist abgebildet.

Dazu gibt es folgende Inschriften: 1. *1848 – wurde / die Barrikade / Breite Strasse / von Arbeitern / verteidigt* – 2. *Im 12. Jahrh. / entstanden / beiderseits / der Spree / Berlin und Kölln* – 3. *Hier zeichneten / und malten / Heinrich Zille / und Otto Nagel* – 4. *Im 17. Jahrh. / lebte auf der / Fischerinsel / H. Kohlhase / Er kämpfte / gegen / junkerliche / Willkür*

**Johann CRÜGER**
*Großbreesen 9.4.1598 – †Berlin 23.2.1662
**Nikolaikirchplatz (Nikolaikirche)**

Inschrift: *Johann / Crüger / geb. 9.4.1598 / gest. 23.2.1662 / Kantor an der / Sankt / Nikolaikirche / in Berlin / von 1622 bis 1662 / Nun danket alle / Gott!*

Der in Großbreesen bei Guben geborene Crüger kam 1615 erstmalig nach Berlin und wurde hier nach theologischen Studien in Wittenberg Kantor an St. Nikolai. Er war ein bedeutender Komponist von Kirchenliedern. Die Tafel befindet sich links neben dem Eingang der Nikolaikirche, sie wurde im Februar 1962 angebracht.

**DEUTSCHER VOLKSKONGRESS**
**Friedrichstraße 101/102 (Metropol-Theater)**

Im Foyer (Kassenraum) hing eine Tafel zur Erinnerung an den Deutschen Volkskongreß, der hier 1947 und 1949 tagte. Die Tafel war am 28.3.92 entfernt. Ihr Verbleib ist unbekannt.

**Friedrich *Adolph* Wilhelm DIESTERWEG**
*Siegen 29.10.1790 – †Berlin 7.7.1866
**Alexanderplatz 4 (DDR: Haus des Lehrers)**

Eine große Bronzetafel zeigte ein Reliefporträt Diesterwegs, darunter den Namen: *Adolf Diesterweg*
Geschaffen wurde die Tafel von M. Meyer-Pyritz 1908. Darunter hing eine kleine dunkle Tafel

mit der Inschrift: *F. A.W. Diesterweg / 29. Oktober 1790 – 7. Juli 1866 / gehört zu den Vertretern / der klassischen bürgerlichen / Pädagogik, deren Vermächtnis / in der Deutschen Demokratischen / Republik gepflegt und weiter-/entwickelt wird.*

Die Tafeln befanden sich an der Wand im linken Teil des Eingangsbereichs. Sie sind jetzt in der Obhut der Senatsverwaltung für Schulwesen. Die erste Tafel befand sich wahrscheinlich zuvor unweit dieser Stelle an der Kurzen Straße 3 (oder 5). Diese verlief unmittelbar östlich des Alexanderplatzes in nordsüdlicher Richtung zwischen Landsberger Straße und Kaiserstraße. Die Tafel wurde nach 1945 »geborgen«. Begraben ist Diesterweg auf dem Alten St. Matthäus-Friedhof, Schöneberg, Großgörschenstraße 12–14, Abt. J s 2 (Ehrengrab).

**Hermann DUNCKER**
*Hamburg 24.5.1874 – †Bernau 22.6.1960
**Schicklerstraße 7 (Stralauer Straße Ecke Littenstraße)**

Inschrift: *Hermann Duncker *24.5.1874 †22.6.1960 / lehrte von 1926–1933 / an der Marxistischen Arbeiterschule. / Die Marxistische Arbeiterschule (Masch) / befand sich von 1930–1933 / in diesem Gebaeude.*

Im Haus befanden sich 1917 das Berliner Büro der USPD und die Arbeiterbildungsschule. Die zentrale Schulungsstätte der Marxistischen Arbeiterschule (Masch) der KPD wurde 1926 gegründet.
Am 26.10.1918 versammelten sich hier 57 Delegierte revolutionärer Jugendgruppen aus Deutschland und wählten die zentrale Leitung der neugegründeten »Freien Sozialistischen Jugend«.
Die Tafel war am 29.3.1992 entfernt, der Ort ihrer Anbringung noch kenntlich. Ihr Verbleib ist unbekannt. Die Grabstätte Dunckers ist auf dem Zentralfriedhof Friedrichsfelde (Gedenkstätte der Sozialisten).

**Albert EINSTEIN**
*Ulm 14.3.1879 – †Princeton/USA 18.4.1955
**Unter den Linden 6 (Humboldt-Universität)**

Inschrift: *An dieser Stelle hielt Albert Einstein öffentliche Vorlesungen über seine Relativitätstheorie. Zum zehnten Todestag des Forschers – 18. April 1965 – wurde der Hörsaal nach ihm benannt.*

Die Tafel befindet sich am Eingang zum Kinosaal im Erdgeschoß.

**Albert EINSTEIN**
**Unter den Linden 8 (Staatsbibliothek)**

Inschrift unter einem Reliefporträt: *Hier wirkte / von 1914 bis 1932 / Albert Einstein / als Mitglied der / Akademie der Wissenschaften*

Die Bronzetafel befindet sich links neben dem Eingang zur Bibliothek der Akademie der Wissenschaften im rechten Flügel der Staatsbibliothek. Die Anbringung erfolgte Mitte der neunziger Jahre, möglicherweise aus Anlaß von Einsteins 40. Todestag.

**EISERNE BRÜCKE**
**Bodestraße / Hinter dem Gießhaus**

Inschrift: *Der Name der Brücke stammt von der an dieser Stelle im / Jahre 1797 errichteten ersten eisernen Brücke in Berlin, / die damals als Ersatz für eine alte hölzerne Brücke, / Wallbrücke genannt, aus Gusseisen hergestellt wurde.*

Die Inschrift befindet sich südöstlich der 1914–16 gebauten Brücke in der Brüstung der Treppenanlage von der Bodestraße zum Lustgarten.

**ELEKTRIZITÄTSWERK**
**Markgrafenstraße 35 (ehemals Nr. 44; am Gendarmenmarkt)**

Inschrift: *Das erste öffentliche Kraftwerk in Deutschland, die Centralstation Markgrafenstraße, entworfen von Oskar von Miller und Emil Rathenau, wurde am 15.8.1885 auf dem Hof dieses Grundstückes, der früheren Markgrafenstraße 44, in Betrieb genommen*

Dieses Kraftwerk der Städtischen Elektricitäts-Werke A.G. hatte eine Leistung von 540 KW. Es arbeitete bis zu seinem Umbau zu einem Umformerwerk am 15.2.1907 und versorgte u. a. das Schauspielhaus und die Reichsbank mit Strom. Die Tafel wurde zur Eröffnung des von der BEWAG errichteten Geschäfts- und Wohnhauses (Architekt Max Dudler) im Mai 1997 enthüllt.

**Gustav ELFERT**
*Berlin 4.1.1886 – †Berlin-Plötzensee 26.1.1946
**Strelitzer Straße 10 (DDR: Egon-Schultz-Straße)**

Inschrift: *Hier wohnte der / Widerstandskämpfer / Gustav Elfert, / geboren in Berlin /*

*am 4.1.1886, / ermordet / in Plötzensee / am 26.1.1945.*

Der parteilose Friseur Elfert wurde wegen einer Äußerung gegen den Krieg verhaftet und wegen »Wehrkraftzersetzung« hingerichtet.

**Friedrich ENGELS**
*Barmen 28.11.1820 – †London 5.8.1895
**Friedrichstraße 90 Ecke Dorotheenstraße (DDR und bis Ende 1995: Clara-Zetkin-Straße; Südostecke)**

Inschrift: *Friedrich Engels / 28. Nov. 1820 – 5. Aug. 1895 / Der Mitbegründer des wissen- / schaftlichen Sozialismus und / Kampfgefährte von Karl Marx / wohnte 1841/42 in diesem Hause*

In dem nicht mehr vorhandenen Haus Dorotheenstraße 56 (heute Nr. 43) Ecke Friedrichstraße wohnte Engels vom Herbst 1841 bis zum 8.10.1842 während seiner Militärzeit als Einjährig-Freiwilliger in einem Artillerie-Regiment. Die am 28.11.1955 angebrachte Tafel befand sich an der Brandmauer des Nebenhauses zur Friedrichstraße 90. Sie wurde bereits 1990 von Unbekannten entfernt, allein ein Reliefportrait von Engels, das über der Tafel hing, war im April 1992 noch vorhanden, aber zwei Jahre später auch entfernt. Am Ort der Artilleriekaserne, in der Engels Dienst hatte, wurde eine neue Kaserne gebaut, die in der DDR Unterkunft des Wachregiments »Friedrich Engels« war (Am Kupfergraben/Geschwister-Scholl-Straße; heute zur Humboldt-Universität gehörend). Darin befand sich seit dem 28.11.1964 ein Traditionskabinett mit einer Bronzetafel, die außer einem Reliefporträt den Namen Engels trug.

**EPHRAIM-PALAIS**
**Nikolaiviertel (Poststraße 16 Ecke Mühlendamm)**

Bronzetafel unterhalb des Palais, Inschrift: *Ephraim-Palais / 1761–1765 / nach Plänen des Architekten / Friedrich Wilhelm Dietrichs [!] / für Nathan Veitel Heine Ephraim, / Hofjuwelier und Münzpächter König Friedrich II., / Inhaber der Gold- und Silbermanufaktur errichtet. / 1935 / mit dem Bau der Spreeschleusen / und wegen einer Verbreiterung / der Mühlendammbrücke abgetragen. / 1985–1987 / Wiederaufbau nahe dem ehemaligen Standort. / Eröffnung anlässlich der 750-Jahrfeier / der ersten urkundlichen Erwähnung Berlins / im Beisein des Genossen Erich Honecker.*

Nathan Veitel Heine Ephraim wurde begraben auf dem Jüdischen Friedhof an der Großen Hamburger Straße. Sein Grab wurde wie der Friedhof von den Nazis zerstört.

**Leonhard EULER**
*Basel 15.4.1707 – †St. Petersburg 18.9.1783
**Behrenstraße 21 (unweit Glinkastraße)**

Inschrift: *Hier wohnte / von 1743 bis 1766 / der Mathematiker / Leonhard Euler / *15.4.1707 †18.9.1783 / Seinem Andenken / die Stadt Berlin / 1907*

Vor Abriß des alten Hauses und während der Errichtung des heutigen Baus wurde die Bronzetafel von der Stadt Berlin aufbewahrt. Euler wurde 1741 an die Akademie der Wissenschaften in Berlin berufen und blieb in Berlin bis 1766. Er war der wohl bedeutendste Mathematiker des 18. Jahrhunderts.

**Walter FELSENSTEIN**
*Wien 30.5.1901 – †Berlin 8.10.1975
**Behrenstraße 55–57 (Komische Oper)**

Inschrift: *Hier wirkte von 1947 bis 1975 / als Gründer, Intendant und Chefregisseur / der Komischen Oper / Walter Felsenstein / 30.5.1901 – 8.10.1975 / Er war einer der großen Theatergestalter / des 20. Jahrhunderts / Mit seinen Inszenierungen und seiner Arbeitsmethode / setzte er bleibende Maßstäbe für die Erneuerung / des Musiktheaters*

Bevor Felsenstein 1940 nach Berlin kam, arbeitete er in Lübeck, Mannheim, Beuthen – hier erstmals als Regisseur – , Basel, Freiburg, Köln und Zürich. Der Österreicher behielt auch nach dem Bau der Mauer einen Wohnsitz im Westteil Berlins (Schmargendorf). Unter seiner Leitung und durch seine Inszenierungen errang die Komische Oper internationales Ansehen. Enthüllt wurde die Berliner Gedenktafel durch Kultursenator Ulrich Roloff-Momin, Bezirksbürgermeister Gerhard Keil und den Intendanten der Komischen Oper, Harry Kupfer, am 8.10.1995.

**Theodor FONTANE**
*Neuruppin 30.12.1819 – †Berlin 20.9.1898
**Friedrichstraße 154 (unweit Unter den Linden, Dorotheenstädtische Apotheke)**

Inschrift: *In dieser Apotheke arbeitete der Dichter / Theodor Fontane / von Johanni 1845 bis 30.06.1846 / als 2. Rezeptar*

Die Tafel hängt im linken Schaufenster

**FRANZISKANER-KLOSTERKIRCHE**
**Klosterstraße Ecke Grunerstraße**

Links neben dem Portal der als Kriegsmahnmal erhaltenen Ruine der Kirche befindet sich eine Metalltafel mit der Inschrift: *Ruine der Franziskaner-Klosterkirche. / Begonnen um 1250 als Feldsteinkirche, / Reste an der Nordwand. / Dreischiffige Basilika aus dem / 13. und 14. Jahrhundert. 1945 durch / anglo-*

*amerikanische Bomber zerstört. / 1951 wurde die Ruine gesichert. / In den nicht mehr vorhandenen / Klostergebäuden errichtete Thurneisser 1571 / die erste Berliner Druckerei. / 1574 Gründung des Gymnasiums zum / Grauen Kloster, der / bedeutendsten Bildungsstätte des / Berliner Bürgertums. / Im 18. Jahrhundert Mittelpunkt der / deutsch-russischen-Beziehungen. In der Zeit / der Freiheitskriege lehrte hier F. L. Jahn, / Mitbegründer der deutschen Turnbewegung.*

## FRANZÖSISCHE FRIEDRICHSTADT-KIRCHE (HUGENOTTENKIRCHE)
### Charlottenstraße (am Gendarmenmarkt [DDR: Platz der Akademie])

Bronzetafel von George Morin (1935) rechts neben dem Eingang, mit bildlichen Darstellungen *Auf die Galeeren* und *Predigt in der Wüste,* darunter eine Statue von Calvin. Links von dieser der Text: *„20 000 der Aermeren, aber Betriebsamsten / flüchteten sich ins / Brandenburgische und / verschafften uns die / Manufakturen, die uns / mangelten. Alle diese / Waren lieferte uns der / Kunstfleiss der Fran-/ zosen. In Berlin siedel-/ten sich Goldschmiede, / Juweliere, Uhrmacher / und Bildhauer an. Die / Franzosen, welche sich / auf dem flachen Lande / niederliessen, bauten / Tabak an und zogen treff-/liche Früchte und Gemü-/se auf dem Sandboden, den / sie durch ihren Fleiss / in treffliches Frucht-/land umwandelten." / Friedrich der Grosse.* Rechts neben der Skulptur steht: *Wir Friedrich Wilhelm ... / thun kund nachdem die / harten Verfolgungen wo-/mit man eine zeithero / in dem Koenigreich / Frankreich wider un-/sere der evangelisch / reformierten Religion / zugethane Glaubens-/ genossen verfahren. / Viel Familien veran-/ lasset aus selbigem Koenigreiche hinweg / in andere Lande sich zu / begeben. Dass wir dannen-/her aus gerechtem Mit-/leiden bewogen werden, / denenselben eine sichere / und freye Retraite in / alle unsere Lande und / Provincien*

*in Gnaden zu / offeriren. Potsdamer Edikt 1685* Den unteren Abschluß bilden wieder bildliche Darstellungen *Auf der Flucht* und *Empfang durch den Großen Kurfürsten* dazu die Jahreszahlen *1685–1935.* Enthüllung am 29.10.1935

Eine weitere Tafel links neben dem Eingang zeigt im oberen Teil die Abbildung der Kirche 1705, unten den Grundriß aus demselben Jahr, dazwischen den Text: *Französische Friedrichstadtkirche / Erbaut 1701–1705 durch / J. Cayart und A. Quesney / Erneuert 1905 nach Plänen von O. March / Zerstört im 2. Weltkrieg 1944 / Aufgebaut 1978–1983.* Enthüllung am 17.4.1983. Jean Louis Cayat (*La Capelle 1645 – †Berlin 30.4.1702), Festungsbaumeister, seit 1687 in brandenburgischen Diensten; Abraham Quesnay (*Rouen 7.2.1666 – †Berlin 14.9.1726).

## FRANZÖSISCHER TURM
### Gendarmenmarkt (DDR: Platz der Akademie)

Im Turm befinden sich drei messingfarbene Metalltafeln, die alle schwer lesbar sind. Eine zeigt Grundriß und Aufriß von Turm und Kirche, eine die Isometrie von Turm und Kirche und eine trägt eine Inschrift zur Geschichte des Bauwerks: *Französischer Turm / 1777 / Carl von Gontard erhält den Auftrag für den Entwurf / zur Neugestaltung des Gendarmenmarktes · heute Platz / der Akademie / 1780 / Entscheidung für den Bau von zwei gleichen Kuppeltürmen / an den Ostseiten der zu Anfang des 18. Jahrhunderts / erbauten deutschen und französischen Kirche nach dem / Vorbild der Kirche an der Piazza del Popolo in Rom / 1780 · 27.5. / Grundsteinlegung und Baubeginn unter der Leitung von / Gontard / 1781 · 28.7. / Einsturz des deutschen Turms / Abtrag von Mauerwerks-/teilen beider Türme / 1781 / 22.10. / Erneute Grundsteinlegung und Fortführung des Baus / unter der Leitung von Christian Unger / 1785 / Vollendung der - Turmbauten / Die Plastiken führte Constantin Sartori nach Entwürfen / von Daniel Chodowiecki aus · Die in Kupfer getriebene / vergoldete Figur auf der Turmkuppel stellt die triumphie-/rende Religion dar / 1937 / Eröffnung des Hugenotten-Museums / 1944 / Zerstörung des Bauwerkes bei einem Luftangriff / 1981–1987 / Wiederaufbau des Turms mit den Funktionen / Hugenottenmuseum / Hugenottenbibliothek mit 11000 Bänden / Vortragsraum mit 50 Plätzen / Weinrestaurant mit 90 Plätzen / Aussichtsplattform / Glockenspiel mit 60 Bronzeglocken / 1 Wohnung / Technische Daten / Gesamthöhe 60,58 m / Aussicht Balustrade 39,34 m / Kuppelhöhe 9,80 m / Turmfigur 5,60 m / Carillon / Glockenspiel mit 60 Glocken / Kleinste Glocke 0,2 m Ø 20 Kg / Größte Glocke 2,0 m Ø 6000 Kg / Turmschaft / Innendurchmesser 10,20 m / Aussendurchmesser 13,50 m / Turmtreppe Gesamthöhe 42,34 m / Stufenanzahl 254*

Am oder im Turm soll sich vor 1980 eine Tafel zur Erinnerung an Dietrich Bonhoeffer befunden haben.

**FRANZÖSISCHES HOSPITAL**
**Claire-Waldoff-Straße 10 (unweit Friedrichstraße)**

Eine bronzene Säule mit der Skulptur eines Pelikans links vor der Durchfahrt trägt die Inschrift: *Mehr als 5000 Hugenotten, / als Evangelische / in ihrer französischen Heimat / zu Fremden geworden, / fanden 1685 in Berlin Zuflucht. / Unter dem Sinnbild des Pelikans, / der seine Jungen / mit dem eigenen Herzblut nährte, / betreuten sie ihre Kranken, / Alten und Waisen. / Das Hospitalgebäude, / hinter diesem Torbogen beginnend, / reichte von / der Friedrichstrasse bis zur Panke.*

Unter dem deutschen Text ist ein ovales Schild angebracht, das einen von der Inschrift: *Hospital françois Berlin 1686* umrahmten Pelikan zeigt. Die Inschrift geht dann auf französisch weiter: *En 1685, ils ont quitté la France, leur pays / leur propre Patrie. / Ils étaient des milliers / d'émigrés protestants (huguenots). / Ils se sont refugiés outre-Rhin / plus de 5000 d'entre-eux à Berlin. / Leur communauté / – à l'image du Pélican / qui de ses entrailles / nourit ses enfants – / a su faire face à tous ses besoins, / a soigné ses malades, ses vieillards, ses infirmes / de ses propres mains. / L'étendue de terrain qu'occupait l'hôpital commençaît / tout juste au-delà de cet arceau et faisait la jonction / entre la Friedrichstrasse et la Panke.*

In der Durchfahrt ist gleich links eine kreisrunde Bronzetafel mit folgender Inschrift befestigt: *Bienheureux sont les miséricordieux, / car la miséricorde leur sera faite. / Selig sind die Barmherzigen, / denn sie werden Barmherzigkeit erlangen. / Matth. Evgl. 5,7 / An diese Giebelinschrift / des kriegszerstörten Hospitalgebäudes / erinnert die französische Kirche zu Berlin / anlässlich der Aufstellung dieses Gedenkzeichens / am 29. Oktober 1994, / dem Tag des Edikts von Potsdam 1685. / Die WBM Wohnungsbaugesellschaft / Berlin-Mitte mbH / hat die Verwirklichung dieses Projektes / entscheidend gefördert.*

Die Tordurchfahrt selbst ist bemalt. Linkerhand zeigt sie eine Skizze der Anlagen des französischen Hospitals und u. a. folgende Angaben: *1686 Eröffnung des Hospitals / und des ältesten französischen / Friedhofes / 1779 Bau der Armenbäckerei und / der Suppenanstalt / 1805 Errichtung eines Kranken-/gebäudes / 1844 Neubau für das 1718 ge-/gründete Waisenhaus und / die 1747 entstandene Ele-/ mentarschule / 1857 Etablierung einer Pension / für ältere Damen / 1926 Beendigung der sozialen Ak-/tivitäten in der Friedrichstraße / Nr. 129 / 1944–1945 schwere Gebäudeschäden*

Die Enthüllung des von dem Bildhauer Michael Klein geschaffenen vier Meter hohen Gedenkzeichens erfolgte am 29.10.1994 durch Bezirksbürgermeister Gerhard Keil. Begonnen wurde das Projekt noch zu Zeiten der DDR.

In Buchholz (Französisch-Buchholz) erinnert auf dem Hof des Grundstücks Hauptstraße 19 ein Findling daran, daß hier seit 1685 Hugenotten siedelten. Der Stein hat nur die Inschrift *Familie Guyot 1685 – 1935*, dazu das Wappen der Familie

**FREIE SOZIALISTISCHE JUGEND**
**Schicklerstraße 5–7 (Stralauer Straße Ecke Littenstraße)**

Inschrift: *In diesem / Gebäude fand am / 26./27. Oktober 1918 / der Gründungs-/ kongress der / Freien / Sozialistischen / Jugend statt. Karl Liebknecht / sprach zu den / Delegierten*

Insgesamt waren 57 Delegierte revolutionärer Jugendgruppen aus ganz Deutschland zusammengekommen, die auch die zentrale Leitung der neuen Jugendorganisation wählten. Die Tafel wurde wahrscheinlich schon 1990 entfernt, ihr Verbleib ist nicht bekannt.

**FRIEDRICHSWERDERSCHE KIRCHE**
**Werderstraße (Schinkelmuseum)**

Inschrift links neben dem Portal: *Friedrichswerdersche Kirche, erbaut von 1824 bis 1830 von Karl Friedrich Schinkel, zerstört 1944/45, wiederaufgebaut von 1982 bis 1987*

Im Inneren der im Stil der englischen Gotik gestalteten Kirche befindet sich eine Tafel zur Erinnerung an die Verhaftung von Mitgliedern der Bekennenden Kirche (s. d.).

**Emil FROMMEL**
*Karlsruhe 5.1.1828 –
†Plön/Holstein 9.11.1896
**Burgstraße 21 Ecke An der Spandauer Brücke**

Inschrift: *Hier wohnte von 1876–1896 / der Volksschriftsteller / D. Emil Frommel / Hof- u. Garnisonprediger / * 5. Jan. 1828 † 9. Nov. 1896*

Die Bronzetafel ist über der Eingangstür des einstigen Garnison-Pfarrhauses angebracht. Frommel war seit 1869 Garnisonpfarrer in Berlin, 1872 wurde er zum Hofprediger ernannt. Er war ein zu seiner Zeit bekannter christlicher Schriftsteller, dessen Werke in mehreren Auflagen erschienen. Begraben ist er auf dem Garnisonfriedhof, Kleine Rosenthaler Straße Ecke Linienstraße, Feld IV (ziemlich in der Friedhofsmitte).

**Paul GERHARDT**
*Gräfenhainichen 12.3.1607 –
†Lübben 7.6.1676
**Nikolaikirchplatz (Nikolaikirche)**

Inschrift: *Paul / Gerhardt / geb. 12.3.1607 / gest. 7.6.1676 / wirkte an der / Sankt / Nikolaikirche / in Berlin / von 1657 bis 1666 / Lobet den Herren alle, / die ihn ehren!*

Paul Gerhardt war einer der bedeutendsten Verfasser evangelischer Kirchenlieder (u. a. »O Haupt voll Blut und Wunden«, »Befiehl du deine

Wege«). Er lebte ab 1643 in Berlin, ging 1651 nach Mittenwalde und kam 1657 wieder nach Berlin zurück. Der streng lutherische Geistliche verweigerte eine Ergebenheitsadresse für den Großen Kurfürsten und die Anerkennung seiner kirchlichen Edikte. Er wurde deshalb 1666 seines Amtes enthoben und ging in das kursächsische Lübben. Die Tafel links neben dem Eingang der Nikolaikirche wurde am 10.3.1957 angebracht.

**GERICHTSLAUBE**
**Poststraße (Nikolaiviertel)**

Inschrift: *Gerichtslaube / Zeugnis frühbürgerlicher / Rechtssprechung / ab 1270; / ursprünglich verbunden mit dem Rathaus / an der Spandauer Strasse, Ecke Rathausstrasse / Im Erdgeschoss stand der Schöffenstuhl, / im Obergeschoss der Ratsstuhl / 1871 Abbruch / im Zusammenhang / mit dem Bau des Roten Rathauses / 1985–1987 / Rekonstruktion / auf Beschluss des Magistrats von Berlin.*

Die echte Gerichtslaube wurde im Schloßpark Babelsberg nach ihrem Abbruch wiederaufgebaut. Dort steht sie mit den beim Aufbau vorgenommenen baulichen Veränderungen.

**GEWERKSCHAFTEN**
**Engeldamm 62–64 (DDR: Fritz-Heckert-Straße)**

Inschrift: *Am 2. Mai 1933 überfielen / die Faschisten dieses ehe/malige Gewerkschaftshaus / Ehre den Opfern / Mit revolutionären und / starken Gewerkschaften / für Frieden Demokratie / und Sozialismus*

Unter der Inschrift befindet sich das Symbol des FDGB. Die Tafel am einstigen Haus der Gewerkschaften (jetzt Landesinstitut für Tropenmedizin) wurde 1991 entfernt und von Mitgliedern des Luisenstädtischen Bildungsvereins in Verwahrung genommen. Am 20.11.1996, sollte sie mit der kommentierenden Jahreszahl »1983« (dem Anbringungsjahr durch den FDGB) als Zusatz als erste einer Reihe abgenommener Tafeln aus DDR-Zeiten durch die Gedenktafelkommission des Bezirks Mitte wieder angebracht werden, was jedoch auf Intervention der Senatsverwaltung für Gesundheit unterblieb. Stattdessen soll eine neue Tafel angebracht werden.

**GEWERKSCHAFTEN**
**Wallstraße 61–65 (DDR: Hermann-Schlimme-Haus)**

Inschrift: *Am 2.5.1933 / überfielen die Faschisten / dieses Gewerkschaftshaus / Ehre den Opfern / Mit der revolutionären Gewerkschaftseinheit / für Frieden, / Demokratie / und Sozialismus*

Auf der vorletzten Zeile befand sich zusätzlich das Symbol des FDGB. Am 2. Mai 1933 wurden von der nationalsozialistischen Regierung die Gewerkschaften verboten, ihr Eigentum beschlagnahmt und viele Gewerkschafter, die nicht fliehen konnten, von SA-Mitgliedern brutal mißhandelt und ermordet. Die Tafel hing im Foyer, soll im Sommer 1990 abgenommen worden sein und seither im Keller des Hauses lagern.

**Michail Iwanowitsch GLINKA**
*Nowospasskoje bei Smolensk 1.6.1804 (nach russ. Kalender 20.5.1804) – †Berlin 15.2.1857
**Glinkastraße 9–11 (ehemals Kanonierstraße) Ecke Mohrenstraße**

Aus Anlaß seines 150. Geburtstags wurde 1954 ein Porträtrelief am Haus des Zentralvorstands der Gesellschaft für Deutsch-Sowjetische Freundschaft angebracht. Inschrift unter der Porträtbüste: *Es ist das Volk / das die Musik schafft / Wir Musiker arrangieren sie nur / Michail Iwanowitsch Glinka / 1804–1857.*

Zuvor befand sich eine Tafel am Haus Kanonierstraße 14–15 (alte Zählung?) und an der Ecke des Hauses Französische Straße 8 befand sich Anfang des Jahrhunderts eine Büste Glinkas »am ersten Stockwerk. Daneben links schwarze, schmale, hohe Steintafel mit russischen Schriftzeichen. Von einem russischen Verein errichtet 1899.« (Mönch, S. 140) Der Text beider Inschriften ist nicht überliefert. Der russische Komponist starb in Berlin an einer Erkältung. Er wurde zunächst auf dem (längst nicht mehr existierenden) Friedhof der Böhmischen Brüdergemeine vor dem Potsdamer Bahnhof am Potsdamer Platz beigesetzt, aber schon kurz darauf nach St. Petersburg überführt. Auf dem Russischen Friedhof in Wittenau (Wittestraße) befindet sich ein 1947 vom damaligen sowjetischen Stadtkommandanten erneuertes Grabdenkmal für ihn.

**Johann Ernst GOTZKOWSKY**
*Konitz/Westpreußen 21.11.1710 – †Berlin 9.8.1775
**Brüderstraße 13 (Nicolai-Haus)**

Inschrift: *Dieses Haus gehörte von 1747 bis 1773 dem Fabrikanten und / »Patriotischen Kaufmann« / Johann Ernst Gotzkowsky / 21.11.1720 [!] – 9.8.1775 / Während der russischen Besetzung 1761 erwarb sich der / gebürtige Pole größte Verdienste um die Stadt / Aus seiner 1761 gegründeten Porzellan-Fabrik ging 1763 / die Königliche Porzellan-Manufaktur (KPM) hervor*

Gotzkowsky kam mit 14 Jahren als Lehrling in das Geschäft seines Bruders nach Berlin. Während der russischen Besetzung Berlins im Verlauf des Siebenjährigen Krieges im Herbst 1760 (nicht 1761!) konnte er in Verhandlungen die verlangte »Kontribution« erheblich verringern (von vier auf 1,5 Millionen Taler) und brachte sie auch zu großen Teilen mit auf. U. a. dadurch geriet er in finanzielle Schwierigkeiten und machte 1763 Bankrott. Seine Porzellanfabrik wurde vom Staat übernommen. Seine »größten Verdienste um die Stadt« dankte ihm diese nicht. Er verstarb verarmt und wurde auf dem längst verschwundenen Friedhof von St. Nikolai (dem sogenannten Schützenfriedhof, belegt von 1727 bis 1769), Keibelstraße Ecke Alte Schützenstraße, beigesetzt (der Ort liegt heute unter der nördlichen Richtungsfahrbahn des Alexanderplatzes). Enthüllung der Berliner Gedenktafel durch Bezirksbürgermeister Jürgen Zeller am 10.5.1996.

**GOUVERNEURSHAUS**
**Unter den Linden 11**

Inschrift: *Gouverneurshaus Erb. 1721 v. F. W. Diterich [!] / Einstiger Gouverneurssitz. Ab 1808 Stadtgericht. / Kopie der Fassade vom Standort König- Ecke / Jüdenstraße anstelle des kriegszerstörten / niederländischen Palais 1963/1964 eingefügt. / Heute Instituts-Gebäude der Humboldt-Universität / 1994 Erneuerung der Fassade mit finanzieller Unterstützung der / Johann-Wolfgang Langguth-Stiftung, Traben-Trarbach/Mosel*

Friedrich Wilhelm Diterichs (*Uelzen 10.4.1702 – †Orpensdorf b. Osterburg/Altmark 13.12.1782) erbaute das Haus gemeinsam mit Martin Heinrich Böhme (*Magdeburg 1676 – †Berlin 21.5.1725). Diterichs entwarf in Berlin u. a. das Prinzessinnenpalais, das Ephraim-Palais und die Kirche Buch. Abgetragen wurde das Gouverneurshaus an seinem alten Standort bereits 1960 wegen des Umbaus der Rathausstraße (ehem. Königstraße). Die Eisentafel wurde nach der Fassadenerneuerung angebracht.

**August Eduard GRELL**
*Berlin 6.11.1800 – † Steglitz 10.8.1886
**Poststraße 12**

Inschrift unter dem Reliefporträt: *Hier wurde geboren am 6. November 1800 / August Eduard / Grell / der Meister des Kirchengesanges / gestorben am 10. August 1886*

Die Tafel aus schwarzem Syenit bezieht sich auf den Vorgängerbau dieses 1893/94 errichteten Hauses. Der Komponist Grell war von 1816–1838 Organist an der Nikolaikirche und von 1853–1875 Direktor der Singakademie. Grabstätte auf dem Friedrichswerderschen Friedhof II, Kreuzberg, Bergmannstraße, Hauptweg 1–1.

**GRENZÜBERGANG INVALIDENSTRASSE**
**Invalidenstraße (Sandkrugbrücke)**

Beim Neubau der Sandkrugbrücke wurde an der Bezirksgrenze Mitte/Tiergarten ein heller Streifen in die Brüstungen auf beiden Seiten der Straße eingelassen. Darin steht jeweils in drei Zeilen senkrecht nebeneinander: *Grenzübergang / 1961–1990 / Invalidenstraße*

**Erich HABERSAATH**
*1893 – †Berlin 9.11.1918
**Chausseestraße unweit Habersaathstraße (DDR: Stadion der Weltjugend)**

Inschrift: *Hier wurde der tapfere Führer / der Berliner Arbeiterjugend / Erich Habersaath / am 9. November 1918 von reaktionären / Offizieren der Maikäferkaserne / erschossen*

Auf dem Areal befand sich die Kaserne des Gardefüsilierregiments (»Maikäfer-Kaserne« und Entstehungsort des Liedes »Lili Marleen«). Hier demonstrierten am 9.11.1918 Arbeiter der nahegelegenen Schwarzkopff-Werke. Als Militärs das Feuer eröffneten, wurden Erich Habersaath und zwei weitere Arbeiter an der Spitze des Demonstrationszuges tödlich verletzt. An der Chausseestraße, ca. 100 m nördlich der Habersaathstraße, war am 28.3.1992 noch deutlich zu erkennen, daß sich früher in der Mauer eine Gedenktafel befand. Ihr Verbleib ist unbekannt. Stadion und Mauer sind abgerissen.

**Otto HAHN**
*Frankfurt/Main 8.3.1879 – †Göttingen 28.7.1968
**Lise MEITNER**
*Wien 7.11.1878 – †Cambridge 27.10.1968
**Hessische Straße 1/2 (Sektion Chemie der Humboldt-Universität)**

Die Bronzetafel links vom Eingang ist gerahmt von zwei kreisrunden Medaillons, die Bildnisse der beiden Wissenschaftler tragen. Inschrift: *In der ehemaligen / Holzwerkstatt im / Erdgeschoss dieses / Gebäudes haben die / Radiumforscher / Otto Hahn / und / Lise Meitner / von 1906/07 bis 1912 / durch bedeutende / Entdeckungen der / Naturwissenschaft / gedient*

In diesem Hause entdeckten und klärten sie insbesondere die Erscheinung des radioaktiven Rückstoßes.

**HANDWERKERVEREINSHAUS**
**Sophienstraße 18/18a**

Inschrift: *Handwerkervereinshaus / mit / „Sophiensälen" / Erbaut 1905 für den 1844 / gegründeten Handwerkerverein, / einer Keimzelle / der Berliner Arbeiterbewegung. / Stätte bedeutender politischer Veranstaltungen, / unter anderem rief am 27.10.1918 Karl Liebknecht / zum Kampf in der bevorstehenden Revolution auf / am 14.11.1918 sprach Wilhelm Pieck auf der ersten öffentlichen Versammlung des Spartakusbundes / vom 1.–3.11.1920 Tagungsort des 5. Parteitages / der KPD unter Leitung von Wilhelm Pieck, /*

*der die Vereinigung der KPD mit den / linken Kräften der USPD beschloß / am 19.10.1928 Gründungsort des Bundes / proletarisch-revolutionärer Schriftsteller. / Während des 2. Weltkrieges / als Ausbeutungsstätte / für ausländische Zwangsarbeiter / mißbraucht.*

Die im Juli 1987 angebrachte kupferfarbene Tafel befindet sich links im Durchgang zum Hof. Daß hier auch August Bebel und der Berliner SPD-Vorsitzende Paul Singer auf großen Versammlungen auftraten, verschweigt der Text. Von 1845–1850 hatte der Handwerkerverein seinen Sitz auf dem Grundstück Johannisstraße 4 (hinter dem neuen Friedrichstadtpalast). Dort tagte vom 23.8.–3.9.1848 der erste nationale Arbeiterkongreß, der die Gründung der »Arbeiterverbrüderung«, des ersten überregionalen Zusammenschlusses von Arbeiterorganisationen in Deutschland, zum Ergebnis hatte. Nach der Revolution 1848/49 verboten, wurde der Verein 1859 wiedergegründet. Man bezog ein neues Haus in der Sophienstraße 15 (Nähe Rosenthaler Straße). Im »Großen Saal« fand am 15.12.1874 die erste gemeinsame Versammlung des Allgemeinen Deutschen Arbeitervereins (»Lassalleaner«) mit den Sozialdemokraten (»Eisenacher«) statt. Es wurde beschlossen, ein gemeinsames Programm auszuarbeiten. 1903 wurde das Haus von Wertheim erworben, es erfolgte der Umzug in die Sophienstraße 18. Der erhaltene Hauptsaal faßt 3000 Teilnehmer.

**Ambrosius HAUDE**
*Schweidnitz 4.4.1690 – †Berlin 17.5.1748
**Nikolaikirchplatz**

Inschrift: *Ambrosius Haude, / geboren zu Schweidnitz / am 4ten April 1690, / gestorben / den 17ten Mai 1748, / als / Königl. und der Academie / der Wissenschaften / Buchhändler / in Berlin. / S. S. 1835.*

Seit 1723 war er königlich-privilegierter Buchhändler in Berlin (An der Stechbahn). Als Dank für zuvor geleistete Unterstützung erhielt er von Friedrich II. nach dessen Thronbesteigung die Erlaubnis zur Herausgabe der »Berlinischen Nachrichten«, der Vorläuferin der »Spenerschen Zeitung«. Die schwarze, gußeiserne Tafel befindet sich an der Außenwand des Chores der Nikolaikirche.

**HAUSBEWOHNER**
**Große Hamburger Straße 15/16**

Im Bereich des am 3.2.1945 zerstörten Hausteils (Aufgang B) wurde an frühere Bewohner erinnert. An den Brandmauern wurden an der Stelle der einst hier befindlichen Wohnungen weiße Tafeln befestigt, auf denen jeweils übereinander Wohnzeit, Namen und Beruf standen. Gestaltet wurde dieses Erinnerungsmal von dem französischen Künstler Christian Boltanski im Jahr 1988. Ursprünglich sollte das »The Missing House« betitelte Projekt nur einige Wochen – zusammen mit einer begleitenden Ausstellung – bestehen bleiben. Tatsächlich blieb es bis zum Wiederaufbau. Rechte Wand (von links oben nach rechts unten): *1933–1945 G. Spierling Monteur; 1935–1941 J. Prochaska Schilder-*

*maler; 1930–1945 E. Langner v.w. Kanzleirat; 1938–1945 R. Jaroszewski Kraftwagenführer; 1930–1942 J. Schnapp Beamter; 1934–1945 A. Feldhaus Sprengmeister; 1930–1931 M. Thomas Directrice; 1936–1945 J. Springer Kaufmann; 1939–1945 B. Wildenhain Kaufmann; 1940–1941 W. Paschke Hilfspolizist; 1935–1945 G. Heinrich Glaser; 1938–1943 D. Poznanski Friseur* Auf der linken Wand steht: *1933–1941 E. Fabisch Verkäuferin; 1932–1934 T. Gaworzewska Klavierlehrerin; 1930–1945 G. Gottlieb Masseur; 1935–1945 A. Kunze Statistenführer; 1930–1945 W. Jordan Amtsrat; 1941–1945 H. Hirchner Feldwebel; 1933– 1942 H. Budzislawski Geflügelhändlerin; 1940–1945 H. Porteset Angestellter; 1930–1933 G. Seefeld Holzmakler; 1930–1945 G. Jacobi Kaufmann; 1938–1945 M. Müller Pensionärin; 1934–1945 L. Miteau Verwalterin*

**Georg Wilhelm Friedrich HEGEL**
*Stuttgart 27.8.1770 – †Berlin 14.11.1831
**Am Kupfergraben 5 (früher 4 a, Hegelhaus)**

Hegel, »bedeutendster Vertreter der klassischen deutschen Philosophie, wohnte hier von seiner Berufung an die Berliner Universität im Jahr 1818 (nach anderen Quellen ab 1820) bis zu seinem Tode. Das kriegszerstörte Gebäude wurde 1980–83 teilweise rekonstruiert«. Prang (Durch Berlin zu Fuß, S. 161) verweist auf eine Tafel am Haus, die besagte, »daß hier von 1820 bis zu seinem Tode im Jahre 1831« Hegel wohnte. Diese Tafel befand sich Mitte März 1992 nicht mehr am Haus. Wahrscheinlich wurde sie während der Rekonstruktion des Hauses entfernt und danach nicht wieder angebracht. Der Text einer älteren Marmortafel lautete: *In diesem Hause Kupfergraben 4 a / starb nach 12jähriger Wirksamkeit / in Berlin den 14. November 1831 / Hegel. / Diesen Denkstein stiftet der Garderitt-/meister Baron Korff als Mitglied der / philosophischen Gesellschaft 1864.* (Mönch, S. 138)

Hegels Grab befindet sich auf dem Dorotheenstädtischen Friedhof, Mitte, Chausseestraße 126, H 4, 20.

**HEILIGGEISTKAPELLE**
**Spandauer Straße 1**

Inschrift der Bronzetafel: *Kapelle / des hier am Spandauer Tor / der mittelalterlichen / Stadtbefestigung / gelegenen / Heiliggeist–Spitals / Erbaut um 1300 / Erste urkundliche / Erwähnung 1313 / gewölbt 1476 / Veränderungen am Giebel / und an den Fenstern / 1720 1752 1834 / Einbezogen in den Neubau / der Handelshochschule / 1906 / Letzte Restaurierung 1979*

Es handelt sich um eines der ältesten erhaltenen Gebäude Berlins. Das dazugehörige Heiliggeistspital wurde 1825 abgebrochen. Die Kapelle wurde 1905/06 von Wilhelm Cremer (*Köln 25.11.1845 – †Berlin 28.3.1919) und Richard Wolffenstein (*Berlin 7.9.1846 – †Berlin 13.4.1919) in den Neubau der Handelshochschule einbezogen. Sie wird genutzt von den Wirtschaftswissenschaftlern der Humboldt-Universität.

**Heinrich HEINE**
*Düsseldorf 13.12.1797 – †Paris 17.2.1856
**Behrenstraße 12 (Nähe Wilhelmstraße [DDR: Otto-Grotewohl-Straße])**

Inschrift: *Hier wohnte / in den Jahren 1821 und 1822 / Heinrich Heine / geb. 13.12.1797 / gest. 17.2.1856*

Der Dichter lebte natürlich in einem Vorgängerbau des heutigen Hauses. Er studierte während seiner Berliner Zeit Rechtswissenschaften. Im September 1993 war die Tafel von Bauarbeitern während einer Renovierung abgenommen worden. Sie wurde von den »Heine-Freunden Heinz Berg und Erich Wulf« in einem Bauwagen gefunden (BM, 22.2.1996). Am 21.2.1996 wurde die vom Magistrat ursprünglich zu Heines 100. Todestag angebrachte Tafel erneut enthüllt.

**Eduard HILDEBRANDT**
*Danzig 9.9.1818 – †Berlin 25.10.1868
**Am Kupfergraben 6a (Ecke Bauhofstraße)**

Die Inschrift auf einer Tafel in Höhe des zweiten Stockwerks ist sehr verwaschen und kaum mehr lesbar. Sie beginnt: *Hier wohnte / Ed. Hildebrandt / geb ...*

Der Rest ist nur fragmentarisch entzifferbar. Eine Auffrischung täte der Tafel und der Erinnerung an den Landschaftsmaler gut. Mönch (S. 138) gibt 1911 den Text einer »Marmortafel zwischen dem dritten und vierten Fenster des ersten Stockwerks« wie folgt an: *Hier wohnte Ed. Hildebrandt / (geb. zu Danzig d. 9. Septbr. 1817) / vom Jahre 1849 bis zu seinem Hinscheiden / am 25. October 1868.*

Hildebrandt kam 1837 nach Berlin und unternahm von hier aus viele, auch längere Reisen in Europa, den Nahen Osten, nach Afrika und Amerika (Brasilien-Bilder). 1855 wurde er Professor und Mitglied der Akademie der Künste in Berlin. Schließlich unternahm er 1862/63 eine Weltreise, als deren Ergebnis allein 300 Aquarelle und Ölgemälde entstanden. Beigesetzt wurde er in Stettin.

**Betty HIRSCH**
*Woldow Kr. Flatow/Westpreußen 4.6.1889 – †wahrscheinlich Lager Trawniki 3.11.1943
**Zionskirchstraße 4**

Inschrift: *Unvergessen! / Am 27.3.1943 / wurde die jüdische Familie / Betty Hirsch, geb. Kaatz, / und ihre beiden Kinder / Inge und Horst / aus diesem Hause / von der Gestapo abgeholt / und von den Faschisten / ermordet.*

Die Deportation der Schneiderin und ihrer Kinder Inge (*25.1.1921) und Horst (*5.9.1923), erfolgte während der sogenannten »Fabrikaktion« am 27. Februar 1943. Die vor 1952 enthüllte Tafel nennt ein falsches Datum.

Eines der Sammellager während der »Fabrikaktion« war in der Rosenstraße 2–4. In dieses Lager kamen diejenigen, die einen »arischen« Ehepartner hatten. Daraufhin versammelten sich hier über Tage hinweg mehrere hundert Frauen und verlangten von der Gestapo trotz zeitweiliger Bedrohung mit Maschinengewehren die Freilassung ihrer Ehemänner. An diese einzige öffentliche – und erfolgreiche! – Demonstration gegen die Judenverfolgung erinnerte 50 Jahre lang nichts. Erstmalig fand am 28.2.1993 zum 50. Jahrestag eine Gedenkveranstaltung statt. Ein Denkmal für die Frauen aus der Rosenstraße wurde vor kurzem errichtet.

**HOCHSCHULE FÜR DIE WISSENSCHAFT DES JUDENTUMS**
**Tucholskystraße 9 (ehemals Artilleriestraße 14)**

Inschrift der Steintafel: *In diesem Haus befand sich / in den Jahren von 1907 bis 1942 / die 1872 gegründete Hochschule / für die Wissenschaft des Judentums.*

Das Gebäude wurde 1907 nach einem Entwurf des Gemeindebaumeisters Johann Hoeniger errichtet. Die Tafel wurde 1988 »im Zuge der Hinweise auf einstige jüdische Institutionen« im Zusammenhang mit den Gedenkveranstaltungen zum 50. Jahrestag des Novemberpogroms von 1938 angebracht.

**Jakob van HODDIS, eigtl. Hans Davidsohn**
*Berlin 16.5.1887 – † 30.4.1942
**Rosenthaler Straße 40–41 (Hackesche Höfe)**

Inschrift: *„Ich habe am Wannsee Rosen gepflückt / und weiss nicht, wem ich sie schenken soll“ / Jakob van Hoddis / Mitbegründer des expressionistischen Neuen Club / am 8.11.1909 in den Hackeschen Höfen / Deportiert und ermordet von den Nationalsozialisten / im April 1942*

Van Hoddis (ein Anagramm des Namens Davidsohn) wurde am Grünen Weg 69 (heute Singerstraße, Friedrichshain) geboren. Er war ein Wegbereiter des Dadaismus und des Surrealismus in Berlin, gründete 1909 zusammen mit Kurt Hiller und Ernst Blaß den »Neuen Club« und am 1.6.1910 im Nollendorfkasino (damals Kleiststraße 41) das »Neopathetische Cabaret« 1912 erkrankte er an Schizophrenie und wurde in mehreren Heilstätten behandelt. Am 30. April 1942 wurde er aus der Anstalt Bendorf-Sayn bei Koblenz zusammen mit den anderen Patienten nach Auschwitz deportiert und unterwegs an unbekanntem Ort ermordet. Die unscheinbare, grau gestrichene Eisentafel befindet sich rechts am Anfang der Durchfahrt. Enthüllung durch Kultursenator Ulrich Roloff-Momin am 85. Gründungstag des Neuen Clubs, 8.11.1994.

**Ernst Theodor (Wilhelm) Amadeus (E.T. A.) HOFFMANN**
*Königsberg/Ostpreußen 24.1.1776 –
†Berlin 25.6.1822
**Charlottenstraße 56 (Gendarmenmarkt, hinter dem Schauspielhaus)**

Inschrift: *Der Schriftsteller / Kammer-Gerichts-Rath / Ernst Theodor Amadeus / Hoffmann / wohnte hierselbst vom Juli 1815 bis / zu seinem am 25. Juni 1822 erfolgten Tode / Seinem Andenken / die Stadt Berlin 1890*

Der Dichter, Musiker, Zeichner und Richter Hoffmann lebte im Vorgängerbau des 1907 errichteten Hauses. Die Bronzetafel ist links oberhalb des Eingangs in Höhe des ersten Stockwerks angebracht. Unter ihr befindet sich eine kreisrunde Plakette mit dem Reliefbildnis Hoffmanns. Begraben ist er auf dem Friedhof III der Jerusalems- und Neuen Kirchen-Gemeinde vor dem Halleschen Tor am Mehringdamm, Abt. 1/1–32–6.

**HOLLMANNSCHE-WILHELMINEN-AMALIEN-STIFTUNG**
**Koppenplatz 11 Ecke Linienstraße 163/165 (Altersheim)**

Inschrift: *Wilhelminen Amalien / Stiftung / gegruendet / durch den Stadtrath / Hollmañ / zum Andenken seiner / am 9 Mærz 1834 verstorbenen Gattin / Wilhelmine Amalie geb Zander*

Die 1829 begründete Stiftung befindet sich an diesem Ort seit 1837. Ihr Sinn war es von Anfang an, Witwen und Frauen »aus dem höheren und mittleren Bürgerstande ... für den Abend ihres Lebens einen ruhigen und heiteren Aufenthalt zu gewähren« (Berlinische Monatsschrift, April 1995, S. 11f.). Die stark angerostete Eisentafel befindet sich über einem früheren Eingang an der Gartenfront der Bebauung in der Linienstraße. Carl Friedrich Hollmann (*Uetz 31.12.1776 – †Berlin 27.5.1858) ist begraben auf dem Friedhof III der Jerusalems- und Neuen Gemeinde vor dem Halleschen Tor am Mehringdamm, Abt. 3/1–15–4/5 (Ehrengrab).

**Christoph Wilhelm HUFELAND**
*Langensalza 12.8.1762 – †Berlin 25.8.1836
**Dorotheenstraße 16 (DDR und bis Ende 1995: Clara-Zetkin-Straße) am Hegelplatz (früher Dorotheenstraße 3 [oder 4], später Nr. 7)**

Inschrift: *Hier wohnte / von 1804 bis 1836 / Chr. Wilh. / Hufeland / * 12.8.1762 † 25.8.1836 / Seinem Andenken / die Stadt Berlin / 1957*

Die sandfarbene Steintafel ist im Erdgeschoß an der linken Hausecke in die Sandsteinfassade eingelassen und dadurch leicht zu übersehen. Hier befand sich eine bronzene Vorläufertafel mit identischer Inschrift: *Hier wohnte / von 1804 bis 1836 / Chr. Wilh. / Hufeland. / * 12.8.1762 † 25.8.1836 / Seinem Andenken / die Stadt Berlin / 1903.*

Beigesetzt ist Hufeland auf dem Dorotheenstädtischen Friedhof, Chausseestraße 126, A 2 M, 31–35.

**Friedrich Wilhelm Heinrich *Alexander* von HUMBOLDT**
*Berlin 14.9.1769 – †Berlin 6.5.1859
**Jägerstraße 22–23 (Nähe Gendarmenmarkt; DDR: Otto-Nuschke-Straße)**

Metalltafel, Inschrift oberhalb und unterhalb eines Profilbildnisses Humboldts: *An dieser Stelle stand das / Geburtshaus des grossen deutschen / Naturforschers und Mitgliedes / der Akademie der Wissenschaften / Friedrich Wilhelm / Alexander von Humboldt / geb. 14.9.1769 gest. 6.5.1859*

Früher war hier das Hauptgebäude der Akademie der Wissenschaften der DDR. Alexander von Humboldt ist seit dem 24.1.1856 Ehrenbürger Berlins. Die Familiengrabanlage der Humboldts befindet sich im Park des Schlosses Tegel.

**Friedrich Wilhelm Heinrich *Alexander* von HUMBOLDT**
**Oranienburger Straße 67**

Inschrift: *Hier wohnte / von 1843 / bis zu seinem Ende / Alexander / von / Humboldt / geb: 14·IX·1769 / gest: 6·V·1859 / Seinem Andenken / die Stadt Berlin / 1901*

Die Bronzetafel bezieht sich auf das 1895 abgerissene Sterbehaus Humboldts, an dem sich bereits eine von der Familie Mendelssohn gestiftete Vorgängertafel befunden haben soll, die

anschließend angeblich im Hof des Hauses angebracht wurde.

**Friedrich Wilhelm Heinrich *Alexander* von HUMBOLDT**
**Unter den Linden 6 (Humboldt–Universität)**

Inschrift: *Alexander von Humboldt / hielt hier im Wintersemester 1827/28 / seine berühmten Vorlesungen / über / „physische Erdbeschreibung" / (Kosmos-Vorlesungen) / Zur 200. Wiederkehr seines Geburtstages / 14. September 1969*

Die Tafel befindet sich im ersten Stockwerk am Ende der Haupttreppe links.

**Krystana Iwanowa JANEWA**
*Wissotschen-Drama/Bulgarien (heute Griechenland) 30.10.1914 – † 23.10.1944
**Albrechtstraße 14**

Inschrift: *Hier wohnte / 1942–1943 / die bulgarische / Kommunistin und / antifaschistische / Widerstandskämpferin / Krystana Iwanowa / Janewa / geb. am 30.10.1914 / Von den Faschisten ermordet / am 23.10.1944 / Ehre ihrem Andenken*

Die Tafel wurde 1977 angebracht. In der DDR-Geschichtsschreibung hieß es, sie wurde »genannt ›Tanka‹. Als Kundschafterin für die Rote Armee in Berlin tätig, wurde sie am 27.4.1943 von der Gestapo verhaftet und am 23.10.1944 hingerichtet.«

**Adolf JARISLOWSKY**
*Hultschin 17.4.1855 – † Berlin 5.12.1933
**Jägerstraße 69**

Inschrift: *An dieser Stelle / stand von / 1889 bis 1942 / das Bankhaus / Adolf Jarislowsky*

Jarislowsky gründete seine Bank 1878. Sie war zunächst An der Schleuse 5 a, später in der Universitätsstraße 3 b und ab 1922 an diesem Ort bis sie 1942 von den Nationalsozialisten zwangsweise geschlossen wurde. Die Bronzetafel wurde am 9.5.1997 in Anwesenheit des Direktors der Stiftung Neue Synagoge - Centrum Judaicum, Dr. Hermann Simon, enthüllt. Sie befindet sich an der Rückfront der HBF-Bank. Das Grundstück wurde von den Erben Jarislowskys erworben. Beigesetzt ist Jarislowsky auf dem Jüdischen Friedhof Prenzlauer Berg, Schönhauser Allee, Erbbegr. 727, Grabnr. 22627. Die fehlerhafte Angabe soll korrigiert werden.

**JÜDISCHE KINDERVOLKSKÜCHE**
**Alte Schönhauser Straße 9–10**

Inschrift: *Alte Schönhauser / Straße 9-10 / An dieser Stelle / befand sich von / 1914 bis 1917 die / Jüdische / Kindervolksküche. / Hier bekamen bis / zu 300 Kinder des / Scheunenviertels / täglich eine warme / Mahlzeit. / 1917 entstand daraus / das Kinderheim / AHAWAH in der / Auguststraße 14/16. / Foto von 1915: Erna Bluth / Sonja Gronemann, geb. Gottesmann / Minna Mühsam, / geb. Adler / Frau Bergmann / Kind / Rachischkarski / Aktives Museum / Faschismus und / Widerstand in / Berlin e.V. / 6. Juni 1993*

Die unscheinbare weiß-graue Tafel ist rechts neben dem Eingang angebracht. Rechts neben der schmal gefaßten Inschrift befindet sich die blasse Wiedergabe des im Text erwähnten Fotos, auf dem noch weitere Personen abgebildet sind.

**JÜDISCHER FRIEDHOF**
**Große Hamburger Straße**

Tafel an der Brandmauer zu den angrenzenden Häusern der Oranienburger Straße, Inschrift:

ויציצו מעיר כעשב הארץ /
לזכרון בית=החיים הראשון של קהל=ישראל /
בברלין אשר בו נקברו נעדרי=עמנו ז״ל עד תקפ״ז /
והוא נחרב בידי רשעים ארומיים עפ״י צו=״גסטקפו״ תשג /
תנצב״ה /
ו׳ אלול תחקח ועד הצבור היהודי בברלין /

*Zur Erinnerung / an den ältesten Begräbnisplatz / der Jüdischen Gemeinde zu Berlin, / der vom Jahre 1672 bis zum Jahre 1827 benutzt und im / Jahre 1943 auf Befehl der Gestapo zerstört wurde. / Berlin / 6. Elul 5708 / 12. September 1948 / Vorstand / der Jüdischen Gemeinde.*

Die erste Zeile des hebräischen Textes entstammt Psalm 72,16 und lautet in der Übersetzung der-Luther-Bibel: *In den Städten sollen sie grünen wie das Gras auf Erden.* Der restliche Text entspricht dem nachfolgenden deutschen.

Der zerstörte Friedhof ist heute eine Parkanlage mit dem wiederhergestellten Grab von Moses Mendelssohn.

**JÜDISCHER FRIEDHOF**
**Große Hamburger Straße**

Tafel an der Brandmauer zu den angrenzenden Häusern der Oranienburger Straße über dem in die Wand eingelassenen Grabstein von Model Riess, Inschrift:

הרב הגדול הזה אשר שמו חרות על המצבה /
קנה את החלקה הזאת לאחזת קבר בשנת תלב /
ויקברו בה עד כט סיון תקפז /

*Der hier Bestattete erwarb im J. 1672 dieses Grundstück zum Begräbnißplatz, auf welchem bis zum 24. Juni 1827 beerdigt wurde. Das Andenken dieses Friedhofsbegründers ehrte durch diese Denktafel im J. 1884 Samuel Nehemias Speyer, ein in 8. Generation von ihm abstammender Enkel.*

Der hebräische Text in deutscher Übersetzung: *Dieser große Rabbiner, dessen Name auf der Grabtafel eingraviert ist, kaufte dieses Landstück als Begräbnisstätte im Jahr 5432, und es wurde auf ihm begraben bis zum 29. Siwan 5587.*

Tafel und Grabstein sind in Verwahrung genommen worden und befinden sich zusammen mit anderen abgenommenen Grabsteinen auf dem Jüdischen Friedhof Weißensee. Eine weitere von Speyer gestifteteTafel erinnerte an den ersten hier Beigesetzten, Mordechai Gumprecht Bar Jechiel Aschkenasi, gest. 4. Ijar 5432 (1672). Auch diese Tafel ist in Weißensee.

**JÜDISCHER FRIEDHOF**
**Mollstraße 11 (Grünanlage südlich des Hauses)**

Für den in dieser – nach dem Zweiten Weltkrieg völlig veränderten – Gegend gelegenen ältesten bekannten jüdischen Friedhof Berlins wurde im Jahr 1935 am Altersheim Lietzmannstraße (alles aus dem Stadtbild getilgt) durch Rabbiner Martin Salomonski die jetzt hier an einem Granitblock befestigte Tafel angebracht. Sie erinnert an die am 19. Juli 1510 auf dem Neuen Markt vor der Marienkirche in Berlin unter Vorsitz des Bürgermeisters Hans Brakow verurteilten und vor dem Frankfurter Tor (in der Nähe des heutigen Strausberger Platzes) verbrannten 38 Juden, denen der Prozeß wegen angeblicher Hostienschändung und wegen angeblichen rituellen Kindermordes gemacht wurde. Von zehn der dreizehn weiteren Angeklagten ist das Schicksal unbekannt, die restlichen drei konvertierten zum Christentum. Zwei von ihnen wurden zur Enthauptung durch das Schwert begnadigt, einer freigelassen. Der Prozeß hatte die Ausweisung aller Juden aus der Mark Brandenburg zur Folge. Auf der Tafel, die erst in der zweiten Hälfte der achtziger Jahre an ihren heutigen Standort gebracht wurde, steht auf Hebräisch:

פה נקברו /
עצמות הטהרים מתושבי קהלתנו הקדמוניה /
ברלין /
הנהרגים והנשרפים על קדושת השם ביום י׳ב אב /
שנת ה׳רע /
ויצב מאיר בן ר׳ אברהם סלומונסקי מצבה הזאת /
על משכלותם בשנת תרצ״ה ק׳

In deutscher Übersetzung: *Hier ruhen die heiligen Gebeine der Mitglieder unserer ersten Gemeinde in Berlin. Sie wurden als Märtyrer ermordet und verbrannt am 12. Aw 5270. Diese Gedenktafel wurde von Meir, dem Sohn von Abraham Salomonski, im Jahr 1935 angebracht.*

Eine metallene Zusatztafel am Sockel des Steins erläutert: *Im Jahre 1510 wurden 38 Berliner Juden wegen / angeblicher Hostienschändung verbrannt. / Ihre Gebeine sind hier bestattet.*

## JÜDISCHES ALTERSHEIM
**Große Hamburger Straße 26**

Inschrift des Gedenksteins: *An dieser Stelle befand sich das erste / Altenheim der Jüdischen Gemeinde Berlin. / 1942 verwandelte die Gestapo es in ein / Sammellager für jüdische Bürger. / 55 000 Berliner Juden vom Säugling bis / zum Greis wurden in die KZ-Lager / Auschwitz und Theresienstadt verschleppt / und bestialisch ermordet. / Vergesst das nie / Wehret dem Krieg / Hütet den Frieden*

In der zweiten Hälfte der achtziger Jahre wurden Stein und Tafel erneuert. Der Vorgängerstein trug die leicht abweichende Inschrift: *An dieser Stelle befand sich das erste Altersheim / der Jüdischen Gemeinde. / 1942 zog die Gestapo in dieses Gebäude ein / und verwandelte es in ein Sammellager für jüdische / Bürger. / Grausame Verbrechen wurden hier begangen. / Von hier aus verschleppten die Faschisten über / 50 000 jüdische Menschen vom Säugling bis zum Greis / in die KZ–Lager Auschwitz und Theresienstadt / wo sie bestialisch ermordet wurden. / Vergeßt das nie! / Wehret dem Krieg – Hütet den Frieden.*

## KAISERIN–FRIEDRICH–HAUS
**Robert–Koch–Platz 7**

Inschrift: *Kaiserin–Friedrich–Haus / errichtet in den Jahren 1904–1906 / nach Plänen des Geh. Oberbaurates E. Ihne / aus Spenden der Bevölkerung / zur Förderung der ärztlichen Fortbildung*

Die schwarze Steintafel mit goldener Inschrift befindet sich rechts im Erdgeschoß des Treppenhauses dieses Gebäudes, das weiter der ärztlichen Fortbildung dient. »Kaiserin Friedrich« war der 1888 nach dem Tod des nur 99 Tage regierenden Kaisers Friedrich III. (*Potsdam 18.10.1831 – † Potsdam 15.6.1888) von seiner Witwe *Viktoria* Adelheid Marie Luise (*London 21.11.1840 – †Schloß Friedrichshof b. Kronberg/Taunus 5.8.1901), der ältesten Tochter der englischen Königin Victoria, angenommene Name. *Ernst* Eberhardt von Ihne (*Elberfeld 23.5. 1848 – †Berlin 21.4.1917) wurde erst 1906 geadelt. Von ihm stammen in Berlin u. a. das Bode-Museum (damals Kaiser–Friedrich-Museum), der Neue Marstall und das alte Haus der Staatsbibliothek. Beigesetzt wurde Ihne in der Gruft der St. Hedwigs-Kathedrale. 1956 wurde der Sarkophag auf den St. Hedwigs-Friedhof an der Liesenstraße überführt. Dort wurde das Grab bei der »Ausfertigung der Staatsgrenze« (Heinz Knobloch) nach dem 13.8.1961 eingeebnet.

## Anna Luise KARSCH
*Meierei zw. Züllichau und Crossen/ Oder 1.12.1722 – †Berlin 12.10.1791
**Große Hamburger Straße (Sophienkirchhof)**

An der linken Außenwand der Kirche, zwischen der zweiten und der dritten Tür, erinnert in ca. 3 m Höhe eine steinerne Tafel an die »Karschin«, die erste Deutsche, »die von ihrer literarischen Tätigkeit lebte«.

Inschrift: *Hier ruht / Anna Louisa Karschin / gebohrne Durbach / Kennst du Wandrer sie nicht, / so lerne sie kennen*

**Margarete KAUFMANN**
*18.6.1908 – †Deportation 21.12.1942
**Linienstraße 154a**

Inschrift: *Die Toten mahnen / In diesem Hause / wohnte die Wider-/standskämpferin / Margarete Kaufmann / geboren 18. Juni 1908 / Von den Faschisten ermordet*

Margarete Kaufmann war zunächst Mitglied der SPD und aktiv bei der zionistischen Organisation »Poalei Zion«. 1932 trat sie der KPD bei. Wegen ihrer Arbeit in der illegalen Berliner KPD-Organisation wurde sie 1936 verhaftet, 1938 zu 15 Jahren Haft verurteilt und am 21.12.1942 aus dem Zuchthaus Cottbus in ein Vernichtungslager, wahrscheinlich Auschwitz, deportiert, wo sie ermordet wurde.

**Gerhard KAUN**
*Weimar 11.7.1911 – †Brandenburg 4.12.1944
**Fehrbelliner Straße 28**

Inschrift der in den Putz eingelassenen Tafel links neben dem Eingang: *Zum Andenken / an unseren treuen / Genossen / Gerhard Kaun, / von den faschistischen / Henkersknechten / am 4.12.1944 ermordet. / Er starb als überzeugter / Kommunist / für seine Idee.*

Wohnhaus von Gerhard Kaun, der bereits 1933 wegen seiner antifaschistischen Tätigkeit inhaftiert wurde. Im Mai 1941 wurde er zur Wehrmacht als Obergefreiter im Heeresbekleidungsamt Berlin eingezogen. Dort bildete er, nachdem er durch Cäsar Horn und Helmuth Wagener (*Weißenfels/Saale 22.10.1911 – †Brandenburg 4.12.1944) davon gehört hatte, in seiner Einheit eine Wehrmachtsgruppe des »Nationalkomitees Freies Deutschland«. Er beschaffte für die illegale Parteiorganisation der KPD um Anton Saefkow und Franz Jacob (*Hamburg 9.8.1906 – †Brandenburg 18.9.1944) Waffen und Ausrüstungsgegenstände. Im Juli 1944 wurde er verhaftet und am 4.12.1944 zusammen mit Helmuth Wagener im Zuchthaus Brandenburg hingerichtet. Enthüllung vor 1952.

**Albert KAYSER**
*Stettin 28.11.1898 –
†Buchenwald 18.12.1944
**Otto SCHMIRGAL**
*Bentschen, Krs. Meseritz 16.12.1900 –
†Brandenburg 24.10.1944
**Rosa-Luxemburg-Straße 2 (Eingangsfoyer des Verwaltungsgebäudes der Berliner Verkehrsbetriebe)**

Inschrift der links neben der Pförtnerloge angebrachten Metalltafel: *In den Berliner Verkehrs-Betrieben / arbeiteten und kämpften / die standhaften Funktionäre der Arbeiterklasse / Albert Kayser / Otto Schmirgal / Sie waren die Führer des grossen BVG Streiks 1932 / und wurden wegen ihres Kampfes / für Frieden und Sozialismus / von den Faschisten eingekerkert / und im Oktober 1944 ermordet. / Ihr Andenken ist uns Verpflichtung / nicht eher zu ruhen / bis Imperialismus, Militarismus und Faschismus / in Deutschland endgültig beseitigt sind.*

Albert Kayser war Betriebsratsvorsitzender der BVG und leitete 1932 den BVG-Streik, in dem Kommunisten und Nazis gemeinsam gegen die Demokratie aufstanden. Er war auch Reichstagsabgeordneter der KPD. Nach dem Reichstagsbrand war er zunächst von Februar bis Dezember 1933 inhaftiert, arbeitete dann im Untergrund für die KPD, wurde 1935 erneut verhaftet und zum Tode verurteilt. Nach der Umwandlung des Urteils in lebenslange Haft kam er in das KZ Buchenwald, wo er an den Folgen jahrelanger Mißhandlungen und Entbehrungen starb.
Der Streikleitung beim BVG-Streik 1932 gehörte auch der Kommunist Otto Schmirgal an,

der ab 1933 wegen illegaler Arbeit mehrfach, zuletzt 1942, verhaftet wurde. Er arbeitete in der Illegalität mit Franz Mett zusammen, wurde zum Tode verurteilt und in Brandenburg hingerichtet. Eine Grabstätte für beide (zusammen mit einem Menschen namens Raschke) befindet sich auf dem Urnenfriedhof Wedding, Seestraße 93a/ Müllerstraße 42, Abt. VIII 10/470 (Ehrengrab).

**Gottfried KELLER**
*Zürich 19.7.1819 – †Zürich 16.7.1890
**Bauhofstraße 2**

Inschrift: *In·diesem·Hause·wohnte / in·den·Jahren·1854–1855 / der·Dichter·Gottfried·Keller / Seinem·Andenken / die·Stadt·Berlin·1929*

Die Tafel soll hier 1929 irrtümlich angebracht worden sein, da Keller, nachdem er seine Wohnung in der Mohrenstraße 58 verlassen mußte, im (nicht mehr vorhandenen) Haus Am Bauhof 2 lebte. Sein erstes Berliner Domizil, als er 1850 in die Stadt kam, war in der Mohrenstraße 6.

**KINDERGARTEN**
**Fürstenberger Straße 7**

Inschrift: *Dieser Kindergarten / wurde zum / 20. Jahrestag der DDR / von zahlreichen Betrieben / und der Bevölkerung / des Stadtbezirks / Berlin Mitte / 1986–69 errichtet.*

Der Verbleib der bereits 1990 entfernten Tafel ist nicht bekannt.

**Egon Erwin KISCH**
*Prag 29.4.1885 – †Prag 31.3.1948
**Unter den Linden 60 Ecke Schadowstraße**

Inschrift links neben und unter einem Reliefporträt Kischs: *Egon / Erwin / Kisch / 1885–1948 / Kommunistischer Journalist / und Schriftsteller / Der rasende Reporter / schrieb für die / Arbeiter-Illustrierte Zeitung / deren Redaktion sich bis 1927 / im Hause Schadowstrasse 1 b befand*

Das Kleine Café im Haus des Außenwirtschaftsmisteriums der DDR, an dem die Tafel links neben dem Eingang angebracht war, existiert nicht mehr. Das Haus wurde für Büronutzungen durch den Deutschen Bundestag umgebaut, die Tafel ist entfernt.

**Martin Heinrich KLAPROTH**
*Wernigerode 1.12.1743 – †Berlin 1.1.1817
**Chausseestraße 126 (Dorotheenstädtischer und Friedrichswerderscher Friedhof)**

Inschrift: *1993 / Vor 250 Jahren geboren / Martin Heinrich / Klaproth / Apotheker und Chemiker / * 1. Dez. 1743 / Wernigerode / † 1. Jan. 1817 / Berlin / Verfasser der / Pharmacopoea Borussica / Entdecker der*

*Elemente / Cer Titan Uran Strontium / Tellur Zirkonium*

Links neben der Inschrift ist Klaproths gußeisernes Grabkreuz abgebildet, das das erste aus der Königlichen Eisengießerei war. Darunter steht: *Entwurf / C. F. Schinkel* Rechts neben der Inschrift ist ein Medaillon mit dem Reliefporträt Klaproths wiedergegeben. Darunter steht: *Medaille / Leonhard Posch* Die graugestrichene Eisentafel befindet sich – wohl seit Ende 1993 – neben dem Grabe Schadows an der Mauer zum Grundstück Hannoversche Straße 5. Klaproths Grab befand sich auf dem bis zum Abriß der Stadtmauer (Akzisemauer) ausgedehnteren Friedhof an der Chausseestraße dicht vor dem Oranienburger Tor. Es wurde eingeebnet und »geriet unter den Fußweg vor dem später erbauten Haus Nr. 131 der Chausseestraße. Das Grabkreuz ist verschollen.« (Mitteilungen des Vereins für die Geschichte Berlins, Heft 4/1993)

**Martin Heinrich KLAPROTH**
**Nikolaikirchplatz Ecke Propststraße (am Durchgang zur Spandauer Straße)**

Inschrift: *An diesem Ort, in seiner Apotheke »Zum Bären«, / wohnte und arbeitete von 1780 bis 1800 / Martin Heinrich Klaproth / 1.12.1743–1.1.1817 / Mitglied der Akademie der Wissenschaften in Berlin / seit 1788 und erster Professor der Chemie / an der 1810 gegründeten Berliner Universität / In seinem Apotheker-Laboratorium entdeckte er mehrere / chemische Elemente, darunter 1789 das Uran / 1799 gab er das erste Preußische Arzneibuch heraus*

Enthüllung der Berliner Gedenktafel am 15.12. 1995.

**Heinrich von KLEIST**
*Frankfurt/Oder 18.10.1777 –
†Am Kleinen Wannsee 21.11.1811
**Mauerstraße 53 (gegenüber Einmündung der Taubenstraße)**

Inschrift der dunklen Metalltafel rechts neben dem Eingang: *An dieser Staette / wohnte der Dichter / Heinrich von Kleist / vom Herbst des Jahres 1809 / bis zu seinem Tode / am 21. November 1811. / Seinem Andenken / die Stadt Berlin 1890.*

Ursprünglich befand sich die Tafel in Höhe des ersten Stockwerks links. Am Ort des gemeinsamen Todes mit seiner Geliebten Henriette Vogel ist Kleist auch begraben (Wannsee, Bismarckstraße).

**Kurt KLINKE**
*Berlin 28.9.1910 – †Berlin 13.12.1944
**Strelitzer Straße 18 (DDR: Egon-Schultz-Straße)**

Inschrift: *Kurt Klinke, / Widerstandskämpfer, / geb. 28.9.1910 in Berlin, / wurde am 13.12. 1944 / im Moabiter Gefängnis / von den Faschisten / ermordet. / Ehre seinem Andenken.*

Als Mitglied der SAJ nahm der Mechaniker Klinke am antifaschistischen Widerstandskampf in seinem Betrieb (Siemens & Halske in Siemensstadt) teil. Seine Gruppe um Josef Höhn gehörte zu der von Anton Saefkow und Franz Jacob geleiteten Berliner Parteiorganisation der KPD. Er wurde im Juli 1944 verhaftet und starb am 13.12.1944 an den Folgen der in der Haft erlittenen Mißhandlungen.

**Hans Georg Wenzeslaus von KNOBELSDORFF**
*Gut Kuckädel bei Crossen/Oder 17.2.1699 –
†Berlin 16.9.1753
**Unter den Linden 7 (Deutsche Staatsoper)**

Inschrift der Bronzetafel: *G. W. v. Knobelsdorff / 1699–1753 / Dem grossen Architekten / zum Gedächtnis / Seinem Werk schlugen Bomben / des Zweiten Weltkrieges / schwere Schäden · / Sie zerstörten auch sein Grab · / Die Wiederherstellung des / Opernhauses als eines / Denkmals deutscher Kultur / ist ein Zeichen unseres / dankbaren Gedenkens / an den Bau-*

*meister und / Ausdruck des friedlichen / Aufbauwerkes · dem das / Schaffen der Werktätigen / unter Führung der / Regierung der Deutschen / Demokratischen Republik gilt · / Berlin 1953*

Knobelsdorff war einer der bedeutendsten Architekten seiner Zeit in Preußen (u. a. Schlösser Sanssouci und Charlottenburg). Begraben wurde er im Deutschen Dom. (Gedenkstein aus dem Jahr 1934 auf dem Friedhof der Jerusalems- und Neuen Kirchen-Gemeinde, Kreuzberg, Zossener Straße, Abt. 1/1).

**KNOBLAUCH**
**Poststraße 23 (Nikolaiviertel)**

Inschrift der Bronzetafel: *Knoblauchhaus / Zeugnis bürgerlicher Wohnkultur / Bauherr Johann Christian Knoblauch / erwarb 1750 in Berlin das Bürgerrecht / und liess das Gebäude errichten. / Sein Enkel Carl Knoblauch, Stadtrat, / Abgeordneter des Kurmärkischen Landtags, / verfasste die Denkschrift über die Neuordnung / der Gewerbeordnung im Zuge der Stein-/Hardenbergschen Reformen. / Als Vorstand und Schatzmeister des Vereins / der Kunstfreunde besuchten ihn in diesem Haus / Schinkel, Beuth, Schadow, Schleiermacher, / Rauch, Tieck, Begas. / Eduard Knoblauch, Architekt für den Bau / der russischen Botschaft und der jüdischen Synagoge, / begründete den Berliner Architektenverein. / Armand Knoblauch gründete 1868 das Böhmische / Brauhaus. / Bernhard Knoblauch richtete Unfallstationen / und das Krankentransportwesen ein und / gründete den Verband der Ersten Hilfe.*

**Robert KOCH**
*Clausthal/Harz 11.12.1843 –
†Baden-Baden 27.5.1910
**Luisenstraße 57 (DDR: Hermann–Matern–Straße)**

Inschrift: *In diesem Hause / von 1879–1897 / Arbeitsstätte des / Reichsgesundheitsamtes /*

*schuf / Professor Doktor / Robert Koch / Ehrenbürger / der Stadt Berlin / das Rüstzeug / der bakteriologischen / Wissenschaft / und entdeckte 1882 / das Tuberkelbakterium*

Die Ehrenbürgerwürde erhielt Koch am 21.11. 1890. Beigesetzt ist er im Robert-Koch-Institut, Wedding, Nordufer 20.

**Robert KOCH**
**Dorotheenstraße 96 (DDR und bis Ende 1995: Clara-Zetkin-Straße; Humboldt-Universität, Institut für medizinische Mikrobiologie)**

Inschrift der Metalltafel rechts neben dem Eingang: *In diesem Hause hielt / Robert Koch / vor der / Berliner Physiologischen / Gesellschaft / am 24. März 1882 den Vortrag, / in dem er öffentlich seine / Entdeckung des / Erregers der Tuberkulose / mitteilte. / Berlin, am 24. März 1982*

Links neben der Inschrift befindet sich ein Porträt Kochs. Das Haus, zwischen Bunsenstraße und Wilhelmstraße (DDR: Otto-Grotewohl-Straße) gelegen, trägt noch deutliche Spuren der Straßenkämpfe am Ende des Zweiten Weltkriegs.

Im Institut befindet sich eine weitere Tafel über der Tür der Bibliothek, Inschrift: *Hier hielt / Robert Koch / seinen Vortrag / »über Tuberkulose« / Die erste öffentl. Mitteilung von der / Entdeckung des Tuberkelbacillus / am 24. März 1882*

**Sala KOCHMANN**
*Posen oder Rzeszów 7.6.1912 –
†Berlin-Plötzensee 18.8.1942
**Martin KOCHMANN**
*Wongrowitz/Westpreußen 30.10.1912 –
†Berlin-Plötzensee 7.oder 8.9.1943
**Gipsstraße 3**

Inschrift: *In diesem Hause wohnten / Widerstandskämpfer der Gruppe Baum / Sala Kochmann / von den Faschisten / in Plötzensee am 18.8.1942 hingerichtet. / Martin Kochmann / von den Faschisten / im Sept. 1943 hingerichtet. / Ihr Kampf ist auch unser Kampf!*

Beide gehörten der Widerstandsgruppe um Herbert Baum an.

**KOMMUNISTISCHE PARTEI DEUTSCHLANDS**
**Niederkirchnerstraße (früher Prinz-Albrecht-Straße) 5 (Abgeordnetenhaus von Berlin; ehemaliger Preußischer Landtag)**

Die Inschrift der früher im Erdgeschoß (im Bereich des Treppenhauses) angebrachten Tafel lautet: *In diesem Gebäude / fand vom 30. Dezember 1918 / bis 1. Januar 1919 / der Gründungsparteitag der / Kommunistischen Partei / Deutschlands statt*
Die Inschrift der Tafel im Festsaal lautete: *In diesem Raum wurde 1918/1919 die Kommunistische Partei Deutschlands gegründet.*

Die Gründungsversammlung der KPD fand im Kleinen Sitzungssaal (Festsaal; Obergeschoß an der Seite der Niederkirchnerstraße) statt. Anwesend waren 83 Delegierte aus 46 Orten des Reichs. Zu Zeiten der DDR war der Zugang für die Öffentlichkeit wegen der Lage unmittelbar an der Grenze nicht möglich, auch der eigentliche Zugang zum Haus war versperrt. Der dienstliche Zugang erfolgte über die Leipziger Straße 5/7 (Haus der Ministerien, später Treuhandanstalt). Die Anbringung der Bronzetafel erfolgte nach einem Beschluß des Sekretariats des ZK der SED vom 4.12.1963 am 3.1.1964 durch den FDGB-Vorsitzenden Herbert Warnke (*Hamburg 24.2.1902 – †Berlin 26.3.1975). Da die Wand mit der Tafel in der Haupttreppenhalle aus den dreißiger Jahren stammte und bei den Umbauarbeiten für das Abgeordnetenhaus abgerissen wurde, wurde auch die Tafel entfernt. Sie befand sich anschließend im Archiv. Gezeigt wurde sie noch einmal während einer Ausstellung über die Geschichte des Hauses im September/Oktober 1993. Über ihren weiteren Verbleib, ggf. eine Abgabe an das Deutsche Historische Museum, sollte zu einem späteren Zeitpunkt entschieden werden. Der Verbleib der Tafel im Gründungsraum (Kleiner Festsaal) konnte nicht geklärt werden. Am oder im Haus soll (wie am Roten Rathaus) – laut Landespressedienst vom 9.3.1993 – eine Gedenktafel für die vom Nationalsozialismus sowie »für die vom Stalinismus und von der SED-Diktatur verfolgten Stadtverordneten und Magistratsmitglieder« angebracht werden.

**KOMMUNISTISCHE PARTEI DEUTSCHLANDS**
**Rosenthaler Straße 38 (am Hackeschen Markt)**

Inschrift der Metalltafel: *Im Hofgebäude / dieses Hauses / arbeitete in den Jahren / 1921–1926 / das Zentralkomitee der / Kommunistischen Partei / Deutschlands / und / das Zentralkomitee des / Kommunistischen Jugend-/ verbandes / Deutschlands*

**KOMMUNISTISCHE PARTEI DEUTSCHLANDS**
**Weydingerstraße 14–16 Ecke Kleine Alexanderstraße**

Inschrift: *Karl-Liebknecht-Haus / In diesem Gebäude / arbeitete in den Jahren / 1926 bis 1933 / das Zentralkomitee / der Kommunistischen / Partei Deutschlands*

**KOMMUNISTISCHE PARTEI DEUTSCHLANDS**
**Wallstraße 76–79**

Inschrift: *Hier befand sich / von Juli 1945 bis April 1946 / der Sitz des von Wilhelm Pieck geleiteten / Zentralkomitees / der Kommunistischen Partei / Deutschlands*

Die KPD war am 12.6.1945 wieder gegründet worden. Später befand sich hier der Sitz des Dietz-Verlages.

**Christian KOPPE**
†Berlin 1721
**Koppenplatz**

Die Inschrift der Steintafel an der Wand der Gedenkanlage lautet: *Herr / Christian Koppe / Raths Verwandter / und Stadt Hauptmann / zu Berlin / widmete diesen Platz / und dessen Umgebung / im Jahre 1705. / als Ruhestätte / den Armen und Waisen, / in deren Mitte Er [!] selbst / mit den Seinigen / ruhen wollte und ruht. / Sein Andenken ehrt / dankbar die Stadt Berlin / 1855*

Die Anlage mit vier korinthischen Säulen wurde errichtet nach einem Entwurf von Friedrich August Stüler und gilt heute als älteste von der Stadt Berlin errichtete Gedenktafel.

**Christian Gottfried KÖRNER**
*Leipzig 2.7.1756 – †Berlin 13.5.1831
**Anna Maria Jacobine (Minna) KÖRNER**
*11.3.1762 – † 20.8.1843
**Johanna Dorothea STOCK**
*Nürnberg 6.3.1760 – †Berlin 26.5.1832
**Brüderstraße 13 (Nicolai–Haus)**

Inschrift: *Christian Gottfried Körner / Minna Körner geb. Stock / und die Malerin Dora Stock / wohnten hier 1815–1828 / Ihrem Andenken die Stadt Berlin 1928*

Der Jurist Körner war einer der engsten Freunde des Dichters Friedrich Schiller. Er gab die erste Ausgabe von Schillers Werken (12 Bände, Stuttgart 1812/15) heraus und war maßgeblich an der ersten Biographie Schillers beteiligt. Er lebte hier mit seiner Frau Minna und deren Schwester Dora.

**Karl *Theodor* KÖRNER**
*Dresden 23.9.1791 –
†Gadebusch/Mecklenburg 26.8.1813
**Brüderstraße 13 (Nicolai-Haus)**

Inschrift: *Theodor Körner / weilte und dichtete hier / als Student und als Lützower / 1811 und 1813 / Seinem Andenken die Stadt Berlin 1928*

Der Kriegsfreiwillige und Dichter der sogenannten Freiheitskriege war der Sohn des Vorgenannten. Der Text einer bronzenen Vorgängertafel, die zu Körners 100. Geburtstag angebracht wurde, trug die Inschrift: *Hier weilte und dichtete / Theodor Körner 1811–1813. / Seinem Andenken die Stadt Berlin / am 23. Septbr. 1891.*

Diese Tafel wurde im Lessing-Museum verwahrt.

**Heinrich Wilhelm KRAUSNICK**
*Potsdam 30.3.1797 – †Berlin 14.12.1882

Der Anbringungsort stand bei Redaktionsschluß noch nicht fest. Krausnick hält mit insgesamt 26 Jahren den Amtszeitrekord als Oberbürgermeister von Berlin. Zum Abschied aus dem Amt erhielt er am 30.12.1862 die Ehrenbürgerwürde verliehen. Grabstätte: Friedhof II der Jerusalems- und Neue Kirchen-Gemeinde, Kreuzberg, Zossener Straße, Abt. 3/1 (Ehrengrab). □

**Wilhelm KRÜTZFELD**
*Horndorf/Schleswig-Holstein 9.12.1880 – †Berlin 31.10.1953
**Oranienburger Straße 30 (neben der Neuen Synagoge)**

Inschrift: *Der Berliner Polizeibeamte / Wilhelm Krützfeld / (1880–1953) / bewahrte / in der Pogromnacht vom 9./10. November 1938 / durch mutiges und entschlossenes Eingreifen / diese Synagoge vor Zerstörung / Der Polizeipräsident in Berlin*

Krützfeld, im Range eines Revieroberleutnants Vorsteher des 16. Polizeireviers am Hackeschen Markt, alarmierte die Feuerwehr und hinderte SA-Leute, das Gotteshaus in Brand zu setzen. Er half auch sonst bedrängten und bedrohten Juden in seinem Amtsbereich. Enthüllung der Bronzetafel am 5.5.1995 durch Polizeipräsident Hagen Saberschinsky. Beigesetzt ist »der beherzte Reviervorsteher« (so der Titel eines 1990 in Berlin erschienen Buches von Heinz Knobloch), der 1942 »aus gesundheitlichen Gründen« in den Ruhestand versetzt wurde, auf dem Friedhof III der Georgen-Parochialgemeinde, Weißensee, Roelckestraße 142.

**Theodor LEIPART**
*Neubrandenburg 17.5.1867 – †Berlin 23.3.1947
**Am Köllnischen Park 2 (Gewerkschaftshaus)**

Inschrift: *In diesem Gewerkschaftshaus des / Deutschen Holzarbeiterverbandes / wirkte / Theodor Leipart / 17.5.1867–23.3.1947 / als Vorsitzender von 1908 bis 1919 / Danach Arbeitsminister in Württemberg / 1921 bis zur Verfolgung durch die Nazis am 2. Mai 1933 / Vorsitzender des Allgemeinen Deutschen Gewerkschaftsbundes / Streiter für die Einheit der Gewerkschaftsbewegung*

Die am 10.4.1997 aus Anlaß des Gewerkschaftstages der Gewerkschaft Holz und Kunststoff enthüllte Bronzetafel befindet sich links neben dem Eingang.

**Theodor LEIPART**
**Wallstraße 61–65 Ecke Inselstraße**

Inschrift: *In diesem Bundeshaus des / Allgemeinen Deutschen Gewerkschaftsbundes / wirkte als dessen Vorsitzender seit 1921 / Theodor Leipart / 17.5.1867–23.3.1947 / Bei der Zerschlagung der Gewerkschaften / durch die Nationalsozialisten ist er hier / am 2. Mai 1933 verhaftet worden*

Der Drechsler war seit 1890/91 hauptamtlich für die Gewerkschaft tätig, in der er eng mit Carl Legien (*Marienburg/Westpreußen 1.12. 1861–†Berlin 26.12.1920) zusammenwirkte und diesem im Amt nachfolgte. Anfangs 1933 betrieb er zur Rettung der Gewerkschaftsbewegung eine erfolglose Strategie der „bedingten Anpassung" („Leipart-Kurs"). Nach der Zerschlagung Nazi-Deutschlands trat er für die organisatorische Einheit von Sozialdemokraten und Kommunisten ein und wurde Mitglied der SED. „Von den alten Freunden bis auf wenige Ausnahmen gemieden, starb er vereinsamt." (Neue Deutsche Biographie) Grabstätte auf dem Zentralfriedhof Friedrichsfelde, Gedenkstätte der Sozialisten, Gudrunstraße. Enthüllung der Berliner Gedenktafel am 10.4.1997 aus Anlaß des Beschäftigungsgifeltreffens des Deutschen Gewerkschaftsbundes u. a. durch die DGB-Landesverbandsvorsitzende Christiane Bretz und Bezirksbürgermeister Joachim Zeller.

**Wladimir Iljitsch LENIN, eigtl. Uljanow**
*Simbirsk (seit 1924 Uljanowsk) 22.4.1870 – †Gorki (Dorf bei Moskau) 21.1.1924
**Bebelplatz (»Kommode«)**

Inschrift: *Lenin / arbeitete / im Jahre 1895 / in diesem Gebäude / ehemals / Königliche Bibliothek*

Die Tafel wurde in der Nacht vom 9. zum 10.2.1994 gestohlen. Auch am Haupteingang zur Staatsbibliothek Unter den Linden befand sich noch Anfang der achtziger Jahre eine Tafel mit der Inschrift: *In dieser / Bibliothek / arbeitete / W. I. Lenin / im Jahre / 1895*
Das war ein besonders schöner Unsinn, weil das Haus erst 1914 fertig wurde. Der Verbleib dieser Tafel ist nicht bekannt.

**Wladimir Iljitsch LENIN**
**Schumannstraße 13a (Deutsches Theater)**

Tafel rechts neben dem Eingang, Inschrift unter einem Reliefporträt: *W. I. Lenin / besuchte am 8. August 1895 / das Deutsche Theater / Er sah „Die Weber"*

»Die Weber« von Gerhart Hauptmann, die wegen ihrer Sozialkritik Kaiser Wilhelm II. bewogen, seine Loge in diesem Theater zu kündigen.

**LESENDER ARBEITER**
**Unter den Linden 8 (Staatsbibliothek)**

Im Brunnenhof der Bibliothek steht rechts die Statue »Lesender Arbeiter« (Werner Stötzer, 1961). Links, ihr gegenüber, ist eine Bronzeplatte an einem steinernen Sockel befestigt. Sie trägt außer szenischen Darstellungen versetzt über die Tafel Brechts Gedicht »Fragen eines lesenden Arbeiters«: *Wer baute das siebentorige Theben? In den Büchern stehen die Namen von Königen. Haben die Könige die Felsbrocken herbeigeschleppt? Und das mehrfach zerstörte Babylon – Wer baute es so viele Male auf? In welchen Häusern des goldstrahlenden Lima wohnten die Bauleute? Wohin gingen an dem Abend, als die Chinesische Mauer fertig war, die Maurer? Das große Rom ist voll von Triumphbögen. Wer errichtete sie? Über wen triumphierten die Cäsaren? Hatte das vielbesungene Byzanz nur Paläste für seine Bewohner? Selbst in dem sagenumwobenen Atlantis brüllten in der Nacht, wo das Meer es verschlang, die Ersaufenden nach ihren Sklaven. Der junge Alexander eroberte Indien. Er allein? Cäsar schlug die Gallier. Hatte er nicht wenigstens einen Koch bei sich? Philipp von Spanien weinte, als seine Flotte untergegangen war. Weinte sonst niemand? Friedrich der Zweite siegte im Siebenjährigen Krieg. Wer siegte außer ihm? Jede Seite ein Sieg. Wer kochte den Siegesschmaus? Alle zehn Jahre ein großer Mann. Wer bezahlte die Spesen? So viele Berichte. So viele Fragen.*

**Gotthold Ephraim LESSING**
*Kamenz/Oberlausitz 22.1.1729 – †Braunschweig 15.2.1781
**Nikolaikirchplatz 7**

Inschrift: *Hier stand das Haus, / in dem / Lessing / 1765 Minna von Barnhelm beendete. / Die Stadt Berlin 1913.*

Den Hauptteil des Werkes hatte Lessing schon 1763 in Breslau verfaßt. Die Tafel wurde während der Rekonstruktion des Nikolaiviertels 1986 angebracht. Ursprünglich hing sie am Kaufhaus Tietz am Alexanderplatz, dem das dortige Wohnhaus Lessings weichen mußte. Der heutige Anbringungsort ist also historisch falsch: »Dichters Ort« war in dem mit dem Bau der Stadtbahn verschwundenen Haus Am Königsgraben 10 (heute etwa im Bereich des Kaufhauses auf dem Alexanderplatz). Allerdings stand das Original des im Nikolaiviertel 1985/86 wiedererrichteten Hauses, in dem Lessing während seines zweiten Berlin-Aufenthalts 1752–1755 lebte, nur wenig entfernt Nikolaikirchhof 10. Am Haus Am Königsgraben 10 hatte der Verein für die Geschichte Berlins bereits am 9.4.1870 eine Marmortafel über der Tür anbringen lassen, die

die Inschrift trug: *Lessing dichtete hier / Minna von Barnhelm / 1765 / D. Verein f. d. Geschichte / Berlins 1870.*

Nach Abbruch des Hauses wurde die Tafel im Nicolai–Haus, Brüderstraße 13, verwahrt. Beigesetzt ist Lessing in Braunschweig auf dem St. Magni-Friedhof.

**Karl LIEBKNECHT**
*Leipzig 13.8.1871 – †Berlin 15.1.1919
**Stresemannstraße Nähe Köthener Straße (neben dem U-Bahneingang, etwa vor dem Eingang des ehemaligen Potsdamer Bahnhofs)**

Inschrift des ca. 1,70 m hohen dunklen, gemauerten Denkmalsockels, der am 13.8.1951 – Liebknechts 80. Geburtstag – enthüllt wurde: *Von dieser Stelle aus / rief / Karl Liebknecht / am 1. Mai 1916 zum Kampf / gegen den imperia-/listischen Krieg / und für den Frieden / auf*
Auf der gegenüberliegenden Seite steht: *Grundstein eines Denkmals für Karl Liebknecht 1871–1919*

Liebknecht hatte unter der Losung »Wer gegen den Krieg ist, erscheint am 1. Mai Abends acht Uhr Potsdamer Platz (Berlin)« zur Mai-Demonstration aufgerufen. Auf der Demonstration rief er: »Nieder mit dem Krieg! Nieder mit der Regierung!« wurde festgenommen und vom Kriegsgericht der Kommandantur Berlin zunächst zu zweieinhalb Jahren, in letzter Instanz vom Oberlandesgericht zu vier Jahren und einem Monat Zuchthaus verurteilt. Der Stein befand sich während der Jahre der Mauer unmittelbar hinter dieser im gesperrten Grenzstreifen (»Todesstreifen«) und war damit nicht zugänglich. Später stand er hinter einem Baustellenzaun. Der Erhalt oder die Einbeziehung des nicht geschützten Denkmalsockels in die neue Bebauung ist nicht vorgesehen. Am 22. März 1995 wurde der Sockel demontiert und seine Einzelteile auf einen Lagerplatz nach Marzahn gebracht. Er soll nach Angaben von Bausenator Wolfgang Nagel (LPD, 6.4.1995) bis zur Wiederaufstellung im Lapidarium (Kreuzberg) ausgestellt werden.

**Karl LIEBKNECHT**
**Unter den Linden 6 (Humboldt-Universität)**

Inschrift: *Der Führer der deutschen / Arbeiterbewegung / und Mitbegründer der / KPD / Karl Liebknecht / (1871–1919) / studierte an der / Universität Berlin / von 1890–1893*

Die Tafel befand sich im ersten Stockwerk am Ende des rechten Aufgangs der Haupttreppe (neben dem Gang). Die Berliner Zeitung schrieb am 23.11.1991: »Auch an den ›Führer der deutschen Arbeiterbewegung und Mitbegründer der KPD‹ , Karl Liebknecht, der von 1890 bis 1893 an der Humboldt-Universität studierte, möchten die Humboldtianer nicht mehr erinnert werden. Die Tafel im Hauptgebäude soll ebenso wie der Wandteppich ›Wissenschaft und Sozialismus‹ im Senatssaal abgehängt werden.« Am 14. April 1992 faßte das Konzil der Universität einen Beschluß über die Abnahme der Tafel. Im Oktober des Jahres war sie entfernt. An ihrer Stelle hing ein Flugblatt der »Hochschulgruppe Demokratischer SozialistInnen« mit der Überschrift »Wehret den Anfängen!«, einer Abbildung der Tafel und dem Hinweis: »Rechtzeitig zum 121. Geburtstag Karl Liebknechts am 13. August wurde diese ihm gewidmete Gedenktafel entfernt.«

**LINDENTUNNEL**
**Unter den Linden / Am Festungsgraben**

Über der Einfahrt des einstigen Straßenbahntunnels steht: *Lindentunnel / Erbaut durch die / Stadt Berlin* Darunter ist das Berliner Stadtwappen abgebildet.
Der Tunnel wurde zeitweise für eine Ausstellung von Ben Wargin genutzt.

**Hans LITTEN**
*Halle/Saale 19.6.1903 –
†Dachau 4. oder 5.1.1938
**Littenstraße 14–15 (Amtsgericht Mitte; DDR: Berliner Stadtgericht)**

Rötliche Steintafel links neben dem Eingang, Inschrift: *Hans Litten / unerschrockener Kämpfer / für Menschlichkeit und Frieden / Anwalt und Verteidiger / der Unterdrückten / Ermordet 1938 im K-Z-Lager Dachau*

Der hochbegabte Rechtsanwalt stellte Hitlers wahre politische Absichten 1931 in einem Prozeß bloß, zu dem er ihn als Zeugen laden ließ. Noch in der Nacht des Reichstagsbrandes in »Schutzhaft« genommen, wurde Litten durch mehrere Gefängnisse und Konzentrationslager (Spandau, Esterwegen, Lichtenburg, Buchenwald) geschleppt, gefoltert und schließlich umgebracht. Eine Grabstätte für Litten befindet sich auf dem Friedhof Pankow III, Leonhard-Frank-Straße 103.

**Karl Heinrich Adolf LOHMANN**
*Bielefeld 10.4.1898 – †Berlin 22.4.1978
**Hessische Straße 3–4 (Physiologisch–Chemisches Institut der Humboldt-Universität)**

Unter einem Bildnis des Wissenschaftlers steht die Inschrift: *Karl Lohmann / 1898 1978 / –Entdecker des ATP– / Biochemiker · Förderer / der experimentellen / Medizin in der DDR*

Lohmann lebte – mit Unterbrechungen – seit 1929 in Berlin. Er befaßte sich vorrangig mit Fragen des Enzymhaushalts und des Zellstoffwechsels. Die Entdeckung des ATP (Adenosintriphosphat) gelang ihm bereits 1928.

**Albert LORTZING**
*Berlin 23.10.1801 – †Berlin 21.1.1851
**Luisenstraße 53 (DDR: Hermann-Matern-Straße)**

Inschrift: *Hier starb am 21. Januar 1851 / der Tonkünstler / Albert Lortzing / Seinem Andenken / die Stadt Berlin 1889.*

Lortzing wohnte im zweiten Stock dieses – wiederhergestellten – Hauses vom Juli 1850 bis zu seinem Tode. Die Bronzetafel befindet sich über dem Eingang. Beigesetzt ist der Opernkomponist (u. a. »Zar und Zimmermann«, »Der Wildschütz«, »Undine«) auf dem Sophienfriedhof, Bergstraße (Mitte), Feld IX–6–47/48. Hier ist das sog. »Musikerquartier« am Zugang Ackerstraße, denn hier ruhen auch Walter Kollo und Wilhelm Friedrich Ernst Bach (*Bückeburg 27.5.1759 – †Berlin 25.12.1845), Musiklehrer der Kinder von Königin Luise und letzter Enkel Johann Sebastian Bachs. Lortzings Grabstein (*„Dem Meister deutscher Tonkunst von den Mitgliedern des Herzoglichen Hoftheaters zu Braunschweig im Jahre 1859"*) trägt im unteren Teil die Verse: *„Deutsch war sein Leben, und deutsch sein Leid, / Sein Leben Kampf mit Not und Neid. / Das Leid flieht diesen Friedensort, / Der Kampf ist aus, sein Lied tönt fort."*

**Rudolf LUNAU**
*27.6.1906 – vermißt 1943
**Rosa-Luxemburg-Straße 30 (Foyer des Kinos Babylon, linke Seite)**

Inschrift: *Zum Gedenken / an den antifaschistischen Widerstands–/kämpfer Rudolf Lunau / Er richtete 1933–1934 in diesem Kino / einen*

*Stützpunkt für die illegale Arbeit / einer Widerstandsgruppe der KPD ein.*

Lunau war Filmvorführer im Babylon, wurde am 20.11.1934 zu vier Jahren Zuchthaus verurteilt, 1943 kam er in das Strafbataillon 999 und ist seither vermißt. Enthüllung der Tafel Anfang der achtziger Jahre.

**MAGISTRAT**
**Parochialstraße 1–3**

Inschrift: *Am 19. Mai 1945 wurde in diesem Gebäude / der Magistrat der Stadt Berlin durch den / ersten sowjetischen Stadtkommandanten, / Generaloberst N. E. Bersarin, / feierlich in sein Amt eingeführt. / Erster Oberbürgermeister war / Dr. Arthur Werner.*

*Hier fand am 17. Juni 1945 die erste / Gewerkschaftskonferenz in Berlin statt. / Die Teilnehmer stimmten dem Aufruf / zur Gründung des Freien Deutschen / Gewerkschaftsbundes vom 15. Juni 1945 zu.*

*Hier tagten am 26. Februar 1946 die / Mitglieder des Zentralen Antifaschistischen / Jugendausschusses unter Leitung ihres / Vorsitzenden Erich Honecker. Sie / unterzeichneten den Gründungsbeschluss / der Freien Deutschen Jugend.*

Die Tafel von 1987 ist entfernt, sie befindet sich im Märkischen Museum. Eine Vorgängertafel erinnerte allein an die Gründung des FDGB.

**Heinrich Gustav MAGNUS**
*Berlin 2.5.1802 – †Berlin 4.4.1870
**Am Kupfergraben 7 Ecke Dorotheenstraße (DDR und bis Ende 1995: Clara-Zetkin-Straße; Magnus-Haus)**

Inschrift: *In diesem Hause / gründete und leitete / 1842 bis 1870 / Gustav / Magnus / das erste physikalische / Institut Deutschlands / Ihm / den Mitarbeitern und Schülern / A·von Baeyer · E·du Bois · Reymond / R·Claustus · P·von Groth / H·von Helmholtz · G·Kirchhoff / A·Kundt · E·Sarasin · J·Tyndall / E·Warburg / zum Gedächtnis / Die Deutsche Physikalische / Gesellschaft / 1930*

Das Haus wurde um 1753 durch Friedrich Boumann den Jüngeren errichtet. Magnus wurde 1834 als Professor für Physik und Technologie an die Berliner Universität berufen, er war berühmt für seine Experimentalvorlesungen. Er begründete 1845 die Physikalische Gesellschaft. 1993/94 wurde das Haus renoviert. Die während der Renovierung abgenommene Tafel wurde nach Abschluß der Arbeiten wieder angebracht. Beigesetzt ist Magnus auf dem Dorotheenstädtischen Friedhof, Chausseestraße 126.

**Josephine Alwine MARCUSE**
*11.3.1879 – deportiert nach Riga 13.1.1942
**Zionskirchstraße 15 (früher Nr. 48)**

Die Tafel für die wegen ihrer jüdischen Herkunft Verfolgte wurde von Unbekannten entfernt und am 8.5.1991 von Mitgliedern des Vereins »Aktives Museum Faschismus und Widerstand in Berlin e.V.« erneuert. Inschrift: *Aus diesem Hause / wurde 1942 / J. Marcuse / von der Gestapo abgeholt / und kehrte nicht wieder zurück.*
Darunter steht neben dem Symbol des Vereins der Zusatz: *Eine Gedenktafel mit dem gleichen Text befand sich an diesem Haus. 8.5.1991*

**MÄRKISCHES MUSEUM**
**Wallstraße**

Inschrift an der Mauer hinter dem Roland: *Der Roland / von Brandenburg / 1474 / Kopie 1905 / Hergestellt für das / Märkische Museum*

**Karl MARX**
*Trier 5.5.1818 – †London 14.3.1883
**Luisenstraße 60 (DDR: Hermann-Matern-Straße; ursprünglich Luisenstraße 45a)**

Inschrift unter einem Reliefporträt von Marx: *Karl Marx / 5.5.1818–14.3.1883 / Der größte Sohn des deutschen Volkes, / Begründer des*

*wissenschaftlichen Sozialismus / wohnte 1838/39 in diesem Hause*

Hier war eine der neun bekannten und die einzige erhaltene seiner Wohnungen in Berlin während des Studienaufenthalts von 1836–1841. Hier lebte der junge Student von Oktober 1838 bis März 1839. Die Tafel war bereits am 25.3.1992 entfernt. Auf der leeren Stelle stand mit roter Farbe: *Hier wohnte / Karl Marx / Ein großer Sohn / Deutschlands*

**Karl MARX / Friedrich ENGELS**
**Unter den Linden 6 (Humboldt-Universität)**

Inschrift: *Karl Marx / studierte von 1836–1841 / an der Berliner Universität / Friedrich Engels / hospitierte hier von 1841 bis 1842*

Die Tafel links neben dem Haupteingang wurde am 22.3.1983 enthüllt. Während der Fassadenarbeiten wurde sie wahrscheinlich 1991 entfernt. Ihr Verbleib ist nicht bekannt. Ebenfalls entfernt wurde die Büste von Marx im Hauptgebäude der Universität. Allein die Inschrift an der Wand der Haupttreppe mit seiner »11. Feuerbachthese« blieb erhalten: *Die Philosophen haben die Welt / nur verschieden interpretiert, / es kommt aber darauf an / sie zu verändern*

**MAUERBAU**
**Unter den Linden 15 Ecke Charlottenstraße (DDR: Haus der Gewerkschaften)**

Inschrift: *Im August 1961 / befand sich in diesem Gebäude der Sitz / eines Berliner Kampfgruppenstabes / Von hier aus erfolgte der Einsatz der Kampfgruppen / zur Sicherung der Staatsgrenze der DDR / im Bereich des Brandenburger Tores.*

Die Tafel wurde schon bald nach der Wende entfernt, ihr Verbleib konnte nicht ermittelt werden.

**MAXIM–GORKI–THEATER (SINGAKADEMIE)**
**Am Festungsgraben 2**

Inschrift der kupferfarbenen Metalltafel im Foyer: *In diesem / von Karl Theodor Ottmer / nach Entwürfen Carl Friedrich Schinkels / von 1825–1827 errichteten Gebäude / erhielt die von / Carl Friedrich Fasch 1791 gegründete / Singakademie zu Berlin unter der Direktion / von Carl Friedrich Zelter ihre künstlerische / Heimstatt und entwickelte sich zu einem / bedeutenden Zentrum deutscher Musikpflege. / Hier erklang / am 11. März 1829 unter Leitung von / Felix Mendelssohn Bartholdy / die wiederentdeckte Matthäus-Passion / von Johann Sebastian Bach. / Alexander von Humboldt hielt hier / 1827/28 seine Kosmosvorlesungen. / 1848 tagte die Verfassungsgebende / Preußische Nationalversammlung / in diesem Hause. / Seit 1952 ist es Spielstätte des / Maxim-Gorki-Theaters.*

**Moses MENDELSSOHN**
*Dessau 17.8.1728 – †Berlin 4.1.1786
**Große Hamburger Straße 27 (Jüdische Schule; DDR: Kommunale Berufsschule Prof. Dr. Richard Fuchs)**

Zwei nebeneinander in die Wand eingelassene Metalltafeln, von denen die linke ein Porträtrelief von Moses Mendelssohn (Gerhard Thieme, 1983) zeigt und die rechte die Inschrift trägt: *»Nach Wahrheit forschen, / Schönheit lieben, / Gutes wollen, / das Beste tun« / Moses Mendelssohn / Philosoph / und Freund Lessings / Gründer / der ersten / jüdischen Schule in Berlin / geboren am 6. September 1729 in Dessau / gestorben am 4. Januar 1786 in Berlin*

Das 1906 erbaute Haus (anstelle des Vorgängerbaus von 1863) diente als jüdische Knabenschule (1826 gegründet). Über dem Eingang hat die Inschrift: *Knabenschule der Jüdischen Gemeinde* die Zeitläufte überdauert. Außerdem waren hier bis 1925 das Lehrerbildungsseminar und seit 1931 die jüdische Mädchenschule untergebracht. 1942 wurde die Schule von den Nazis geschlossen und wie das damals nebenan befindliche Altersheim zu einem Deportationssammellager gemacht. Heute ist in dem Haus wieder eine jüdische Schule. Die Säule der Mendelssohn-Büste im Centrum Judaicum (Oranienburger Straße) trägt die Inschrift: *Moses Mendelssohn / geboren in Dessau / im Jahr 1729 / von jüdischen Ältern. / Ein Weiser wie Sokrates / den Gesetzen der Väter getreu / Unsterblichkeit lehrend / und unsterblich wie er.*

Nach Aussage der Herausgeberin der Mendelssohn-Gesamtausgabe, Prof. Dr. Eva Engel-Holland, ist Mendelssohn ein Jahr älter als üblicherweise angegeben und wurde bereits am 17. 8. 1728 geboren (Berlinische Monatsschrift, Januar 1995, S. 32).

**Franz METT**
*Nickelnischken 25.10.1904 –
†Brandenburg 21.8.1944
**Gormannstraße 13 (Franz-Mett-Sporthalle)**

Die Tafel aus schwarzem Stein ist an der Mittelsäule des Eingangs angebracht, Inschrift: *Franz Mett=/Sporthalle / Franz Mett, / antifaschistischer / Widerstandskämpfer / Von den / Faschisten / hingerichtet / am 21.8.1944*

Mett war zuletzt aktiver Funktionär in der Widerstandsgruppe um Robert Uhrig. Er war verantwortlich für die Widerstandsarbeit in einer Reihe von Rüstungsbetrieben.

**Franz METT**
**Weinmeisterstraße 16 (DDR: Franz-Mett-Oberschule)**

Inschrift: *Franz / Mett / antifaschistischer / Widerstandskämpfer / geboren am 25.10.1904 / ermordet am 21.8.1944 / Ehre / seinem Andenken*
Der Verbleib der Tafel ist nicht bekannt. Eine weitere (oder frühere) Tafel im Foyer trug (nach Maur) die Inschrift: *Franz Mett 25.10.1904 geboren in Nickelnischken 1910–1918 Besuch der Volksschule 1929 Metallarbeiter in Berlin, Mitglied der KPD, Kassierer, Agitpropleiter 1932 Ehe mit Johanna Mett, ehemals von der*

*Klassenjustiz vor Gericht gestellt Seit 1933 aktive Teilnahme am antifaschistischen Widerstandskampf 1934–1937 eingekerkert im Zuchthaus Luckau, danach Weiterführung des Kampfes gegen Faschismus und Krieg. Mitglied der Widerstandsgruppe Robert Uhrig 4.2.1942 Verhaftung durch die Gestapo 7.6.1944 zum Tode durch die Nazijustiz verurteilt 21.8.1944 im Zuchthaus Brandenburg–Görden von den Faschisten ermordet*

Der Verbleib auch dieser Tafel ist nicht bekannt.

**Franz METT**
**Mulackstraße 7**

Inschrift: *Hier wohnte / der Widerstands-/ kämpfer / Franz Mett / geb. am 25.10.1904 / Hingerichtet / am 21.8.1944 / in Brandenburg*

Ein Gedenkstein oder eine Gedenktafel für Mett an der Stelle des nicht mehr existierenden Wohnhauses ist nicht vorhanden. Der Verbleib der angeblichen Tafel (oder des Steins) ist nicht bekannt.

**MILITÄRÄRZTLICHE AKADEMIE**
**Scharnhorststraße 36/37**

Inschrift: *Dieses Gebäude wurde 1905–1910 für die / 1795 gegründete Pépinière / – militärärztliche Akademie – / errichtet / und war bis 1918 und von / 1934–1945 deren Sitz*

Die Bronzetafel zeigt unten links einen Äskulapstab, unten rechts einen Hahn, der eine Art Pfeife in den Krallen hält. Die Inschrift ist in ganzer Höhe unterlegt mit einem leicht erhabenen »Apotheken-A«. Der Gebäudekomplex für die »Kaiser-Wilhelm-Akademie für das ärztliche Bildungswesen« (seit 3.12.1895) wurde nach Plänen der Architekten Wilhelm Cremer und Richard Wolffenstein errichtet. In der DDR befand sich darin das Regierungs-, später das Diplomatenkrankenhaus. Heute befindet sich hier u. a. das Bundeswirtschaftsministerium. Die Gründungsbezeichnung Pépinière (frz. Baumschule, Pflanzschule) geht wohl darauf zurück, daß zu ihren Einrichtungen nicht nur die Charité und die Anatomie, sondern auch ein botanischer Garten gehörten. Gegründet wurde sie auf Anregung des Generalstabschirurgen, späteren Generalstabsarztes und Akademieleiters Johannes Goercke (auch: Görcke [*3.5.1750–†30.6.1822, Grabstätte: Friedhof Potsdam-Bornstedt]). Die Enthüllung der Tafel erfolgte am 2.8.1995.

**Heinrich Freiherr Menu von MINUTOLI**
*Genf 12.5.1772 – †Lausanne 16.9.1846
**Kleine Rosenthaler Straße Ecke Linienstraße (Garnisonfriedhof)**

Inschrift: *Zum Gedenken an / Heinrich von Minutoli / geb· am 12·5·1772 gest· am 16·9· 1846 / Generalleutnant · Ägyptenforscher / Förderer der königlichen Museen*

Der aus altem italienischem Geschlecht stammende Minutoli trat schon jung in preußische Militärdienste ein. Er erhielt 1820 die Leitung einer preußischen Ägyptenexpedition, deren Sammlungen von König Friedrich Wilhelm III. angekauft wurden und den Grundstock für das Ägyptische Museum bilden. Minutoli, zum Mitglied der Akademie der Wissenschaften ernannt, zog sich bald darauf auf seine Besitztümer bei Lausanne zurück. Über die Expedition schrieb er das Werk »Reise zum Tempel des Jupiter Ammon und nach Oberägypten«. Der helle Stein, auf dessen angeschrägtem Oberteil sich die Inschrift befindet, wurde im Herbst 1996 in Feld III unweit vom Grabe Friedrich Heinrich Karl Baron de la Motte Fouqués (*Brandenburg 12.2.1777 – †Berlin 23.1.1843) aufgestellt.

**Christian Andreas *Theodor* MOMMSEN**
*Garding/Schleswig 30.11.1817 – †Charlottenburg 1.11.1903
**Unter den Linden 6 (Humboldt-Universität)**

Inschrift unter der Portraitplastik des Gelehrten: *Theodoro · Mommsen / scriptori · rerum · romanarum / inter · omnes · principi / cuius ·*

*impulsu · atque · consilio / limes · imperii · romani / patefactus · est / Guilelmus · II / imperator · germanorum* (in deutscher Übersetzung: *Theodor Mommsen, dem führenden Vertreter der römischen Geschichte, auf dessen Anregung und Rat der Limes des römischen Imperiums freigelegt worden ist. Wilhelm II., Kaiser der Deutschen)*

Die in Form einer römischen Grabplatte gestaltete Tafel befindet sich im Flur des ersten Geschosses des Westflügels (neben Raum 2093), in dem sich bis zur Kriegszerstörung das Institut für Altertumskunde befand. Es ist der geschwärzte Gipsabdruck des Originals aus der Saalburg bei Bad Homburg (J. Götz, 1904). Nur wenig rechts daneben befindet sich eine Marmorplatte zum Gedenken an Friedrich Schleiermacher, die jedoch nur eine Reliefplakette mit dem Kopf des Gelehrten, darunter Namen sowie Geburts- und Todesjahr, zeigt. Mommsen lebte seit 1858 in Berlin. Begraben ist er auf dem Friedhof II der Dreifaltigkeitsgemeinde, Kreuzberg, Bergmannstraße 39–41, O–UA–36 (Ehrengrab).

**MORI Ogai, eigtl. Mori Rintaro**
*Tsuwano (damals Provinz Iwami, heute Präfektur Shimane/Westjapan) 17.2.1862 – †Tokio 9.7.1922
**Luisenstraße 39 Ecke Marienstraße**

Inschrift: *Von 1887–1888 / wohnte hier / Mori Ôgai / [Name auf japanisch] / 1862–1922 / der Mitbegründer / der modernen / japanischen / Literatur / Schriftsteller / und Kritiker / Erster japanischer / Übersetzer des Faust / der Werke Lessings / Kleists und / E.T. A. Hoffmanns*
Darunter ist eine zweite Tafel angebracht: *Die Stiftung / Mori–Ogai–Gedenkfonds / wurde unter maßgeblicher finanzieller Beteiligung / der japanischen Regierung und der Schering AG / am 13. April 1993 errichtet*

Hier, im damaligen Haus Marienstraße 32, wohnte der Medizinstudent während seines vierjährigen Studienaufenthalts (1884–1888) in Deutschland nur zwei Monate von Mitte April bis Mitte Juni 1887 zur Untermiete »bei Frau Stern« in der ersten Etage, zog dann in die Klosterstraße. In Japan stieg er zum ranghöchsten Militärarzt auf, entwickelte sich zugleich durch sein schriftstellerisches Schaffen zu einem »Klassiker der modernen japanischen Literatur«. Am 12.10.1984 – 100 Jahre und einen Tag nach seinem Eintreffen in Deutschland – wurde ein Gedenkzimmer eingerichtet, 1993 die Gedenkstätte. Eine große Kupfertafel am Eingang zum Gedenkzimmer, die 1988 von dem japanischen Arzt Dr. med. Masato Fujii gestiftet wurde, trägt als Inschrift Ogais Testament in japanisch und deutsch, in dem er u.a. festlegte, daß auf seinem Grabstein allein stehen durfte: »Hier ruht Mori Rintaro«

**MUSEUM FÜR NATURKUNDE**
**Invalidenstraße 43**

Im Dinosauriersaal befinden sich zwei große Tafeln in den von der Straße abgewandten Ecken. Sie tragen jeweils die gleiche Inschrift: *Den / Förderern / des Museums für Naturkunde / zum / ehrenden Gedächtnis*

Unter ihnen befinden sich jeweils drei nebeneinander angeordnete Tafeln. Die in der linken Ecke angebrachten führen jede drei Namen auf:
1. *Diedrich Karsten 1789. / G. Adolf Gerresheim 1810. / E. F. Chladni 1827.;*
2. *Joh. Christ. Albers 1857. / Wilhelm Reiss 1879. / Friedrich Paetel 1889;*
3. *Karl Rumpff 1889. / Julius Ewald 1892. / Ernst v. Knobelsdorff 1894.*
In der rechten Ecke trägt nur die linke Tafel drei Namen, die mittlere zwei, die rechte ist ohne Eintrag: 1. *Julius Flohr 1896. / Freiherr C. von Erlanger 1906. / Max Berger 1907.;*
2. *Julius Moser 1927. / Theodor Becker 1927.*

Es ist also noch Platz für künftige Mäzene vorhanden!

***Walther* Hermann NERNST**
*Briesen/Westpreußen 25.6.1864 –
†Ober–Zibelle/Oberlausitz 18.11.1941
**Max BODENSTEIN**
*Magdeburg 15.7.1871 – †Berlin 3.9.1942
**Bunsenstraße 1 (Humboldt-Universität, Sektion Chemie, Haus II)**

Inschrift der Metalltafel: *In diesem Haus wirkten / Nobelpreisträger Walther Nernst / Entdecker des 3. Hauptsatzes der / Thermodynamik von 1905–1922 und / Max Bodenstein Mitbegründer / der chemischen Kinetik von 1923–1936*

Prof. Dr. Walther Nernst wurde 1905 als Leiter des Instituts für physikalische Chemie an die Berliner Universität berufen. Er unterstützte experimentell die Theorien von Planck und Einstein. 1920 erhielt er den Nobelpreis für Chemie. 1922–24 leitete er die Physikalisch-Technische Reichsanstalt in Charlottenburg, 1925–33 das Physikalische Institut der Berliner Universität. Beigesetzt ist er auf dem Friedhof der St. Thomas–Gemeinde, Neukölln, Hermannstraße 179–185.
Prof. Dr. ing. e.h. Max Bodenstein leitete von 1923–1936 das Physikalisch-Chemische Institut der Berliner Universität. Seine Grabstätte befindet sich auf dem Friedhof Nikolassee, Kirchweg 12.

**NEUE SYNAGOGE**
**Oranienburger Straße 30**

Je eine Tafel an den rechten und linken Turmvorbauten. Inschrift der rechten Tafel:
*5. September 1866 [Davidsschild] 5. September 1966 / Diese Synagoge ist 100 Jahre alt / und wurde am 9. November 1938 / in der Kristallnacht / von den Nazis in Brand gesteckt / Während des II. Weltkrieges 1939–1945 / wurde sie im Jahre 1943 / durch Bombenangriff zerstört / Die Vorderfront dieses Gotteshauses / soll für alle Zeiten eine Stätte / der Mahnung und Erinnerung bleiben / Vergesst es nie /*

*Jüdische Gemeinde von Groß-Berlin / Der Vorstand / September 1966*
Inschrift der linken Tafel: *50 Jahre nach der Schändung / dieser Synagoge / und 45 Jahre nach ihrer Zerstörung / wird dieses Haus / nach unserem Willen, / mit Unterstützung vieler Freunde / in unserem Lande / und aller Welt neu erstehen. / Jüdische Gemeinde Berlin / 9. November 1988*

Diese Tafel wurde zur Erinnerung an den Beginn des Wiederaufbaus (symbolische Grundsteinlegung) des stehengebliebenen vorderen Teils des Gotteshauses am 9. November 1988 in Anwesenheit Erich Honeckers enthüllt. Die feierliche Wiedereröffnung nach Abschluß der Restaurierungsarbeiten fand in Anwesenheit von Bundespräsident Roman Herzog am 7. Mai 1995 statt.

**NEUE WACHE**
**Unter den Linden 4 (Zentrale Gedenkstätte der Bundesrepublik Deutschland)**

Die Neue Wache ist seit dem 14.11.1993 (Volkstrauertag) »Zentrale Gedenkstätte der Bundesrepublik Deutschland«. Links und rechts vom

Eingang ist je eine erläuternde Bronzetafel angebracht (Anbringungstag 12.11.1993). Inschrift der linken Tafel: *In den Jahren 1816 bis 1818 wurde die Neue Wache / nach Plänen von Karl Friedrich Schinkel für den / preussischen König Friedrich Wilhelm III. errichtet. / Von 1818 bis 1918 war hier die königliche Wache / untergebracht.*

*1931 liess die preussische Regierung die Neue Wache / umgestalten. Heinrich Tessenow schuf eine / »Gedächtnisstätte für die Gefallenen des / Weltkrieges«. Im Mittelpunkt des zur Besinnung / einladenden Raumes stand ein Granitblock mit / silbernem Eichenkranz.*

*Kurz vor Ende des Zweiten Weltkrieges wurde die / Neue Wache durch Bomben schwer beschädigt.*

*Seit 1960 diente das restaurierte Gebäude der DDR / als »Mahnmal für die Opfer des Faschismus und / Militarismus« . Ab 1969 stand eine ewige Flamme in / der Mitte des Raumes.*

*1969 wurden die sterblichen Überreste eines / unbekannten Soldaten und eines unbekannten / KZ-Häftlings beigesetzt. Sie sind umgeben von / Erde aus Schlachtfeldern des Zweiten Weltkrieges / und aus Konzentrationslagern.*

*Seit 1993 ist die Neue Wache Zentrale Gedenkstätte / der Bundesrepublik Deutschland.*

*Die Raumgestaltung aus der Weimarer Republik / wurde weitgehend wiederhergestellt. Im Zentrum / der Gedenkstätte steht die vergrösserte Skulptur / von Käthe Kollwitz »Mutter mit totem Sohn«. / Sie wurde von Harald Haacke ausgeführt.*

Inschrift der rechten Tafel: *Die Neue Wache ist der Ort der Erinnerung / und des Gedenkens an die Opfer / von Krieg und Gewaltherrschaft.*

*Wir gedenken / der Völker, die durch Krieg gelitten haben. / Wir gedenken ihrer Bürger, die verfolgt wurden / und ihr Leben verloren. / Wir gedenken der Gefallenen der Weltkriege. / Wir gedenken der Unschuldigen, / die durch Krieg und Folgen des Krieges / in der Heimat, die in Gefangenschaft und / bei der Vertreibung ums Leben gekommen sind.*

*Wir gedenken der Millionen ermordeter Juden. / Wir gedenken der ermordeten Sinti und Roma. / Wir gedenken aller, die umgebracht wurden / wegen ihrer Abstammung, ihrer Homosexualität / oder wegen Krankheit und Schwäche. / Wir gedenken aller Ermordeten, / deren Recht auf / Leben geleugnet wurde.*

*Wir gedenken der Menschen, / die sterben mussten um ihrer religiösen oder / politischen Überzeugung willen. / Wir gedenken aller, / die Opfer der Gewaltherrschaft wurden / und unschuldig den Tod fanden.*

*Wir gedenken der Frauen und Männer, / die im Widerstand gegen die Gewaltherrschaft / ihr Leben opferten. / Wir ehren alle, die eher den Tod hinnahmen, / als ihr Gewissen zu beugen.*

*Wir gedenken der Frauen und Männer, / die verfolgt und ermordet wurden, / weil sie sich totalitärer Diktatur nach 1945 / widersetzt haben.*

**Christoph Friedrich NICOLAI**
*Berlin 18.3.1733 – †Berlin 8.1.1811
**Brüderstraße 13 (Nicolai-Haus)**

Inschrift: *Christoph Friedrich Nicolai / Buchhändler und Schriftsteller / wohnte und wirkte hier von 1787 / bis zu seinem Tode 1811 / Seinem Andenken die Stadt Berlin 1928*
Eine bronzene Vorgängertafel trug die Inschrift: *Hier wohnte und wirkte / Christoph Friedrich Nicolai / von 1787 bis 1811. / Seinem Andenken die Stadt Berlin 1891.*

Diese Tafel wurde im Lessing-Museum aufbewahrt. Beigesetzt war Nicolai auf dem aufgehobenen Friedhof an der kriegszerstörten und 1964 abgerissenen Luisenstadtkirche, Mitte, Alte Jakobstraße.

**NICOLAI-HAUS**
**Brüderstraße 13**

Inschrift: *Nicolai-Haus / 1674 in Erweiterung eines / vorhandenen Baues auf z.T. / mittelalterlichen Grundmauern / errichtet, um 1710 vergrössert, 1787 durch / Carl Friedrich Zelter umgestaltet. / Benannt nach dem / Berliner Schriftsteller, Verleger und / Buchhändler Chr. Fr. Nicolai (1733–1811), / der hier ab 1787 wohnte. / Ende 18./Anf. 19. Jhr. eines der / geistigen Zentren Berlins. / Im Frühjahr 1813 versammelte sich / der Landsturm des Brüderstrassenbezirks in diesem Haus. / In seiner unmittelbaren Nähe / fanden am 18./19. März 1848 / Barrikadenkämpfe statt.*

Enthüllung der Tafel am 18.3.1983. Zwischen erstem und zweitem Stock gibt es fünf Tafeln (s. d.), die (von links nach rechts) an Carl Friedrich Zelter; Theodor Körner; Christian Gottfried Körner, Minna Körner, Dora Stock; Christoph Friedrich Nicolai; Elisa von der Recke und Christoph August Tiedge erinnern.

**NIKOLAIKIRCHE**
**Nikolaikirchplatz**

Inschrift: *Nikolaikirche / Ältestes Bauwerk Berlins / und Zeugnis der Stadtgründung / Um 1230 / als spätromanische Basilika errichtet / Davon ist der Feldsteinunterbau des Turmes / erhalten / 1379 / gotischer Chor im Bau / Im 15. Jahrhundert / wird die Hallenkirche fertiggestellt / 1876–1878 / Restaurierung mit Erhöhung des Turmbaues / und Gestaltung mit zwei Helmspitzen / 1945 / Zerstörung durch angloamerikanische Bomber / 1981–1987 / Wiederaufbau / auf Beschluss des Ministerrates der / DDR / 1809 / tagte hier die erste Berliner / Stadtverordnetenversammlung*

Die am 14.5.1987 enthüllte Tafel befindet sich rechts neben dem Eingang am Nikolaikirchplatz.

**OPFER DES KRIEGES**
**Große Hamburger Straße (ehemaliger Jüdischer Friedhof)**

Inschrift: *Auf diesem alten / Friedhof der Jüdischen / Gemeinde wurden im / Jahre 1945 zahllose / Opfer des Krieges / bestattet.*

Die Tafel aus hellem rötlichem Stein ist auf der Backsteinmauerwand an der Ostseite angebracht und sehr unscheinbar.

### OPFER DES NATIONALSOZIALISMUS
**Behrenstraße/Bebelplatz (St. Hedwigs–Kathedrale)**

An der linken Wand der Krypta sind vier Tafeln katholischen Widerstandskämpfern und Opfern des Nationalsozialismus gewidmet. Die Inschriften lauten (v.l.n.r.): 1. *Wer sich vor den / Menschen zu mir / bekennt, zu dem / werde auch ich mich / vor meinem Vater / im Himmel bekennen / Mt. 10,32;* 2. *Dr. Erich Klausener, Ministerialdirektor Berlin 1885–1934 / Albert Willimsky, Kuratus Podejuch 1890–1940 / August Fröhlich, Pfarrer Rathenow 1891–1942 / Josef Lenzel, Pfarrer Berlin–Niederschönhausen 1890–1942 / Eva–Maria Buch, Studentin Berlin 1921–1943 / Maria Terwiel, Juristin Berlin 1910–1943;* 3. *Rudolf Mandrella, Amtsgerichtsrat Berlin 1902–1943 / Dr. Alfons Maria Wachsmann, Pfarrer Greifswald 1896–1944 / Dr. Max Josef Metzger, Pfarrer Meitingen – Berlin 1887–1944 / Albert Hirsch, Pfarrer Louisenthal 1894–1944 / Dr. Paul Lejeune–Jung, Syndicus Berlin 1882–1944 / Dr. Josef Wirmer Rechtsanwalt Berlin 1901–1944;* 4. *Leonhard Berger, Kuratus Zinnowitz 1908–1944 / Dr. Carl Lampert, Provikar Innsbruck 1894–1944 / P. Friedrich Lorenz OMI, Kaplan Stettin 1898 [!]–1944 / Herbert Simoleit, Kaplan Stettin 1908–1945 / Dr. Karl Heinr. Schäfer, Reichsarchivrat Potsdam 1871–1945*

In der Krypta befindet sich auch die Grabstätte von Dompropst Bernhard Lichtenberg.
Eva-Maria Buch wurde am 31.1.1921 in Berlin-Charlottenburg geboren und am 5.8.1943 in Berlin-Plötzensee hingerichtet. Die Dolmetscherin lebte in Tempelhof, Friedrich-Franz-Straße 23, und etwa ab 1935 in Mariendorf, Hochfeilerweg 23. Sie wirkte als Übersetzerin der Zeitung »Die innere Front« der Widerstandsgruppe Schulze-Boysen/Harnack. Am 10.10.1942 wurde sie verhaftet, wegen »Vorbereitung eines hochverräterischen Unternehmens und Feindbegünstigung« angeklagt und am 3.2.1943 vom Reichskriegsgericht zum Tode verurteilt. Ein Gnadengesuch für sie und sechzehn weitere Angehörige der sogenannten »Roten Kapelle« wurde am 22.7.1943 verworfen. Auf dem St. Matthias–Friedhof (Tempelhof, Röblingstraße 91, Abt. 33 Nr. 23) befindet sich im Elterngrab ihre – wohl symbolische – Grabstätte.
Die drei Priester Carl Lampert (*Göfis/Vorarlberg/Österreich 9.1.1894), Friedrich Lorenz OMI (*Kleinfreden b. Alfeld 10.6.1897) und Herbert Simoleit (*Steglitz 22.5.1908) wurden »im Februar 1943 im Zuge einer groß angelegten Gestapo-Aktion gegen den mecklenburgisch–pommerschen Klerus verhaftet und nach einer langen Leidenszeit (in Torgau) zum Tode verurteilt«. Sie wurden am Nachmittag des 13.11.1944 in Halle hingerichtet.
Der in Greifswald wirkende Priester Alfons Maria Wachsmann (*Berlin 25.1.1896) wurde am 23.6.1943 in Zinnowitz »wegen Wehrkraftzersetzung« verhaftet, zum Tode verurteilt und am 21.2.1944 im Zuchthaus Brandenburg hingerichtet.
Paul Lejeune-Jung (*Köln 16.3.1882) und Josef Wirmer (*Paderborn 19.3.1901) starben in Berlin–Plötzensee am 8.9.1944.

### OPFER DES NATIONALSOZIALISMUS
**Chausseestraße 126 (Friedhof der Friedrich-Werderschen und Dorotheenstädtischen Gemeinde)**

Dreispaltige Inschrift auf der Oberseite des großen Steinblocks: *Mit vielen Opfern der letzten Kriegswochen 1945 ruhen hier /*

| | |
|---|---|
| *Claus Bonhoeffer* **5.1.1901* | *Hans John* **31.8.1911* |
| *Carl Adolf Marks* **14.2.1894* | *Wilhelm zur Nieden* **29.8.1878* |
| *Friedrich Justus Perels* **3.11.1910* | *Rüdiger Schleicher* **14.1.1895* |

*Hans Ludwig Sierks*
**24.7.1877*
*Richard Kuenzer*
**6.9.1875*
} diese bilden die dritte Spalte

*† in der Nacht vom 22. zum 23. April 1945*
*nahe ihrem Gefängnis Lehrterstrasse [!]*
*Wie diese erlitten den Tod im Widerstand gegen*
*Unrecht und Gewalt*

| | |
|---|---|
| *Dietrich Bonhoeffer* | *Justus Delbrück* |
| **4.2.1906* | **25.11.1902* |
| *†9.4.1945* | *†21.10.1945* |
| *im Kz. Flossenbürg* | |

*Hans von Dohnanyi*
**1.1.1902*
*Apr. 1945*
*im Kz. Sachsenhausen* } dritte Spalte

Die vordere Schmalseite des Steins trägt die Inschrift: *Selig sind, die um Gerechtigkeit willen verfolgt / werden, denn das Himmelreich ist ihr Matth. 5,10*

Die rechte Schmalseite trägt die Inschrift:

| | | |
|---|---|---|
| *Lucie Löw* | *Heinz Thilo* | *Otto Bock* |
| **13.1.92* | **7.9.30* | **19.11.03* |
| *†21.4.45* | *†17.4.45* | *†23.4.45* |

Die linke Schmalseite trägt die Inschrift:
*Ursula Greil*
*geb. Winter*
**20.1.23*
*†27.3.45*

Der Stein erinnert an die hier Beigesetzten aus dem Umfeld des 20. Juli 1944, die in der Nacht vom 22. zum 23.4.1945 aus dem Zellengefängnis Moabit geholt und in der Nähe des Lehrter Bahnhofs erschossen wurden, an andere ermordete Widerstandskämpfer sowie an eine unbekannte Zahl von Toten, die bei der Flutung des S- und U-Bahn-Schachts ums Leben kamen.

## OPFER DES NATIONALSOZIALISMUS
**Koppenplatz**

Um das die Deportationen jüdischer Berliner symbolhaft darstellende Denkmal (Tisch, Stuhl und umgestürzter Stuhl) an den vier Seiten der Bodenplatte umlaufende Inschrift: *»... O die Wohnungen des Todes, / Einladend hergerichtet / Für den Wirt des Hauses, der sonst Gast war – / O ihr Finger, / die Eingangsschwelle legend / Wie ein Messer zwischen Leben und Tod – // O ihr Schornsteine / O ihr Finger, / und Israels Leib im Rauch durch die Luft!« Nelly Sachs (10. Dezember 1891 Berlin – 12. Mai 1970 Stockholm)*

## OPFER VON GEWALT UND KRIEG
**Schiffbauerdamm (am »Parlament der Bäume« vor der noch stehenden Hinterlandmauer gegenüber dem Reichstagsgebäude)**

In dieser »Denkstätte den Opfern von Gewalt und Krieg« wird auf Granitplatten (Berliner Gehwegplatten) der Opfer der innerdeutschen Grenze gedacht. Auf insgesamt 47 Platten sind, soweit bekannt namentlich, 258 Menschen aufgeführt, darunter zehn Ertrunkene und 25 DDR-Grenzsoldaten. Eingerichtet wurde die »Denkstätte« nach einer Idee von Ben Wargin am 9.11.1990.

## OPFER VON HUNGER, UNWISSENHEIT UND GEWALT
**Schiffbauerdamm (am »Parlament der Bäume« und der »Denkstätte den Opfern von Gewalt und Krieg« gegenüber dem Reichstagsgebäude)**

Inschrift auf zwei Granitplatten (Berliner Gehwegplatten): *„Wo immer Menschen dazu verurteilt / sind, im Elend zu leben, werden die / Menschenrechte verletzt. / Sich mit vereinten Kräften für / ihre Achtung einzusetzen, / ist heilige Pflicht.“ / Père Joseph Wrésinski Paris, 17·Okt·1987 // Paris, Trocadero, 17. Oktober 1987 / Verfechter der Menschenrechte aus aller Welt haben / sich auf diesem Platz versammelt. Sie haben den Opfern / von Hunger, Unwissenheit und Gewalt Ehre erwiesen. / Sie haben ihrer Überzeugung Ausdruck gegeben, dass / Elend nicht unabänderlich ist. Sie haben ihre Solida–/rität mit allen Menschen bekundet, die* *für die Über-/windung des Elends kämpfen, wo immer auf der Welt. / Berlin, 30. Mai 1992 Bürger von Berlin und ganz Europa haben mit der / Vierten Welt diese Überzeugung erneut bekräftigt. / Père Joseph Wrésinski (1917–1988) / Als Sohn polnisch-spanischer Eltern in Frankreich in großer Armut aufgewachsen. Gründer der internationalen Bewegung ATD – Aide à Toute Détresse – Vierte Welt. / Er gab den Ärmsten ihre Ehre wieder und den Glauben an die Zukunft. Mit ihnen / wurde er zum Zeugen der Hoffnung aller Menschen.*

Die Enthüllung des Gedenksteins im »Parlament der Bäume« fand in Anwesenheit von Parlamentspräsidentin Hanna-Renate Laurien und Sozialsenatorin Ingrid Stahmer am 30.5.1992 zum Abschluß einer Konferenz der Internationalen Bewegung ADT Vierte Welt (einer internationalen, überkonfessionellen Bewegung für die Rechte der Ärmsten der Armen in der Welt) in Berlin statt. Der Tagesspiegel schrieb dazu am 31.5.1992: »Gerade an dieser ›geschichtsträchtigen Stelle‹ solle der Stein dazu auffordern, ›dem Leid in der Welt nicht tatenlos zuzusehen‹ sagte Parlamentspräsidentin Hanna-Renate Laurien.« Das Original des Gedenksteins befindet sich seit 1987 auf dem Trocadero in Paris, dem Ort, an dem 1948 die Allgemeine Erklärung der Menschenrechte proklamiert wurde.

**Carl von OSSIETZKY**
*Hamburg 3.10.1889 – †Berlin 4.5.1938,
**Rosenthaler Straße 8 Ecke Auguststraße**

Metalltafel links neben dem Eingang, Inschrift: *Dem mutigen Kämpfer gegen / Militarismus und Krieg / Carl v. Ossietzky / 3.10.1889–4.5.1938 / Aus Anlass / seines 100. Geburtstages / Redaktion »Die Weltbühne«*

In diesem Haus befand sich auch das Carl-von-Ossietzky-Archiv der »Weltbühne«. Die am 2.10.1989 von Ossietzkys Tochter Rosalinde Ossietzky-Palm enthüllte Tafel war im Dezember 1992 wieder entfernt, ihr Verbleib ist nicht bekannt. Begraben ist Ossietzky auf dem Friedhof Niederschönhausen (Pankow IV), Buchholzer Straße, Abt. A 1/35.

**PAX**
**Große Hamburger Straße 29 (Sophiengemeinde)**

An der mit Einschuß- und Splitterlöchern aus der Schlußphase des Zweiten Weltkriegs übersäten Fassade hängt ein rechteckiger, graugestrichener Metallrahmen, auf den mit messingfarbenen Lettern das Wort *Pax* gesetzt ist.

**Bona PEISER**
*Berlin 26.4.1864 – †Berlin 17.3.1929
**Rungestraße 25–27 (unweit Brückenstraße)**

Inschrift: »*... die in der Bibliothek vorhandenen geistigen Güter / zu lebendiger Wirksamkeit zu bringen.« / Bona Peiser. / 26.4.1864–17.3.1929 / Die erste Bibliothekarin Deutschlands arbeitete von 1908–1929 in diesem Hause. / Im Auftrag der Deutschen Gesellschaft für Ethische Kultur leitete sie ab 1895 die / Erste Öffentliche Lesehalle zu Berlin. Bona Peiser trug entscheidend zur Entwicklung / der Berliner Büchereien bei und zur Gleichberechtigung von Frauen im Beruf.*

Die erste öffentliche Lesehalle befand sich in der Adalbertstraße 41 a am Kottbusser Tor. Eingerichtet wurde sie von Hugo Heimann. Gelebt hat Bona Peiser viele Jahre in der Brandenburgstraße 11 (heute Lobeckstraße, Kreuzberg). Enthüllung der Eisentafel mit goldfarbener Inschrift im September 1995. Das Zitat und der Name auf der Tafel sind in Handschrift wiedergegeben. Beigesetzt ist Bona Peiser auf dem Jüdischen Friedhof Weißensee, Herbert-Baum-Straße (Markus-Reich-Platz), Feld L, Abt. II, Reihe 2.

**Wilhelm PIECK**
*Guben 3.1.1876 – †Berlin 7.9.1960
**Leipziger Straße 5–7**

Büste mit den Inschriften: *Präsident Wilhelm Pieck, des deutschen Volkes treuer Sohn.* und: *In der Einheit und im Frieden liegen Leben und Zukunft unseres Volkes begründet. Wilhelm Pieck* Eine Gedenktafel trug die Inschrift: *Wilhelm Pieck / wurde am 11. Oktober 1949 / im Steinsaal des Hauses der Ministerien / zum ersten Präsidenten / der Deutschen Demokratischen Republik / gewählt.* Nach anderer Quelle lautete die Inschrift: *Wilhelm Pieck, 1876–1960, wurde hier im Festsaal am 11. Oktober 1949 zum Präsidenten der Deutschen Demokratischen Republik gewählt.*

Der Verbleib der (wohl schon 1990 entfernten) Tafel und der Büste ist nicht bekannt.

**Wilhelm PIECK**
**Luisenstraße 58/59 (DDR: Hermann-Matern-Straße)**

Inschrift: *In diesem Hause wurde / Wilhelm Pieck als Präsident / der Deutschen Demokratischen Republik / von der Volkskammer / gewählt 1953 1957*

Die Tafel aus schwarzem, poliertem Stein ist rechts neben dem Eingang in die Wand eingelassen, die Inschrift vergoldet. So wirkt sie wie ein Grabstein. Erbaut wurde das Haus 1914/15 nach einem Entwurf von Hermann Dernburg (*Darmstadt 16.10.1868 – †Zürich 15.9.1935) ursprünglich als Vereinshaus der Deutschen Gesellschaft für Chirurgie und der Berliner Medizinischen Gesellschaft (Langenbeck-Virchow-Haus). Sitz der Volkskammer von 1950–1976, dann der Akademie der Künste der DDR. Begraben ist Pieck auf dem Zentralfriedhof Friedrichsfelde, Gudrunstraße (Gedenkstätte der Sozialisten).

**Max PLANCK**
*Kiel 23.4.1858 – †Göttingen 4.10.1947
**Unter den Linden 6/7 (Westflügel der Humboldt-Universität)**

Inschrift: *In diesem Hause / lehrte / Max Planck / der Entdecker / des elementaren / Wirkungsquantums ℏ / von / 1889 1928*

**PODEWILSCHES PALAIS**
**(DDR: Haus der jungen Talente)**
**Klosterstraße 68–70 (Ecke Parochialstraße)**

Inschrift: *1701–04 / erbaut von / Jean de Bodt / Seit 1732 / Podewilsches Palais / Im 2. Weltkrieg / zerstört. Nach dem / Wiederaufbau der / Berliner Jugend / übergeben*

Die ovale Tafel zur Geschichte des Hauses befindet sich an der Treppe in einem schmiedeeisernen Gitter.

**POLIZEIPRÄSIDIUM**
**Grunerstraße Ecke Alexanderstraße (Mittelstreifen)**

Auf einem kleinen, gemauerten Sockel steht eine silberfarbene konkave Metallwand, durch die sich ein Riß zieht. Hineingesetzt ist eine metallene, konvex gebogene Tafel mit der Inschrift: *Auf diesem Gelände stand bis zu seiner Zerstörung / im 2. Weltkrieg das Polizeipräsidium, / Ort der Unterdrückung und Verfolgung / der revolutionären Arbeiterbewegung. / In den Januarkämpfen 1919 / besetzten es Berliner Arbeiter. / In der Zeit des Faschismus wurden hier Tausende / deutsche und ausländische Antifaschisten / eingekerkert, mißhandelt und viele ermordet. / Sie starben für uns!*

**Johannes POPITZ**
*Leipzig 2.12.1884 –
†Berlin–Plötzensee 2.2.1945
**Am Festungsgraben 1 (Palais am Festungsgraben)**

Inschrift: *In diesem Hause leitete / Johannes Popitz / 2.12.1884–2.2.1945 / von 1933 bis 1944 das Preußische Finanzministerium / Seit den dreißiger Jahren im Widerstand gegen Hitler aktiv, / wurde er wegen seiner*

*Beteiligung am 20. Juli 1944 / vom Volksgerichtshof zum Tode verurteilt und / in Berlin-Plötzensee ermordet*

Enthüllung der Berliner Gedenktafel am 19.7.1994 durch Bezirksbürgermeister Gerhard Keil und den Leiter der Gedenkstätte Deutscher Widerstand, Dr. Johannes Tuchel.

**PREUSSISCHER LANDTAG**
**Niederkirchnerstraße 5 (Abgeordnetenhaus von Berlin)**

Am Eingang erinnert eine Messingtafel an die Geschichte des Hauses. Inschrift: *Preussischer Landtag / 1899–1934*

**Carl Wilhelm RAMLER**
*Kolberg/Pommern 25.2.1725 –
†Berlin 11.4.1798
**Große Hamburger Straße 31 (Sophienkirche)**

An der rückwärtigen Wand (zur Sophienstraße hin) der rechten Seitenkapelle erinnert eine Steintafel an den Dichter, der hier beigesetzt wurde.

Inschrift: *Dem Dichter / C: W: Ramler geb: d: XXV Febr: MDCCXXV / zu Kolberg / gest: d: XI Apr: MDCCXCVIII / zu Berlin /*

*zum Andenken / von seiner / dankbaren Nichte / W: Ramler*

## RATHAUSFRIES

Der Fries am Roten Rathaus mit szenischen Darstellungen aus der Geschichte Berlins ist im Nikolaiviertel fortgesetzt worden. Er verläuft von der Ecke Poststraße/Rathausstraße in Richtung Rathaus und umfaßt sechs Abschnitte. An der Treppe der Gaststätte »Mutter Hoppe« Rathausstraße (DDR: Marx–Engels–Forum) 21, gibt eine Bronzetafel Erläuterungen zu den Abbildungen: *1919–1932 Gründung der KPD, Thälmann spricht, Blutmai; 1933–1945 Reichstagsbrand, Bücherverbrennung, KZ, Widerstand, 8. Mai 1945 Befreiung; 1945–1949 Sowjetische Soldaten verteilen Brot, Vereinigung von SPD und KPD zur SED, Gründung der DDR; 1950–1969 Flughafenbau Berlin–Schönefeld, Aufbau Alexanderplatz, Die DDR zur Olympiade; 1970–1986 X. Weltfestspiele, Wohnungsbau in Marzahn, Weltraumflug; 1987 750 Jahre Berlin*

**Elisa von der RECKE**
*auf der Schönburg/Kurland 20.5.1754 –
†Dresden 13.4.1833
**Christoph August TIEDGE**
*Gardelegen/Altmark 14.12.1752 –
†Dresden 8.3.1841
**Brüderstraße 13 (Nicolai–Haus)**

Inschrift: *Elisa von der Recke / und der Dichter / Christoph August Tiedge / wohnte [!] hier 1814–1815 / Ihrem Andenken die Stadt Berlin 1928*

Beide lebten seit 1803 zusammen (seit 1819 in Dresden) und waren mit Nicolai befreundet.

**Adolf REICHWEIN**
*Bad Ems 3.10.1898 –
†Berlin-Plötzensee 20.10.1944
**Am Kupfergraben (Museum für Volkskunde im Pergamonmuseum)**

Inschrift: *Zum Gedenken / an den Widerstandskämpfer / Professor Dr. Adolf Reichwein / Leiter der Abteilung „Schule und Museum" / geboren am 3. Oktober 1898 in Bad Ems / hingerichtet am 20. Oktober 1944 in Berlin-Plötzensee / Die Staatlichen Museen zu Berlin*

Die Holztafel befindet sich im Treppenhaus über einer Schauvitrine, darin u. a. mehrere Fotos Reichweins. Rechts daneben steht auf einem Sockel eine Büste Reichweins. Der sozialdemokratische Hochschullehrer wurde von den Nazis aus seinem Amt entfernt, wurde für einige Jahre Lehrer an einer einklassigen Volksschule in Tiefensee. Hier im Museum arbeitete er von 1939 bis zu seiner Verhaftung. Sein Arbeitszimmer befand sich jedoch im einstigen Kronprinzessinnenpalais, im Trakt zur Oberwallstraße. In Tiefensee enthüllten Mitglieder des Vereins Aktives Museum Faschismus und Widerstand in Berlin e.V. am 23.10.1993, eine Gedenktafel mit der Inschrift: *Adolf Reichwein / 1898–1944 / Hochschullehrer in Halle an der Saale / 1933 seines Amtes enthoben / Angehöriger des Kreisauer Kreises / Im Widerstand gegen den Nationalsozialismus / am 20.10.1944 in Berlin-Plötzensee hingerichtet / Als Lehrer an diesem Ort 1933–1939 / schuf er eine humane, lebendige Schule*

Reichwein lebte von 1939–1943 in Südende, Seestraße 7 (heute Sohnreystraße), danach bis zu seiner Verhaftung am 5.7.1944 in Wannsee, Hohenzollernstraße 21 (das Haus wurde Mitte der achtziger Jahre abgerissen).

**José Protasio RIZAL**
*Calamba/Laguna/Philippinen 19.6.1861 –
†Manila/Philippinen 30.12.1896
**Jägerstraße 71 (DDR: Otto-Nuschke-Straße)**

Inschrift: *In diesem Haus / wohnte und arbeitete / im Jahre 1887 / José Rizal / Held des Befreiungskampfes / des philippinischen Volkes / Hier vollendete er sein Werk / „Noli me tangere"*

Sein sozialkritischer Roman »Noli me tangere« (1886) wurde 1887 in der Mauerstraße bei der Berliner Buchdruckerei-Actiengesellschaft gedruckt. Nach einem zweiten gegen die spanischen Kolonialherren gerichteten Roman »El filibustero« (1891) wurde die Symbolgestalt des philippinischen Widerstands verhaftet, verbannt, schließlich bei der Ausreise nach Kuba festgenommen und hingerichtet. Die Tafel wurde 1978 angebracht, acht Jahre später um ein bronzenes – von einem philippinischen Künstler geschaffenes – Reliefporträt ergänzt. Es wurde schon kurz nach der Wende entfernt. Ende 1995 war auch die Tafel fort.

**Detlev ROHWEDDER**
*Gotha 16.10.1932 – †Düsseldorf 1.4.1991
**Wilhelmstraße 97 (DDR: Otto-Grotewohl-Straße) Nähe Leipziger Straße (Detlev-Rohwedder-Haus)**

Inschrift der Metalltafel am rechten Pfeiler des Großen Steinsaals am Aufgang Wilhelmstraße: *Präsident der / Treuhandanstalt / Dr. Detlev Rohwedder / *16.10.1932 Gotha / †01.04.1991 Düsseldorf*

Am 16.1.1992 enthüllte Bundeskanzler Helmut Kohl anläßlich der Benennung des als Reichsluftfahrtministerium (DDR: Haus der Ministerien) gebauten Komplexes an Wilhelmstraße und Leipziger Straße in »Detlev-Rohwedder-Haus« die Gedenktafel für den ermordeten Präsidenten der Treuhandanstalt.

**ROTE HILFE**
**Dorotheenstraße 35/37 (DDR und bis Ende 1995: Clara-Zetkin-Straße; früher Dorotheenstraße 77/78)**

Inschrift: *In diesem Haus / arbeitete / Wilhelm Pieck / als Vorsitzender / der Roten Hilfe / Deutschlands / 1925–1933*

Im 1904 erbauten Hotel Splendid war der Sitz von Zentralvorstand und Bezirksvorstand Berlin-Brandenburg der am 1.10.1924 gegründeten Rote Hilfe Deutschlands, zu deren erster Vorsitzenden Clara Zetkin gewählt wurde. Die Tafel, einst rechts vom Eingang, war bereits am 29.3. 1992 entfernt. Ihr Verbleib konnte nicht ermittelt werden.

**Heinrich RUNGE**
*Zehdenick/Uckermark 15.12.1817 – †Berlin 26.11.1886
**Köpenicker Straße 92 (am Hotel Luisenhof, nahe Wassergasse)**

Inschrift: *In diesem Hause wohnte bis zu seinem Tode / der Stadtkämmerer von Berlin / Heinrich Runge / 15.12.1817–26.11.1886 / Nach der Revolution von 1848/49 mußte er wegen / seiner politischen Aktivitäten in die Schweiz emigrieren / 1861 zurückgekehrt, setzte er sich für die Entwicklung / der kommunalen Selbstverwaltung ein*

Beigesetzt ist Runge auf dem Alten Luisenstadt–Kirchhof I, Kreuzberg, Südstern 8–12, Erbbegräbnis 97 (Ehrengrab). Enthüllung der Berliner Gedenktafel am 19.1.1996.

**Johann Gottfried SCHADOW**
*Berlin 20.5.1764 – †Berlin 28.1.1850
**Schadowstraße 10/11 (früher: Kleine Wallstraße; Schadowhaus, erbaut 1805)**

Inschrift: *Hier wohnte & wirkte / Joh. Gottfr. Schadow / geb. 20.5.1764. gest. 28.1.1850. / Seinem Andenken / die Stadt Berlin.*

Der Bildhauer, Direktor der Akademie der Künste und Schöpfer der Quadriga auf dem Brandenburger Tor ist begraben auf dem Dorotheenstädtischen Friedhof, Chausseestraße 126, Allee 2. Die Tafel wurde 1895 angebracht.

**Philipp SCHAEFFER**
*Königsberg/Ostpreußen 16.11.1894 – †Berlin–Plötzensee 13.5.1943
**Dorotheenstraße 68 (DDR und bis Ende 1995: Clara–Zetkin– Straße) nahe Neustädtische Kirchstraße**

Inschrift: *Hier wohnte der Wissenschaftler / und Widerstandskämpfer / Dr. phil. Philipp / Schaeffer / Geb. am 16. November 1894 / Ermordet am 13. Mai 1943 / in Plötzensee*

Der Sinologe war nach 1933 Mitarbeiter der illegalen Bezirksleitung Berlin–Brandenburg der KPD, 1935–1940 in Haft, dann arbeitete er in der Widerstandsgruppe Schulze-Boysen/Harnack bis zur Verhaftung im Spätsommer 1942 mit.

**Karl Friedrich SCHINKEL**
*Neuruppin 13.3.1781 – †Berlin 9.10.1841
**Unter den Linden 67**

Inschrift: *Hier wohnte 1823–1839 / K.F. Schinkel / *13.III.1781 †9.X.1841 / Die Stadt Berlin 1904.*

Die Tafel befindet sich an der rechten Hausseite zwischen den Fenstern des ersten und zweiten Stockwerks und wird deshalb kaum wahrgenommen. Sie bezieht sich auf einen Vorgängerbau. Begraben ist der große preußische (und Berliner) Architekt und Maler auf dem Dorotheenstädtischen Friedhof, Chausseestraße 126, Allee L, 1–17.

***Friedrich* Daniel Ernst SCHLEIERMACHER**
*Breslau 21.11.1768 – †Berlin 12.2.1834
**Glinkastraße 16 Ecke Taubenstraße (DDR: Johannes-Dieckmann-Straße) 3**

Schleiermacher wohnte als Prediger an der nicht mehr existierenden Dreifaltigkeitskirche nachweislich von 1812–1816 (wahrscheinlich aber schon seit 1809) in dem Pfarrhauskomplex, der heute der Friedrichswerderschen Gemeinde gehört (den sogenannten Schleiermacher-Häusern). Die Tafel an der Hausfront in der Taubenstraße trägt die Inschrift: *Friedrich D. E. / Schleiermacher / 1768–1834 / Philosoph Theologe / Prediger an der / Dreifaltigkeitskirche / Mitbegruender der / Berliner Universität / lebte und wirkte hier / 1809–1816*

Eine in der Glinkastraße (damals Kanonierstraße 4) angebrachte (verlorene) Bronzetafel trug die Inschrift: *Hier wohnte von 1809 bis 1816 Friedr. D. E. Schleiermacher / * 21.XI.1768. † 12.II.1834. / Seinem Andenken die Stadt Berlin 1902.*

Schleiermachers Grabstätte ist auf dem Friedhof der Dreifaltigkeitsgemeinde, Kreuzberg, Bergmannstraße 39–41, Abteilung B, 0A–118.

**SCHLOSSBRÜCKE**

An den jeweils vorderen rechten Sockeln befindet sich (seit der Rückbenennung von Marx-Engels-Brücke am 3.10.1991) eine Tafel mit der Inschrift: *Schlossbrücke / erbaut 1821–1824 / nach Entwürfen von / Karl Friedrich Schinkel*

**Oda SCHOTTMÜLLER**
*Posen/Westpreußen 9.2.1905 –
†Berlin-Plötzensee 5.8.1943
**Rosa-Luxemburg-Platz (Foyer des Hochparketts der Volksbühne, rechts)**

Inschrift: *In diesem Theater arbeitete / Oda Schottmüller / Mitglied der antifaschistischen / Widerstandsorganisation / „Schulze-Boysen-Harnack“ / geboren 9.2.1905 ermordet 5.8.1943 / im Zuchthaus Berlin-Plötzensee / Ehre ihrem Andenken!*

Oda Schottmüller war Bildhauerin, Goldschmiedin, Tanzlehrerin und Tänzerin. Ihre Freundschaft mit Elisabeth und Kurt Schumacher brachte sie in Kontakt mit der Widerstandsgruppe Schulze-

Boysen/Harnack. Sie verteilte Flugblätter und stellte ihr Atelier (Westend, Reichsstraße 6) für Treffen und als Funkstelle zur Verfügung. Wie die meisten anderen Mitglieder der Gruppe wurde sie Anfang September 1942 verhaftet und zum Tode verurteilt. Die Tafel wurde 1979 angebracht.

**Harro SCHULZE-BOYSEN**
**Arvid HARNACK**
**Leipziger Straße 5–7 Ecke Wilhelmstraße (DDR: Otto-Grotewohl-Straße)**

Gedenkstätte mit Tafel in der Pfeilerhalle neben dem Haupteingang, Inschrift: *Gedenkstätte für die Widerstandsgruppe Schulze-Boysen/Harnack. Zur Erinnerung an ihren heldenhaften Kampf gegen Faschismus und Krieg und zur Mahnung an die Lebenden.*

Im Reichsluftfahrtministerium (DDR: Haus der Ministerien, später Sitz der Treuhandanstalt, »Detlev-Rohwedder-Haus«) arbeitete der Luftwaffenoffizier Harro Schulze-Boysen gemeinsam mit Arvid Harnack und dessen Frau Mildred als führender Kopf in der – von der Gestapo so benannten – Widerstandsgruppe »Rote Kapelle«. Der Gruppe gehörten »Anhänger der illegalen KPD und anderer sozialistischer Gruppen an, daneben aber auch Künstler und Wissenschaftler, die aus humanitären Motiven das NS–Regime bekämpften«. Ab August 1942 erfolgten die Verhaftungen, insgesamt etwa 500. Das Reichskriegsgericht fällte über 50 Todesurteile, die überwiegend in Plötzensee vollstreckt wurden. Die im Westen Deutschlands lange als »Fünfte Kolonne Stalins« diffamierte Gruppe erfuhr erst spät eine gerechte Würdigung. Zum 50. Jahrestag der Verhaftung Schulze-Boysens wurde in der Gedenkstätte Deutscher Widerstand eine Ausstellung über die »Rote Kapelle« eröffnet. Bei diesem Anlaß stellte Berlins Kultursenator Ulrich Roloff-Momin fest: »Die Rote Kapelle war ein wichtiger und integraler Bestandteil des deutschen Widerstandes gegen den Nationalsozialismus.«

Zu der Gruppe, die den deutschen Teil einer europaweiten Widerstandsorganisation unter Leitung von Leo Trepper (*Nowy Targ/Polen 23.2.1904 – †Jerusalem 19.1.1982) bildete, gehörten neben Harro Schulze-Boysen, Arvid und Mildred Harnack u. a. an: Karl Behrens (*Berlin 18.11.1909 – †13.5.1943), Cato Bontjes van Beek (*Bremen 14.11.1920 – †5.8.1943), Liane Berkowitz, Erika von Brockdorff (*Kolberg 29.4.1911 – †13.5.1943), Eva-Maria Buch (*Berlin 31.1.1921 – †5.8.1943), Hans Coppi (*25.1.1916 – †22.12.1942), Hilde Coppi, Ursula Goetze, Wilhelm Guddorf (*Melle Kr. Gent/Belgien 20.2.1902 – †13.5.1943), Helmut Himpel (*Schönau/Breisgau 14.9.1907 – †13.5.1943), Emil Hübner (Vater von Frieda Wesolek, *Berlin 26.3.1862 – †5.8.1943), Walter Husemann, Else Imme (*Berlin 24.9.1895 – †5.8.1943), Annie (oder Anna) Kraus(s) (*Bogen/Bayern 27.10.1884 – †5.8.1943), Walter Küchenmeister (*Waldheim/Sachsen 9.1.1897 – †13.5.1943), Adam Kuckhoff, Ingeborg (*Hamburg-Rahlstedt 23.8.1912 – †5.8.1943) und Hans–Heinrich (*Magdeburg 27.2.1903 – †Brandenburg 4.2.1944) Kummerow, Friedrich Rehmer (*Berlin 2.6.1921 – †13.5.1943), John Rittmeister (*Hamburg 21.8.1898 – †13.5.1943), Klara Schabbel, Philipp Schaeffer, Rose Schlösinger (*Frankfurt/Main 5.10.1907 – †5.8.1943), Oda Schottmüller, Elisabeth (*Darmstadt 28.4.1904 – †22.12.1942) und Kurt Schumacher, John [Johann] Sieg (*Detroit/USA 3.2.1903 – †Berlin 15.10.1942), Heinz Strelow (*Hamburg 15.7.1915 – †13.5.1943), Marie Terwiel (*Boppard/Rheinland 7.6.1910 – †5.8.1943), Erhard Tohmfor (*Berlin 10.2.1909 – †13.5.1943), Richard Weißensteiner (*Pola/Italien 6.2.1907 – †13.5.1943), Frieda Wesolek (*Sommerfeld/Niederlausitz 3.9.1887 – †5.8.1943), Stanislaus Wesolek (*Posen 10.9.1878 – †5.8.1943). Allein am 5.8.1943 starben unter dem Fallbeil in Berlin-Plötzensee binnen vierzig Minuten zwischen 19 Uhr und 19.40 Uhr 16 Angehörige der Widerstandsgruppe (13 Frauen und 3 Männer).

**Harro SCHULZE–BOYSEN**
*Kiel 2.9.1909 –
†Berlin-Plötzensee 22.12.1942
**Niederkirchnerstraße**

Die Inschrift besteht aus einzelnen in der Fassade befestigten Bronzebuchstaben: *Wenn wir auch sterben sollen, / So wissen wir: Die Saat / Geht auf. Wenn Köpfe rollen, dann / Zwingt doch der Geist den Staat. / Harro Schulze-Boysen / 2.9.1909*

Löcher in der Wand lassen vermuten, daß die Ziffern, die das Todesdatum angaben, und ein unterer Teil der Inschrift (s. u.) bereits wenige Tage nach der Enthüllung der Inschrift von Unbekannten entfernt wurden. Die schlecht wahrnehmbaren Bronzebuchstaben ersetzen eine Plexiglasscheibe, die an gleicher Stelle, an der Außenwand des Flachbaus zwischen dem Detlev-Rohwedder-Haus und dem Abgeordnetenhaus von Berlin über der achten kreisrunden

Fensteröffnung (von links, ziemlich genau gegenüber dem einstigen Haupteingang des Gestapohauptquartiers) angebracht war. Diese trug die Inschrift: *Wenn wir auch sterben sollen, / so wissen wir: Die Saat / geht auf. Wenn Köpfe rollen, dann / zwingt doch der Geist den Staat. / Harro Schulze-Boysen / 2.9.1909–22.12.1942 / Glaubt mit mir an die gerechte Zeit, die alles reifen lässt!*

Diese Tafel befand sich hier von Dezember 1992 bis zum Diebstahl durch Unbekannte im Oktober 1993. Am 26.7.1994 wurde vom Verein Berliner Brücke erneut provisorisch eine Gedenktafel gleichen Textinhalts in Anwesenheit von Parlamentspräsidentin Hanna-Renate Laurien und dem Bruder von Harro Schulze-Boysen, Hartmut Schulze-Boysen, angebracht. Nach der endgültigen Zustimmung zur Anbringung durch den Bund als Eigentümer wurde die Inschrift erneut am 20.11.1994 in Anwesenheit von Hans Coppi, Johannes Haas-Heye, dem Bruder von Libertas Schulze-Boysen, und dem Schauspieler Werner Dissel, eines Freundes des Ehepaares Schulze-Boysen, angebracht.

**Franz *Hermann* SCHULZE-DELITZSCH**
*Delitzsch 29.8.1808 – †Potsdam 29.4.1883
**Schulze-Delitzsch-Platz (Köpenicker Straße Ecke Neue Jakobstraße)**

Inschrift der Bronzetafel am Denkmal: *Zur Geschichte des Denkmals / Dieses Denkmal zu Ehren von / Dr. Hermann Schulze-Delitzsch / wurde von dem Bildhauer Hans / Arnolt geschaffen und 1899 / aus Anlass des 40. Verbands-/tages der deutschen gewerb-/lichen Genossenschaften hier / aufgestellt. / 1928 übernahm die Köpenicker / Bank das gegenüberliegende Ge-/bäude der Luisenstädtischen / Bank und betrieb dort bis 1945 / eine Bankfiliale. / Die dem Denkmal zugeordneten / Bronzefiguren wurden im Krieg / eingeschmolzen, das Denkmal / selbst 1972 entfernt. Es wurde / 1990 wiedergefunden und von / der Köpenicker Bank restauriert.*

Der Jurist engagierte sich aktiv als Liberaler in der Politik. 1848 war er Mitglied der Preußischen Nationalversammlung, später auch des Preußischen Abgeordnetenhauses und des Reichstags. Er widmete sich Fragen zur Lösung wirtschaftlicher Probleme kleiner Handwerker und machte sich verdient als Gründer des Verbandes der Erwerbs- und Wirtschaftsgenossenschaften, dessen Geschäfte er bis zu seinem Tode besorgte. Beigesetzt ist er auf dem Alten Friedhof Potsdam, Heinrich-Mann-Allee.

**Kurt SCHUMACHER**
*Stuttgart 6.5.1905 –
†Berlin-Plötzensee 22.12.1942
**Schleusenbrücke (Werderstraße)**

Metalltafel an der nordöstlichen Brückenmauer, Inschrift: *Die beiden inneren Medaillons schuf / Kurt Schumacher / geb. am 6. Mai 1905 ermordet am 22. Dez. 1942 / Mitglied der / antifaschistischen Widerstandsgruppe / Schulze Boysen-Harnack*

Die Rundreliefs an der Schleusenbrücke (1914/15) zeigen Darstellungen zur Entwicklung von Schleuse und Brücke (1650 und 1688) und wurden 1937 von Schumacher geschaffen. Er lebte in Tempelhof, Hansakorso 2.

**Wilhelm SCHWARZ**
†Berlin 25.4.1945
**Rheinsberger Straße 31**

Inschrift: *In diesem Hause wohnte der Antifaschist Wilhelm Schwarz. Am 24.4.1945 wurde er von Hitlerknechten ermordet. Vergeßt es nie!*

Wilhelm Schwarz hängte am 24.4.1945 während der Kämpfe um sein Wohnviertel – wie viele andere – eine weiße Fahne aus einem Fenster seiner Wohnung. Als vorübergehend deutsche Truppen wieder die Straße beherrschten, nahm er das weiße Tuch nicht ab, wurde festgenommen und mit zwei anderen Bürgern – möglicherweise erst in den Morgenstunden des 25.4.1945 – an einem Gerüst an der Zionskirche erhängt. Die Tafel wurde 1991 von Unbekannten entfernt. Am 7.5.1993 brachte der Verein Aktives Museum Faschismus und Widerstand in Berlin e.V. eine Ersatztafel mit folgender Inschrift an: *Hier, an seinem Wohnhaus, war eine Gedenktafel für / Wilhelm Schwarz / Er wurde am 25. April 1945 auf Befehl des Ortsgruppenleiters / der NSDAP am Baugerüst der Zionskirche erhängt. Wilhelm Schwarz hatte bei / Beginn der Kämpfe mit den sowjetischen Truppen in diesem Stadtgebiet / eine weiße Fahne aus dem Fenster gehängt und sie nicht, / wie seine Nachbarn, während der kurzfristigen Rückeroberung / des Gebiets durch deutsche Truppen wieder entfernt / 8. Mai 1993 / Aktives Museum Faschismus und Widerstand in Berlin e.V.*

**17. JUNI 1953**
**Leipziger Straße 5–7**
**Ecke Wilhelmstraße (DDR: Otto-Grotewohl-Straße; Detlev-Rohwedder-Haus)**

Inschrift: *An dieser Stelle, / vor dem „Haus der / Ministerien" der DDR, / forderten am*

*16. Juni 1953 / die Bauarbeiter der / Stalinallee / im Bezirk Friedrichshain / die Senkung der / Arbeitsnormen, / den Rücktritt der Regierung, / die Freilassung aller / politischen Gefangenen / sowie freie und geheime / Wahlen. / Diese Protestversammlung / war Ausgangspunkt / des Volksaufstandes / am 17. Juni 1953. / Wir gedenken der Opfer, / 17. Juni 1993*

Die Bronzetafel (120 x 74 cm) wurde bei der Bildgießerei Noack in Friedenau gegossen. Enthüllung am 17.6.1993 durch Bezirksbürgermeister Gerhard Keil.

**750-JAHR-FEIER**
**Torstraße (DDR: Wilhelm-Pieck-Straße) 90**
**Ecke Gormannstraße**

Die bronzefarbene Metalltafel zeigt einen Kran mit nach links gerichtetem Ausleger. Am Führerhaus steht Cottbus, am Ausleger hängt ein Plattenbauteil, in dem eine FDJ-Fahne steht. Inschrift unter dem Ausleger: *Durch / Cottbuser / Bauarbeiter / wurden im Bezirksjugendobjekt / anlässlich der 750-Jahrfeier / 640 Wohnungen übergeben / Berlin 1987*

***James* Henry SIMON**
*Berlin 17.9.1851 – †Berlin 23.5.1932
**Gartenstraße 5 (Stadtbad Mitte)**

Inschrift: *An dieser Stelle wurde 1880 der / Grundstein für die erste Berliner Volksbadeanstalt / gelegt, gestiftet von / James Henry Simon / 17.9.1851–23.5.1932 / Kaufmann, Kunstsammler und Mäzen / Er stiftete zahlreiche gemeinnützige Einrichtungen / Nach Plänen von Jehlmann [!] und Tessenow / erfolgte 1929/30 der Umbau zum Stadtbad Mitte / Wiedereröffnung 1993 / nach umfangreicher Rekonstruktion*

Der neben Heinrich Tessenow genannte Architekt hieß Dr. Carlo Jelkman. Enthüllung der Berliner Gedenktafel am 8.6.1995 durch Bezirksbürgermeister Gerhard Keil.

**SOLDATEN**
**Bahnhof Friedrichstraße**
**(unter der Bahnunterführung neben der Georgenstraße [Südwestseite])**

Inschrift: *Kurz vor Beendigung des / verbrecherischen / Hitlerkrieges wurden hier / zwei junge deutsche / Soldaten von entmenschten / SS-Banditen erhängt*

Die Ermordeten hatten (Tsp., 2.5.1995) Schilder umgehängt bekommen mit den Aufschriften »Ich war zu feige, meine Frau und meine Kinder zu verteidigen« und »Ich war zu feige, meine Eltern zu verteidigen«. Die 1952 von der Vereinigung der Verfolgten des Naziregimes (VVN) angebrachte kleine Bronzetafel wurde bald nach der Wende in der DDR von Unbekannten entfernt. Nach Angabe von Martin Gaber, Vorsitzender einer Kommission der BVV Mitte über das Schicksal von DDR–Gedenktafeln im Bezirk, hing sie dort bis Oktober 1990.

Danach wurde sie viermal von Mitgliedern der Initiative »Politische Denkmäler der DDR« und des Vereins »Aktives Museum Faschismus und Widerstand in Berlin e.V.« erneuert, zuletzt am 1.5.1995. Die weiße Ersatztafel trug außer dem Originaltext den Zusatz: *Das Original – eine der ersten Gedenktafeln Berlins / nach dem Krieg – wurde 1990 gewaltsam entfernt.*

Kurz nach dem Ende des Zweiten Weltkriegs gab es eine Reihe von (provisorischen) Gedenktafeln für ermordete Soldaten, die den irrsinnigen Kampf um Berlin nicht länger mitmachen wollten. Eine, deren Verbleib ungeklärt ist, ist abgebildet bei: Burkert/Matußek/Obschernitzki, Zerstört – Besiegt – Befreit, S. 95; ihre Inschrift lautete: *Hier wurde / am 24. April 1945 ein deut-/scher Soldat, weil er den / zwecklosen, wahnsinnigen / Krieg nicht weiter mitma-/chen wollte, von vertierten / Nazi-Bestien erhängt.*

Für weitere derartige Tafeln s. bei den Bezirken Steglitz und Schöneberg.

**SOZIALISTISCHER WOHNUNGSBAU**
**Swinemünder Straße 120 (nahe Zionskirchplatz)**

Inschrift: *Hier nahm am 9. Februar 1984 / der Generalsekretär des ZK der SED / und Vorsitzende des Staatsrates der DDR, / Erich Honecker, / die Übergabe der zweimillionsten Wohnung vor, / die in Durchführung / des Wohnungsbauprogramms, als Kernstück der Sozialpolitik der SED, / seit 1971 fertiggestellt wurde.*

Dabei handelte es sich um die zweimillionste seit dem 8. Parteitag der SED neugebaute bzw. (wie in diesem Fall) modernisierte Wohnung. Die Tafel war im Juli 1990 bereits wieder entfernt. Ihr Verbleib ist nicht bekannt.

**SOZIALDEMOKRATISCHE PARTEI DEUTSCHLANDS (ZENTRALAUSSCHUSS)**
**Behrenstraße 35–39 (am Bebelplatz)**

Inschrift: *Dieses Gebäude war / von Juli 1945 bis April 1946 / Sitz des Zentralausschusses der SPD / und Arbeitsstätte / seines Vorsitzenden / Otto Grotewohl.*

Die Tafel wurde im September 1987 angebracht und 1990 entfernt, ihr Verbleib konnte nicht ermittelt werden. Der Zentralausschuß der SPD in der Sowjetischen Besatzungszone und in Berlin existierte bis zur Zwangsvereinigung mit der KPD zur SED, im Westteil der Stadt konnte die SPD ihre Eigenständigkeit behaupten. Das Haus wurde rückübereignet an die Dresdner Bank. In der DDR befand sich hier die Staatsbank der DDR.

**SPARTAKUS**
**Chausseestraße 121 (links neben der ehemaligen Kaufhalle)**

Ein Stein auf dem Grundstück erinnert an die Gründung der Spartakus-Gruppe im Jahr 1916.

Inschrift: *Spartakus / das heisst / Feuer und Geist / das heisst / Seele und Herz / das heisst / Wille und Tat / der / Revolution / des / Proletariats / Karl Liebknecht*

Im 2. Stock des früher hier stehenden – im Zweiten Weltkrieg zerstörten – Hauses, im Anwaltsbüro der Brüder Liebknecht, trafen sich am 1. 1. 1916 unter Vorsitz von Karl Liebknecht u. a. die oppositionellen SPD–Funktionäre Käthe Duncker, Hugo Eberlein, Rudolf Lindau, Franz Mehring, Wilhelm Pieck und Georg Schumann zur 1. Reichskonferenz der »Gruppe Internationale«. Sie beschlossen »zur Aufklärung, Mobilisierung und Organisierung der Werktätigen« die Herausgabe der »Politischen Briefe« mit dem Titel »Spartakus« unter der Redaktion von Leo Jogiches. Die Gruppe nannte sich am 11.11.1918 in Spartakusbund um und wurde zur Keimzelle der KPD.

**Philipp Jacob SPENER**
*Rappoltsweiler 25.1.1635 – †Berlin 5.2.1705
**Nikolaikirchplatz**

Inschrift: *Dr. Philipp Jacob / Spener, / geboren zu Rappoltsweiler / am 25ten Januar 1635, / gestorben / den 5ten Februar 1705, / als / Probst zu Berlin. / S.S. 1835.*

Spener studierte Theologie in Straßburg und kam über Frankfurt/Main, wo er fast zwanzig Jahre wirkte, und Dresden 1691 als Propst an der Nikolaikirche nach Berlin. Die schwarze gußeiserne Tafel befindet sich an der Außenwand des Chores der Nikolaikirche.

**SPITTEL-KOLONNADE**
**Leipziger Straße (Dönhoffplatz)**

An den südlichen Durchgängen gibt es zwei Tafeln.

Inschrift der linken Tafel: *Spittelkolonnaden / 1776 / nach Plänen von / Carl von Gontard / als Schmuck der Brücke / über den alten / Festungsgraben / erbaut / Im faschistischen / Raub- und Eroberungskrieg / zerstört / 1979 / von der Arbeiter-/und-Bauern-Macht / wiedererrichtet*

Inschrift der rechten Tafel: *An der Wiederherstellung / der Spittelkolonnaden / beteiligte Betriebe: / VEB Stuck- und Naturstein, Berlin / VEB Elbenaturstein Dresden / VEB Wohnungsbaukombinat Berlin / VEB Grünanlagenbau Berlin / VEB Ausbau Berlin / VEB Energiekombinat Berlin / VEB Baumechanisierung Berlin / VEB Kombinat Geodäsie und / Kartographie*

Die Kolonnade umgibt eine Nachbildung des historischen Meilensteins, der Nullmeßpunkt für Entfernungen von Berlin war. Bei der Kolonnade handelt es sich um die Kopie des einst unweit des gegenwärtigen Standortes befindlichen Originals, das im Krieg schwer beschädigt wurde. Die ehemals gegenüberliegende Kolonnade wurde bereits 1929 beseitigt.

**STADTMAUER**
**zwischen Waisenstraße und Littenstraße (unweit der Gaststätte »Zur letzten Instanz«)**

Metalltafel, Inschrift: *Rest der mittelalterlichen / Berliner Stadtmauer / Errichtet um 1250 – im 14. Jahrhundert er-/gänzt – Die Stadtmauer umgab beide Stadt-/teile Berlin und Cölln – Die noch vorhan-/denen Mauerteile wurden durch An- und Um-/bauten verändert – Im 17. Jahrhundert ver-/stärkt durch Bastionen / Um 1680 zwischen Stralauer Strasse und / Klosterkirche durch Häuser ergänzt – / Seit 1924 befindet sich im / Hause Waisenstrasse 16 die Gaststätte / „Zur letzten Instanz" die 1963 restau-/riert und erweitert wurde*

Eine weitere Restaurierung der Gaststätte erfolgte Ende der achtziger Jahre. Die Reste der Stadtmauer, die sich rechts und links der »Letzten Instanz« befinden, wurden erst entdeckt, als man Trümmer aus dem Zweiten Weltkrieg entfernte. Reste bzw. Nachbauten der Akzisemauer, die Berlin seit den dreißiger Jahren des 18. Jahrhunderts umgab, finden sich unweit des Platzes am Neuen Tor (Mitte) und in der Stresemannstraße (Kreuzberg). Einziger Rest von Stadtbefestigungen in Verbindung mit der barocken Festungsanlage ist der Wusterhausische Bär im Köllnischen Park.

**STADTVERORDNETE**
**Rathausstraße 15 (Berliner [Rotes] Rathaus)**

Zwei Metalltafeln, die am 7.9.1989 links vom Haupteingang angebracht wurden. Inschriften: (1): *Hier wirkten als Stadtverordnete / Paul Singer von 1883 bis 1911 / Karl Liebknecht von 1902 bis 1913 / Wilhelm Pieck von 1929 bis 1933*
(2): *Dem ehrenden Gedenken der / Stadtverordneten, die von 1920 bis 1933 / in diesem Hause wirkten und die / nach 1933 Opfer des / faschistischen Terrors wurden*

Paul Singer (*Berlin 16.1.1844 – †Berlin 31.1.1911) war Vorsitzender der Berliner SPD, mit August Bebel und Wilhelm Liebknecht einer der drei Vorsitzenden der SPD, seit 1884 Mitglied und seit 1885 Fraktionsvorsitzender der sozialdemokratischen Fraktion im Deutschen Reichstag. Als der populäre Politiker »am 5. Februar [1911] zu Grabe getragen wird, geben ihm Hunderttausende Berliner Arbeiter das Geleit«. Grabstätte auf dem Zentralfriedhof Friedrichsfelde (Gedenkstätte der Sozialisten), Gudrunstraße. Beide Tafeln wurden Ende 1990/ Anfang 1991 demontiert und dem Hausmeister übergeben. Ihr Verbleib konnte nicht geklärt werden. Am oder im Haus soll – wie am Abgeordnetenhaus – eine Gedenktafel für die vom Nationalsozialismus sowie »für die vom Stalinismus und von der SED-Diktatur verfolgten Stadtverordneten und Magistratsmitglieder« angebracht werden.

**Heinrich Friedrich Karl Freiherr vom und zum STEIN**
*Nassau/Lahn 26.10.1757 –
†Kappenberg/Westfalen 29.6.1831
**Am Festungsgraben 1 (Palais am Festungsgraben)**

Inschrift links neben einem Reliefporträt: *Der / preussische / Staatsmann, Reformer / und Patriot / Heinrich Friedrich / Karl / Reichsfreiherr / vom und zum Stein / wohnte und arbeitete / von 1804 bis 1808 in / diesem Haus*

**Johann Peter SÜSSMILCH**
*Zehlendorf 3.9.1707 – †Berlin 22.3.1767
**Brüderstraße 10 (»Galgenhaus«)**

Inschrift: *In diesem Gebäude, im Volksmund / »Galgenhaus« / genannt, lebte und starb / Johann Peter Süssmilch / 3.9.1707–22.3.1767 / Universalwissenschaftler und Propst / von Kölln an der Spree / Mit seinem Hauptwerk von 1741 / »Die göttliche Ordnung« / wurde er zum Wegbereiter der / Bevölkerungswissenschaft und Statistik*

Das »Galgenhaus« hat seinen Namen nach der Legende, daß vor diesem Haus des Ministers von Happe eine seiner Bediensteten aufgrund

eines königlichen Edikts gehängt wurde, weil sie einen silbernen Löffel gestohlen haben sollte. Nach ihrem Tod stellte sich ihre Unschuld heraus, das Edikt wurde zurückgenommen. Das Haus, das niemand von Happe abkaufen wollte, wurde dann auf königliche Anordnung vom Magistrat gekauft und der Kirche zur Verfügung gestellt. Tatsächlich war es seit 1737 Propstei von St. Petri in Cölln. Wie in jeder solchen Geschichte mischen sich auch hier Wahrheit und Dichtung. Genaueres findet man bei Kurt Pomplun: »Berlins alte Sagen« im Kapitel »Das Galgenhaus«. Die Berliner Gedenktafel für Süßmilch wurde (zunächst provisorisch) am 20.10. 1994 »im Anschluß an die Tagung eines Arbeitskreises der Johann-Peter-Süßmilch-Gesellschaft für Demographie e.V.« (Berliner Statistik 11/94, S. 247) enthüllt.

**SYNAGOGE BETH ZION**
**Brunnenstraße 33**

Inschrift: *Auf dem Hof dieses Hauses befindet sich / das Gebäude der ehemaligen Synagoge / „Beth Zion" / Sie diente als Privatsynagoge / eines jüdisch-orthodoxen Vereins, den / eingewanderte polnische Juden 1879 gründeten. / 1910 wurde dieses Haus eingeweiht. / Nach der Zerstörung des Innenraumes / in der Progromnacht [!] 1938 / fanden keine Gottesdienste mehr statt. / 1982 wurde das Gebäude wieder / äußerlich instandgesetzt. / Es ist eines der wenigen / erhalten gebliebenen Zeugnisse / für das jüdische Leben um 1900.*

Über dem Eingang der ehemaligen Synagoge ist der aufgemalte hebräische Text lesbar:
זה השער לה צדיקים יבאו בו
(in deutscher Übersetzung: *Dies ist das Tor, durch das die Gerechten eintreten*)

Das Haus diente zuletzt als Lagerraum des VEB Berlin Kosmetik. Die messingfarbene gerahmte Metalltafel befindet sich an der Fassade links neben der Einfahrt. Enthüllung am 28.8.1994.

**SYNAGOGENGEMEINDE ADASS JISROEL**
**Tucholskystraße 40 (früher Artilleriestraße 31)**

Inschrift: *In diesem Gebäude befanden sich das / Gemeindezentrum und die Synagoge / der israelitischen Synagogengemeinde / (Adass Jisroel) zu Berlin sowie das / Berliner Rabbinerseminar. / Viele Mitglieder sind von den Nazis / ermordet worden. / Ehre ihrem Andenken!*

Am 26.6.1986 wurde die kupferfarbene Tafel rechts neben dem Eingang angebracht. Die aus Anlaß der 100. Wiederkehr der Erlangung der vollständigen Selbständigkeit der Gemeinde enthüllte Tafel ist inzwischen – vielleicht durch die jetzige Gemeinde, der das Haus von der Regierung der DDR 1990 übergeben wurde – wieder entfernt worden. Hingewiesen sei hier auf das am 25.6.1986 eingeweihte Denkmal für Adass Jisroel in Tiergarten, Siegmunds Hof/Wullenwebersteg.

**Ernst THÄLMANN**
*Hamburg 16.4.1886 –
†Buchenwald 18.8.1944
**Kleine Alexanderstraße 28 Ecke Weydingerstraße (Karl-Liebknecht-Haus)**

Sitz des ZK der KPD von 1926 bis 1933. Inschrift der Gedenktafel, die am 16. April 1952 von Wilhelm Pieck enthüllt wurde: *Ernst Thälmann / der Führer der deutschen / Arbeiterklasse / der heldenhafte Kämpfer / gegen Faschismus / und Krieg / arbeitete in diesem Hause*

**THEATER**
**Schumannstraße 13 a (gegenüber dem Deutschen Theater)**

Inschrift: *Die Werke, die wir geerbt haben, immer wieder von Neuem zu erwerben, um sie zu besitzen, bedeutet, sie aus dem Geist unserer Zeit wieder neu zu gebären. Das lebende*

*Theater kann nur lebende Werke gebrauchen, gleichviel, ob sie der Gegenwart oder der Vergangenheit angehören. Max Reinhardt.*

Die Stele (Christa Sammler, 1983) trägt den Text auf der Rückseite. Auf der Vorderseite ist sie mit einer bronzenen Maske geschmückt.

**U-BAHN**
**U-Bahnhof Klosterstraße (Ausgang zur Stralauer Straße)**

Eine Eisentafel zeigt an den Längsseiten von oben nach unten Köpfe und Namen von Berlinern, die mit der Geschichte der Berliner Hoch- und U-Bahn verbunden sind. Im mittleren Teil sind oben und unten Inschriften über die verbleibende Breite, dazwischen längs aufgeteilt Schrifttafeln mit Texten zur Geschichte der Berliner Hoch- und Untergrundbahn.

Inschriften: *Artur Hobrecht / Max Steinthal / Wilhelm von Siemens / Heinrich Schwieger / Adolf Braun / Karl Schrader / Karl Helfferich / Justus Breul; Paul Wittig / Emil Pavel / Johannes Bousset / Gustav Kemmann / Adolf Lerche / Heinrich Kress / Wilhelm Lauter / Alfred Grenander; Zur Eröffnung der Bahnerweiterung / vom Spittelmarkt über Alexanderplatz zur Schönhauser Allee / im Juli 1913; Erste Entwürfe für elektrische / Hochbahnen in Berlin von / Werner von Siemens / 1880. / Staatliche Genehmigung der / Strecke Warschauer Brücke = Nollendorfplatz 1896 / Gründung der / Hochbahn=Gesellschaft / (Gesellschaft für elektrische Hoch= und Untergrund=/bahnen in Berlin) / am 13. April 1897 / durch die / Deutsche Bank / und Siemens u. Halske / Ausführung / der Stammlinie / Warschauer Brücke = / Potsdamer Platz = Knie / 1897=1902 / durch / Siemens u. Halske / A.=G.; Von der / Hochbahngesellschaft / ausgeführte / Erweiterungen: / 1906 bis Wilhelmplatz in / Charlottenburg / 1908 nach Westend / 1908 bis Spittelmarkt / 1913 über Alexanderplatz / zur Schönhauser Allee! / Ausführung des Schnell=/bahntunnels unter der / Spree 1911=1913 / 1913 bis Uhlandstraße / 1913 bis Nürnberger Platz / Vertrag mit Berlin über / die Linie Alexanderplatz = / Frankfurter Allee / 1912 Von Gemeinden ausgeführte Anschlußlinien: / 1910 Schöneberger Bahn bis Hauptstraße / 1913 Wilmersdorfer Bahn / bis Breitenbachplatz / 1913 Dahlemer Bahn bis / Thielplatz.; Aufsichtsrat, Vorstand und Sachverständige / der Hochbahngesellschaft*

Das Knie war der Straßenknick an der Straßenverbindung zwischen Berlin und Charlottenburg (heute Ernst-Reuter-Platz), der Wilhelmplatz wurde zum Richard-Wagner-Platz.

***Rahel* Friederike VARNHAGEN VON ENSE**
*Berlin 19. 5. 1771 – †Berlin 7. 3. 1833
**Jägerstraße 54 (unweit Gendarmenmarkt)**

Inschrift: *Rahel / Varnhagen von Ense / geborene Levin / 1771–1833 / versammelte / als junge jüdische Frau / an diesem Ort / ab 1793 Menschen / verschiedener Stände / und Konfessionen / in ihrem ersten / literarischen Salon. / Hier wurde mit / Worten gefochten, Kritik mit Geist / und Witz geübt, / um Wahrheit gerungen. / „Eigenthum? Eigenthümlich? / Unser Eigenthum ist nur das, / was uns keiner / nachmachen kann. / Dazu gehört / noch unser Sein.“ / Rahel*

Die Inschrift nimmt die linke Seite der Tafel ein, in deren Mitte sich in einer kreisrunden Vertiefung ein Reliefporträt der Geehrten befindet. Beigesetzt ist sie auf dem Friedhof I der Dreifaltigkeitsgemeinde, Kreuzberg, Baruther Straße/Mehringdamm, Abt. VII, 2–29 (Ehrengrab). Enthüllung der in der Einfahrt angebrachten Bronzetafel am 28. 2. 1997 durch den stellvertretenden Bezirksbürgermeister Dr. Jens-Peter Heuer.

**VEREIN DER LEHRLINGE UND JUGENDLICHEN ARBEITER BERLINS**
**Berolinastraße (Grünfläche neben Nr. 11)**

Die Klinkerstele mit Granittafel trägt die Inschrift: *Die erste deutsche / Arbeiterjugendorganisation / Verein der Lehrlinge / und / jugendlichen Arbeiter / Berlins / wurde am 10. Oktober 1904 / an diesem Ort gegründet.*

Im Zuge der ehemaligen Landsberger Straße stand das Klubhaus Pachura, in dem 24 junge Arbeiter und Lehrlinge am 10.10.1904 den ersten selbständigen »Verein der Lehrlinge und jugendlichen Arbeiter Berlins« in Deutschland unter Vorsitz von Helmut Lehmann gründeten. Arbeiterjugendvereine entstanden bald auch in anderen Teilen Deutschlands. Die am 10.10.1974 enthüllte Tafel wurde 1990 entfernt, ihr Verbleib ist nicht bekannt.

**VEREIN MUSEUM FÜR LEIBESÜBUNGEN**
**Mühlendamm Ecke Poststraße (Ephraim-Palais)**

Inschrift: *Im Ephraim-Palais wurde am 20. Juli 1925 der / Verein Museum für Leibesübungen / gegründet. Die Eröffnung des Museums erfolgte / im Oktober 1925 im Berliner Stadtschloss. / Die Nationalsozialisten lösten dieses erste / allgemeine Sportmuseum der Welt 1934 auf. / Seit 1970 führt das Sportmuseum Berlin die / Tradition des Museums für Leibesübungen fort.*

Die Bronzetafel ist an der Mühlendammseite angebracht. Das Sportmuseum Berlin befindet sich in einem Gebäude auf dem Gelände des Friedrich-Ludwig-Jahn-Sportplatzes, Prenzlauer Berg, Cantianstraße 24.

**Ewald VOGT**
* 21.8.1905 – †Berlin 21.8.1933
**Anklamer Straße 5**

Inschrift: *In diesem Hause / wohnte der Wider-/ standskämpfer / Ewald Vogt / geboren am 21.8.1905 / ermordet am 21.8.1933 / Nicht trauern / nur kämpfen*

Vogt war Maschinenschlosser, Funktionär der KPD und Betriebsrat im Walzwerk Hennigsdorf. Er wurde am 20.8.1933 aus seiner Wohnung in das »wilde KZ« in der General-Pape-Straße gebracht und dort an seinem 28. Geburtstag ermordet.

**VOLKSMARINEDIVISION**
**Märkisches Ufer 48 (am Restaurant Marinehaus)**

Inschrift: *Hier befand sich / von Januar bis März 1919 der Sitz der / Volksmarinedivision, der bewaffneten Formation / der revolutionären Arbeiter und Soldaten / in der Novemberrevolution. / In den schweren / Kämpfen gegen die Konterrevolution / stand sie fest an der Seite / des Berliner Proletariats*

Die stark angerostete Tafel am »Marinehaus« war rechts neben dem Eingang zwischen zwei Fenstern angebracht. Sie wurde Ende August/ Anfang September 1992 entfernt und sollte sich nach Zeitungsberichten in der Gaststätte befinden. Im Sommer 1994 war sie in gutem Zustand wieder angebracht.

**VOLKSMARINEDIVISON**
**Schloßplatz Ecke Breite Straße (Neuer Marstall; DDR: Marx-Engels-Platz)**

Inschrift: *In den Revolutionsjahren 1918–19 / tagte im Marstall / das Revolutionskomitee / der Volksmarinedivision. / Hier fielen im Kampf / für eine freie deutsche Republik / im erbitterten Widerstand / gegen Reaktion und Militarismus / rote Matrosen und Spartakus-Kämpfer*

Während der Novemberrevolution 1918/19 befand sich im zweiten Stockwerk des Gebäudes das Hauptquartier der Volksmarinedivison. Am 24.12.1918 kam es zu Kämpfen um Marstall und Schloß mit Regierungstruppen. Die Gedenktafel ist entfernt, ihr Verbleib ist nicht bekannt. Geblieben sind zwei riesige Bronzetafeln mit szenischen Darstellungen der Novemberrevolution 1918 bzw. einem Karl-Marx-Kopf und den Inschriften (Ecke Breite Straße): *Am 9. November 1918 / ruft Karl Liebknecht / die freie / sozialistische Republik aus* (an der Spreeseite, Rathausbrücke): *Es lebe / die soziale / Revolution / Es lebe der Frieden / der Völker*

Diese Tafeln wurden am 8.10.1988 enthüllt. Die vom Senat eingesetzte Denkmälerkommission empfahl in ihrem im Februar 1993 vorgelegten Bericht deren Entfernung.

**VOLKSMARINEDIVISION**
**Französische Straße 32 (ehem. Aufbau-Verlag)**

Hier gab es zwei Gedenktafeln. Die Tafel an der Straßenfront war bereits Ende Juni 1991 verschwunden. Ihre Inschrift lautete: *Im Hofe dieses Hauses / wurden am 11. März 1919 / 29 Matrosen der Volksmarinedivision durch die Konterrevolution ermordet. / -Ehre und Ruhm- / den gefallenen Kämpfern / der deutschen Arbeiterklasse.*

Der Verbleib dieser Tafel konnte nicht geklärt werden. Die zweite Tafel befindet sich in der Durchfahrt rechts vor dem Hof.

Inschrift: *Am 11. März 1919 fielen im Hofe dieses Hauses / 29 Matrosen / der Volksmarinedivision / unter den Salven der Vorläufer des Faschismus / als Märtyrer einer unvollendeten Revolution. / Am 30. Jahrestag der Ermordung / beschloß die Belegschaft des Aufbau-Verlages: / einem Arbeiterstudenten ein Stipendium zu gewähren, / die Volkssolidarität zu unterstützen, / freiwillige Aufbauarbeit zu leisten / und diese Tafel am 1. Mai 1949 zu enthüllen / Den gefallenen Revolutionären zum Gedächtnis, / den Lebenden zur Mahnung.*

Die Soldaten der Volksmarinedivison wurden am 11.3.1919 aufgefordert, in diesem Haus ihre Löhnung in Empfang zu nehmen. Statt ihren Sold zu erhalten, wurden 300 Soldaten unter dem Kommando des Oberleutnants Otto Marloh mißhandelt. Wahllos wurden dreißig von ihnen herausgesucht und im Lichthof erschossen, ein Verwundeter stellte sich tot und überlebte. Die Mörder wurden 1935 rehabilitiert.

**WASSERSTRASSENHAUPTAMT BERLIN**
**Poststraße 21/22**

Inschrift: *Erbaut 1870 / als · Geschäftshaus / der · Firma / C. A. Schubert / nach · Abriss · der · früher / hier · vorhandenen / Gebäude / Zerstört · durch / Kriegseinwirkung 1944 / Wiederausgebaut / und · neugestaltet / durch · das / Wasserstrassen/hauptamt / Berlin 1956/57*

**Alfred WEGENER**
*Berlin 1.11.1880 –
†Grönland Ende November 1930
**Wallstraße 43 Ecke Inselstraße**

Inschrift: *Der Polarforscher / Prof. Dr. Alfred Wegener / *1880 in Berlin / †1930 im Grönlandeis / war Schüler dieses ehemaligen / Cöllnischen Gymnasiums, / promovierte 1905 an der / Berliner Universität / und legte 1912 mit seiner / Kontinentalverschiebungstheorie / das Fundament für eine moderne / Geologie / Gesellschaft für geologische Wissenschaften der DDR – 1980*

Der Geologe, dessen Theorie der Kontinentaldrift erst nach Jahrzehnten allgemeine Anerkennung gefunden hatte, fand während der vierten Grönlandexpedition den Tod auf dem Rückmarsch von der Station Eismitte zur Westküste gemeinsam mit seinem Begleiter, dem Eskimo Rasmus Willemsen. In Zechlinerhütte bei Rheinsberg, wo seine Eltern 1886 ein Haus erworben hatten, erinnert seit 1969 ein kleines Museum an ihn und seinen Bruder Prof. Dr. Kurt Wegener, der ihm in der Leitung der Grönland-Expedition nachfolgte. Alfred Wegeners Frau starb 1991 in Süddeutschland und wurde auf dem Dorffriedhof von Zechlinerhütte beigesetzt.

### Otto WEIDT
*1883 – †1948
**Rosenthaler Straße 39 (am Hackeschen Markt)**

Inschrift: *in diesem Haus befand sich die / Blindenwerkstatt von Otto Weidt. / Hier arbeiteten in den Jahren 1940 bis 1945 / vornehmlich jüdische Blinde und Taubstumme. / Unter Einsatz seines Lebens beschützte Weidt / sie und tat alles, um sie vor dem sicheren Tod / zu retten. / Mehrere Menschen verdanken ihm das Überleben.*

Die Werkstatt befand sich im zweiten Hof. Weidt beschäftigte und versteckte hier und andernorts Juden, stattete sie auch mit falschen Papieren aus. Zu den Beschützten und Geretteten gehörte die Schriftstellerin Inge Deutschkron (»Ich trug den gelben Stern«). Sie enthüllte die messingfarbene Tafel am 13.5.1993 in der Toreinfahrt neben der Straße. Begraben ist Weidt auf dem Städt. Friedhof Zehlendorf, Onkel-Tom-Straße 30 (Ehrengrab).

### WEINBERGER (GEBRÜDER)
**Brunnenstraße 188–190 (zwischen Invalidenstraße und Rosenthaler Platz; Senatsverwaltung für Kulturelle Angelegenheiten)**

Inschrift: *In diesem / Hause / war der Stammsitz / der Firma / Gebrüder / Weinberger, / der seinerzeit / bedeutendsten / Lebensmittelgroßhandlung / Berlins. / 1936 wurden das / Unternehmen / und seine Tochterfirmen / von den / Nationalsozialisten / zerschlagen / und seine / jüdischen / Inhaber / aus Deutschland / vertrieben.*

Zur Erinnerung an die früheren Eigentümer enthüllte Kultursenator Ulrich Roloff-Momin die Tafel im Foyer des Hauses am 7.6.1995.

### WIDERSTANDSGRUPPE HERBERT BAUM
**Lustgarten (neben der Karl-Liebknecht-Straße; DDR: Marx-Engels-Platz)**

Würfelförmiger Gedenkstein (Sandstein, Kantenlänge ca. ein Meter, auf einem Granitsockel) für die Gruppe, die 1942 hier einen Brandanschlag auf die Nazi-Propagandaausstellung »Das Sowjetparadies« verübte. Die (jeweils doppelt vorhandenen) Inschriften lauten (zur Straße und an der Rückfront): *Unvergessen / die mutigen Taten und die / Standhaftigkeit der von / dem*

*Jungkommunisten / Herbert Baum / geleiteten / antifaschistischen / Widerstandsgruppe* (an den Seiten): *Fuer immer in / Freundschaft / mit der / Sowjetunion / verbunden*

**WIDERSTANDSKÄMPFER**
**Unter den Linden 6 (Hof der Humboldt-Universität)**

Gedenkstein an die von den Nazis umgebrachten Studenten und Wissenschaftler. Im linken Teil des Steins steht: *Dem im Kampf gegen den / Hitlerfaschismus Gefallenen – / Ihr Tod ist uns Verpflichtung.*

Im zentralen Teil werden Namen und Lebensdaten aufgezählt:
*Lilo Herrmann / geb. 1909 – hinger. 1938 / Arvid Harnack / geb. 1901 – hinger. 1942 / Mildred / Harnack–Fish / geb. 1902 – hinger. 1943 / Liane Berkowitz / geb. 1923 – hinger. 1943 / Ursula Goetze / geb. 1916 – hinger. 1943 / Eva–Maria Buch / geb. 1921 – hinger. 1943 / Rosemarie Terwiel / geb. 1910 – hinger. 1943 / Horst Heilmann / geb. 1923 – hinger. 1942 / Ferdinand Thomas / geb. 1913 – hinger. 1944 / Dietrich Bonhoeffer / geb. 1906 – hinger. 1945 / Georg Groscurth / geb. 1904 – hinger. 1944 / Walther Arndt / geb. 1891 – hinger. 1944*

Einweihung der Anlage am 12.9.1976.

**WIDERSTANDSKÄMPFER**
**Köpenicker Straße 76 Ecke Brückenstraße (neben dem U–Bahnhofseingang Heinrich-Heine-Straße)**

Inschrift: *Hier in der Köpenicker Straße 76 / trafen sich am 22. Juni 1944 / die Sozialdemokraten / Julius Leber / Adolf Reichwein / mit den Kommunisten / Franz Jacob / Anton Saefkow / Ferdinand Thomas / Ihr Ziel war gemeinsames / Handeln aller Hitlergegner für die / Beendigung des Krieges und ein / demokratisch-sozialistisches / Deutschland nach dem / Sturz des Hitlerregimes. / Vor dem zweiten Treffen am / 4. Juli 1944 wurden sie / an die Gestapo verraten, vom / Volksgerichtshof zum Tode verurteilt / und in Berlin–Plötzensee und / Brandenburg-Görden / ermordet.*

Die vom SPD-Bundesvorstand »gesponserte« Bronzetafel in Form eines Fallbeils wurde von der Berlinerin Christine Weiß gestaltet. Zwischen den Zeilen »/ 4. Juli 1944 wurden sie / an die Gestapo verraten, vom /« verläuft quer durch die Tafel ein Riß. Enthüllung durch Bürgermeisterin Dr. Christine Bergmann am 19.7.1995. Die Tafel ersetzt eine Vorläufertafel mit der Inschrift: *Hier, in der Köpenicker Str. 76, in der Wohnung des Arztes Dr. Rudolf / Schmid, trafen sich am Abend des 22. Juni 1944 führende Sozialdemokraten / und Kommunisten, um über Deutschland nach Hitlers Ende zu beraten. An der / Begegnung nahmen Franz Jacob, Julius Leber, Ernst Rambow, Adolf / Reichwein, Anton Saefkow und Ferdinand Thomas teil. Vor dem zweiten / Treffen am 4. Juli 1944 schlug die längst informierte Gestapo zu. Hunderte / Nazigegner aller Schichten wurden verhaftet. Zu den Hingerichteten gehörten: / Franz Jacob 9.8.1906–18.9.1944 / Julius Leber 16.11.1891–5.1.1945 / Adolf Reichwein 3.10.1898–20.10.1944 / Anton Saefkow 22.7.1903–18.9.1944 / Ferdinand Thomas 30.4.1913–20.11.1944 / 22.6.1994 / Aktives Museum Faschismus und Widerstand in Berlin e.V. / Bund der Antifaschisten Berlin-Mitte e.V.*

Die »vorläufige Gedenktafel« wurde am 50. Jahrestag des Treffens in Anwesenheit von Kultursenator Ulrich Roloff-Momin und Kindern der Widerstandskämpfer enthüllt. Von diesen wurde – nach Zeitungsberichten – Kritik daran geübt, daß Ernst Rambow auf der Tafel Erwähnung fand, weil er als einziger Teilnehmer des Treffens die Verhaftungs- und Hinrichtungswelle durch die Nazis unbeschadet überlebte (er wurde 1945 von den Sowjets erschossen) und als der Verräter des Treffens angesehen wird.

## WUSTERHAUSISCHER BÄR
**Am Köllnischen Park Ecke Rungestraße**

Inschrift der Steintafel am Wehrturm: *Wusterhau-/sischer Baer / 1718 / Auf der Mitte des Wehrs / im Grunen Graben hinter / Bastion VI erbaut / und hieher versetzt / 1893*

Der Wusterhausische Bär (eigentlich: Wehr) wird bereits (1786) bei Friedrich Nicolai in seiner »Beschreibung der Königlichen Residenzstädte Berlin und Potsdam« (S. 136) erwähnt: »Hinter diesem [dem Splittgerberschen] Garten ist: Der zweyte oder sogenannte Wusterhausische Wehr (Bär), durch welchen die Höhe des Wassers im Festungsgraben regiert wird.« Dieser »Grune Graben« wurde 1883 zugeschüttet. Auf ihm wurden die Rungestraße und Am Köllnischen Park angelegt. So gibt die Platzform mit Grünanlage, Bärenzwinger und Märkischem Museum als einzige bis heute präzise den Verlauf einer Bastion der barocken Festungsanlage Berlins wieder.

## Carl Friedrich ZELTER
*Berlin 11.12.1758 – †Berlin 15.5.1832
**Münzstraße 23 Ecke Neue Schönhauser Straße (früher Münzstraße 1)**

Inschrift: *Dem Andenken Carl Friedrich Zelter's / welcher im Jahre 1758 / hier geboren wurde / Die Stadt Berlin.*

Zelter war Komponist und Leiter der von Fasch begründeten Sing-Akademie in Berlin, Maurermeister, Akademieprofessor und Freund J. W. Goethes. Die Tafel befindet sich schwer wahrnehmbar über den Fenstern im ersten Stock des Hauses, in dessen Vorgängerbau Zelter geboren wurde. Grabstätte: Kirchhof der Sophien-Gemeinde, Sophienstraße (Zugang Große Hamburger Straße).

## Carl Friedrich ZELTER
**Brüderstraße 13 (Nicolai-Haus)**

Inschrift: *Carl Friedrich Zelter / Maurermeister und Musik–Professor / hat Umbauten an diesem Hause / für Chr. Friedrich Nicolai vorgenommen / Deutsche Akademie der Künste: Magistrat von Gross-Berlin / zu seinem 200. Geburtstag am 11. Dez. 1958*

## ZEUGHAUS
**(Deutsches Historisches Museum, DDR: Museum für Deutsche Geschichte)**
**Unter den Linden 2**

Inschrift: *Museum für Deutsche Geschichte / 1695–1706 erbaut als Zeughaus der / preußischen Könige / Bildhauerarbeiten vor allem von Andreas Schlüter / 1817–1821 restauriert von K. F. Schinkel. In der Revolution 1848 / vom Volk erstürmt / 1881–1945 Museum zur Verherrlichung / des preußisch-deutschen Militarismus / 1944/45 durch anglo–amerikanische Bomben schwer beschädigt / Wiederaufgebaut im Auftrag / der Regierung der / Deutschen Demokratischen Republik.*

Die Tafel, die sich links vom Eingang befand, ist entfernt worden und befindet sich im Deutschen Historischen Museum.

**_Ernst_ Friedrich Rudolf ZINNA**
*Berlin 1831 – †Berlin 18.3.1848
**Friedrichstraße Ecke Jägerstraße (DDR: Otto-Nuschke-Straße)**

Inschrift der Tafel auf einem Stein unter einer szenischen Darstellung des Barrikadenkampfes: *An dieser Stelle fiel der Schlosser-/lehrling Ernst Zinna bei den Bar-/rikadenkämpfen am 18. März 1848. / Er gab sein junges Leben im Kampf um / Deutschlands Zukunft für Demokratie / und gesellschaftlichen Fortschritt.*

Der siebzehnjährige Ernst Zinna wohnte im Hinterhaus des Hauses Jägerstraße 4/5. Die Ecke wurde ab 1985 mit dem Russischen Kulturzentrum bebaut. Der Verbleib von Stein und Tafel (Entwurf Prof. Arno Mohr, Ausführung Kunstschmiedewerkstatt Kühn, enthüllt 1986) konnte nicht ermittelt werden.

**_Ernst_ Fiedrich Rudolf ZINNA**
**Jägerstraße 4b (DDR: Otto-Nuschke-Straße)**

Inschrift: *Hier wohnte / Ernst Fr. Rud. Zinna / der im März 1848 / als Schlosserlehrling / mit 17 Jahren auf den / Barrikaden für die Einheit / Deutschlands sein Leben ließ / Ihm zu Ehren, 18. März 1948, FDJ Berlin.*

Der Verbleib dieser Tafel ist nicht bekannt. Ebenfalls verloren ist die am 19.3.1968 am gegenüberliegenden Haus Jägerstraße 73–76 enthüllte Tafel mit den Inschriften (links): *Ernst Zinna / 1848 / FDJ* (rechts) *Im Geiste der revolutionären Kämpfer / haben wir die geschichtliche Pflicht / zu erfüllen – alles zu tun, damit der / Sozialismus zum Siege geführt wird. / Kundgebung der FDJ der Hauptstadt der DDR Berlin – März 1968*

Begraben wurde Zinna auf dem Friedhof der Märzgefallenen am Friedrichshain.

**ZUM NUSSBAUM**
**Nikolaiviertel (Am Nußbaum Ecke Propststraße)**

Inschrift: *Zum Nussbaum / Bis zur Zerstörung / im faschistischen Weltkrieg 1943 / älteste Gaststätte Berlins. / Um 1571 / in Cölln, / Fischerstraße 21, errichtet. / Zu den Besuchern / der Gaststätte gehörten / unter anderen / Heinrich Zille und Otto Nagel / 1986–1987 / Wiederaufbau*

Der heutige Standort im Nikolaiviertel ist – wie auf der Tafel angegeben – historisch falsch. Enthüllung am 9.10.1987.

**ZWANGSVEREINIGUNG VON SPD UND KPD ZUR SED**
**Friedrichstraße 101/102 (Metropol-Theater)**

Eine Tafel im Durchgang erinnerte an das Ereignis, Inschrift: *In diesem Haus, / dem früheren Admiralspalast, / vereinigten sich am 21./22. April 1946 / die KPD und SPD zur / Sozialistischen / Einheitspartei / Deutschlands*

Die demontierte Tafel befindet sich im Märkischen Museum. Dort befindet sich auch die Vorgängertafel mit der Inschrift: *In diesem Hause / vereinigten sich am / 21.–22. April 1946 / die KPD und SPD zur / Sozialistischen / Einheitspartei / Deutschlands*
Unter der Inschrift sind zwei verschlungene Hände vor einer Fahne (Parteiemblem der SED) wiedergegeben.

# TIERGARTEN

**ABWASSERPUMPWERK**
**Alt-Moabit 70 Ecke Gotzkowskystraße**
**(Berliner Wasserbetriebe)**

Am alten Pumpwerk steht auf einer Metalltafel: ·*Canalisation / der Stadt Berlin / Radial=System VIII / Erbaut 1887–91*·

Das stillgelegte Pumpenhaus beherbergt jetzt ein »Gastronomie- und Erlebniszentrum«, die »Universal Hall«. Die Inschrift auf der Bronzetafel am neuen Abwasserpumpwerk (Architekten Oswald Mathias Ungers und Stefan Schroth) lautet: *Abwasser / Pumpwerk / Tiergarten / Alt-Moabit / Erbaut 1986–87*

Die Tafel zeigt stilisiert den Gebäudeumriß, die Inschrift ist unten in der Mitte angebracht. Die Tafeln sind einander gegenüber rechts und links einer beide Bauten trennenden Erschließungsstraße angebracht.

**AEG-TURBINENHALLE**
**(heute Siemens / KWU)**
**Huttenstraße Ecke Berlichingenstraße**

Inschrift: *KWU / Goßmaschinenhalle erbaut 1909 / Architekt Peter Behrens 1868–1940 / Unter Denkmalschutz seit 1956 / Restauriert 1978*

Die 25 m hohe und ursprünglich 110 m lange Halle gilt als bahnbrechendes Beispiel des »Neuen Bauens« in der Industriearchitektur. Peter Behrens (*Hamburg 14.4.1868– †Berlin 27.2.1940) gehört zu den führenden Architekten der ersten Jahrhunderthälfte. Seine Grabstätte befindet sich auf dem Friedhof Wilmersdorf, Berliner Straße 100–103, Urnenhalle Raum 16, Wand A, Reihe 4.

**AKADEMIE DER KÜNSTE**
**Hanseatenweg**

Tafel an der Waschbetonmauer links vom Eingang, Inschrift: *Henry H. Reichhold stiftete / dieses Haus im Jahre 1960*

**»AKTION T 4«,**
**Tiergartenstraße 4 (Vorplatz der Philharmonie)**

Die in den Bürgersteig eingelassene Bronzetafel erinnert an die Opfer des nationalsozialistischen »Euthanasie«-Mordprogramms. Inschrift: *Ehre / den vergessenen / Opfern / An dieser Stelle, in der Tiergartenstraße 4, / wurde ab 1940 der erste national-/sozialistische Massenmord organisiert, / genannt nach dieser Adresse: „Aktion T 4" / Von 1939 bis 1945 wurden fast 200 000 / wehrlose Menschen umgebracht. / Ihr Leben wurde als „lebensunwert" / bezeichnet, ihre Ermordung hieß / „Euthanasie". Sie starben in den / Gaskammern von Grafeneck, Brandenburg, / Hartheim, Pirna, Bernburg und Hadamar: / sie starben durch Exekutionskommandos, / durch geplanten Hunger und Gift. / Die Täter waren Wissenschaftler, Ärzte, / Pfleger, Angehörige der Justiz, der Polizei, / der Gesundheits- und Arbeitsverwaltungen. / Die Opfer waren arm, verzweifelt, aufsässig / oder hilfsbedürftig. Sie kamen aus / psychiatrischen Kliniken und / Kinderkrankenhäusern, aus Altenheimen / und Fürsorgeanstalten, / aus Lazaretten und Lagern. / Die Zahl der Opfer ist groß, gering die Zahl / der verurteilten Täter.*

Die 3,16 m x 3,16 m große bronzene Gedenktafel wurde von Volker Bartsch in Abstimmung mit dem amerikanischen Künstler Richard Serra gestaltet, dessen Skulptur »Berlin Junction« (1987) in unmittelbarer Nähe steht. Enthüllung durch Bezirksbürgermeister Wolfgang Naujokat am 1.9.1989 in Anwesenheit der Senatorin für Kulturelle Angelegenheiten, Dr. Anke Martiny, und des Präsidenten der Ärztekammer Berlin, Dr. Ellis Huber.

**Hans ALBERS**
*Hamburg 22.9.1891 – †Tutzing 24.7.1960
**Schöneberger Ufer 61**

Inschrift: *Hans Albers wohnte in diesem Haus 1946–1948*

Seinen ersten Berliner Auftritt hatte der beliebte Schauspieler bereits 1917 am Theater des Westens. Bekannt ist er aber vor allem durch den Film geworden (»Der Mann, der Sherlock Holmes war«, »Münchhausen«, »Große Freiheit Nr. 7«).

**Bettina (Anna Elisabeth) von ARNIM**
*Frankfurt/Main 4.4.1785 – †Berlin 20.1.1859
**John-Foster-Dulles-Allee (Haus der Kulturen der Welt, ehem. Kongreßhalle)**

Die Tafel befindet sich im hinteren linken Teil der Eingangshalle. Inschrift: *Von 1847 bis zu ihrem Tode lebte / die Schriftstellerin / Bettina von Arnim / – geborene Anna Elisabeth Brentano – / 4.4.1785–19.1.1859 / in dem früheren Wohngebiet im Umkreis der heutigen Kongreßhalle. / Der literarische »Salon« Bettina von Arnims / in deren Haus »In den Zelten 5« war / zur damaligen Zeit einer der kulturellen / Mittelpunkte Berlins.*

Der Grabstein Bettina von Arnims in Wiepersdorf weist als Todesdatum abweichend vom Tafeltext den 20. Januar 1859 aus.

Bei der Enthüllung der Gedenktafel am 23.2.1990 erinnerte die Senatorin für Kulturelle Angelegenheiten, Dr. Anke Martiny, an die emanzipatorische Leistung Bettina von Arnims: »Die Gedenktafel selbst erinnert daran, daß Bettina von Arnim mit ihrem für jedermann und jedefrau offenen Haus nicht bloß ein Mittelpunkt des gesellschaftlichen, des kulturellen Lebens von Berlin gewesen ist, sondern zugleich eine große Anstifterin zur Kommunikation zwischen

Menschen [...] Auch dies ist für uns heute beispielhaft geblieben, daß eine auf Toleranz bedachte Grundhaltung eine eigene Meinung, eine eigenständige Position nicht ausschließt.«

**BAUMPFLANZUNG**
**Großer Stern / Hofjägeralle (Ostseite)**

Inschrift: *Diese Linde pflanzte / Ernst Reuter / am 17. Maerz 1949*

Der Gedenkstein befindet sich an der ersten Linde der inneren Lindenreihe.

**BAUMSPENDE**
**Tiergarten (Großer Weg, an der Rousseauinsel)**

Die ca. 3,5 m hohe Stele aus Muschelkalk besteht aus vier Steinen mit quadratischem Grundriß. Sie trägt an drei Seiten Inschriften mit teilweise bereits erheblichen Verwitterungsspuren: *Kriegs- / und Nachkriegsnot / zerstörten den / Tiergarten. / Mit seinem / Wiederaufbau / wurde im Jahre / der Blockade / Berlins 1949 / begonnen. / Westdeutsche / Regierungsstellen / und Städte / unterstützten / den Wiederaufbau / durch Spenden / von Bäumen / und Gehölzen / und bekundeten / damit ihre / Verbundenheit /*

*mit Berlin. / Als Zeichen / des Dankes und / zur bleibenden / Erinnerung / wurde dieser Stein / vom Senat / von Berlin / errichtet / im Jahre 1951. // Bundesrepublik / Deutschland / Land Niedersach-/sen · Neumünster / Bremen · Stuttgart / Frankfurt a. Main / Göttingen · Wiesba-/den · Gladbeck i. W / Koblenz · Bielefeld / Wuppertal · Gelsen-/kirchen Duisburg / Düsseldorf · Essen / Schwenningen a. N. / Wittlich · Konstanz / Land Nordrhein-/ Westfalen // Münster i. W · Nürn-/berg · Köln · Herne / Viersen · Wilhelms-/haven · Dortmund / Offenbach a. Main / Hamburg · Reutlin-/gen Herford · Kiel / Landau-Pfalz · Cux-/haven Karlsruhe / M. Gladbach · Bonn / Hameln · Selb i. Bay. / Würzburg · Esslin-/gen · Ulm / Goslar*

**BAUMSPENDE**
**Tiergarten (Bremer Weg, schräg gegenüber vom S-Bahnhof Tiergarten an der Straße des 17. Juni)**

Inschrift des Steins: *Bremer Weg / Fussweg / zum / Brandenburger Tor /* (Bremer Wappen) */ Der Stadt Bremen / als Zeichen des Dankes / für die geschenkten / Bäume und Gehölze / welche entlang dieses / Weges gepflanzt sind. / Errichtet im Frühjahr 1950*

Der Stein wird bekrönt von einer Kogge.

**BAUMSPENDE**
**Tiergarten**

Inschrift: *Der / Sauerländische / Gebirgsverein / spendete für / den Tiergarten / 300 westfäli-/ sche Eichen und / pflanzte sie / zum Tage / des Baumes / 1958*

Der Muschelkalkstein steht südlich der John-Foster-Dulles-Allee gegenüber der Kongreßhalle (Haus der Kulturen der Welt) unter einer Eibe am Längsweg unweit der Großen Querallee. In seinem oberen Teil zeigt er einen Eichenzweig mit drei Blättern, darunter die Buchstaben S und G für »Sauerländischer Gebirgsverein«.

**Otto BRAUN**
*Königsberg/Ostpreußen 28.1.1872 –
†Ascona/Schweiz 15.12.1955
**Potsdamer Straße 35 (Neue Staatsbibliothek)**

Inschrift der Tafel am Eingang zum Otto-Braun-Saal: *Otto-Braun-Saal / Zum Gedenken an Otto Braun (1872–1955), / Arbeiterführer und Staatsmann, letzter / demokratischer Ministerpräsident Preußens*

Der Sozialdemokrat Braun, seit 1920 mit kurzen Unterbrechungen Ministerpräsident Preußens, wurde am 20. Juli 1932 beim sogenannten »Preußenschlag« durch einen Staatsstreich aus seinem Amt entfernt. Weil die demokratischen Kräfte sich nicht zu einer gemeinsamen Gegenaktion aufraffen konnten, um »die Rechtsgrundlagen der Verfassung nicht zu verlassen« und weil angesichts der hohen Arbeitslosigkeit der Erfolg eines Generalstreiks wie 1920 fraglich erschien, war die entscheidende »republikanische Festung« in der niedergehenden ersten deutschen Republik gefallen. Der Weg in den nationalsozialistischen Terrorstaat war weitgehend frei. Braun emigrierte in die Schweiz.

**BRITISCHE GARNISON**
**Turmstraße 35 (Mathilde-Jacob-Platz; Rathaus Tiergarten)**

Inschrift: *Diese Tafel wurde dem Bezirk / Tiergarten im Jahre 1994 / anlässlich der Verabschiedung der Britischen Garnison nach / 49 Jahren Präsenz im / Bezirk überreicht. / Die Übergabe erfolgte in / dankbarer Anerkennung der / besonders engen Beziehungen, die sich in vielen Jahren / zwischen dem Bezirk, seinen / Einwohnern und den britischen / Streitkräften entwickelt hatten. / With many thanks farewell*

Die Inschrift der auf einer Holzplatte befestigten Messingtafel wird umrahmt von militärischen Abzeichen, unten befindet sich das Symbol der Berliner Garnison. Die Tafel ist im ersten Stock gegenüber dem BVV-Saal angebracht.

**CANISIUS-KOLLEG**
**Tiergartenstraße 31**

Inschrift: *AD MAIOREM DEI GLORIAM HOMINUMQUE PACEM / IUSSU / PII PP. XII. PONT. MAX. / AEDES ISTAE CONSECRATAE SUNT AC DEDICATAE IUVENUM / CUM SANITATI CORPORUM ET ANIMORUM HUMANITATI / TUM OPTIMARUM ARTIUM SCIENTIAE ATQUE VERAE RELIGIONIS INSTITUTIONI / SUB TUTELA / S. PETRI CANISII ECCL. DOCT. / A.D. MCMXLVII* (in deutscher Übersetzung: *Zum größeren Ruhme Gottes und der Menschen Frieden ist auf Befehl des Papstes Pius XII., des Oberhirten, dieses Haus geweiht und gewidmet worden sowohl der körperlichen Ertüchtigung junger Männer und der Bildung ihres Geistes als auch insbesondere der Kenntnis der besten Künste und der Unterweisung im wahren Glauben unter dem Schutz des heiligen Petrus Canisius, des Kirchenlehrers, im Jahre des Herrn 1947)*

Die Tafel zur Erinnerung an die Namensgebung und an den Namensgeber (*Nimwegen 8.5.1521 – †Fribourg/Schweiz 21.12.1597) befindet sich in dem katholischen Gymnasium.

**Ernst Boris CHAIN**
*Berlin 19.6.1906 – †Dublin 12.8.1979
**Turmstraße 22 (Haus der Gesundheit)**

Inschrift: *Für die Entwicklung des Penicillins / erhielt / Ernst Boris Chain / Tiergarten 19.6.1906–12.8.1979 Irland / im Jahre 1945 den Nobelpreis für Medizin / gemeinsam mit / Sir Alexander Fleming und Sir Howard Walter Florey. / Bis zu seiner Emigration 1933 / lebte der Biochemiker Ernst Boris Chain / in seinem Heimatbezirk Tiergarten.*

Chain flüchtete bereits 1933 vor den Nazis nach Großbritannien, nachdem sie ihm wegen seiner jüdischen Herkunft den Arbeitsplatz genommen hatten. Dort wirkte er an der Entdeckung des Penicillins mit. Seine Mitpreisträger Sir Howard Walter Florey (*Adelaide/Australien 24.9.1898 – †Oxford 21.2.1968) und Sir Alexander Fleming (* Lochfield Darvel 6.8.1881 – †London 11.3.1955) kamen aus Oxford bzw. London. Enthüllung der Berliner Gedenktafel am 22.2.1990 durch Bezirksbürgermeister Wolfgang Naujokat. Die Tafel befindet sich im Gebäudeinneren im Bereich des Eingangs III.

**Lovis CORINTH**
*Tapiau/Ostpreußen 21.7.1858 –
†Zandvoort/Holland 17.7.1925
**Klopstockstraße 25/27**

Maler, Graphiker, Mitglied der Akademie der Künste. Grabstätte auf dem Südwestfriedhof der Berliner Stadtsynode, Stahnsdorf, Rudolf-Breitscheid-Platz, Block Trinitatis, Am Feld 8, Erbbegräbnis 47. Berliner Gedenktafel. □

**Günther DEHN**
*Schwerin 18.4.1882 – †Bonn 17.3.1970
**Beusselstraße 35 Ecke Wiclefstraße (Reformationskirche)**

Inschrift: *Hier wirkte von 1911 bis 1931 als Pfarrer / der Reformationskirchengemeinde / Günther Dehn / 18.4.1882–17.3.1970 / Er gewann durch sein soziales Engagement / besonderes Ansehen. / Als Mitglied der Bekennenden Kirche / wurde er verfolgt und verhaftet. / Nach dem Krieg war er von 1946 bis 1954 / Professor für Theologie an der Universität Bonn.*

Der Pfarrer war bekannt als »der rote Dehn aus dem Beusselkiez«, der sich als »religiöser Sozialist« in der Kirche für die Belange der Arbeiterschaft einsetzte. Wegen seines Engagements in der Bekennenden Kirche wurde er am 9.5.1941 verhaftet und blieb bis zum 3.7.1942 in Haft. Enthüllung der Berliner Gedenktafel am 17.11.1989 durch Bezirksbürgermeister Wolfgang Naujokat.

**DEUTSCHES HISTORISCHES MUSEUM**
**Moltkestraße (Westseite, nördlich der Paul-Löbe-Straße)**

Inschrift: *Hier entsteht das / Deutsche Historische Museum. / Die Bundesrepublik Deutschland / schenkt das Museum / dem Land Berlin zum / 750-jährigen Jubiläum / der Stadt. / – 28. Oktober 1987 –*

Der Grundstein – ein Betonblock von 0,99 m Kantenlänge, 80 Zentimeter hoch, mit Bronzetafel – wurde von Bundeskanzler Helmut Kohl enthüllt. Am 6. März 1992 monierte Der Tagesspiegel, daß der Block samt Inschrift – auch angesichts der inzwischen erfolgten Planung für das Regierungsviertel – ziemlich überflüssig geworden sei. Beschmiert, verschmutzt und von Wildpflanzen umwachsen war er zudem. Die Frage des künftigen Verbleibs war unklar. Das Deutsche Historische Museum war inzwischen in das Zeughaus (DDR: Museum für Deutsche Geschichte) gezogen. Dorthin wurde schließlich auch der Stein gebracht.

**Constantin von DOPPELMAIR**
†Berlin 27.10.1871
**Katharina-Heinroth-Ufer**
**(früher: Lützowufer; Fußgängerweg, ca. 100 m westlich der Lichtensteinbrücke)**

Inschrift auf einem Findling in einem Oval unter einem Wappen: *Constantin / von / Doppelmair / † / XXVII October MDCCCLXXI*

Der Attaché der russischen Gesandtschaft starb hier nach einem Sturz vom Pferde.

**EDEN-HOTEL**
**Budapester Straße 31/35 (im Bereich des Elefantentorplatzes)**

In das Eden-Hotel, in dem sich ein Hauptquartier von Freikorpssoldaten befand, wurden am 15.1.1919 Rosa Luxemburg, Karl Liebknecht und Wilhelm Pieck nach ihrer Festnahme durch Angehörige der Bürgerwehr in der Mannheimer Straße (Wilmersdorf) gebracht. Rosa Luxemburg und Karl Liebknecht wurden nach Mißhandlungen am Landwehrkanal (an der Lichtensteinbrücke) bzw. am Neuen See ermordet; Wilhelm Pieck, der spätere Präsident der DDR, kam frei. Berliner Gedenktafel. □

**FRANZÖSISCHES GYMNASIUM**
**Derfflingerstraße 7**

Dort erinnert eine zweiteilige Tafel an den Besuch des französischen Staatspräsidenten François Mitterrand (*Jarnac 26.10.1916 -- †Paris 8.1.1995) am 11.5.1987. Inschrift (oben): *A l'occasion du 750ème anniversaire / de la ville de Berlin / monsieur François Mitterand / Président de la République Française / a visité le collège français / le 11 mai 1987* (unten): *Ce lycée est unique au monde / François Mitterand* (in deutscher Übersetzung [oben]: *François Mitterrand, Präsident der französischen Republik, hat das Französische Gymnasium am 11. Mai 1987 besucht* [unten] *Dieses Gymnasium ist einzigartig auf der Welt, François Mitterrand*)

**Friedrich Wilhelm Ernst *Albrecht* von GRAEFE**
*Tiergarten b. Berlin 22.5.1828 – †Berlin 20.7.1870
**Händelallee**

Metallstele im Parkbereich zwischen Händelallee und Straße des 17. Juni in der Nähe der Kaiser-Friedrich-Gedächtnis-Kirche.

Inschrift (Nordseite): *Hier stand der / Finkenheerd / das Geburtshaus Albrecht von Graefes / geb · 22 · Mai 1828 / gest · 20 · Juli 1870 / Zum 100 Todestage / errichtet von den / deutschen / Augenärzten* (Südseite): *Albrecht / von Graefe / Dem / genialen / Arzt / und Wegbereiter / der / Augenheilkunde*

Am einstigen Geburtshaus (Charlottenhof, Händelstraße 22) erinnerte eine »graue Marmortafel an der westlichen Seite des Restaurants, über dem Eingang« (Mönch, S. 139):
*Finkenheerd. Hier wurde / Dr. Albrecht von Graefe / geboren am 29. [!] Mai 1828.*

Begraben ist Graefe auf dem Friedhof II der Jerusalems- und Neuen Kirchengemeinde, Kreuzberg, Zossener Straße, Erbbegräbnis Abt. 1/1 (Ehrengrab).

***Jacob* Ludwig Karl GRIMM**
*Hanau 4.1.1785 – †Berlin 20.9.1863
***Wilhelm* Karl GRIMM**
*Hanau 24.2.1786 – †Berlin16.12.1859
**Potsdamer Straße 5 (Weinhaus Huth)**

Inschrift: *Hier gegenüber, in dem Hause Linkstraße 7 / lebten und arbeiteten die Brüder Grimm von / 1847 bis zu ihrem Tode. / Jacob Grimm Wilhelm Grimm / 4.1.1785–20.9.1863 24.2.1786–16.12.1859 / Beide gehörten zu den Vorkämpfern für eine geeinte / deutsche Nation. Zu ihrem Lebenswerk zählen / das Deutsche Wörterbuch und die Herausgabe der / berühmten Kinder- und Hausmärchen. / Die Brüder Grimm gelten als Begründer der / modernen Germanistik.*

Die am 23.2.1990 enthüllte Berliner Gedenktafel, ist schon bald darauf wieder abgenommen worden. Hierzu gibt es allerdings abweichende Angaben, da die damalige Eigentümerin DeGeWo die Tafel, die nach ihren Angaben bereits im Herbst 1989 ohne ihre Kenntnis an der Brandmauer angebracht wurde, im Dezember 1989 abbauen ließ, wobei diese beschädigt worden sein soll. Seit 1.4.1991 ist der Eigentümer des Hauses die Daimler Benz InterService AG (debis).

Eine frühere Bronzetafel »links vom Eingang zwischen zwei Fenstern des Erdgeschosses« des Hauses Linkstraße 7 trug die Inschrift:
*Hier wohnten von 1847 bis zu / ihrem Tode die Brüder / Jacob Grimm †20.9.1863 / Wilhelm Grimm †16.12.1859 / Ihrem Andenken / die Stadt Berlin.*

Wünschenswert wäre die Anbringung einer neuen Gedenktafel im Bereich des jetzt wieder bebauten Areals des ehemaligen Wohnhauses. Beider Brüder Grabstätte befindet sich auf dem Alten St. Matthäus-Friedhof, Schöneberg, Großgörschenstraße 12, Abt. F s–4

**Georg GROSCURTH**
*Unterhaun b. Kassel 27.12.1904 – †Brandenburg 8.5.1944
**Turmstraße 21 (Krankenhaus Moabit)**

Inschrift: *Hier, im Krankenhaus Moabit, organisierte / Georg Groscurth / 27.12.1904–8.5.1944 / Widerstand gegen nationalsozialistische / Unterdrückung. Der Arzt unterstützte unter anderem / politisch und rassisch Verfolgte. / Am 4. September 1943 wurde er aus diesem Grund / verhaftet und am 8. Mai 1944 / im Zuchthaus Brandenburg hingerichtet.*

Am damaligen Robert-Koch-Krankenhaus bildete der Oberarzt der I. Inneren Abteilung Dr. Groscurth gemeinsam mit Robert Havemann einen (sich später »Europäische Union« nennenden) Widerstandskreis, um Bedrängten und Ver-

folgten zu helfen. Am 16.12.1943 wurde er gemeinsam mit Havemann (dessen Hinrichtung wurde ausgesetzt, *München 11.3.1910 – †Grünheide 9.4.1983), dem Architekten Herbert Richter-Luckian (*Halle/Saale 5.8.1901 – †Brandenburg 8.5.1944) und dem Dentisten Paul Rentsch (*Rothenburg 29.9.1898 – †Brandenburg 8.5. 1944) vom Volksgerichtshof unter dem Vorsitz von Freisler zum Tode verurteilt. Groscurth wohnte in Charlottenburg, Ahornallee 10, wo er u. a. eine Jüdin verborgen hielt. Die Berliner Gedenktafel befindet sich links neben der Zufahrt am Zaun. Enthüllung durch Volksbildungsstadtrat Jörn Jensen am 7.4.1995.

**Katharina HEINROTH**
*Breslau 4.2.1897 – †Berlin 20.10.1989
**Budapester Straße 32 (Aquarium)**

Inschrift: *Katharina Heinroth / 4.2.1897–20.10.1989 / Verhaltensforscherin / und erste Zoodirektorin Deutschlands / Von 1945 bis 1956 leitete sie den Wiederaufbau / und die Neugestaltung des im Zweiten Weltkrieg / völlig zerstörten Berliner Zoologischen Gartens / Sie brachte den Menschen die »Wunder der Natur« nahe*

Der 1844 gegründete tierreiche und sehr bedeutende Zoologische Garten bildet mit dem Aquarium eine Einheit und findet im 1955 teilungsbedingt eröffneten Tierpark Friedrichsfelde eine ausgezeichnete Ergänzung. Die Berliner Gedenktafel wurde (zunächst provisorisch) an Katharina Heinroths 100. Geburtstag enthüllt. Beigesetzt ist die in Berlin sehr populär gewesene Direktorin im Zoologischen Garten.

***Oskar* August HEINROTH**
*Kastel 1.3.1871 – †Berlin 31.5.1945
**Budapester Straße 32 (Aquarium)**

Inschrift: *Oskar Heinroth / 1.3.1871–31.5.1945 / Erbauer und Direktor des Aquariums / Er legte den Grundstein für die / »Vergleichende Verhaltensforschung« / Aus seinen emsig gesammelten Beobachtungstatsachen / erschaute er Wahrheiten / deren Bedeutung wir heute erst zu verstehen beginnen / [Konrad Lorenz]*

Der promovierte Mediziner kam 1896 nach Berlin an den Zoologischen Garten in die Vogelabteilung. Das von ihm geschaffene Aquarium entstand in den Jahren 1911–13. Nach Kriegszerstörung und dabei weitgehender Vernichtung des Tierbestandes wurde es wiederaufgebaut und in den achtziger Jahren erweitert. Es ist das artenreichste Aquarium Europas. Enthüllung der Berliner Gedenktafel am 4.2.1997. Beigesetzt ist Heinroth wie seine Frau Katharina im Zoologischen Garten.

**Magnus HIRSCHFELD**
*Kolberg 14.5.1868 –
†Nizza/Frankreich 14.5.1935
**Spreeuferweg (westlich unterhalb des Hauses der Kulturen der Welt [ehem. Kongreßhalle])**

Inschrift: *Per scientiam ad justitiam / – Durch Wissenschaft zum Recht – / Unter diesen Gedanken stellte / der Arzt und Sexualwissenschaftler / Dr. Magnus Hirschfeld / *14.5.1868 in Kolberg / †14.5.1935 im Exil in Nizza / die Arbeit des von ihm am 6.7.1919 / in der Nähe dieser Stelle, / In den Zelten 9a–10, gegründeten / Institut für Sexualwissenschaft. / Vom preusischen Staat als Stiftung / anerkannt, wurde dieses Gebäude von den /*

*Nationalsozialisten im Mai 1933 geplündert / und zweckentfremdet, sowie seine über / 12.000 Schriften öffentlich verbrannt. / Das im 2. Weltkrieg zerstörte Institut / für Sexualwissenschaft war die weltweit / erste Einrichtung, die sexualwissenschaft-/liche Forschung und Lehre vereinte, / ein Ort der medizinischen Betreuung / und Zufluchtsort für alle, die wegen ihrer / Sexualität gesellschaftlich geächtet waren. / 6. Juli 1994*

Die 1,60 m hohe eiserne Gedenkstele für den Sexualwissenschaftler wurde am 6.7.1994 enthüllt. Die Inschrift ist in den polierten, schrägen Kopfteil eingraviert.

**Mathilde JACOB**
*Berlin 8.3.1873 – †Theresienstadt 14.4.1943
**Turmstraße 35 (Mathilde-Jacob-Platz; Rathaus Tiergarten)**

Inschrift: *Mathilde-Jacob-Platz / Mathilde Jacob 8.3.1873–14.4.1943 / Mathilde Jacob lebte von 1907 bis 1942 im Bezirk Tiergarten. Sie war / Mitarbeiterin und engste Vertraute Rosa Luxemburgs in der Zeit von / 1914 bis zu deren Ermordung 1919. / Mathilde Jacob war Mitglied der SPD, dann der USPD und / später der KPD. Aus dieser wurde sie 1921 ausgeschlossen, da sie / sich für eine demokratische Form des Kommunismus einsetzte. / Weil sie Jüdin war, wurde sie von den Nationalsozialisten in das / Konzentrationslager Theresienstadt deportiert. Dort wurde sie / umgebracht.*

Die Inschrift entspricht dem Text einer Tafel, die am gleichen Ort (östlicher Rathausflügel, Mathilde-Jacob-Platz Ecke Turmstraße) vom Aktiven Museum Faschismus und Widerstand in Berlin e.V. am 29.8.1996 angebracht wurde. Enthüllung der im Format an eine Berliner Gedenktafel erinnernden Tafel am 27.1.1997. Wer mehr über Mathilde Jacob wissen möchte, lese Heinz Knoblochs Recherche ihres Lebens »Meine liebste Mathilde«.

Mathilde Jacob wohnte Altonaer Straße 11 (Gartenhaus, 2. Stock; heute etwa Nr. 26 Ecke Lessingstraße). Sie wurde am 28.7.1942 aus Berlin deportiert. Auf dem Jüdischen Friedhof Weißensee erinnert eine Tafel am Grab ihrer Eltern und ihrer Schwester Klara Bublitz an sie und andere ermordete Familienangehörige. Die Inschrift lautet: *Zum Gedenken / an unsere Geschwister / Mathilde Jacob / 1872–1944 [!] / Harry Jacob / 1878–1943 / Grete Jacob / 1886–1943 / Durch Nazi Terror / ums Leben gekommen*

Harry Jacob wurde am 29.5.1942 nach dem Brandanschlag der Widerstandsgruppe Herbert Baum auf die Propagandaausstellung »Das Sowjetparadies« in Berlin als Geisel erschossen, Margarete (Grete) Jacob wurde im Februar 1943 in das KZ Auschwitz deportiert.

**ST. JOHANNIS-KIRCHE**
**Alt-Moabit 24/25**

Inschrift an der Wand links neben der Treppe zum Hauptportal: *Wir haben hier keine blei-/ bende Statt, sondern die / zukünftige suchen wir / Am 24.6.1835: Einweihung / der St. Johannis-Kirche / 1853–57: Errichtung von / Schule, Pfarrhaus, Porti-/kus, Säulengang und Turm / 1896: Anbau d. Querschiffes / 23.11.1943: Zerstörung von / Kirche und Pfarrhaus. 1951–/1957: Wiederaufbau. 23.6.1957: / Wiedereinweihung d. Kirche*

An der rechten Wand findet sich die Inschrift: *Die mit Tränen / säen, werden mit / Freuden ernten / Die St. Johannis-/Gemeinde ihren Opfern aus den / beiden Weltkrie-/gen der Jahre 1914/1918 und 1939/1945*

## JÜDISCHE ÄRZTE
## Turmstraße 21 (Krankenhaus Moabit)

Inschrift: *Krankenhaus Moabit / Seinen Ruf als Reformkrankenhaus / und als Stätte richtungsweisender / medizinischer Entwicklungen / begründeten viele jüdische Ärzte / die bis zu ihrer Vertreibung durch die / Nationalsozialisten hier wirkten / Erinnert sei an // Hans-Gerhard Aronsohn · Carl Benda · Ernst Berla / Moritz Borchardt · Julian Casper / Lilly Ehrenfried · Kurt Goldstein · Ernst Haase / Walter Hahn · Martin Jacoby · Rudolf Jaffé / Ernst Joel · Siegbert Joseph · Leopold Kaufer / Georg Klemperer · Max Leffkowitz · Heinz Lewinski / Erich Loewenthal · Max Marcus · Erich Nathorff / Hertha Nathorff-Einstein · Erwin Rabau / Paul Radt · Lydia Rabinowitsch-Kempner*

Dr. Hans-Gerhard Aronsohn, (*10.4.1905 – †Chicago 15.8.1982), Chirurg.

Prof. Dr. Carl Benda (*Berlin 30.12.1857 – †Turin 24.5.1932). Der Pathologe entdeckte bei seinen Forschungen als Mitochondrien bezeichnete, an Stoffwechselfunktionen beteiligte fadenförmige Zellstrukturen. Er arbeitete am Urbankrankenhaus, ab 1908 leitete er das Pathologische Institut in Moabit, wo er auch nach seiner Pensionierung 1925 ein Arbeitszimmer behielt.

Dr. Ernst Berla (*Hamm 11.3.1901 – †Hamm 1.2.1962). Der Chirurg war von 1925 bis zu seiner zwangsweisen Entlassung Anfang Mai 1933 in Moabit tätig. Er arbeitete anschließend in Mailand, bis er 1939 auch Italien verlassen mußte und nach Palästina ging. 1950 kehrte er nach Deutschland zurück, konnte jedoch beruflich nicht mehr Fuß fassen.

Geheimrat Prof. Dr. Moritz Borchardt (*Berlin 6.1.1868 – †Buenos Aires 6.1.1948). Die Vorfahren des Chirurgen gehörten zu den ersten Familien, die sich nach fast einhundertjähriger Verbannungszeit für Juden aufgrund des am 21.5.1671 von Kurfürst Friedrich Wilhelm (Großer Kurfürst) erlassenen »Edikts wegen aufgenommenen 50. Familien Schutz-Juden, jedoch dass sie keine Synagogen halten« in Berlin ansiedeln durften. Seit 1906 leitete er die Chirurgie am Rudolf-Virchow-Krankenhaus, ab 1919 die III. Chirurgische Universitätsklinik in Moabit. Er ersann und entwickelte eine Reihe von Operationsgeräten (»Borchardtsche Fräse«) und Hilfen für Operierte. 1933 mußte er das Krankenhaus verlassen. Er arbeitete zunächst in der privaten Klinik von Ernst Unger (s. d.), Derfflingerstraße 21, weiter, anschließend in eigener Klinik in der Nassauischen Straße und konnte 1939 aus Nazi-Deutschland entkommen. Seine Wohnung war Dörnbergstraße 6 (eine kurze, seit den achtziger Jahren nicht mehr existierende Verbindung zwischen Lützowufer und Lützowstraße unweit Lützowplatz).

Prof. Dr. Julian Casper (*Bromberg/Westpreußen 16.9.1899 – †Tel Aviv 20.11.1968). Der Neuropathologe arbeitete seit dem Herbst 1930 in Moabit. Er verließ das Krankenhaus nach der Verhaftung von Kollegen und ging mit seiner Familie im Herbst 1933 nach Palästina. Dort wurde er Leiter des Pathologischen Instituts des Beilinson-Krankenhauses in Tel Aviv und erhielt eine Professur an der Hebräischen Universität Jerusalem. Sein dortiges Institut ist nach ihm benannt.

Dr. Lydia (Lilly) Ehrenfried (*Breslau 20.8. 1896). Sie widmete sich nach der Ausbildung u. a. am Moabiter Krankenhaus vor allem der Ehe- und Sexualberatung. Der Bezirk Prenzlauer

Berg richtete auf ihre Anregung eine entsprechende Beratungsstelle ein und betraute sie mit deren Leitung. Ende März 1933 wurde ihr gekündigt, sie flüchtete aufgrund einer Warnung vor der Verhaftung durch SA am 1.4. in die Schweiz und weiter nach Nizza und Paris. Die deutsche Besatzung überlebte sie nach kurzer Haft im südfranzösischen Internierungslager Gurs mit falschen Papieren und in Verstecken. Sie lebte noch 1983 in Paris, wo sie nach 1945 bis ins hohe Alter als Heilgymnastin tätig war.

Prof. Dr. Kurt Goldstein (*Kattowitz 6.11.1878 – †New York 19.9.1965). Neurologe und Psychiater, 1907–1915 tätig an der Psychiatrischen Universitätsklinik Königsberg, anschließend an der Universität Frankfurt/Main. Von 1930–1933 Leitender Arzt der Neurologischen Abteilung in Moabit. Flucht aus Berlin in die Schweiz und weiter nach Holland am 5.4.1933, lebte seit 1935 in den USA, wo er Professuren an der Columbia-Universität und an der Tufts Medical School in Boston innehatte.

Dr. Ernst Haase (*Königsberg 9.5.1894 – †Chicago 10.10.1961). Der Neurologe und Psychotherapeut war der Sohn des USPD-Reichstagsabgeordneten und Mitglieds des Rats der Volksbeauftragten von 1918/19 Hugo Haase (*Allenstein/Ostpreußen 29.9.1863 – †Berlin [nach Mordanschlag] 7.11.1919). Er widmete sich in starkem Maße der Suchtkrankenbehandlung und der Jugendberatung. Deshalb verließ er zum 1.10.1932 das Krankenhaus und übernahm die Leitung der Tiergartener Fürsorge- und Beratungsstelle, die aber schon im Frühjahr 1933 geschlossen wurde. Haase verlor seine Ämter. Im März 1939 emigrierte er nach vorheriger Entziehung der Approbation nach England und weiter nach Chicago, wo er als Nervenarzt tätig war.

Dr. Walter Hahn (*20.10.1907 – †Ramat Gan/ Israel 1971) arbeitete in Moabit nur knapp ein Jahr bis zu seiner zwangsweisen Entlassung am 1.4.1933. Im Jahr darauf wanderte er nach Palästina aus und ließ sich in Ramat Gan als Praktischer Arzt nieder.

Prof. Dr. Martin Jacoby (*Berlin 1872 – †Manchester 1941). Der Pharmakologe war von 1907 bis zum zwangsweisen »vorläufigen Ruhestand« am 10.11.1933 Leiter des Chemischen Instituts in Moabit, danach übernahm er ehrenamtlich die Leitung des Laboratoriums des Jüdischen Krankenhauses. 1939 konnte er noch nach England ausreisen.

Prof. Dr. Rudolf Jaffé (*Berlin 14.10.1885 – †Caracas 13.3.1975). Der Pathologe leitete als Nachfolger Professor Bendas von 1925 bis zu seinem zwangsweisen Ausscheiden 1933 das Pathologische Institut in Moabit. 1935 konnte er nach Caracas auswandern, dort leitete er das Pathologische Institut des Hospitals Vargas und war Professor an der Universität Caracas. Erst als bei einer Paßbeantragung dieser mit einem »J« versehen werden und ihm der zwangsweise Vorname Israel hinzugefügt werden sollte, gab er seine deutsche Staatsangehörigkeit im Sommer 1940 auf. Der Brief, den er dem deutschen Gesandten dazu schrieb, liest sich erschütternd. Er schließt: »In meinem Herzen werde ich stets meinem alten Vaterlande treu bleiben und bleibe im Herzen Deutscher, das kann mir niemand nehmen!«

Dr. Ernst Joel (*Berlin 18.1.1893 – †Berlin 1929) befaßte sich vorrangig mit Suchtkrankheiten, gründete im Februar 1926 die Tiergartener »Fürsorgestelle für Alkoholkranke und andere Giftsüchtige«, deren Leitung er Anfang 1929 an Ernst Haase abgab.

Dr. Siegbert Joseph (*Konitz/Westpreußen 18.7.1894 – †Libau wahrscheinlich Dezember 1944). Der in Moabit sehr populäre Gynäkologe und Geburtshelfer mußte das Krankenhaus 1933 verlassen. Er arbeitete noch bis 1939 am Jüdischen Krankenhaus, ging dann nach Riga, wo er nach Beginn des Zweiten Weltkriegs und der Besetzung zunächst von den Sowjets interniert wurde. Unter deutscher Besetzung kam er in das Ghetto Riga, später wurde er in das KZ Libau verschleppt, wo er ums Leben kam.

Prof. Dr. Leopold Kaufer (*7.3.1903). Der Chirurg arbeitete ab Ende 1929 in Moabit und wurde am 2.5.1933 entlassen. Bis zum Entzug der Approbation 1938 arbeitete er noch in einer Privatklinik in Berlin. Sein Weg führte ihn 1939 nach Jugoslawien. Dort wurde er festgesetzt und entkam durch die Hilfe eines Kollegen nur knapp der Deportation in ein deutsches KZ. In Bosnien leitete er für die Tito-Partisanen ein Lazarett und blieb nach dem Kriege als Militärarzt tätig. Von 1962 bis zu seiner Emeritierung 1973 war er Professor für Chirurgie an der Universitätsklinik Sarajevo.

Geheimrat Prof. Dr. Georg Klemperer (*Landsberg/Warthe 10.5.1865 – †Boston/USA 24.12. 1946). Der Internist leitete von 1906–1933 zunächst die II., dann die I. Innere Abteilung in Moabit, seit 1920 war er Direktor der dort angesiedelten IV. Medizinischen Universitätsklinik. 1928–1932 Herausgabe des zehnbändigen Handwörterbuchs »Neue Deutsche Klinik«. 1933 mußte er das Krankenhaus verlassen, auch die Herausgabe der von ihm 1899 begründeten Zeitschrift »Therapie der Gegenwart« abgeben. Ende 1935 emigrierte er in die USA. Sein Bruder war der Romanist Victor Klemperer (*Landsberg/Warthe 9.10.1881 – †Dresden 11.2.1960), dessen Tagebücher derzeit Furore machen, während seine bereits 1946 in der SBZ erschienenen Beobachtungen zur Sprache des »Dritten Reichs« erst 20 Jahre später im Westen Deutschlands unter dem Titel »Die unbewältigte Sprache. Aus dem Notizbuch eines Philologen ›LTI‹ « (= Lingua Tertii Imperii, »Sprache des Dritten Reichs«) herauskamen und bis heute eher unbeachtet blieben. Beider Cousin war der Komponist und Dirigent Otto Klemperer (*Breslau 14.5.1885 – †Zürich 7.7.1973).

Dr. Max Leffkowitz (*Sensburg/Ostpreußen 22.11.1901 – †Tel Aviv 30.11.1971). Der Internist arbeitete in Moabit von 1925 bis zu seiner kurzzeitigen Verhaftung am 3.4.1933. Einen Monat darauf ging er nach Palästina. Dort leitete er ein Krankenhaus in Afula (Galiläa), ab 1950 leitete er die Innere Abteilung des Beilinson-Krankenhauses in Tel Aviv. (Möglicherweise ist dies identisch mit dem gleichnamigen Krankenhaus im nahebei gelegenen Petach Tiqwah, in dem Rabau arbeitete.)

Dr. Heinz Lewinski (*Berlin 8.7.1904 – †Palästina 9.9.1943). Er arbeitete von 1931 bis zur Entlassung am 1.4.1933 in der Frauenabteilung und flüchtete noch am selben Tag nach Brüssel, im Herbst weiter nach Palästina. Dort konnte er als Arzt nicht Fuß fassen und setzte seinem Leben zehn Jahre später ein Ende.

Dr. Erich Loewenthal (*19.1.1905) arbeitete seit April 1930 als Chirurg in Moabit. Am 2.5.1933 mußte er das Krankenhaus verlassen, konnte bis 1938 noch in der Praxis von Dr. Borchardt tätig sein. 1939 glückte ihm die Ausreise nach Australien, wo er sein medizinisches Studium wiederholen mußte. Er lebte noch 1983 in East Brighton.

Dr. Max Marcus (*Rees/Niederrhein 30.10.1892 – †Tel Aviv 17.9.1983). Der Chirurg arbeitete seit 1920 in Moabit, ab Ende 1932 als jüngster Chefarzt Berlins an der II. Chirurgischen Abteilung des Krankenhauses Friedrichshain. Am 29.4.1933 mußte er das Krankenhaus zwangsweise verlassen und ging kurz darauf nach Palästina, ohne den Verlust der Heimat (wie so viele) je wirklich zu verkraften. Marcus »war Chirurg und Internist, Philosoph und Kunstsammler«.

Dr. Erich Nathorff (*Berlin 13.7.1889 – †New York 25.6.1954). Der Internist arbeitete von 1919 bis 1926 bei Prof. Klemperer an der IV. Universitätsklinik. 1926 ließ er sich mit eigener Praxis nieder, vier Jahre später wurde er Leiter der Tuberkulosefürsorge in Tiergarten. 1933 wurde ihm diese Funktion wie die Kassenzulassung genommen. Nach dem Novemberpogrom 1938 wurde er einen Monat im KZ Sachsenhausen festgehalten und mißhandelt. Im Frühjahr 1939 glückte ihm zusammen mit seiner Frau die Ausreise über England in die USA. Dort ließ er sich 1941 in New York nieder, wegen eines fehlenden nachzuholenden amerikanischen Examens jedoch als Praktischer Arzt.

Dr. Hertha Nathorff-Einstein (*Laupheim/ Schwaben 5.6.1895) arbeitete von 1921 an für zwei Jahre in Moabit im Rahmen ihrer Ausbildung und lernte dort ihren Mann kennen. Danach war sie Praktische Ärztin in Lichtenberg und wandte sich zunehmend der Familien- und Eheberatung zu. Sie übernahm 1929 die Leitung der neuen Beratungsstelle in Charlottenburg. 1933 wurde sie entlassen und ihr die Kassenzulassung entzogen. In den USA finanzierte sie durch Arbeit als Haushälterin die nachzuholenden Prüfungen ihres Mannes. Auch nach dessen Tod blieb ihr eine Tätigkeit als Ärztin verwehrt, weil sie selbst die geforderten Examina nicht nachholen konnte. Sie lebte noch 1984 in New York.

Dr. Erwin Rabau (*Berlin 15.11.1899 – †Tel Aviv 14.6.1983). Der Gynäkologe und Geburtshelfer, seit 1924 in Moabit tätig, flüchtete im April 1933 vor den Nazis nach Palästina. Dort wirkte er am Beilinson-Krankenhaus in Petach Tiqwah und am Krankenhaus Tel Haschomer. Er erhielt Professuren an der Hebräischen Universität Jerusalem und an der Universität Tel Aviv.

Dr. Paul Radt (*28.12.1902 – †Herzliya/Israel 20.4.1971). Der Internist arbeitete seit 1927 in Moabit. Er verließ Deutschland kurz nach dem 30. Januar 1933 und ging nach Palästina.

Prof. Dr. Lydia Rabinowitsch-Kempner (*Kowno 22.8.1871 – †Berlin 3.8.1935). Die Bakteriologin war ab 1894 (einzige weibliche) Assistentin von Robert Koch, 1896 erhielt sie eine Professur am Women's Medical College in Philadelphia. Ab 1898 lebte sie wieder in Berlin, untersuchte im Auftrag der Stadt bakteriologisch die frische Milch der Meierei Bolle. Nach einem Täuschungsversuch durch die Meierei und nachfolgendem Prozeß (»Berliner Milchkrieg«) erreichte sie durch zahlreiche Vorschläge und Vorkehrungen, daß nur noch staatlich kontrollierte tuberkulosefreie Milch in den Handel kam. 1912 erhielt sie als erste Frau in Preußen einen Professorentitel. Sie leitete von 1920 bis zu ihrer Entlassung 1934 das Bakteriologische Institut in Moabit. Ihre Wohnung war in Lichterfelde-West, Potsdamer Straße 58 a. Beigesetzt ist sie auf dem Parkfriedhof Lichterfelde, Thuner Platz. Im Elterngrab ruht auch ihr Sohn, der als Rechtsberater der preußischen Polizei von den Nazis aus dem Amt gejagt wurde und später US-Ankläger bei den Nürnberger Prozessen war, Dr. Robert M(amimilian) W(assilij) Kempner (*Freiburg 17.10.1899 – †Königstein/Taunus 15.8.1993).

Die aus zwei Teilen bestehende Berliner Gedenktafel wurde zum einhundertfünfundzwanzigjährigen Bestehen des Krankenhauses, das 1872 als Barackenlazarett für Cholerakranke gegründet wurde, am 30.5.1997 an einem Pfeiler in Haus M Eingang B enthüllt.

**JÜDISCHE SCHÜLERINNEN UND SCHÜLER**
**Levetzowstraße 3 (Heinrich-von-Kleist-Oberschule)**

Inschrift: *Zur Erinnerung an die / 269 jüdischen Schülerinnen / der Kleistschule und die / 421 jüdischen Schüler der / Kirschner-Oberrealschule / Die letzten von ihnen / vertrieb der Terror der / Nationalsozialisten am / 10. November 1938 / Wir werden nicht verges/sen was ihnen im Namen / Deutschlands zugefügt / worden ist / 10. November 1968*

An der Außenwand der Schule befindet sich ein Hinweis auf die Tafel im Aufgang zum ersten Stock. Es war viele Jahre lang die einzige Schule, die an die früheren jüdischen Schülerinnen und Schüler und ihr Schicksal mit einer Gedenktafel erinnerte. Seit dem Spätsommer 1988 gibt es eine weitere Tafel in der Walther-Rathenau-Schule, Wilmersdorf.

**Mathilde KIRSCHNER**
*10.5.1875 – †29.4.1951
**Alt-Moabit 38/39**

Inschrift: *Mathilde-Kirschner-Heim / Zum Gedächtnis an die Gründerin / *10.5.1875 †29.4.1951*

Das Mathilde-Kirschner-Heim ist ein Seniorenwohnhaus des Diakonischen Werks.

### KONGRESSHALLE (HAUS DER KULTUREN DER WELT)
**John-Foster-Dulles-Allee**

Eingemeißelte Inschrift an der Außenwand rechts neben dem Eingang. Die Inschrift ist in ihren einzelnen Teilen versetzt angebracht: *Die Benjamin Franklin Stiftung // Ralph Walker · Chairman // Albert I. Edelman · Secretary / Leon Chatelain jr. · Treasurer / William Culbertson / Howard Eichenbaum / Kenneth Perry / Moreland Griffith Smith / Abraham M. Sonnabend // Otto Busack · Sekretär † / Paul Füllsack † · Schatzmeister / August Weltzien · Schatzmeister / Anton Kohlenbach / Andreas Paulsen / Georg Rahn † / Gustav Schneevoigt // Architect Hugh A. Stubbins · USA // mit den Architekten Werner Düttmann und Franz Mocken · Berlin // Bauausführung: Philipp Holzmann AG · Grün & Bilfinger AG · Wayss & Freytag AG // Die Benjamin Franklin-Stiftung erbaute dieses Haus als einen Ort der / Begegnung und freien Meinungsäußerung für alle Menschen / guten Willens. Gefördert und unterstützt wurde sie in diesem Werk / durch den Regierenden Bürgermeister von Berlin Prof. Dr. Otto Suhr † / und Mrs. Eleanore Lansing Dulles vom United States Department of State // Wiederaufbau der Kongreßhalle 1984–1987 nach Teileinsturz am 21.05.1980 / Entwurf und Ausführung: Firma Dyckerhoff & Wydmann AG / unter der Leitung des Senators für Bau- und Wohnungswesen, / der Mitwirkung des Landeskonservators und der / Architektengemeinschaft Hans-Peter Störl + Wolf-Rüdiger Borchardt*

Inschrift an der Wand im Eingangsbereich auf der linken Seite: *God grant that not only / the love of liberty, but / a thorough knowledge / of the rights of man, may pervade / all the nations of the earth / so that a philosopher / may set his foot / anywhere on its surface / and say „This is my country“ / Benjamin Franklin / To these ideals and to the man / who spoke them and lived them / this Kongresshalle is dedicated*
Auf der gegenüberliegenden rechten Wand ist der Text in deutsch eingraviert: *Gebe Gott, daß nicht nur / die Liebe zur Freiheit, sondern / auch ein tiefes Bewußtsein / von den Rechten der Menschen / alle Völker der Erde durchdringe / so daß ein Philosoph / wohin immer er seinen Fuß auch setzen möge / sagen kann „Dies ist mein Vaterland“ / Benjamin Franklin / Diesen Idealen und dem Manne, der sie / ausgesprochen und nach ihnen gelebt hat / ist diese Kongreßhalle gewidmet*

### Hartmut KÜSTER
*1954 – †Berlin 21.5.1980
**Kongreßhalle (Haus der Kulturen der Welt), John-Foster-Dulles-Allee**

In die Wand eingemeißelte Inschrift links neben dem Eingang: *Zum Gedenken / an den SFB-Redakteur / Hartmut Küster / der beim / Einsturz der Kongresshalle / am 21. Mai 1980 / tödlich verletzt wurde*

### Kurt LEVINSTEIN
*Berlin 10.3.1877 – †Berlin 27.2.1956
**Derfflingerstraße 9 (Französisches Gymnasium)**

Inschrift: *Prof. Dr. Kurt Levinstein, 10. März 1877–27. Februar 1956, Lehrer am Französischen Gymnasium von 1900–1935 und Direktor von 1945–1950.*

Levinstein wurde von den Nationalsozialisten als Lehrer am Französischen Gymnasium entlassen. Er überlebte den Nationalsozialismus dank seiner »arischen« Ehefrau und begann sofort nach der Niederlage Nazideutschlands mit dem Wiederaufbau des Französischen Gymnasiums, dessen Rektor er bis zu seiner Pensionierung blieb. Die Messingtafel ist im Gebäude angebracht.

**Karl LIEBKNECHT**
**Großer Weg (am Neuen See) im Tiergarten**

Denkmal und Tafel, Inschrift: *Am Abend des 15. Januar 1919 wurden Dr. Karl Liebknecht und Dr. Rosa Luxemburg / von Soldaten und Offizieren der Garde-Kavallerie-Schützen-Division mißhandelt und ermordet. / Rosa Luxemburg, tödlich verwundet oder tot, wurde von ihren Mördern neben der Lichtensteinbrücke in den Landwehrkanal geworfen. / Der andere Teil dieses Mahnmals, wenige hundert Meter südlich, kennzeichnet diesen Bereich. / Karl Liebknecht wurde hier, am Ort dieses Mahnmals, erschossen. / Im Kampf gegen Unterdrückung, Militarismus und Krieg starb der überzeugte Sozialist Karl Liebknecht / als Opfer eines heimtückischen politischen Mordes. / Die Mißachtung des Lebens und die Brutalität gegen den Menschen / lassen die Fähigkeit der Menschen zur Unmenschlichkeit erkennen. / Sie kann und darf kein Mittel irgendeiner Konfliktlösung sein und bleiben. / Berlin, 1987*

Entwurf Ralf Schüler / Ursulina Schüler-Witte. Einweihung am 17.12.1987. Grabstätte auf dem Zentralfriedhof Friedrichsfelde, Gudrunstraße (Gedenkstätte der Sozialisten).

**Ernst LINDENBORN**
*Sonneberg/Thüringen 7.6.1891 –
†Berlin 23.9.1954
**Derfflingerstraße 9 (Französisches Gymnasium)**

Inschrift: *Ernst Lindenborn, 7. Juni 1891–28.[!] September 1954, Lehrer am Französischen Gymnasium von 1923–1948*

Die Messingtafel ist im Gebäude angebracht.

**Günter LITFIN**
*19.1.1937 – †Berlin 24.8.1961
**Friedrich-List-Ufer (Humboldthafen)**

Gedenkstein aus Granit (Berliner Gehwegplatte) befand sich neben einer Treppe zur Ladestraße südlich der Bahnbrücke. Inschrift: *Hier starb als erstes Opfer der Mauer / Günter Litfin / * 19.1.1937 † 24.8.1961 / Ihm und allen Opfern der Mauer zum Gedenken.*

Die Inschrift ist nicht ganz korrekt. Rudolf Urban zog sich bereits am 19.8.1961 lebensgefährliche Verletzungen beim Fluchtversuch und Absturz aus seiner Wohnung in der Bernauer Straße zu, er starb aber erst am 17.9.1961. Ida Siekmann stürzte am 22.8.1961 aus der dritten Etage ihres Wohnhauses Bernauer Straße 48 beim Fluchtversuch auf den Gehweg und starb dabei. Günter Litfin kam bei der Flucht durch den Humboldthafen als erster nach der Schließung der innerstädtischen Grenze durch Waffengewalt ums Leben. Der Verbleib des Steins nach Beginn der Bauarbeiten in diesem Bereich konnte nicht ermittelt werden.

**Rosa LUXEMBURG**
* Samostje/Russisch-Polen 5.3.1870 oder 1871 – †Berlin 15.1.1919
**Katharina-Heinroth-Ufer (am Landwehrkanal oberhalb der Lichtensteinbrücke)**

Denkmal und Tafel, Inschrift: *Am Abend des 15. Januar 1919 wurden Dr. Rosa Luxemburg und Dr. Karl Liebknecht / von Soldaten und Offizieren der Garde-Kavallerie-Schützen-Division mißhandelt und ermordet. / Rosa Luxemburg, tödlich verwundet oder tot, wurde an dieser Stelle von ihren Mördern in den Landwehrkanal geworfen; / Karl Liebknecht wenig später am Neuen See, einige hundert Meter nördlich von hier, erschossen. / Der andere Teil dieses Mahnmals bezeichnet den Ort seiner Ermordung. / Im Kampf gegen Unterdrückung, Militarismus und Krieg starb die überzeugte Sozialistin Rosa Luxemburg / als Opfer eines heimtückischen politischen Mordes. / Die Mißachtung des Lebens und die Brutalität gegen den Menschen / lassen die Fähigkeit der Menschen zur Unmenschlichkeit erkennen. / Sie kann und darf kein Mittel irgendeiner Konfliktlösung sein und bleiben. / Berlin, 1987*

Entwurf Ralf Schüler und Ursulina Schüler-Witte. Einweihung am 17.12.1987. Bereits Ende der sechziger / Anfang der siebziger Jahre wurden auf Anregung des »Marxistischen Arbeitskreises« in der SPD aus Sondermitteln des Bezirks 2 500,- DM zur Verfügung gestellt und am 26.7.1971 am Lützowufer (neben der Corneliusbrücke in Höhe der Einmündung der Keithstraße) eine Tafel enthüllt. Die neben dem Ufergitter des Landwehrkanals angebrachte Tafel gibt es seit Mitte der achtziger Jahre nicht mehr, weil sie von Unbekannten gesprengt wurde. Sie befand sich auch nicht an den tatsächlichen Mordstellen. Ihre Inschrift lautete: *Rosa Luxemburg / geb. 5.3.1871 / Karl Liebknecht / geb. 13.8.1871 / Vorkämpfer für Frieden Demokratie Sozialismus / wurden in unmittelbarer Nähe dieser Stelle am / 15. Januar 1919 / ermordet*

Beider Grabstätten befinden sich auf dem Zentralfriedhof Friedrichsfelde, Gudrunstraße (Gedenkstätte der Sozialisten).

### ST. MATTHÄUS-KIRCHE
**Matthäikirchplatz**

Steintafel rechts neben dem mittleren Portal: *St. Matthäus-Kirche, erbaut 1844/46 von Friedr. August Stüler, nach Kriegszerstörungen wiederhergestellt von Jürgen Emmerich 1956/60*

### MOLTKEBRÜCKE
**Alt-Moabit / Moltkestraße**

In der Mitte der die Spree überspannenden Brücke steht auf beiden Seiten im Sandstein der Brückenname *Moltke / Bruecke*, darunter sind Tafeln zur Baugeschichte angebracht: *Erbaut 1886-91 / Zerstoert 1945 repariert 1947 / erneuert 1983-86*

### MÜNZFRIES
**Rathenower Straße Ecke Alt-Moabit (Oberstufenzentrum Banken und Versicherungen)**

Inschrift: *Münzfries / der Staatlichen Berliner Münze / am Mühlendamm / von Gottfried Schadow (1802) / Abguss mit dem Ausschnitt / ›Prägen und Wägen‹ / Oberstufenzentrum / Banken und Versicherungen / 1992*

Die Tafel befindet sich genau an der Hausecke, mehrere Meter darüber der Abguß vom Münzfries. Der Text der Inschrift ist insoweit nicht korrekt, als sich die Münze am Werderschen Markt befand. 1935 wurde der Fries als Kopie an einem Nachfolgebau der Münze am Mühlendamm angebracht, wo er sich bis heute befindet. Das Original des Münzfrieses (Entwurf Friedrich Gilly) war für einige Zeit an der Wand eines Charlottenburger Altersheims am Spandauer Damm 42–44 angebracht, er wurde zum Schutz vor der Witterung abgenommen und wird bis zur Restaurierung und endgültigen Aufhängung im Unterbau des Kreuzbergdenkmals für die Öffentlichkeit unzugänglich aufbewahrt.

**OPFER DER MAUER**
**Paul-Löbe-Straße (Ostende)**

Insgesamt 16 Gedenkkreuze erinnern an folgende Opfer (Trennstrich hinter jedem Kreuz): *Klaus Schröter 4.11.63 / Marienetta Jirkowski †22.11.1980 18 Jahre / Peter Boecker *9.7.60 †30.11.1984 / Heinz Sokolowski †25.11.1965 Manfred Gertzki aus Karl-Marx-Stadt geb. 17. Mai 1942 in Danzig / Dorit Schmiel †19.2.1962 / Bernd Lünser †4.10.1961 / Rudolf Urban *6.6.1914 †17.9.1961 / Ottfried Reck †November 1962 / Lutz Schmidt Feb. 1987 / Chris Gueffroy †6.2.89 / Ernst Mundt *2.2.1921 †4.9.1962 / Ingo Krüger geb. 31.1.1940 †10.12.1961 / Den Opfern der Gewalt Udo Düllick 5.10.1961 Unbekannter 5.10.1961 Werner Probst 14.10.1961 Philipp Held April 1962 Klaus Brueske 18.4.1962 Siegfried Noffke 28.6.1962 Unbekannter 8.10.1962 Hans Räwel 1.1.1963 Wolf-Olaf Muszinski März 1963 Paul Schultz 25.12.1963 Unbekannter 19.1.1965 Kreuzberg / Winfried Freudenberg Ballonflucht März 1989 / Axel Hannemann 5.6.1962 / Unbekannt †Nov. 1962 †22.11.1986 †24.11.1986 †16.4.1963*

Die Kreuze sind zwischenzeitlich wegen der Umbauarbeiten am Reichstagsgebäude zur Ebertstraße Ecke Scheidemannstraße versetzt worden.

**OPFER DER MAUER**
**Straße des 17. Juni (westlich der Kreuzung mit der Entlastungsstraße)**

Auf dem Mittelstreifen steht ein aus Hohlblocksteinen gemauerter Gedenkstein (Mauer) mit der Inschrift: *Den Opfern der Mauer / 13. August 1961*

**OPFER DES NATIONALSOZIALISMUS**
**Turmstraße 35 (Mathilde-Jacob-Platz; Rathaus Tiergarten)**

Inschrift der in der Eingangshalle angebrachten Marmortafel: *Zu Ehren / der Opfer des Nationalsozialismus / Sie haben für uns gelitten, damit / wir in Freiheit leben können.*

**OPFER DES NATIONALSOZIALISMUS**
**Lehrter Straße 67**

Der Gedenkstein aus dunklem Granit trägt eine bronzene Tafel mit der Inschrift: *In der Lehrter Straße 3 stand 1899–1955 das / Zellengefängnis Moabit / 1940–1945 / Wehrmachtsuntersuchungs- und Polizeigefängnis / 1944–1945 / Gefängnis der Geheimen Staatspolizei / für Widerstandskämpfer des 20. Juli 1944 und deren Angehörige / Viele Häftlinge starben als Opfer der / nationalsozialistischen Unrechtsjustiz. / Noch zwischen dem 22. und 24. April 1945 wurden / achtzehn Widerstandskämpfer von der Gestapo / auf ein nahes Ruinengrundstück geführt und ermordet*

Der Stein steht am Südrand der Grünanlage (Verkehrsinsel) vor der Seydlitzstraße. Der Leser der

Inschrift blickt zum Gelände des Zellengefängnisses auf der gegenüberliegenden Straßenseite. Vorhanden sind noch einige Beamtenwohnhäuser und – verborgen inmitten einer Kleingartenanlage – der Friedhof des Gefängnisses.

**OPFER DES NATIONALSOZIALISMUS**
**Ehrenfriedhof Wilsnacker Straße (gegenüber Nr. 3; ehem. St. Johannis-Friedhof)**

Inschrift: *„Der Wahn allein war Herr in diesem Land. / In Leichenfeldern schließt sein stolzer Lauf, / und Elend, unermeßbar, steigt herauf.“ / Albrecht Haushofer / Moabiter Sonette 1945 / Auf diesem Ehrenfriedhof / sind unbekannte Opfer / aus den letzten Wochen / des 2. Weltkrieges / neben namentlich bekannten Opfern begraben: / Zivilisten, Soldaten / sowie politische Häftlinge / aus dem Zellengefängnis Moabit, / die von Angehörigen / der SS ermordet wurden, / unter ihnen Albrecht Haushofer*

Der Professor für politische Geographie und Geopolitik an der Berliner Universität Albrecht Haushofer (*München 7.1.1903 – †Berlin 23.4. 1945) war Mitwisser des Umsturzplanes vom 20.7.1944 und drängte auf dessen Vollzug. Er wurde am 7.12.1944 verhaftet und im Zellengefängnis Moabit, Lehrter Straße 3, inhaftiert. Kurz vor der Befreiung durch sowjetische Soldaten wurden er und 13 weitere Gefangene von SS-Leuten auf dem angrenzenden ULAP-Gelände durch Genickschuß ermordet (nach anderen Quellen waren es 15 Opfer, der Gedenkstein in der Lehrter Straße nennt die Zahl von 18 Ermordeten). Als sein Leichnam und die der zusammen mit ihm Erschossenen drei Wochen später durch die Hilfe des Überlebenden Herbert Kosney gefunden wurden, fand sein Bruder Heinz Haushofer im Mantel des Toten die »Moabiter Sonette«. »Wir leben«, so zitiert ihn sein Schüler Rainer Hildebrandt (der Gründer und Leiter des Museums Haus am Checkpoint Charlie) aus dem Jahr 1940, »in den Formen überkommener Verantwortlichkeit, ohne ausreichend zu realisieren, daß wir für die selbstgeschaffene Umwelt, die selbstgeformte Erde, verantwortlich geworden sind.« (Tsp., 23.4.1985) Die schwarze Metalltafel wurde Ende 1989 angebracht.

**OPFER DES NATIONALSOZIALISMUS**
**Klingelhöferstraße 14 (Bauhaus-Archiv)**

Inschrift: *Den Angehörigen des Bauhauses, die / im Widerstand gegen die NS-Diktatur / Opfer brachten; allen, die gelitten / haben und verfolgt worden sind.*

Die Granittafel wurde 1983 im Haus zum 50. Jahrestag der von den Nazis verfügten Schließung des Bauhauses am 14.6.1933 angebracht.

**Carl von OSSIETZKY**
**Alt-Moabit (zwischen Paulstraße und Spenerstraße; Carl-von-Ossietzky-Park)**

Inschrift der auf einem rötlichen Granitfindling befestigten Bronzetafel: *Carl · von · Ossietzky · Park / Carl von Ossietzky, Schriftsteller und Publizist, geb. 3.10.1889 / an den Folgen der*

*Haft im KZ Esterwege [!] am 4.5.1938 gestorben / 1936 mit dem Friedensnobelpreis ausgezeichnet*

Enthüllung 1965.

**Ottilie POHL**
*Schönwalde/Niederlausitz 14.11.1867 – †Theresienstadt 1943
**Beusselstraße 43 (fast Ecke Siemensstraße)**

Inschrift: *In diesem Haus wohnte von 1919 bis 1929 / die Tiergartener Stadtverordnete der USPD / Ottilie Pohl / 14.11.1867–1943 / Die in Schönwalde geborene war vor allem / im Sozial- und Schulbereich tätig. / Als Jüdin und Widerstandskämpferin / wurde sie 1940 verhaftet und / 1943 im KZ Theresienstadt ermordet.*

Nach 1933 half Ottilie Pohl Verfolgten auf vielfältige Weise. Im August 1940 wurde sie von der Gestapo verhaftet und im Frauengefängnis Barnimstraße inhaftiert. Am 20.11.1942 wurde sie nach Theresienstadt deportiert. Enthüllung der Berliner Gedenktafel am 17.11.1989.

**REICHSTAGSABGEORDNETE**
**Reichstagsgebäude und Platz der Republik Ecke Scheidemannstraße**

Inschrift der Kupfertafel im Reichstagsgebäude: *Den in der Zeit der Gewaltherrschaft von 1933 bis 1945 / ermordeten, verfolgten und verfemten / Mitgliedern des Reichstages der Weimarer Republik / und ihren mitleidenden und mitverfolgten Familienangehörigen / zum Gedenken / Der Deutsche Bundestag*

Die Tafel wurde am 26.2.1992 durch Bundestagspräsidentin Rita Süssmuth bei der Einweihung des Philipp-Scheidemann-Raums im ersten Stock des Reichstagsgebäudes (links neben dem früheren Hauptportal) enthüllt.

Gleichfalls am 26.2.1992 legte die Bürgerinitiative »Perspektive Berlin« den Grundstein zu einem eigenen Denkmal, das an gleicher Stelle im Juni 1992 errichtet werden sollte. Am 12.9.1992 war es schließlich soweit. Hergestellt wurden die Gußmodelle in der Eisengießerei Behr in Weißensee nach Gußmodellen von HdK-Studenten. Die Namen, Lebensdaten und die Parteizugehörigkeit der Toten sind auf den Bruchkanten der wie Grabplatten aufgestellten Tafeln angegeben. Die ursprünglich vom DGB zugesagte Finanzierung reichte nicht, die Senatsverwaltung für Kulturelle Angelegenheiten und das Bezirksamt Tiergarten sprangen ein. Der Bezirk übernahm die Bauarbeiten und die Pflege. Eine in den Bürgersteig vor der Gedenkanlage eingelassene Eisenplatte erläutert: *Zur Erinnerung an die 96 von den National-/ sozialisten ermordeten Reichstagsabge-/ ordneten der Weimarer Republik errich-/tete die Bürgerinitiative „Perspektive / Berlin" dieses Denkmal, unterstützt vom / Deutschen Gewerkschaftsbund, vom / Bezirksamt Tiergarten, vom Senator für / Kulturelle Angelegenheiten und zahl-/reichen Bürgerinnen und Bürgern. / Entwurf Appelt · Eisenlohr · Müller / · Zwirner Berlin 1992*
Die Inschriften auf den Bruchkanten der einzelnen Tafeln lauten: *Julius Adler *1894 †1945 KZ Bergen-Belsen KPD / Johann Adlhoch *1884 †1945 München, zuvor „Todesmarsch" BVP / Eduard Alexander *1881 †1945 Transport KZ Bergen-Belsen KPD / Julius Assmann *1868 †1939 Bodino/Polen ermordet DVP / Elise Augustat *1889 †1940 Lägerdorf Haftfolgen KZ Ravensbrück KPD / Bernhard Bästlein *1894 †1944 Zuchthaus Brandenburg-Goerden KPD / Artur Becker *1905 †1938 Burgos/Spanien ermordet KPD / Anton Bias *1876 †1945 KZ Dachau SPD / Adolf Biedermann *1881 †1933 Nähe Recklinghausen tot aufgefunden SPD / Konrad Blenkle *1901 †1943 Zuchthaus Berlin-Plötzensee KPD / Fritz Bockius *1882 †1945 KZ Mauthausen Zentrum / Clara Bohm-Schuch *1897 †1936 Berlin, Spätfolgen Frauengefängnis Berlin-Barnimstrasse SPD / Eugen Bolz *1881 †1945 Zuchthaus Berlin-Plötzen-*

*see Zentrum / Rudolf Breitscheid *1874 †1944 KZ Buchenwald SPD / Lorenz Breunig *1882 †1945 KZ Sachsenhausen SPD / Conrad Brosswitz *1881 †1945 KZ Dachau SPD / Otto Eggerstedt *1886 †1933 KZ Esterwegen SPD / Eugen Eppstein *1871 †1943 KZ Lublin-Majdanek KPD / Helene Fleischer *1899 †1941 Stadtroda, zuvor Stadtgefängnis Gera KPD / Albert Funk *1894 †1933 Polizeipräsidium Recklinghausen KPD / Otto Geiselhart *1890 †1933 Amtsgerichtsgefängnis Günzburg SPD / Otto Gerig *1885 †1944 KZ Buchenwald Zentrum / Paul Gerlach *1888 †1944 KZ Sachsenhausen SPD / Ernst Grube *1890 †1945 KZ Bergen-Belsen KPD / Franz Haindl *1879 †1941 Landesanstalt Sonnenstein-Pirna DBP / Eduard Hamm *1879 †1944 Gefängnis Berlin-Lehrterstrasse DDP / Ernst Heilmann *1881 †1940 KZ Buchenwald SPD / Rudolf Hennig *1895 †1944 KZ Sachsenhausen KPD / Franz Herbert *1885 †1945 KZ Mauthausen BVP / Eugen Herbst *1903 †1934 KZ Dachau KPD / Christian Heuck *1892 †1934 Strafgefängnis Neumünster KPD / Guido Heym *1882 †1945 Weimar, von der SS erschossen KPD / Rudolf Hilferding *1877 †1941 Gefängnis Paris La-Santé SPD / Gustav Hoch *1862 †1942 KZ Theresienstadt SPD / Lambert Horn *1899 †1939 KZ Sachsenhausen KPD / Friedrich Husemann *1873 †1935 Sögel, Haftfolgen KZ Esterwegen SPD / Albert Janka *1907 †1933 KZ Reichenbach KPD / Heinrich Jasper *1875 †1945 KZ Bergen-Belsen SPD / Friedrich Jendrosch *1890 †1944 KZ Sachsenhausen KPD / Reinhold Jürgensen *1898 †1934 KZ Fuhlsbüttel KPD / Eugen Kaiser *1879 †1945 KZ Dachau SPD / Albert Kayser *1898 †1944 KZ Buchenwald KPD / Franziska Kessel *1906 †1934 Zuchthaus Mainz KPD / Anton Krzikalla *1887 †1944 KZ Sachsenhausen KPD / Franz Künstler *1888 †1942 Berlin, Spätfolgen KZ Lichtenburg SPD / Max Lademann *1896 †1941 KZ Sachsenhausen KPD / Julius Leber *1891 †1945 Zuchthaus Berlin-Plötzensee*

*SPD / Paul Lejeune-Jung *1882 †1944 Zuchthaus Berlin-Plötzensee Chr. N. A. / Richard Lipinski *1867 †1936 Bennewitz, zuvor in Haft mißhandelt SPD / Karl Mache *1882 †1934 KZ Kislau SPD / Max Maddalena *1895 †1943 Zuchthaus Brandenburg-Görden KPD / Ludwig Marum *1882 †1934 KZ Kislau SPD / Stefan Meier *1889 †1944 KZ Mauthausen SPD / August Merges *1870 †1945 Braunschweig, zuletzt Zuchthaus Wolfenbüttel SPD / Franz Metz *1878 †1945 Geretsried, Haftfolgen KZ Dachau SPD / Julius Moses *1886 †1942 KZ Theresienstadt SPD / Arthur Nagel *1890 †1945 KZ Bergen-Belsen KPD / Theodor Neubauer *1890 †1945 Zuchthaus Brandenburg-Görden KPD / Franz Petrich *1889 †1945 Zuchthaus Sonnenburg SPD / Andreas Portune *1875 †1945 Rosslau, Haftfolgen Strafgefangenenlager Griebo SPD / Friedrich Puchta *1883 †1945 München, Haftfolgen KZ Dachau SPD / Ernst Putz *1896 †1933 Untersuchungsgefängnis Berlin-Moabit KPD / Siegfried Rädel *1893 †1943 Zuchthaus Berlin-Plötzensee KPD / Paul Redlich *1893 †1944 Brandenburg, Haftfolgen KZ Sonnenburg KPD / Walter Reek *1878 †1933*

*Gefängnis Danzig SPD / Ernst Reinke *1891 †1943 KZ Flossenbürg KPD / Max Richter *1881 †1945 Neustädter Bucht Transport KZ Neuengamme SPD / Theodor Roeingh *1882 †1945 KZ Sachsenhausen Zentrum / Julius Rosemann *1878 †1933 Polizeigefängnis Hamm SPD / Karl Sattler *1896 †1945 KZ Bergen-Belsen KPD / John Schehr *1896 †1934 KZ Berlin-Columbiahaus KPD / Michael Schnabrich *1880 †1939 KZ Sachsenhausen SPD / Ernst Schneller *1890 †1944 KZ Sachsenhausen KPD / Ernst Schneppenhorst *1881 †1945 Gefängnis Berlin-Lehrter Strasse SPD / Werner Scholem *1895 †1940 KZ Buchenwald KPD / Georg Schumann *1886 †1945 Untersuchungsgefängnis Dresden KPD / Walter Schütz *1897 †1933 Königsberg/Pr von SA ermordet KPD / Hugo Sinzheimer *1875 †1945 Bloemendaal-Overeen, Haftfolgen KZ Theresienstadt SPD / Willi Skamira *1897 †1945 Zuchthaus Brandenburg-Goerden KPD / Fritz Sollmann *1878 †1945 Wernigerode/Harz, Haftfolgen KZ Buchenwald SPD / Robert Stamm *1900 †1937 Zuchthaus Berlin-Plötzensee KPD / Johannes Stelling *1877 †1933 Amtsgerichtsgefängnis Berlin-Köpenick SPD / Franz Stenzer *1900 †1933 KZ Dachau KPD / Walter Stöcker *1891 †1933 KZ Buchenwald USPD, KPD / Georg Streiten *1884 †1945 KZ Ravensbrück DVP / August Steufert *1897 †1944 KZ Neuengamme SPD / Hermann Tempel *1889 †1944 Oldenburg, Haftfolgen Strafgefängnis Wolfenbüttel SPD / Johanna Tesch *1875 †1945 KZ Ravensbrück SPD / Ernst Thälmann *1886 †1944 KZ Buchenwald KPD / Matthias Thesen *1891 †1944 KZ Sachsenhausen KPD / Nikolaus Thielen *1901 †1944 KZ Mauthausen KPD / Friedrich Voigt *1882 †1945 Zuchthaus Berlin-Plötzensee SPD / Paul Voigt *1876 †1944 Berlin, ermordet SPD / Paul Wegmann *1889 †1945 KZ Bergen-Belsen USPD / Georg Wendt *1889 †1948 Berlin, zuvor Zuchthaus Brandenburg SPD / Lotte Zinke *1891 †1944 KZ Ravensbrück KPD*

Bereits am 31.8.1989 hatte die Bürgerinitiative »Perspektive Berlin« an der Südostecke des Platzes der Republik eine – zur Einweihung des Denkmals wieder entfernte – Tafel mit den Namen von 81 von den Nazis ermordeten Reichstagsabgeordneten (KPD 40, SPD 31, andere Fraktionen 10) aufgestellt. Diese Tafel trug über die ganze Breite einige Informationen, darunter in vier Spalten die Namen der Parlamentarier, geordnet nach Konzentrationslagern.

Die Tafel begann mit der Inschrift: *Zum Gedenken an die von den Nazis ermordeten Reichstags-Abgeordneten der Weimarer Republik / Seit 40 Jahren hat der Deutsche Bundestag versäumt, dieser Opfer zu gedenken. / Die Bürgerinitiative Perspektive Berlin errichtet deshalb mit Unterstützung der Industriegewerkschaft Medien / und der Deutschen Postgewerkschaft heute diese Tafel. / Berlin, 31. August 1989 / Es starben in:* (Es folgen Namen, Daten und Orte.)

Zwischen der heutigen Anlage und der ersten Tafel bestehen einige Unterschiede – nicht nur, weil die jetzige mehr Namen umfaßt. Beispielhaft erwähnt sei: In der jetzigen Anlage nicht mehr aufgeführt sind Minna Bollmann, Heinrich Mehrhof, Antonie Pfülf und Mathilde Wurm (alle SPD). Bei Karl Mache ist offenbar bei der Herstellung der neuen Tafel ein Fehler unterlaufen: Auf der provisorischen Vorgängertafel waren als Lebensdaten und Todesort **1880 †1944 KZ Groß-Rosen* angegeben. Auf der jetzigen stimmen sie mit denen von Ludwig Marum überein. Offen bleibt auch, ob der Todesort von Hugo Sinzheimer Bloemendaal-Overveen (alt) oder Bloemendaal-Overeen (neu) heißt, ebenso ob Theodor Roeingh im KZ Bergen-Belsen (alt) oder im KZ Sachsenhausen (neu) um sein Leben gebracht wurde. Paul Lejeune-Jung wurde der DNVP zugerechnet.

Aus der Vorgeschichte des Gedenkens für die durch nationalsozialistische Verfolgung umgekommenen Reichstagsabgeordneten sei berichtet: Am Reichstagsgebäude sollte entsprechend einem Beschluß des Berliner Abgeordnetenhauses vom 23.5.1985 eine Tafel für die verfolgten und ermordeten Reichstagsabgeordneten angebracht werden. Noch im selben Jahr kam es zu einer politischen Kontroverse wegen der dann auch aufzunehmenden Kommunisten und weil sichtbar geworden wäre, daß Kommunisten und Sozialdemokraten den überwiegenden Teil der Opfer stellten. Denn im Beschluß des Abgeordnetenhauses hieß es (Tsp., 27.2.1992): »Auf der Tafel sind Name, Beruf, Geburts- und Sterbedatum mit Hinweis auf Ort und Umstände des Todes, Parteizugehörigkeit und Herkunftsort als Abgeordneter sowie Zeitraum der Mitgliedschaft im Reichstag anzugeben.« Im Spätsommer 1985 übermittelte die Alternative Liste (AL) Bundestagspräsident Philipp Jenninger eine Liste mit Kurzbiographien von 83 in Frage kommenden Personen, die Historiker der Technischen Universität Berlin erarbeitet hatten. Der Bundestagspräsident hatte zuvor nämlich in einem Schreiben »die Tafel unter Hinweis auf bestehende Forschungslücken abgelehnt«. Dies wurde von Bundestagsvizepräsidentin Annemarie Renger als »unüberlegt« bezeichnet, während sie sich für eine ausführliche Erinnerungstafel am Reichstagsgebäude einsetzte (Tsp., 5.9.1985). Auch der Tagesspiegel veröffentlichte im Spätsommer 1985 eine Liste mit den Namen und Daten von 88 Toten. Die TU-Historiker rechneten sogar mit 95 bis 100 Opfern. Die Berliner SPD sprach sich durch ihren Sprecher Wilhelm Wiegreffe weiter für eine Gedenktafel am Reichstag aus. Er bezeichnete die Bedenken Jenningers als »in höchstem Grade befremdlich«. Auch Senatssprecher Wilfried Fest betonte die positive Haltung gegenüber dem Vorschlag des Abgeordnetenhauses und wandte sich gegen eine allgemein gehaltene Erinnerungstafel. Siebzehn Monate später gab es noch immer keine offizielle Liste. Der Tagesspiegel schrieb am 31.1.1987: »Für die geplante Gedenktafel im Reichstagsgebäude, die an die von den Nazis ermordeten Abgeordneten erinnern soll, sind im Etat 1987 des Bundestages zwar Mittel ausgewiesen; da an der Liste aber immer noch gearbeitet wird, ist nach Einschätzung von Bundestag und Abgeordnetenhaus mit einer Tafel in diesem Jahr nicht zu rechnen [...] Wann die mit der Aufstellung der entsprechenden Liste beauftragte ›Kommission für Geschichte des Parlamentarismus und der politischen Parteien e.V.‹ mit ihrer Arbeit fertig sein werde, ist im Abgeordnetenhaus derzeit nicht bekannt.«

## RESOLUTION DES US-KONGRESSES ZUR 750-JAHR-FEIER DER STADT
### John-Foster-Dulles-Allee (Haus der Kulturen der Welt, ehem. Kongreßhalle)

Die Bronzetafel befindet sich im Eingangsbereich gleich rechts an der Wand: *Resolution of the Unites States Congress / expressing the sense of the Congress congratulating the People / of Berlin on the occasion of the city's seven hundred and / fiftieth anniversary in the year 1987, commending the People / of Berlin for their centuries of great tradition and / continuing courage in the face of historical adversity, and / recognizing the deep and lasting relations they have with / the People of the Unites States of America. / Whereas 1987 marks the seven hundred and fiftieth anniversary / of the great city of Berlin; / whereas Berlin is renowned for its traditions of openness and / diversity; whereas Berliners have bravely constructed a / flourishing democracy in the midst of communist tyranny; / whereas the bonds linking Berliners and Americans are profound / and lasting; / whereas Berlin looks confidently to a future of freedom and / accomplishment in close partnership with the United States; and / whereas the words »Ich bin ein Berliner« ring eternal in the / hearts of both Americans and Berliners; now , therefore, be it resolved by the House of Representative (the Senate / concurring), that the Congress - / (1) expressly congratulates Berlin on the occasion of the / city's seven hundred and fiftieth anniversary in the year 1987; / (2) commends the People of Berlin for their centuries of / great tradition and continuing courage in the face of / historical adversity; and / (3) recognizes the deep and lasting relations Berliners / have with the People of the United States of America. / Presented by the Speaker of the House, the Honorable James C. Wright, Jr., / on April 20, 1987, to commemorate the seven hundred and fiftieth / anniversary of Berlin and the reopening of the Kongresshalle.*

**Nelly SACHS**
*Berlin 10.12.1891 – †Stockholm 12.5.1970
**Lessingstraße 5 (Hansa-Grundschule; gegenüber der Einmündung der Flensburger Straße)**

Inschrift: *Hier, in dem ehemaligen Haus Lessingstraße 33, / lebte seit ihrer Kindheit die Lyrikerin / Nelly Sachs / 10.12.1891–12.5.1970 / 1940 emigrierte sie nach Stockholm. / Für ihre Werke, wie / »Fahrt ins Staublose«, »Zeichen im Sand«, / »Glühendes Rätsel«, / erhielt sie 1966 den Nobelpreis für Literatur.*

In der Villa der Eltern, die hier stand, lebte Nelly Sachs von 1900 an bis zu ihrer buchstäblich in letzter Sekunde angetretenen Flucht nach Schweden. Die Berliner Gedenktafel ist in einem Metallrahmen links neben dem Eingang der Hansa-Grundschule angebracht. Enthüllt wurde sie aus Anlaß des 25. Todestages.

**Carl SCHEIBLER**
*Gemerat bei Eupen 16.2.1827 –
†Berlin 2.4.1899
**Derfflingerstraße 8**

Inschrift: *Hier, in der ehemaligen Buchenstraße 6, lebte ab 1883 / Carl Scheibler / 16.2.1827–2.4.1899 / Er galt als der bedeutendste Zuckerchemiker / seiner Zeit und gründete 1867 in Berlin / mit dem Institut für Zuckerindustrie die erste / Forschungseinrichtung der Welt auf dem / Lebensmittelsektor.*

Beigesetzt wurde Scheibler auf dem Alten Friedhof der Zwölf-Apostel-Gemeinde, Schöneberg, Kolonnenstraße 24/28. Enthüllung der Berliner Gedenktafel am 12.12.1989.

**Philipp SCHEIDEMANN**
*Kassel 26.7.1865 – †Kopenhagen 29.11.1939
**Reichstagsgebäude**

Inschrift: *Von / diesem / Balkon / rief / der Sozialdemokrat / Philipp Scheidemann / am 9.11.1918 die / deutsche Republik aus*

Die Bronzetafel wurde am 23.6.1976 von Bundestagspräsidentin Annemarie Renger enthüllt. Sie zeigt oben rechts ein Reliefportrait Scheidemanns und befindet sich neben dem zweiten Fenster links vom früheren Haupteingang im Inneren des Hauses. Der Raum diente seit Anfang 1992 – vor Beginn der Umbauarbeiten – der Erinnerung an »ermordete, verfolgte und verfemte« Mitglieder des Deutschen Reichstags.

**Helene von SCHELL**
*20.7.1903 – †4.3.1956
**Waldstraße 6**

Inschrift: *In diesem Hause lebte / Helene von Schell / 20.7.1903–4.3.1956 / Während der NS-Herrschaft versteckte sie hier / in ihrer Wohnung eine vierköpfige jüdische Familie / die sie unter Lebensgefahr / vor der Deportation und Ermordung bewahrte*

Von 1942 bis zur Befreiung durch sowjetische Soldaten versteckte sie das befreundete Ehepaar Foß mit seinen zwei halbwüchsigen Söhnen in ihrer Ein-Zimmer-Wohnung und rettete die Familie so vor dem sicheren Abtransport in ein KZ. Enthüllung der rechts neben dem Eingang angebrachten Berliner Gedenktafel durch Bezirksbürgermeister Jörn Jensen am 4.3.1996.

**Heinz SOKOLOWSKI**
*17.12.1917 – †Berlin 25.11.1965
**Ebertstraße (an der Scheidemannstraße)**

Gedenkkreuz, Inschrift: *Heinz Sokolowski 48 J. Ost-Berlin †25.11.65 / Nach 7 Jahren DDR-Haft erschossen auf der Flucht*

**Siegbert SPRINGER**
*Schubin/Westpreußen 9.8.1882 –
†Berlin 10.5.1938
**Spenerstraße 15**

Inschrift: *In diesem Haus wohnte und wirkte / Siegbert Springer / 9.8.1882–10.5.1938 / Der berufene und anerkannte Lehrer / des Rechts, für Generationen von Juristen / als Repetitor tätig, wurde auch ein Opfer / nationalsozialistischer Verfolgung.*

Hier lebte und arbeitete der »beliebteste und erfolgreichste Repetitor« Berlins von 1912 bis zum seinem Tode (Selbstmord) 1938. Enthüllung der Berliner Gedenktafel am 12.12.1989.

**SYMPOSION EUROPÄISCHER BILDHAUER**
**Tiergarten (zwischen Großer Querallee und Entlastungsstraße)**

Der Stein befindet sich an einem Fußweg. Er trägt die Namen der beteiligten Bildhauer in zwei Reihen zu je acht nebeneinander, den 17. darunter. Inschrift: *Symposion / europäischer Bildhauer / 1961 1963 / 1 Buky / 2 Mach / 3 Brummak / 4 Mario / 5 Mizui / 6 Kosso / 7 Prantl / 8 Iida / 9 Fehrenbach / 10 Steiner / 11 Reischke / 12 Schultzebansen / 13 Kampmann / 14 Wyss / 15 Göschl / 16 Szekely / 17 Steinbrenner*

**SYNAGOGE**
**Lessingstraße 6 Ecke Flensburger Straße (früher Lessingstraße 19)**

Inschrift: *Auf diesem Grundstück wurde am 6. September 1898 das / Gotteshaus des „Synagogenvereins Moabit und Hansabezirk“ / von Rabbiner Dr. Adolf Rosenzweig (1850–1918) eingeweiht. / Prof. Albert Einstein, Prof. Ismar Elbogen, Prof. Mittwoch / und der Graphiker und Maler Hermann Struck nahmen hier an / Gottesdiensten teil. Letzter hier amtierender Rabbiner war / Dr. Chaim Heinrich Cohn (1898-1966). / In der Pogromnacht vom 9./10. November 1938 wurde auch / diese Synagoge von den Nazis geplündert und zerstört. / Viele ihrer Mitglieder wurden in den Konzentrations-/lagern ermordet.*

Die Ruine des geschändeten Gotteshauses wurde bereits 1939 abgerissen. Die auf einen Stein aufgesetzte Bronzetafel befindet sich im Vorgarten des heute hier stehenden Hauses.

**SYNAGOGE**
**Levetzowstraße 7–8 Ecke Jagowstraße (Nordwestecke)**

Hier befindet sich an einer backsteinernen Wand eine Bronzetafel zur Erinnerung an die Zerstörung der Synagoge im Novemberpogrom. Inschrift: *An dieser Stätte stand eine Synagoge / Sie wurde in der Schreckensnacht des / 9. November 1938 zerstört / Von hier aus mussten in den Jahren des / Nationalsozialismus viele unserer / jüdischen Mitbürger ihren letzten Weg / antreten · Ihr Andenken ist unvergessen*

Die Synagoge (Architekt Johann Hoeniger, *Zülz/ Oberschlesien 24.4.1850 – †Berlin 26.1.1913) wurde von den Nazis als Deportationssammelstelle für Berliner Juden mißbraucht. Enthüllung der Tafel 1960. Baubeginn des nebenan befindlichen, beeindruckenden Denkmals für die Judenverfolgungen unter dem Nationalsozialimus, für die Berliner Synagogen und die Deportationen aus Berlin war im Frühjahr 1987. Das Mahnmal zeigt einen Güterwagen, eine Gruppe gefesselter, über eine Rampe in ihn hineingetriebener Menschen und eine hochaufragende Eisenwand mit Datum, Anzahl der Menschen und Zielort der 63 zwischen dem 18.10. 1941 und März/April 1945 von hier aus erfolgten Deportationen. Zwischen dem 17. Transport vom 11.7.1942 und dem 61. vom 5.1.1945 hatten fast alle als direktes Ziel das Vernichtungslager Auschwitz. Auf dem Boden hinter dem Güterwagen sind 36 Eisenplatten in Gruppen zu je sechs befestigt, von denen 34 mit Anschrift, Anzahl der Sitzplätze, Baujahr, Datum der Beschädigung resp. Zerstörung und des endgültigen Abrisses sowie in den meisten Fällen auch mit Abbildungen oder Grund- und Aufrissen an das Schicksal Berliner Synagogen erinnern. Die mittleren beiden Platten tragen die Inschriften (linke Platte): *Auf diesem Grundstück stand eine / der grössten Synagogen Berlins. / 1941 wurde die jüdische Gemeinde / zu Berlin von der Geheimen Staats-/polizei gezwungen, das Gebäude / als Sammellager einzurichten. Von / hier aus wurden mehr als 37 500 / Berliner Juden über die Bahnhöfe / Grunewald und Putlitzstrasse in / die aufgeführten Vernichtungs-/lager deportiert. Weiterhin wurden / vom zweiten grossen Sammella-/ger Berlins, dem ehemaligen jüdi-/schen Altersheim in der Grossen / Hamburger Strasse vom 6.6.1942 / bis zum 27.3.1945 in 117 Transpor-/ten über den Anhalter Bahnhof / 14 797 Juden in das Konzentrations-/lager Theresienstadt deportiert.* (rechte Tafel) *In der Pogromnacht vom 9. November / 1938 wurden die jüdischen Gottes-/häuser Berlins von den National-/ sozialisten beschädigt, verbrannt, / zerstört. Als Symbole einer reich-/haltigen jüdischen Kulturtradi-/tion in Preussen waren sie die / bedeutendsten Ziele des einset-/zenden staatlich organisierten / Terrors. / Neben den dargestellten Gemeinde- / und Vereinssynagogen gab es in / Berlin über 80 private jüdische / Bethäuser oder Betsäle in sozia-/len Einrichtungen. Auch sie wurden / in der Nacht vom 9. November 1938 / Ziel der Verwüstungen oder sind / kurze Zeit später geschlossen, / verkauft oder enteignet worden.*

**SYNAGOGE**
**Lützowstraße 16**

Inschrift: *Auf diesem Grundstück stand / bis zu ihrer Zerstörung eine große / Gemeindesynagoge / mit 1876 Sitzplätzen. Sie wurde 1898 / eingeweiht. Während der Pogrome 1938 wurde / auch diese Synagoge beschädigt. / Durch den Krieg wurde sie völlig zerstört.*

Die von den Architekten Wilhelm Cremer und Richard Wolffenstein entworfene Synagoge wurde wegen der dicht angrenzenden Bebauung und der damit verbundenen Gefahr eines Übergreifens des Feuers während des Pogroms vom November 1938 – wie z. B. auch die Synagoge Rykestraße – nicht in Brand gesetzt und zerstört. Sie fiel den Bombenagriffen auf Berlin zum Opfer. Die Ruine wurde 1954 abgerissen.

Heute ist hier der Standort eines BEWAG-Umspannwerks. Enthüllung der Berliner Gedenktafel durch den stv. Bezirksbürgermeister Dieter Ernst am 11.12.1989.

**Gabriele TERGIT, eigtl. Elise Reifenberg**
*Berlin 4.3.1894 – †London 25.7.1982
**Siegmunds Hof 22**

Inschrift: *Hier lebte bis zu ihrer Vertreibung / durch die SA am 4. März 1933 / Gabriele Tergit / 4.3.1894–25.7.1982 / Gerichtsreporterin und Schriftstellerin / »Käsebier erobert den Kurfürstendamm« / Sie floh über Palästina / und wirkte von 1957 bis 1981 als Sekretär / des deutschen Exil-Pen in London*

Hier lebte die Schriftstellerin und Journalistin (»Berliner Tageblatt«, »Börsen-Courier«) ab 1928. □

**Kurt TUCHOLSKY**
*Berlin 9.1.1890 –
†Hindås b. Göteborg 21.12.1935
**Lübecker Straße 13**

Inschrift der Tafel, die vom Bezirksamt zu Tucholskys 70. Geburtstag angebracht und von Mary Gerold-Tucholsky enhüllt wurde:

*Geburtshaus / des Schriftstellers / Kurt / Tucholsky / *9.1.1890 / †21.12.1935 / in Hindas / (Schweden)*

**Kurt TUCHOLSKY**
**Rostocker Straße 32 b**
**(Kurt-Tucholsky-Bücherei)**

Inschrift: *Kurt Tucholsky / geboren am 9.1.1890 / in Berlin-Moabit / gestorben am 21.12.1935 / in Hindas-Schweden*

Die Bronzetafel befindet sich an einer Klinkerwand im Eingangsbereich rechts.

**UNGARISCHE GRENZÖFFNUNG**
**Reichstagsgebäude (Paul-Löbe-Straße Ecke Ebertstraße)**

Die Bronzetafel trägt in deutsch und ungarisch unter dem Bundesadler die Inschrift:
*10. SEPTEMBER 1989 / EIN ZEICHEN DER FREUNDSCHAFT ZWISCHEN / DEM UNGARISCHEN / UND DEM DEUTSCHEN VOLKE / FÜR EIN VEREINIGTES DEUTSCHLAND / FÜR EIN UNABHÄNGIGES UNGARN / FÜR EIN DEMOKRATISCHES EUROPA. / 1989. SZEPTEMBER 10. / A MAGYAR ÉS NÉMET NÉP / BARÁTSÁGÁNAK JELKÉPEKÉNT / AZ EGYSÉGES NÉMETORSZÁGÉRT / A FÜGGETLEN MAGYARORSZÁGÉRT / A DEMORATICUS EURÓPÁÉRT.*

Die Tafel wurde am 20.9.1991 durch Bundestagspräsidentin Rita Süssmuth und den Präsidenten der ungarischen Nationalversammlung, György Szabad, enthüllt. Sie erinnert an die Öffnung der ungarisch-österreichischen Grenze am 10.9.1989. Am ungarischen Parlamentsgebäude in Budapest wurde am 10. November 1992 durch die Bundestagspräsidentin am Parlamentsgebäude eine textidentische Tafel enthüllt.

**Ernst UNGER**
*Berlin 2.4.1875 – †Prenzlau 13.9.1938
**Derfflingerstraße 21**

Inschrift der Marmortafel: *Studentenwohnheim „Haus Unger“ / Errichtet von dem jüdischen Arzt / Prof. Ernst Unger (1875–1938) / im Jahr 1905 als chirurgische Privatklinik. / 1936 wurde die Klinik unter den / Nationalsozialisten beschlagnahmt. / Seit 1990 wird das teilweise / unter Denkmalschutz stehende Gebäude als / Studentenwohnheim genutzt. / Oktober 1990 Studentenwerk Berlin*

**VERBAND PREUSSISCHER POLIZEIBEAMTER**
**Lützowstraße 73**

Berliner Gedenktafel. □

**VERKEHRSTOTE**
**Invalidenstraße (Brücke am Lehrter Stadtbahnhof)**

Ein grob gezimmertes, massives Holzkreuz trägt auf einer Eisenleiste die Inschrift: *Für / 184 Verkehrstote in Berlin 1992*
Darunter steht im Holz: *Lebensbaum für Norbert Heber / *5.3.1953 †9.6.1992*

Im unteren Teil des Kreuzes steht: *Sei es in Zeiten grosser politischer / Veränderungen und gesellschaft/licher Umbrüche, sei es beim Rückblick / auf einen bewegten Abschnitt im per-/sönlichen Leben – an der Frage nach / dem, was Bestand haben wird, kommt / niemand so leicht vorbei. / N. H. 1991*

Nach Beginn der Bauarbeiten für den neuen Kreuzungsbahnhof war das Kreuz nicht mehr zu entdecken.

**VERMÖGENSVERWERTUNGSSTELLE**
**Alt-Moabit 143–145 (an der Zufahrt zum Hauptzollamt Berlin-Packhof vor der Moltkebrücke)**

Inschrift: *Auf diesem Grundstück befand sich die / Vermögens-/Verwertungsstelle / beim Oberfinanzpräsidenten Berlin-Brandenburg. / Sie war zuständig für die Registrierung des / Vermögens rassisch und politisch Verfolgter durch das Nazi-/Regime, ab November 1941 auch für dessen Einzug. / Mit diesen Maßnahmen fungierte sie als Handlanger / der SS*

*und wichtiges Glied in der organisatorischen / Kette der Deportation insbesondere / jüdischer Mitbürger in die Vernichtungslager.*

Am 17.6.1994 wurde die bereits aufgestellte Tafel auf Bitten des Präsidenten der Oberfinanzdirektion demontiert. Als Grund nannte die Berliner Morgenpost (20.6.94): »Trendelenburg wendet sich zum einen gegen den Text der Gedenktafel. Zum anderen sei der Aufstellungsort nicht mit der OFD abgestimmt worden.« Für Bezirksbürgermeister Wolfgang Naujokat war »nicht nachzuvollziehen, welche Bedenken das Bundesfinanzministerium gegen den Text hat«. Die Berliner Gedenktafel wurde schließlich am 24.6.1994 enthüllt. Sie ist an zwei verzinkten Röhren angebracht.

**Johann Hinrich WICHERN**
*Hamburg 21.4.1808 – †Hamburg 7.4.1881
**Alt-Moabit 127 Ecke Werftstraße**

Inschrift: *Hier begann im September 1858 die / diakonische Arbeit des / Evangelischen Johannesstifts. / An dieser Stelle befand sich das im / 2. Weltkrieg zerstörte Eckhaus Alt-Moabit 38 / Werftstraße 1, wo Johann Hinrich Wichern / Diakone ausbildete. Diese waren als Erzieher / und Armenpfleger tätig und betreuten unter / anderem Häftlinge im Moabiter Zellengefängnis. / Wichern (21.4.1808 – Hamburg – 7.4.1881) / war Begründer der Inneren Mission*

1858 begann Wichern an dieser Stelle mit den Vorarbeiten für das Johannesstift. Er wirkte hier von 1858–1881. Enthüllung der ersten Tiergartener Gedenktafel im Berliner Gedenktafelprogramm am 1.11.1989.

**WIDERSTANDSKÄMPFER (Gedenkstätte Deutscher Widerstand, ehem. Oberkommando des Heeres, sog. Bendler-Block), Stauffenbergstraße 13–14**

Inschrift der Bronzetafel an der linken Hauswand des Innenhofes: *Hier starben / für Deutschland / am 20. Juli 1944 / Generaloberst*

*Ludwig Beck / General der Infanterie Friedrich Olbricht / Oberst Claus Graf Schenk von Stauffenberg / Oberst Albrecht Ritter Mertz von Quirnheim / Oberleutnant Werner von Haeften*

Die fünf in der Nacht vom 20. zum 21. Juli 1944 erschossenen Offiziere: Ludwig Beck (*Biebrich 29.6.1880), Friedrich Olbricht (*Leisnig/ Sachsen 4.10.1888), Claus Graf Schenk von Stauffenberg (*Jettingen bei Günzburg 15.11. 1907), Albrecht Ritter Mertz von Quirnheim (*München 25.3.1905) und Werner von Haeften (*Schwerin 9.10.1908) waren an entscheidender Stelle am Umsturzversuch zur Rettung Deutschlands und vieler Millionen Menschen beteiligt. Die Bronzetafel wurde am 20.7.1960 durch Bürgermeister Franz Amrehn enthüllt.

Die von Richard Scheibe (*Chemnitz 19.4.1879 – †Berlin 6.10.1964) geschaffene Skulptur eines gefesselten Mannes im Hof stand früher auf einem steinernen Sockel, der die Inschrift trug: *Ihr trugt die Schande nicht / Ihr wehrtet euch / Ihr gabt das grosse ewig wache Zeichen / der Umkehr / opfernd euer heisses Leben / für Freiheit Recht und Ehre*

Bei der Umgestaltung der Gedenkanlage wurde der Sockel entfernt, was zu Protesten führte, weil damit das Werk Scheibes verfälscht würde. Jetzt befindet sich vor der Skulptur eine in den Boden eingelassene Bronzetafel mit identischer Inschrift, allerdings in anderer Zeilenaufteilung: *Ihr trugt / die Schande nicht / Ihr wehrtet euch /*

*Ihr gabt / das grosse / ewig wache / Zeichen der Umkehr / opfernd / euer heisses Leben / für Freiheit / Recht und Ehre*
Im Eingangsbereich zum Ehrenhof steht rechts an der Wand eingemeißelt: *Hier im ehemaligen Oberkommando des Heeres / organisierten Deutsche den Versuch, am 20. Juli 1944 / die nationalsozialistische Unrechtsherrschaft zu stürzen / Dafür opferten sie ihr Leben / Die durch die Bundesrepublik Deutschland und das Land Berlin / geschaffene Gedenkstätte wurde im Jahre 1980 neu gestaltet*

**WILL**
†Berlin 14.8.1889
**John-Foster-Dulles-Allee**

Inschrift: *Im Königlichen / Dienst / wurde hier am 14.8.89 / der Gefreite Will / I. Esc. II. G.U. Rgts. / vom Blitz erschlagen*

Der Gedenkstein ist auf der Tiergartenseite der Straße unmittelbar neben dem Bordstein – in südwestlicher Richtung schräg gegenüber dem Haus der Kulturen der Welt (Kongreßhalle) – aufgestellt.

# WEDDING

**Fritz von BARGEN**
*Erfurt 21.4.1896 – †Berlin 5.1.1973
**Samoastraße 14**

Über den Pfarrer an der Osterkirche und Widerstandskämpfer wird berichtet: »Vielen Weddingern noch heute unvergessen ist der beliebte Pfarrer von Bargen von der Osterkirche (Samoastraße). Er zählte zu den frühesten Streitern des Pfarrernotbundes und der Bekennenden Kirche. Besonders sein mutiges Auftreten – er verlas von der Kanzel herab die Verlautbarungen der Bekenntnissynoden – blieb über den Kreis der Oster-Gemeinde hinaus in Erinnerung.« (Sandvoß, Widerstand in einem Arbeiterbezirk, S. 73) Berliner Gedenktafel. □

**Max BECKMANN**
*Leipzig 12.2.1884 – †New York 27.12.1950
**Luxemburger Straße (Max-Beckmann-Saal der Technischen Fachhochschule)**

Im Erdgeschoß des Hauses befindet sich an der Wand neben der linken Treppe ein auf drei großen Tafeln aufgezeichneter ausführlicher Lebenslauf des Künstlers.

**Heinrich Wilhelm BEHM**
*1708 – †Wedding 11.8.1780
**Badstraße 38/39**

Im Jahr 1768 ließ der Hofapotheker eine 1752 untersuchte Quelle »von martialischer Art« neben der Panke einfassen, deren Wasser »in gichtischen und Nervenzufällen heilsam befunden« (Friedrich Nicolai) und richtete die Bade- und Trinkheilanstalt »Friedrichs Gesundbrunnen« ein, nach der der Stadtteil seinen Namen hat. Diese erfreute sich wachsender Beliebtheit. 1782 wurde vom Rosenthaler Tor eine Straße zum Bad angelegt, dessen Name bald nach der preußischen Königin in »Luisenbad« umbenannt

wurde. Rund 100 Jahre später wurde die Quelle bei Bauarbeiten angestochen und versiegte. Berliner Gedenktafel. □

**Georg BENJAMIN**
*Berlin 10.9.1895 – †Mauthausen 26.8.1942
**Badstraße 40**

Inschrift: *Hier lebte von 1931 bis 1933 / Georg Benjamin / 10.9.1895–26.8.1942 / Schul- und Säuglingsfürsorgearzt / Kommunalpolitiker der KPD / 1942 ermordet im KZ Mauthausen*

Die Berliner Zeitung schrieb nach der Enthüllung am 2.10.1991: »Während im Krankenhaus Staaken die Büste des Antifaschisten entfernt wurde, setzt der Bezirk Wedding das Gedenktafelprogramm fort. ›Mit Georg Benjamin soll ein Mensch geehrt werden‹, so Volksbildungsstadtrat Bernd Schimmler, ›der für diesen Bezirk als Arzt wegweisende Schritte geleistet hat und wegen seiner politischen Tätigkeit von den Nationalsozialisten umgebracht wurde.‹ Benjamin begann seine Tätigkeit im Ledigenheim am Brunnenplatz und untersuchte die sozialen Verhältnisse im Arbeiterbezirk. Als Stadtschularzt war er bemüht, die sozialen Bedingungen, unter denen Kinder in den Mietkasernen leben mußten, in die Medizin hineinzubringen. Benjamin war in Wedding Bezirksverordneter.« Schon im Frühjahr 1933 wurde er verhaftet und erhielt nach seiner Freilassung Berufsverbot. 1936 wurde er erneut verhaftet und an verschiedenen Orten festgesetzt, zuletzt im KZ Mauthausen. Georg Benjamin war der Ehemann der späteren DDR-Justizministerin Hilde Benjamin (»Rote Hilde«), sein Bruder war der Schriftsteller Walter Benjamin, der sich auf der Flucht vor den Nazis an der französisch-spanischen Grenze das Leben nahm. Angesichts der erbarmungslosen Rachejustiz Hilde Benjamins in der frühen DDR kommt die Frage auf, ob Menschen bei der Verfolgung von Verbrechen eines Systems, unter dem sie litten, selbst Recht sprechen sollten. Enthüllung der Berliner Gedenktafel am 30.9.1991.

**Franziska BEREIT**
**Malplaquetstraße 38**

Frau Bereit gehört zu den »unbesungenen Helden« des Widerstandes gegen den Nationalsozialismus. Sie versteckte von 1943 bis 1945 eine jüdische Familie bei sich. Die Enthüllung sollte nach einem Bericht der Zeitung Der Nordberliner (9.12.1993) am 17.12.1993 stattfinden. Die Tafel ist jedoch bisher nicht auffindbar und auch im Heimatmuseum unbekannt. □

**BERLINER ASYLVEREIN FÜR OBDACHLOSE**
**Wiesenstraße 55**

Inschrift: *Der 1868 von Berliner Bürgern gegründete / Berliner Asyl-Verein für Obdachlose / eröffnete 1896 an dieser Stelle ein Asyl für / 700 Männer. Das Asyl wurde 1907 um 400 Schlaf-/plätze für Frauen erweitert. / Der Volksmund nannte das Asyl / »Die Wiesenburg«*

Die Berliner Gedenktafel befindet sich an einem Haus im Hof des Grundstücks und ist von der Straße aus nicht sichtbar. Enthüllung am 16.6.1989.

**BLUTMAI 1929**
**Wiesenstraße Ecke Orthstraße**

Inschrift des Steins (Findling): *Anfang Mai 1929 fanden / hier bei Strassenkämpfen / 19 Menschen den Tod, / 250 wurden verletzt.*

Ausgelöst wurden die Straßenkämpfe in und um die Kösliner Straße als Demonstranten sich dagegen wehrten, daß die Polizei ein von Polizeipräsident Karl Zörgiebel (*Mainz 30.9.1878 – †1961) erlassenes Demonstrationsverbot zum 1. Mai durchsetzen wollte. Mitte der achtziger Jahre scheiterte ein Vorstoß des Bezirks zum Aufstellen eines Gedenksteins in der Kösliner Straße an der Weigerung eines Grundstückseigentümers. Der Stein soll vor allem daran erinnern, daß den mehrtägigen Kämpfen vorwiegend Unbeteiligte zum Opfer fielen. Enthüllung durch Baustadtrat Dieter Scholz am 30.4.1991.

**Eduard CORTAIN**
*Münster 2.6.1866 – †Berlin 26.8.1936
**Feldstraße 4 (Gemeindehaus von St. Sebastian)**

Inschrift: *Hier wirkte von 1900–1936 / als Pfarrer / Eduard Cortain / 2.6.1866–26.8.1936 / Päpstlicher Hausprälat, Domkapitular / Geistlicher Rat / Er trat für den Ausbau der katholischen / Kirchengemeinden in Berlin / und den Bau ihrer Kirchen ein*

Enthüllung der Berliner Gedenktafel am 26.8. 1991 durch den stv. Bezirksbürgermeister Horst-Dieter Havlicek.

**Willi DOLGNER**
*Berlin 11.4.1894 – †Hamburg 10.1.1934
**Gerichtstraße 63**

Der Arbeiter und Widerstandskämpfer wurde 1934 in Hamburg ermordet. Berliner Gedenktafel. □

**Samuel (Salo) DRUCKER**
*Lissa/Westpreußen 17.9.1885 –
†Sachsenhausen 19.8.1940
**Reinickendorfer Straße 60 a (neben dem Eingang zum Haus der Gesundheit)**

Inschrift: *Salo Drucker / 17.9.1885–19.8.1940 / Erster Stadtarzt des Bezirks Wedding von / 1922 bis 1933. / Unter seiner Leitung wurde das / öffentliche Gesundheitswesen im Wedding / vorbildlich ausgebaut. / Als Jude wurde er 1933 von den National-/sozialisten aus dem Gesundheitsamt entlassen und / 1940 im KZ Sachsenhausen ermordet*

Der Arzt und Gesundheitspolitiker Drucker (SPD) ging nach seiner Entlassung zunächst in die Schweiz, kehrte aber nach Berlin zurück. 1939 wurde er verhaftet und ins KZ Sachsenhausen verschleppt. Enthüllung der Berliner Gedenktafel am 19.8.1990 durch den stv. Bezirksbürgermeister Horst-Dieter Havlicek. Beigesetzt ist die Urne mit Druckers Asche auf dem Jüdischen Friedhof Weißensee, Herbert-Baum-Straße (Markus-Reich-Platz).

**Friedrich EBERT**
*Heidelberg 4.2.1871 – †Berlin 28.2.1925
**Afrikanische Straße Ecke Swakopmunder Straße**

Inschrift: *Friedrich Ebert / Reichspräsident / 1919–1925*

Unter der Inschrift auf dem großen Gedenkstein an der Friedrich-Ebert-Siedlung befindet sich ein Porträtrelief Eberts.

**Paul GURK**
*Frankfurt/Oder 26.4.1880 –
†Berlin 12.8.1953
**Afrikanische Straße 144 b**

Inschrift: *Zum Gedenken / an den Dichter / Paul Gurk / geboren 26.4.1880 / Frankfurt/ Oder / gestorben 12.8.1953 / Berlin-Wedding / Afrikanischestr. [!] 144 b*

Gurk schrieb auch unter dem Pseudonym Franz Grau. Im Alter von fünf Jahren kam er nach Berlin, dem er sein Leben lang verbunden blieb. Er arbeitete in der Magistratsverwaltung, ab 1924 als freiberuflicher Schriftsteller. Im »Dritten Reich« waren seine Schriften zeitweise verboten. Heute ist der Kleist-Preisträger von 1922 mitsamt seinem umfangreichen Werk weitgehend unbekannt. Grabstätte auf dem Friedhof der Dom-Gemeinde, Müllerstraße 72 (Wedding), Abt. IV 3,1.

**Otto HAMPEL**
*Mühlbock, Kreis Züllichau/Ostbrandenburg 23.6.1897 – †Berlin-Plötzensee 8.4.1943
**Elise HAMPEL**
*Bismark, Kreis Stendal 27.10.1903 –
†Berlin-Plötzensee 8.4.1943
**Amsterdamer Straße 10 Ecke Turiner Straße**

Inschrift: *Hier stand das Haus, in dem / Otto Hampel / 23.6.1897–8.4.1943 / und / Elise Hampel / 27.10.1903–8.4.1943 / von 1934 bis zu ihrer Verhaftung lebten. / Das Arbeiterehepaar wurde am 8. April 1943 in Berlin-/ Plötzensee hingerichtet. / Ihre Auflehnung gegen die Menschenverachtung / des NS-Regimes / war das Vorbild für Hans Falladas Roman / Jeder stirbt für sich allein.*

»Vom Sommer 1940 bis zu ihrer Verhaftung Ende 1942 verfassen Otto und Elise Hampel mehr als 200 handschriftliche Flugzettel und legen diese (am Wedding, im Bereich des Schlesischen Tores, um den Nollendorfplatz und in Charlottenburg) in Briefkästen und Treppenhäusern aus. [… Sie] fordern darin auf, sich nicht an den Straßensammlungen der Nationalsozialisten zu beteiligen, die Teilnahme am Krieg zu verweigern und Hitler zu stürzen. Vor der Polizei erklärt Otto Hampel, ›glücklich bei dem Gedanken‹ gewesen zu sein, gegen Hitler und sein Regime protestieren zu können.« (aus einem Informationsblatt der Gedenkstätte Deutscher Widerstand). Enthüllung der Berliner Gedenktafel am 8.4.1989 durch Bezirksbürgermeister Jörg-Otto Spiller.

**Wilhelm HASENCLEVER**
*Arnsberg 19.4.1837 – †Schöneberg 3.7.1889
**Wilhelm-Hasenclever-Platz (Oudenarder Straße Ecke Seestraße)**

Inschrift: *Wilhelm-Hasenclever-/Platz / *19.4.1837 Wilhelm Hasenclever 3.7.1889† / Weddinger Reichstagsabgeordneter / Mitbegründer der Sozialdemokratie*

Der sozialistische Politiker gab ab 1876 zusammen mit Wilhelm Liebknecht den Vorwärts heraus und war 1869/70 Mitglied des Norddeutschen Bundestags und 1874–88 Mitglied des Deutschen Reichstags. Die Bronzetafel wurde am 28.6.1995 durch Weddings Baustadtrat Bernd Schimmler auf dem neubenannten Platz enthüllt. Begraben ist Hasenclever auf dem ehemaligen Friedhof der Freireligiösen Gemeinde (heute Parkanlage), Prenzlauer Berg, Pappelallee 15–17.

**Hugo HEIMANN**
*Konitz/Westpreußen 15.4.1859 –
†New York 23.2.1950 oder 1951
**Prinzenallee 46a**

Inschrift: *Hier ließ im Jahr 1901 der Verleger / Hugo Heimann / 15.4.1859–23.2.1950 / acht Häuser bauen. Er übertrug das Eigentum daran / Sozialdemokraten, damit sie als Hausbesitzer, / die durch das damalige Wahlrecht bevorrechtigt / waren, zu Stadtverordneten gewählt werden konnten. / Der Volksmund nannte die Bauten / »Rote Häuser«*

Heimann war Eigentümer des Verlags J. Guttentag. Er war auch Stadtverordneter, Mitglied des Preußischen Landtags und der Weimarer Nationalversammlung, engagierte sich besonders für Fragen der Volksbildung und stiftete die erste öffentliche Bücherei und Lesehalle in Berlin (in der Nähe des Kottbusser Tores). Am 24.7.1926 erhielt er die Würde eines Ehrenbürgers der Stadt Berlin (die ihm von den Nazis aberkannt, aber am 4.12.1947 »als ›Wiedergutmachung eines schweren Unrechts‹ neu ausgestellt« wurde). Achtzigjährig verließ er 1939 Nazi-Deutschland und emigrierte mit seiner Frau und seinen beiden Söhnen in die USA. Seine Tochter wurde in einem KZ ermordet. Abweichend vom Tafeltext geben alle anderen Quellen als Todesjahr 1951 an. Enthüllung der Berliner Gedenktafel am 3.11.1988.

**Erika HESS**
*Hachen/Sauerland 16.5.1934 –
†Berlin 30.5.1986
**Müllerstraße 185 (Erika-Heß-Eisstadion)**

Inschrift: *In Würdigung ihrer besonderen / Verdienste um den Bezirk Wedding / und ihres unermüdlichen Einsatzes / für die Belange des Sports ist / diese Sportanlage nach / Erika Hess / Bezirksbürgermeisterin von Berlin-Wedding / 1981 bis 1986 / benannt worden*

Die aluminiumfarbige rechteckige Tafel befindet sich in der Halle neben dem Eingang. Beigesetzt ist Erika Heß auf dem Urnenfriedhof Wedding, Seestraße 92–93.

***Ludwig* Ernst Emil HOFFMANN**
*Darmstadt 31.7.1852 – †Berlin 11.11.1932
**Gerichtstraße 65**

Hoffmann war fast drei Jahrzehnte Stadtbaurat von Berlin und prägte mit seinen öffentlichen Bauten das Stadtbild bis heute. Zu seinem Abschied aus dem Dienst verlieh ihm die Stadt am 13.3.1924 die Ehrenbürgerwürde. Von ihm stammen u. a. das Alte Stadthaus, der Märchenbrunnen im Friedrichshain, das Märkische Museum, die Krankenanstalten Rudolf-Virchow (Wedding), Moabit und Buch sowie über 60 Schulen. Berliner Gedenktafel. □

**Arno HOLZ**
*Rastenburg/Ostpreußen 26.4.1863 –
†Berlin 26.10.1929
**Reinickendorfer Straße 11/12**

Inschrift: *Hier stand das Haus Nr. 5, in dem der Dichter Arno Holz (26.4.1863–26.10.1929) lebte. Seine Dichtung »Phantasus« spiegelt das Milieu wider, in dem der »Dachstubenpoet« im Wedding lebte.*

Wohnort von 1882–1890. Enthüllung der Berliner Gedenktafel am 26.4.1989. Grabstätte auf dem Friedhof Charlottenburg, Trakehner Allee 1, Abt.3 B 27/28.

**Alexander von HUMBOLDT**
**Humboldthain (am Weg nordwestlich der Himmelfahrtskirche)**

Stele von Karl Wenke (1952) aus drei Muschelkalk-Blöcken, auf der Vorderseite steht unter einem Reliefporträt: *Alexander / von / Humboldt / 1769–1859*
auf der Rückseite steht: *Der Humboldthain / wurde im Jahre 1872 / erbaut / Nach Zerstörung / der Anlagen im / Zweiten Weltkriege / haben Weddinger / Notstandsarbeiter / und Arbeiterinnen [!] / in den / Jahren 1948 bis 1951 / den Park / wiederaufgebaut*

An dem – von der Parkseite – linken Brückenpfeiler des 1988 wiedererrichteten Humboldtstegs befindet sich außerdem eine runde Bronzeplakette mit dem Reliefporträt Humboldts, seinem Namen sowie Geburts- und Todesjahr.

## HUMBOLDTHAIN
**Humboldthöhe**

Bronzefarbene Tafel in der Form (Seitenansicht) des ehemaligen Flakbunkers am unteren Verbindungsweg zwischen den beiden heutigen Aussichtsplattformen.

Inschrift: *Bunkeranlage im Volkspark Humboldthain / 1869–1876 / Anlage des Humboldthains durch die Firma L. Späth / nach Entwürfen des ersten Gartendirektors von Berlin, Gustav Meyer / 1941–1942 / Errichtung eines Hochbunkers mit vier Flaktürmen entlang der heutigen S-Bahntrasse, sowie eines / Tiefbunkers neben der Gustav-Meyer-Allee durch italienische und tlw. französische Fremdarbeiter / Es entstanden Schutzräume für ca. 15.000 Personen / 1945 / Letzte grosse Zerstörung des Bunkerumfeldes durch sinnlose Verteidigung des Bunkers / bis in die letzten Kriegstage im Mai, die viele Opfer forderte / 1948 / Versuch, den Hochbunker zu sprengen, wobei lediglich die beiden südlichen Flaktürme entfernt wurden / 1948–1951 / Anschüttung der beiden Bunkerruinen mit 1,6 Mio. cbm Trümmer- und Industrieschutt / Neuanlage des Parks in veränderter Form durch Weddinger Notstandsarbeiterinnen- und Arbeiter [!] / nach Plänen des Gartenbauamtsleiters Günther Rieck / Es entstand in Verbindung mit dem angeschütteten Hochbunker die 38 m hohe Humboldthöhe (85 m über NN) / und dem ebenfalls angeschütteten Tiefbunker eine ca. 20 m hohe und 200 m lange Rodelbahn / 1982 / Neuplanung und Instandsetzung der Humboldthöhe und Bau einer Aussichtsterrasse / 1988–1990 / Ausbau des ehemaligen Hochbunkers und der beiden Flaktürme zu Aussichtsplattformen /* (Linie über die gesamte Tafelbreite) */ Bezirksamt Wedding von Berlin Abteilung Bau- und Wohnungswesen – Gartenbauamt – / Berlin, Februar 1990*

## James A. ISRAEL
*Berlin 2.2.1848 – †Berlin 2.2.1926
**Iranische Straße (Jüdisches Krankenhaus [Zufahrt Schulstraße 79])**

Israel war ein weltberühmter Chirurg und leitete von 1875–1917 die Chirurgische Klinik des Jüdischen Krankenhauses. Begraben ist er auf dem Jüdischen Friedhof, Prenzlauer Berg, Schönhauser Allee 23–25, Feld B. Berliner Gedenktafel. □

## JERUSALEM-BÜCHEREI
**Schulstraße 99–100**

Zwei kleine übereinandergesetzte Tafeln mit der Inschrift: *Jerusalem-Bücherei. Diesen Namen erhielt die Hauptstelle der Stadtbücherei Wedding am 30. November 1976 durch den Bürgermeister von Jerusalem, Teddy Kollek.*

## JÜDISCHES KRANKENHAUS BERLIN
**Schulstraße 79**

Große Bronzetafel rechts neben der Einfahrt, die Schrift ist in Anlehnung an hebräische Buchstaben gestaltet: *1756 Gründung des ersten Krankenhauses der / Jüdischen Gemeinde zu Berlin in der / Oranienburger Strasse / 1861 Neubau des Jüdischen Krankenhauses in der / Großen Auguststrasse / 1914 Einweihung des Jüdischen Krankenhauses in / der Iranischen Strasse / 1914–1935 Allgemeines Krankenhaus und Zentrum / wissenschaftlicher Forschung / 1935–1945 allmähliche Sperrung des Hauses für die / Allgemeinheit – in zunehmendem Masse Ghetto / und Sammellager zum Abtransport jüdischer / Mitbürger in die Konzentrationslager / 1945 Wiedereröffnung des Krankenhauses für alle / Berliner und Beginn des Aufbaues / 1963 Das Jüdische Krankenhaus Berlin wird eine / „Stiftung des bürgerlichen Rechts" Ausbau / und Modernisierung durch das Land Berlin / Berlin 1980*

**Robert KOCH**
**Nordufer 20 (unweit Föhrer Straße)**

Im linken Seitenflügel im Hochparterre des heutigen Robert-Koch-Instituts wurde in einem ehemaligen Laboratorium ein marmorgetäfeltes Mausoleum für Robert Koch geschaffen. In die rechte (westliche) Schmalseite ist die Urne unter einem Reliefportrait eingelassen, in der linken (östlichen) Wand werden in einer großen Tafel die Etappen in Kochs Leben beschrieben.

Inschrift: *Robert Koch / Werke und Wirken / 1876 · Aetiologie des Milzbrandes · Milzbrandsporen / Verfahren zur Untersuchung – zum Konservieren und / Photographieren der Bakterien / 1878 · Aetiologie der Wundinfektionskrankheiten / 1880–81 · Schöpfung und Ausbau der bakteriologischen / Methodik · Reinkulturen mittels fester und / erstarrungsfähiger Nährböden / Wissenschaft und Praxis der Desinfektion / 1882 · Aetiologie der Tuberkulose · Entdeckung des / Tuberkelbazillus / 1883–84 · Cholera-Expedition nach Ägypten und Indien / Entdeckung des Choleravibrio / 1885–90 · Verwertung der Bakteriologie für die / öffentliche Gesundheitspflege – Wasser – Boden – Luft / 1890 · Darstellung des Tuberkulins / 1892–93 · Organisation der Cholerabekämpfung / 1896 · Bekämpfung der Rinderpest in Südafrika / Immunisierung der Rinder / Untersuchungen über Schwarzwasserfieber · Malaria / Texasfieber und Tsetsekrankheit / 1897 · Pest-Expedition nach Indien / Leprabekämpfung im Kreise Memel / Neue Tuberkuline / 1898–99 · Malaria-Expedition nach Italien - Niederländisch / Indien und Neu-Guinea / Kinder-Malaria · Chinin-Prophylaxe / 1901 · Trennung der Menschen- und Rinder-Tuberkulose / 1902 · Organisation der Typhusbekämpfung im Südwesten / des Reiches / 1903-05 · Untersuchungen über Küstenfieber und / Pferdesterben in Südafrika / Aetiologie des afrikanischen Rückfallfiebers – Zecken / als Zwischenwirte / Studien über die Entwicklungsgeschichte der Piroplasmen / 1906–07 · Schlafkrankheit-Expedition nach Ostafrika / 1908–10 · Fortsetzung der Tuberkuloseforschung / 1880–1910 · Berater des Reiches und Preussens in der / Seuchenbekämpfung*

Koch studierte Medizin in Göttingen, wurde dann Kreisarzt in Wollstein/Westpreußen. 1880 wurde Koch als Regierungsrat in das Kaiserliche Gesundheitsamt berufen. Er wurde bald Direktor des Hygiene-Instituts der Universität und des neugegründeten Instituts für Infektionskrankheiten, das heute nach ihm benannt ist. 1890 wurde Koch die Ehrenbürgerwürde der Stadt Berlin verliehen, 1905 erhielt er den Nobelpreis für Medizin. Er starb an den Folgen einer Angina pectoris in Baden-Baden, seine Leiche wurde dort eingeäschert, die Urne nach Berlin gebracht. Das Mausoleum wurde am 10. Dezember 1910, einen Tag vor Kochs 67. Geburtstag, eingeweiht.

Im Durchgang vom Koch-Erinnerungsraum zum Mausoleum befindet sich eine schwarze Tafel mit vergoldeten Blättern und der Inschrift: *A / Robert Koch / l'Institut Pasteur*

Diese Tafel wurde vom damaligen Professor am Institut Pasteur in Paris, dem russischen Zoologen und Bakteriologen Ilja (Elias) Metschnikow (*Iwanowa/Gouvernement Charkow 15.5. 1845 – †Paris 15.7.1916) während der Unterbrechung einer Fahrt von Paris nach St. Petersburg 1910 oder 1911 übergeben. An zwei Pfeilern im Treppenhaus hängen Tafeln mit Reliefporträts zweier Mitstreiter Kochs, (links) *Friedrich* August Johannes Loeffler (*Frankfurt/Oder 24.6.1852 – †Berlin 9.4.1915, beigesetzt in Greifswald), entdeckte u. a. den Erreger der Diphterie, und (rechts) *Georg* August Theodor Gaffky (*Hannover 17.2.1850 – †Hannover 23.9.1918). Im ersten Stock ist über der Tür zum einstigen Arbeitszimmer Kochs eine kleine Messingtafel angebracht, die dies vermerkt.

**Carl LAUX**
*14.12.1869 – †18.3.1922
**Sprengelstraße 21**

Inschrift: *Hier wohnte und wirkte / der Mitbegründer u. 1. Vorsitzende / des Erbbauvereins Moabit / der Post-Assistent / Carl Laux / *14.12.1869 †18.3.1922.*

**Julius LEBER**
*Biesheim/Oberelsaß 16.11.1891 –
†Berlin-Plötzensee 5.1.1945
**Kurt-Schumacher-Damm (Julius-Leber-Kaserne)**

Inschrift der Bronzetafel: *Julius Leber / geboren am 16.11.1891 in Biesheim im Elsaß / 1898–1902 Besuch der Dorfschule in Biesheim / 1902–1908 Besuch der Realschule Breisach / 1908–1910 kaufmännische Lehre / 1910–1912 Besuch der Oberrealschule in Freiburg / 1912–1914 Studium an den Universitäten Freiburg / und Straßburg / 1914–1918 Kriegsfreiwilliger, Frontoffizier / 1918–1920 Grenzschutz in Pommern / 1920 Promotion in Freiburg (rer. pol.) / 1921–1933 Chefredakteur des „Lübecker Volksboten" / und Mitglied der Lübecker Bürgerschaft / 1924–1933 Mitglied im Deutschen Reichstag, / Haushalts- und Wehrausschuß / 1933–1935 Schutz-, Untersuchungs-, Gefängnishaft / 1935–1937 Konzentrationslager / 1937–1944 Arbeit im Widerstand / (vorgesehen als Reichsinnenminister) / 1944 Verhaftung, Prozeß vor dem Volksgerichtshof / 5.1.1945 Hinrichtung in Berlin-Plötzensee / Wir wollen aus dem Soldaten einen Staatsbürger machen, / der bereit ist, für den Staat, den er kennt und liebt, / seine Pflicht zu tun, eventuell sein Leben hinzugeben / Julius Leber / im Deutschen Reichstag am 17.06.1929*

Der als Luftwaffenkaserne im »Dritten Reich« (Hermann-Göring-Kaserne) erbaute Komplex war bis zum Abzug der französischen Streitkräfte im Herbst 1994 das französische Hauptquartier (Quartier Napoléon) in Berlin. Er erhielt am 50. Todestag Lebers den Namen des sozialdemokratischen Politikers. Die Kaserne wird künftig u. a. das Wachbataillon der Bundeswehr beherbergen. Die auf einem Stein befestigte Gedenktafel befindet sich auf einem Freihof im Inneren der Anlage.

**Carl LEID**
*Arnstadt/Thüringen 2.12.1867 –
†Berlin 16.1.1935
**Volkspark Rehberge**

An jedem Ende des von den Sportanlagen bis zum Rathenau-Brunnen durch den Volkspark führenden »Carl Leid Wegs« befindet sich eine in einen Granitfindling eingelassene Tafel mit identischer Inschrift (Anbringung 1954):
*Carl Leid Weg / Carl Leid – Bürgermeister von / Berlin-Wedding. Unter seiner / Amtsführung von 1921–1933 / wurde der Volkspark Rehberge / angelegt.*

Leid (SPD) war Bezirksbürgermeister bis zu seiner zwangsweisen Entfernung aus dem Amt durch die Nationalsozialisten am 15.3.1933. In seiner Amtszeit versuchte er durch die Anlage neuer Grünanlagen, Maßnahmen im kommunalen Wohnungsbau und Verbesserungen im Gesundheits- und Schulwesen, die Lebensbedingungen im Bezirk zu heben. Begraben ist Leid auf dem Urnenfriedhof Wedding, Seestraße 92–93, Abt. VIII, 5/165 (Ehrengrab).

**Otto LEMM**
*Rettelsdorf 24.6.1895 –
†Brandenburg 17.7.1944
**Oudenarder Straße 28**

Inschrift: *In diesem Hause / wohnte der Widerstandskämpfer / Otto Lemm, / der am 17.7.1944 / vom Hitlerfaschismus / ermordet wurde.*

Der Arbeiter Otto Lemm war Mitglied der Gruppe Uhrig. Er wurde wegen seiner Widerstandsaktivitäten zum Tode verurteilt und hingerichtet. Die Metalltafel rechts neben dem Eingang wurde am 12.6.1951 angebracht und ersetzt eine erste Tafel, die kurz zuvor von Unbekannten entfernt wurde.

**Jonny LIESEGANG, eigtl. Johannes Haasis**
*Berlin 6.10.1897 – †Berlin 30.3.1961
**Afrikanische Straße 146c**

Die Tafel zeigt auf der rechten Seite eine karikierende Darstellung Liesegangs, Inschrift: *„Det fiel mir uff" / Jonny Liesegang / Zum Gedenken an den / Heimatschriftsteller / der hier gewohnt hat / *6.10.1897 †30.3.1961*

»Det fiel mir uff« war ein beliebtes Buch Liesegangs. Begraben ist er auf dem Urnenfriedhof Wedding, Seestraße 92–93, Abt. II/9–112.

**MAHNMAL FÜR DIE EINHEIT DEUTSCHLANDS**
**Humboldthöhe (Humboldthain)**

An dem von Arnold Schatz geschaffenen Mahnmal auf der Humboldthöhe (aufgestellt am 13. August 1967) enthüllte Bezirksbürgermeister Jörg-Otto Spiller am 2. Oktober 1991 eine Bronzetafel mit der Inschrift: *Mahnmal / der Einheit / Deutschlands / 13.8.67 Arnold Schatz*

**Max Josef METZGER**
*Schopfheim 3.2.1887 –
†Brandenburg 17.4.1944
**Willdenowstraße 8 (Pfarrhaus der St. Joseph-Kirche)**

Inschrift unter einem Reliefporträt: *Pfarrer / Dr. Max Josef Metzger / (1887–1944) / lebte in diesem Haus von 1939 / bis 1943. „Ich habe mein Leben / Gott angeboten für den / Frieden der Welt." Letzte / Worte vor der Hinrichtung / durch das Fallbeil in / Brandenburg am 17. April 1944*

Die Bronzetafel wurde zum 50. Todestag Metzgers von Georg Kardinal Sterzinsky enthüllt. Eine 1984 angebrachte Bronzetafel mit der Inschrift: *Hier wirkte der / Kämpfer für Frieden und Verständigung / der Priester / Dr. Max Josef Metzger / *3.2.1887 in Schopfheim/ Schwarzwald / †17.4.1944 hingerichtet in Brandenburg / Pax Christi in regno Christi* fand einen neuen Anbringungsort an der Außenwand des Gemeindesaals im Hof. Sie ersetzte wiederum eine ältere Marmortafel, die 1982 von Unbekannten entfernt wurde. Im Gemeindesaal, über dem Metzgers Wohnung lag, befindet sich ein steinerner Abguß der 1994 enthüllten Tafel.

Metzger war nach seinen Erfahrungen aus dem Ersten Weltkrieg überzeugter Pazifist, engagierte sich von Anfang an gegen den Nationalsozialismus und wurde mehrfach verhaftet. Er zog 1939 nach Berlin und verfaßte hier 1943 eine Denkschrift zur Beendigung des Krieges. Als er diese weiterleiten wollte, wurde er denunziert, am 29.6.1943 (nach anderen Quellen am 27.7.1943) verhaftet und vom Volksgerichtshof unter Roland Freisler und Rehse am 14.10.1943 mit der Begründung zum Tode verurteilt: »Jeder Volksgenosse weiß, daß ein solches Ausscheren eines einzelnen Deutschen aus unserer Kampffront eine ungeheuerliche Schandtat ist, ein Verrat an unserem Volke, in seinem Kampf um sein Leben, und daß ein solcher Verrat todeswürdig ist.« Über den Krieg in unserer

Zeit urteilte Metzger: »Was man heute Krieg nennt, ist ein infernalisches System von Lüge und Vergewaltigung, durch das alle waffenfähigen Menschen eines Volkes mit planmäßiger Betörung und mit der rohen Gewalt unmittelbarer Lebensbedrohung gezwungen werden, für Ziele und Interessen, die ihnen meist fremd sind, jedenfalls bei voller Einsicht in die Sachlage fremd wären, ihr Gut und Blut einzusetzen, ihre Nachbarn unterschiedslos als Feinde anzusehen und erbarmungslos hinzumorden und das mit Vaterlandsliebe und Pflichterfüllung zu maskieren.« Der Versuch, die Willdenowstraße aus Anlaß des 50. Todestages Metzgers nach ihm zu benennen, scheiterte am Widerstand der Anwohner (von 450 Angeschriebenen hatten sich alle 50, die antworteten, gegen die Namensänderung ausgesprochen). Statt dessen wurde der gegenüber der Kirche gelegene Courbièreplatz (Müllerstraße/Gerichtstraße) 1994 in Max-Josef-Metzger-Platz umbenannt.

**Otto NAGEL**
*Berlin 27.9.1894 – †Berlin 12.7.1967
**Reinickendorfer Straße 67**

Inschrift: *Zum Gedenken / an den Maler / Otto Nagel / der am 27.9.1894 / in diesem Hause / geboren wurde*

Der Weddinger Künstler stellte in seinen Bildern zumeist das Leben der einfachen Leute dar. Im »Dritten Reich« erhielt er Malverbot (1934). Von ihm stammen aber auch viele Darstellungen des alten Berlin. In der DDR wurde er in eine Reihe mit Heinrich Zille und Käthe Kollwitz gestellt. Nagel – wie Zille seit dem 4.2.1970 postum Ehrenbürger Berlins – ist begraben auf dem Zentralfriedhof Friedrichsfelde, Gudrunstraße.

***Paul*** **Julius Gottlieb NIPKOW**
*Lauenburg/Pommern 22.8.1860 –
†Berlin 24.8.1940
**Uferstraße 2**

Inschrift: *Dr. Paul Nipkow / 1860–1940 / Der grosse Erfinder / Wegbereiter des / Fernsehens lebte in dem / einst hier stehenden / Hause in den Jahren / 1897–1902 / Förderungsaktion der Spielbank Berlin*

Begraben ist er auf dem Friedhof Pankow III (Schönholz), Leonhard-Frank-Straße 103, Abt. A 15/65.

## OPFER DES FASCHISMUS
**Seestraße 92/93 (Urnenfriedhof)**

Im mittleren Teil des Friedhofs steht auf einem großen Gedenkstein aus rotem Sandstein: *Zu Ehren der Opfer / des Faschismus / in aller Welt*

## OPFER DER MAUER
**Bernauer Straße (Höhe Bergstraße)**

Inschrift: *Dem unbekannten / Opfer / der Schandmauer / † 4.9.1962*

Die Platte mit der Inschrift vor dem südlichen Ende des Mauerrests ist zwischen die Berliner Gehwegplatten eingelassen. Ausweislich des Todesdatums könnte es sich bei dem Unbekannten um Ernst Mundt (*2.2.1921) handeln.

## OPFER DER MAUER
**Bornholmer Straße (Höhe Bösebrücke)**

Das Erinnerungsmal an Hans-Dieter Wesa wurde im Februar 1991 durch das Bezirksamt Wedding entfernt. Es soll später an einer zentralen Gedenkstätte an der Bernauer Straße wieder aufgestellt werden.

## OPFER DER MAUER
**Swinemünder Straße Ecke Bernauer Straße**

Inschrift des Gedenksteins: *Den Opfern der Mauer / Ida Siekmann gest. 22.8.1961 / Hans-Dieter Wesa gest. 23.8.1961 / Rudolf Urban gest. 17.9.1961 / Olga Segler gest. 26.9.1961 / Bernd Lünser gest. 4.10.1961 / Ernst Mundt gest. 4.9.1962 / Ottfried Reck gest. Nov. 1962 / Unbekannt gest. 9.6.1965 / Unbekannt gest. 1.12.1984 / Dietmar Schulz gest. 25.11.1963 / zum ehrenden Gedenken*

Außer für Ida Siekmann, Dietmar Schulz und einen Unbekannten erinnern derzeit keine wei-

teren einzelnen Gedenktafeln oder -steine in der Bernauer Straße an die Opfer. Ursprünglich soll es an der Straße insgesamt neun Orte des Gedenkens gegeben haben.
Rudolf Urban (*6.6.1914) »stürzte bei der Flucht aus der ersten Etage des Hauses Bernauer Straße 1« (Berlin-ABC, S. 463) und starb an den Folgen der dabei erlittenen Verletzungen.
Das Todesdatum für Hans-Dieter Wesa (*10.1. 1943) ist falsch angegeben. Der neunzehnjährige Transportpolizist wurde am 23.8.1962 gegen 20 Uhr beim Fluchtversuch am S-Bahnhof Bornholmer Straße erschossen.

## OPFER DER MAUER
**Wilhelm-Kuhr-Straße**

Das Erinnerungsmal an ein unbekanntes Opfer der Mauer wurde im Februar 1991 durch das Bezirksamt Wedding entfernt. Es soll zu einem späteren Zeitpunkt an einer zentralen Gedenkstätte an der Bernauer Straße wieder aufgestellt werden.

## OPFER DES NATIONALSOZIALISMUS
**Seestraße 92/93 (Urnenfriedhof)**

Im mittleren Teil des Friedhofs steht auf einer großen, liegenden Muschelkalkplatte: *Hier ruhen / 295 / Opfer / der / national/sozialistischen Diktatur*

Es handelt sich um Tote aus Konzentrationslagern, Opfer der »Euthanasie« und Hingerichtete.

**OPFER DES NATIONALSOZIALISMUS UND DES KOMMUNISMUS**
**Müllerstraße 163 (Sozialdemokratische Partei Deutschlands, Kurt-Schumacher-Haus)**

Inschrift: *Die Opfer mahnen / Zum Gedenken an die / verfolgten Sozialdemokraten / unter der nationalsozialistischen / und kommunistischen Diktatur / 31.3.1986 / Sozialdemokratischer Arbeitskreis / ehemaliger politischer Häftlinge*

**OPFER DES 17. JUNI 1953**
**Seestraße 92/93 (Urnenfriedhof)**

Im mittleren Teil des Friedhofs steht auf einer steinernen Wand die Inschrift: *Den Opfern des 17. Juni 1953* Davor befinden sich zwei Reihen mit fünf bzw. drei Grabsteinen für:
*Horst Bernhagen / 16.3.1932 / 17.6.1953;*
*Willi Göttling / 14.4.1918 / 17.6.1953;*
*Edgar Krawetzke / 16.3.1933 / 18.6.1953;*
*Oskar Pohl / 3.11.1927 / 17.6.1953;*
*Gerhard Santura / 6.5.1934 / 17.6.1953;*
*Gerhard Schulze / 8.9.1911 / 18.6.1953;*
*Rudi Schwander / 3.8.1938 / 17.6.1953;*
*Werner Sendsitzky / 17.6.1937 / 17.6.1953.*

**OPFER VON TERROR UND TYRANNEI**
**Müllerstraße 146/147**

Inschrift: *Zum mahnenden / Gedächtnis / an die Weddinger Mitbürger / die durch / Terror und Tyrannei / ums Leben kamen / Ihr Opfer / ist für uns Lebende / verpflichtend und unvergessen*

Die Inschrift ist in einen großen Granitfindling vor dem Rathaus Wedding eingemeißelt.

**PHARUS-SÄLE**
**Müllerstraße 142**

Früher ein bekannter und beliebter Veranstaltungsort, auch für politische Versammlungen. Berliner Gedenktafel. □

**Theodor PLIEVIER**
*Berlin 12.2.1892 –
†Avegno bei Locarno/Tessin 12.3.1955
**Wiesenstraße 29 (unweit der Panke)**

Inschrift: *Hier stand / das Geburtshaus / des Schriftstellers / Theodor / Plievier / geboren 17.2.1892 / Berlin-Wedding / gestorben 12.3.1955 / Avegno/Schweiz*

Bis 1933 schrieb der kritische Schriftsteller (»Des Kaisers Kulis«,»Stalingrad«) unter dem Pseudonym Plivier. Nach der Machtübernahme der Nazis emigrierte Plievier über Prag, Wien, Paris in die Sowjetunion. Nach Kriegsende kehrte er zunächst nach Berlin zurück, ging aber schon bald nach Süddeutschland und lebte schließlich in der Schweiz. Abweichend von der Tafel geben alle anderen Quellen als Geburtsdatum den 12.2.1892 an.

**Harald POELCHAU**
*Brauchitschdorf/Niederschlesien 5.10.1903 –
†Berlin 29.4.1972
**Afrikanische Straße 140 b**

Inschrift: *Hier lebte von 1933 bis 1945 / Harald Poelchau / 5.10.1903–29.4.1972 / Gefängnispfarrer in den Strafanstalten / Tegel und Plötzensee / Religiöser Sozialist / Mitglied des Kreisauer Kreises / Er unterstützte die von den Nazis Verfolgten / und deren Familien.*

Der Theologe war seit dem 1.4.1933 Gefängnispfarrer in Tegel, half Verurteilten mit allen seinen Kräften im Gefängnis und Verfolgten und Bedrängten auch außerhalb selbstlos und mit großem Risiko. Enthüllung der Berliner Gedenktafel am 17.11.1988.

**Georg PUCHOWSKI**
*Berlin 13.11.1892 – †Berlin 20.11.1967
**Bellermannstraße 91 (St. Petrus Kirche)**

Inschrift: *Hier wirkte von 1934 bis 1945 als Pfarrer / Georg Puchowski / 13.11.1892–20.11.1967 / Erster Generalsekretär der 1929 gegründeten / »Katholischen Aktion Berlin« / Als Jugendseelsorger »General Pu« genannt / Zentrumsabgeordneter im Preußischen Landtag / von 1932 bis 1933 / Von 1951 bis 1956 Generalvikar im Bistum Berlin*

Enthüllung der Berliner Gedenktafel am 21.4. 1989.

**Walther RATHENAU**
*Berlin 29.9.1867 – †Berlin 24.6.1922
**Müllerstraße 146/147 (Rathaus Wedding, Altbau)**

Inschrift unter einem Reliefportrait: *Walther Rathenau / 29.9.1867–24.6.1922 / Ermordet durch / rechtsradikale Attentäter / in Berlin / Präsident der AEG seit 1915 / Wiederaufbauminister 1921 / Deutscher Aussenminister 1922*

Die große Bronzetafel befindet sich in der Eingangshalle an der Wand zum Walther-Rathenau-Saal.

**Bernhard ROSE**
*Lohme/Ostprignitz 22.5.1865 –
†Bad Oeynhausen 23.6.1927
**Badstraße 58**

Inschrift: *Bernhard Rose / 22.5.1865–23.6.1927 / Schauspieler und Theaterdirektor / führte hier von 1902 bis 1906 mit großem Erfolg / ein Lokal mit Saal- und Gartentheater. / Bis zu 2000 Gäste besuchten an Sommertagen / die »Altberliner Possen« des ersten / »Rose-Theaters«*

Hier gründete Bernhard Rose 1902 sein erstes »Rose-Theater«. Im September 1906 erhielt er vom Polizeipräsidenten die Erlaubnis, im Carl-Weiß-Theater (vormals Ostend-Theater) an der Großen Frankfurter Straße 132 (heute Karl-Marx-Allee 78, neben der Karl-Marx-Buchhandlung) »Trauerspiele, Volksstücke, Singspiele, Schwänke, Possen und Operetten« aufzuführen. Seine Söhne Hans, Paul und Willi führten die Tradition bis zur Zerstörung des Theaters fort, nachdem Bernhard Rose an den Folgen eines Gehirnschlags starb. Begraben ist er auf dem St. Georgen-Friedhof an der Landsberger Allee. Enthüllung der Berliner Gedenktafel am 22.5. 1992. (s.a. Friedrichshain)

***Ernst* Christian Friedrich SCHERING**
*Prenzlau 31.5.1824 – †Berlin 27.12.1889
**Müllerstraße 170 (Standort der »Grünen Apotheke«)**

Inschrift: *Der Apotheker und Industrielle / Ernst Schering / 31.5.1824–27.12.1889 / stellte seit 1861 in seiner Apotheke chemisch-/ pharmazeutische Produkte von hoher Reinheit her. / Er gründete hier 1864 die »Chemische Fabrik / Ernst Schering«, das Stammwerk der späteren / »Schering AG« im Wedding.*

Begraben ist Schering auf dem Friedhof der Jerusalems- und Neuen Gemeinde, Kreuzberg, Mehringdamm 21, Erbbegräbnis Abt. 4/3. Enthüllung der Berliner Gedenktafel am 24.10.1988.

**Erwin SCHLÄGER**
*7.6.1906 – †Berlin 18.3.1953
**Graunstraße 37 Ecke Lortzingstraße**

Inschrift: *† / Erwin Schläger / Pol.-Wachtmeister / Erschossen am 18. März 1953 / im Einsatz für Recht und Freiheit*

Der sechsundvierzigjährige Erwin Schläger wurde unter bis heute nicht geklärten Umständen gegen fünf Uhr morgens vor dem Haus erschossen, als er sich auf dem Weg zum Polizeirevier Lortzingstraße Ecke Swinemünder Straße befand. Der oder die Täter sollen in den damaligen Ostsektor geflohen sein.

**SCHRIPPENKRICHE**
**Ackerstraße 52**

Inschrift: *Im Jahr 1882 begründete der Journalist Constantin Liebich 9.6.1847–29.12.1928 den Verein »Dienst an Arbeitslosen«. In dem 1901/02 erbauten Vereinshaus in der Ackerstraße 52 bekamen die Obdachlosen vor dem Gottesdienst Kaffee und Schrippen. Der Volksmund nannte das Haus »Schrippenkirche«.*

Durch eine Schenkung konnte das Grundstück erworben werden, auf dem 1901 ein Jugendheim errichtet wurde. Danach erfolgten ein Neubau des Schrippenkirchensaals und der Generalverwaltung. Die durch Kriegseinwirkung zerstörten Gebäude baute der Verein nach 1945 wieder auf. Enthüllung der Berliner Gedenktafel am 7.11.1988.

**Louise SCHROEDER**
*Altona 2.4.1887 – †Berlin 4.6.1957
**Louise-Schroeder-Platz 1 (Louise-Schroeder-Sporthalle)**

Inschrift der Bronzetafel rechts neben dem Eingang: *Nach der Ehrenbürgerin / Louise Schroeder / *2.4.1887 †4.6.1957 / amtierende Oberbürgermeisterin / von Berlin 1947–1949 / wurde dieses Haus benannt in / dankbarer Erinnerung an ihren / Kampf für die Freiheit Berlins / während der Blockade 1948*

Die Ehrenbürgerwürde erhielt sie zu ihrem 70. Geburtstag am 2.4.1957. Unweit der Halle, am Zugang zur Parkanlage des Louise-Schroeder-Platzes von der Seestraße, befindet sich ein Findling mit einer Bronzetafel, Inschrift: *Louise-Schroeder-Platz / Louise Schroeder / Bürgermeister v. Berlin / Amtszeit von 1946–1951*

Von 1972 (Zusammenlegung mit der Neuköllner Louise-Schroeder-Schule) bis 1983 (Anschluß an das OSZ Ernährung und Hauswirtschaft in Reinickendorf) trug auch die Hauswirtschaftliche Berufsschule in der Böttgerstraße ihren Namen.

**Dietmar SCHULZ**
*1939 – †Berlin 25.11.1963
**Bernauer Straße Ecke Gartenstraße**

Holzkreuz mit aufgesetzter Tafel, Inschrift: *Dietmar Schulz (24), / am / 25. November 1963 / bei einem / Fluchtversuch / im Nassen Dreieck / von DDR-Grenz-/soldaten beschossen / und seinen Ver-/letzungen erlegen / Museum Haus am Checkpoint Charlie*

**Kurt SCHUMACHER**
*Culm/Westpreußen 13.10.1895 – †Bonn 20.8.1952
**Müllerstraße 163 (Sozialdemokratische Partei Deutschlands, Kurt-Schumacher-Haus)**

Inschrift der Bronzetafel: *„Berlin ist der Anspruch der Demokratie / auf ganz Deutschland" / Kurt Schumacher / 13.10.1895–20.8.1952 / Vorsitzender / der / Sozialdemokratischen Partei / Deutschlands*

Der Reichstagsabgeordnete, der den Nazis am 23.2.1932 im Parlament bescheinigte: »Die ganze nationalsozialistische Agitation ist ein dauernder Appell an den inneren Schweinehund im Menschen«, wurde Anfang Juli 1933 verhaftet und bis März 1943 an verschiedenen Orten in Haft gehalten. 1945 gehörte er zu den Wiederbegründern der SPD und war ein entschiedener Gegner jeglicher Zusammenarbeit mit den Kommunisten. Er starb an den Spätfolgen der im KZ erlittenen Entbehrungen.

**Robert SCHUMAN**
*Luxemburg 29.6.1886 – †Scy-Chazelles/ Département Moselle/Frankreich 4.9.1963
**Graunstraße 31 (St. Afra)**

Inschrift: *Hier wohnte 1905/06 als / Student / der Humboldt-Universität [!] / Robert Schuman / 1886-1963 / französischer Außenminister / Wegbereiter der Einigung / Europas / Unserem Bundesbruder / zum 100. Geburtstag – 29.6.1986 / Wissenschaftlicher / Katholischer Studentenverein / Unitas Berlin / im UV*

Aus eigener Lebenserfahrung – zunächst deutscher Staatsbürger, nach dem Abtreten von Elsaß-Lothringen französischer Staatsbürger – wurde Schuman zu einem Politiker, der die Verständigung zwischen Frankreich und Deutschland betrieb und den Gedanken der europäischen Einigung forcierte.

***Louis* Viktor Robert SCHWARTZKOPFF**
*Magdeburg 5.6.1825 – †Berlin 7.3.1892
**Scheringstraße 13–28 (altes Pförtnerhaus, an der Gartenstraße)**

Inschrift: *Louis Schwartzkopff / 5.6.1825–7.3.1892 / Gründer der / »Berliner Maschinenbau-Actien-Gesellschaft / vormals*

*L. Schwartzkopff« / Kurator des »Lazarus-Krankenhauses« / Die Werke Scheringstraße 13–28 und / Chausseestraße 20 bildeten seit 1867 ein / Zentrum des deutschen Dampflokomotivenbaus.*

Der Industrielle Schwartzkopff war auch Mitglied des Preußischen Staatsrats und der Freikonservativen (Deutsche Reichspartei). Für die Arbeiter seiner Werke gründete er eine Vorschuß- und Unterstützungskasse und beteiligte sich an der finanziellen Absicherung des Lazarus-Krankenhauses. Grabstätte auf dem Dorotheenstädtischen Friedhof, Mitte, Chausseestraße 126. Enthüllung der Berliner Gedenktafel am 9.5.1989.

**Ida SIEKMANN**
*23.8.1902 – †Berlin 22.8.1961
**Bernauer Straße (ehemals Nr. 48)**

In den Gehweg nordöstlich der Wolliner Straße ist eine Granitplatte mit folgender Inschrift eingelassen: *Dem Opfer / der Schandmauer / Ida Siekmann / †22.8.1961 / gewidmet*

Die neunundfünfzigjährige Ida Siekmann verunglückte wenige Tage nach dem Beginn des Mauerbaus tödlich bei dem Versuch, aus ihrer im Bezirk Mitte gelegenen Wohnung im dritten Stock auf den zu West-Berlin gehörenden Bürgersteig zu fliehen. Sie ist somit als erstes Todesopfer der innerstädtischen Grenzabriegelung zu beklagen, kam jedoch nicht durch Waffengewalt ums Leben. Das Haus ist im Verlauf des Ausbaus der Grenzsperren durch die DDR abgerissen worden.

**Eduard SOLGER**
*28.5.1834 – †Berlin 31.10.1920
**Reinickendorfer Straße 4 (Hofeinfahrt neben Nr. 5; am Weddingplatz)**

Inschrift: *Hier stand das Haus Nr. 2 c, in dem / Eduard Solger / 28.5.1834–31.10.1920 / als Armenarzt / von 1891 bis 1920 lebte und praktizierte.*

Insgesamt hatte Solger über 50 Jahre im Wedding als Armenarzt gewirkt. Enthüllung der Berliner Gedenktafel am 11.11.1988.

**SYNAGOGE**
**Prinzenallee 87**

Inschrift: *Zur Erinnerung an die / Synagoge des israelitischen / Religionsvereins / Gesundbrunnen / Ahavas Achim / Zerstört am 9. November 1938*

Der Synagogenverein Ahavas Achim (»Brüderliebe«) wurde 1899 gegründet, das Gotteshaus im Hinterhof 1910 errichtet. Wegen der Nähe der angrenzenden Häuser wurde es beim Novemberpogrom 1938 nicht in Brand gesteckt. Das auch vom Krieg verschonte Gebäude wurde nach 1945 von den Zeugen Jehovas genutzt. Die Tafel aus schwarzem Stein mit goldener Schrift befindet sich in der Tordurchfahrt und ist von der Straße aus nicht wahrnehmbar. An der Feierstunde anläßlich der Enthüllung am 27.8.1984, zu der Weddings Bürgermeisterin Erika Heß eingeladen hatte, nahmen auch die in Israel lebenden Kinder des Rabbiners Dr. Siegfried Alexander teil, der an dieser Synagoge tätig war und mit seiner Frau 1943 in Auschwitz umgebracht wurde.

**TURNVEREIN**
**Burgsdorfstraße 1 Ecke Müllerstraße 163 (Kurt-Schumacher-Haus)**

Inschrift: *Im Jahre 1862 stand an dieser Stelle die Gastwirtschaft „Zum Apfelweingarten“. Hier wurde einer der ältesten Turnvereine Berlins, der heutige Turn- und Sportverein Wedding 1862 e.V. gegründet.*

***Rudolf* Ludwig Karl VIRCHOW**
*Schivelbein/Pommern 13.10.1821 – †Berlin 5.9.1902
**Augustenburger Platz 1 (Hauptportal des Universitätsklinikum Rudolf Virchow)**

Die Tafel befindet sich in der Durchfahrt auf der linken Seite und trägt die Inschrift: *Rudolf Virchow, 13.10.1821–5.9.1902, Arzt und Politiker, Begründer der Zellularpathologie, Langjähriger Stadtverordneter von Berlin und bedeutender liberaler Parlamentarier im Preußischen Landtag und Deutschen Reichstag. Er wirkte mit am Ausbau des Gesundheits- und Hygienewesens in Berlin.*

Virchow arbeitete seit 1843 als Arzt an der Charité und seit 1847 als Dozent an der Friedrich-Wilhelms-Universität. Später wurde er Stadtverordneter und Mitglied des Preußischen Landtags. Ab 1880 war er auch Reichstagsabgeordneter. Zu seinem 70. Geburtstag am 13.10.1891 verlieh ihm die Stadt Berlin die Ehrenbürgerwürde. Er starb 1902 an den Folgen eines Unfalls. Begraben ist Virchow auf dem Alten St. Matthäus-Friedhof, Schöneberg, Großgörschenstraße 12, Abt. H s-12. Enthüllung der Berliner Gedenktafel am 28.10.1988.

## VOLKSPARK REHBERGE
### Transvaalstraße (etwa in der Mitte zwischen Afrikanische Straße und Senegalstraße)

Inschrift: *Der Volkspark Rehberge / entstand in den Jahren 1926 bis 1929 – An / seiner Entstehung aus einer Sandwüste / waren in schwieriger Zeit massgeblich / etwa 1000 Arbeitslose / des Notstandsprogramms beteiligt / Gustav Böss Oberbürgermeister von Gross-Berlin 1921–1930 / Weddinger Bezirksbürgermeister von 1921–1933 Carl Leid / Albert Brodersen Verfasser des Vorentwurfs / Prof. Erwin Barth / Gartenbaudirektor von Berlin und / Verfasser des Entwurfs – Die Leitung der / Ausführung hatte der Weddinger / Gartenbaudirektor Rudolf Germer*

Großer rechteckiger (fast quadratischer) Granitblock mit leicht gewölbter Oberfläche, auf der sich die Inschrift befindet. Der Stein steht auf einer kleinen Anhöhe. Gustav Böss (*Gießen 11.4.1873 – †Bernried/Bayern 6.12.1946) Albert Brodersen (*Ascheberg b. Plön 16.11.1857 – †Berlin 4.1.1930).

## ZWANGSARBEITER
### Gustav-Meyer-Allee 25 Ecke Hussitenstraße

Inschrift: *Auf diesem Fabrikgelände beschäftigte die AEG während / des Zweiten Weltkrieges / nach Deutschland deportierte / polnische Zwangsarbeiter. / Auch sie sind Opfer der NS-Herrschaft. / Na terenie tej fabryki w okresie drugiej wojny światowej / firma AEG zatrudniała / Polaków / deportowanych do Niemiec na roboty przymusowe. / I oni są ofiarami nazistowskiego režimu.*

Die (zunächst provisorische) gerahmte Berliner Gedenktafel wurde am 1.9.1995, dem 56. Jahrestag des deutschen Überfalls auf Polen, enthüllt.

# PRENZLAUER BERG

**BEFREIUNG VOM FASCHISMUS**
**neben Ostseestraße 92 (Ostseeplatz)**

Findling mit Metalltafel, die das Reliefporträt eines sowjetischen Soldaten zeigt und die Jahreszahlen *1941* und *1945*.

**BERLINER MAUER**
**Bornholmer Straße (östlich der Bösebrücke)**

Inschrift: *An der Brücke / „Bornholmer Straße" / öffnete sich in der Nacht vom 9. zum / 10. November 1989 / erstmals seit dem / 13. August 1961 / die Mauer. / Die Berliner kamen / wieder zusammen. / Willy Brandt: / „Berlin wird leben und / die Mauer wird fallen".*

Das Mauersegment mit aufgesetzter Bronzetafel und dem prophetischen Ausspruch des Ehrenbürgers (seit 12.12.1970) und langjährigen »Regierenden« Willy Brandt (*Lübeck 18.12. 1913 – †Unkel 8.10.1992) wurde am 9.11.1990, dem ersten Jahrestag der Maueröffnung, durch den Regierenden Bürgermeister Walter Momper und Oberbürgermeister Tino Schwierzina enthüllt.

**Wilhelm BLANK**
*Schramberg/Württemberg 5.3.1899 –
†Mauthausen 9.4.1945
**Kniprodestraße (DDR und bis Ende 1995: Artur-Becker-Straße; ehemalige Kleingartenkolonie »Wilhelm Blank«)**

Blank, der hier wohnte, verschaffte nach 1933 gefährdeten KPD-Funktionären Unterkunft und Fluchtmöglichkeiten. 1935 wurde er verhaftet, erhielt eine Haftstrafe von eineinhalb Jahren, wurde erst 1940 entlassen. 1943 erneut verhaftet, kam er im KZ ums Leben. Ein noch 1973 vorhandener Gedenkstein für Wilhelm Blank konnte nicht mehr gefunden werden, auch die Kleingartenanlage existiert nicht mehr.

**Georgi DIMITROFF**
*Kovaceci/Bulgarien 18.6.1882 –
†bei Moskau 2.7.1949
**U-Bahnhof Eberswalder Straße (DDR: U-Bahnhof Dimitroffstraße)**

Die Tafel ist entfernt, Inschrift und Verbleib konnten nicht geklärt werden.

**EINSAME PAPPEL**
**Topsstraße**

Die »Einsame Pappel« steht etwa in der Mitte der Straße. Sie ist von einer runden Mauer aus Findlingen umgeben. In die Mauer ist eine steinerne Gedenktafel mit folgender Inschrift eingelassen: *Am 26. März 1848 fand hier an der „einsamen Pappel" / die erste große Massendemonstration / der Berliner Werktätigen statt. / Sie forderten Beseitigung der Willkürherrschaft, / Verbesserung der Löhne, Einführung der / allgemeinen Schulpflicht.*

»In der Zeit der bürgerlich-demokratischen Revolution von 1848/49 entwickelte sich das Gelände des preußischen Exerzierplatzes vor dem damaligen Schönhauser Tor um die ›Einsame Pappel‹ zum Kundgebungsplatz. U. a. fanden hier am 26.3., 20.8., 28.8., 19.9. und 25.9.1848 große Volksversammlungen statt. 1967 mußte die Schwarzpappel gefällt werden. Reiser des historischen Baumes wurden in der Baumschule der Pionierrepublik ›Wilhelm Pieck‹ am Werbellinsee großgezogen und im Frühjahr 1968 ein junges Bäumchen an der gleichen Stelle angepflanzt.« (Berlin Historische Stätten, hg. v. Inst. f. Denkmalpflege der DDR, Berlin 1985)

**Paul ERNST**
**Josef FUHRMANN**
**Kolmarer Straße (zwischen Belforter Straße und Diedenhofer Straße; Steigerohr des Wasserturms)**

Inschrift: *Auf diesem Turm hissten im Mai 1933 der Kommunist Josef Fuhrmann und der parteilose Antifaschist Paul Ernst die Fahne der Arbeiterklasse als Symbol des Widerstandes gegen den faschistischen Terror.*

Die Tafel wurde 1983 am Steigerohr angebracht und während Renovierungsarbeiten 1991 entfernt. Ihr Verbleib ist nicht bekannt.

**FRIEDHOFSPARK PAPPELALLEE**
**Pappelallee 16–17**

Tafel an der Außenmauer rechts neben dem Eingang mit der Inschrift: *Schafft hier das Leben / gut und schön, / kein Jenseits ist, / kein Aufersteh'n. / Unter diesem Wahlspruch richtete / die Freireligiöse Gemeinde hier / am 4. Januar 1848 / ihren Friedhof ein, / der auch Glaubenslosen eine würdi-/ge Begräbnisstätte bieten sollte. / Mit ihrem Eintreten für Gedanken-/freiheit waren Freireligiöse / massgeblich an den Revolutionen / von 1848 und 1918 beteiligt. / 1934 wurden sie von den National-/sozialisten verboten und das / Gemeindezentrum in der Pappelallee / beschlagnahmt. / Die DDR-Regierung setzte die Gemein-/de nicht wieder in ihre Rechte ein. / Prof. Dr. Dr. Ewald Harndt / 1994*

An der Innenseite der Außenmauer befindet sich rechts neben dem Ausgang eine weitere Tafel mit der Inschrift: *Im Zusammenhang mit den Auswirkungen / der französischen Revolution wurde / 1845 die deutsch-katholische Gemeinde / gegründet welche auch 1848 den Friedhof / durch eine Schenkung übernahm. / 1862 erfolgte die Umbenennung in / Freireligiöse Gemeinde. / Die gewaltsame Auflösung 1934 durch / die Nationalsozialisten wurde zum / Bruch in der Geschichte der Gemeinde. / In den 70er Jahren wurde der Friedhof / geschlossen und litt in der Wendezeit / unter starken Beschädigungen. / 1989–1994 erfolgte die Neugestaltung / als Friedhofspark Pappelallee. / Heute existiert die neugegründete Freireligiöse Gemeinde nur noch / mit kleinen Mitgliederzahlen und / geringem politischen Einfluss.*

**Heinz GALINSKI**
*Marienburg/Westpreußen 28.11.1912 –
†Berlin 19.7.1992
**Schönhauser Allee 31 (Nähe Sredzkistraße)**

Inschrift der Bronzetafel: *Dr. h.c. Heinz Galinski / Ehrenbürger von Berlin, / der massgeblich an der Wiederherstellung / des jüdischen Lebens und der Demokratie / in Berlin beteiligt war, lebte hier / 1938–1943 / und wurde aus diesem Haus / nach Auschwitz deportiert*

Bei dem Haus handelt es sich um einen Nachfolgebau des kriegszerstörten Wohnhauses. Im Verlauf der sogenannten Fabrikaktion Ende Februar 1943 wurde Galinski deportiert. Der Überlebende von Auschwitz und Bergen-Belsen war seit dem 1. April 1949 Vorsitzender der Jüdischen Gemeinde von Berlin. Er blieb es über die Jahrzehnte der politisch bedingten Spaltung (seit 1953) für die Gemeinde im Westteil, nach der Wiedervereinigung erneut bis zu seinem Tod für die ganze Stadt. Berlin ehrte ihn am 26.11.1987 mit der Verleihung der Ehrenbürgerwürde. Seit 1988 war er auch Vorsitzender des Zentralrats der Juden in Deutschland. Galinski war eine mahnende Instanz in der Demokratie und erhob seine nicht immer bequeme Stimme, wann immer er es für notwendig erachtete. Begraben ist Galinski auf dem Jüdischen Friedhof Heerstraße (Scholzplatz), Ehrenreihe. Enthüllt wurde die Tafel von Bezirksbürgermeister Dr. Manfred Dennert in Anwesenheit der Witwe Ruth Galinski, des Oberkantors Estrongo Nachama und des Vorsitzenden der Jüdischen Gemeinde, Jerzy Kanal, am 27.11.1992.

**Otto GROTEWOHL**
*Braunschweig 11.3.1894 – †Berlin 21.9.1964
**Torstraße 1–3 (DDR und bis 1994 Wilhelm-Pieck-Straße) Ecke Prenzlauer Allee**

Inschrift der Metalltafel links neben dem Eingang: *Otto Grotewohl / Vorsitzender des ZK der SED / und / erster Ministerpräsident der DDR / arbeitete / von 1946 bis 1958 in diesem Hause*

Beigesetzt ist Grotewohl in der Gedenkstätte der Sozialisten auf dem Zentralfriedhof Friedrichsfelde, Gudrunstraße.

**HILFSWERK BEIM BISCHÖFLICHEN ORDINARIAT BERLIN**
**Schönhauser Allee 182 / Fehrbelliner Straße 99 (Herz-Jesu-Kirche)**

Inschrift der Tafel im Hof an der Kirche: *Das „Hilfswerk beim Bischöflichen / Ordinariat Berlin" arbeitete von 1939–1945 / im Haus Schönhauser Allee 182 / für verfolgte Juden. / Opfer und Helfer mahnen!*

Das Hilfswerk wurde nach einer Mitteilung der Bischöflichen Pressestelle 50 Jahre vor der Enthüllung der Tafel von Bischof Konrad Graf von Preysing an der Schönhauser Allee ins Leben gerufen. Die Gedenktafel ist den Männern und Frauen gewidmet, die unter Einsatz ihres Lebens jüdischen Mitbürgern beistanden. Enthüllung am 20.10.1988.

**Franz HUTH**
*Strasburg/Uckermark 24.6.1906 –
†Berlin 22.3.1933
**Rykestraße 3**

Inschrift: *Hier wohnte der / antifaschistische / Widerstandskämpfer / Franz Huth / geb. 24.6.1906 / ermordet 22.3.1933*

Huth war Leiter der Parteischule der KPD in Zepernick-Röntgenthal. Am Tag seiner Verhaftung durch die SA wurde er ermordet.

**Hans JANOCHA**
*11.4.1909 – †Spanien
**Kopenhagener Straße 48**

Inschrift: *Hier wohnte der / antifaschistische / Widerstandskämpfer / Hans / Janocha / geb. am 11.4.1909 / gefallen / im Kampf / um / Spaniens / Freiheit*

Enthüllung der Tafel am 30.10.1976.

**JÜDISCHER FRIEDHOF**
**Schönhauser Allee 23–25**

Inschrift einer Tafel an der Friedhofsmauer:

*Dieser Jüdische Friedhof wurde / 1827 / seiner Bestimmung übergeben / In der Zeit von / 1933–1945 / wurde er von den Faschisten / zerstört / Der Nachwelt soll er als / Mahnung erhalten bleiben*

Inschrift der Gedenkwand im Eingangsbereich: *Hier stehst Du / schweigend / Doch / wenn Du / Dich wendest / schweige nicht*
Rechts neben der obersten Zeile ist ein Davidsschild befestigt.

**Willy JUNGMITTAG**
*Leipzig 8.4.1908 – †Brandenburg 20.11.1944
**Gubitzstraße 47a**

Inschrift: *Hier wohnte / der / antifaschistische / Widerstandskämpfer / Willy / Jungmittag / / geb. am 8.4.1908 / ermordet / am 20.11.1944.*

Enthüllung am 13.9.1975, restauriert 1988.

**Helmut JUST**
*Berlin 2.7.1933 – †Berlin 30.12.1952
**Behmstraße (DDR: Helmut-Just-Straße)**

Inschrift: *Sein Tod ist uns Verpflichtung / In Ausübung seines Dienstes / wurde hier am 30.12.1952 / VP-Wachtmeister / Helmut Just / geb. am 2.7.1933 / bei der treuen Pflichterfüllung / zum Schutze der DDR von / faschistischen Banditen aus West/berlin heimtückisch ermordet / Die Genossen der Volkspolizei Berlin*

Die genauen Umstände, die zum Tode des neunzehnjährigen Angehörigen der Kasernierten Volkspolizei führten, sind ungeklärt. Er wurde mit einer Pistole des Kalibers 7,65 mm erschossen. West-Berliner Polizisten »hörten gegen 22.30 Uhr, etwa zweieinhalb Stunden nach der von ADN angegeben Mordzeit, drei Schüsse fallen. Alle anschließend [in diesem Bereich] aus Ost-Berlin kommenden und befragten Passanten teilten lediglich mit, daß sie zwar von Volkspolizisten nach Waffen durchsucht wurden, sonst aber kein Geschehen auf einen Mord hindeutete«. (Berlin, Chronik der Jahre 1951–1954, S. 607; im Neuen Deutschland vom 26.1.1993 wird als Tatzeit etwa 21 Uhr angegeben). Denkbar wäre ein politisch motivierter Racheakt für den fünf Tage zuvor von sowjetischen Soldaten an der Grenze Frohnau/Glienicke erschossenen West-Berliner Polizisten Herbert Bauer, der an diesem Tag beigesetzt wurde.

Die Steintafel war in die an dieser Stelle etwas zurückgenommene Begrenzungsmauer des heutigen BSR-Recyclinghofs etwa 50 m vor der Behmbrücke eingelassen. Am 5.4.1992 war die Inschrift mit weißer Farbe übersprüht, über und unter dem Text stand »Mauer-Mörder«. Später wurde die Tafel abgenommen, ihr Verbleib konnte nicht ermittelt werden.
Just ist beigesetzt auf dem Zentralfriedhof Friedrichsfelde, Gudrunstraße, am Rondell links hinter der Gedenkstätte der Sozialisten. Auf dem Grabstein steht: *Hier ruht der Volkspolizist / Helmut Just / Er gab sein Leben für die / gerechte Sache des Friedens / geboren 2. Juli 1933 / ermordet 30. Dez. 1952*

**Ernst KNAACK**
*Berlin 4.11.1914 – †Brandenburg 28.8.1944
**Kastanienallee 16/17**

Inschrift: *Hier wohnte / der Widerstands- / kämpfer / Ernst / Knaack / geb. 4.11.1914 / hingerichtet / am 28.8.1944 / im / Zuchthaus / Brandenburg* Die Tafel von 1986 ersetzt eine Tafel von 1958 mit der Inschrift: *Hier wohnte / der antifaschistische / Widerstandskämpfer / Ernst Knaack / geboren am 4. November 1914 / in Berlin / ermordet am 28. August 1944 / im Zuchthaus Brandenburg / Die Toten mahnen*

Knaack übernahm die Leitung einer illegal arbeitenden KPD-Gruppe, wurde 1935 verhaftet und zwei Jahre inhaftiert. Nach seiner Freilassung engagierte er sich in der Widerstandsorganisation von Robert Uhrig, wurde 1942 erneut verhaftet und zum Tode verurteilt.

**Käthe KOLLWITZ**
*Königsberg/Ostpreußen 8.7.1867 –
†Schloß Moritzburg bei Dresden 22.4.1945
**Kollwitzstraße 58 (früher Weißenburger Straße 25) Ecke Knaackstraße**

Gedenkstein mit der Skulptur der Künstlerin »Schützende Mutter« (Kalksteinausführung von Fritz Diederich) am Ort des zerstörten Wohnhauses.

Inschrift: *In der Finsternis vor dem zwei-/ten Kriege hat Käthe Kollwitz / dieses Werk geschaffen · / Die Mutter will ihre Kinder / retten · bewahren · Wohin? / Wovor? Dunkel drohen / Brand und Mord · / Der 1945 verstorbenen Künstlerin / setzte auf dem Platz, wo sie fünf-/ zig Jahre im Volke lebte das eige-/ne Werk – zum Gedächtnis – der / demokratische Magistrat von / Berlin im Jahre des ersten / Deutschlandtreffens der Jugend / für den Frieden ·*

Diesem Hinweis entsprechend erfolgte die Aufstellung im Jahr 1951. Nach anderen Angaben steht der Stein seit 1960 an diesem Ort.

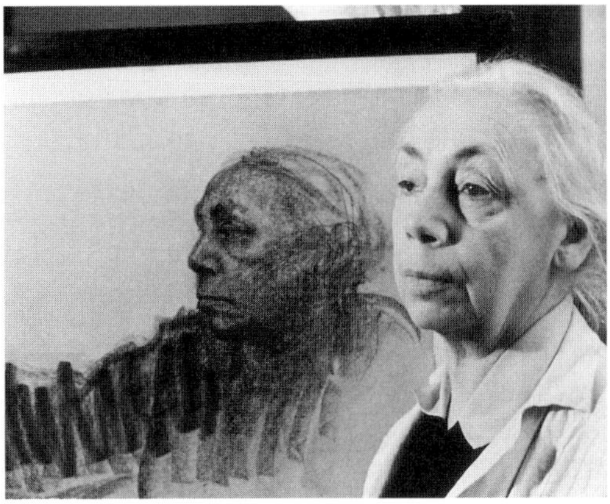

Käthe Kollwitz lebte hier mit ihrem Mann Hans, der als Armenarzt wirkte, von 1891 bis 1943. Begraben ist die große Künstlerin gemeinsam mit ihrem Mann auf dem Zentralfriedhof Friedrichsfelde, Gudrunstraße, Urnenabteilung, Nischenstelle.

**Paul KRUG**
*Berlin 19.1.1887 – †Dresden 9.5.1939
**Kollwitzstraße 82**

Inschrift: *Dem Gedenken / unseres von / Faschisten / ermordeten / Genossen / Paul Krug / *19.1.1887 †9.5.1939 / Ehre / seinem Andenken*

Der KPD-Funktionär wurde 1933 in der Gerätekammer des Wasserturms zehn Tage mißhandelt, kam aber wieder frei. 1936 war er Leiter eines Emigrantenheims in Prag. Er starb im Landgerichtsgefängnis Dresden an den Folgen schwerer Mißhandlungen am 9.5.1939. Enthüllung 1957, erneuert 1975.

**Friedrich KRUMMEL**
*Neuenrode, Krs. Witzenhausen 23.10.1886 –
†Brandenburg 30.5.1944
**Stargarder Straße 21**

Inschrift: *Dem Gedenken / des durch den / Faschismus / gemordeten / Friedrich / Krummel / *23.10.1886 †30.5.1944 / Ehre / seinem Andenken*

Wegen seiner Aktivitäten im Widerstand gegen den Nationalsozialismus wurde der Kommunist am 24.5.1943 verhaftet und zum Tode verurteilt. Erste Tafel aus dem Jahr 1957, erneuert 1989.

**Kurt LEHMANN**
*Berlin 10.11.1906 – †Brandenburg 21.8.1944
**Danziger Straße 29 (DDR und bis Ende 1995: Dimitroffstraße)**

Inschrift: *Hier wohnte der antifaschistische Widerstandskämpfer Kurt Lehmann, geb. am 10.11.1906, ermordet am 21.8.1944 in Brandenburg*

Zusammen mit Robert Uhrig und Franz Mett baute er eine der bedeutendsten antifaschistischen Widerstandsorganisationen auf, deren führende Mitglieder als illegale Berliner KPD-Leitung tätig waren. Enthüllung am 13.9.1975. Die Tafel wurde im November 1990 von Unbekannten entfernt. Im Mai 1993 brachte der Verein Aktives Museum Faschismus und Widerstand in Berlin e.V. eine Ersatztafel mit folgender Inschrift an: *Hier, an seinem Wohnhaus, war eine Gedenktafel für / Kurt Lehmann / 10.11.1906–21.8.1944 / Er war seit 1931 Mitglied der KPD, 1934–1936 / im Zuchthaus Luckau in Haft. Nach seiner Freilassung / beteiligte er sich am Aufbau der illegalen Partei-/organisation. 1942 erneut verhaftet, wurde / Kurt Lehmann nach zwei Jahren Haft hingerichtet. / 8. Mai 1993 / Aktives Museum Faschismus und Widerstand in Berlin e.V.*

**Karl LIEBKNECHT**
**Saarbrücker Straße Ecke Prenzlauer Allee**

Inschrift des Findlings, der auch eine Plakette mit dem Porträt Liebknechts trägt: *Karl Liebknecht / Kämpfer gegen Militarismus und Krieg / führte von hier aus die Kämpfe der / revolutionären Arbeiter und Soldaten / am 7. u. 8. Januar 1919*

Hier war das Gartenlokal der Bötzow-Brauerei, in dem im Januar 1919 der Revolutionsausschuß tagte, dem Liebknecht als Vertreter der gerade gegründeten KPD angehörte. Der Ort war auch eine der Stellen in Berlin, an denen sich die Kämpfe während des Spartakusaufstands Anfang/Mitte März 1919 konzentrierten. Die Plakette wurde von Unbekannten entwendet und am 22.1.1993 um 14 Uhr in Anwesenheit von Bezirksbürgermeister Dr. Manfred Dennert und Bezirksverordnetenvorsteher Dietmar Parschauer erneut angebracht. Das Bezirksamt erfüllte damit einen Beschluß der BVV Prenzlauer Berg von 1992.

**Ernst LUBITSCH**
*Berlin 29.1.1892 –
†Hollywood/USA 30.11.1947
**Schönhauser Allee 183**

Inschrift: *In diesem Hause lebte der Regisseur / vieler berühmter Filmkomödien / Ernst Lubitsch / geboren am 29. Januar 1892 / in Berlin / gestorben am 30. November 1947 / in Hollywood / Diese Tafel wurde von Nicola Lubitsch / zum 100. Geburtstag ihres Vaters am 29. Januar 1992 enthüllt*

Die erste neue Gedenktafel (Aluminium), die nach der Wiedervereinigung Berlins in einem früher zum Ostteil gehörenden Bezirk enthüllt wurde. Gestiftet wurde sie vom Kino »Notausgang« (Schöneberg, Vorbergstraße Ecke Hauptstraße). Außer Lubitschs Tochter Nicola waren seine Enkelin Amanda sowie eine Nichte, Evi

Bettelheim, anwesend. Berühmt wurde Lubitsch durch seine Filme: »Ninotschka«, »Sein oder Nichtsein«, »Serenade zu dritt«.

**Helmuth MASCHE**
*Berlin 16.3.1894 – †Brandenburg 28.8.1944
**Schwedter Straße 5**

Inschrift: *Hier wohnte der antifaschistische Widerstandskämpfer Helmuth Masche, geboren am 16.3.1894 in Berlin, ermordet am 28.8.1944 im Zuchthaus Brandenburg. Die Toten mahnen.*

Der Tischler Masche schloß sich im Zweiten Weltkrieg der Widerstandsgruppe um Robert Uhrig an. Er wurde am 4.2.1940 verhaftet. Anbringung der Tafel 1960, erneuert 1984. Am 1.12.1991 war die Tafel entfernt. Am 7.5.1993 brachte der Verein Aktives Museum Faschismus und Widerstand in Berlin e.V. eine Ersatztafel mit folgender Inschrift an: *Hier, an seinem Wohnhaus, war eine Gedenktafel für / Helmut Masche / 16.3.1894–28.8.1944 / Er beteiligte sich am Widerstand in der AEG-Turbinenfabrik / und an illegalen KPD-Versammlungen. 1940 wurde Helmut / Masche verhaftet, im Arbeitslager Wuhlheide und im / Zuchthaus Landsberg gefangengehalten und 1944 / zum Tode verurteilt und hingerichtet. / 8. Mai 1993 / Aktives Museum Faschismus und Widerstand in Berlin e.V.*

**Werner MEISTER**
*Berlin 14.9.1904 –
†Berlin-Plötzensee 21.1.1943
**Friedrich MEISTER**
*Berlin 12.1.1912 – †Emmerich 14.7.1938
**Syringenweg Ecke Oleanderstraße**

Inschrift: *„Die Toten mahnen" / Kämpfer gegen den Faschismus / Werner Meister / geb. am 14.9.1904 / hingerichtet am 21.1.1943 / in Plötzensee / Friedrich Meister / geb. 12.1.1912 in Berlin / ermordet am 14.7.1938 / in Emmerich*

Der Werkzeugmacher Werner Meister war Mitglied der SPD und kämpfte in den Internationalen Brigaden in Spanien, später zusammen mit belgischen Widerstandskämpfern.
Friedrich Meister (KPD) ging 1936 gleichfalls nach Spanien, wurde von Franco-Einheiten gefangen und sollte an Deutschland ausgeliefert werden. Er sprang am 4.12.1937 bei Rotterdam von Bord, wurde aber am 13.7.1938 von Holland an Deutschland überstellt. Einen Tag später wurde er in Emmerich ermordet.
Ein vor 1958 aufgestellter heller Gedenkstein, 1968 renoviert, wurde 1986 durch eine Gedenktafel ersetzt, die an Betonstelen montiert war. Die Inschrift der Tafel war textgleich mit der des ersten Steins, jedoch mit leicht variierter Zeilenaufteilung. Der Verbleib des ersten Steins ist unbekannt. Die Tafel wurde nach 1989 entfernt und dem Heimatmuseum Prenzlauer Berg übergeben.

**Käte (Käthe, Katja) NIEDERKIRCHNER**
*Berlin 7.10.1909 – †Ravensbrück 28.9.1944
**Pappelallee 22**

Inschrift: *Hier / wohnte / Käte / Niederkirchner / Kommunistin und / Widerstandskämpferin / geboren am 07.10.1909 in Berlin / ermordet am 28.09.1944 im KZ Ravensbrück.*

Kät(h)e Niederkirchner wurde im Quergebäude dieses Hauses geboren. Seit 1929 Mitglied der KPD, emigrierte sie nach Verhaftung und Freilassung 1933 in die Sowjetunion. Am 7.10.1943 sprang sie zusammen mit Theodor Winter (Schwiegersohn Wilhelm Piecks) über Polen ab, um Kontakte zu Widerstandskämpfern in Deutschland herzustellen. Sie wurde von der Gestapo gefaßt, kam in das KZ Ravensbrück und wurde dort in der Nacht vom 27. zum 28.9.1944 erschossen. Die Tafel, die auch szenische Darstellungen (Agitationsveranstaltung, Fallschirmabsprung, Gefangennahme, Porträt) enthält, befindet sich rechts neben der Toreinfahrt. Sie ersetzt eine ältere steinerne Vorläufertafel. Seit 1947 heißt die frühere Prinz-Albrecht-Straße (Mitte) nach ihr. Nachdem diese Straße seit dem Bau der Mauer als Teil des »Todesstreifens« unzugänglich war, wurde 1974 die Lippehner Straße in Prenzlauer Berg in Käthe-Niederkirchner-Straße umbenannt. Es gab Bestrebungen, die Niederkirchnerstraße (oder Teile von ihr) in Am Preußischen Landtag umzubenennen.

**OPFER DES NATIONALSOZIALISMUS**
**Schönhauser Allee 23–25 (Jüdischer Friedhof)**

Im nordwestlichen Teil des Friedhofs wird am Einfassungsgitter eines Schachts auf einer Tafel ermordeter Kriegsgegner gedacht: *Den Tod anderer / nicht zu wollen / das war ihr Tod / Hier verbargen sich Ende des / Jahres 1944 Kriegsgegner. / Sie wurden von der SS entdeckt, / an den Bäumen erhängt / und hier verscharrt*

Die Anbringung der Tafel geht auf eine Initiative des damaligen Ost-Berliner Stadtrats für Aufbau, Arnold Munter, zurück. Allerdings sind öffentliche Hinrichtungen in Berlin zum angegebenen Zeitpunkt sonst nicht belegt und damit unwahrscheinlich. Vgl. auch den Mordbefehl in »Der Panzerbär« vom 23.4.1945 (hier wiedergegeben in Schöneberg, Stichwort »Soldat«).

**OPFER DES NATIONALSOZIALISMUS**
**Knaackstraße Ecke Kolmarer Straße**

Inschrift: *Im Jahre / 1933 / wurden hier / aufrechte deutsche / Widerstandskämpfer / Opfer / faschistischer / Mörder / Ehret die Toten / durch den Kampf / für das Leben*

Die Tafel auf der Gedenkmauer (unterhalb des Wasserturms) erinnert an die Opfer in diesem sogenannten »wilden KZ«. In der Gerätekammer des ehemaligen Wasserwerkes (1855 als erstes städtisches Wasserwerk in Betrieb genommen) wurden nach der Machtübernahme der Nazis 1933 politische Gegner aus dem Bezirk Prenzlauer Berg von SA-Angehörigen gefoltert und ermordet.

**Wilhelm PIECK**
**Torstraße (DDR: Wilhelm-Pieck-Straße) 1–3 Ecke Prenzlauer Allee**

Inschrift der Tafel rechts neben dem Eingang: *Wilhelm Pieck / Vorsitzender des ZK der / SED / und / Präsident der DDR / arbeitete / von 1946–1956 in diesem Hause*

In diesem ehemaligen Kaufhaus befand sich von 1946 – Zwangsvereinigung von SPD und KPD – bis 1959 (Umzug in das ehemalige Reichsbankgebäude) das »Zentralhaus der Einheit«, Sitz des ZK der SED. Hier arbeiteten die beiden Parteivorsitzenden Wilhelm Pieck und Otto Grotewohl. Das Arbeitszimmer von Pieck ist erhalten. Später befand sich hier das Parteiarchiv der SED, heute Stiftung Archiv der Parteien und Massenorganisationen der ehem. DDR im Bundesarchiv.

**Heinrich PREUSS**
*Mauenfeld 23.5.1886 –
†Brandenburg 28.8.1944
**Stargarder Straße 13**

Inschrift: *Hier wohnte / der antifaschistische / Widerstandskämpfer / Heinrich Preuß / geboren am 23. Mai 1886 / in Mauenfeld / ermordet am 28. August 1944 / im Zuchthaus Brandenburg / Die Toten mahnen*

Wegen seiner illegalen Gewerkschaftsarbeit wurde Preuß (KPD) 1935 zu vier Jahren Zuchthaus verurteilt. Nach der Freilassung war er einer der führenden Köpfe in der Widerstandsorganisation um Robert Uhrig. Er wurde im Februar 1944 erneut verhaftet. Anbringung der Tafel 1950, erneuert 1963 und 1984.

**Werner Hermann PROCHNOW**
*Berlin 22.3.1910 – † 1945
**Greifenhagener Straße 58/59 (Thomas-Mann-Grundschule)**

Bronzetafel rechts neben dem Eingang: *Werner Prochnow 22.3.1910 / 1930 KPD / 1933 Verhaftung // Exil ČSR/Schweiz / 1937 Interbrigade Spanien / 1941 Emigration // Sowjetunion / Am 19.1.1945 als Partisan in Polen gefallen*

Über der dreizeiligen, durch Trennstriche abgeteilten Inschrift sind vor dem Hintergrund einer Stadtlandschaft verschiedene Personen abgebildet: Mann und Frau halten schützend ein Kind; Gekreuzigter; Mann mit ausgestrecktem linkem Arm und angewinkeltem rechtem mit geballter Faust; Soldat.

**Werner Hermann PROCHNOW**
**Wichertstraße 53**

Inschrift: *Hier wohnte der / Antifaschist / Werner Hermann Prochnow / geb. 22. März 1910 / im gemeinsamen Kampf / mit sowjetischen Partisanen / gegen die SS ist er 1945 / gefallen*

Die Angaben zu seinem Tod sind widersprüchlich. Gefallen ist er während des Zweiten Weltkriegs entweder in Deutschland oder in Polen (s. o.), oder er ist bereits beim Versuch der Kontaktaufnahme zu sowjetischen Partisanen von SS-Leuten erschossen worden. Anbringung 1953, erneuert 1985 durch eine Tafel mit mehr erzählendem Inhalt, die jedoch 1988 wegen Restaurierungsarbeiten gegen eine ältere ausgetauscht wurde.

**Hedwig RAHMEL**
*Roßlau 9.11.1896 – †Frankreich Juni 1944
**Küselstraße 9**

Inschrift: *Hier wohnte die / antifaschistische / Widerstands-/kämpferin / Hedwig / Rahmel / geb. am 9.11.1896 / ermordet / im Juni 1944*

Seit 1919 Mitglied der KPD, flüchtete sie 1935 aus Nazi-Deutschland in die Tschechoslowakei. Nach Teilnahme am Spanischen Bürgerkrieg ging sie 1939 nach Südfrankreich und kämpfte dort ab 1943 in den Reihen der Résistance. Sie wurde im Mai 1944 verhaftet und im Juni desselben Jahres ermordet. Enthüllung am 16.1.1976, restauriert 1988.

**Wilhelm RIETZE**
*Köpenick 10.10.1903 – †Brandenburg 28.8.1944
**Dunckerstraße 13**

Inschrift: *Hier wohnte der / antifaschistische / Widerstandskämpfer / Wilhelm Rietze / geb. 10.10.1903 / ermordet / 28.8.1944*

Der Kommunist arbeitete in der von Robert Uhrig geführten Widerstandsgruppe mit und wurde im Zuchthaus Brandenburg hingerichtet. Enthüllung 1977, restauriert 1988.

**Anton SAEFKOW**
*Berlin 22.7.1903 – †Brandenburg 18.9.1944
**Anton-Saefkow-Straße Höhe Eugen-Schönhaar-Straße (Volkspark Anton Saefkow)**

Büste Saefkows (Hans Kies, 1958), auf dem Sockel die Inschrift: *Anton / Saefkow / „Nicht vergessen. / Niedergeknüppelt, / aber / Nicht widerlegt.“*

Eine weitere Tafel trägt die Inschrift: *Anton Saefkow, Organisator einer der bedeutendsten antifaschistischen Widerstandsgruppen, geboren am 22.7.1903 in Berlin, ermordet am 18.9.1944 im Zuchthaus Brandenburg*

**Klara SCHABBEL**
*Berlin 9.8.1894 –
†Berlin-Plötzensee 5.8.1943
**Conrad-Blenkle-Straße 63 (früher Thorner Straße)**

Inschrift: *Hier wohnte die / antifaschistische / Widerstands-/kämpferin / Klara / Schabbel / geb. am 9.8.1894 / ermordet am 5.8.1943 / in Plötzensee*

Die Stenotypistin Schabbel gehörte seit 1919 der KPD an. Sie stand der Widerstandsgruppe Schulze-Boysen/Harnack nahe, stellte ihre Wohnung verfolgten Widerstandskämpfern und hinter der Front abgesprungenen »Kundschaftern« zur Verfügung. Im Oktober 1942 wurde sie verhaftet und zum Tode verurteilt. Enthüllung am 16.1.1976.

**Gustav SCHIEFELBEIN**
*Klötzin/Pommern 12.6.1889 –
†Lübecker Bucht 3.5.1945
**Driesener Straße 4**

Inschrift: *Hier wohnte / der Antifaschist / Gustav Schiefelbein / geb. 12.6.1889 / ermordet am 3.5.1945 / auf MS »Arkona«*

Schiefelbein kam aus der USPD in die KPD, war Betriebsratsvorsitzender bei AEG Hennigsdorf und Stadtverordneter. Ab 1926 leitete er den Rotfrontkämpferbund in Sachsen. Wegen Kontakten zu sowjetischen Kriegsgefangenen und Zwangsarbeitern wurde er 1943 verhaftet und kam in das KZ Neuengamme. Er starb bei der Versenkung des KZ-Schiffes MS »Arkona« in der Lübecker Bucht. Enthüllung am 6.12.1956, restauriert 1977.

**Gustav SCHIEFELBEIN**
**Hermann TOPS**
**Fröbelstraße 17 (Eingangsbereich von Haus 6 des Bezirksamts)**

Inschrift: *Wir ehren den kommunistischen Stadtverordneten Gustav Schiefelbein, 12.6.1889–3.5.1945, und Hermann Tops, 18.7.1897–14.8.1944, und alle kommunistischen und sozialdemokratischen Stadtbezirksverordneten, die im Kampf gegen den Faschismus gefallen sind oder ermordet wurden*

Anbringung am 6.11.1987.
Im Mai 1988 wurde eine zweite Tafel mit folgender Inschrift angebracht: *Die Geschichte unseres Lebens ist hart. Deshalb erfordert sie ganze Menschen. Du, ich und alle Mitkämpfer für unsere große Sache müssen alle stark, fest, kämpferisch und zukunftssicher sein. Ernst Thälmann*

Die Tafeln sind entfernt. Es wird vermutet, daß sie eingelagert sind und dem Heimatmuseum übergeben werden sollen.

**Otto SCHIERITZ**
*Neu-Weißensee bei Berlin 10.3.1899 –
†Berlin 2.5.1945
**Senefelderstraße 33**

Inschrift: *In diesem Hause wohnte / der Widerstandskämpfer / Otto Schieritz, / geb. am 10.3.1899. / Er wurde wegen des Hissens / der roten Fahne am 2.5.1945 / von SS-Banditen erschossen.*

Schieritz war aktiv im Widerstand, wurde am 16.5.1935 verhaftet und verbüßte eine Strafe von viereinhalb Jahren im Moorlager Papenburg. Das Mitglied des illegalen Bezirksvorstands der SPD hatte am 2. Mai 1945 – dem Tag der Kapitulation der Wehrmacht in Berlin! – aus seiner Wohnung eine rote Fahne gehißt und wurde von SS-Angehörigen in der Schultheiß-Brauerei erschossen. Die 1960 zuerst angebrachte, 1984 erneuerte Tafel wurde nach der

Wende in der DDR von Unbekannten entfernt und am 8.5.1991 von Mitgliedern des Vereins Aktives Museum Faschismus und Widerstand in Berlin e.V. durch eine Tafel mit identischem Text ersetzt, die unterhalb der entfernten angebracht wurde.

**Willy SCHNEIDER**
*Berlin 9.8.1907 –
†Berlin 31.12.1930/1.1.1931
**Hufelandstraße 39**

Inschrift: *An dieser Stätte / wurde in der / Sylvesternacht / 1930/31 / der junge / Sozialdemokrat / Willy / Schneider / geb. 9. August 1907 / von dem S.A. Mann / Becker ermordet.*

Anbringung 1957 am Wohnhaus von Schneider, vor dem er ums Leben kam.

**Rudolf SCHWARZ**
*Berlin 3.3.1904 – †Berlin 1.(?)2.1934
**Varnhagenstraße 24**

Inschrift: *Hier wohnte / der / antifaschistische / Widerstandskämpfer / Rudolf / Schwarz / geb. am 3.3.1904 / ermordet am 1.2.1934 / in Berlin*

Der Schlosser Schwarz war seit 1929 Mitglied des ZK der KPD und arbeitete als Redakteur des Blattes »Die Rote Front«. Er wurde Ende 1933 von der Gestapo verhaftet und Anfang Februar 1934 ermordet (s. a. Zehlendorf). Enthüllung am 13.9.1975, restauriert 1988.

**Werner SEELENBINDER**
*Stettin 2.8.1904 – †Brandenburg 24.10.1944
**Fritz-Riedel-Straße**

In der Eingangshalle der von Mitte Januar bis Ende April 1993 abgerissenen Werner-Seelenbinder-Halle stand die Büste Seelenbinders auf einem Steinsockel mit der Inschrift: *Werner / Seelenbinder / Vorbild der Sportler / Kämpfer gegen Krieg / und Faschismus / für Frieden und / Völkerfreundschaft. / Ermordet am 24.10.1944*

Anstelle der abgerissenen Halle entstand der Euro Sport Park Berlin, in dem eine kleine Mehrzweckhalle den traditionellen Namen weiterführt. Vermutlich wurden Büste (Bildhauer Otto Maerker) und Sockel bei der Einweihung der Werner-Seelenbinder-Halle am 27.5.1950 aufgestellt. Ihr Verbleib konnte nicht geklärt werden.

**Arthur SODTKE**
*Berlin 25.12.1901 – †Brandenburg 14.8.1944
**Schönhauser Allee 39 b**

Inschrift: *Der Antifaschist / und / Kommunist / Arthur Sodtke / wurde am 14.8.1944 / in Brandenburg a. H. / von faschistischen / Henkern ermordet. / Die Toten mahnen / die Lebenden.*

Sodtke arbeitete in der Schultheiß-Brauerei, war dort bis 1933 Mitglied im Betriebsrat. Er war im Widerstand aktiv, zuletzt in der Widerstandsorganisation um Robert Uhrig. In seiner Wohnung fanden Beratungen der Leitung dieser Gruppe statt. Anbringung der Tafel im Jahr 1958.

**Bruno STEIN**
*Berlin 8.3.1888 – †Brandenburg 30.5.1944
**Maria STEIN**
*Berlin 2.8.1889 –
†Berlin-Plötzensee 18.8.1944
**Pasteurstraße 42 (Nähe Greifswalder Straße)**

Inschrift: *In diesem Hause wohnten / die aufrechten antifaschistischen / Widerstandskämpfer / Maria Stein / geboren am 2. August*

*1889 / in Berlin / ermordet am 18. August 1944 / im Zuchthaus Berlin-Plötzensee / Bruno Stein / geboren am 8. März 1888 / in Berlin / ermordet am 30. Mai 1944 / im Zuchthaus Brandenburg*

Die Tafel ist im Hauseingang angebracht. Eine Vorgängertafel von 1957 trug die Inschrift: *Die Toten mahnen. In diesem Hause wohnten Maria und Bruno Stein. Sie wurden als aufrichtige antifaschistische Kämpfer im Mai und August 1944 hingerichtet*

Bruno Stein war Organisationsleiter der KPD in Moabit und Stadtverordneter.

**Ferdinand THOMAS**
*Heidelberg 30.4.1913 –
†Brandenburg 20.11.1944
**Schönhauser Allee 134 b**

Inschrift: *Hier wohnte / der antifaschistische / Widerstandskämpfer / Ferdinand Thomas / geboren am 30. April 1913 / in Heidelberg / ermordet am 20. November 1944 / im Zuchthaus Brandenburg / Die Toten mahnen.*

Noch am 14.3.1933 fand auf seine Inititative im Auditorium Maximum der Berliner Universität eine Gedenkveranstaltung für Karl Marx statt. In der Illegalität bis zur Verhaftung im Mai 1936 für die KPD tätig, wurde er zu drei Jahren Zuchthaus verurteilt. Anschließend arbeitete er in der Widerstandsgruppe Saefkow mit. Im Juni 1944 vermittelte er Kontakte zu den sozialdemokratischen Widerstandskämpfern Adolf Reichwein und Julius Leber. Verhaftung im Juli 1944. Enthüllung der Tafel 1957, erneuert 1984, restauriert 1989.

**Hermann TOPS**
*Berlin 18.7.1897 – †Brandenburg 14.8.1944
**Kopenhagener Straße 46**

Inschrift: *Hier wohnte der / antifaschistische / Widerstandskämpfer / Hermann / Tops / geb. am 18.7.1897 / ermordet am 14.8.1944 / in Brandenburg*

Tops war seit 1923 Mitglied der KPD und für sie Bezirksverordneter in Prenzlauer Berg. Im Oktober 1933 wurde er wegen Widerstandsaktivitäten verhaftet und blieb eineinhalb Jahre inhaftiert. Später schloß er sich der Widerstandsgruppe um Robert Uhrig an, wurde im Februar 1942 erneut verhaftet und im Zuchthaus Brandenburg hingerichtet. Enthüllung am 16.1.1976.

**VERFOLGUNG, WIDERSTAND UND BEFREIUNG**
**Schönhauser Allee (Eisenbahnbrücke [Westseite] am S-Bf. Schönhauser Allee)**

Fünf Bronzetafeln zeigen Szenen von Verfolgung, Widerstand und Befreiung vom Nationalsozialismus. Die mittlere Tafel trägt in deutsch, englisch, französisch und russisch um das Emblem der VVN die Jahreszahlen *1933–1945* und die Inschrift: *„alle, die ihr hier vorübergeht, / erweist jenen die ehre, / die gefallen sind, damit ihr leben könnt" / „all those who pass by here / honour those who have fallen / so that you may live" / „vous qui passez honorez / la mémoire de ceux qui sont morts / pour que vous puissez vivre" / „проходяший, почти память тех, / кто погиб / чтобы ты мог жить")*

**VOLKSPARK PRENZLAUER BERG**
**Hohenschönhauser Straße Ecke Maiglöckchenstraße**

Bronzeplatte mit szenischen Darstellungen von Birgit Horota (1973) und den Inschriften (oben): *Im Jahr 1875 standen im Gebiet des Stadtbezirks Prenzlauer Berg noch Windmühlen* (und unten) *Aus Trümmerresten des II. Weltkrieges wurde hier ein Berg aufgeschüttet und der Park angelegt*

**III. WELTFESTSPIELE DER JUGEND UND STUDENTEN**
**Christburger Straße 2**

Inschrift: *Haus der besten Gastfreundschaft /*

*im Kreis Prenzlauer Berg. Sieger im Wettbewerb der Gastfreundschaft, Berlin 1951.*

Der Verbleib der Tafel ist nicht bekannt.

**X. WELTFESTSPIELE DER JUGEND UND STUDENTEN**
**Prenzlauer Allee 194 (Nähe Danziger Straße)**

Kleine Tafel links neben dem Eingang, die neben dem Symbol der Weltjugendfestspiele die Inschrift trägt: *Weltfestspiele / der Jugend und Studenten / Für / vorbildliche / Gastfreundschaft / Hauptstadt der DDR Berlin 1973*

**X. WELTFESTSPIELE DER JUGEND UND STUDENTEN**
**Pieskower Weg 39 (17. Grundschule)**

Inschrift und Verbleib der Tafel sind nicht bekannt. Vermutlich glich sie derjenigen in der Prenzlauer Allee.

**WIDERSTANDSKÄMPFER**
**Danziger Straße (DDR und bis Ende 1995: Dimitroffstraße) Ecke Diesterwegstraße**

Der Gedenkstein aus rotem Sandstein trägt unter vier Dreiecken (stilisierten KZ-Winkeln) die Inschrift: *Zum Gedenken / an die vom Faschismus / ermordeten / Widerstandskämpfer / Berlin-Prenzlauer Berg*

**Johannes WOLF**
*Berlin 25.4.1898 – †Brandenburg 18.8.1943
**Rykestraße 22**

Inschrift: *In diesem Hause / wohnte der / antifaschistische / Widerstandskämpfer / Johannes / Wolf / der von Hitlerbanditen / am 18. August 1943 / ermordet wurde. / Ehre seinem Andenken*

Der Kommunist Wolf wurde wegen antifaschistischer Arbeit mehrfach verhaftet, nach erneuter Verhaftung im Sommer 1942 zu zweieinhalb Jahren Haft verurteilt und am 18.8.1943 im Zuchthaus Brandenburg umgebracht. Enthüllung 1950, erneuert 1963 und 1975.

# FRIEDRICHSHAIN

**Nikolai E. BERSARIN**
*St. Petersburg 1.4.1904 – †Berlin 16.6.1945
**Petersburger Straße 86–90 (ehem. Rathaus Friedrichshain; DDR: Bersarinstraße)**

Inschrift unter dem Porträt Bersarins: *Generaloberst / N. E. Bersarin / geb. 1904 gest. 1945 / Erster sowjetischer / Stadtkommandant / von Berlin / nach der / Zerschlagung / des Faschismus / durch die / ruhmreiche / Sowjetarmee*

Bersarin, seit dem 24.4.1945 (nach anderen Quellen seit dem 28.4.) Stadtkommandant von Berlin, kam gegen 5 Uhr morgens bei einem Verkehrsunfall auf der Kreuzung Alt-Friedrichsfelde/Schloßstraße (heute Alt-Friedrichsfelde/Am Tierpark) ums Leben, als die Bremsen seines Motorrades – eine Harley-Davidson mit Beiwagen – versagten und er gegen einen sowjetischen Militärlastwagen fuhr. Beigesetzt ist er auf dem Nowedewitschje-Friedhof in Moskau. Die gerüchteweise Verlegung des Unfalls auf die Kreuzung Frankfurter Allee/Petersburger Straße (heute Karl-Marx-Allee/Petersburger Straße) führte dazu, »daß der Magistrat von Groß-Berlin am 2. Mai 1946 der Petersburger Straße mit dem dazugehörigen Baltenplatz den Namen ›Bersarinstraße‹ und ›Bersarinplatz‹ verlieh.« (Bernhard Meyer: Der General und die Harley, in: Berlinische Monatsschrift 6/Juni 1995, S. 27–30)

**Alexander Freiherr von BLOMBERG**
*Iggenhausen 31.1.1788 – †Berlin 20.2.1813
**Friedenstraße Ecke Otto-Braun-Straße (DDR und bis Ende 1995: Hans-Beimler-Straße; früher Neue Königstraße/ Königstor)**

In der Grünanlage vor der Bartholomäuskirche befindet sich ein kleiner Gedenkstein mit der Inschrift: *Fiel als erstes Opfer in den / deutschen Freiheitskämpfen / Freiherr / Alexander v. Blomberg / * Iggenhausen (Lippe) am / 31. Januar 1788 / † hier vor dem Königstor / 20. Februar 1813*

Geschaffen wurde der Stein 1913 von Otto Kuhlmann. Alexander von Blomberg fiel, als er mit preußischen Freiwilligen und russischen Kosaken unter General Tschernitscheff das Neue Königstor stürmte und den Eingang in die von Franzosen besetzte Stadt erzwingen wollte. Er ersetzt eine »einfache Marmortafel in einem gotischen Backsteinaufbau« (Mönch, S. 143) mit der Inschrift: *Alexander Freiherr von Blomberg / geboren zu Iggenhausen den 31. Januar 1788 / fiel als erstes Opfer im deutschen / Freiheitskampf am 20. Februar 1813.*

**Emil BURCHARDT**
*30.1.1892 – †Sachsenhausen 13.4.1945
**Ebertystraße 48**

Inschrift: *Hier wohnte der / antifaschistische / Widerstandskämpfer / Emil Burchardt / geb. am*

*30.1.1892 / Er wurde 1936 / von der faschistischen / Geheimen Staatspolizei / verhaftet. / Am 13.4.1945 erlag er / den Misshandlungen / durch die Faschisten / im KZ Sachsenhausen.*

Der parteilose Burchardt (nach anderer Quelle war er KPD-Mitglied) wurde wegen antinazistischer Aktivitäten am 20.5.1936 verhaftet, zu sechs Jahren Zuchthaus verurteilt und im Anschluß an die Haft ins KZ Sachsenhausen verschleppt. Dort starb er an den Folgen der Haft. Erste Tafel um 1950, erneuert 1976 und 1985.

**Anna CHRISTIANSEN-CLAUSEN**
*1899 – †1978
**Max CHRISTIANSEN-CLAUSEN**
*1899 – †1979
**Richard-Sorge-Straße 8**

Inschrift: *In diesem Hause wohnten die / antifaschistischen / Widerstandskämpfer / Anna und Max / Christiansen-Clausen / 1899–1978 1899–1979 / Mitglieder der / Kundschaftergruppe / um Dr. Richard Sorge*

Die zweiteilige Tafel von Otto Leibe (Halle) zeigt im oberen Teil Porträts der Geehrten (beide KPD) und trägt im unteren Teil die Inschrift. Sie wurde 1985 angebracht.

**CONCORDIA-FESTSÄLE**
**Andreasstraße 64**

Inschrift: *Hier befanden sich die Concordia-Festsäle / bedeutende Versammlungsstätte der / Berliner Arbeiter / Am 22. September 1893 feierten etwa 4000 / Genossen Friedrich Engels / auf einer grossen Festveranstaltung / Er kam durch Einladung August Bebels / vom Internationalen Sozialistenkongress / aus Zürich*

Die Säle befanden sich im Hofgebäude.

In diesem Haus wohnte auch Emmerich Schaper (*Berlin 4.8.1920 – †Berlin-Plötzensee 23.11.1942), der zur Widerstandsgruppe um Hanno Günther (»Rütli-Gruppe«) gehörte. Hier war ein Treffpunkt der Gruppe, deren Mitglieder im Sommer 1941 verhaftet wurden. Emmerich Schaper starb an den Folgen der erlittenen Mißhandlungen in der Todeszelle in Berlin-Plötzensee. Hanno Günther, Wolfgang Pander und Bernhard Sikorski wurden am 3.12.1942 hingerichtet. Eine früher vorhandene Gedenktafel für Emmerich Schaper wurde noch zu DDR-Zeiten entfernt.

**Alfred DÖBLIN**
*Stettin 10.8.1878 –
†Emmendingen/Baden 28.6.1957
**Frankfurter Allee 104 Ecke Jessnerstraße**

Hier hatte der Arzt und Schriftsteller (»Berlin-Alexanderplatz«, »November 1918«, »Reise in Polen«) seit 1912 seine Wohnung und Praxis.

□

**Fritz FIEBER**
*5.9.1895 – †Berlin 23.4.1945
**Krossener Straße 27 (nahe Seumestraße)**

Inschrift der links neben dem Eingang befestigten Tafel: *In diesem Hause / wohnte der / antifaschistische / Widerstandskämpfer / Fritz / Fieber / geb. am 5.9.1895 / Von den Faschisten / ermordet am 23.4.1945 / Ehre / seinem Andenken*

Der parteilose Fieber stellte seine Wohnung Verfolgten als Unterschlupf zur Verfügung. Er fiel beim Kampf um Berlin »beim Schutz und bei der Sicherung lebenswichtiger Einrichtungen« (Miethe). Erste Tafel um 1950, erneuert 1977.

**Herbert FIRL**
*Dresden 29.9.1899 –
†Überfahrt nach Mexiko 13.12.1941
**Warschauer Straße 47**

Inschrift: *Hier wohnte der / antifaschistische / Widerstandskämpfer / Herbert Firl / geb. am 29.9.1899 / der in den internationalen / Brigaden in Spanien kämpfte. In Frankreich im Lager Vernet / interniert und durch / internationale Solidarität / freigekämpft, / verstarb er am 13.12.1941 / auf der Überfahrt nach Mexiko / an den erlittenen / Strapazen und Entbehrungen.*

Firl war Mitglied der KPD.

**FRAUENGEFÄNGNIS**
**Barnimstraße Ecke Weinstraße**

Inschrift: *Im Frauengefängnis Barnimstraße waren zwischen 1933 und 1945 viele Widerstandskämpferinnen / gegen den Nationalsozialismus in Haft. Für mehr als dreihundert Frauen war hier die letzte / Station vor ihrer Hinrichtung in Plötzensee. Sie wurden ermordet, weil sie Flugblätter verteilt, / Verfolgten geholfen, ausländische Sender gehört, Zweifel am „Endsieg" geäußert oder / geringfügige Straftaten begangen hatten, für die sie die NS-Justiz als „Volksschädlinge" / zum Tode verurteilte. / Das Gebäude wurde nach 1945 weiter als Frauengefängnis genutzt und 1974 abgerissen. / 8. März 1994 / Aktives Museum Faschismus und Widerstand in Berlin e.V.*

Die provisorische Tafel, die im unteren Teil ein Foto des Gefängnisses zeigt, wurde am Bauzaun der Jugendverkehrsschule angebracht. Der Bezirk plant die Anbringung einer Steintafel.

**FRIEDHOF DER MÄRZGEFALLENEN**
**Volkspark Friedrichshain**

Gedenkstein, errichtet zur 100-Jahr-Feier 1948. Inschrift auf der Vorderseite: *Den Toten 1848/1918 / Das Denkmal habt / ihr selber euch er-/richtet · Nur ernste / Mahnung spricht / aus diesem Stein, / dass unser Volk / niemals darauf / verzichtet wofür / ihr starbt – einig / und frei zu sein · / Peter A. Steinhoff*

Auf der Rückseite stehen die Namen aller 183 bei den Barrikadenkämpfen am 18./19.3.1848 Gefallenen. Insgesamt sind auf dem Friedhof mit denjenigen, die erst in den folgenden Wochen ihren Verletzungen erlagen, 254 Menschen beerdigt. Merkwürdig mutete die Inschrift zu DDR-Zeiten an, besonders als dieser Staat sich vom Westen Deutschlands scharf abgrenzte. Aber er stand all die Jahre unbehelligt. Enthüllt wurde er am 18. März 1948 durch Stadtverordnetenvorsteher Otto Suhr (SPD).

Der Friedhof ist zugleich der Friedhof der Toten der Novemberrevolution 1918/19. Hinter dem Denkmal der revolutionären Matrosen befinden sich drei große, rote Grabplatten. Sie tragen folgende Inschriften (v.l.n.r.): (1.) *Gründet fest die /*

*Herrschaft der / Arbeiterklasse / Seid entschlossen / gegen jeden / der sich widersetzt / Karl Liebknecht* (2.) *Helden der Revolution / Erich Habersaath / Barz Basse Behrens Bichel / Burghardt Czirson Gabler / Gernandt Gessner Glathe / Goerke Golisch Hoericke / Kahler Kaminski Kliche / Lewin Lück Mau May Nagel / Paul Riess Richter Scheck / Schmidt Schmidt Schwarz / Schwengler Strauss / Tessmer Zwicker / November-Dezember 1918* (3.) *Die Vorhut der / Arbeiterklasse / hat in der / Novemberrevolution heroisch gekämpft / Walter Ulbricht*

**Alfred FUCHS**
*2.2.1905 – †Berlin 2.9.1944
**Ebelingstraße 5**

Inschrift: *In diesem Hause / wohnte der / antifaschistische / Widerstandskämpfer / Alfred / Fuchs / geb. am 2.2.1905 / Von den Faschisten / ermordet am 2.9.1944 / Ehre seinem Andenken*

Der parteilose Fuchs äußerte sich als Soldat gegen den Nationalsozialismus, wurde am 18.1.42 verhaftet, wegen »Wehrkraftzersetzung« zum Tode verurteilt und im Militärgefängnis Tegel erschossen. Erste Tafel um 1950, erneuert 1977. Die Tafel war 1991 entfernt. Am 17.4.1996 wurde vom Aktiven Museum Faschismus und Widerstand in Berlin e.V. gemeinsam mit der Berliner Vereinigung VdN, Bezirk Friedrichshain e.V., eine Ersatztafel angebracht.

**Clara GRUNWALD**
*Rheydt 11.6.1877 – †Auschwitz April 1943
**Scharnweberstraße 19**

Inschrift: *Hier wirkte von 1924 bis 1934 / in einem Montessori-Volkskinderhaus / Clara Grunwald / 11.6.1877 – Frühjahr 1943 / Pädagogin und erste Vorsitzende der / Deutschen Montessori-Gesellschaft / Im April 1943 wurde sie nach / Auschwitz gebracht und dort ermordet.*

Clara Grunwald war auch Lehrerin an der Louise-Otto-Peters-Schule, Gubener Straße. Die Berliner Gedenktafel wurde am 11.6.1997 enthüllt.

**Wilhelm HARNISCH**
*Eisleben 9.10.1887 –
†Frankfurt/Main 14.1.1960
**Bänschstraße (ehem. Suppenküche) oder Samariterhaus**

Der endgültige Anbringungsort der Tafel für den Pfarrer an der Friedrichshainer Samariterkirche (1931 – 1953) steht noch nicht fest. Dr. Harnisch gehörte zu den Gründungsmitgliedern des Pfarrernotbundes der Bekennenden Kirche in Berlin. Er half Bedrängten und Verfolgten, kam dafür selbst kurzzeitig ins KZ Columbia-Haus. Friedrichhains Bezirksbürgermeister Helios Mendiburu würdigte ihn mit den Worten: »Besonders zu erwähnen ist sein großes soziales Engagement, sein spontanes Reagieren auf akute Not. Seine Organisations- und Improvisationsgabe war unkompliziert und von einer tiefen menschlichen Güte, die leider nur wenigen Menschen zu eigen ist.« □

**HAUS DES KINDES**
**Strausberger Platz 19 (Südwestecke des Platzes)**

Bronzetafel mit Reliefporträt und der Inschrift: *Wilhelm Pieck 1. Präsident der DDR / eröffnete das Haus des Kindes am 18.10.1954*

An der Rückseite des Hauses befindet sich eine Bauinschrift (s. Stalinallee).

**Willi HEINZE**
*Berlin 28.3.1910 – †Brandenburg 26.2.1945
**Wilhelm-Stolze-Straße 32**

Inschrift: *In diesem Hause / wohnte der / antifaschistische / Widerstandskämpfer / Willi / Heinze / geb. am 28.3.1910 / Von den Faschisten / ermordet am 26.2.1945 / in Berlin [!] / Ehre seinem Andenken*

Der Arbeiter Heinze war Mitarbeiter der Leitung der Untergrund-KPD um Anton Saefkow. Er wurde im August 1944 verhaftet und zusammen mit Paul Hegenbart, Wilhelm Selke und Julius Wordelmann zum Tode verurteilt. Erste Tafel um 1950, erneuert 1977.

**HOCHHAUS AN DER WEBERWIESE**
**Marchlewskistraße 25 (gegenüber der Einmündung der Fredersdorfer Straße)**

Inschrift der in die Wand eingelassenen Marmortafel: *Hochhaus Weberwiese / Errichtet 1951/52 nach Entwürfen / eines Kollektivs unter der Leitung / von Hermann Henselmann / Mit dem Bau dieses ersten Wohnhochhauses / im kriegszerstörten Berliner Osten wurde / das nationale Aufbauprogramm / für die / Hauptstadt der DDR eingeleitet.*

Am Haus befindet sich noch eine Bauinschrift aus der Entstehungszeit (s. Stalinallee).

**Walter HOMANN**
*Berlin 15.1.1906 –
†Berlin-Plötzensee 10.4.1945
**Jungstraße 18**

Inschrift: *In diesem Hause / wohnte der / antifaschistische / Widerstandskämpfer / Walter / Homann / geb. am 15.1.1906 / Von den Faschisten / ermordet am 10.4.1945 / in Berlin-Plötzensee / Ehre seinem Andenken*

Homann, seit 1928 Mitglied der KPD, stand einer illegalen Betriebszelle der KPD bei der AEG in Moabit vor. Am 22.2.1945 wurde er verhaftet und mit 17 weiteren wegen der Unterstützung von Angehörigen politischer Gefangener zum Tode verurteilt. Erste Tafel um 1950, erneuert 1978.

**INTERNATIONALE BRIGADEN**
**Friedenstraße (Volkspark Friedrichshain, gegenüber der Einmündung der Büschingstraße)**

Über den Stufen zur Gedenkstätte der Spanienkämpfer liegt eine große Metallplatte mit der Inschrift: *Ruhm und Ehre den dreitausend / deutschen Antifaschisten, / gefallen 1936–1939 im Freiheitskampf / des spanischen Volkes / Sie kämpften in den Reihen der / glorreichen internationalen Brigaden / gegen den spanischen, deutschen / und italienischen Faschismus, für die Befreiung unserer Heimat / vom faschistischen Joch. / Ihr Kampf, beseelt von den großen Ideen / des proletarischen Internationalismus / und wahren Patriotismus, / bleibt unvergängliches Vorbild / der Jugend unseres sozialistischen / Vaterlandes.*

Die Gedenkstätte wurde geschaffen von Fritz Cremer und Siegfried Krepp.

**Georg KLINNER**
*Rummelsburg 25.8.1892 –
†Sachsenhausen 23.12.1942
**Grünberger Straße 63**

Inschrift: *In diesem Hause / wohnte der /*

*antifaschistische / Widerstandskämpfer / Georg / Klinner / geb. am 25.8.1892 / Von den Faschisten / ermordet am 23.12.1942 / in Sachsenhausen / Ehre seinem Andenken*

Der parteilose Klinner wurde wegen antinazistischer Äußerungen am Arbeitsplatz denunziert, kam ins KZ Sachsenhausen und starb dort an den Folgen der erlittenen Mißhandlungen. Die 1950 angebrachte Tafel wurde nach 1991 entfernt. Am 17.4.1996 wurde vom Aktiven Museum Faschismus und Widerstand in Berlin e.V. gemeinsam mit der Berliner Vereinigung VdN, Bezirk Friedrichshain e.V., eine Ersatztafel angebracht.

**Alfred KOWALKE**
*Rummelsburg 11.4.1907 –
†Brandenburg 6.3.1944
**Alt-Stralau 43**

Inschrift: *Die Toten mahnen / Alfred Kowalke / geboren / 11.4.1907 / hingerichtet / 7.3.1944 [!]*

Gedenkstein mit aufgesetzter schwarzer Tafel und weißer Schrift. Über dem Namen ist ein weißgerandeter roter KZ-Winkel. Der Gedenkstein befindet sich auf einem kleinen Platz zwischen den beiden Wegen in der Kleingartenkolonie »Alfred Kowalke«.

**Alfred KOWALKE**
**Boxhagener Straße 51**

Inschrift: *Hier wohnte der antifaschistische Widerstandskämpfer Alfred Kowalke, geb. am 11.4.1907. Von den Faschisten ermordet am 6.3.1944. Ehre seinem Andenken*

Kowalke, seit 1925 Mitglied der KPD, verließ Deutschland im November 1933, versah aber weiter Kurierdienste im Auftrag der KPD. Zuletzt kam er im Sommer 1941 nach Deutschland. Am 4.2.1943 wurde er verhaftet, im November zum Tode verurteilt und im Zuchthaus Brandenburg hingerichtet. Erste Tafel um 1950, erneuert 1976.

**Maximilian KUBITZEK**
*31.12.1898 – †Brandenburg 3.10.1933
**Colbestraße 10**

Inschrift: *In diesem Hause / wohnte der / antifaschistische / Widerstandskämpfer / Maximilian / Kubitzek / geb. am 31.12.1898 / Von den Faschisten / ermordet am 3.10.1933 / in Brandenburg / Ehre seinem Andenken*

Kubitzek wurde wegen der Herstellung von Flugblättern am 5.6.1933 verhaftet und von SA-Leuten mißhandelt. Er erlag den erlittenen Verletzungen im Zuchthaus Brandenburg. Bei dem Haus handelt es sich um einen Neubau, so daß sich der Inhalt der Tafel auf den Vorgängerbau bezieht. Erste Tafel um 1950, erneuert 1979.

**Karl KUNGER**
*Berlin 2.2.1901 –
†Berlin-Plötzensee 18.6.1943
**Krossener Straße 27 (nahe Seumestraße)**

Inschrift: *In diesem Hause / wohnte der / antifaschistische / Widerstandskämpfer / Karl / Kunger / geb. am 2.2.1901 / Von den Faschisten ermordet / am 18.6.1943 / in Berlin-Plötzensee / Ehre seinem Andenken*

Kunger (KPD) fertigte und verteilte gemeinsam mit Hans-Georg Vötter (*Leipzig 6.7.1901 – †Berlin-Plötzensee 11.5.1943) und Werner Schaumann Flugblätter. Er unterhielt auch Kontakte zur Gruppe um Herbert Baum. Seit 1937 gehörte er im AEG-Apparatewerk Treptow der Gruppe Uhrig an, rief zur Störung der Rüstungsproduktion und zur Solidarität mit ausländischen Zwangsarbeitern im Betrieb auf. Dabei arbeitete er u. a. mit Hildegard Jadamowitz (*Berlin 12.2.1916 – †Berlin-Plötzensee 18.8. 1942), Werner Steinbrink (*Berlin 19.4.1917 – †Berlin-Plötzensee 18.8.1942) und Irene Walther (*Berlin 23.1.1919 – †Berlin-Plötzensee 18.8.1942) zusammen. Er wurde im September 1942 verhaftet und zum Tode verurteilt. Eine erste Tafel wurde um 1950 angebracht, erneuert wurde sie 1977. Sie befindet sich rechts neben dem Eingang.

**Karl KUNGER**
**Sonntagstraße 31**

Die 1973 belegte Tafel ist entfernt, ihre Inschrift war nicht in Erfahrung zu bringen. Im Juli 1992 waren deutlich Spuren einer entfernten Tafel erkennbar, dazu auch ein Haken zum Anbringen eines Kranzes.

**Georg LEHNIG**
*Berlin 15.3.1907 – †Brandenburg 28.3.1945
**Kadiner Straße 16**

Inschrift: *Hier wohnte der / antifaschistische / Widerstandskämpfer / Georg / Lehnig / geb. am 15.3.1907 / Von den / Faschisten ermordet / am 28.3.1945 / Ehre seinem / Andenken*

Erste Tafel für den kommunistischen Widerstandskämpfer um 1950, erneuert 1976.

**Wladimir Iljitsch LENIN**
**Frankfurter Allee 102 (damals 193) Ecke Jessnerstraße**

Inschrift: *In diesem Gebäude / nahm / W. I. Lenin / im August 1895 / an einer / Arbeiterversammlung / teil.*

Auf der Versammlung im Lokal Spitzig sprach der sozialdemokratische Reichstagsabgeordnete Arthur Stadthagen (*Berlin 23.5.1857 – †Berlin 5.12.1917). Da es sich bei dem Haus um einen jüngeren Bau handelt, bezieht sich die Inschrift auf einen Vorgängerbau.

**Rosa LUXEMBURG**
**Weinstraße (Nähe Barnimstraße)**

Gedenkstele von Günter Junge (1977) mit kreisrunder Plakette vor der Schule.

Inschrift: *Hier / stand das / Frauengefängnis / in dem / Rosa Luxemburg / wegen ihrer / revolutionären / Gesinnung / inhaftiert / war*

Die Tafel wurde im Sommer 1991 restauriert und im September 1991 wieder angebracht.

**Kurt MACHLER**
*Berlin 8.1.1910 –
†Berlin-Plötzensee 15.8.1942
**Helenenhof 1**

Inschrift: *Hier, an seinem Wohnhaus, war eine Gedenktafel für / Kurt Machler / 8.1.1910–15.8.1942 / Kurt Machler trat zusammen mit seinem Bruder Fritz 1933 der NSDAP und der / SA bei. 1935 verließen beide die SA, 1937 wurde Kurt aus der NSDAP / wegen Interesselosigkeit ausgeschlossen. Nach Kriegsbeginn verfaßten / und vervielfältigten sie Zettel mit Parolen wie: Wir Rekruten meutern! / Denkt an 1918! Hitler verrecke! und verteilten sie in ganz Berlin. Am 10. August / 1941 wurden die Brüder bei einer solchen Aktion entdeckt und von den / Hausbewohnern der Polizei übergeben. Im Mai 1942 wurden beide zum Tode / verurteilt. Das Urteil gegen Fritz Machler wurde nicht vollstreckt. / Kurt Machler wurde am 15. August in Berlin-Plötzensee hingerichtet. / Aktives Museum*

*Faschismus und Widerstand in Berlin e.V. / Berliner Vereinigung VdN, Bezirk Friedrichshain e.V. / 30.1.1996*

Die 1978 angebrachte Vorgängertafel trug die Inschrift: *In diesem Hause / wohnte der / antifaschistische / Widerstandskämpfer / Kurt / Machler / geb. am 8.1.1910 / Von den Faschisten / ermordet am 15.8.1942 / in Berlin-Plötzensee / Ehre seinem Andenken*

Der Hausbesitzer nahm diese Tafel (lt. Mitteilung des Aktiven Museums) während einer Hausrenovierung ab und in Verwahrung. Er zog die Anbringung einer Tafel »aus einfachem Material« »mit ausführlicherem Text vor«. Dies erfolgte am 30.1.1996. Eine erste Tafel wurde bereits um 1950 angebracht.

**Karl MARX**
**Alt-Stralau 25 (gegenüber Einmündung Friedrich-Junge-Straße)**

Inschrift einer Tafel am Eingang zu einer Grünanlage: *Karl-Marx-Erinnerungsstätte / 1837 weilte Karl Marx in Alt-Stralau / und fand hier als junger Student / die Erholung, die er zur Fortführung / seiner Arbeit benötigte / 1890 kamen aus Hamburg die Glasarbeiter / nach Alt-Stralau / Sie waren aktive Vertreter der Lehren von / Marx und Engels / Von hier aus leiteten sie den groszen Streik / der „Buddelmaker" / in ganz Deutschland im Jahre 1901 / und führten ihn erfolgreich zu Ende* Inschrift auf einer Stelenrückseite: *Die Philosophen haben die Welt nur verschieden interpretiert. Es kommt aber darauf an, sie zu verändern.*

Im Band »Berlin« (»Werte unserer Heimat, Bd. 49/50«) heißt es: »Von April bis zum Herbst [1837] verbrachte er [Marx] hier wegen seiner stark angegriffenen Gesundheit einen ärztlich verordneten Landaufenthalt. Er wohnte im Hause des Fischers und Gastwirts Gottlieb Köhler [neben der ›Alten Taverne‹]. Diesem Aufenthalt ist die Karl-Marx-Erinnerungsstätte gewidmet, die am 1. Oktober 1964 eingeweiht wurde. Inmitten einer Grünanlage erheben sich 2 Reliefstelen aus Sandstein, die 1962 vom Bildhauer Hans Kies geschaffen wurden. Eine Stele zeigt das Porträt von Marx und eine Szene aus dem damaligen Gartenlokal, in der er sich mit Junghegelianern auseinandersetzt. Die zweite Stele stellt ein Motiv aus dem Stralauer Glasbläserstreik von 1901 dar.«

**Georg MÜLLER**
*Berlin 1.3.1905 – †1945
**Wilhelm-Stolze-Straße 31**

Inschrift: *In diesem Hause / wohnte der / antifaschistische / Widerstandskämpfer / Georg / Müller / geb. am 1.3.1905 / Von den Faschisten / ermordet 1945 / in Berlin-Plötzensee / Ehre seinem Andenken*

Wegen illegaler Tätigkeiten wurde Müller am 9.12.1934 verhaftet, am 9.6.1936 zu sechs Jahren Zuchthaus verurteilt, die er im Zuchthaus Luckau verbüßte. Im Anschluß daran kam er in die Konzentrationslager Esterwegen, Aschendorfer Moor und Sachsenhausen. Miethe (S. 42) weicht in der Darstellung des weiteren Schicksals vom Tafeltext ab: »Am 10.11.1944 in die faschistische Wehrmacht gepreßt, begab er sich [...] in sowjetische Kriegsgefangenschaft. Verstarb 1945 in einem sowjetischen Lazarett an den Folgen der Mißhandlungen während der KZ-Haft.« Erste Tafel um 1950, erneuert 1977.

**NATIONALES AUFBAUWERK**
**Warschauer Straße**

An der Nordostecke der Warschauer Brücke befindet sich in einer kleinen Grünanlage ein Gedenkstein mit aufgeschraubter Metalltafel.

Inschrift: *Das Erbe des Faschismus / war Schutt und Ruinen / Durch freiwillige Arbeit / der Bevölkerung im / Nationalen Aufbauwerk / entstand diese Anlage / Eine Tat des Friedens*

Rechts neben der Inschrift steht ein Bär auf einer Linie, in den Tatzen einen nach unten gerichteten Spaten. Unter der Linie die Jahreszahl *1955*. Eine gleichartige Tafel befindet sich im Weißenseer Park. Entsprechende Tafeln an der Frankfurter Allee Ecke Kinzigstraße, Frankfurter Allee Ecke Kreutziger Straße und in der Glinkastraße 22 existieren nicht mehr. Dort befinden sich Neubauten.

**Heinz NAWROT**
*31.10.1910 – †Berlin 11.4.1945
**Richard-Sorge-Straße 10**

Inschrift: *In diesem Hause wohnte / der antifaschistische Widerstandskämpfer / Heinz Nawrot / geb. am 31.10.1910. / Von den Faschisten / ermordet am 11.4.1945. / Ehre seinem Andenken!*

Die Tafel wurde 1990 von Unbekannten entfernt und am 8.5.1991 von Mitgliedern des Vereins »Aktives Museum Faschismus und Widerstand in Berlin e.V.« ersetzt, allerdings mit der Namensschreibung Nawroth. Die neue Tafel trug außer der alten Inschrift das Zeichen des Vereins und den Zusatz: *Eine Gedenktafel mit dem gleichen Text befand sich an diesem Haus. 8. Mai 1991.*
Diese Tafel wurde im Herbst 1995 von Unbekannten entfernt. Am 23.12.1995 brachten Mitglieder des Vereins und der Vereinigung VdN erneut eine Tafel mit folgender Inschrift an:
*Hier, an seinem Wohnhaus, war eine Gedenktafel für / Heinz Nawrot / 31.10.1910 – 11.4.1945 / Der Sozialdemokrat Heinz Nawrot schloß sich in sowjetischer Kriegsgefangenschaft / dem „Nationalkomitee Freies Deutschland“ an. Anfang April 1945 wurde er / beauftragt, in Berlin Verbindungen zu Widerstandskämpfern aufzunehmen. Er / sprang mit dem Fallschirm bei Templin ab und gelangte nach Berlin. Am / Weißenseer Weg im Bezirk Lichtenberg wurde er in ein Gefecht mit einer SS-/Einheit verwickelt und erschossen. / Aktives Museum Faschismus und Widerstand in Berlin e.V. / Berliner Vereinigung VdN, Bezirk Friedrichshain e.V. / 23.12.1995*

Erste Tafel um 1950, erneuert 1979.

**Herbert NEUMANN**
*12.3.1908 – †Berlin 29.1.1928
**Gubener Straße 5**

Inschrift: *Im Gedenken an das Mitglied des Kommunistischen Jugendverbandes Deutschlands Herbert Neumann geboren am 12. März 1908 ermordet am 29. Januar 1928*

Der zwanzigjährige Neumann wurde nach einer politischen Auseinandersetzung in einem Lokal durch zwei von Polizeioberwachtmeister Heise abgefeuerte Kugeln tödlich verletzt.

**Eugen NEUTERT**
*Berlin 18.3.1905 –
†Berlin-Plötzensee 9.9.1943
**Richard-Sorge-Straße 65**

Inschrift: *In diesem Hause / wohnte der / antifaschistische / Widerstandskämpfer / Eugen / Neutert / geb. am 18.3.1905 / Von den Faschisten / ermordet am 9.9.1943 / in Berlin-Plötzensee / Ehre seinem Andenken*

Der Elektriker Neutert wurde bereits 1936 »wegen illegaler Tätigkeit für die KPD« (Miethe) zu zweieinhalb Jahren Freiheitsstrafe verurteilt. Nach der Freilassung arbeitete er bei Eternit, dort schloß er sich im Frühjahr 1939 der Widerstandsgruppe um Uhrig an. Nach dessen Verhaftung arbeitete er bei Hans Coppi mit, stellte Betriebsverbindungen her und half bei Herstellung und Verbreitung der Widerstandsschrift »Die innere Front«. Er wurde im Oktober 1942 verhaftet und zum Tode verurteilt.

**Artur OGROWSKY**
*31.5.1902 – †Brandenburg 30.11.1941
**Bänschstraße 30**

Inschrift: *In diesem Hause wohnte der antifaschistische Widerstandskämpfer Artur Ogrowsky geb. am 31.5.1902. Von den Faschisten ermordet am 30.11.1941. Ehre seinem Andenken*

Er flüchtete 1935 aus Angst vor Verhaftung wegen illegaler Aktivitäten in die Tschechoslowakei, wurde dort nach der deutschen Besetzung 1939 in Prag verhaftet und erlag im Zuchthaus Brandenburg den erlittenen Mißhandlungen. Erste Tafel um 1950, erneuert 1977.

**OPFER DES NATIONALSOZIALISMUS**
**Petersburger Straße 94 (DDR: Bersarinstraße)**

Inschrift: *An dieser Stelle / befand sich / das berüchtigte / Faschistenlokal / Keglerheim. / Es wurde / 1933 / zum Mörderkeller, / in dem / hunderte Friedrichshainer / Antifaschisten / grausam misshandelt / oder ermordet wurden.*

Ende Januar 1992 wurde die an einer Mauer angebrachte Bronzetafel zur Erinnerung an das SA-Sturmlokal Keglerheim von Unbekannten entwendet, einen knappen Monat später unter Bauschutt gefunden und der Polizei übergeben. Sie wurde am 2.5.1995 vom Bezirksamt an dem inzwischen hier errichteten Geschäftshaus wieder angebracht.

**OPFER DES NATIONALSOZIALISMUS**
**Boxhagener Straße 100 (Friedhof IV der Georgen Parochialgemeinde, rechte Seite des Hauptwegs, etwa 50 m vom Eingang)**

Symbolisches Grabmal mit der Inschrift: *Die Toten mahnen / Fritz Riedel geb. 1.3.1908 / ermordet 21.8.1944 / Kurt Ritter / 31.12.1909 / ermordet 28.8.1944 / Willi Heinze geb. 28.3.1910 / ermordet 26.2.1945*

**OPFER DES NATIONALSOZIALISMUS**
**Koppenstraße Ecke Singerstraße**

Gedenkstele für Antifaschisten (Werner Richter, 1975), die in den umliegenden Straßen wohnten bzw. arbeiteten. Ihre Wohnhäuser wurden durch Bombenangriffe vernichtet oder mußten wegen Baufälligkeit abgerissen werden. Der Stein trägt an der Südseite die Inschrift:
*Gerda Boenke 12.10.1913 10.11.1944 /*
*Herbert Häberlein / 12.9.1918 7.10.1942 /*

*Alfred Jung 13.6.1908 4.12.1944 / Ernst Perzel 19.9.1890 19.4.1944 / Albert Reuschler / 21.11.1893 8.5.1944 / Gustav Staats 13.2.1911 15.12.1944 / Emmerich Schaper / 4.8.1920 23.11.1942 / Sie wurden ermordet*
Die Inschrift auf der Nordseite war Mitte März 1992 abgeschliffen. Sie lautete: *Dem Gedenken an die / heldenhaften / Widerstandskämpfer / gegen faschistische / Barbarei / Ihr Vermächtnis / hat sich erfüllt / in der sozialistischen / Deutschen / Demokratischen / Republik.*

An der Ost- und an der Westseite sind auf der Spitze stehende, steinerne rote Dreiecke (als Symbol der politischen Häftlinge in nationalsozialistischen Konzentrationslagern) aufgesetzt.

Gerda Boenke arbeitete bei der Werkzeugmaschinenfabrik Kärger (DDR: VEB Berliner Werkzeugmaschinenfabrik), Krautstraße 52. Sie äußerte sich gegenüber Arbeitskolleginnen gegen den Krieg und die Kriegsverbrechen. Nach Denunziation wurde sie verhaftet und hingerichtet. An den Außenwänden des schwer kriegsbeschädigten Gewerbehofs und Wohnhauses war im März 1992 eine angeblich vorhandene Gedenktafel nicht auffindbar.
Herbert Häberlein wohnte Rüdersdorfer Straße 8 (bis zum Abriß des Hauses gab es dort eine Tafel). Er machte auch als Soldat aus seiner antinationalsozialistischen Haltung keinen Hehl. Dafür wurde er von einem Militärgericht zum Tode verurteilt und erschossen.
Alfred Jung wohnte Fruchtstraße 69 (DDR: Straße der Pariser Kommune).
Ernst Perzel wohnte am Küstriner Platz 9.
Albert Reuschler wohnte Lange Straße 93.
Gustav Staats wohnte Friedrichsfelder Straße 40 (die Straße existiert nicht mehr; dort war ebenfalls bis zum Abriß eine Tafel angebracht). Staats schrieb als Soldat Gedichte, die »als staatsfeindlich angesehen wurden«. Er wurde deshalb im Juli 1943 verhaftet und auf dem Gelände der Kaserne Ruhleben (Murellenschlucht) erschossen.
Emmerich Schaper wohnte Andreasstraße 64 (die 1974 noch vorhandene Tafel existiert nicht mehr, s. Concordia-Säle).

**Ernst PAHNKE**
*Prisnitz/Rügen 26.7.1879 –
†Berlin-Plötzensee 5.10.1943
**Rigaer Straße 94**

Inschrift: *In diesem Hause / wohnte der / antifaschistische / Widerstandskämpfer / Ernst / Pahnke / geb. am 26.7.1879 / Von den Faschisten / ermordet am 5.10.1943 / in Berlin-Plötzensee / Ehre seinem Andenken*

Der parteilose Verwaltungssekretär Pahnke (nach anderen Quellen 1899 geboren) verfaßte Gedichte gegen den Nationalsozialismus, die er zusammen mit Freunden vervielfältigte und verteilte. Er wurde dafür zum Tode verurteilt. Erste Tafel um 1950, erneuert 1978.

**Rudolf PAETZOLD**
*24.11.1919 – †26.1.1944
**Simon-Dach-Straße 33**

Inschrift: *In diesem Hause / wohnte der / antifaschistische / Widerstandskämpfer / Rudolf / Paetzold / geb. am 24.11.1919 / Von den Faschisten / ermordet am 26.1.1944*

Paetzold sprach sich als zur Wehrmacht eingezogener Soldat gegen den Krieg aus und wurde deshalb wegen »Wehrkraftzersetzung« von einem Kriegsgericht zum Tode verurteilt und erschossen. Erste Tafel um 1950, erneuert 1978. Unbekannte entfernten die Tafel 1990. Sie wurde am 8.5.1991 von Mitgliedern des Vereins »Aktives Museum Faschismus und Widerstand in Berlin e.V.« erneuert. Diese Tafel wurde ebenfalls entfernt. Am 7.5.1993 brachte der Verein erneut eine Ersatztafel mit folgender Inschrift an: *Hier, an seinem Wohnhaus, war eine Gedenktafel für / Rudolf Paetzold / 24.11.1919 – 16.1.1944 [!] / Er versuchte in den Jahren ab 1942 andere Soldaten / von der Sinnlosigkeit des Krieges zu überzeugen. / Wegen »Wehrkraftzersetzung« wurde Rudolf Paetzold / zum*

*Tode verurteilt und hingerichtet. / 8. Mai 1993 / Aktives Museum Faschismus und Widerstand in Berlin e.V.*

**Gregor PINKE**
*11.7.1898 – †Berlin-Plötzensee 9.5.1941
**Warschauer Straße 46**

Inschrift: *In diesem Hause / wohnte der / antifaschistische / Widerstandskämpfer / Gregor / Pinke / geb. am 11.7.1898 / Von den Faschisten / ermordet am 9.5.1941 / in Berlin-Plötzensee / Ehre seinem Andenken*

Der Arbeiter Pinke arbeitete nach 1933 weiter für die KPD und sammelte Geld für aus politischen Gründen Inhaftierte. Er wurde 1938 verhaftet. Nach einer Quelle (Miethe, S. 42) wurde er – abweichend vom Tafeltext – »später nach Warschau gebracht und dort ermordet«. Erste Tafel um 1950, erneuert 1977.

**Karl PINNOW**
*Berlin 20.2.1895 – †Dachau 2.12.1942
**Kopernikusstraße 19**

Inschrift: *In diesem Hause / wohnte der / antifaschistische / Widerstandskämpfer / Karl / Pinnow / geb. am 20.2.1895 / Von den Faschisten / ermordet am 2.12.1942 / in Dachau / Ehre seinem Andenken*

Der Kommunist Pinnow war Mitarbeiter der »Roten Fahne«, wurde 1934 zu zweieinhalb Jahren Gefängnis verurteilt, im Juni 1941 erneut (»wegen antifaschistischer Tätigkeit« oder weil er sich kritisch über den Krieg geäußert hatte) von der Gestapo verhaftet und in das KZ Dachau gebracht. Erste Tafel 1950, erneuert 1978.

**POLNISCHER UND DEUTSCHER WIDERSTAND**
**Volkspark Friedrichshain (Virchowstraße)**

Am Fuß der Denkmalanlage befindet sich eine Tafel mit der Inschrift: *Denkmal des polnischen Soldaten und deutschen Antifaschisten / Dieses Denkmal, errichtet von den Regierungen / der Volksrepublik Polen und der Deutschen / Demokratischen Republik am Jahrestag des / Sieges der Antihitlerkoalition über den / Faschismus, erinnert an den bewaffneten / Kampf der polnischen Volksarmee, die an der / Seite der Sowjetarmee einen ruhmvollen / Kampfweg von Lenino bis Berlin zurücklegte / und einen Beitrag für die Befreiung der / Völker Europas vom Faschismus leistete. / Es verewigt die Taten der deutschen Antifaschi-/ sten, die bei der Verteidigung der höchsten / moralischen Werte ihres Volkes gemeinsam / mit den sowjetischen und polnischen Genossen / den Kampf gegen den hitlerfaschistischen / Terror führten und damit während der / faschistischen Diktatur die Vision der künftigen / sozialistischen Deutschen Demokratischen / Republik schufen. / Ehre ihrem Andenken!*

Die Überschrift läuft über die ganze Breite der länglichen Tafel in Polnisch, Deutsch und Russisch. In dieser Reihenfolge der Sprachen stehen darunter (v.l.n.r.) auch die Texte nebeneinander. Die Einweihung dieses Denkmals der »deutsch-polnischen Waffenbrüderschaft« erfolgte am 15. Mai 1972 durch Erich Honecker. Seit dem 1.9.1995 ergänzen zwei Kupfertafeln links in Polnisch und rechts in Deutsch die alte Tafel. Der deutsche Text lautet: *Dieses Denkmal wurde 1972 von den / Regierungen beider Länder zur Ehrung / der damals offiziell*

*anerkannten Helden / im Kampf gegen den Nationalsozialismus / errichtet. / Heute wird an dieser Stelle auch derer / gedacht, die als Soldaten der Armee / des polnischen Untergrundstaates, der / alliierten Streitkräfte und der polnischen / Widerstandsbewegung gekämpft haben / und gefallen sind, die als Zwangsarbeiter, / Häftlinge und Kriegsgefangene verschleppt / und ermordet wurden / sowie aller Antifaschisten des deutschen / Widerstandes, die ihr Leben für die / Befreiung vom Nationalsozialismus / geopfert haben. / Berlin 1995*

**Erich PRENZLAU**
*Berlin 6.7.1895 – †Brandenburg 25.9.1944
**Heidenfeldstraße 3**

Inschrift: *In diesem Hause / wohnte der / antifaschistische Widerstandskämpfer / Erich / Prenzlau / geb. am 6.7.1895 / Von den Faschisten / ermordet am 25.9.1944 / Ehre / seinem Andenken*

Erich Prenzlau (KPD) stand seit 1939 einer mehr als einhundert Personen umfassenden Widerstandsgruppe vor, in der sich Kommunisten, Sozialdemokraten, Parteilose, oppositionelle NSDAP-Mitglieder und frühere Angehörige des Stahlhelm zusammenfanden. Sie stellten Flugblätter und Zeitungen her und verbreiteten sie. Zusammen mit vierzig weiteren wurde Prenzlau am 20. Mai 1943 verhaftet. Zwanzig von ihnen wurden zum Tode verurteilt. Am 10.7.1944 starben durch die Hand des Henkers in Brandenburg Gustav Dziobaka (*Skamatzko/Kyck 27.6.1892) und Ernst Kühn (*Hindenburg/Oberschlesien 20.4.1902). Erste Tafel um 1950, erneuert 1978.

**Fritz RIEDEL**
*Berlin 1.3.1908 – †Brandenburg 21.8.1944
**Rigaer Straße 64**

Inschrift: *Hier, an seinem Wohnhaus, war eine Gedenktafel für / Fritz Riedel / 1.3.1908–21.8.1944 / Der Metallgießer Fritz Riedel engagierte sich als Arbeitersportler in der / Antifaschistischen Aktion. Nach 1933 schloß er sich dem kommunistischen / Widerstand an. Er gehörte 1942 zur Gruppe um Beppo Römer und Robert Uhrig, / die in der illegalen Monatsschrift Informationsdienst Anleitungen für Sabotageakte, / Hilfe für Zwangsarbeiter und Antikriegspropaganda in der Wehrmacht gab. / Im Februar 1942 wurde Fritz Riedel mit mehr als 200 Mitgliedern der Gruppe / verhaftet. Im Juli 1944 wurde er zum Tode verurteilt und am 21. August / im Zuchthaus Brandenburg-Görden hingerichtet. / Aktives Museum Faschismus und Widerstand in Berlin e.V. / Berliner Vereinigung VdN, Bezirk Friedrichshain e.V. / 30.1.1996*

Die Inschrift der Vorgängertafel lautete: *In diesem Hause / wohnte der / antifaschistische / Widerstandskämpfer / Fritz / Riedel / geb. am 1.3.1908 / Von den Faschisten / ermordet am 21.8.1944 / in / Brandenburg-Görden / Ehre seinem Andenken*

Diese Tafel wurde im Juli 1992 von Unbekannten entfernt. Das Bezirksamt antwortete auf eine Anfrage der SPD in der Bezirksverordnetenversammlung am 19.8.1992, daß eine Ermittlung bzw. Neuanbringung nicht möglich sei, da vom Eigentümer bzw. Verwalter des Hauses, der Wohnungsbaugesellschaft Friedrichshain, keine Anzeige erstattet wurde. Riedel gehörte zur Widerstandsgruppe um Josef (Beppo) Römer (*München 17.11.1892 – †Brandenburg 25.9.1944) in Berlin. Er brachte diesen 1939 in Kontakt mit Robert Uhrig. Beide begannen danach eine enge Kooperation. Ende Januar 1942 wurde Riedel zur Wehrmacht eingezogen und kurz danach verhaftet.
Zur Gruppe Römer gehörten in Berlin u. a.: Schauspielerin Alja Blomberg, Buchhalterin Cilly Bode, Kaufmännische Angestellte Martha (die Schwester Fritz Riedels) und der Zimmermann Fritz Butte, Versicherungsdirektor Willy Gebel, Bühnentischler Paul Gesche (*Berlin

12.6.1907 – †Brandenburg 21.8.1944), Schauspieler Irene und Hans Meyer-Hanno, Bootsbauer Heinz Neth, Arbeiter Betty und Alfred Neumann, Maschinenbauer Kurt Ritter, Ingenieur Willy Sachse (*Leipzig 7.1.1896 – †Brandenburg 21.8.1944), Möbeltischler Erwin Schwarz, Schriftsteller Alexander Graf Stenbock-Fermor, Graveur Erich Wichmann. Eine erste Tafel wurde bereits um 1950 angebracht und 1979 erneuert.

**Kurt RITTER**
*Ostramenda, Krs. Eckartsberge 31.12.1909 –
†Brandenburg 28.8.1944
**Gürtelstraße 20–24 (DDR: Sportstadion Kurt Ritter)**

Inschrift: *Zum Gedenken / an den verdienten / Arbeitersportler und / antifaschistischen / Widerstandskämpfer / Kurt Ritter / geboren am 31.12.1909 / ermordet am 28.8.1944 / Vorbild und Mahner / der Jugend*

Ritter war führendes Mitglied der von Robert Uhrig geleiteten Widerstandsgruppe, auch als Kurier tätig. Andere Quellen rechnen ihn zur Gruppe um Beppo Römer, die mit Uhrig kooperierte. Er wurde im Februar 1942 verhaftet und im Zuchthaus Brandenburg hingerichtet.

**ROSE-THEATER**
**Karl-Marx-Allee 78 (neben der Karl-Marx-Buchhandlung; früher Große Frankfurter Straße 132)**

Inschrift: *An diesem Ort befand sich von / 1906 bis 1945 / das von Bernhard Rose (1865–1927) / gegründete / Rose-Theater / Als Volkstheater mit breitgefächertem / Programm erlangte die Bühne / große Bedeutung für die Kulturlandschaft / des Berliner Ostens / Die Söhne Paul, Hans und Willi führten / das Haus bis zu seiner Schließung / im Jahre 1944*

Enthüllung der Berliner Gedenktafel Mitte Mai 1995 (s. a. Wedding, Badstraße 58).

**Werner SCHAUMANN**
*Berlin 2.2.1908 –
†Berlin-Plötzensee 11.5.1943
**Grünberger Straße 85**

Inschrift: *In diesem Hause / wohnte der / antifaschistische / Widerstandskämpfer / Werner / Schaumann / geb. am 2.2.1908 / Von den Faschisten / ermordet am 11.5.1943 / in Berlin-Plötzensee / Ehre seinem Andenken*

Schaumann (KPD) beteiligte sich an der Verbreitung illegaler Flugblätter und Zeitschriften, kam in Kontakt mit der Gruppe um Herbert Baum. Mit anderen aus dieser Gruppe wurde er im Mai 1942 verhaftet und zusammen mit Hans-Georg Vötter, Arthur Illgen (*Berlin 22.2.1905 – †Berlin-Plötzensee 11.5.1943) und Adolf Bittner (*Jägerndorf-Tropplowitz 6.8.1899 – †Berlin-Plötzensee 11.5.1943) am 5.2.1943 zum Tode verurteilt. Er arbeitete auch zusammen mit Karl Kunger. In Neukölln ist der 10.5.1943 als Todestag angegeben.

**Fritz SCHMENKEL**
*Warsow b. Stettin 16.2.1916 –
†bei Minsk 22.2.1944
**Revaler Straße 99 (DDR: RAW »Franz Stenzer«, später Reichsbahnausbesserungswerk Berlin, heute Talgo Deutschland)**

Inschrift: *Fritz Schmenkel, geb. am 16.2.1916, ein Leben als Kommunist und Patriot. Ermordet von den Faschisten am 22.2.1944*

Der Soldat Schmenkel desertierte im November 1941 von den deutschen Einheiten zu sowjetischen Partisanen, denen er sich anschloß. Ende 1943 wurde er als Spion hinter die deutschen Linien geschickt, verhaftet, zum Tode verurteilt und erschossen. Die früher an der Betriebsschule (Haus 04) angebrachte Tafel wurde von Betriebsangehörigen des RAW von der Schmalseite des Hauses abgenommen und verwahrt.

**SCHRIFTSTELLER**
**Strausberger Platz 19 (Südwestseite, neben Karl-Marx-Allee 52)**

Inschrift der Bronzetafel: *In diesem Hause wohnten die / sozialistischen Schriftsteller / F. C. Weiskopf / 1953–1955 / Bodo Uhse / 1960–1963 / Alex Wedding (Grete Weiskopf) / 1953–1966*

Franz Carl Weiskopf (*Prag 3.4.1900 – †Berlin 14.9.1955); Bodo Uhse (*Rastatt 12.3.1904 – †Berlin 2.7.1963, Grabstätte auf dem Dorotheenstädtischen Friedhof, Mitte, Chausseestraße); Grete Weiskopf (Pseudonym Alex Wedding; *Salzburg 11.5.1905 – †Saalfeld/ Thüringen 15.3.1966). Grete Weiskopf ist gemeinsam mit F. C. Weiskopf beigesetzt auf dem Zentralfriedhof Friedrichsfelde, Gudrunstraße, am Rondell hinter der Gedenkstätte der Sozialisten. In der Mauer dort befindet sich eine Bronzetafel mit einer Porträtplastik von F. C. Weiskopf. Auf einer zweiten Bronzetafel rechts daneben steht: *Er kämpfte lächelnd / auch in trüben Tagen / Sein Mut / und seine Überzeugung / leben fort / in seiner Dichtung*

**Werner SEELENBINDER**
**Glatzer Straße 6**

Inschrift: *In diesem Hause / wohnte der / antifaschistische / Widerstandskämpfer / Werner / Seelenbinder / geb. am 2.8.1904 / Von den Faschisten / ermordet am 24.10.1944 / in Brandenburg / Ehre seinem Andenken*

Eine Vorgängertafel trug die Inschrift: *Hier wohnte der / antifaschistische / Widerstandskämpfer / Werner / Seelenbinder / geb. am 2.8.1904 / hingerichtet am 24.10.1944 / Dein Tod ist uns / Verpflichtung*

Seelenbinder nutzte seine Sportlerreisen, um Kontakte zwischen dem Ausland und dem kommunistischen Widerstand zu schaffen. Er beteiligte sich aktiv an Widerstandsaktivitäten an seinen Arbeitsstellen (u. a. AEG Treptow) und vermittelte dem illegal eingereisten Instrukteur des ZK der KPD, Alfred Kowalke, eine Unterkunft bei Johannes Zoschke. Am 4.2.1942 wurde er verhaftet, erst Anfang 1944 begann der Prozeß. Das Todesurteil wurde am 5.9.1944 ausgesprochen.

**Richard SORGE**
*Baku 4.10.1895 – †Tokio 7.11.1944
**Richard-Sorge-Straße Ecke Weidenweg**

Porträt von Sorge und die Inschrift: *1895–1944 Dr. R. Sorge* Sorge war Spion für die Sowjetunion (»sowjetischer Kundschafter«) in Japan. Die Tafel wurde am 6.11.1969 im Zusammenhang mit der Straßenumbenennung (zuvor Tilsiter Straße) angebracht und 1990 von Unbekannten entfernt. Am 7.5.1993 brachte der Verein Aktives Museum Faschismus und Widerstand in Berlin e.V. eine Ersatztafel an. Inschrift: *Hier war eine Erinnerungstafel für / Richard Sorge / 4.10.1895 – 7.11.1944 / Als Journalist in Tokio arbeitete Dr. Richard Sorge / für den sowjetischen Nachrichtendienst. Er berichtete 1941 / von dem bevorstehenden deutschen Überfall und darüber, / daß Japan die Sowjetunion nicht angreifen werde. / Er wurde in Japan zum Tode verurteilt und hingerichtet. / 8. Mai 1993 / Aktives Museum Faschismus und Widerstand in Berlin e.V.*

**STALINALLEE**
**Karl-Marx-Allee 114/116**

Inschrift für die Grundsteinlegung der »ersten sozialistischen Straße Deutschland«: *Ministerpräsident / Otto Grotewohl / legte am 3.2.1952 den / Grundstein / für diesen Block*
Auf der gegenüberliegenden Seite im Mitteldurchgang des Blocks E Süd gibt es eine zweite Tafel mit der Inschrift: *Dieser / Block E-Süd / wurde 1951–1952 im / Nationalen Aufbauwerk von Lehrlingen errichtet*
An den in nur zwei Jahren errichteten Wohnhäusern der heutigen Karl-Marx-Allee gibt es außerdem eine Reihe von Bauinschriften.

Strausberger Platz 19 (Haus des Kindes; Rückfront); *Solch ein Gewimmel möcht / ich sehn, auf freiem Grund / mit freiem Volke stehn!;* Strausberger Platz 1 (Haus Berlin; Rückfront): *Als wir aber dann beschlossen: endlich unserer / Kraft zu trauen: und ein schönres Leben aufzu / bauen: Haben Kampf und Müh uns nicht verdrossen.* Dieser Text wie der am Hochhaus an der Weberwiese (s. auch dort) stammt von Bertolt Brecht: *Friede in unserem Lande / Friede in unserer Stadt / dass sie den gut behause / der sie gebauet hat / Bert Brecht;* Block C Nord, Karl-Marx-Allee 81, unter dem Emblem des ersten Fünf-Jahr-Plans: *1952 / Nationales Aufbauprogramm, links daneben steht: Lasst uns zusammen, Bauarbeiter / der Stalinallee, ihr jungen und / alten, lasst uns zusammen ihr Bau-/arbeiter der Deutschen Demokra/tischen Republik am stolzen Werk / des Sozialismus schaffen W. Pieck 13.7.1952,* rechts daneben steht: *Lasst uns zusammen mit grösster / Wachsamkeit unser Aufbauwerk / schützen, damit Wirklichkeit wird, / wie es in unserer Nationalhymne / heisst: ›Und die Sonne schön wie nie / über Deutschland scheint‹;* Block C Süd, Karl-Marx-Allee 78–84, unter dem Symbol des ersten Fünf-Jahr-Plans: *1. Nationales / Aufbauprogramm / 1952* Links daneben steht: *Stalinpreis=/träger Koroljew / vermauerte am / Westflügel / dieses Wohn/ blockes die / letzten Steine / im Fünfersystem* Rechts steht: *Die Leistung / unserer Aufbau/ helfer Bauarbei/ter und Architek/ten haben unser / Friedenspro= /gramm zum Er/folg geführt*

**Franz STENZER**
*Planegg 9.6.1900 – †Dachau 22.8.1933
**Ernst THÄLMANN**
**Revaler Straße 99**

Auf dem Gelände des ehemaligen Reichsbahnausbesserungswerks Berlin (DDR: RAW Franz Stenzer) erinnert vor Haus 20 in einer kleinen Gedenkanlage ein weißer Stein mit Porträtplakette an Franz Stenzer. Inschrift: *Franz Stenzer / geb. 9.6.1900 / ermordet 22.8.1933*
Rechts daneben erinnert ein gleichgestalteter Stein an Ernst Thälmann. Inschrift: *Ernst Thälmann / geb. 16.4.1886 / ermordet 18.8.1944*

**SYNAGOGE**
**Friedenstraße 3**

Seit dem 30.12.1988 gibt es an dem Haus zwei Gedenktafeln (rechts und links vom Eingang). Inschrift der linken Tafel: *In diesem Haus befand sich ab 1937 die / Lippmann-Tauß-Synagoge / Das 1776 gegründete Gotteshaus führte den / Namen seines Stifters Liebmann Meyer Wulff. / »Die Gerechten und Frommen werden / lebend genannt auch nach ihrem Tode« / Diese Tafel stifteten im Jahre 1988 / die Geschwister / Elisabeth Beare und Reinhold Becker, / Nachkommen / Liebmann Meyer Wulffs im siebenten Glied.*

Inschrift der rechten Tafel: *In diesem Haus wirkte der / letzte Rabbiner der Lippmann-Tauß-Synagoge / Dr. Felix Singermann / als mutiger Sprecher seiner Gemeinde. / Er wurde 1942 mit seiner Frau / und den sechs Kindern von den Faschisten / verschleppt und ermordet. / Hier befanden sich auch der / Kindergarten und ab 1940 eine Notunterkunft / für hilfsbedürftige alte Leute / der Jüdischen Gemeinde.*

**Heinrich THIESLAUK**
*Königsberg 23.3.1888 – †4.3.1937
**Warschauer Straße 60**

Inschrift: *In diesem Hause / wohnte der / antifaschistische / Widerstandskämpfer / Heinrich / Thieslauk / geb. am 23.3.1888 / Von den Faschisten / ermordet am 4.3.1937 / Ehre / seinem Andenken*

Wegen seiner Aktivitäten gegen den Nationalsozialismus wurde Thieslauk (KPD) von der Gestapo am 23.2.1937 verhaftet und kam in der Untersuchungshaft ums Leben. Erste Tafel um 1950, erneuert 1978.

**III. WELTFESTSPIELE DER JUGEND UND STUDENTEN**
**Warschauer Straße 61**

Die Metalltafel ist in der Form eine Ausnahme. Sie ist kreisrund. Im oberen Teil sind drei junge Menschen abgebildet, über denen eine Friedenstaube schwebt. Ein Inschriftenband zieht sich am äußeren Rand um die Tafel. Sie ist durch eine

quergezogene Inschrift und eine im unteren Teil befindliche rechteckige Tafel unterbrochen, entsprechend auch der Text. Die Inschriften lauten: *III. Welt[fest]spiele der Ju[gend und Stu]denten für [den] Frieden. Sieger im Friedenswettbewerb der Gastfreundschaft Berlins. Berlin 1951. Haus der besten Gastfreundschaft im Kreis Friedrichshain.*

**X. WELTFESTSPIELE DER JUGEND UND STUDENTEN**
**Hausburgstraße 20 (4. Grundschule)**

Inschrift: *Weltfestspiele der Jugend und Studenten. Für vorbildliche Gastfreundschaft / Hauptstadt der DDR, Berlin 1973*

Der Verbleib der Tafel konnte nicht geklärt werden.

# KREUZBERG

### AKTIVES MUSEUM
**Niederkirchnerstraße (rechts neben dem Dokumentationspavillon der Topographie des Terrors)**

Inschrift: *50 Jahre nach Entfesselung des Zweiten Weltkrieges durch die deutschen Faschisten wurde dieser symbolische Gründungsstein / für ein Aktives Museum niedergelegt. / Da die Aufarbeitung der NS-Zeit, ihrer Ursachen, Folgen und / Auswirkungen bis heute nicht im Ansatz erfolgt ist, müssen die / notwendigen Voraussetzungen für eine aktive Auseinandersetzung / geschaffen werden. / Aus dem damaligen Ort der Täter muß heute ein Denkort werden, / damit für die Zukunft gilt: / Nie wieder Faschismus, nie wieder Krieg! / Für den Deutschen Gewerkschaftsbund Landesbezirk Berlin / Aktion Sühnezeichen Friedensdienste / Aktives Museum Faschismus und Widerstand in Berlin e. V. / und alle angeschlossenen Organisationen. / (Unterschriften von Michael Pagels, Thomas Lutz und Leonie Baumann) / Berlin (West), 1. September 1989*

Die Metallplatte ist oben in den Stein eingelassen.

### AMERIKA-GEDENKBIBLIOTHEK
**Blücherplatz 1**

Inschrift im Eingangsbereich (rechte Wand): *Diese Gruendung beruht auf der unbegrenzten / Freiheit des menschlichen Geistes x Denn hier / scheuen wir uns nicht, der Wahrheit auf allen / Wegen zu folgen und selbst den Irrtum zu dulden / solange Vernunft ihn frei und unbehindert / bekaempfen kann Thomas Jefferson / Zum Gedenken der Jahre 1948–49 wurde dieses Gebaeude als Geschenk des amerikanischen Volkes errichtet*

### ALI AZIZ EFENDI
*Kreta – †Berlin 29.10.1798
**Urbanstraße 20**

Inschrift: *Unweit dieser Stelle befand sich von 1798 bis 1866 / der türkische Begräbnisplatz. Als erster wurde beigesetzt / Ali Aziz Efendi / verstorben am 29. Oktober 1798, osmanischer Botschafter / in Preußen, Minister des Kaiserlichen Diwans, / oberster Schatzmeister von Anatolien, / als Schriftsteller Wegbereiter der türkischen Moderne. / Sein Buch »Muhayyelat« (Phantasien) / ist das erste im westlichen Stil verfaßte Werk / der türkischen Literatur.*

Ali Aziz Efendi kam als Botschafter Selims III. am 4. Juni 1797 nach Berlin. Der nach seinem Tod angelegte türkische Begräbnisplatz diente später auch anderen Muslimen zur letzten Ruhestätte. Die Grablege mußte dem Neubau der Kaserne des Kaiser Franz Garde-Grenadier-Regiments weichen. Als Ersatz wurde 1866/67 eine neue Grablege mit einem Monument gegenüber dem »Dennewitz-Friedhof« in der Hasenheide angelegt. Der türkische Friedhof am Columbiadamm (s. Neukölln) ist seit seiner Entstehung in türkischem (ursprünglich osmanischem) Staatsbesitz. Enthüllung der von Achmed Schmiede initiierten Berliner Gedenktafel durch Bezirksbürgermeister Peter Strieder am 9.2.1995.
Nach der Zerstörung der Kasernen im Zweiten Weltkrieg befindet sich heute die Carl-von-Ossietzky-Schule auf dem Gelände .

### APOLLO-THEATER
**Friedrichstraße 218 (zwischen Kochstraße und Puttkamerstraße)**

Inschrift: *Paul Linckes Berliner Operette / »Frau Luna« / stieg hier am 1. Mai 1899 im einstigen / Apollo-Theater / aus der Berliner Luft in den Operettenhimmel / Am 29. April*

*1926 begann im / »Apollo« / mit der deutschen Erstaufführung / von Sergei Eisensteins (1898–1948) / »Panzerkreuzer Potemkin« / der Siegeslauf eines Films*

Enthüllung der Berliner Gedenktafel am 29.5. 1997.

**Ernst BARLACH**
*Wedel/Holstein 2.1.1870 –
†Rostock 24.10.1938
**Yorckstraße 11**

Inschrift: *An dieser Stelle, Yorckstraße 11 / wohnte in den Jahren 1899–1900 / Ernst Barlach / *2.1.1870 †24.10.1938 / Wedel Rostock / Bildhauer, Graphiker und Dichter*

Die Bronzetafel wurde 1988 enthüllt, sie befindet sich über einer Tür im äußersten linken Flügel des Rathauses.

**BEKENNENDE KIRCHE**
**Wilhelmstraße 36**

Inschrift der Bronzetafel: *„Vor dem Hintergrund nationalsozialistischen Terrors / trafen sich an dieser Stelle – im ehemaligen Haus des / Christlichen Vereins Junger Männer – Mitglieder der / ‚Bekennenden Kirche'. Die oppositionellen evangelischen / Christen wehrten sich gegen: / die Verfolgung ihrer Mitglieder aus Glaubensgründen, / die Verfälschung der christlichen Botschaft und / die Vereinnahmung der Kirche durch den totalitären Staat."*

Hier, schräg gegenüber der Zentrale des Terrors im »Dritten Reich«, trafen sich in einem Vorgängerbau bis 1939 Mitglieder der Bekennenden Kirche in großer Zahl. Die Tafel zeigt links oben einen runden Tisch mit darum herumsitzenden Personen, rechts einen an den Füßen aufgehängten Mann, neben ihm einen stehenden Uniformierten. Die inhaltliche Gestaltung der Tafel blieb nicht ohne Kritik. Hans-Heinz Havel schrieb (taz, 4.10.1989): »Ungläubig steht der Betrachter davor, links ist Otto Dibelius zu erkennen, damaliger preußischer Generalsuperintendent und des Antisemitismus nicht unverdächtig. Er hatte die Nazis am 21. März 1933 [in der Potsdamer Garnisonkirche zur Konstituierung des Reichstags nach den Wahlen vom 5.3.1933] mit den Worten begrüßt: ›Wir haben von Dr. Martin Luther gelernt, daß die Kirche der rechtmäßigen staatlichen Gewalt nicht in den Arm fallen darf, wenn sie tut, wozu sie berufen ist. Auch dann nicht, wenn sie hart und rücksichtslos schaltet.‹ Das war den Gedenktafelmachern übrigens vorher bekannt – das Ding hängt trotzdem.« Diese Wertung läßt allerdings Dibelius' spätere Verdienste in der und um die Bekennende Kirche gänzlich unberücksichtigt. Enthüllung der von Richard Heß im Rahmen des Kreuzberger Antifaschistischen Gedenktafelprogramms geschaffenen Bronzetafel am 28.4. 1988.

**Gottfried BENN**
*Mansfeld/Westprignitz 2.5.1886 –
†Berlin 7.7.1956
**Mehringdamm 38 Ecke Yorckstraße**

Der Dichter und Arzt hatte in diesem Haus von 1917 bis 1935 seine Praxis. Berliner Gedenktafel. □

**BERLINER FEUERWEHR**
**Waldemarstraße (Mariannenplatz)**

Granittafel im Boden vor einer stilisierten Flammenwand. Inschrift (in Frakturbuchstaben): *Unseren / Toten / Berliner Feuerwehr*

**BERLIN MUSEUM**
**Lindenstraße 14**

Zwei Bronzetafeln am Zugang zur einstigen Weißbierstube. Inschrift der Tafel auf der linken Seite: *Dieses Haus wurde 1734/35 unter Friedrich Wilhelm I. / als Collegiengebäude durch den Architekten Philipp / Gerlach errichtet. Bis 1913 diente es als Kammergericht, / danach als Sitz des evangelischen Konsistoriums. / Im 2. Weltkrieg schwer beschädigt, wurde es vom Senator / für Bau- und Wohnungswesen seit 1962 in seinem Äusse-/ren in der alten Form wiederhergestellt. / Prof. Dr. Edwin Redslob, der 1. Vorsitzende des 1962 ins / Leben gerufenen Vereins der Freunde und Förderer des / Berlin Museums, gründete 1965 das Berlin Museum zunächst / an anderer Stelle. Als endgültiger Sitz des Museums / wurde vom Senat von Berlin noch im gleichen Jahre das / Kammergerichtsgebäude bestimmt. Eine Zuwendung der / Deutschen Klassenlotterie Berlin ermöglichte 1967/68 / den Innenausbau. / Förderung und Hilfe verdankt das Berlin Museum dem / Senator für Wissenschaft und Kunst, dem Senator für / Bau- und Wohnungswesen, zahlreichen Berliner Bür-/gern, sowie folgenden Stiftern, die den Aufbau des / Museums durch grosse Zuwendungen unterstützt / haben: / Allianz-Versicherung A.G., Berlin und München / Hedda Behrens, Hamburg / Adolf und Lena Bodenheim, Berlin / Hermann Bröckelschen, Essen / Berliner Industriebank A.G., Berlin / Berliner Kindl-Brauerei A.G., Berlin / Deutsche Klassenlotterie, Berlin / Kulturkreis im Bundesverband der deutschen Industrie / Hermann Meyer & Co., K.G., Berlin / H. F. & Ph. F. Reemtsma, Hamburg / Siemens AG, Berlin / Schultheiss-Brauerei A.G., Berlin / Axel Springer, Berlin / Verein Berliner Kaufleute, Berlin / Konsul Charley Notter, Berlin / Hermann C. Starck, Berlin / Dr. jur. Dr. h. c. Ernst Hellmut Vits, Wuppertal / Am Tage der Eröffnung des Hauses, 6. September 1968*

Die Inschrift der Bronzetafel auf der rechten Seite lautet: *Am 1. Januar 1971 übernahm der Senat von Berlin die / Trägerschaft des Berlin Museums. / Seit dieser Zeit erhielt das Museum auch weiterhin / von privater Seite Zuwendungen und auf vielfältige / Weise Unterstützung. / Dank gilt vor allem den folgenden Institutionen / und Personen: / Lucie Hoesch, Berlin / Dr. Gertrud und / Dr. Rudolf Thiel, Frankfurt / Hilda Ury, New York / Klara und Theodor Daumlehner, Berlin / Deutsche Bank, Frankfurt / Prof. Ita Maximowna, Berlin / Schindler GmbH, Berlin / Irmtraut Stübner, Berlin / Dr. Wolfgang Schumann, Berlin / Hertie GmbH, Berlin / Charlotte Redslob, Berlin / Landeszentralbank, Berlin / Schering AG, Berlin / Rotary Club, Berlin / Preussische Seehandlung, Berlin / Katharina und / Dr. Julius Baum, Berlin / Werner Karst, Berlin / Prof. Werner March, Berlin / Lyons Club, Berlin / Dr. Hermann Lisco, Brookline / Dr. Hans Quincke, Berlin / Prof. Dr. Theodor Siegfried, Marburg / Dr. Dr. Ottilie und / Prof. Dr. Helmut Selbach, Berlin / Dr. Hertha Schülke-Prause, Berlin / Firma Theodor Wagler, Berlin / Firma Plakatindustrie, Berlin / Ilse und / Dr. Otto Augustin, Berlin / Günther Vogel, Berlin/Hoboken USA / Aachener und Münchener / Beteiligungs-AG / Grundkreditbank e.G. / Volksbank / Lyons Club, Berlin Alexanderplatz / Shell-AG, Hamburg / Anneliese Mietke, Berlin*

***Otto* Eduard Leopold Fürst von BISMARCK**
*Schönhausen 1.4.1815 –
†Friedrichsruh 30.7.1898
**Stresemannstraße 30 (früher Königgrätzer Straße 88)**

Inschrift: *Hier stand die Bismarcklinde im Garten der Plamannschen Erziehungsanstalt, deren Zögling der Fürst war. 1822–1827.*

Eine früher über dem Eingang angebrachte Bronzetafel zur Erinnerung an den Ehrenbürger Berlins (seit 16.3.1871) trug die sehr ähnliche

Inschrift: *Hier stand die Bismarck-Linde / im Garten der Plamannschen / Erziehungs-Anstalt, deren Zögling / der Fürst von 1822–1827 war.*

**BÖHMISCHE BRÜDERGEMEINE**
**Wilhelmstraße 136**

Hier befand sich bis zur Zerstörung im Zweiten Weltkrieg ein Kirchensaal der Gemeine. Berliner Gedenktafel. □

**Leonid Iljitsch BRESHNEW**
*Dneprodserschinsk 19.12.1906 –
†Moskau 10.11.1982
**Friedrichstraße Ecke Kochstraße**

Am Eingang zum Museum Haus am Checkpoint Charlie befindet sich seit September 1993 eine Bronzetafel (176 cm x 85 cm, 210 kg) mit dem Reliefportrait Breshnews und rechts daneben der Inschrift:
*В ЭТОМ ДОМЕ С 1952 ГОДА ПО 1982 ГОД / ЖИЛ ВЫДАЮЩИЙСЯ ДЕЯТЕЛЬ / КОММУНИСТИЧЕСКОЙ ПАРТИИ / И СОВЕТСКОГО ГОСУДАРСТВА, / МЕЖДУНАРОДНОГО / КОММУНИСТИЧЕСКОГО / И РАБОЧЕГО ДВИЖЕНИЯ, / ЧЕТЫРЕЖДЫ ГЕРОЙ СОВЕТСКОГО СОЮЗА, / ГЕРОЙ СОЦИАЛИСТИЧЕСКОГО ТРУДА / ЛЕОНИД ИЛЬИЧ/ БРЕЖНЕВ*
(in deutscher Übersetzung: *In diesem Hause lebte vom Jahr 1952 bis zum Jahr 1982 der herausragende Vertreter der kommunistischen Partei und des sowjetischen Staates, der internationalen kommunistischen und Arbeiterbewegung, vierfacher Held der Sowjetunion, Held der sozialistischen Arbeit, Leonid Iljitsch Breshnew*)

Links daneben informiert eine kleine Tafel in Deutsch, Englisch und Französisch: *Auf Empfehlung von Sergej Stankiewitsch, Berater des Präsidenten Jelzin, erhielt das Haus am Checkpoint Charlie vom Kulturkomitee der Stadt Moskau diese Gedenktafel. Sie sollte den Generalsekretär der KPdSU Leonid Breshnew ehren und war 1983 – nach seinem Tode – am Eingang seines Wohnhauses angebracht worden. Und nun, seit 1993, ist die Tafel am Eingang eines Hauses, das Menschen ehrt, die von Breshnew verfolgt wurden …*

**Erich BÜTTNER**
*Berlin 7.10.1889 –
†Freiburg/Breisgau 7.9.1936
**Stallschreiberstraße 9**

Dem Maler soll eine Berliner Gedenktafel gewidmet werden. □

**Adelbert von CHAMISSO, eigtl. Charles Adelaide de Chamisso**
*Schloß Boncourt/Champagne 30.1.1781 –
†Berlin 21.8.1838
**Friedrichstraße 235**

Chamisso verließ Frankreich mit seiner Familie während der Revolution und lebte seit 1796 in Berlin. Er fand zunächst eine Anstellung am Hofe, war dann bis 1808 im preußischen Militär. Er wirkte als Schriftsteller (»Peter Schlemihls wundersame Geschichte«, 1814), Dichter und Naturforscher, wurde 1819 – nach einer dreijährigen Forschungsweltreise – Kustos am Botanischen Garten, 1835 Mitglied der Akademie der Wissenschaften. Eine Vorläufertafel trug die Inschrift: *Hier lebte / Adelbert von Chamisso / bis zu seinem Tode im Jahre 1838.*

Die Granittafel mit Bronze-Medaillon-Porträt befand sich bis zum Abriß des Hauses 1909 in der Mittelnische des ersten Stockwerks und wurde dann im Märkischen Museum aufbewahrt. Grabstätte: Friedhof III der Jerusalems- und Neuen Kirchen-Gemeinde, Kreuzberg, Mehringdamm/Blücherstraße, Abt. 3/1 38/1 (Ehrengrab). Berliner Gedenktafel. □

**Friedrich *Adolph* Wilhelm DIESTERWEG**
**Hafenplatz 2**

Berliner Gedenktafel. □

**Alfred DÖBLIN**
**Blücherstraße 18**

Berliner Gedenktafel. □

**Peter FECHTER**
*14.7.1944 – †Berlin 17.8.1962
**Zimmerstraße (Gedenkkreuz östlich der Charlottenstraße)**

Der achtzehnjährige Bauarbeiter wurde hier von einem DDR-Grenzsoldaten beim Fluchtversuch am 17.8.1962 auf der Mauerkrone angeschossen. Er fiel zurück in den Todesstreifen und verblutete ohne Hilfeleistung von östlicher Seite und ohne Hilfsmöglichkeiten von westlicher Seite hinter der Mauer. Begraben ist er auf dem Friedhof der Auferstehungsgemeinde, Weißensee, Lichtenberger Straße (DDR: Indira-Gandhi-Straße) 110, Abt. XVI, 28.

**Alfred FLATOW**
*Berlin 3.10.1869 –
†Theresientstadt 28.12.1942
**Gustav Felix FLATOW**
*Berlin 7.1.1875 – †Theresienstadt 29.1.1945
**Vor dem Schlesischen Tor 1 (Lohmühleninsel, Flatow-Sporthalle)**

Inschrift: *Alfred Flatow 3.10.1869–28.12.1942 / Gustav Felix Flatow 7.1.1875–29.1.1945 / Bei den I. Olympischen Sommerspielen / der Neuzeit 1896 errangen die Berliner / Alfred und Gustav Felix Flatow Siege im / Turnen. Sie wurden von der deutschen / Turnerschaft diskriminiert, von den / Nazis in das KZ Theresienstadt deportiert / Dort verhungerten sie*

Diskriminiert und schließlich umgebracht wurden die erfolgreichen Sportler, weil sie Juden waren. Der Kleiderfabrikant Gustav Felix Flatow emigrierte 1933 mit seiner Familie nach Rotterdam und wurde von dort 1943 nach Theresienstadt deportiert. Bemühungen, die zum Olympiastadion führende Reichssportfeldstraße in Flatowallee umzubenennen, stießen auf Widerstand der lokalen CDU. Die Umbenennung erfolgte nach mehrjährigen Auseinandersetzungen und Gerichtsentscheid im Februar 1997. Enthüllung der Berliner Gedenktafel am 24.11.1990, in Anwesenheit von Stefan S. W. Flatow, einem Sohn Gustav Felix Flatows.

**Theodor FONTANE**
**Mariannenplatz 1–3**

Inschrift: *Theodor Fontane / 1819–1898 / Der Dichter lebte in / diesem Ärztewohnheim / als*

*Apotheker in den / Jahren 1848–1849 / Förderungsaktion der Spielbank Berlin*

Begraben ist der Schilderer der Mark Brandenburg auf dem Friedhof II der Französischen Gemeinde, Mitte, Liesenstraße 7. Seine Grabstätte wurde 1945 bei den Kämpfen um Berlin durch einen Artillerietreffer zerstört, aber schon um 1946 wiederhergestellt und erhielt nach der Wiedervereinigung Berlins eine Neugestaltung. Nach wie vor lesenswert ist die »Wanderung zu Fontanes Grab«, in der Heinz Knobloch seine Bemühungen aus den siebziger Jahren schildert, eine Sondergenehmigung zum Besuch des damals im Grenzgebiet der DDR gelegenen Friedhofs und des Grabes zu erhalten.

**Theodor FONTANE**
**Alte Jakobstraße 171**

Wohnort des Schriftstellers von 1859–1863. Berliner Gedenktafel. □

**Albert FRAENKEL**
*Frankfurt/Oder 10.3.1848 – †Berlin 6.7.1916
**Krankenhaus am Urban**

Arbeitsstätte des Mediziners, der 1884 den Erreger der Lungenentzündung entdeckte, von 1889–1916. Begraben ist er auf dem Jüdischen Friedhof Weißensee, Herbert-Baum-Straße (Markus-Reich-Platz), Abt. Q I (Erbbegräbnis 266), Grabnummer 48796. Berliner Gedenktafel. □

**Minna FRITSCH**
*1889 – †London 14.9.1946
**Wassertorstraße 53**

Inschrift unter einem Reliefporträt: *An diesem Ort wohnte die / Putzfrau Minna Fritsch, die / von 1936–1938 als Kurier der / KPD im antifaschistischen / Widerstand tätig war.*

In Berlin wurde Minna Fritsch zweimal von der Gestapo verhaftet und gefoltert. 1936 ging sie im Auftrag der KPD nach Prag. Von dort floh sie nach England und wurde nach Kriegsbeginn 1939 als feindliche Ausländerin bis zum Herbst 1941 auf der Isle of Man interniert. Sie starb, bevor sie die Rückreisegenehmigung nach Deutschland erhielt. Beigesetzt ist sie in der Gedenkstätte der Sozialisten auf dem Zentralfriedhof Friedrichsfelde, Gudrunstraße. Die Tafel wurde im Rahmen des Kreuzberger Antifaschistischen Gedenktafelprogramms gestaltet von Birgit von Toerne, Enthüllung am 4.9.1987.

**Günter Bruno FUCHS**
*Berlin 3.7.1928 – Berlin 19.4.1977
**Oranienstraße 27**

Wohnort des Schriftstellers und Graphikers von 1959–1962. Beigesetzt ist Fuchs auf dem Neuen Garnisonfriedhof in Neukölln, Columbiadamm 122–158. Berliner Gedenktafel. □

**Clemens August Kardinal von GALEN**
*Dinklage bei Osnabrück 16.3.1878 –
†Münster 22.3.1946
**Stresemannstraße 66 (St. Clemens-Kirche)**

Inschrift: *Ihrem Landsmann / Clemens August Cardinal von Galen / Bischof von Münster 1933–1946 / der diese Kirche 1910–11 erbaute / Kath. Landjugend Oldenburg*

Während Galens Berliner Zeit wurde die Kirche 1911 nach Entwürfen von Joseph Weber erbaut. Die Marmortafel befindet sich im Eingangsbereich der Kirche.

**Ursula GOETZE**
*Berlin 29.3.1916 –
†Berlin-Plötzensee 5.8.1943
**Hornstraße 3**

Inschrift: *Hier wohnte Ursula Goetze (1916–1943) / Studentin und Mitglied des Kommunistischen / Jugendverbandes. In ihrer Wohnung fanden / geheime Treffen der antifaschistischen / Widerstandsgruppe Schulze-Boysen/Harnack / statt. Zusammen mit anderen Mitgliedern / dieser Gruppe wurde sie*

*1942 verhaftet und / am 5.8.1943 in Berlin-Plötzensee hingerichtet.*

Die Philosophiestudentin wurde im September 1942 verhaftet und am 18.1.1943 wegen »Vorbereitung zum Hochverrat und Feindbegünstigung« zum Tode verurteilt. Die Inschrift nimmt den unteren Teil der Tafel ein, im oberen befindet sich ein Reliefporträt, umrahmt von mehreren Gesichtern. Die Tafel, im Rahmen des Kreuzberger Antifaschistischen Gedenktafelprogramms entworfen von Christa Lustig, wurde am 6.11.1987 enthüllt. Die Gedenkrede hielt die frühere AL-Abgeordnete Annette Ahme.

**GRENZBUNKER**
**Kochstraße Ecke Friedrichstraße (heute Teil des Museums Haus am Checkpoint Charlie)**

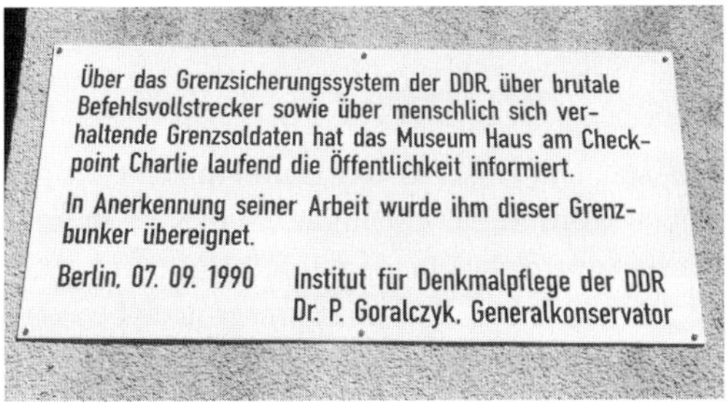


An der Hauswand erläutert eine Tafel: *Über das Grenzsicherungssystem der DDR, über brutale / Befehlsvollstrecker sowie über menschlich sich ver-/haltende Grenzsoldaten hat das Museum Haus am Check-/point Charlie laufend die Öffentlichkeit informiert. / In Anerkennung seiner Arbeit wurde ihm dieser Grenz-/bunker übereignet. / Berlin, 07.09.1990 Institut für Denkmalpflege der DDR / Dr. P. Goralczyk, Generalkonservator*

**GRÜNANLAGE**
**Stresemannstraße (querab von der Rückseite des Martin-Gropius-Baus)**

Findling mit aufgesetzter Metallplatte. Die Inschrift steht unter zwei sich kreuzenden deutschen und amerikanischen Fahnen: *Diese Grünanlage ist ein / Geschenk / der United States Air Force / an die Berliner / Juni 1983*

***Karl* Ferdinand GUTZKOW**
*Berlin 17.3.1811 –
†Sachsenhausen bei Frankfurt 16.12.1878
**Großbeerenstraße 7**

Hier befand sich bereits bis zum Zweiten Weltkrieg eine Tafel zur Erinnerung an den Schriftsteller. Berliner Gedenktafel. □

**Hugo HEIMANN**
**Adalbertstraße 41 a (Nähe Kottbusser Tor)**

Hier befand sich die erste öffentliche Bücherei und Lesehalle Berlins, die von Heimann eingerichtet wurde. Berliner Gedenktafel. □

**Ernst HEILMANN**
*Berlin 13.4.1881 – †Buchenwald 3.4.1940
**Brachvogelstraße 5**

Inschrift: *An diesem / Ort lebte / von 1921 / bis 1933 / Ernst Heilmann / Vorsitzender der SPD-Fraktion / im Preussischen Landtag und / Mitglied des Reichstages bis 1933. / Als Gegner des Nationalsozialismus / wurde er 1940 / – nach siebenjähriger Haft – / im KZ Buchenwald ermordet.*

Die Bronzetafel aus dem Kreuzberger Antifaschistischen Gedenktafelprogramm (Entwurf Ludmilla Seefried-Matejkova) zeigt im oberen linken Teil ein Reliefporträt Heilmanns, auf der rechten Seite einen liegenden Leichnam neben einem elektrisch geladenen Stacheldrahtzaun. Sie wurde am 6.11.1987 enthüllt. Die Gedenkrede hielt der SPD-Fraktionsvorsitzende im Abgeordnetenhaus, Walter Momper.

**Bruno HENZE**
*Berlin 12.5.1900 – †10.2.1978
**Yorckstraße 63 (am Abzweig zur Hagelberger Straße)**

Inschrift: *In diesem Hause lebte von 1959 bis 1978 / Bruno Henze / 12.5.1900–10.2.1978 /*

*Komponist, Harfenist und Musikpädagoge, / musizierte an / Max Reinhardts Bühnen. / Als Lehrer war er Wegbereiter des künstlerischen Gitarrenspiels / und Begründer einer Gitarrentradition in Berlin. / Als Autor des fundamentalen Lehrwerks »Das Gitarrespiel« / wirkt er in unsere Zeit.*

Bezirksbürgermeister Günter König enthüllte die über dem Eingang angebrachte Berliner Gedenktafel am 12.5.1991, unter Teilnahme von Else Goguel, Henzes Lebensgefährtin.

**Carl HERZ**
*Köthen 29.7.1877 – †Haifa/Israel 14.9.1951
**Yorckstraße 4–11 (vor dem Rathaus)**

Bronzestele mit aufgesetzter Porträtbüste und der Inschrift: *Carl Herz / *1877 in Cöthen / †1951 in Haifa / 1926 bis zum Jahre 1938 / zum Bürgermeister in / Kreuzberg gewählt. / 1933 von den Nazis aus politischen und / „rassischen" Gründen / aus dem Rathaus getrieben / Den geachteten Ju-/risten und bedeuten-/den Sozialdemokraten / Dr. Carl Herz entfern-/ten die neuen Macht-/haber als einen der / ersten Kommunal-/politiker aus dem / Amt weil er uner-/müdlich für den / Aufbau einer demo-/kratischen Verwaltung / arbeitete. / „Die überaus grosse / organisatorische / wirtschaftliche und / wissenschaftliche / Kraft des deutschen / Volkes muß nicht / der Zerstörung der Welt sondern / ihrer Verschönerung / dienstbar gemacht / werden" / Carl Herz / Haifa 1951*

Am 10.3.1933 wurde das Bezirksamt Kreuzberg von SA-Leuten überfallen. »Demonstrativ wurde Carl Herz auf die Straße getrieben und mit dem Schild ›Ich bin eine Judensau‹ in der Yorckstraße den Bewohnern vorgeführt. Weiter wird berichtet: ›Die SA hat den Bürgermeister durch die Marheineke-Halle geschleift und gerufen: Schaut euch den Bonzen an, der hat jetzt abgewirtschaftet. Auch hat man ihn in der Volksküche in der Riemannstraße gezwungen, Suppe

zu essen. Dabei ist ihm der Löffel in den Hals gestoßen worden, bis er blutete ...‹« (Kreuzberger Antifaschistisches Gedenktafelprogramm 1985 bis 1990, S. 34). 1939 emigrierte er nach London, 1946 ging er nach Haifa. Die Stele von Joachim Dunkel wurde im Dezember 1985 in Anwesenheit seiner Tochter, Hilde Wechsler, enthüllt.

**Julius Eduard HITZIG, urspr. Isaac Elias Itzig**
*Berlin 26.3.1780 – †Berlin 26.11.1849
**Friedrichstraße 242**

Hitzig gab u.a. ab 1842 zusammen mit Willibald Alexis eine Sammlung interessanter Kriminalfälle, den »Neuen Pitaval« heraus. Beigesetzt ist der Kammergerichtsrat und Publizist auf dem Dorotheenstädtischen und Friedrichswerderschen Friedhof, Mitte, Chausseestraße 126. Berliner Gedenktafel. □

***James* Friedrich Ludolf HOBRECHT**
*Memel 31.12.1815 – †Berlin 8.9.1902
**Hallesches Ufer 78**

Beigesetzt wurde der Architekt und Ingenieur, der Schöpfer des Berliner Bebauungsplans von 1861 (Hobrechtplan) – einer stadtplanerischen Voraussetzung für den Mietskasernenbau innerhalb des S-Bahn-Ringes – und der Berliner Stadtentwässerung auf dem Sophienfriedhof, Mitte, Bergstraße 29, Abt. 1 R 5-14/16. Berliner Gedenktafel. □

## JERUSALEMS KIRCHE
### Lindenstraße 85 Ecke Markgrafenstraße (Neue Jerusalems-Kirche)

An der Ecke Lindenstraße/Markgrafenstraße befindet sich eine alte Steintafel, Inschrift: *Gott zu Ehren / ist unter beglückter / Regierung / Friedrich Wilhelms / Königs in Preußen / Marggraffen [!] und Churfürsten zu Brandenburg / Souverainen Printzen von Oranien / diese Kirche Jerusalem genant [!], / von Grund aus neu und glücklich / erbauet und vollendet / Im Jahr 1728*

An der Gebäudewand neben dem neuen Glokkenturm ist eine weitere alte Steintafel eingelassen, Inschrift: *Gott zu Ehren / ist unter beglückter Regierung / Friedrich Wilhelms / Königs in Preußen / Marggrafen und Churfürsten zu Brandenburg / Souverainen Printzen zu Oranien / ist dieser Turm Jerusalem genant [!], von / Grud [!] aus neu und glücklich / erbauet und volendet. [!] / Im Jahr 1731*

Die beiden Tafeln bezeichnen Beginn und Fertigstellung des Baus, sie wurden am 4.7.1970 am Neubau (Grundsteinlegung am 3.12.1967) angebracht. Darunter erinnern kleine Metalltafeln mit textgleichen Inschriften an die Herkunft: *Dieser Stein wurde aus den Trümmern der am / 3. Februar 1945 durch Kriegseinwirkung / zerstörten alten Jerusalems-Kirche geborgen / und zur Erinnerung hier angebracht.*

Die Ruine der alten Jerusalems-Kirche wurde am 9.3.1961 gesprengt. Sie stand auf der heutigen Kreuzung der Lindenstraße mit Kochstraße und Oranienstraße. Die Jerusalemer Straße ist auf der Kreuzberger Seite verschwunden. Teils ist sie zum Parkplatz geworden (die Straßeneinmündung an der Lindenstraße ist noch durch die Bürgersteige erkennbar), teils wird sie vom Hochhaus des Axel-Springer-Verlags überdeckt.

## JÜDISCHER KULTURBUND
### Kommandantenstraße 56 (zwischen Alexandrinenstraße und Alte Jakobstraße)

Inschrift: *Hier / befand sich 1935–1941 das / Theater des Jüdischen Kulturbundes / Gezwungen durch das Berufsverbot / gründeten die Juden in Deutschland diese / Selbsthilfeorganisation mit eigenen / Orchestern und Ensembles für Oper / und Operette, Schauspiel und Konzert. / Die Nazi-Behörden mißbrauchten den Kulturbund zur / Überwachung / der jüdischen Künstler / und ihres Publikums, / das nur aus Juden bestehen durfte. / 1941 wurde der Kulturbund / verboten. / Fast alle, die hier arbeiteten, / wurden in Konzentrationslagern / ermordet.*

Die Gedenkanlage befindet sich auf einer Rasenfläche vor dem Haus. Die Eisentafeln mit der Inschrift liegen zu Füßen eines 1990 errichteten Gedenksteins aus Granit (Bildhauerin Susanne Ahner). Über dem Text ist das Theater des Kulturbunds, die einstige Herrenfeld-Bühne, abgebildet, darin das Symbol des Kulturbunds.

**Celalettin KESIM**
*Türkei 7.7.1943 – †Berlin 5.1.1980
**Kottbusser Tor (zwischen Kottbusser Straße und Reichenberger Straße)**

Inschrift: *Celalettin Kesim / 7.7.1943 Türkiye – 5.1.1980 Berlin / Sendikacı, öğretmen Celalettin Kesim / aşırı sağci türk örgütü tarafindan / burada bıçaklanarak öldürüldü! / An diesem Ort wurde der Lehrer und / Gewerkschafter, Celalettin Kesim, / von Anhängern rechtsextremistischer / türkischer Organisisationen erstochen.*

Die Tafel ist in den Bürgersteig am Fuß einer von Hanefi Yeter geschaffenen Stele eingelassen. Sie wurde am 21.6.1991 eingeweiht.

**August KOPISCH**
*Breslau 26.5.1799 – †Berlin 3.2.1853
**Friedrichstraße 218**

Wohnort des Dichters und Malers von 1833–1847. Grabstätte: Kirchhof II der Dreifaltigkeitsgemeinde, Kreuzberg, Bergmannstraße 39–41, Abt. C, Wandseite 52 (Ehrengrab). Berliner Gedenktafel. □

**Friedrich Emil *Werner* KÖRTE**
*Berlin 21.10.1853 – †Berlin 4.12.1937
**Dieffenbachstraße 1 (Krankenhaus am Urban)**

Der Chirurg leitete das Krankenhaus von 1889 bis 1924. Beigesetzt ist er auf dem Friedhof der Dorotheenstädtischen und Friedrichswerderschen Gemeinde, Mitte, Chausseestraße 126. Berliner Gedenktafel. □

**KREUZBERG**
**Kreuzbergstraße gegenüber Großbeerenstraße**

Holztafel neben dem Wasserfall, Inschrift: *Kreuzberg / 36 m. = 66 m.ü.N.N. / Freiheitsdenkmal: Gestaltung Baumeister Schinkel / 1821 / Viktoria-Park: Gestaltung Gartendir. Mächtig / 1888–1893 / Wasserfall: Wasserumlauf 13.000 l/Minute / Erweiterung des Parkes / Gestaltung Gartendir. Brodersen / im engl. Landschaftsstil: 1913–1916 / Gesamtgrösse: 13 ha / Rundblick vom Plateau über Berlin*

**Carl LEGIEN**
*Marienburg/Westpreußen 1.12.1861 – †Berlin 26.12.1920
**Legiendamm 32/34**

Büste auf Sockel, Inschrift: *Carl Legien / 1861–1920 / Schöpfer und / Organisator / der neuzeitlichen / Gewerkschafts-/bewegung*

Der Standort ist auf der Promenade, der Straße zugewandt. Der Sozialdemokrat Legien leitete während des Kapp-Putsches 1920 den Generalstreik, der die rechte Revolte gegen die erste deutsche Demokratie niederzwang. Grabstätte: Zentralfriedhof Friedrichsfelde, Lichtenberg, Gudrunstraße.

**Wilhelm LEHMANN**
*Klein-Rietz 13.1.1869 –
†Berlin-Plötzensee 10.5.1943
**Mariannenplatz (Nordwestseite, Fußweg unweit Thomaskirche)**

Stele mit Metalltafel, Inschrift: *Wilhelm Lehmann 1869–1943 / schrieb hier am Mariannenplatz Parolen / gegen Hitler und den Krieg an die Innenwand / eines Toiletten-häuschen [!] Er wurde denun-/ziert und von Nationalsozialisten ermordet*

Überzeugt von der Schuld Hitlers an dessen verbrecherischem Krieg schrieb der über Siebzigjährige im August 1942 an die Wand: *Hitler, du Massenmörder mußt ermordet werden, dann ist der Krieg zu Ende.*

Im Oktober desselben Jahres wurde er bei der Erneuerung der Inschrift beobachtet, denunziert und am 8.3.1943 vom Volksgerichtshof wegen »Vorbereitung zum Hochverrat« zum Tode verurteilt. Über der Tafelinschrift finden sich bis auf zwei Gesichter und Hände nicht näher identifizierbare plastische Darstellungen. Die Tafel wurde im Rahmen des Kreuzberger Antifaschistischen Gedenktafelprogramms von Nikolaus Langhans geschaffen und am 9.5.1989 enthüllt.

**Wilhelm LEUSCHNER**
*Bayreuth 15.6.1890 –
†Berlin-Plötzensee 29.9.1944
**Eisenbahnstraße 5**

Inschrift der Stele unter einem Reliefporträt: *Wilhelm / Leuschner / 1890–1944 / Reichstags-abgeordneter / der SPD. Hessischer Innen-/minister. Stellvertretender / Vorsitzender der freien Ge-/werkschaften bis 1933. / Nach dem Scheitern des / Attentats auf Hitler / wurde er als führendes / Mitglied des Widerstands-/krei-ses um Stauffenberg / zum Tode verurteilt und / am 29.9.1944 in Berlin-/Plötzensee hingerich-tet. / Der Bezirk / Kreuzberg von Berlin / 1986.* An der Seite steht: *Im Hof der Eisenbahnstraße 5 befand sich Leuschners Fabrik für Bier-zapfhähne. Im antifaschistischen Widerstand fanden er und andere Sozialdemokraten hier Schutz und Tarnung.*

Die Gedenkstele, die auch Skizzen aus dem Leben Leuschners enthält, schuf Waldemar Otto im Rahmen des Kreuzberger Antifaschistischen Gedenktafelprogramms. Eine Tafel konnte am Haus Eisenbahnstraße 5 nicht angebracht werden, weil der Besitzer das verweigerte. Enthüllung am 29.9.1987.

**Wilhelm LIEBKNECHT**
*Gießen 29.3.1826 – †Charlottenburg 7.8.1900
**Adalbertstraße 2 (Wilhelm-Liebknecht-Bücherei)**

Die Inschrift umrahmt ein Porträt Liebknechts, unter diesem stehen Name und Lebensdaten: *Politiker / Journalist / Schriftsteller / Gruender der / Arbeiterbildungs/schule in Berlin 1891 /*

*Redakteur des „Vorwaerts" / Mit August Bebel / Begruender der / Sozialdemokratischen Arbeiterpartei 1869 / Wilhelm Liebknecht / *Giessen 29.3.1826 †Berlin 7.8.1900*

Die Tafel ist in Höhe des ersten Stockwerks angebracht. Gestorben ist Liebknecht im damals noch selbständigen Charlottenburg. Sein Grab befindet sich in der Gedenkstätte der Sozialisten auf dem Zentralfriedhof Friedrichsfelde, Gudrunstraße.

**Carl Emil *Paul* LINCKE**
*Berlin 7.11.1866 –
†Clausthal-Zellerfeld 3.9.1946
**Oranienstraße 64 (an der Stallschreiberstraße)**

Die im Durchgang zum Nachbarhaus angebrachte steinerne Tafel trägt unter dem Namen eine Notenzeile und die Inschrift: *In dem durch Kriegseinwirkung / zerstörten Wohnhause an dieser Stelle / wohnte und wirkte viele Jahre / der Komponist / Paul Lincke / Paul Lincke wurde am 7. November 1866 / in Berlin-Holzgartenstr. 5 geboren / Er starb am 3. September 1946 / in Hahnenklee-Bockswiese/Harz*

Den Sterbeort weisen alle anderen Quellen mit Clausthal-Zellerfeld aus, Hahnenklee wird als Beisetzungsort genannt. Die Tafelinschrift wurde zum 50. Todestag korrigiert, sie wies bis dahin den 4.9. aus. Vor dem Haus steht außerdem eine steinerne Portraitbüste Linckes auf einem Steinsockel mit Namensangabe und Lebensdaten. Lincke war ein berühmter und beliebter Berliner Dirigent und Operettenkomponist, der vor allem zusammen mit seinem Textdichter, dem Chemnitzer Schauspieler Heinz Bolten-Baeckers (*Chemnitz 10.4.1871 – †Dresden 30.1.1938) unvergeßliche Lieder komponierte und große Triumphe feierte. Von ihm stammen u. a. »Frau Luna«, »Schlösser, die im Monde liegen«, »Schenk mir doch ein kleines bißchen Liebe«, »Donnerwetter – tadellos!«. Am 7.11.1941 verlieh ihm Berlin die Ehrenbürgerwürde.

**Franz MEYER**
*Berlin 14.3.1906 – †Berlin 21.7.1983
**Dieffenbachstraße 55**

Unter einer collageartigen Darstellung trägt die von Wolfgang Bouvié geschaffene Tafel die Inschrift: *Franz Meyer. 1906–1983 / Buchdrucker, Gewerkschaftler, Sozialdemokrat / leistete aktiven Widerstand gegen den / Faschismus, wurde verfolgt und inhaftiert. Er / arbeitete für den demokratischen Neubeginn / als Kreuzberger Stadtverordneter, Abgeordne-/ter und Volksbildungsstadtrat.*

Meyer trat sehr jung der SPD bei, war auch Mitglied im demokratischen Verteidigungsbündnis »Reichsbanner Schwarz-Rot-Gold«. Er wurde Ende 1933 verhaftet und zu zweieinhalb Jahren Zuchthaus verurteilt. Zunächst »wehrunwürdig«, wurde er 1943 in ein »Bewährungsbataillon« eingezogen. Nach schwerer Kriegsverletzung kam er 1945 erneut zur Wehrmacht, versuchte zu desertieren und entkam nur knapp seiner Hinrichtung, weil die Alliierten schneller waren. In Berlin beteiligte er sich in der SPD am Wiederaufbau demokratischer Strukturen. Enthüllung der im Rahmen des Kreuzberger Antifaschistischen Gedenktafelprogramms entstandenen Bronzetafel im September 1987.

**Hanni MEYER**
*Berlin 14.2.1921 – †Berlin-Plötzensee 4.3.1943
**Ritterstraße 16 (am Moritzplatz)**

Inschrift unter einem Reliefporträt: *In der Lampenschirmfabrik Paulus, / Ritterstraße 16, mußte Hanni Meyer (1921–1943) / als Jüdin Zwangsarbeit leisten. / Sie verbreitete mit der jüdisch-kommunistischen / Widerstandsgruppe um Herbert Baum / antifaschistische Flugschriften. / Am 4. März 1943 wurde Hanni Meyer im Alter von / 22 Jahren in Berlin-Plötzensee hingerichtet.*

Die Putzmacherin Hanni Meyer (geb. Lindenberger) wurde wie andere Mitglieder der Widerstandsgruppe nach dem Brandanschlag auf die Nazi-Propagandaausstellung »Das Sowjetparadies« im Lustgarten (18.5.1942) Ende Mai verhaftet und am 10.12.1942 zum Tode verurteilt. Die Tafel schuf Claus Korch im Rahmen des Kreuzberger Antifaschistischen Gedenktafelprogramms, sie wurde am 16.12.1988 an dem heutigen Fabrikationsgebäude enthüllt.

**Ernst NIEKISCH**
**Hallesches Ufer 16**

Wohnort des Politikers und Schriftstellers von 1929–1937. Berliner Gedenktafel. □

**OPFER DER MAUER**
**Prinzenstraße 42 Ecke Sebastianstraße**

Am ehemaligen Grenzübergang Prinzenstraße/ Heinrich-Heine-Straße steht kurz vor der Sebastianstraße ein hölzernes Kreuz ohne Inschrift. Es erinnert an Heinz Schöneberger und Klaus Brueske.
Heinz Schöneberger (*7.6.1938 – †26.12.1965) wurde erschossen, als er an diesem Übergang mit seinem Bruder in einem Pkw zwei Frauen nach West-Berlin schleusen wollte.
Klaus Brueske (*14.9.1938 – †18.4.1962) wurde erschossen, als er mit einem Lkw über den Grenzübergang nach West-Berlin flüchten wollte.

**OPFER DER MAUER**
**Gröbenufer (rechts gegenüber der Einmündung der Bevernstraße)**

Stein mit der Inschrift: *Dem / unbekannten / Flüchtling*

Der Mann ertrank beim Versuch, die Spree am 8.10.1962 unter Beschuß zu durchschwimmen. Bei dem Flüchtling handelt es sich um Anton Walzer (*27.4.1902).

**OPFER DES NATIONALSOZIALISMUS**
**Yorckstraße 4–11 (vor dem Rathaus)**

Inschrift der in den Boden eingelassenen Steintafel: *Den Opfern des / Widerstandes / MCMXXXIII–XLV Den / Toten zu Ehren / den Lebenden / zur Mahnung*

**OPFER DES NATIONALSOZIALISMUS**
**Dieffenbachstraße (Krankenhaus Am Urban)**

Inschrift: *Am 11. März 1933 stürmte die SA dieses Krankenhaus. / Jüdische Kollegen – andere wegen ihrer politischen / Überzeugung – wurden geschlagen, verhaftet, vertrieben. / Beispielhaft seien genannt: Karel Bobath / Kurt Engelmann / Fritz von Gutfeld / Artur Hessmann / Edmund Mayer / Ludwig Pincussen / Franz Schück / Erich Simenauer / Leo Wislicki / Hermann Zondek / Wir werden nicht vergessen, was ihnen durch den / Faschismus zugefügt wurde. / Krankenhaus Am Urban / 11. März 1988*

Die braune Metalltafel mit aufgesetzten Messingbuchstaben befindet sich links neben dem rechten Eingang von Haus 1 im Altbaubereich.

**OPFER DES NATIONALSOZIALISMUS**
**Yorckstraße 4–11 (Rathaus Kreuzberg, Foyer im 1. Stock, neben den Fahrstühlen)**

Eine große Holztafel trägt vier Reihen von Namen unter der Überschrift: *Ehrentafel /* (über den zwei linken Namensreihen steht:) *der hin-*

*gerichteten · ermordeten · erschossenen und vergasten / Kameraden /* (linke Reihe) *Basse Gustav hinger. 6.11.44 Brandenburg / Bartsch Heinz verscho. 11.10.44 Sachsenhausen / Baller Moritz ermord. 1944 Birkenau / Baron Zoltan vergast 1944 Auschwitz / Berner Erwin erschla. 6.2.33 Neukölln / Bittner Adolf hinger. 11.5.43 Plötzensee / Borrack Max hinger. 19.2.45 Brandenburg / Birn verschol. 1938 Auschwitz / Eckstein Kurt verschol. 1944 Auschwitz / Faerber Adolf vergast 1943 Theresienstadt / Fleischer Georg hinger. 14.8.44 Brandenburg / Friedländer Alexander vergast 10.2.44 Auschwitz / Förster Hermann verschol. 1945 Sachsenhausen / Goetze Ursula hinger. 5.8.43 Plötzensee / Gläser Reinhold erschlag. 21.5.33 Berlin / Gottheiner Hermann ermord. 21.11.43 Auschwitz / Goldreich Armand erhängt 2.11.40 Mauthausen / Gersing Kurt hinger. 7.9.43 Plötzensee / Gohlisch Maximilian hinger. 1.4.43 Brandenburg / Hirschel Felix verschol. 1941 Auschwitz / Illgen Arthur hinger. 11.5.43 Plötzensee / Lehmann Richard erschos. 22.6.36 Berlin / Lewin Bernhard ermord. 1945 A.Tr.Thüring. / Lewin Günther verschol. 9.1.43 Theresienstadt / Lewin Horst vergast Nov. 44 Auschwitz / Lewinski Arnold verschol. 1942 Buchenwald / Marszallek Alfred verschol. Feb. 45 Mauthausen / Mellahn Erich verschol. 1945 Sachsenhausen / Matzner Rudolf verschol. 25.8.43 Auschwitz / Niegho Josef vergast 1944 Auschwitz* (zweite Spalte links) *Pabst Paul verscho. 22.4.34 Berlin / Paucka Johannes verscho. 22.4.45 Wernsdorf / Peick Heinrich ermord. 25.10.40 Dachau / Pierschke Johann hinger. 14.8.44 Brandenburg / Porwohl Rudolf vergast 1943 Auschwitz / Plum Friedrich ermord. 9.2.34 v. S.A. / Richter Wilhelm erscho. 13.3.45 Spandau / Reitzug Hans erscho. 1931 v. S.A / Rotholz Siegbert hinger. 4.3.43 Plötzensee / Rosenthal Karl verscho. 1945 Sangerhausen / Salomon Günther ermord. 22.5.41 Dachau / Salomon Hermann vergast 1944 Auschwitz / Sankuhl Arthur erschos.*

*19.5.40 Königsberg / Siedentopf Friedrich hinger. 28.8.44 Brandenburg / Siegmann Jonas versch. 1942 unbek. / Scheer Willi hinger. 6.11.44 Brandenburg / Schippa Karl erscho. 1.5.45 v. SS. ersch. / Schmidtz ermord. 6.3.45 Buchenwald / Schwohle Albert ermord. 16.2.40 Mauthausen / Thomaszewski erschla. 16.11.43 Hohensalza / Traut Richard verscho. 1944 Sonnenburg / Trier Martha verscho. 1944 Litzmannstadt / Vaks Aron ermord. 27.5.42 Sachsenhausen / Wegener Gustav hinger. 11.12.44 Brandenburg / Witte Ernst hinger. 26.9.44 Brandenburg / Weinberg Siegfried ermord. 1945 Auschwitz / Wiegel Adolf verscho. 8.4.45 Sonnenburg / Wolff Walter vergast 14.6.42 Sachsenhausen / Zornow Otto ermord. 6.4.42 Sachsenhausen / Wolff Hermann verscho. Apr.45 Brandenburg* (Auf der rechten Tafelseite stehen die Namen unter der Überschrift:) *An den Folgen der langjährigen Haft verstorben* (linke Spalte) *Armoneit Georg gestorb. 19.5.43 Buchenwald / Banick Robert gestorb. 23.7.40 Sachsenhausen / Bock gestorb. 13.3.43 Tegel / Busse Max gestorb. 8.1.41 Mauthausen / Büttner Willi gestorb. 27.4.46 Sülzhain / Dorau Max gestorb. 31.1.40 Sachsenhausen / Dietze Max gestorb. 20.7.38 Sachsenhausen / Franke Max gestorb. 1946 Berlin / Goldschmidt Berthold gestorb.*

*13.7.42 Sachsenhausen / Grosjean Willi gestorb. 9.4.37 Bützow / Gibson Franz gestorb. Jun. 34 Sachsenhausen / Hauck Kurt gestorb. 30.4.43 Straf.Bat. vers. / Hirsch Leopold gestorb. 29.3.43 Sachsenhausen / Hirschberg Karl gestorb. 21.9.42 Wuhlheide / Hünnecke Luise gestorb. 30.11.43 Ravensbrück / Kohut Paul gestorb. 16.12.43 Grossbeeren / Kuhlmey Otto gestorb. 8.11.45 Sachsenhausen / Knabe Wolfgang gestorb. 30.11.43 Moabit / Lehmann Willi gefallen 19.7.44 Str.Bat. / Matuszak Karl gestorb. 23.4.42 Dachau / Metasch Max gestorb. 25.5.44 Luckau / Neumann Paul gestorb. 16.12.43 Buchenwald / Rabinowitsch gestorb. 6.3.43 Weissenburg / Rickens Hans gestorb. 6.10.37 Waldheim / Rudolf Bruno gestorb. 8.12.44 Moosbach / Saling Otto gestorb. 2.2.43 vergast / Sinke Wanda gestorb. 25.3.42 Berlin / Bussian Herbert ermord 14.9.37 Sachsenhausen / Sieck Herbert gestorb. 27.2.45 Dachau / Sturm Otto gestorb. 3.11.43 Berlin /* (rechte Spalte) *Schlechta Emil gestorb. 25.8.38 Moabit / Vierkorn Richard gestorb. Juli 44 999 Gefang. / Kluge Heinz gestorb. 29.6.40 Hartheim / Wäsch Hans gestorb. 1940 Berlin / Zillmer Paul gestorb. 2.4.39 Berlin / Zimmermann Hans gestorb. 21.10.42 Wewelsburg / Gerson Ludwig gestorb. 2.1.45 i.Emigr. gest. / Krause Fedor versch. Jan. 45 Sachsenhausen / Kriebel Fritz gefal. 1945 Straf.Bat. / Weinbaum Werner ermord. 1943 Auschwitz / Ackermann Isak ermord. 1943 Auschwitz erg. 1984* (Unter den Namensreihen steht:) *Die Toten mahnen – / der Kampf geht weiter / Berlin • 14. Sept.• 1947 / O.d.F. Bezirksausschuss / Kreuzberg*

**PHILHARMONIE**
**Bernburger Straße 21/22a (zwischen Dessauer Straße und Köthener Straße)**

Inschrift: *Dieser Weg / führt / zum Ort der / alten / Philharmonie / 1882–1944*

Die alte Philharmonie war 1876 als Rollschuhbahn gebaut worden, wurde auch als Eislaufbahn genutzt und 1881/82 in einen Theater- und Konzertsaal umgebaut. 1888 gab ihm der Architekt Franz Schwechten seine hervorragende Akustik und machte den Saal zum weltbekannten Heim des Berliner Philharmonischen Orchesters unter seinen Dirigenten Hans von Bülow (*Dresden 8.1.1830 – †Kairo 12.2.1894), Arthur Nikisch (*Lébényi Szent Miklós 12.10.1855 – †Leipzig 21.1.1922), Wilhelm Furtwängler bis zur Zerstörung bei einem Bombenangriff im Januar 1944. Die quadratische Eisentafel (ca. 60 x 60cm) befindet sich in den Boden eingelassen kurz hinter dem torartig gefaßten Zugang zum Hof.

**Walther RATHENAU**
**Hedemannstraße 12**

Inschrift: *Hier erinnerte bis 1933 eine Gedenktafel / an das Wirken des 1922 von Rechtsradikalen ermordeten / Reichsaußenministers / Walther Rathenau / 29.9.1867–24.6.1922 / Er hatte 1914 die Kriegsrohstoffversorgung begründet, / die seit 1915 in diesem Hause*

*arbeitete. / Die Tafel wurde 1933 von den nationalsozialistischen / Machthabern entfernt, weil Rathenau Jude war.*

Enthüllung der Berliner Gedenktafel am 17.7. 1989.

**Willi SÄNGER**
*Berlin 21.5.1894 – †Brandenburg 27.11.1944
**Oppelner Straße 45**

Inschrift: *Hier wohnte / Willi Sänger / Arbeitersportler und Kommunist / *21.5.1894 †27.11.1944 / Hingerichtet im Zuchthaus Bran-/denburg wegen Beteiligung / am antifaschistischen Widerstand.*

In diesem Haus wurde Willi Sänger geboren. Zur Erinnerung wurde von Robert Schmidt im Rahmen des Kreuzberger Antifaschistischen Gedenktafelprogrammes eine »Keramik- und Geschichtscollage« rund um den und vor dem Hauseingang geschaffen. Die Inschrift befindet sich in Keramikfliesen, die in den Bürgersteig vor dem Hauseingang eingelassen sind.

**Carl Ludwig SCHLEICH**
*Stettin 19.7.1859 – †Bad Saarow 7.3.1922
**Friedrichstraße 250**

Als Mediziner entwickelte er 1892 eine neue, risikoärmere Narkosemethode, später betätigte er sich als politischer Schriftsteller, Maler und Musiker. Grabstätte auf dem Südwestfriedhof der Berliner Stadtsynode, Stahnsdorf, Rudolf-Breitscheid-Platz, Block Erlöser, Gartenblock I, 47/48. Berliner Gedenktafel. □

**17. JUNI 1953**
**Viktoriapark**

Unter einem großen Holzkreuz liegt ein Stein aus Rosenquarz mit der Inschrift: *17. Juni / 1953*

Der Standort befindet sich oberhalb der Festwiese, in Höhe der Einmündung der Möckernstraße in die Kreuzbergstraße.

**Fritz SIEDENTOPF**
*Güsten 14.4.1908 – †Brandenburg 28.8.1944
**Willibald-Alexis-Straße 15**

Inschrift: *Hier wohnte der Schlosser Fritz Siedentopf (1908–1944). Als Beteiligter am antifaschistischen Widerstand der KPD wurde er am 28.8.1944 im Zuchthaus Brandenburg hingerichtet. Alle Mieter des Hauses Willibald-Alexis-Str. 15 baten vergeblich für Fritz Siedentopf um Gnade.*

Bereits von 1934 bis 1938 verbüßte Siedentopf eine Haftstrafe wegen seiner Aktivitäten für die KPD. Später war er Leiter einer illegalen Betriebszelle der KPD in den Auert-Werken in Berlin-Weißensee und gehörte zur Organisation um Robert Uhrig. Er kooperierte mit Franz Mett bei der Störung der Kriegsproduktion und half ausländischen Zwangsarbeitern. Im Februar 1942 wurde er erneut verhaftet. Als er 1944 zum Tode verurteilt wurde, baten alle Mieter seines Wohnhauses, auch die Blockwartin, um Gnade für ihn. Enthüllung der Tafel am 5.10.1990 im Rahmen des Kreuzberger Antifaschistischen Gedenktafelprogramms.

**SIEMENS & HALSKE**
**Schöneberger Straße 19**

Im Jahr 1847 Gründungsstätte und erste Werkstatt der Firma. Berliner Gedenktafel. □

**Max SIEVERS**
*Berlin 11.6.1887 –
†Brandenburg 17.1.1944
**Gneisenaustraße 41**

Inschrift der Tafel, die auch ein Porträt von Max Sievers zeigt: *Die Gedanken sind frei / Max / Sievers / Reichsvorsitzender des / Deutschen Freidenker-Verbandes / geb. 1887 1944 hingerichtet / Aus diesem Haus – Sitz des D.F.V. / am 17. März 1933 / von S.A. und Gestapo vertrieben*

Im April 1933 emigrierte Sievers nach Brüssel, im August desselben Jahres wurde er aus

Deutschland ausgebürgert. 1939 ging er in die USA, kehrte 1939 noch einmal nach Belgien zurück, wo er vom deutschen Einmarsch überrascht wurde. Ein Visum für die Schweiz wurde ihm verweigert, er hielt sich bis zu seiner Verhaftung durch die Gestapo am 3.6.1943 zusammen mit seiner belgischen Frau unter falschem Namen in Chérengm/Nordfrankreich versteckt. Der Volksgerichtshof unter dem Vorsitz von Freisler verurteilte ihn wegen seiner politischen Aktivitäten am 17.11.1943 zum Tode. Enthüllt wurde die von Heinz Spilker geschaffene Bronzetafel am 17.1.1984. Die Grabstätte (Ehrengrab) wurde erst am 10.2.1952 auf dem Urnenfriedhof Wedding, Gerichtstraße, eingerichtet.

**SOZIALDEMOKRATISCHE PARTEI DEUTSCHLANDS**
**Katzbachstraße 9 (unweit Kreuzbergstraße)**

Inschrift der Bronzetafel: *Im ersten Stockwerk / dieses Hauses hatte die / Sozialdemokratische / Partei Deutschlands / von 1890 bis 1895 / ihre zentrale Geschäftsstelle / · / Dem Parteivorstand / gehörten damals an / August Bebel / Ignaz Auer / Paul Singer / Richard Fischer / Albin Gerisch / · / Unter der Führung / dieser Männer wurde / aus der damals verfolgten / und immer wieder / verleumdeten SPD / die stärkste / demokratische Kraft / im Deutschen Reichstag*

***Axel* Cäsar SPRINGER**
*Altona 2.5.1912 – †Berlin 22.9.1985
**Kochstraße 50 (Eingangshalle des Axel-Springer-Verlagshauses)**

Marmorplatte, Inschrift: __ *Wenn wir in die Kochstraße gegangen sind, dann gingen wir nicht nur in das historische Zeitungsviertel von Berlin, sondern auch einen Weg nach Deutschland. Es lohnt sich nicht, auf dieser Welt hohe Häuser zu bauen, wenn man nicht eine Idee hat, die größer ist, als wir es selbst sind: Freiheit für alle Deutschen in einem Vaterland mit der rechtmäßigen Hauptstadt Berlin inmitten eines friedlichen Europa. Axel Springer im November 1964*

Beigesetzt ist der Begründer eines bedeutenden Verlagsimperiums auf dem Friedhof Nikolassee, Kirchweg 8–12.

**STADTMAUER (ZOLLMAUER/AKZISE-MAUER)**
**Stresemannstraße 64–68 (Mittelstreifen)**

Nachbau und Ausgrabungen von Fundamenten der Berliner Stadtmauer (Akzisemauer). Inschrift einer dort angebrachten Tafel unter der Abbildung Berlins aus der Zeit der Errichtung dieser Mauer mit seinen Stadttoren: *1734–1736 ließ der preußische König Friedrich Wilhelm I. um das damalige Berlin und seine Vorstädte eine Mauer bauen. Die Einfuhr unverzollter Waren und das Desertieren preußischer Soldaten sollte verhindert werden. Diese Zollmauer wurde 1867–1868 abgetragen. Bei wiederaufgefundenen originalen Fundamenten wurde 1987 dieses Mauerstück hier nachgebildet.*

**Viktor Otto STOMPS**
*Krefeld 26.9.1897 –†Berlin 4.3.1970
**Stallschreiberstraße**

Stomps wuchs in Berlin auf, gründete 1924 eine Druckerei, ab 1926 mehrere Verlage und gab verschiedene Literaturzeitschriften heraus, schrieb auch selbst. Grabstätte auf dem Friedhof Zehlendorf, Onkel-Tom-Straße 30. Berliner Gedenktafel. □

**Otto SUHR**
*Oldenburg 17.8.1894 – †Berlin 30.8.1957
**Oranienstraße Ecke Alexandrinenstraße (Südwestseite)**

Findling aus rotem Granit (Naturdenkmal) mit zwei aufgesetzten Tafeln. Die vordere trägt die Inschrift: *Otto Suhr / 1894–1994*
Die zweite Tafel ist sehr versteckt unten an der Rückseite des Steins befestigt. Inschrift:

*Prof. Dr. Otto Suhr / 17.8.1894–30.8.1957 / Stadtverordnetenvorsteher / Präsident des Abgeordnetenhauses / 1946–1954 / Regierender Bürgermeister / 1955–1957 / der Berlin treue Dienste leistete / Berliner Wohnungs- u. Geschäftshaus GmbH / Otto Suhr-Siedlung*

Beigesetzt ist der Direktor der Hochschule für Politik auf dem Waldfriedhof Zehlendorf, Potsdamer Chaussee 75, Abt. IX Stelle W 374/5 (Ehrengrab).

**Otto SUHR**
**Kommandantenstraße 29/31**

Klinkermauer mit aufgesetzter Bronzetafel. Inschrift um ein kreisrundes Reliefporträt und darunter: *Regierender · Bürgermeister · von Berlin / Professor · Doctor / Otto · Suhr / *17 · Aug · 1894 / †30 · Aug · 1957*

Die Anlage befindet sich zwischen den beiden Häusern in der Grünanlage direkt am Straßenrand.

**SYNAGOGE**
**Fraenkelufer 10–16 (ursprünglich Thielsch-Ufer, später Kottbusser Ufer 48–50)**

Inschrift: *Hier stand eine der / beiden grossen Kreuzberger / Synagogen. / In der Pogromnacht / vom 9. zum 10. November 1938 / brannten / Nationalsozialisten / die Synagoge / nieder. / Das beschädigte Hauptgebäude / wurde 1958 abgerissen. / Erhalten blieb die frühere / Jugend- und / Wochentagssynagoge, / heute eines der jüdischen / Gemeindezentren in Berlin.*

Die Synagoge wurde entworfen von Alexander Beer (*Hammerstein/Ostpreußen 19.9.1873 – †Theresienstadt 8.5.1944) und von 1913–1916 errichtet. Der Gedenkstein, in den in der traditionellen Darstellungsform der beiden mosaischen Gesetzestafeln die metallene Gedenktafel eingelassen ist, stammt von Cornelia Lengfeld. »Er markiert die Stelle, an der die südwestlichste

Ecke der Synagoge Straßenland berührte.« Die Enthüllung erfolgte anläßlich des 50. Jahrestages des Novemberpogroms von 1938. Am 11.5.1995 enthüllten Bezirksbürgermeister Peter Strieder und der Vorsitzende der Jüdischen Gemeinde, Jerzy Kanal, neben der Uferpromenade am Landwehrkanal eine Informationstafel über »Die orthodoxe Synagoge am Kottbusser Ufer«. Sie trägt auf beiden Seiten der metallenen Fläche einen Text zur Geschichte des Gotteshauses sowie eingeätzte Fotos und einen Grundriß.

### SYNAGOGE
**Axel-Springer-Straße (früher Lindenstraße 48/50)**

1891 wurde das Gotteshaus nach Entwürfen der Architekten Wilhelm Cremer und Richard Wolffenstein für ca. 1800 Menschen errichtet. Ab 1933 diente es auch als Konzertsaal des Jüdischen Kulturbundes. 1938 beim Novemberpogrom wurde das Haus beschädigt, im Februar 1945 durch Bomben zerstört. Die Ruine wurde 1956 abgerissen. Seit 1989 gab es eine Informationstafel über die Geschichte des Gotteshauses. In einem bis 1997 fertiggestellten Verwaltungsgebäude der Barmer Ersatzkasse soll eine Bronzetafel an der Wand zum Hof in Deutsch, Englisch und Hebräisch die Geschichte der Synagoge erläutern.

### Wolfgang THIESS
*Altenburg/Sachsen 30.10.1911 –
†Berlin-Plötzensee 9.9.1943
**U-Bahnhof Hallesches Tor (Seite zum Halleschen Ufer)**

Inschrift: *Wolfgang Thiess *30.10.1911 †9.9.1943 Hingerichtet in Plötzensee. Hier warf er antifaschistische Flugblätter aus dem Zug.*

Thiess gehörte zunächst seit Oktober 1929 der HJ an, wechselte im Oktober 1931 zum KJVD. Er war nach 1933 bei der illegalen Zeitschrift »Die innere Front« für den Wirtschaftsteil verantwortlich. Im April 1942 klebte er Zettel gegen die NS-Propagandaausstellung »Das Sowjetparadies«. Am 20.10.1942 wurde er verhaftet, dann wurde ihm zusammen mit anderen aus seiner Gruppe der Prozeß gemacht. Eugen Neutert, Wilhelm Schürmann-Horster (*Köln 21.6. 1900 – †Berlin-Plötzensee 9.9.1943) und Wolfgang Thiess verurteilte der Volksgerichtshof zum Tode. Der Entwurf der Tafel aus dem Kreuzberger Antifaschistischen Gedenktafelprogramm stammt vom Berliner Bildhauer Gerhard Moritzen. Enthüllung am 16.12.1988. Hans-Heinz Havel schrieb dazu (taz, 4.10.1989): »Die Tafel ist aufgeteilt in 13 Felder, auf denen die Lebensstationen des Mannes bildhaft dargestellt sind. Einige der Felder sind mit Absicht leer gelassen, weil zu wenig über Thiess bekannt ist. Ein Sprayer hat stellvertretend für viele zugelangt: Die hochverschlüsselte Kunst vermasselt die Botschaft.«

### ULLSTEIN-EULEN
**Kochstraße 50**

Links vor dem Eingang des Axel-Springer-Verlages stehen zwei steinerne Eulen, unter denen eine Tafel erläutert: *Ullstein-Eulen / 1912 geschaffen · Aus Trümmern 1957 / geborgen · Heute wieder Wahrzeichen / des Ullstein-Verlages in der Kochstrasse / 6. Oktober 1966*

Das Ullstein-Verlagsgebäude befand sich schräg gegenüber zwischen Charlottenstraße und Markgrafenstraße.

### US-SOLDATEN
**Yorckstraße 4–11 (Rathaus Kreuzberg, 1. Stock, im Durchgang zum Büro des Bürgermeisters)**

Inschrift: *The officers and soldiers of Combat Support Battalion, Berlin / Brigade, United States Army, recognize with sincere appreciation / the support and friendship of the District of Berlin-Kreuzberg. / We now leave*

*Berlin and proudly recall that our soldiers and / your citizens together defended freedom and celebrated its triumph. / Combat Support Brigade's work is done, and Kreuzberg faces many / challenges ahead. We wish you success and peace – remember the / great American soldiers who served you well. / 5. March 1994 Gordon D. Weith, Lieutenant Colonel, U.S. Army / Die Offiziere und Soldaten des Kampfunterstützungsbattalions [!], / Berlin Brigade, United States Army, möchten sich für die / Unterstützung und Freundschaft des Bezirks Berlin-Kreuzberg / herzlich bedanken. Wir verlassen Berlin und denken mit Stolz / daran, wie unsere Soldaten und die Bürgerinnen und Bürger Kreuzbergs / die Freiheit gemeinsam und erfolgreich verteidigt haben. Die Arbeit / des Kampfunterstützungsbattalions [!] ist vollbracht, und Kreuzberg hat / noch viele Herausforderungen vor sich. Wir wünschen Ihnen Erfolg und / Frieden – behalten Sie die hervorragenden amerikanischen Soldaten, die Ihnen so gut gedient haben, in lebendiger Erinnerung. / 5. März 1994 Gordon D. Weith, Oberstleutnant, U.S. Army*

Die Holztafel trägt die Wappen Berlins, Kreuzbergs, der Berlin Brigade und der Einheit, die Inschrift in Englisch und Deutsch steht rechts daneben.

**VERBINDUNGSBAHN**
**Stresemannstraße 36 (Mittelstreifen unmittelbar südlich Hallesche Straße)**

Ein kurzes Gleisstück ist hier eingezäunt. Dazu erläutert eine Tafel: *Dieses Gleisstück soll an die erste vom preußischen Staat gebaute und 1851 eröffnete Eisenbahn erinnern. Sie diente der Verbindung der Berliner Kopfbahnhöfe und führte vom Stettiner über den Hamburger, Potsdamer und Anhalter Bahnhof zum Görlitzer und Schlesischen Bahnhof. Nach der Eröffnung der Ringbahn 1871 wurde sie hier stillgelegt. Im Jahre 1873 nahm in dieser Straße die Große Berliner Pferde-Eisenbahn-Actien-Gesellschaft ihre zweite Strecke in Betrieb. Von 1898 an führen [!] hier neben den von Pferden gezogenen auch elektrisch angetriebene Fahrzeuge. Die letzten Pferdebahnen stellten hier im August 1901 ihren Betrieb ein. Von 1902 bis 1953 verkehrten hier in unterschiedlichen Zeitabschnitten jahrelang die Straßenbahnlinien 1, 4, 7, 14, 15, 21, 24, 25, 114 und 115, kurzzeitig auch die Linien 8, 34, 43, 70, 73 und 95. Die letzte auf dieser Strecke noch verkehrende Linie 21 wurde 1953 wegen der Spaltung der Stadt eingestellt und durch die Autobuslinine 24 ersetzt. Tiefbauamt Kreuzberg*

**Friedrich Robert WILMS**
*Arnswalde/Neumark 9.9.1824 –
†Berlin 23.9.1880
**Mariannenplatz (vor dem Haupteingang zum heutigen Künstlerhaus, dem früheren Kinderkrankenhaus Bethanien)**

Metallene Büste im römischen Stil auf steinernem Sockel mit der Inschrift: *Dem grossen / Arzt Bethaniens / 1848–1880*

Begraben ist Wilms auf dem Friedhof II der Jerusalems- und Neuen Kirchen-Gemeinde, Kreuzberg, Zossener Straße.

**Theodor WOLFF**
*Berlin 2.8.1868 – †Berlin 23.9.1943
**Franz-Klühs-Straße / Friedrichstraße**

Die Grünanlage zwischen Friedrichstraße, Franz-Klühs-Straße und Wilhelmstraße erhielt am 23. September 1993, dem 50. Todestag Wolffs, den Namen »Theodor-Wolff-Park«. Eine an einem Metallpfosten angebrachte Tafel erinnert: *Theodor / Wolff / Park / Chefredakteur des / Berliner Tageblatts / und liberaler Politiker / * 2. August 1868 / † 23. September 1943 / an den Folgen / der KZ-Haft*

Auf der Rückseite der Tafel ist im Faksimile der vergrößerte, sehr lesenswerte Leitartikel Wolffs aus dem Berliner Tageblatt vom 5.3.1933 zu den letzten – halbwegs freien Reichstagswah-

len – »Geht hin und wählt!« wiedergegeben. Wolff schrieb seit 1894 für das Berliner Tageblatt, dessen Chefredakteur er 1906 wurde. Sein Kürzel TW war Markenzeichen eines international beachteten Journalisten, in Berlin war er »eine journalistische Institution«. Er flüchtete vor den Nazis aus Deutschland, seine Bücher wurden von ihnen verbrannt. 1943 wurde er in Nizza, wo er nach Stationen in Österreich und der Schweiz eine Zuflucht gesucht hatte, verhaftet und in mehrere Konzentrationslager verschleppt. Er starb drei Tage nach seiner Haftentlassung im Jüdischen Krankenhaus in Berlin. Begraben ist Wolff auf dem Jüdischen Friedhof Weißensee, Herbert-Baum-Straße (Markus-Reich-Platz), Abteilung A 1 R 10 am Wegrand.

**Robert ZELLE**
*Berlin 18.9.1829 –
†Schloß Meseberg b. Gransee 24.1.1901
**Viktoriapark**

Steinsockel, dem wohl eine ursprünglich auf ihm stehende Büste abhanden gekommen ist, mit der Inschrift: *Robert Zelle / Ober-/bürgermeister / von Berlin / 1892–1898*

Der Sockel steht links neben dem Wasserfall, oberhalb der Einmündung der Großbeerenstraße in die Kreuzbergstraße. Beigesetzt wurde Zelle auf dem Friedhof der St. Thomas-Gemeinde, Neukölln, Hermannstraße 179–185, Kirchengitter 1.

**Hans Joachim von ZIETEN**
*Wustrau b. Ruppin 14.5.1699 –
†Berlin 27.1.1786
**Kochstraße 62 Ecke Friedrichstraße**

Inschrift: *An dieser Stelle – Kochstraße 62 – wohnte / 1761–1786 der Husarengeneral / Joachim Hans von Ziethen / Der preußische König Friedrich II. / der »Alte Fritz« / besuchte ihn hier mehrmals hoch zu Ross*

Auf einer Tafel ist Friedrich II. zu Pferde abgebildet, wohl auf dem Wege zu seinem General, der vor allem in den schlesischen Kriegen und im Siebenjährigen Krieg erfolgreich für Preußen focht. Im Alter lebte Zieten abwechselnd hier und in Wustrau. Sein Geburtstag wird mitunter auch mit dem 24.5.1699, der Todestag mit dem 26.1.1786 angegeben.
Hier war zur Erinnerung bereits vor 100 Jahren eine Tafel angebracht, die entfernt wurde, als man das Haus 1898 abriß. Zu ihrer Geschichte schreibt Mönch (S. 141): »[...] wurde die alte Steintafel auf der Rückseite glattgeschliffen, an dem neuerbauten Hause über dem Portal angebracht und ist von einer ornamentalen Steinfassung mit dem Medaillon-Porträt Zietens bekrönt worden.« Ihre Inschrift lautete: *Hier wohnte und starb am 27. Januar 1786 / Hans Joachim v. Zieten / General der Kavallerie / geb. am 14. Mai 1699 zu Wustrau. / Der Verein ehemaliger Zieten-/ Husaren d. 27. Januar 1886.*

**Konrad ZUSE**
*Wilmersdorf 22.6.1910 –
†Hünfeld/Osthessen 18.12.1995
**Methfesselstraße 7**

Inschrift: *In den kriegszerstörten Häusern / Methfesselstraße 10 und 7 / entwickelte und baute Konrad Zuse von 1936 bis 1944 / die programm-gesteuerten Rechenanlagen Z 1 bis Z 4 / 1941 ging der Rechner / Zuse Z 3 / als erster funktionsfähiger Computer / der Welt in Betrieb*

Im Jahr 1941 baute Zuse mit Z 3 den ersten – damals noch nicht so genannten – Computer mit elektromagnetischer Relaistechnik und Lochstreifensteuerung. Die Speicherkapazität betrug 64 Wörter. Ein Nachbau von Z 1 steht im Deutschen Technikmuseum Berlin (ehem. Museum für Verkehr und Technik). An Stelle des bei Luftangriffen 1944 zerstörten Hauses Methfesselstraße 10, dem Wohnhaus Zuses, befindet sich heute das Kreuzberger Weinanbaugebiet.

Ursprünlich sollte die Berliner Gedenktafel bereits Anfang 1995 enthüllt werden. □

# CHARLOTTENBURG

**Cemal Kemal ALTUN**
*Türkei – †Berlin 30.8.1983
**Hardenbergstraße 20**

Inschrift (rechte Seite): *Cemal Kemal Altun / stürzte sich am 30. August 1983 / als politischer Flüchtling / hier aus dem Fenster / des Verwaltungsgerichts / aus Angst vor Auslieferung / in den Tod / Politisch Verfolgte / müssen Asyl erhalten* (linke Seite): *Cemal Kemal Altun / Politik sıginmacı / 30 Agustos 1983 tarıhınde / iade edileceğı korkusulya / idare mahkemesinın / penceresinden atlayarak / yaşamına son verdi / Politik takip altında / olanlara siğınma hakkı / tanınmalıdır!*

Das Denkmal (Bildhauer Akbar Behkalam) steht neben dem Bürgersteig vor dem ehemaligen DB-Pavillon. Es wurde am 22.5.1996 von Bezirksbürgermeisterin Monika Wissel enthüllt. Bereits am 28.8.1988 hatte die Bezirksverordnetenversammlung Charlottenburg auf Anregung der Internationalen Liga für Menschenrechte/Sektion Berlin beschlossen, am damaligen Gerichtsgebäude eine Gedenktafel für Altun anbringen zu lassen. Am 14. Mai 1992 wurde dieser Beschluß von der BVV erneuert. Ein nach langwierigen Abstimmungen vorliegender Textentwurf lautete: *Kemal Altun, politischer Flüchtling aus der Türkei, sprang am 30.8.83 zermürbt im Spannungsverhältnis zwischen Asyl- und Auslieferungsrecht in den Tod. Sein Tod bleibt für uns Verpflichtung, das Grundrecht auf politisches Asyl mit Leben zu füllen.*

Die Tafel sollte im Frühjahr 1994 angebracht werden. Stattdessen gibt es nun das Denkmal aus grauem Granit mit den beiden Inschriften.

**Conrad ANSORGE**
*Buchwald b. Liebau/Schlesien 15.10.1862 – †Berlin 13.2.1930
**Nußbaumallee 27**

Der Schüler Franz Liszts, ein hervorragender internationaler Konzertpianist, Komponist und Klavierpädagoge, wohnte hier von 1909–1930. Grabstätte auf dem Friedhof Charlottenburg, Trakehner Allee 1, Abt. 19, G 21–23. Berliner Gedenktafel. □

**Erwin BARTH**
*Lübeck 28.11.1880 – †Berlin 10.7.1933
**Brixplatz (im Rondell)**

Inschrift über und unter dem Reliefporträt: *Erwin Barth / 1880–1933 / Gartendirektor von / Charlottenburg 1912–26 / Gross-Berlin 1926–29 / Gustav Adolf Platz / Karolingerplatz Lietzenseepark / Sachsenplatz / Volkspark Jungfernheide / Charlottenburg 1980*

Der Gustav-Adolf-Platz heißt heute Mierendorffplatz, der Sachsenplatz ist der Brixplatz. Begraben ist Barth auf dem gleichfalls von ihm

gestalteten Waldfriedhof Wilmersdorf, Stahnsdorf, Alte Potsdamer Landstraße, Grabnr. D V – S II – 1/1a.

**BAYERNHOF**
**U-Bahnhof Richard-Wagner-Platz (zwischen den Ausgängen Schustehrus- und Wintersteinstraße)**

An der Wand sind mehrere Mosaiken angebracht; links von diesen erläutert eine Bronzetafel: *Diese Mosaiken wurden aus dem / ehemaligen Vergnügungsetablissement / und Hotel „Bayernhof" Potsdamer / Strasse 24 (Architekt: Walther, erbaut / 1903) vor d. Sprengung 1975 ausgebaut. / Von links nach rechts: / Hermann zu Thüringen *1190 †1217 / Reinmar von Zweter gest. um 1255 / Elisabeth von Thüringen *1207 – †1231 / Wolfram von Eschenbach *1170 – †1220 / Rudolf von Habsburg *1218 – †1291 / Tannhäuser * etwa 1205 † etwa 1270 / Ludwig von Bayern *1287 – †1347 / Walther von der Vogelweide / * um 1170 – † um 1230*

Das Haus »Alt-Bayern«, Potsdamer Straße 10/11 (später Nr. 24), wurde nach Entwürfen des Architekten Wilhelm Walther (*Köln 25.3.1857 – †Berlin 6.2.1917) 1903/4 als Restaurantkomplex erbaut, 1909 zu einem Kaufhaus der Firma Wertheim umgestaltet, 1926 zum »Bayernhof«. Gerettet vor der endgültigen Zerstörung wurde auch der einst im Innenhof befindliche Brunnen, der auf dem Hindemithplatz (Giesebrecht-, Mommsen- und Wilmersdorfer Straße) steht.

**BERLINER SECESSION**
**Kurfürstendamm 209 (Kudamm-Karree)**

Inschrift: *Hier befand sich von 1905 bis / 1914 das zweite Ausstellungsgelände der / Berliner Secession / 1898–1932 / die für die Entwicklung der modernen Kunst / in Deutschland / von wesentlicher Bedeutung war*

Enthüllung der Berliner Gedenktafel am 10.8. 1988.

**Ernst BLASS**
*Berlin 17.10.1890 – †Berlin 23.1.1939
**Lietzenburger Straße 70 (damals Nr. 5)**

Wohnort von 1922–1927. Der Bankbeamte und promovierte Jurist, Kritiker, Lektor und Dichter gründete 1909 zusammen mit Jakob van Hoddis und Kurt Hiller den »Neuen Club«, gab von 1914 bis 1921 die Monatsschrift »Die Argonauten – Blätter für Dichtung und Philosophie« heraus, in denen u. a. »[Carl] Sternheim, [Robert] Musil, Walter Benjamin, [Franz] Blei, [Ernst] Bloch und [Paul] Kornfeld zu Wort kamen«. Er war Mitarbeiter in Herwarth Waldens »Der Sturm«. Ab 1933 war er mit Berufsverbot belegt. Kurt Hiller schrieb 1950 über ihn: »Vergessen dürfte mein Freund Ernst Blaß sein. Er ist es zu Unrecht. Dieser begnadete Dichter (ein echter Berliner) starb, nicht lange vor der Entfesselung des Zweiten Weltkriegs, mit 48 Jahren an der Tuberkulose.« (Voß) Erschienen sind von ihm u. a. Gedichtsammlungen »Die Straßen komme ich entlanggeweht«, »Die Gedichte von Trennung und Licht«, »Die Gedichte von Sommer und Tod«. Gestorben ist der erblindete und an Knochentuberkulose leidende Blaß im Jüdischen Krankenhaus, sein Grab befindet sich auf dem Jüdischen Friedhof Weißensee, Herbert-Baum-Straße (Markus-Reich-Platz), Feld K 5, dritte Reihe. Berliner Gedenktafel. □

**Leo BLECH**
*Aachen 22.4.1871 – †Berlin 25.8.1958
**Mommsenstraße 6**

Inschrift: *Hier lebte von 1913 bis zu seiner Emigration / im Jahre 1937 / Leo Blech / 22.4.1871–25.8.1958 / Komponist und Dirigent, Generalmusikdirektor / an der Staatsoper Unter den Linden / und am Deutschen Opernhaus Charlottenburg*

Der Schüler von Engelbert Humperdinck floh 1937 vor den Nazis über Riga nach Stockholm. 1949 kehrte er nach West-Berlin zurück. Enthüllung der Berliner Gedenktafel am 30.10.1987.

Grabstätte auf dem Friedhof Charlottenburg, Trakehner Allee 1, Abt. 20 Wald 1e (Ehrengrab).

**Wilhelm von BODE**
*Calvörde b. Braunschweig 10.12.1845 – †Berlin 1.3.1929
**Uhlandstraße 4/5**

Inschrift: *In der hier vormals stehenden / Stadtvilla lebte von 1885 bis 1929 / Wilhelm von Bode / 10.12.1845–1.3.1929 / Generaldirektor der Berliner Museen / von 1906 bis 1920*

Bode war Kunsthistoriker und ist der Schöpfer neuzeitlichen Museumswesens in Preußen. Enthüllung der Berliner Gedenktafel am 30.10.1987. Grabstätte auf dem Kirchhof II der Luisen-Gemeinde, Charlottenburg, Königin-Elisabeth-Straße 46–50, Abt. C 1 Gitter 5.

**Dietrich BONHOEFFER**
**Klaus BONHOEFFER**
*Breslau 5.1.1901 – †Berlin 23.4.1945
**Marienburger Allee 43**

Inschrift: *Bonhoefferhaus / Elternhaus der Brüder Klaus und / Dietrich Bonhoeffer. / Mit ihnen starben im Widerstand gegen / den Nationalsozialismus / die Männer ihrer Schwestern / Rüdiger Schleicher und Hans von Dohnanyi / im April 1945*

Hier lebten die Brüder Bonhoeffer von 1935–1943.
Rüdiger Schleicher (*Stuttgart 14.1.1895) wurde Anfang Oktober 1944 verhaftet und wegen seiner Widerstandsaktivitäten am 2. Februar 1945 vom Volksgerichtshof zum Tode verurteilt. Er starb wie Klaus Bonhoeffer unweit des Zellengefängnisses Moabit durch die Kugeln von SS-Leuten, als sowjetische Truppen bereits in Berlin waren.
Hans von Dohnanyi (*Wien 1.1.1902) stand dem NS-Regime von Anfang an ablehnend gegenüber. Für zwei Attentatsversuche auf Hitler besorgte er Haftminen. Am 5.4.1943 wurde er verhaftet und zuletzt im KZ Sachsenhausen inhaftiert. Dort wurde er von einem Standgericht zum Tode verurteilt und am 9.4.1945 erschossen. Enthüllung der Berliner Gedenktafel am 19.9.1988.

**Dietrich BONHOEFFER**
**Witzlebenstraße 4–5 (Bundesgerichtshof)**

Inschrift: *Zum Gedenken an den christlichen Widerstandskämpfer Dietrich Bonhoeffer. Seine Tötung am 9. April 1945, angeordnet durch ein SS-Gericht im Konzentrationslager Flossenbürg, wurde vom Bundesgerichtshof 1956 bestätigt – als Ausdruck des Rechts des NS-Staates auf Selbstbehauptung*

Die Tafel wurde am 4.2.1996, Bonhoeffers 90. Geburtstag, als Ausdruck der Forderung nach seiner juristischen Rehabilitierung von den im »Initiativkreis Gerechtigkeit für Dietrich Bonhoeffer« zusammengeschlossenen »ehemaligen DDR-Bürgerrechtlern, Politikern und Juristen« angebracht. Am 13.2.1996 wurde sie als nicht genehmigt wieder abgenommen.

**Alfred BRAUN**
*Berlin 3.5.1888 – †Berlin 3.1.1978
**Iburger Ufer Ecke Arcostraße**

Unter der 1983 entstandenen Skulptur des – tatsächlich zur Spree blickenden – »Spreekiekers«, wie sich Braun als Rundfunkkommentator nannte, steht auf dem Sockel die Inschrift: *»Der Spreekieker« / Zur Erinnerung an / Alfred Braun 3.5.1888–3.1.1978 / den ersten deutschen / Rundfunksprecher / Skulptur von Gertrud Bergmann.*

Der Rundfunkpionier war der erste Intendant des Sender Freies Berlin von 1954–1957. Grabstätte: Friedhof Charlottenburg, Trakehner Allee 1, Abt. 18 K 102.

**Rudolf BREITSCHEID**
*Köln 2.11.1874 – Buchenwald 24.8.1944
**Breitscheidplatz**

Inschrift der Tafel: *Rudolf Breitscheid / *1874 in Köln †1944 im KZ Buchenwald / 1920–1933 / Sozialdemokratischer Reichstagsabgeordneter / „Die Geschichte wird einmal / ein vernichtendes Urteil / nicht nur über diejenigen / fällen, die Unrecht getan / haben, sondern auch über / die, die dem Unrecht still-/schweigend zusahen."*

Die Bronzetafel (Entwurf Joachim Schmettau) wurde am 40. Todestag Breitscheids auf dem Breitscheidplatz in den Bürgersteig vor der Gedächtniskirche eingelassen. Im Frühjahr 1987 wurde die Tafel in die schräggestellten Granitsteine an einem Pflanzenhochbeet in der Nähe des Überwegs zur Budapester Straße eingelassen, weil »viele Passanten achtlos über die 70 mal 50 Zentimeter große Platte hinweggegangen waren«. Beigesetzt ist Breitscheid auf dem Südwestfriedhof der Berliner Stadtsynode, Stahnsdorf, Block Lietzensee, Feld 22, W 115.

**BRITISCHE GARNISON**
**Otto-Suhr- Allee 100 (Rathaus Charlottenburg)**

Inschrift: *Diese Tafel wurde dem Bezirk / Charlottenburg im Jahre 1994 / anlässlich der Verabschiedung / der Britischen Garnison nach 49 Jahren / Präsenz im Bezirk überreicht. / Die Übergabe erfolgte in dankbarer Anerkennung der / besonders engen Beziehungen, die / sich in vielen Jahren zwischen / dem Bezirk, seinen Einwohnern / und den britischen Streitkräften / entwickelt hatten. / Das Gefühl der Verbundenheit / war oftmals so ausgeprägt, / dass für viele Angehörige der britischen Militärgemeinde der Bezirk Charlottenburg zur zweiten Heimat wurde. / With many thanks / farewell*

Die Inschrift der auf einer Holzplatte befestigten Messingtafel wird umrahmt von militärischen Abzeichen, unten befindet sich das Symbol der Berliner Garnison. Die Tafel ist im ersten Stock gegenüber der Haupttreppe neben Aufzug 1 angebracht.

**Ferdinand BRUCKNER, eigtl. Theodor Tagger**
*Wien 26.8.1891 – †Berlin 5.12.1958
**Kaiserdamm 102**

Inschrift: *Wohnhaus von / Ferdinand Bruckner / – Theodor Tagger – / 26.8.1891–5.12.1958 /*

*Dramatiker, Lyriker, Gründer / und erster Direktor / des Renaissance-Theaters*

Bruckner lebte hier von 1923, dem Jahr, in dem er das Renaissance-Theater eröffnete, bis 1929. Im März 1933 kehrte er von einer Reise nach Wien nicht nach Deutschland zurück, emigrierte über die Schweiz und Paris – wo er auch schon zuvor zeitweilig lebte – in die USA. 1956 kam er nach Berlin zurück und arbeitete bis zu seinem Tod am Schiller-Theater. Enthüllung der Berliner Gedenktafel am 30.10.1987. Grabstätte: Friedhof Charlottenburg, Trakehner Allee 1, Abt. 20 Wald 11.

**Paula BUSCH**
*Odense/Dänemark 6.12.1884 –
†Berlin 25.6.1973
**Lyckallee 14**

Hier wohnte die berühmte Zirkusdirektorin und Tochter des Zirkusgründers Paul Busch von 1915–1973. Grabstätte: Friedhof II der Dorotheenstädtischen Gemeinde, Wedding, Liesenstraße 9, Mausoleum A – SA. Berliner Gedenktafel. □

**CAFÉ DES WESTENS**
**Kurfürstendamm 18/19**

Hier befand sich das bekannte Caféhaus und der berühmte Künstlertreffpunkt in den Jahren von 1895–1913. Berliner Gedenktafel. □

**Elisabeth CALAND**
*Rotterdam 13.1.1862 – †Berlin 26.1.1929
**Nithackstraße 22**

Inschrift: *Elisabeth Caland / wohnte und schuf in diesem / Hause ihre bedeutendsten / musikpädagogischen Werke / 1909–1913*

Schwarze Steintafel. Die Klavierpädagogin lebte von 1898–1915 in Berlin, später in Gehlsdorf (Mecklenburg). Grabstätte: Friedhof II der Luisen-Gemeinde, Charlottenburg, Königin-Elisabeth-Straße.

**Maria CEBOTARI**
*Kischinew/Bessarabien 10.2.1910 –
†Wien 9.6.1949
**Hessenallee 12**

Die Sopranistin, Mozart- und Strauß-Interpretin lebte hier von 1941–1943. Von 1931–1943 war sie an der Staatsoper Dresden engagiert, trat von 1936–1944 auch in Berlin auf, nach dem Zweiten Weltkrieg vornehmlich in Wien. Berliner Gedenktafel. □

**CHRISTLICH DEMOKRATISCHE UNION DEUTSCHLANDS**
**Platanenallee 11**

Inschrift: *„In der schwersten Katastrophe, / die je über ein Land gekommen ist, / ruft die / Christlich Demokratische Union Deutschlands / aus heißer Liebe zum deutschen Volk / die christlichen, demokratischen und sozialen Kräfte / zur Sammlung, zur Mitarbeit und zum Aufbau / einer neuen Heimat" / Mit diesem Gründungsaufruf wurde am 26. Juni 1945 / in diesem Hause die CDU gegründet*

Die Bronzetafel rechts neben dem Eingang ist von der Straße aus kaum wahrnehmbar und von dort nicht zu lesen.

**COMMONWEALTHFRIEDHOF (BERLIN WAR CEMETARY)**
**Heerstraße (zwischen Am Rupenhorn und Scholzplatz)**

Hier ruhen 3580 Angehörige der Streitkräfte des Commonwealth, die während des Zweiten Weltkriegs in Berlin starben. In der Eingangshalle befindet sich im rechten Nebenraum an der Wand eine silberfarbene Metallplatte mit (links) englischer und (rechts) deutscher Inschrift: *THE WORLD WARS OF 1914–18 AND 1939–45 / During the two World Wars of 1914–18 and 1939–45, millions / of lives were lost. The majority of the servicemen and women / who died in those wars lie buried in the countries where they / fell. Most of the members of the Commonwealth forces who / died in Germany are buried in war cemetaries such as this, / which are maintained by the Commonwealth War Graves / Commission with the assistance and goodwill of the German / people. Those whose graves are unknown are commemorated on / memorials to the missing. / This quiet resting place, like those elsewhere, is dedicated to the / memory of those who lost their lives. / BERLIN WAR CEMETARY / This cemetary contains 3 580 burials from the Second World / War, mainly of airmen. By nationalities they comprise 2 680 / British, 527 Canadian, 223 Australian, 56 New Zealand, 31 / South African, 50 Indian, 5 Polish and 8 unidentified. / THIS CEMETARY / WAS CONSTRUCTED AND IS MAINTAINED BY THE / COMMONWEALTH WAR GRAVES COMMISION / ARCHITECT: PHILIP HEPWORTH / DIE WELTKRIEGE VON 1914–18 UND 1939–45 / Während der beiden Weltkriege von 1914–18 und 1939–45 / starben Millionen von Menschen. Die meisten Militärange-/hörigen, Männer und Frauen, die ihr Leben in diesen Kriegen / verloren haben, liegen in den Ländern begraben, in denen sie / fielen. Die überwiegende Zahl der Angehörigen der / Commonwealth-Streitkräfte, die in Deutschland starben, sind / auf Kriegsgräberstätten wie dieser bestattet, die von der / Commonwealth War Graves Commission mit Unterstützung und / Entgegenkommen des deutschen Volkes unterhalten werden. / Denjenigen, deren Gräber unbekannt sind, wird an Vermißten-/denkmälern gedacht. / Diese stille Ruhestätte ist, wie die anderen auch, dem Gedenken / derer gewidmet, die ihr Leben verloren haben. / BERLIN WAR CEMETARY / Auf dieser Kriegsgräberstätte sind 3580 Gefallene des Zweiten Weltkrieges, vor allem Luftwaffenangehörige, bestattet worden. / Nach Nationalitäten aufgegliedert handelt es sich um 2680 / Briten, 527 Kanadier, 223 Australier, 56 Neuseeländer, 31 / Südafrikaner, 50 Inder, 5 Polen und 8 mit unbekannter / Nationalität. / DIE COMMONWEALTH WAR GRAVES COMMISSION / ERBAUTE DIESEN FRIEDHOF UND IST FUR / DIE STANDIGE PFLEGE VERANTWORTLICH / ARCHITEKT: PHILIP HEPWORTH*

**Hedwig COURTHS-MAHLER, geb. Ernestine Mahler**
*Nebra/Unstrut 18.2.1867 –
†Tegernsee 26.11.1950
**Knesebeckstraße 12 Ecke Goethestraße**

Inschrift: *Hier lebte von 1914 bis 1932 / Hedwig Courths-Mahler / 18.2.1867–26.11.1950 / Verfasserin populärer Romane*

Die Tafel ist an der Hausfront in der Goethestraße angebracht. Die berühmte Verfasserin deutscher Trivialliteratur schrieb 208 Romane, die eine Auflage von über 50 Millionen erreichten. 1932 verzog sie in die Landshuter Straße 32, im Frühjahr 1934 auf ihren Landsitz an den Tegernsee. Dort ist sie auch begraben. Von den Nazis erhielt sie Publikationsverbot, ihr Haus wurde bis auf ein Zimmer, das ihr verblieb, beschlagnahmt. Enthüllung der Berliner Gedenktafel am 24.10.1988.

**Viktor DE KOWA**
*Hohkirch bei Görlitz 8.3.1904 –
†Berlin 8.4.1973
**Wacholderweg 7 b**

Wohnort des Schauspielers und Regisseurs von 1948–1970. Sein eigentlicher Name wird unterschiedlich mit Victor Kowalski (Wilhelm Kosch, Deutsches Theaterlexikon), Kowalszyk (Berliner Biographisches Lexikon) oder Kowarzik (Meyers Konversationslexikon, 1972) angegeben. Grabstätte: Friedhof Charlottenburg, Trakehner Allee 1, 16 G 21, gemeinsam mit seiner Frau, der Sängerin Michiko Tanaka (*Berlin 15.7.1909 – †Berlin 18.5.1988). Berliner Gedenktafel. □

***Hans* Gottlieb Leopold DELBRÜCK**
*Bergen/Rügen 11.11.1848 –
†Berlin 14.7.1929
**Knesebeckstraße 30**

Der konservative Historiker (insbesondere Militärgeschichte) wurde 1895 Professor an der Berliner Universität und übernahm im Folgejahr den Lehrstuhl Treitschkes. Er war in den achtziger Jahren Mitglied des Preußischen Abgeordnetenhauses und des Reichstags. Nach dem Ersten Weltkrieg wandte er sich sowohl gegen die »Kriegsschuldlüge« wie gegen die »Dolchstoßlegende«. Grabstätte: Friedhof Grunewald, Bornstedter Straße 11–12, Abt. III-1–9/10.

**DEUTSCHE EINHEIT**
**Theodor-Heuss-Platz**

Der Gedenkstein trug die Inschrift (Bronzetafel): *Diese Flamme wird brennen bis zur Wiederherstellung der deutschen Einheit und der Verwirklichung des Rechtes auf Heimat / Berlin, am 10. September 1985 / Die Landsmannschaften der deutschen Heimatvertriebenen.*

Zur deutschen Einheit wurde der Stein vom Landesverband der Vertriebenen dem Land Berlin zur Nutzung übergeben. »Dies geschehe, damit ›das Mahnmal zu einem neuen, erweiterten Mal werde, das die Verwirklichung der Menschenrechte und die völkerrechtliche Anerkennung der Heimatrechte überall in der Welt fordert und die besondere Verantwortung Deutschlands

aufzeigt.‹« (Tsp., 2.10.1990) Der Stein sollte eine neue Inschrift bekommen, am 10. Dezember 1990 (Tag der Menschenrechte) sollte dann die Flamme neu entzündet werden. Über den Inhalt der neuen Inschrift entstand alsbald ein Streit. Der Vorsitzende des Landesverbandes Berlin der Vertriebenen, Gerhard Dewitz (CDU), hatte in Abstimmung mit dem Regierenden Bürgermeister von Berlin, Eberhard Diepgen (CDU), den Text vorgeschlagen: *Diese Flamme mahnt. Nie wieder Vertreibung.* Dagegen wandten sich Charlottenburgs Bezirksbürgermeisterin Monika Wissel (SPD) und Baustadtrat Claus Dyckhoff (SPD), der eine Textergänzung forderte, um Mißverständnissen vorzubeugen: »Wir müssen darauf hinweisen, daß wir Deutschen die Weltkriege entfacht haben, die Ursache der Vertreibung waren.« Anfang August 1992 war die Flamme nicht gelöscht, die Bronzetafel mit der alten Inschrift jedoch entfernt. Eine neue Tafel und Inschrift gab es nicht. Zum »Tag der Heimat 1992«, Anfang September, war eine neue Tafel angebracht. Die Inschrift lautet: *Diese Flamme mahnt: / Nie wieder Vertreibung!*

Wie sehr sich die öffentliche Meinung mit der fortdauernden Teilung Deutschlands eigentlich abgefunden hatte, mag eine Kurzmeldung aus dem Tagesspiegel vom 29.3.1983 unter der Überschrift »Stadtstreicher kochte auf ewiger Flamme sein Essen« illustrieren, weil hier im Zusammenhang mit der Wiedervereinigung von einer

»Ewigen Flamme« die Rede ist: »Zweimal hatte ein 34jähriger österreichischer Stadtstreicher die Ewige Flamme auf dem Theodor-Heuss-Platz dazu benutzt, sich eine warme Mahlzeit zu bereiten. Beim zweiten Versuch nahm die Polizei den Mann Sonntagabend wegen Beleidigung fest. Die Flamme in der Opferschale war vom damaligen Bundespräsidenten Theodor Heuss entzündet worden und soll bis zur Wiedervereinigung Deutschlands brennen.«

**DEUTSCHE LUFTHANSA**
**Kurfürstendamm 220**

Inschrift: *An dieser Stelle wurde am 29. Januar 1958 / in Anwesenheit des / Senators für Verkehr und Betriebe / das erste Stadtbüro der Lufthansa / in Berlin nach dem Krieg eröffnet / Der Senat dankt / der Deutschen Lufthansa AG / für 30 Jahre Treue zu Berlin / Edmund Wronski / Senator für / Verkehr und Betriebe / Berlin, den 29. Januar 1988*

**DEUTSCHES SPORTFORUM**
**Gutsmuthsweg/Jahnplatz**

Inschrift der Bronzetafel: *Hier weihte am 18. Oktober 1925 / Reichspräsident von Hindenburg / den Grundstein zum Deutschen Sportforum*

Die Gebäude des Deutschen Sportforums wurden von Werner und Walter March nach dem Konzept des Forum Romanum entworfen. Hier befand sich von 1945 bis 1994 das Britische Hauptquartier in Berlin (Headquarters Berlin Infantry Brigade).

**Rudolf DIESEL**
*Paris 18.3.1858 –
†ertrunken im Ärmelkanal 29.9.1913
**Kantstraße 153**

Inschrift: *In diesem Hause wohnte und arbeitete / von 1893 bis 1894 / Rudolf Diesel / 18.3.1858–29.9.1913 / Ingenieur und Erfinder des / Diesel-Motors*

Hier lebte Diesel während der Arbeit an dem später nach ihm benannten Motor. Enthüllung der Berliner Gedenktafel am 10.8.1988.

**Georgi DIMITROFF**
**Schlüterstraße 21**

Inschrift: *In diesem Haus / wirkte von 1930 / bis 1933 / Georgi Dimitroff, / der grosse Sohn / Bulgariens*

Wenn auch der Richter stets ins Wort ihm fällt,
Dimitrow spricht. Er spricht zur ganzen Welt.

Unter der Inschrift sind ein sich kreuzender Eichen- und Olivenzweig abgebildet. Der bulgarische kommunistische Politiker Dimitroff wurde berühmt durch sein entschiedenes Auftreten gegen Göring im Reichstagsbrandprozeß. Er wohnte im Februar 1933 in der Klingsorstraße 96 in Steglitz. Nach dem Zweiten Weltkrieg wurde er erster Präsident der Volksrepublik Bulgarien, die für die Anbringung der Tafel sorgte.

**Günter von DRENKMANN**
*Berlin 9.11.1910 – †Berlin 10.11.1974
**Witzlebenstraße 4–5 (Kammergericht)**

Inschrift unter einem Reliefporträt: *Günter von Drenkmann / Präsident / des Kammergerichtes / am 9.11.1910 geboren / am 10.11.1974 / Opfer eines Attentates*

Der Jurist wurde am Tag nach dem Hungertod des Terroristen Holger Meins von Mitgliedern der RAF (»Baader-Meinhof-Bande«) vor seiner Wohnungstür erschossen. Die Bronzetafel hängt im Erdgeschoß neben der Pförtnerloge. Begraben ist Drenkmann auf dem Friedhof Charlottenburg, Trakehner Allee 1, Abt. 20 C 45/46 (Ehrengrab).

**Johann Christian Gottfried DRESSEL**
*Crossen/Oder 22.9.1751 –
†Charlottenburg 16.10.1824
**Gierkeplatz 4 (Gemeindehaus der evangelischen Luisen-Kirchengemeinde)**

Inschrift: *In dem Vorgängerbau dieses Hauses / lebte von 1778 bis 1824 / der Charlottenburger Oberpfarrer / Johann Christian / Gottfried Dressel / 22.9.1751–16.10.1824 / Der aufgeklärte Prediger führte die / Reformpädagogik Pestalozzis ein, ordnete / die Schulverhältnisse neu und richtete eine / städtische Armenpflege ein.*

Dressel war auch Charlottenburger Chronist. Enthüllung der Berliner Gedenktafel am 29.9.1989. Begraben war Dressel auf dem Luisenfriedhof I, Guerickestraße 6–9. Das Grab existiert nicht mehr.

**Tilla DURIEUX, eigtl. Ottilie Godeffroy**
*Wien 18.8.1880 – †Berlin 21.2.1971
**Bleibtreustraße 15**

Inschrift: *Hier lebte von 1966 bis 1971 / Tilla Durieux / 18.8.1880–21.2.1971 / Große deutsche Schauspielerin. / Ab 1903 an den Reinhardt-Bühnen in Berlin. / Emigration 1933, Rückkehr nach / Berlin 1952*

Enthüllung der Berliner Gedenktafel am 30.10.1987. Begraben ist Tilla Durieux gemeinsam mit ihrem zweiten Ehemann, dem Kunsthändler und Verleger Paul Cassirer (*Görlitz 21.2.1871 – †Berlin 7.1.1926) auf dem Friedhof Charlottenburg, Trakehner Allee 1, Abt. 5, D 4.

**Friedrich EBERT**
**Joachimstaler Straße 20 (nahe Lietzenburger Straße)**

Inschrift unter dem Reliefporträt Eberts: *In diesem Hause starb am / 28. Februar 1925 / Friedrich Ebert / der erste Reichspräsident / der deutschen Republik*

Hier befand sich die West-Klinik, in der Ebert an den Folgen einer mißlungenen Operation starb.

**Mete EKŞI**
*1972 – † Berlin 13.11.1991
**Adenauerplatz**

Inschrift: *Mete Ekşi, geboren 1972, starb / am 13. November 1991 an den / schweren Verletzungen die er / an diesem Ort bei einer / gewalttätigen Auseinandersetzung / zwischen*

*Berliner Jugendlichen / unterschiedlicher Herkunft erlitt / Gegenseitiger Respekt und der Wille / zur Gewaltfreiheit hätten sein / Leben schützen können*

Die Errichtung des Steins geht auf eine gemeinsame Initiative der Gewerkschaft Erziehung und Wissenschaft, der Bezirksbürgermeisterin Monika Wissel und des Türkischen Elternvereins zurück. Bei einem Streit zwischen deutschen und türkischen Jugendlichen vor dem Lokal »Graffiti« am 27.10.1991 wurde Ekşi durch einen Schlag mit einem Baseballschläger auf seinen Kopf so schwer verletzt, daß er daran starb. Enthüllung des Steins aus rötlichem Granit am 13.11.1996.

**Matthias ERZBERGER**
*Buttenhausen/Württemberg 20.9.1875 – †auf dem Kniebis bei Griesbach/Baden 26.8.1921
**Lietzenburger Straße 98 (damals Nr. 16, Ecke Schlüterstraße)**

Wohnort des Zentrumpolitikers 1915–1921. Er unterzeichnete das Waffenstillstandsabkommen von Compiègne zwischen Frankreich und Deutschland am 11. November 1918 und setzte sich – weil es nur die Alternative Annahme der Bedingungen oder Wiederaufnahme der sinnlosen Kampfhandlungen gab – für die Annahme des Friedensvertrags von Versailles ein. Weil konservativ-nationalistischen Kreise sein Friedensengagement als Verrat betrachteten, wurde er von den ehemaligen Offizieren und Mitgliedern der rechtsradikalen »Organisation Consul« Schulz und Tillessen erschossen. Berliner Gedenktafel. □

**FERNSEHSTUDIO**
**Rognitzstraße 9 (zwischen Kaiserdamm und Bredtschneiderstraße)**

Inschrift: *In diesem Hause / befand sich / von 1935 bis 1938 / das erste Fernsehstudio / der Deutschen Reichspost*

Die erste Ausstrahlung erfolgte am 22.3.1935.

***Wilhelm* Julius FOERSTER**
*Grünberg/Schlesien 16.12.1836 –
†Potsdam 18.1.1921
**Ahornallee 32**

Der Astronom war Leiter der Berliner Sternwarte, führte die Reform der deutschen Maße und Gewichte durch (zu den Problemen s. Inschrift auf der Grabstätte Zeitler) und war Mitbegründer der populärwissenschaftlichen Vereinigung »Urania«. »Daneben war er einer der Führer der ›Ethischen Bewegung‹, die die Ethik von der Religion lösen wollte und einen religionslosen Moralunterricht anstrebte.« (Klaus Arlt, Grabstätten auf Potsdamer Friedhöfen) Grabstätte auf dem Friedhof Bornim. Berliner Gedenktafel. □

**Leonhard FRANK**
*Würzburg 4.9.1882 – †München 18.8.1961
**Bismarckstraße 12**

Der Pazifist, Kleist-Preisträger (1920 für seine Anti-Kriegs-Erzählungen »Der Mensch ist gut«), Verfasser großer Romane (»Karl und Anna«, »Das Ochsenfurter Männerquartett«) und Mitglied der Preußischen Akademie der Künste lebte hier mit seiner Frau Lisa von 1920 bis zur

Emigration 1933, nachdem man seine Werke verbrannt und ihn ausgebürgert hatte. Stationen seiner Flucht waren die Schweiz, mehrere Internierungslager in Frankreich, Lissabon, New York. Er kehrte 1950 noch einmal für einige Jahre nach Berlin zurück. Berliner Gedenktafel. □

**Recha FREIER**
*Norden/Ostfriesland 29.10.1892 –
†Jerusalem 2.4.1984
**Fasanenstraße 79 (Jüdisches Gemeindehaus)**

Inschrift: *Begründerin der »Jugend-Alijah« / Recha Freier / 1892–1984 / die unzählige jüdische Kinder / vor der Vernichtung durch das Nazi-Regime / nach Palästina rettete / »Die Geretteten wurden Retter« / Berlin-Charlottenburg.*

1932 begründete Recha Freier (geb. Schweizer) die Organisation zur Einwanderung jüdischer Jugendlicher nach Palästina, mit deren Hilfe sie mehrere tausend junge Menschen aus Nazi-Deutschland rettete. Sie selbst entkam 1940 über den Balkan nach Palästina, wo sie seit 1941 lebte. Enthüllung der Berliner Gedenktafel wahrscheinlich zu ihrem 100. Geburtstag.

**GEDENKSTÄTTE PLÖTZENSEE**
**Hüttigpfad**

Im Vorhof der 1952 aus dem Bereich der Haftanstalt Plötzensee mit dem Hinrichtungsschuppen geschaffenen Gedenkstätte befindet sich

rechter Hand eine steinerne Urne. Vor dieser ist in einen angeschrägten Betonsockel eine Eisentafel eingelassen.

Inschrift: *Diese Urne enthält Erde / aus deutschen / Konzentrationslagern* Der Deckel der Urne trägt den umlaufenden Text: *Den · Opfern · der · Konzentrationslager · in · ehrendem · Andenken · gewidmet ·*

Auf der Ehrenwand vor dem einstigen Hinrichtungsraum steht: *Den Opfern / der Hitlerdiktatur / der Jahre 1933–1945*

In Plötzensee starben fast 3000 Menschen durch den Henker.

**Stefan GEORGE**
*Büdesheim/Hessen 12.7.1868 –
†Minusio b. Locarno 4.12.1933
**Kantstraße 162**

Der Dichter war hier regelmäßig bei seinen Berlin-Besuchen in der Wohnung des Malerehepaares Reinhold und Sabine Lepsius zu Gast. Berliner Gedenktafel. □

**Anna von GIERKE**
*Breslau 14.3.1874 – †Berlin 3.4.1943
**Otto von GIERKE**
*Stettin 11.1.1841 – †Berlin 10.10.1921
**Carmerstraße 12**

Inschrift: *Ehemaliges Wohnhaus der Familie Gierke / Otto von Gierke / 11.1.1841–10.10.1921 / Bedeutender Rechtshistoriker, schrieb / »Das Deutsche Genossenschafts-recht« / Anna von Gierke / 14.3.1874–3.4.1943 / Leiterin der Ausbildungsstätte »Jugendheim e.V.« / (1898–1933); Mitglied der Weimarer National-/versammlung 1919/20*

Die Sozialpädagogin Anna von Gierke kam mit ihrer Familie 1887 aus Breslau nach Berlin, als ihr Vater einen Ruf an die Berliner Universität erhielt (1911 wurde er geadelt). 1898 gründete sie das Charlottenburger Jugendheim an der Goethestraße 22, wurde 1906 Vorsitzende des »Jugendheim e.V.«. In diesem Heim führte sie sozialpädagogische Seminare für angehende Kindererzieherinnen ein, die es staatlicherseits nicht gab. 1919/20 war sie deutschnationales Mitglied der Nationalversammlung in Weimar, engagierte sich später als Stadtverordnete in Charlottenburg. 1933 entzogen ihr die Nationalsozialisten die Leitung des Heims. Enthüllung der Berliner Gedenktafel am 21.3.1993. Begraben sind Vater und Tochter auf dem Kaiser-Wilhelm-Gedächtnis-Friedhof, Charlottenburg, Fürstenbrunner Weg 69–79, Abt. AW 3, 1a+c (Ehrengrab).

**GINGKO-BAUM**
**Breitscheidplatz (neben Kurfürstendamm 11)**

Gedenkstein mit schräg aufgelegter Bronzeplatte vor einem Gingkobaum, Inschrift: *Gingko Biloba / Dieses Baumes Blatt der vom Osten / meinem Garten anvertraut / gibt geheimen Sinn zu kosten / wie es den Wissenden erbaut / Ist es ein lebendig Wesen das sich in sich selbst getrennt / Sind es zwei die sich erlesen / dass man sie als eines kennt / Solche Frage zu erwidern / fand ich wohl den rechten Sinn / Fühlst du nicht an meinen Liedern / dass ich eins und doppelt bin / Goethe / Baumpate werden*

**Erich GLOEDEN**
*23.8.1888 – †Berlin 30.11.1944
**Elisabeth-Charlotte GLOEDEN**
*Köln 19.12.1903 – †Berlin 30.11.1944
**Kastanienallee 23**

Wohnort der Architekten von 1934–1944. Berliner Gedenktafel. □

**Curt GOETZ, eigtl. Kurt Götz**
*Mainz 17.11.1888 –
†Grabs bei St. Gallen/Schweiz 12.9.1960
**Fridericiastraße 1**

Der Schriftsteller und Schauspieler lebte hier bis zu seiner Flucht vor den Nazis in die Schweiz (später in die USA). Er schrieb u. a. »Das Haus in Montevideo«, »Die Tote von Beverly Hills«, »Dr. med. Hiob Prätorius«, »Der Raub der Sabinerinnen«. Verheiratet war er seit 1923 mit der Schauspielerin Valerie von Martens (*Lienz 4.11.1894 – †Riehen/Basel 7.4.1986). Begraben sind beide auf dem Friedhof Charlottenburg, Trakehner Allee 1, Abt. 16 G 11/12 (Ehrengrab). Berliner Gedenktafel. □

**Walter GROPIUS**
*Berlin 18.5.1883 – †Boston/USA 5.7.1969
**Kaiserin-Augusta-Allee 68**

Hier lebte der große Architekt von 1914–1919, bevor er als Gründungsdirektor des Bauhauses nach Dessau ging. Von seinem Wirken in Berlin zeugen viele Bauten. Der ursprüngliche Entwurf der Großsiedlung Britz-Buckow-Rudow (»Gropiusstadt«) wurde von ihm geschaffen. Berliner Gedenktafel. □

**George GROSZ, eigtl. Georg Ehrenfried Groß**
*Berlin 26.7.1893 – †Berlin 6.7.1959
**Savignyplatz 5 (zwischen Carmerstraße und Knesebeckstraße)**

Inschrift der fast zugewachsenen dunklen Metalltafel, die den Künstler beim Zeichnen zeigt: *In diesem Hause / starb / George Grosz / Zeichner und Maler / 1893–1959*

Begraben ist Grosz auf dem Friedhof Charlottenburg, Trakehner Allee 1, Abt. 16 B 19 (Ehrengrab).

**GRUNDSTEIN EINES WOHNHAUSES**
**Schloßstraße 58**

Inschrift: *Zum Andenken dieses im Jahr 1794 / erbauten Gebäudes legte der Herr Bürger:/ meister Joh· Heinrich Krull und dessen Ehegenos-/sen Frau Sophie Augusta gebohrn Schlitte / am 3ten Meiy diesen GrundStein zu Charl.*
Der alte Grundstein ist in einen Steinrahmen gefaßt, in dessen unterem Teil erläuternd

ausgeführt wird: *Grundstein gefunden auf / diesem Grundstück beim Ab-/bruch des alten Hauses i. J. 1913.*

**Otto GRÜNEBERG**
*Charlottenburg 7.2.1908 – †Berlin 1.2.1931
**Schloßstraße 23**

Inschrift: *Hier wurde am 1. Februar 1931 / der Antifaschist / Otto Grüneberg / geboren am 7. Februar 1908 / vom SA-Sturm 33 ermordet.*

Der Kommunist Otto Grüneberg kam am Abend des 1.2.1931 im Verlauf eines Straßenkampfes zwischen Nazis und Kommunisten im Bereich Wallstraße (Zillestraße)/Schloßstraße/Hebbelstraße durch die Kugel eines SA-Mannes um. Die Wallstraße war ein Zentrum von Mitgliedern der Arbeiterparteien. Die Geschichte der Wallstraße schildert Jan Petersen in seinem Buch »Unsere Straße«, Berlin 1947. Die Anbringung der Tafel erfolgte vor 1952.

**Romano GUARDINI**
*Verona 17.2.1885 – †München 1.10.1968
**Straße des 17. Juni (Nähe Ernst-Reuter-Platz, TU-Institut für Architektur)**

Inschrift: *In dem vormals hier stehenden Hause / – Sophienstraße 4 – / wohnte der katholische Theologe und / Religionsphilosoph / Romano Guardini / 17.2.1885–1.10.1968 / Professor für Religionsphilosophie und / christliche Weltanschauung / in Berlin*

Guardini lebte hier von 1930 bis 1932. Die Lehrtätigkeit eines katholischen Theologen an der Berliner Universität war 1923 so ungewöhnlich, daß Guardini zunächst zum Mitglied der Katholisch-Theologischen Fakultät Breslau ernannt und von dort als »ständiger Gast« nach Berlin abgeordnet werden mußte, so Kardinal Meisner bei der Enthüllung der Berliner Gedenktafel am 7.10.1988 in Anwesenheit von Bürgermeisterin Hanna-Renate Laurien und Bezirksbürgermeister Baldur Ubbelohe. Die Professur wurde 1939 von den Nazis aufgehoben. Nach der Zerstörung seiner Wohnung 1943 zog er nach Bayern, lehrte später an den Universitäten Tübingen und München.

**Emma GUMZ**
**Franz GUMZ**
**Knesebeckstraße 17**

Im Hinterraum ihrer Wäscherei versteckte das Ehepaar Gumz während des »Dritten Reichs« einige Wochen die »rassisch« verfolgte Inge Deutschkron und ihre Mutter Ella. Die Wäscherei existierte noch bis Anfang der achtziger Jahre. Heute befindet sich hier das Geschäft »La gioia«. Berliner Gedenktafel. □

**GUSTAV-ADOLF-KIRCHE**
**Herschelstraße Ecke Brahestraße**

Bronzetafel rechts neben dem Eingang, Inschrift: *Wiederaufbau Gustav-Adolf-Kirche / Erbaut 1934 + Zerstört 1943 / Mit Spendenhilfe von / The Lutheran-World / Federation / Durch ihren Erbauer / Prof. Otto Bartning / Im Jahre 1951*

**Dag HAMMARSKJÖLD**
*Jönköping 2.7.1905 –
†Ndola/Sambia 18.9.1961
**Hammarskjöldplatz (Masurenallee, Zugang zur Halle 19 der Messe Berlin)**

Inschrift: *Dag Hammarskjöld / Generalsekretär der Vereinten Nationen / * 2. Juli 1905 Jönköping/Schweden / † 18. Sept. 1961 Ndola/ Zentralafrika / im Dienst für den Frieden.*

Der schwedische Diplomat, zeitweilig stellvertretender Außenminister seines Landes, war Generalsekretär der Organisation der Vereinten Nationen seit 1953. Er starb bei einem Flugzeugabsturz bei Ndola (Sambia) während einer Friedensmission im Konflikt zwischen der Zentralregierung des Kongo (Léopoldville) und der kupferreichen Südprovinz Katanga. Bronzetafel auf einer Wand aus grauen, polierten Granitquadern.

**Paul von HASE**
*Hannover 24.7.1885 –
†Berlin-Plötzensee 8.8.1944
**Giesebrechtstraße 17**

Inschrift: *Hier wohnte Generalleutnant / Paul von Hase / 24.7.1885–8.8.1944 / Stadtkommandant von Berlin 1940–44 / Am Umsturzversuch vom 20. Juli führend / beteiligt, dafür am 8. August 1944 in / Berlin-Plötzensee hingerichtet.*

Enthüllung der Berliner Gedenktafel am 1.11. 1991.

**Ulrich von HASSELL**
*Anklam 12.11.1881 –
†Berlin-Plötzensee 8.9.1944
**Fasanenstraße 28**

Inschrift: *Hier wohnte von 1940 bis 1944 / Ulrich von Hassell / 12.11.1881–8.9.1944 / ehemaliger deutscher Botschafter in Italien. / Im Widerstand gegen Hitlers Gewaltherrschaft gehörte / er zu den führenden Männern, die den Aufstand / vom 20. Juli 1944 gewagt haben. / Zusammen mit Carl Goerdeler, Wilhelm Leuschner / und anderen wurde von Hassell am 8. September 1944 / zum Tode verurteilt und am gleichen / Tage hingerichtet.*

Die Berliner Gedenktafel befindet sich schlecht lesbar hoch über dem Eingang. Sie wurde am 19.7.1989 durch Bezirksbürgermeisterin Monika Wissel enthüllt.

***Gerhart* Johann HAUPTMANN**
*Bad Salzbrunn/Niederschlesien 15.11.1862 –
†Agnetendorf/Riesengebirge 6.6.1946
**Schlüterstraße 78**

Inschrift: *In diesem Hause lebte von 1889 bis 1891 / der Dramatiker / Gerhart Hauptmann / 15.11.1862–6.6.1946 / Hier schrieb er das revolutionäre Drama / »Die Weber«, dessen Aufführung vom Berliner / Polizeipräsidenten verboten wurde. / Erhielt 1912 den Nobelpreis für Literatur*

Die Inschrift ist insofern nicht korrekt, als es sich bei dem Haus um einen Neubau handelt. Seine letzte Ruhestätte fand Hauptmann 1947 auf dem Friedhof von Kloster/Hiddensee. Enthüllung der Berliner Gedenktafel am 29.9.1989.

**HAUS DER ZIONISTISCHEN ORGANISATIONEN**
**Meinekestraße 10**

Inschrift: *In diesem Hause befanden sich / Palästinaamt / der Jewish Agency / das bis zu seiner Schließung 1941 / etwa 50 000 Menschen zur Auswanderung verhalf / Zionistische Vereinigung / für Deutschland / Jüdische Rundschau / sowie andere zionistische Organisationen*

Am 22.10.1985 wurde hier die erste Porzellantafel aus dem (damals) 300 Tafeln umfassenden Berliner Gedenktafelprogramm angebracht. Der Tagesspiegel berichtete am 23.10.1985: »Der Vorsitzende der Jüdischen Gemeinde, Galinski, begrüßte, daß dabei mit einer der wichtigsten jüdischen historischen Stätten begonnen werde.« Das »Haus der zionistischen Organisationen« war 1925 von der Jüdischen Rundschau, dem Zentralorgan der Zionistischen Vereinigung für Deutschland, erworben worden. Jean-Paul Goergen würdigte den Ort und die Tafelanbringung einen Monat später: »Dieses Haus war von 1925 bis 1942 ein Zentrum des jüdischen Lebens in Deutschland. [...] Bis zu ihrer letzten Ausgabe am 8. November 1938 wirkte sie [die Jüdische Rundschau] von hier als das wichtigste Kommunikationsmittel der in Deutschland lebenden Juden. Neben dieser Zeitung hatten in dem Gebäude noch an die 30 verschiedene zionistische Vereine ihre Arbeitsstätte, darunter der Jüdische Kulturbund, die Zionistische Vereinigung und das Palästina-Amt der Jewish Agency for Palestine. Letztere förderte vor allem die Auswanderung nach Palästina, bereitete die Immigranten auf ihre neue Heimat vor und organisierte die Ausreise. Heinz Galinski [...] wünschte sich, daß viele Bürger und vor allem junge Menschen vor dieser Tafel innehalten, auf daß niemals mehr Gedenktafeln zur Erinnerung an schreckliche Orte eingeweiht werden müssen.« (Das Parlament 46/47, 23./30.11.1985)

**HAUS DES GASTGEWERBES**
**Knesebeckstraße 99**

Inschrift: *Das Haus des Gastgewerbes Knesebeckstraße 99, / ist im Jahr 1964 auf Initiative des damaligen Obermeisters, / Heinz M. Zellermayer, gebaut worden. / Die Hotel- und Gaststätten-Innung verdankt ihm / nicht nur diesen Bau, sondern auch den Aufbau des Verbandes / sowie seine Einigung nach der Wende. / Anläßlich seines 80jährigen Geburtstages / wird dieses Gebäude nach ihm benannt. / Haus des Gastgewerbes / Heinz M. Zellermayer / Berlin, 9. Oktober 1995*

Die auf einer Holzplatte befestigte Messingtafel befindet sich im Haus rechts neben dem Aufgang.

**Max HERRMANN-NEISSE**
*Neiße/Oberschlesien 23.5.1886 –
†London 8.4.1941
**Kurfürstendamm 215**

Inschrift unter einem Porträtrelief: *In diesem Haus wohnte / der Dichter / Max / Hermann-/ Neisse / * 1886 Neisse O/S / † 1941 London*

Der »träumende Poet auf der Weltstadtstraße« (Gerhard Pohl) lebte hier im zweiten Stock des Gartenhauses ein Jahrzehnt bis zu seiner Emigration nach dem Reichstagsbrand zunächst in die Schweiz, dann nach London. Dort starb er einsam, verarmt und »heimatfern« (so der Titel einer in der Emigration entstandenen Gedichtsammlung). Die Bronzetafel wurde am 23.5.1956 zu seinem 70. Geburtstag angebracht. Sie befindet sich rechts neben dem Eingang in Höhe des 1. Stockwerks.

**Theodor HEUSS**
*Brackenheim 31.1.1884 –
†Stuttgart 12.12.1963
**Theodor-Heuss-Platz**

Bronzetafel auf der Mittelinsel gegenüber der Einmündung des Kaiserdamms, Inschrift: *Theodor Heuss / *31.1.1884 – †13.12.1963 / 1. Bundespräsident der / Bundesrepublik Deutschland / von 1949–1959*

**Hedwig HEYL**
*Bremen 5.5.1850 – †Berlin 23.1.1934
**Ulmenallee 30 (unweit Eschenallee; Institut für Neuropsychopharmakologie des Universitätsklinikums Rudolf Virchow)**

Inschrift: *Hier lebte von 1919 bis 1925 / die Sozial- und Jugendpolitikerin / Hedwig Heyl / 5.5.1850–23.1.1934 / Sie gründete 1884/85 im Rahmen des / Pestalozzi-Fröbel-Hauses die erste Koch- und / Haushaltsschule in Berlin / Sie gilt als Begründerin der Hauswirtschaftslehre*

1890 gründete sie die erste Gartenbauschule für Frauen. Sie schrieb auch Bücher (»ABC der Küche«, 1888; »Handbuch der Hausarbeit«, 1905). Enthüllung der Berliner Gedenktafel am 11.3. 1995. Beigesetzt ist sie auf dem Friedhof II der Luisengemeinde, Charlottenburg, Königin-Elisabeth-Straße 46–50, SE 8 (an der Mauer).

**Georg HEYM**
*Hirschberg/Schlesien 30.10.1887 –
†Berlin 16.1.1912
**Neue Kantstraße 12/13**

Inschrift: *In dem hier vormals stehenden Hause / lebte der Dichter / Georg Heym / 30.10.1887–16.1.1912 / Einer der bedeutendsten Vertreter / des Frühexpressionismus*

Der Tagesspiegel schrieb zur Enthüllung der Berliner Gedenktafel am 30.10.1987: »Zur Erinnerung an den Dichter des frühen Expressionismus, dessen Großstadt-Lyrik vielen zum Vorbild wurde, Georg Heym, wurde an seinem gestrigen 100. Geburtstag in der Charlottenburger Neuen Kantstraße 12/13 diese KPM-Tafel offiziell vorgestellt. In dem dort früher stehenden Wohnhaus hatte der 1912 in der Havel ertrunkene Heym [von 1909–1911, Verf.] gelebt.« Beigesetzt wurde Heym auf dem Luisenfriedhof III, Charlottenburg, Fürstenbrunner Weg 37–67. Das Grab existiert nicht mehr.

**Karl *Ludwig* Friedrich von HINCKELDEY**
*Schloß Sinnershausen b. Meiningen 1.9.1805 –
†Berlin 10.3.1856
**Volkspark Jungfernheide (am Kurt-Schumacher-Damm [Autobahn] in Höhe der Ausfahrt Flughafen Tegel)**

Granitkreuz auf Granitsockel, Inschrift: *L. v. Hinkeldey / † d. 10 Maerz 1856*

Hinckeldey (die Schreibweise weicht generell von der auf dem Kreuz ab) war seit dem 14.11.1848 Polizeipräsident in Berlin. Er erreichte einige Verbesserungen »im Polizei- und Armenwesen, die Einrichtung von Speiseanstalten, die neue Feuerwehr, die Herstellung von Bade- und Waschanstalten, mehrere sanitätspolizeiliche Baugesetze, die Gesindeherbergen«. (Meyers Konversationslexikon, 1905). Ab 1855 als Geheimer Oberregierungsrat Dirigent der Abteilung für Polizei im preußischen Ministerium des Innern tätig, verbot er u. a. die reaktionäre »Kreuzzeitung« und ordnete die Schließung eines adligen Spielklubs an. Er geriet mit einem Herrn von Rochow-Plessow in Streit, der ihn an diesem Ort in der Jungfernheide im Duell erschoß. Begraben ist Hinckeldey auf dem alten Friedhof von St. Nikolai und St. Marien, Prenzlauer Berg, Prenzlauer Allee 1, Abt. 10, an der Mauer zur Prenzlauer Allee.

**Paul HINDEMITH**
*Hanau 16.11.1895 –
†Frankfurt/Main 28.12.1963
**Brixplatz 2 Ecke Reichsstraße**

Inschrift: *in diesem hause / wohnte / paul hindemith / 1928–1938*

Hindemith war in Berlin als Professor für Kompositionslehre an der Musikhochschule tätig. Seine Werke wurden von den Nationalsoziali-

sten angegriffen. So emigrierte er nach einem Aufenthalt in Ankara (1935) und Rückkehr nach Berlin schließlich im Herbst 1938 in die USA, wo er an der Yale Universität wirkte. Nach dem Ende des Nationalsozialismus lebte und arbeitete er wieder in Europa. Die Enthüllung der hellen Steintafel erfolgte anläßlich des fünften Todestages des Komponisten und Dirigenten im Dezember 1968.

**Hedwig HINTZE**
*München 6.2.1884 – †Niederlande 1943
**Otto HINTZE**
*Pyritz 27.8.1861 – †Berlin 25.4.1940
**Westend (Ort steht noch nicht fest)**

Historiker. Berliner Gedenktafel. □

**Magnus HIRSCHFELD**
*Kolberg/Pommern 14.5.1868 –
†Nizza/Frankreich 14.5.1935
**Otto-Suhr-Allee 93 (früher Berliner Straße 104, schräg gegenüber vom Rathaus)**

Inschrift: *In dem hier ehemals stehenden Haus lebte von 1896 bis 1910 der Arzt und Sexualwissenschaftler Dr. Magnus Hirschfeld, geb. 1868 in Kolberg – gest. 1935 in Nizza im Exil. In Charlottenburg begann Dr. Hirschfeld am 15. Mai 1897 mit dem Aufbau der ersten deutschen Homosexuellenbewegung als Gründer und Vorsitzender des Wissenschaftlich-humanitären Komitees (WhK). Ferner entstanden hier die Pläne für das spätere Berliner Institut für Sexualwissenschaft. Nach der Machtübernahme der Nationalsozialisten sah sich das WhK 1933 gezwungen, sich selbst aufzulösen. Das Wirken Magnus Hirschfelds mahnt bis heute zu Toleranz und Akzeptanz gegenüber Minderheiten in unserer Gesellschaft.*

Unstimmigkeiten zwischen den Hausbesitzern und dem Bezirk über den Inhalt einer Berliner Gedenktafel führten zunächst zu dem Vorschlag, daß zwei Tafeln unterschiedlichen Inhalts am und vor dem Haus hätten angebracht werden sollen. Der Tagesspiegel berichtete am 18.5.90, daß »die Berliner ›Comet-Grundstücksverwaltung‹, die die Hausbesitzer vertritt, [...] sich ›mit Rücksicht auf die Interessen unserer westdeutschen Kapitalanleger‹ gegen einen Text mit homosexuellem Bezug gewandt« habe. Alle Einigungsversuche schlugen schließlich fehl. Die BVV Charlottenburg beschloß eine Anbringung vor dem Haus auf öffentlichem Straßenland. Für eine Gedenkstele wurden Ende November 1993 drei Entwürfe im bezirklichen Volksbildungsausschuß vorgestellt. Einen Monat später entschied man sich für den Entwurf einer Bronzesäule von August Jäkel (†21.3.1994), dessen Ideenskizze von dem Charlottenburger Bildhauer Emanuel Scharfenberg realisiert wurde: Eine »runde Säule mit schräg aufgesetztem oberen Teil, welches ein Halbrelief mit dem Porträt des Sexualwissenschaftlers zeigt«. Gefertigt wurde die bronzene Hirschfeld-Säule (Höhe 220 cm, Durchmesser 50 cm) in der Berliner Bildgießerei Noack. Sie wurde an Hirschfelds 60. Todestag vor dem Haus enthüllt. Am Sockel

ist zur Straßenseite eine kleine Tafel mit Namen der Spender angebracht (Inschrift: *Die Hirschfeld-Säule wurde gestiftet von Bezirksamt Charlottenburg, Abtl. Volksbildung, Bezirksverordnetenversammlung Charlottenburg, Magnus-Hirschfeld-Gesellschaft, Ökum. Arbeitsgruppe Homosexuelle und Kirche (HuK), Landesarbeitsgemeinschaft schwuler Sozialdemokraten (Schwusos), Hannchen-Mehrzweck-Stiftung (HMS), Völklinger Kreis (Gay-Manager-Verband), Gruppe schwuler Lehrer in der GEW, Lothar Neugebauer, Karlsruhe, Jaap Hartel, Schriftsteller, Den Haag, Oskar Lens, Maler, Den Haag, und vielen Ungenannten*
Die bereits vor längerer Zeit fertiggestellte Berliner Gedenktafel wurde dem Schwulen Museum e.V. (Kreuzberg, Mehringdamm 61) als Dauerleihgabe zur Verfügung gestellt. Die Übergabe erfolgte am 18.5.1993. Ihre Inschrift lautet:
*In dem hier vormals stehenden Hause / lebte und praktizierte / von 1896 bis 1910 / Magnus Hirschfeld / 14.5.1868–15.5.1935 / Arzt und Sexualwissenschaftler / Gründer und Direktor des Instituts für / Sexualwissenschaft (1919–1933)*

Seit Sommer 1994 gibt es außerdem eine Gedenkstele an der Spree im Tiergarten (s. d.) unweit der Kongreßhalle (Haus der Kulturen der Welt).

**Felix HOLLAENDER**
*Leobschütz/Oberschlesien 1.11.1867 –
†Berlin 29.5.1931
**Oldenburgallee 1**

Wohnort des Schriftstellers von 1912–1931. Grabstätte: Friedhof Charlottenburg, Trakehner Allee 1, Abt. 3 B 29/30. Berliner Gedenktafel.□

**Kurt HOLLAENDER**
*Köln 24.12.1885 –
†verschollen im Ghetto Łódz 1941
**Susanne LANDSBERG**
*Köln 20.6.1892 – †Auschwitz 1943
**Sybelstraße 9 Ecke Wilmersdorfer Straße**

Inschrift: *Im Haus Sybelstraße 9 bestand von 1936 bis 1941 die / Jüdische private / Musikschule Hollaender / Hier unterrichteten die jüdischen Lehrkräfte des / „Stern'schen Konservatorium Gustav Hollaender" / nach dessen zwangsweiser Arisierung 1935. / Ihre Besitzer und Leiter / Kurt Hollaender (*1885) und / Susanne Landsberg (*1892) geb. / Hollaender / wurden, wie viele der hier Lehrenden, / 1941/43 deportiert und ermordet. / Diese vorläufige Gedenktafel wurde am 8.11.92 vom / Aktiven Museum Faschismus und Widerstand in Berlin e. V. / angebracht.*

Die von 1894 bis 1915 von Gustav Hollaender geleitete Unterrichtsstätte wurde im Oktober 1850 durch Julius Stern, Theodor Kullak und Adolph Bernhard Marx begründet. Sie hieß zunächst »Musikschule für Gesang, Klavier und Komposition«, später »Sternsches Konservatorium der Musik«. Bis 1935 konnten hier noch jüdische Lehrkräfte unterrichten, nach dem erzwungenen Verkauf an die Stadt Berlin 1936 nicht mehr. Die Schule wurde umbenannt in »Konservatorium der Reichshauptstadt Berlin«. Die von Kurt Hollaender und seinen beiden Schwestern Susanne und Melanie (*Berlin 8.11. 1880 – Emigration 1939) danach gegründete »Jüdische private Musikschule Hollaender« konnte noch bis 1941 existieren. Enthüllung am 8.11.1992.

**Richard HÜTTIG**
*Bottendorf/Unstrut 18.3.1908 –
†Berlin-Plötzensee 14.6.1934
**Seelingstraße 21 (ehemals Potsdamer Straße)**

Inschrift: *Richard Hüttig / Antifaschist – Kommunist / Geboren 18.3.1908 / Hingerichtet 14.6.1934 in / Berlin-Plötzensee / KPD*

Die Gedenktafel befindet sich links neben dem Eingang in ca. 2,50 m Höhe. Sie besteht aus zwei übereinandergesetzten, rechteckigen Keramikplatten, die von einem steinernen Rahmen eingefaßt sind. Angebracht wurde sie vor 1952.

Im Prozeß um den Tod des SS-Scharführers Kurt von der Ahé, der am 1.2.1934 begann, war Hüttig der Hauptangeklagte. Er und andere Angeklagte waren zuvor von SA-Leuten im KZ Columbia-Haus schwer mißhandelt worden. Die Mordanklage konnte zwar nicht aufrecht erhalten werden, er wurde dennoch am 16.2.1934 zum Tode verurteilt, obwohl das Gericht in seiner Urteilsbegründung nicht zu der Überzeugung kam, daß er »den tödlichen Schuß auf Ahé abgegeben hat«. Der sechsundzwanzigjährige Arbeiter Hüttig wurde als erstes Opfer der NS-Terrorjustiz in Plötzensee – noch mit einem Handbeil – hingerichtet (daher auch der Straßenname »Hüttigpfad« an der Gedenkstätte Plötzensee).

Grabstätte: Südwestfriedhof der Berliner Stadtsynode, Stahnsdorf, Rudolf-Breitscheid-Platz, Block Charlottenburg, Feld 9, Stelle 146.

**Gerhard JACOBI**
*Bremen 25.11.1891 – †Oldenburg 12.7.1971
**Lietzenburger Straße 37–39 (damals Achenbachstraße 18)**

Im Gemeindehaus der Kaiser-Wilhelm-Gedächtnis-Kirche hatte der mutig gegen den Nationalsozialismus und die Deutschen Christen auftretende Pfarrer der Bekennenden Kirche seine Dienstwohnung. Hier traf sich bereits seit 1932 regelmäßig montags der »Jacobikreis«. Nach dem Zweiten Weltkrieg wurde Jacobi »Inhaber der 1. Pfarrerstelle an der Kaiser-Wilhelm-Gedächtnis-Kirche, Superintendent des Kirchenkreises Charlottenburg und schließlich Generalsuperintendent von Berlin, bis er schließlich 1954 zum Bischof von Oldenburg ernannt wurde.« (Heinrich-Wilhelm Wörmann, Widerstand in Charlottenburg, S. 149) Berliner Gedenktafel. □

**Franz JÄGERSTÄTTER**
*Radegund/Österreich 25.5.1907 –
†Brandenburg 9.8.1943
**Witzlebenstraße 4–10 (Kammergericht)**

Inschrift: *Hier wurde der österreichische Bauer / Franz Jägerstätter (*1907 †1943) / vom ehemaligen Reichskriegsgericht / wegen seiner Gewissensentscheidung / gegen eine Kriegsteilnahme / am 6. Juli 1943 zum Tod verurteilt. / Gandhi-Informations-Zentrum / Österreichisches Generalkonsulat / Pax Christi Österreich / Kampagne gegen Wehrpflicht, Zwangsdienste und Militär*

Nach einem Bericht des Tagespiegels vom 10.2.1994 nahm der Präsident des Bundesvermögensamts, Klaus-Jürgen Richter, die bisherigen Vorbehalte gegen eine Anbringung der Gedenktafel am ehemaligen Reichskriegsgericht »angesichts des ›nun vorhandenen Wissens‹« zurück. Der Katholik Jägerstätter hatte aus religiösen Gründen den Dienst mit der Waffe verweigert und wurde dafür wegen »Wehrkraftzersetzung« zum Tod verurteilt und hingerichtet. Auf dem Weg zur Hinrichtung soll er gesagt haben: »Lieber die Hände gefesselt als den Willen!« Die Verweigerung der Anbringung der Tafel wurde »international verurteilt«, denn Jägerstätter gehöre »in der amerikanischen Friedensbewegung neben Martin Luther King und Mahatma Gandhi zu den Symbolfiguren des gewaltlosen Widerstandes.« Der Vatikan soll eine Seligsprechung eingeleitet haben. Die Bronzetafel sollte am 6.7.1995 angebracht werden, konnte jedoch in Anwesenheit der Witwe Franziska Jägerstätter nur der Öffentlichkeit vorgestellt werden, weil die Anbringung erneut untersagt wurde. Die Nennung der Initiatoren auf der Tafel außer dem österreichischen Generalkonsulat wurde als eine sie in den Vordergrund rückende Werbung gewertet, die die eigentliche Ehrung Jägerstätters hintanstelle. »Die Bundesvermögensverwaltung verweigerte auf Anordnung des Bundesjustiz- und Bundesfinanzministeriums die Erlaubnis zu der Anbringung der Tafel, da dadurch für diese Organisationen ›auch in der Öffentlichkeit geworben wird‹.« (Tsp., 7.7.1995) Das Urteil des Reichskriegsgerichts wurde endlich im Mai 1997 aufgehoben.

**Ignaz JASTROW**
*Nakel/Posen 13.9.1856 – †Berlin 2.5.1937
**Nußbaumallee 24**

Wohnort des Nationalökonomen, Sozialpolitikers und Historikers von 1914 bis zu seinem Tode. Seit 1905 war er Professor an der Universität Berlin, von 1906–1909 erster Rektor der Handelshochschule, zeitweilig auch Stadtrat in Charlottenburg. Berliner Gedenktafel. □

**Joseph JOACHIM**
*Kittsee b. Preßburg 28.6.1831 –
†Berlin 15.8.1907
**Fasanenstraße 1 (Hochschule für Musik)**

Büste auf Sockel, darauf die Tafel mit der Inschrift: *Joseph Joachim / 1831–1907 / Gründer und erster Direktor / der königlich-akademischen / Hochschule für Musik / in Berlin 1869–1907 / Zum 150. Geburtstag von Joseph Joachim / Geschenk der Karl Klinger-Stiftung / Zweitguss der im März 1934 / von den Nationalsozialisten / aus der Hochschule entfernten / und unauffindbaren Originalbüste. / Mit der Wiedererrichtung wird / das Vermächtnis Karl Klingers erfüllt, / der gegen die Entfernung der Büste / protestierte und daraufhin seine / Professur verlor. / München – Berlin, 1981*

Die erneute Aufstellung der Büste erfolgte am 18.1.1982. Der Violinist und Musikpädagoge Joachim wohnte am Kurfürstendamm 217. Begraben ist er gemeinsam mit seiner Frau Amalie (*Marburg/Steiermark 10.5.1839 – †Berlin 3.2. 1899), einer bekannten Altistin, auf dem Friedhof der Kaiser-Wilhelm-Gedächtnis-Gemeinde, Charlottenburg, Fürstenbrunner Weg 69–79, D G 2.

**JÜDISCHE BÜRGER BERLINS**
**Fasanenstraße 79 (Jüdisches Gemeindehaus)**

Inschrift: *Zum Gedenken / לזכרון נצח / an die 60000 jüdischen Bürger Berlins / Heinrich Stahl / und / Dr. Otto Hirsch / stellvertretend für die Mitarbeiter der / Jüdischen Gemeinde und der Jüdischen Organisationen, / die in den Jahren 1933–1945 ihr Leben durch das / nationalsozialistische Regime verloren / Dezember 1970 Jüdische Gemeinde / zu Berlin*

Otto Hirsch (*Stuttgart 9.1.1885 – †Mauthausen 19.6.1941) und Heinrich Stahl (*Rudow 13.4.1868 – †Theresienstadt 4.11.1942) wirkten in der geschäftsführenden Leitung der Reichsvertretung der Deutschen Juden bzw. als Vorsitzender der Jüdischen Gemeinde und versuchten, ihren verfolgten Glaubensgenossen zu helfen, bis sie selbst Opfer der nationalsozialistischen Vernichtungspolitik wurden. Im Hof des Gemeindehauses erinnert eine Bronzetafel an Walther Rathenau. Sie trägt unter dem Porträtrelief nur die Angabe: *Walter [!] / Rathenau / 1867– 1922* Auf dem Vorplatz des Gemeindehauses zeigt eine Skulptur eine Thorarolle und ein Buch mit einem Bibelzitat in deutsch und hebräisch: (2. Buch Mose, 12, 49) / *Ein Gesetz sei für den / Bürger und für den / Fremden, der mit / euch ist. /*
תורה אחת יהיה לאזרח ולגר הגר בתוככם

**JÜDISCHER FRIEDHOF**
**Heerstraße 141 (Zufahrt Scholzplatz)**

Inschrift: יזכור אלהים / *Denen die unter der Herr-/schaft des Unmenschen ihr / Leben lassen mußten zum / ewigen Gedächtnis 1933–1945* / ת' נ' צ' ב' ה' Die Initialen stehen

als Abkürzung für den Satz (auf deutsch): Es sei seine (ihre) Seele eingebunden in den Bund des (ewigen) Lebens.
Davor befindet sich ein liegender Gedenkstein mit der Inschrift: זכור לא תשכח /

*Hier ruht Asche aus dem KZ-Auschwitz /*
פה נקבר עפר ממחנה ההשמדה ארשוויץ /
ונתתי בכם רוח וחייתם /
*30. September 1984* ת' נ' צ' ב' ה' /
ו' בתשרי תשמ"ה /

Der hebräische Text heißt: *Gedenke – vergiß nicht. Hier ist Asche aus dem Vernichtungslager Auschwitz begraben. Und ich gab euch Geist und ihr lebtet.*
Es folgen obige Abkürzungen und das Datum *6. Tischri 5745.*

## JÜDISCHE GRABSTEINE
**Heerstraße 141 (Jüdischer Friedhof; Zufahrt Scholzplatz)**

Am mittleren Weg haben mehrere mittalterliche Grabsteine aus Spandau einen neuen Platz gefunden. Auf einem Stein wird erläutert: *Grabsteine aus dem / 14. Jahrhundert / aufgefunden beim Abbruch / der Zitadelle der alten / Festung Spandau 1957.*

Dazu steht auf Hebräisch, in Anlehnung an den Vers im Alten Testament Genesis 35, 14-15:
ויקח את האבן / וישם את המצבה /
ויקרא את שם המקום ההוא / בית אל
(auf Deutsch etwa: *Und er nahm den Stein und setzte ihn als Gedenkstein, und er nannte diesen Ort Beit El [= Haus Gottes]).*

## JÜDISCHE JURISTEN
**Witzlebenstraße 4–5 (Kammergericht)**

Inschrift: *Zum Gedenken / an die jüdischen Juristen / unserer Stadt / 1933–1945. / Den Richtern, Rechtsanwälten und Staatsanwälten, / die sich um das Ansehen der Rechtspflege in Berlin / verdient gemacht haben und Opfer der Verfolgung / geworden sind.*

Die Bronzetafel wurde am 10.11.1988 durch Justizsenator Ludwig Rehlinger enthüllt. Sie befindet sich im 3. Stockwerk neben der Bibliothek. Der Tagesspiegel berichtete am Tag nach der Enthüllung, Rehlinger habe in seiner Ansprache daran erinnert, daß schon am 31. März 1933 amtierenden jüdischen Richtern nahegelegt worden sei, sofort ihr Urlaubsgesuch einzureichen. Bei Weigerung sei ihnen kraft Hausrechts das Betreten des Gerichtsgebäudes zu untersagen. Einen Tag später seien die jüdischen Notare angewiesen worden, sich der Ausübung ihres Amtes zu enthalten.

## JÜDISCHE LOGEN
**Fasanenstraße 79 (Jüdisches Gemeindehaus)**

Inschrift: *Zur bleibenden Erinnerung an /* לזכר עולם */ den einstigen VIII. Deutschen Distrikt / seine Schwestern und Brüder / An der Spitze die hochverdienten Großpräsidenten / Fenchel, Maretzki, Timendorfer und Baeck / In unvergänglicher Dankbarkeit / Frankfurt-Loge 2296 / Frankfurt am Main / U. O. / B. B. / Leo Baeck-Traditionsloge 2252 / Berlin / März 1965 / 1882–1937*

## JÜDISCHE SPORTLER
**Olympiastadion**

Am 27.1.1992 schrieb die Berliner Morgenpost unter der Überschrift »Der Streit um eine Gedenktafel für jüdische Olympioniken«: »Die Senatsverwaltung für Schule, Berufsbildung und Sport hat sich gegen die Errichtung einer Gedenktafel für die Opfer der von den Nationalsozialisten vernichteten jüdischen Sportbewegung auf dem Gelände des Olympia-Stadions entschieden. [...] Die Senatsverwaltung begründet ihr Nein zum Antrag der Charlottenburger unter anderem damit, daß bereits eine Gedenktafel mit der Aufschrift ›Zum Gedenken an die Olympiakämpfer der Welt, die durch Krieg und Gewalt ihr Leben verloren‹ existiere. [...] Der Bezirk geht nunmehr in eine neue Runde.« □

**JÜDISCHES VOLK**
**Fasanenstraße 79 (Jüdisches Gemeindehaus)**

Die bronzefarbene Tafel trägt folgende Inschrift auf Polnisch, Jiddisch und Iwrit:

*Naród żydowski – swym bojownikom / i męczennikom /*
דעם יידישע פאלק - זיינע קעמפער און מארטירער /
עם ישראל - ללוחמיו ולקדושיו /
*gestiftet von J. Radnicki Kassel 1971*

(in deutscher Übersetzung: *Dem jüdischen Volk – seinen Kämpfern und Märtyrern)*

**Georg KAISER**
*Magdeburg 25.11.1878 –
†Ascona/Schweiz 4.6.1945
**Luisenplatz 3**

Inschrift: *Hier wohnte von / 1928 bis 1938 in der / Pension Hasstort / der Schriftsteller / Georg Kaiser / bei ihm schrieb 1928 / Kurt Weill die Mu-/sik zu Brecht's [!] Drei-/ groschenoper* Die dunkle Metalltafel befindet sich rechts neben dem Eingang.

**KAISER-WILHELM-GEDÄCHTNIS-KIRCHE**
**Breitscheidplatz (Turmruine)**

Hier finden sich vier Tafeln, zunächst rechts eine Bronzetafel mit der Inschrift unter einem Reliefportrait Kaiser Wilhelms I.: *Zur Erinnerung an / Wilhelm I., / König von Preussen / und deutschen Kaiser, / wurde in den Jahren 1891–1895 / unter der Regierung Kaiser Wilhelms [II.] / aus Spenden des ganzen / deutschen Volkes die erste / Kaiser-Wilhelm-/Gedächtnis-Kirche / erbaut · Während des / 2. Weltkrieges – in der Nacht / zum 23. November 1943 – / wurde sie beim Luftangriff / zerstört · Der Turm / der alten Kirche soll / an das Gericht Gottes / erinnern, das in den / Jahren des Krieges über / unser Volk hereinbrach* Links davon steht: *Gedenkhalle / Die ehemalige Eingangshalle / der alten / Kaiser-Wilhelm-Gedächtnis-Kirche / wurde am 7. Januar 1987 / als Gedenkhalle wiedereröffnet / Sie ist ein Ort der Mahnung / gegen Krieg und Zerstörung / und ein Ruf zur Versöhnung / in Jesus Christus* Im Eingangsbereich links heißt es: *Das Glockenspiel / stifteten / Allianz Versicherungs-/Aktiengesellschaft / Muenchen – Berlin / Allianz / Lebensversicherungs-A.-G. / Stuttgart* Rechts erinnert eine Steintafel: *Fürchte dich nicht / glaube nur / Evangelium des Markus / Zum Gedenken / an den Pre-/diger dieser Ge-/ meinde D· Dr· / Paul Conrad / Vizepräsident / des evangelischen / Oberkirchenrats / * 1.4.1865 – † 9.9.1927*

**KAISER-WILHELM-GEDÄCHTNIS-KIRCHE**
**Breitscheidplatz**

Bronzetafel am Eingang der neuen Kirche: *Ev. Kaiser-Wilhelm-Gedächtnis-Kirche / erbaut 1959–1961 / Architekt: Prof. Dr. Egon Eiermann*

Im Inneren erinnert eine Tafel an die evangelischen Opfer des Nationalsozialismus (s. d.).

**Mascha KALÉKO**
*Chrzanów/Polen 7.6.1907 –
†Zürich 21.1.1975
**Bleibtreustraße 10/11**

Inschrift: *Hier lebte von 1936 bis 1938 / die Dichterin / Mascha Kaléko / 7.6.1907–*

*21.1.1975 / Das Deutschland von damals / trieb sie ins Exil und verbot ihre Bücher. / Sie emigrierte 1938 nach New York, / lebte seit 1966 in Jerusalem.*

Enthüllung der Berliner Gedenktafel aus Anlaß ihres 15. Todestages am 21.1.1990.

**Luise KAUTSKY**
*Wien 1864 – †Auschwitz-Birkenau 1944
**Windscheidstraße 31**

Hier lebte die sozialdemokratische Politikerin, Frau des SPD-Parteitheoretikers Karl Kautsky, von 1914–1923. Rosa Luxemburg, die der lebensfrohen Frau auch nach dem politischen Bruch mit ihrem Mann Karl herzlich verbunden blieb, schrieb ihr im Januar 1917: »Weißt Du noch, wie wir einmal von einem Abend bei Bebel zurückkamen und um Mitternacht auf der Straße zu dritt ein Froschkonzert aufführten, da sagtest Du, Du wärest immer, wenn wir zusammen sind, ein wenig im Rausch, als hätten wir Sekt getrunken. Gerade das liebe ich bei Dir, daß ich Dich immer in die Champagnerstimmung bringen kann, wo uns das Leben in den Fingern prickelt und man zu jeder Narretei aufgelegt ist.« (Rosa Luxemburg, Ausgewählte Briefe, Berlin 1989, S. 320) Sie flüchtete mit ihrem Mann vor den Nazis im Frühjahr 1938 in die Niederlande. Aus Amsterdam wurde sie im Sommer 1944 in das Vernichtungslager Auschwitz-Birkenau deportiert. Berliner Gedenktafel. □

**Siegfried KAWERAU**
*Berlin 8.12.1886 – †Berlin 16.12.1936
**Bonhoefferufer 18**

Der Politiker und Pädagoge wohnte hier von 1919–1936. Berliner Gedenktafel. □

**KEMPINSKI (Bristol Hotel Kempinski)**
**Kurfürstendamm 27**

Inschrift: *Hier stand seit 1928 ein / Kempinski-Restaurant. / Es war ein weltweit / bekanntes Symbol / Berliner Gastlichkeit. / Weil die Besitzer Juden / waren, wurde diese / berühmte Gaststätte / 1937 „arisiert“, / unter Zwang verkauft. / Angehörige der / Familie Kempinski / wurden umgebracht, / andere konnten fliehen. / Das 1952 eröffnete / Bristol Hotel Kempinski / möchte, daß das Schicksal / der Gründerfamilie / nicht vergessen wird.*

Nach langem, auch in der Öffentlichkeit ausgetragenem Streit über ein würdiges Gedenken an die Gründerfamilie Kempinski und ihr Schicksal wurde die Messingtafel am 30.5.1994 in Anwesenheit des Vorsitzenden der Jüdischen Gemeinde Berlins, Jerzy Kanal, enthüllt. Sie befindet sich links neben dem Haupteingang des Hotels in der Fasanenstraße in ca. drei Meter Höhe. Text und Anbringungsort der Tafel stießen nach Zeitungsberichten wiederum auf Widerspruch bei dem letzten Namensträger, Tom Kempinski.

**Bernhard KELLERMANN**
*Fürth 4.3.1879 –
†Klein-Glienicke b. Potsdam 17.10.1951
**Bismarckstraße 72**

Wohnort des Schriftstellers von 1933–1939. Berliner Gedenktafel. □

**Robert KOCH**
**Kurfürstendamm 52 Ecke Schlüterstraße**

Inschrift: *Wohnhaus von / Robert Koch / 11.12.1843–27.5.1910 / Arzt, Begründer der Bakteriologie / Entdecker der Erreger von Tuberkulose und Cholera / Ehrenbürger der Stadt Berlin*

Dies war die zweite Tafel aus dem Berliner Gedenktafelprogramm, die angebracht wurde. Enthüllung am 22.10.1985.

**Josef KOHLER**
*Offenburg 9.3.1849 –
†Charlottenburg 3.8.1919
**Kurfürstendamm 216**

Wohnort des Juristen von 1901 bis zu seinem Tod. Kohler wurde 1888 Professor an der Universität Berlin, arbeitete bahnbrechend im Patent- und Urheberrecht, verfaßte u. a. das »Handbuch des deutschen Patentrechts« sowie eine Fülle juristischer Fachliteratur. Nebenbei betätigte er sich als Dichter und Romanschriftsteller. Berliner Gedenktafel. Beigesetzt wurde er auf dem Urnenfriedhof Wedding, Gerichtstraße. □

**Gertrud KOLMAR, eigtl. Gertrud Käthe Chodziesner**
*Berlin 10.12.1894 – Deportation 2.3.1943
**Ahornallee 37 Ecke Platanenallee**

Inschrift: *In dem Vorgängerbau dieses Hauses / verbrachte die Lyrikerin / Gertrud Kolmar / 10.12.1894 / ihre Kindheit und Jugend / Als Jüdin nach 1933 zur Zwangsarbeit / verpflichtet, wurde sie 1943 nach / Auschwitz deportiert und dort ermordet*

Berliner Gedenktafel. □

**Reinhold KOSER**
*Schmarsow/Uckermark 7.2.1852 – †Berlin 25.8.1914
**Carmerstraße 9**

Hier lebte der Historiker von 1902 bis 1914. Bereits mit 22 Jahren erhielt er von der Preußischen Akademie der Wissenschaften den Auftrag, die Werke Friedrichs II. herauszugeben, dem er in seiner wissenschaftlichen Arbeit verbunden blieb. Ab 1884 Professor an der Universität Berlin, dann einige Jahre in Bonn und ab 1896 wieder in Berlin als Direktor des Preußischen Geheimen Staatsarchivs. Grabstätte: Alter Friedhof der Zwölf-Apostel-Gemeinde, Schöneberg, Kolonnenstraße 24–25, Abt. 5, 1–2/4 (Ehrengrab). Berliner Gedenktafel. □

**Siegfried KRACAUER**
*Frankfurt/Main 8.2.1889 – †New York 26.11.1966
**Sybelstraße 35**

Hier wohnte der Publizist, Schriftsteller und Soziologe, Feuilletonredakteur der Frankfurter Zeitung in Berlin, von 1921 bis zu seiner Flucht vor den Nazis 1933. Der Weg ins Exil führte ihn zunächst nach Frankreich, 1941 weiter in die USA. Am 29.4.1993 schrieb der Tagesspiegel über seine Straßenaufsätze: »Und so entstehen unter den nahezu vierhundert Artikeln, die er hier bis 1933 schreibt, jene großartigen kleinen Stadtlektüren über Berlin, deren ganz wenige im ›Straßenbuch‹ [1964, Verf.] aufgenommen sind und die gesammelt zu veröffentlichen heute erst recht an der Zeit wäre.« Als seine Hauptwerke gelten »Die Angestellten« (1930), »From Caligari to Hitler« (1947) und »Theorie des Films« (1964). Berliner Gedenktafel. □

**Winfried KRÜGER**
*3.3.1941 – †Berlin 12.3.1991
**Kirschenallee 21a**

Inschrift: *Hier an diesem Ort fiel / durch Mörderhand am / 12.3.1991 der Wachpolizist / Winfried Krüger / in Ausübung seiner dienst-/ lichen Tätigkeit einem / Verbrechen zum Opfer.*

Enthüllung der Messingtafel am 12.3.1992. Krüger war in den frühen Morgenstunden des 12.3.1991 von Unbekannten vor der Residenz des türkischen Konsuls erschossen worden.

**Käthe KRUSE**
*Breslau 17.9.1883 – †Murnau 19.7.1968
**Fasanenstraße 13**

Hier lebte die Malerin und Kunstgewerblerin von 1902–1912. Die Werkstatt für ihre weltberühmten Puppen befand sich in Bad Kösen. Berliner Gedenktafel. □

**KULTURBUND ZUR DEMOKRATISCHEN ERNEUERUNG DEUTSCHLANDS**
**Schlüterstraße 45**

In der Wohnung des nach dem Zweiten Weltkrieg aus dem Moskauer Exil zurückgekehrten Johannes R. Becher befand sich von der Gründung am 3.7.1945 bis 1947 das Büro des Kulturbunds. Anschließend wurde es in den sowjetischen Sektor verlegt. Seine letzte Anschrift als Kulturbund der DDR war in Mitte, Otto-Nuschke-Straße 1 (Jägerstraße). Berliner Gedenktafel. □

**Eduard KÜNNEKE**
*Emmerich/Niederrhein 27.1.1885 –
†Berlin 27.10.1953
**Giesebrechtstraße 5 Ecke Clausewitzstraße**

Inschrift: *Hier lebte von 1939 bis 1953 / Eduard Künneke / 27.1.1885–27.10.1953 / Komponist, / Schöpfer der unsterblichen Operette / »Der Vetter aus Dingsda«*

Künneke schrieb 25 Operetten, sechs Opern sowie vier Singspiele. Darüber hinaus machte er sich einen Namen als Komponist für Film und Funk. Enthüllung der Berliner Gedenktafel durch Bezirksbürgermeisterin Monika Wissel am 27.10.1989. Grabstätte: Friedhof Charlottenburg, Trakehner Allee 1, II W 7, 71.

**Elisabeth LANGGÄSSER**
*Alzey 23.2.1899 – †Rheinzabern 25.7.1950
**Eichkatzweg 33**

Wohnort der Dichterin, die 1929 nach Berlin kam, vom 1.10.1935 bis Ostern 1948. Ihr Schicksal und das ihrer Tochter Cordelia sind exemplarisch für die Barbarei Nazideutschlands. Elisabeth Langgässer überlebte als »Halbjüdin«. Ihre vierzehnjährige Tochter Cordelia wurde 1943 nach Theresienstadt und Auschwitz deportiert. Ihren Leidensweg hat Cordelia Edvardson unter dem Titel »Gebranntes Kind sucht das Feuer« geschildert. Berliner Gedenktafel. □

**Frida LEIDER-DEMAN**
*Berlin 18.4.1888 – †Berlin 4.6.1975
**Oldenburgallee 46a**

Hier wohnte die Sängerin (Sopranistin) von 1945 bis zu ihrem Tode. Ihr Debüt gab sie 1915 in Halle, es folgten verschiedene Engagements in Deutschland. Ab 1924 war sie an der Staatsoper Unter den Linden engagiert, es folgten viele internationale Gastspiele (u. a. in Mailand und New York) und ab 1928 Mitwirkungen bei den Bayreuther Festspielen. Ihr Festhalten an ihrem jüdischen Ehemann Rudolf Deman führte ab 1944 zum Arbeitsverbot. Nach dem Ende Nazi-Deutschlands arbeitete sie an der Ost-Berliner Staatsoper und von 1948–1958 als Professorin an der Hochschule für Musik in Charlottenburg. Grabstätte: Friedhof Charlottenburg, Trakehner Allee 1, Abt. 19 N 26/27 (Ehrengrab). Berliner Gedenktafel. □

**Sabine LEPSIUS**
*Berlin 15.1.1864 –
†Bayreuth od. Würzburg November 1942
**Reinhold LEPSIUS**
*Berlin 14.6.1857 – †Berlin 16.3.1922
**Ahornallee 30/32**

Die Wohnungen des Malerehepaars, das zunächst Kantstraße 162 und dann hier von 1905–1917 lebte, waren ein beliebter Treffpunkt von Persönlichkeiten aus Kunst und Wissenschaft. Er war Gründungsmitglied der Berliner Secession, ihr gemeinsames Atelier befand sich in der Kurfürstenstraße 126. Berliner Gedenktafel. □

**Wilhelm LEUSCHNER**
**Bismarckstraße 84**

Inschrift: *In diesem Hause wohnte / Wilhelm Leuschner / Er wurde wegen seiner Beteiligung / am Aufstand des 20. Juli 1944 / von den Nationalsozialisten / am 29.9.1944 hingerichtet*

Die dunkle Metalltafel über dem Eingang ist nur schwer wahrnehmbar. Enthüllt wurde sie am 29.9.1947.

**Curt LINDNER**
**Avus (gegenüber den Tribünen)**

Inschrift: *Dr. Curt Lindner / zum Gedächtnis / Berlins Motorjournalisten / und Motorsportfreunde*

Die Tafel ist an einem Betonsockel befestigt und befindet sich gegenüber den Zuschauertribünen im Bereich dreier Fahnenmasten in Höhe der Abfahrt zur Raststätte. Sie ist mithin normalerweise unerreichbar.

**Peter LORENZ**
*Berlin 22.12.1922 – †Berlin 6.12.1987
**Steifensandstraße 8 (Peter-Lorenz-Haus)**

Inschrift: *Peter Lorenz / geboren am 22.12.1922 – gestorben am 6.12.1987 / 1975–1980 Präsident des Berliner Abgeordnetenhauses / 1982–1987 Parlamentarischer Staatssekretär beim Bundeskanzler / 1969–1981 Landesvorsitzender der CDU Berlin / 1961–1987 Vorsitzender des Beirates des Fördererkreises Junge Politik / „Eine Jugend, die in politische Apathie versinkt, bringt sich selbst um / ihre Zukunft. Den Fortschritt muß die junge Generation mitverantworten."*

Lorenz wurde Anfang 1975 von Terroristen entführt und erst unmittelbar vor den Abgeordnetenhauswahlen im März, nach der Freilassung von sechs Gesinnungsgenossen, wieder auf freien Fuß gesetzt. Im Haus befindet sich die Landesgeschäftsstelle der Berliner CDU. Die Messingtafel ist im Erdgeschoß des Treppenhauses angebracht. Enthüllung am 4.3.1995.

**LUISENKIRCHE**
**Gierkeplatz**

Inschrift der Muschelkalktafel rechts neben dem Eingang: *Luisenkirche / Erbaut 1716 von Ph · Gerlach / 1826 Turm- und Umbau / durch K · F · Schinkel / 1943 zerstört / 1953 wiederaufgebaut*

**Jeanne MAMMEN**
*Berlin 21.11.1890 – †Berlin 22.4.1976
**Kurfürstendamm 29 (Nähe Uhlandstraße)**

Inschrift: *Hier – im IV. Stock des Hinterhauses – / lebte und arbeitete in ihrem Atelier / von 1919 bis 1976 die Malerin und Grafikerin / Jeanne Mammen / 21.11.1890–22.4.1976 / Im Mittelpunkt ihres Schaffens standen die / realistischen Schilderungen aus dem Berliner / Großstadtleben der zwanziger Jahre*

Mit fünf Jahren kam sie nach Paris, studierte dort, in Brüssel und in Rom. 1916 kehrte sie nach Berlin zurück, von 1933–1945 durfte sie nicht ausstellen, schlug sich als Modezeichnerin durch. Ihre erste Ausstellung nach dem Zweiten Weltkrieg in Berlin fand 1947 in der Galerie Gerd Rosen statt. Das Atelier, eingerichtet wie zu ihren Lebzeiten, kann nach Voranmeldung bei der Jeanne-Mammen-Gesellschaft besichtigt werden. Enthüllung der Berliner Gedenktafel am 11.3.1995.

**Ludwig MARCUSE**
*Berlin 8.2.1894 – †München 2.8.1971
**Eichkatzweg 31**

Der Philosoph, Literaturkritiker und Journalist wohnte hier 1929–1931. Marcuse emigrierte 1933 nach Frankreich, 1938 weiter in die USA, lehrte dort in Kalifornien. 1963 kehrte er nach Deutschland zurück. Er schrieb auch unter dem Pseudonym Heinz Raabe. Berliner Gedenktafel.

□

**Paul MELLER**
*Ödenburg 18.6.1902 –
†Brandenburg 31.3.1943
**Herschelstraße 14 (Gustav-Adolf-Kirche)**

Tafel links neben dem Eingang der Kirche, Inschrift: *Zum mahnenden Gedenken / an Dipl.-Ing. Paul Meller / *18.6.1902 – †31.3.1943 / Architekt beim Bau dieser Kirche / umgebracht im Zuchthaus Brandenburg / vom nationalsozialistischen Regime / aus rassischen Gründen.*

Meller war Mitarbeiter von Otto Bartning (*Karlsruhe 12.4.1883 – †Darmstadt 20.2.1959), dem Erbauer der Kirche. Er arbeitete dank eines gefälschten »Ariernachweises« auch nach 1933 weiter, bis er 1942 verraten, verhaftet und wegen »Urkundenfäschung« zu sechs Jahren Zuchthaus verurteilt wurde. Er starb im Zuchthaus Brandenburg angeblich an Lungentuberkulose. Enthüllung der Bronzetafel 1984.

**Erich MENDELSOHN**
*Allenstein/Ostpreußen 21.3.1887 –
†San Francisco 15.9.1953
**Am Rupenhorn 6**

Inschrift: *Wohnhaus Mendelsohn / erbaut 1928 bis 1930 von dem Architekten / Erich Mendelsohn / 21.3.1887–15.9.1953 / der hier von 1930 bis zu seiner Emigration / im März 1933 lebte und arbeitete*

Mendelsohn war einer der führenden Architekten in den zwanziger und frühen dreißiger Jahren. Zu seinen noch existierenden Werken in Berlin gehören u. a. der Komplex der Schaubühne am Lehniner Platz (damals Universum Filmtheater), der Erweiterungsbau des Verlagshauses Mosse, Wohnhaus Bejach (Steinstücken, Bernhard-Beyer-Straße) und der Einsteinturm in Potsdam. Nach seiner Emigration wirkte er vor allem in Palästina und in den USA. Enthüllung der Berliner Gedenktafel am 19.9.1988.

**Carlo MIERENDORFF**
*Großenhain/Sachsen 24.3.1897 –
†Leipzig 4.12.1943
**Mierendorffstraße 30 Ecke Nordhauser Straße**

Inschrift: *Dem Andenken an / Carlo Mierendorff / 1897–1943 / Nationalökonom und SPD-Reichstagsabgeordneter / Widerstandskämpfer gegen das NS-Regime / Verbindungsmann der SPD zur / Widerstandsgruppe „Kreisauer Kreis" / Hochschule der Künste Berlin*

Mierendorff wurde im KZ inhaftiert und starb nach seiner Freilassung bei einem Bombenangriff auf Leipzig am 4.12.1943. Enthüllung der Messingtafel auf Holzuntergrund am 13.12.1983.

**Alexander MOISSI**
*Triest 2.4.1880 – †Wien 22.3.1935
**Kantstraße 75**

Von Max Reinhardt 1903 aus Prag nach Berlin geholt, wurde er am Deutschen Theater zu einem der beliebtesten Schauspieler in klassischen Rollen wie in Stücken zeitgenössischer Autoren. Berühmt waren seine weiche Stimme und die Darstellung brüchiger Charaktere. In der Kantstraße war von 1903 bis 1905 seine erste Berliner Wohnung. 1933 ging er nach Wien. Dort starb er an den Folgen einer Grippe. Berliner Gedenktafel. □

**Christian MORGENSTERN**
*München 6.5.1871 – †Meran 31.3.1914
**Stuttgarter Platz 4**

Inschrift: *Hier lebte um die Jahrhundertwende / Christian Morgenstern / 6.5.1871–31.3.1914 / Schriftsteller, Dramatiker und Lyriker, / Verfasser der Galgenlieder*

Enthüllung der Berliner Gedenktafel am 30.10. 1987.

**Robert MUSIL**
*Klagenfurt 6.11.1880 – †Genf 15.4.1942
**Kurfürstendamm 217 (neben dem Astor-Kino an der Ecke Fasanenstraße)**

Inschrift der Steintafel: *Hier schrieb / Robert Musil / von 1931 bis 1933 / an seinem Roman / „Der Mann ohne Eigenschaften“*

**Rudolf NELSON, eigtl. Lewysohn**
*Berlin 8.4.1878 – †Amsterdam 5.2.1960
**Kurfürstendamm 186 Ecke Wielandstraße**

Inschrift: *In diesem Hause wohnte / der Komponist / Rudolf Nelson / 1922–1932*

Hier wohnte der Komponist und Kabarettist Nelson mit seiner Frau, der Kabarettistin Kaethe Erlholz (eigtl. Katharina Reinholz, *Berlin 1876 – †Amsterdam 1975). Für das von ihm begründete Nelson-Theater (bis zur Schließung an der Stelle des Astor-Kinos), schrieb er vielgespielte Revuen und Operetten. Nelson hinterließ etwa 4000 Chansons und Lieder. Die unscheinbare Tafel ist über dem Hauseingang angebracht. Enthüllung am 5.2.1963. Grabstätte: Waldfriedhof Dahlem, Hüttenweg 47, Abt. 7 A 13 (Ehrengrab).

***Günter* Christian Ludwig NEUMANN**
*Berlin 19.3.1913 – †Berlin 17.10.1972
**Mommsenstraße 57 Ecke Leibnizstraße**

Inschrift der Berliner Gedenktafel: *In diesem Hause wurde ein Mann geboren / dem Berlin viel verdankt / Günter Neumann / 19.3.1913–17.10.1972 / Komponist und Autor / »Der Insulaner verliert die Ruhe nicht«*

Er war der »Vater« des populären Nachkriegskabaretts »Die Insulaner«. Begraben ist er ge-

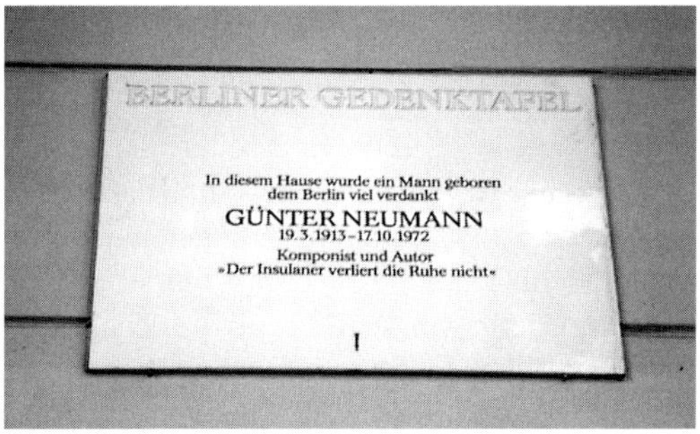

meinsam mit seiner Frau, der Schauspielerin Tatjana Sais (*Frankfurt/Main 26.1.1910 – †Berlin 26.2.1981), auf dem Luisenfriedhof III, Fürstenbrunner Weg 37–67, E II G 3a.

**Asta NIELSEN**
*Kopenhagen 11.9.1881 –
†Frederiksberg 25.5.1972
**Fasanenstraße 69**

Inschrift: *Berlin / Charlottenburg / eine Stadt stellt sich vor: / In diesem Hause lebte von 1931–1937 / Asta Nielsen / (1881–1972) / Dänische Schauspielerin und / Hauptdarstellerin in vielen Filmen / der 20er und 30er Jahre / „Berühmtheit ist ein Wort im Sande"*

Die trapezförmige, vorgewölbte Tafel trägt im Kopf die Wappen Berlins und Charlottenburgs, unten die Nummer 1. Sie entstammt offenbar einem früheren eigenen Charlottenburger Gedenktafelprogramm, von dem aber keine weiteren Tafeln zu finden sind.

**Emil NOLDE, eigtl. Hansen**
*Nolde bei Tondern 7.8.1867 –
†Seebüll 15.4.1956
**Bayernallee 11**

Inschrift: *Der Maler Emil Nolde / wohnte in diesem Haus / von 1928 bis 1944*

Die helle Marmortafel für den expressionistischen Maler wurde 1967 angebracht.

**Benno OHNESORG**
*Hannover 15.10.1940 – †Berlin 2.6.1967
**Bismarckstraße Ecke Krumme Straße (neben der Deutschen Oper)**

Dreiundzwanzigeinhalb Jahre nach der Erschießung des Studenten Benno Ohnesorg durch einen Berliner Polizisten wurde am 15.12.1990 ein von Alfred Hrdlicka geschaffenes Denkmal eingeweiht. Es ist der Zweitguß einer bereits 1971 geschaffenen Plastik. Die Inschrift am Sockel lautet: *Am 2. Juni 1967 wurde der Student Benno Ohnesorg im Hofe des / Hauses Krumme Straße 66 während einer Demonstration gegen den / tyrannischen Schah des Iran von einem Polizisten erschossen. / Sein Tod war ein Signal für die beginnende studentische und / außerparlamentarische Bewegung, die ihren Protest gegen / Ausbeutung und Unterdrückung besonders in den Ländern der / Dritten Welt mit dem Kampf um radikale Demokratisierung im / eigenen Land verband. / Unter diesem Eindruck schuf Alfred Hrdlicka 1971 das Relief / Der Tod des Demonstranten / Dezember 1990*

Die Aufstellung der Plastik blieb nicht ohne öffentlichen Widerspruch. Berlins Polizeipräsident Georg Schertz erklärte, die »verallgemeinernde Darstellung einer prügelnden Polizei muß jeden Polizisten in der Stadt zutiefst verletzen«. (Tsp., 18.12.1990). Der ehemalige Berliner Innensenator Heinrich Lummer bezeichnete während der Enthüllung die Einweihung der Plastik als einen »Akt der Unverschämhtheit«, dadurch werde die Bundesrepublik »in den Schmutz gezogen«. (taz, 17.12.1990)

**OLYMPIAKÄMPFER**
**Olympiastadion (Südtor)**

Tafel am Sockel der Olympischen Glocke. Inschrift: *Zum Gedenken an die Olympiakämpfer / der Welt die durch Krieg und Gewalt / ihr Leben verloren*

**OLYMPIASIEGER**
**Olympiastadion (Marathontor = Westtor)**

Hier befinden sich insgesamt sechs große Steintafeln (je drei links und rechts vom Tor) mit den Namen der Olympiasieger von 1936. Die jeweils mittlere Tafel trägt Erläuterungen zum Stadion bzw. zu den Olympischen Sommerspielen von 1936. Inschriften der drei (vom Stadion aus gesehen) an der linken Seite angebrachten Tafeln: Linke Tafel: *Olympische Sieger / Ringen Freistil / Weltergewicht Lewis U.S.A. / Mittelgewicht Poilvé Frankreich / Halbschwergewicht Fridell Schweden / Schwergewicht Palusalu Estland / Ringen / Griechisch-Römisch / Bantamgewicht Lorincz Ungarn / Federgewicht Erkan Türkei / Leichtgewicht Koskela Finnland / Weltergewicht Svedberg Schweden / Mittelgewicht Johansson Schweden / Halbschwergewicht Cadier Schweden / Schwergewicht Palusalu Estland / Gewichtheben / Federgewicht Terlazzo U.S.A. / Leichtgewicht Mesbah Ägypten Fein Österreich / Mittelgewicht Touni Ägypten / Halbschwergewicht Hostin Frankreich / Schwergewicht Manger Deutschland / Boxen / Fliegengewicht Kaiser Deutschland / Bantamgewicht Sergio Italien / Federgewicht Casanovas Argentinien / Leichtgewicht Harangi Ungarn / Weltergewicht Suvio Finnland / Mittelgewicht Despeaux Frankreich / Halbschwergewicht Michelot Frankreich / Schwergewicht Runge Deutschland / Radrennen / 1000 m Zeitfahren van Vliet Holland / 1000 m Malfahren Merkens Deutschland / 2000 m Tandemfahren Ihbe Lorenz Deutschland / 4000 m Verfolgungsrennen Frankreich / 100000 m Strassenrennen Einzel Charpentier Frankreich / 100000 m Strassenrennen Mannschaft Frankreich / Rudern / Einer Skiff Schäfer Deutschland / Doppelzweier Grossbritannien / Zweier mit Steuermann Deutschland / Zweier ohne Steuermann Deutschland / Vierer mit Steuermann Deutschland* Mittlere Tafel: *Reichssportfeld / 1934–1936 / durch die Reichsregierung erbaut / Entwurf / Architekt Professor Werner March / Gesamtleitung der Bauten / Reichsbauverwaltung / Ministerialdirektor Geh.Reg.Rat Karl Reichle / Bauleitung / Regierungsbaudirektor Richard Sponholz / Im Krieg 1939–1945 stark beschädigt / Wiederhergestellt durch die Bundesregierung / in den Jahren 1954–1965* Rechte Tafel: *Olympische Sieger / Rudern / Vierer ohne Steuermann Deutschland / Achter U.S.A. / Kanusport / 1000 m Kajak Einer Hradetzky Österreich / 1000 m Kajak Zweier Österreich / 1000 m Canadier Einer Amyot Canada /*

*1000 m Canadier Zweier Tschechoslowakei / 10000 m Faltboot Einer Hradetzky Österreich / 10000 m Faltboot Zweier Schweden / 10000 m Kajak Einer Krebs Deutschland / 10000 m Kajak Zweier Deutschland / 10000m Canadier Zweier Tschechoslowakei / Segeln / 8 m Rennklasse Italien / 6 m Rennklasse Grossbritannien / Starklasse Deutschland / Olympia Einheitsjolle Holland / Schiessen / Scheibenpistolen Ullmann Schweden / Schnellfeuerpistolen van Oyen Deutschland / Kleinkalibergewehre Rogeberg Norwegen / Spiele / Fussball Italien / Handball Deutschland / Basketball U.S.A. / Hockey Indien / Polo Argentinien / Kunstwettbewerbe / Städtebau Werner u. Walter March Deutschland / Architektonische Entwürfe Kutschera Österreich / Gebrauchsgraphik Diggelmann Schweiz / Rundplastiken Farpi Italien / Reliefs Sutor Deutschland / Lyrische Werke Dhünen Deutschland / Epische Werke Karhumäki Finnland / Kompositionen für Solo- oder Chorgesang Höffer Deutschland / Kompositionen für ein Orchester Egk Deutschland / Besondere Anerkennung / Alpinismus Ehepaar Dyhrenfurth Schweiz / Äronautik Schreiber Schweiz*

Texte der an der rechten Wand angebrachten Tafeln (v.l.n.r.): Linke Tafel: *Olympische Sieger / Leichtathletik Männer / 100 m Lauf Owens U.S.A. / 200 m Lauf Owens U.S.A. / 400 m Lauf Williams U.S.A. / 800 m Lauf Woodruff U.S.A. / 1500 m Lauf Lovelock Neuseeland / 5000 m Lauf Höckert Finnland / 10000 m Lauf Salminen Finnland / Marathonlauf 42195 m Son Japan / 3000 m Hindernislauf Iso Hollo Finnland / 110 m Hürdenlauf Towns U.S.A. / 400 m Hürdenlauf Hardin U.S.A. / 50000 m Gehen Whitlock Grossbritannnien / 4 x 100 m Staffellauf U.S.A. / 4 x 400 m Staffellauf Grossbritannien / Hochsprung Johnson U.S.A. / Weitsprung Owens U.S.A. / Dreisprung Tajima Japan / Stabhochsprung Meadows U.S.A. / Speerwerfen Stöck Deutschland / Diskuswerfen Carpenter U.S.A. / Kugelstossen Woellke Deutschland / Hammerwerfen Hein Deutschland / Zehnkampf Morris U.S.A. / Leichtathletik Frauen / 100 m Lauf Stephens U.S.A. / 80 m Hürdenlauf Valla Italien / Hochsprung Csak Ungarn / Diskuswerfen Mauermayer Deutschland / Speerwerfen Fleischer Deutschland / 4 x 100 m Staffellauf U.S.A. / Moderner Fünfkampf / Handrick Deutschland / Schwimmen Männer / 100m Freistil Csik Ungarn / 100 m Rückenstil Kiefer U.S.A. / 200 m Bruststil Hamuro Japan / 400 m Freistil Medica U.S.A. / 1500 m Freistil Terada Japan / Kunstspringen Degener U.S.A. / Turmspringen Wayne U.S.A. / 4 x 200 m Staffel Japan / Wasserballspiel Ungarn* Mittlere Tafel: *(Olympische Ringe) / XI. Olympische Spiele / Berlin / 1.–16. August 1936 / Internationales Olympisches Komitee / Präsident Graf von Baillet-Latour / Organisationskomitee / Präsident Dr. Theodor Lewald / Generalsekretär Dr. hc. Karl Diem* Rechte Tafel: *Olympische Sieger / Schwimmen Frauen / 100 m Freistil Mastenbroek Holland / 100 m Rückenstil Senff Holland / 200 m Bruststil Maehata Japan / 400 m Freistil Mastenbroek Holland / Kunstspringen Gestring U.S.A. / Turmspringen Poynton Hill U.S.A. / 4 x 100 m Staffel Holland / Turnen Männer / Zwölfkampf Einzel Schwarzmann Deutschland / Zwölfkampf Mannschaft Deutschland / Reck Saarvala Finnland / Barren Frey Deutschland / Seitpferd Frey Deutschland / Langpferd Schwarzmann Deutschland / Ringe Hudeck Tschechoslowakei / Freiübungen Miez Schweiz / Turnen Frauen / Mannschaftskampf Deutschland / Reiten / Grosse Dressurprüfung Einzel Pollay Deutschland / Grosse Dressurprüfung Mannschaft Deutschland / Jagdspringen / Um den Preis der Nationen Einzel Hasse Deutschland / Jagdspringen / Um den Preis der Nationen Mannschaft Deutschland / Vielseitigkeitsprüfung Einzel Stubbendorff Deutschland /*

*Vielseitigkeitsprüfung Mannschaft Deutschland / Fechten Männer / Florett Einzel Gaudini Italien / Florett Mannschaft Italien / Degen Einzel Ricardo Italien / Degen Mannschaft Italien / Säbel Einzel Kabos Ungarn / Säbel Mannschaft Ungarn / Fechten Frauen / Florett Einzel Schacherer Elek Ungarn / Ringen Freistil / Bantamgewicht Zombori Ungarn / Federgewicht Pihlajamäki Finnland / Leichtgewicht Karpati Ungarn*

Außerdem erinnern auf der linken Seite vier und auf der rechten Seite drei Bronzetafeln an Männer, die einen Bezug zum Stadion oder dem Sport in Deutschland haben. Alle Tafeln zeigen Reliefporträts der Geehrten und darunter kurze Inschriften (linke Seite v.l.n.r.): (1.) *Dem Erbauer des Stadions / Otto March / zum Gedaechtnis †1913* (2.) *Dr. W. Gebhardt* (3.) *Dem Förderer des / deutschen Sports / Viktor von Podbielski* (4.) *Graf von der / Asseburg;* (rechte Seite v.l.n.r.): (1.) *Theodor Lewald / 18.8.1860 15.4.1947* (2.) *24.6. / 1882 / Carl Diem / 17.12. / 1962* (3.) *Werner March / Architekt der Olympia-Bauten 1936*

Otto (*Berlin 7.10.1845 – †Berlin 1.4.1913) und Werner March (*Berlin 17.1.1894 – †Berlin 11.1.1976) sind begraben auf dem Luisenfriedhof II, Charlottenburg, Königin-Elisabeth-Straße 46–50, Abt. B 21, 10/11.

Die 1,20 m x 0,84 m große bronzene Gedenktafel für Karl Diem (*Würzburg 24.6.1882 – †Köln 17.12.1962) wurde am 5. Januar 1992 von Unbekannten (»Kommando Grüttke«) gestohlen. Darauf wurde die Polizei erst durch ein Bekennerschreiben an mehrere Redaktionen am 7. Januar aufmerksam gemacht. Die Täter, die sich nach einem Berliner Olympia-Manager nannten, hatten in ihrem Schreiben darauf hingewiesen, daß Diem ein Propagandist der Nazis gewesen sei und an eine Aussage von ihm aus dem Jahr 1931 erinnert, in der er den Krieg verherrlichte: »Krieg und Sport gehören zusammen. Der Krieg ist der vornehmste, ursprünglichste

Sport, der Sport par excellence und die Quelle aller anderen Sportarten.« Sie verlangten den Verzicht Berlins auf die Bewerbung um die Olympischen Spiele im Jahr 2000 und die Kennzeichnung der Zufahrtsstraßen Berlins mit dem Zusatz »Nolympic-City« bis zum 15. Januar 1992. Andernfalls werde die Tafel eingeschmolzen. Eine angebliche Geldforderung in Höhe von 50.000.- DM wurde vom Senat dementiert. Einem anonymen Bekennerschreiben an die Nachrichtenagentur ADN zufolge wurde die Tafel später eingeschmolzen. Teile der Tafel mit dem Portrait Diems wurden am Abend des 23.5.1993 kurz nach der Ausstellungseröffnung eines »Antiolympischen Instituts« im »Haus der Demokratie« (Friedrichstraße) von der Polizei beschlagnahmt. Mitte August 1993 war die Diem-Gedenktafel als Neuanfertigung wieder angebracht.

Im Umgang links neben dem Marathontor ist eine Bronzetafel angebracht, Inschrift: *Graf Egbert von der Asseburg / 1847–1909 / Erster*

*Präsident des Reichsausschusses für / Leibesübungen / 1906–1909 / Mitglied des Internationalen Olympischen Komitees / Vorkämpfer für eine deutsche Kampfbahn in Berlin nach / den Athener Zwischenspielen 1906 / Dr. Willibald Gebhardt / 1861–1921 / Gründer des Ausschusses zur Beteiligung Deutschlands an / den Olympischen Spielen 1895 / Erstes deutsches Mitglied des Internationalen Olympischen / Komitees in Paris 1895–1909 / Führer der deutschen Mannschaft zu den Olympischen Spielen / 1896, 1900 und 1904 / Generalsekretär des deutschen Reichsausschusses für / Olympische Spiele / Staatsminister Viktor v. Podbielski / 1852–1916 / Präsident des deutschen Reichsausschusses für Olympische / Spiele von 1909–1916 / Bewirkte als Vorsitzender des Berliner Rennvereins / den Bau des Deutschen Stadions inmitten der Grunewald-/Rennbahn Berlin und dessen Vorfinanzierung durch den / deutschen Rennsport / Dr.ing. h.c. Otto March / 1845–1913 / Architekt des ersten deutschen Stadions in der Grunewald-/Rennbahn, eingeweiht am 8. Juni 1913*

## OPFER DER MILITÄRJUSTIZ
**Witzlebenstraße 4–10**

Inschrift der am 1.9.1989 – zum 50. Jahrestag des Beginns des Zweiten Weltkriegs – vor dem Kammergericht aufgestellten Tafel: *Zum Gedenken / In diesem Hause, Witzlebenstraße 4–10, / befand sich von 1936–1943 das Reichskriegsgericht. / Die höchste Instanz der Wehrmachtjustiz [!] / verurteilte hier / über 260 Kriegsdienstverweigerer / und zahllose Frauen und Männer des Widerstands / wegen ihrer Haltung gegen Nationalsozialismus und Krieg / zum Tode / und ließ sie hinrichten.*

Vor der Aufstellung dieser Tafel gab es eine längere Kontroverse. Nach vergeblichen Bemühungen um die Aufstellung hatten am 9.6.1989 u. a. die stellvertretende Parlamentspräsidentin Hilde Schramm und Charlottenburgs Bezirksbürgermeisterin Monika Wissel eine provisorische Tafel vor dem Kammergericht angebracht. Diese Tafel wurde kurz darauf auf Anordnung des Richters Egbert Weiß als »herrenlose Sache« entfernt und zerstört. Weiß, der 1968 am Freispruch für den Richter am Volksgerichtshof Rehse mitgewirkt hatte, gab als Begründung für sein Verhalten gegenüber Kammergerichtspräsident Dehnicke an, »er habe sich über die Protestaktion am vergangenen Donnerstag [...] aufgeregt, an der auch ein verurteilter Wehrdienstverweigerer aus Westdeutschland teilgenommen habe.« (Tsp., 14.6.1989) Am 7.7.1989 brachte das »Büro für ungewöhnliche Maßnahmen« erneut eine provisorische Tafel auf öffentlichem Straßenland an. Ein Disziplinarverfahren gegen Richter Weiß wurde im September 1989 eingestellt, nach öffentlichen Protesten wieder aufgenommen und Anfang 1990 erneut eingestellt, weil dem Richter nicht widerlegt werden könne, »›daß er sich in einem den Vorsatz ausschließenden Tatbestandsirrtum‹ befunden habe, so ein Justizsprecher«. (taz, 28.2.1990)

**OPFER DES NATIONALSOZIALISMUS**
**Breitscheidplatz (neue Kaiser-Wilhelm-Gedächtnis-Kirche)**

Inschrift: *Unser / Glaube / ist der / Sieg / der die / Welt / über/wunden / hat / 1. Joh. 5.4. / Den evangelischen Märtyrern / der Jahre 1933–1945*

Die Inschrift befindet sich auf einer großen Bronzetafel links und rechts von einem Kruzifix spanischer Schule aus der Zeit um 1300. Kruzifix und Tafel sind ein Geschenk des damaligen Bischofs von Berlin-Brandenburg D. Dr. Otto Dibelius. Anbringung am 20.7.1964.

**OPFER DES NATIONALSOZIALISMUS**
**Steinplatz (Gedenkstein auf der linken Seite zur Hardenbergstraße)**

Unter einem auf der Spitze stehenden Dreieck – dem Symbol der KZ-Häftlinge – mit den aufgesetzten Buchstaben KZ steht: *1933–1945* darunter auf einer Metallplatte: *Den Opfern / des / Nationalsozialismus*

**OPFER DES NATIONALSOZIALISMUS**
**Hardenbergstraße 33 (Hof der Hochschule der Künste)**

Inschrift: *Zum Gedenken an die Hochschulangehörigen, / die zwischen 1933 und 1945 verfemt, / verfolgt und ermordet wurden. / – / Errichtet am 50. Jahrestag der Pogromnacht 9. Nov. 1938 / Entwurf und Anbringung Prof. Harro Jacob*

**OPFER DES STALINISMUS**
**Steinplatz (Gedenkstein auf der rechten Seite zur Hardenbergstraße)**

Auf dem Stein steht allein: *Den Opfern / des / Stalinismus*

**ORT (Organisation – Rehabilitation – Training)**
**Bleibtreustraße 34/35 (unweit Kurfürstendamm)**

Inschrift: *ORT / In diesem Hause befand sich seit 1921 das / erste Büro des 1880 in St. Petersburg gegründeten / ORT (Organisation – Rehabilitation – Training) / zur Förderung von / Handwerk und Landwirtschaft unter den Juden / 1937 eröffnete ORT seine eigene Fachschule / in Berlin, die zu einem Teil noch 1939 nach / England gerettet werden konnte*

Das jüdische Berufsbildungswerk ORT ist heute außer in Israel in über 50 Ländern in der fachlichen und technischen Ausbildung junger Menschen – auch im Rahmen von Entwicklungshilfe – tätig und sorgt daneben für die Beschaffung der dazu erforderlichen finanziellen Mittel. Die Abkürzung ORT stand ursprünglich für

Общество Ремесленного и
Земледелческого Труда

(Gesellschaft handwerklicher und landwirtschaftlicher Arbeit), im Englischen steht das Kürzel für »Organization – Reconstruction – Training«. Die Enthüllung der Berliner Gedenktafel erfolgte am 7.12.1993 im Anschluß an eine Gedenkveranstaltung im Jüdischen Gemeindehaus zur Erinnerung an die 1921 in Berlin erfolgte Gründung des internationalen Dachverbandes ORT UNION.

**Carl von OSSIETZKY**
**Kantstraße 152**

Inschrift: *In · diesem · Hause · wirkte / Nobelpreistraeger / Carl · von · Ossietzky / von · 1927 · bis · 1933 / als · Herausgeber / der · „Weltbuehne“ / fuer · Recht · Freiheit / Frieden · und / Voelkerverstaendigung*

Hier befand sich bis zu ihrem Verbot die Redaktion des »Blättchens«, wie Kurt Tucholsky »Die Weltbühne« liebevoll-ironisch nannte. Das von Siegfried Jacobsohn (*Berlin 28.1.1881 – †Berlin 3.12.1926) 1905 als »Die Schaubühne« gegründete Blatt wurde 1918 umbenannt (1. Ausgabe mit neuem Namen 4.4.1918) und zu einem publizistischen Hort der Verteidiger der ersten deutschen Republik. Die letzte Ausgabe vor dem

Verbot datiert vom 7.3.1933. Enthüllung Anfang Oktober 1959.

**OTTO VON BAMBERG**
*um 1060 – †Bamberg 30.6.1139
**Wundtstraße 48–50 (Bischöfliches Ordinariat Berlin)**

Inschrift: *St. Otto-Haus / Bischof Otto von / Bamberg †1139 / Apostel Pommerns / Zweiter Patron des / Bistums Berlin*

**Lilli PALMER, eigtl. Lilli Marie Peiser**
*Posen 24.5.1914 – †Los Angeles 27.1.1986
**Hölderlinstraße 12**

Inschrift: *Hier lebte von 1917 bis 1932 / Lilli Palmer / 24.5.1914–27.1.1986 / Schauspielerin und Schriftstellerin / Sie debütierte erfolgreich am Rose-Theater / 1933 mußte sie Deutschland verlassen / Erfolge in Hollywood und ihre / Filme in Europa machten sie zu einer / Schauspielerin von internationalem Rang*

Hier verbrachte die bekannte und beliebte Schauspielerin ihre Kindheit. Ihre Bühnenkarriere begann sie mit 18 Jahren am Berliner Rose-Theater. Für den Film entdeckt wurde sie nach ihrer Flucht aus Nazi-Deutschland in Paris. An Lilli Palmers 80. Geburtstag stellte Bezirksbürgermeisterin Monika Wissel die Tafel vor, die im Rahmen des Berliner Gedenktafelprogramms nach Abschluß der Renovierungsarbeiten an dem Haus angebracht werden soll.

**Jan PETERSEN, eigtl. Hans Schwalm**
*Berlin 1905 – †Berlin 11.11.1969
**Zillestraße**

Petersen lebte hier von 1925–1934 und schrieb im Untergrund »Unsere Straße«, ein Buch über den Widerstand gegen die Nationalsozialisten in der Zillestraße, die damals Wallstraße hieß (und von den Nazis nach dem am Abend des 30.1.1933 dort unter unklaren Umständen erschossenen SA-Sturmbannführer Hans Maikowski umbenannt wurde). Die nach dem zugleich erschossenen Polizisten Zauritz benannte Verbindung zwischen Zillestraße und Bismarckstraße heißt bis heute so (Zauritzweg). Den Tod der Männer nutzte die neue nationalsozialistische Regierung dazu, dem SA-Mann und dem Polizisten am 4.2.1933 im Berliner Dom ein Staatsbegräbnis zu organisieren und damit SA und Polizei auf eine Ebene zu heben. Berliner Gedenktafel. □

**Hans POELZIG**
*Berlin 30.4.1869 – †Berlin 14.6.1936
**Tannenbergallee 28**

Inschrift: *Prof. Hans Poelzig / 1869–1936 / Der grosse Architekt / und Lehrer lebte in / diesem Hause von / 1930–1936 / Förderungsaktion der Spielbank Berlin*

Poelzig schuf in Berlin u. a. das Haus des Rundfunks und gestaltete 1919 den Zirkus Schumann zum Großen Schauspielhaus (später Friedrichstadtpalast) um. 1980 wurde das nach dem Krieg veränderte Gebäude wegen Baufälligkeit abgerissen.

**Christian Daniel RAUCH**
*Arolsen 2.1.1777 – †Dresden 3.12.1857
**Schloßstraße 6**

Inschrift: *Hier befand sich bis zu seiner Zerstörung / im 2. Weltkrieg das ehemalige / Freihaus des Kammertürken Hassan / das von 1855 bis 1857 dem Bildhauer / Christian Daniel Rauch (2.11.1777–3.12.1857) / als Sommerhaus diente*

Alle anderen Quellen geben – abweichend von der Tafel – als Geburtsmonat Rauchs (Ehrenbürger Berlins seit 31.5.1851) den Januar 1777 an. Der Kammertürke Hassan, wohl ein Gefangener aus den Türkenkriegen, wurde von der späteren preußischen Königin Sophie Charlotte vom hannoverschen Hof nach Berlin gebracht. Enthüllung der Berliner Gedenktafel am 30.10. 1987. An Rauch erinnerte bereits eine Tafel bis zur Zerstörung im Zweiten Weltkrieg.

**Franz REULEAUX**
*Eschweiler 30.9.1829 – †Berlin 20.8.1905
**Straße des 17. Juni 135 (Technische Universität Berlin)**

In der Grünanlage hinter dem Hauptgebäude steht ein ziemlich zugewachsener mächtiger Gedenkstein, der unter dem Reliefporträt des Ingenieurs und Professors an der TH Berlin die Inschrift trägt: *Franz Reuleaux / Dem / Forscher / und / Lehrer / Ergruender / des / Zusammenhanges / der Technik mit / Wissenschaft / und / Leben*

Grabstätte: Neuer Friedhof der Zwölf-Apostel-Gemeinde, Schöneberg, Werdauer Weg, Abt. 3, 1a–49.

**Emil Nikolaus Freiherr von REZNICEK**
*Wien 4.5.1861 – †Berlin 2.8.1945
**Knesebeckstraße 32**

Inschrift: *Hier lebte und wirkte / von 1902 bis 1945 / Emil Nikolaus von Reznicek / Wien 4.5.1860–2.8.1945 Berlin / Komponist und Dirigent*

Reznicek kam 1902 nach Berlin, arbeitete u. a. als Kapellmeister an der Komischen Oper (1909–1911) und als Kompositionslehrer an der Musikhochschule (1920–1926), schrieb die Opern »Donna Diana« und »Ritter Blaubart«. Die Tafel wurde als dritte im Rahmen des Berliner Gedenktafelprogramms am 22.10.1985 enthüllt. Grabstätte: Waldfriedhof Wilmersdorf, Stahnsdorf, Alte Potsdamer Landstraße, G IV–S IV–179/180.

**Joachim RINGELNATZ, eigtl. Hans Bötticher**
*Wurzen 7.8.1883 – †Berlin 17.11.1934
**Brixplatz 11 (früher Sachsenplatz 12)**

Inschrift: *Joachim Ringelnatz / wohnte in diesem Hause / von 1930 / bis zu seinem Tode 1934*

Der Seemann, Gelegenheitsarbeiter, später Kabarettist, Dichter der Lieder von »Kuddel Daddeldu«, Lyriker und Kunstmaler, ist begraben auf dem Friedhof Charlottenburg, Trakehner Allee 1, Abt. 12 Feld D 21 (Ehrengrab). 47 Jahre nach seinem Tode wurde am 17.11.1981 eine weitere Tafel in der Nähe des Hauses am Park-Pavillon des Brixplatzes (Ecke Reichsstraße, gegenüber Meiningenallee) angebracht. Geschaffen wurde sie vom Bildhauer Becker, die Idee dazu stammt vom damaligen Direktor der Staatlichen Schlösser und Gärten, Martin Sperlich. Die Tafel trägt das Profil von Ringelnatz und die Inschrift: *Es sang eine Nacht… / eine Nachti… / ja Nachtigall / am Sachsenplatz / heute morgen. – Hast du in Berlin / das je gehört? – Sie sang, so schien / es mir, für mich, für Ringelnatz.*

**ROMANISCHES CAFÉ**
**Breitscheidplatz (an der Stelle des Europa-Centers, damals Budapester Straße 53)**

Treffpunkt von Künstlern und des literarischen Berlin von der Jahrhundertwende bis zum Nationalsozialismus. Berliner Gedenktafel. □

**Wilhelm (*Willi*) Bernhard Max ROSE**
*Berlin 4.2.1902 – †Berlin 15.6.1978
**Bolivarallee 17**

Die Messingtafel ist interessant gestaltet und trägt über und unter dem Reliefporträt Roses die Inschrift: *Hier wohnte von 1950–78 / der Berliner Volksschauspieler / Willi Rose / Berlin – dankt dir / Diese Tafel stifteten / Michael Ostwald / Innung des Berliner Taxigewerbes / Bezirksamt Charlottenburg*

Der Sohn des berühmten Berliner Theatergründers und -leiters Bernhard Rose (Rose-Theater) ist begraben auf dem Friedhof Charlottenburg, Trakehner Allee 1, Abt. II Ur 10-1-22.

**Gerd ROSEN**
*Berlin 17.8.1903 – †Berlin 10.12.1961
**Kurfürstendamm 215**

Inschrift über und unter dem Reliefporträt von Harald Haacke: *1903–1961 / Gerd Rosen / arbeitete · in / diesem · Hause / von · 1945 · bis · 1961*

Die Bronzetafel für den Auktionator und Förderer des Kunsthandels ist am rechten Hausrand in Höhe des ersten Stockwerks angebracht. Hier eröffnete Rosen am 2. August 1945 die erste Nachkriegsgalerie Deutschlands.

**Joseph ROTH**
*Brody/Galizien 2.9.1894 – †Paris 27.5.1939
**Kurfürstendamm 15**

Inschrift: *Hier befand sich von 1917 bis 1986 / Mampes Gute Stube / Lieblingslokal des Schriftstellers / Joseph Roth / 2.9.1894–27.5.1939 / der hier im Jahre 1932 seinen Roman / Radetzkymarsch schrieb*

Roth kam 1920 erstmals nach Berlin. Seit 1929 lebte er in der Potsdamer Straße 115a (heute Nr. 73), seiner einzigen festen Bleibe – für kurze Zeit. Sonst lebte er vor allem in Hotels, denn: »Ich glaube, daß ich nicht schreiben könnte, wenn ich einen ständigen Wohnsitz hätte.« In Mampes Guter Stube prophezeite der Verfasser vieler Romane, Essays und Reportagen im Sommer 1932: »Es ist Zeit wegzugehen. Sie werden unsere Bücher verbrennen und uns damit meinen.« Und im Februar 1933 schrieb er klarsichtig an Stefan Zweig (*Wien 28.11.1881 – †Petrópolis b. Rio de Janeiro/Brasilien 23.2.1942): »Inzwischen wird es Ihnen klar sein, daß wir großen Katastrophen zutreiben. Abgesehen von den privaten – unsere literarische und materielle Existenz ist ja vernichtet – führt das Ganze zum neuen Krieg. Ich gebe keinen Heller mehr für unser Leben. Es ist gelungen, die Barbarei regieren zu lassen. Machen Sie sich keine Illusionen. Die Hölle regiert.« Kurz nach der »Machtergreifung« floh er nach Paris, wo er zum Schluß »verarmt und vereinsamt in einer kleinen Kammer des billigen Hotel de la Poste vegetierte und sich zu Tode trank.« (Voß) Er starb im Armenhospital Necker. 1994, anläßlich seines 100. Geburtstags erschien eine lesenswerte Sammlung von z. T. unveröffentlichter »Prosa zur Zeit« aus den Jahren 1919 bis 1938 unter dem Titel »Unter dem Bülowbogen«, im selben Jahr ergreifende Erinnerungen seines Freundes Soma Morgenstern an »Joseph Roths Flucht und Ende«. Beigesetzt wurde Roth auf dem Pariser Friedhof Thiais. Enthüllung der Berliner Gedenktafel am 24.10.1988.

**Edmund RUMPLER**
*Wien 4.1.1872 – †Berlin 7.9.1940
**Dernburgstraße 9**

Inschrift: *Hier lebte von 1934 bis 1940 / Edmund Rumpler / 4.1.1872–7.9.1940 / Luftfahrtindustrieller und Techniker. / Erbauer von Stromlinienfahrzeugen / / (»Tropfenwagen«)*

Rumpler machte sich ab 1906 in Berlin als Konstrukteur selbständig und gründete 1908 in Johannisthal das erste deutsche Flugzeugwerk. Hier wurde die »Rumpler-Taube«, ein Nachbau des vom Österreicher Ignaz (Igo) Etrich (*Oberaltstadt bei Trautenau/Böhmen 25.12.1879 – † Salzburg 4.2.1967) entwickelten Eindeckers (der »Etrich-Taube«) hergestellt (Rumpler nannte das Flugzeug auch zunächst »Etrich-Rumpler-Taube«). Berühmt wurde Rumpler durch das von ihm konstruierte stromlinienförmige Auto, den »Tropfenwagen« (je ein Exemplar von Flugzeug und Auto befinden sich im Deutschen Technikmuseum Berlin [ehem. Museum für Verkehr und Technik], Kreuzberg, Trebbiner Straße). Nach 1933 blieb er trotz zunehmender Schikanen in Berlin, wo er bis zu seinem Tod ein Konstruktionsbüro unterhielt. Seine vier Kinder emigrierten in die USA. Die Berliner Gedenktafel wurde am 7.9.1990, dem 50. Todestag Rumplers, durch Bezirksbürgermeisterin Monika Wissel in Anwesenheit eines Sohnes, Hans C. Rumpler, enthüllt. Grabstätte: Südwestfriedhof der Berliner Stadtsynode, Stahnsdorf, Rudolf-Breitscheid-Platz, Block Reformation, Gartenbl. III, Erbbegr. 28.

**Karl SACK**
*Bossenheim b. Bad Kreuznach 9.6.1896 – †Flossenbürg 9.4.1945
**Witzlebenplatz 1–2**

Inschrift: *Am Reichskriegsgericht / wirkte hier 1938/39 / Dr. Karl Sack / Als Widerstandskämpfer / am 9.4.1945 ermordet / im KZ Flossenbürg*

Die Anbringung der Tafel am früheren Reichskriegsgericht für den einstigen obersten Heeresrichter und Mitbeteiligten am Umsturzversuch vom 20. Juli 1944 löste eine öffentliche Kontroverse über die Rolle der Militärjustiz im »Dritten Reich« aus, denn Sack war als Militärrichter ein besonders scharfer Anwender des Militärstrafrechts. In der von der Gedenkstätte Deutscher Widerstand herausgegenen Broschüre »Widerstand in Charlottenburg« (S. 229) wird hervorgehoben, daß Sack als Interpretationshilfe »zur einheitlichen Rechtsprechung und Strafzumessung« zum Tatbestand der Fahnenflucht den Erfahrungsbericht Nr. 1 vom September 1943 empfahl, in dem es hierzu heißt: »Im übrigen muß auch der Soldat, der nicht mehr den Willen hat, an gefährdeten Stellen zu kämpfen, wohl aber in anderen Feldtruppenteilen, etwa bei rückwärtigen Einheiten Dienst tun will, bei richtiger Würdigung der heutigen Kampfverhältnisse als Fahnenflüchtiger behandelt werden. Die Flucht vor der kämpfenden Truppe fällt oft zusammen mit schlappem, nachlässigem oder verantwortungslosem Verhalten. Der Begriff der ›Furcht vor persönlicher Gefahr‹ darf dabei nicht zu eng gefaßt werden. Der Krieg erfordert den restlosen Einsatz des letzten Mannes. Wer sich den Unbilden der Witterung und den Beschwerlichkeiten des Landes entziehen will, handelt aus Mangel an Mut und muß dem Täter gleichgestellt werden, der sich vor der feindlichen Waffenwirkung scheut. Mehr wie je in einem Krieg hängt der Endsieg im gegenwärtigen Lebenskampfe unseres Volkes davon ab, daß jeder Mann sich in unerschütterlicher Treue auf dem ihm anvertrauten Posten hält.« Enthüllung der Bronzetafel durch Justizsenator Hermann Oxfort am 18.4.1984 in Anwesenheit der Witwe Helle Sack.

**Charlotte SALOMON**
*Berlin 16.4.1917 –
†Auschwitz September oder Oktober 1943
**Wielandstraße 15**

Inschrift: *In diesem Hause lebte / Charlotte Salomon / von ihrer Geburt am 16. April 1917 / bis zur Flucht aus Deutschland / im Januar 1939 / 1943 wurde sie nach Auschwitz / deportiert / Vergesst sie nicht / Landesjugendring Berlin*

Über Charlotte Salomon schreibt Heinrich-Wilhelm Wöhrmann (Widerstand in Charlottenburg, S. 27 f.): »Charlotte Salomon studierte von 1936 bis 1938 an der Kunsthochschule in Charlottenburg. Als sie wegen ihrer jüdischen Herkunft bei einer Preisvergabe für ein Bild ausgeschlossen wurde, verließ sie die Hochschule. Im Januar 1939 emigrierte sie mit ihren Großeltern nach Südfrankreich. Während der deutschen Besetzung dort wurde sie im Sommer 1940 interniert. Danach malte sie ihre Autobiographie unter dem Titel ›Leben oder Theater‹, einen Bilderzyklus von 769 Gouachen mit einem als Singspiel geschriebenen Begleittext. Im September 1943 wurde sie, im dritten Monat schwanger, mit ihrem Mann nach Auschwitz deportiert und ermordet. Vor ihrer Deportation übergab sie ihr gesamtes künstlerisches Werk einem französischen Arzt mit den Worten: ›Heben Sie das gut auf, es ist mein ganzes Leben.‹ In dem Bilderzyklus ›Leben oder Theater‹ ist unter anderem auch die Entstehung des ›Kulturbundes deutscher Juden‹ dokumentiert, dessen Leiter, Kurt Singer, ein enger Freund der Familie Salomon war.« Der Arzt, Dr. Moridis aus Villefranche, übergab die Bilder 1974 Charlotte Salomons Eltern, die versteckt in Südholland überlebt hatten. Der Bilderzyklus (er ist auch als Buch erschienen) befindet sich seit 1971 im Jüdischen Historischen Museum in Amsterdam. Die Metalltafel wurde Ende der siebziger Jahre angebracht.

**Erich SALOMON**
*Berlin 28.4.1886 – †Auschwitz 7.7.1944
**Hölderlinstraße 11**

Der promovierte Jurist wandte sich nach dem Ersten Weltkrieg nach und nach ganz dem professionellen Bildjournalismus zu. Er arbeitete für den Ullstein-Verlag, die Berliner Illustrirte Zeitung, aber auch für internationale Blätter wie Times, Fortune und New York Times. Herausragend ist sein Fotoband »Berühmte Zeitgenossen in unbewachten Augenblicken« (1931). In der Hölderlinstraße lebte er von 1928 wahrscheinlich bis zu seiner Emigration aus Nazi-Deutschland nach Holland. Nach der Besetzung des Landes durch deutsche Truppen wurde er in seinem Versteck verraten und nach Auschwitz deportiert. Berliner Gedenktafel. □

**Adele SANDROCK**
*Rotterdam 19.8.1864 – †Berlin 30.8.1937
**Leibnizstraße 60 Ecke Mommsenstraße**

Inschrift: *Hier lebte von 1905 bis 1937 / Adele Sandrock / 19.8.1864–30.8.1937 / Schauspielerin / Berühmt und populär wurde sie durch / ihre Verkörperung der »komischen Alten« / auf der Bühne und im Film*

Enthüllung der Berliner Gedenktafel am 29.9. 1989.

**Paul SCHEERBART**
*Danzig 8.1.1863 – †Berlin 15.10.1915
**Kaiser-Friedrich-Straße 29**

Der »phantastische« Schriftsteller lebte in Berlin seit 1887, an diesem Ort im Jahr 1903. Berliner Gedenktafel. □

**René SCHICKELE**
*Oberehnheim/Elsaß 4.8.1883 –
†Vence b. Nizza 31.1.1940
**Suarezstraße 29**

Wohnort des Schriftstellers von 1905–1909. Berliner Gedenktafel. □

**Joseph SCHMIDT**
*Davideny b. Storożynetz/Bukowina 4.3.1904 –
†Girenbad b. Hinwil/Schweiz 16.11.1942
**Richard TAUBER**
*Linz 16.5.1891 – †London 8.1.1948
**Fasanenstraße 79 (Jüdisches Gemeindehaus)**

Inschrift: – *Stimmen, die nie verklingen* – / *Dem Gedenken an / Josef Schmidt / 6. März 1906 [!] / 16. Nov. 1942 / Richard Tauber / 16. Mai 1892 [!] / 8. Jan. 1948 / gewidmet anlässlich der Veranstaltung am / 9. Januar 1963 zum 60. Geburtstag von / Herbert Zernick im Jüdischen Gemeindehaus.*

Joseph Schmidt (»Ein Lied geht um die Welt«) flüchtete aus Nazi-Deutschland, zuletzt landete er im Internierungslager Girenbad bei Hinwil (Kanton Zürich). Dort starb er in dem nahebei gelegenen Gasthaus »Waldegg«, in das er sich zeitweilig zurückziehen durfte, mit 38 Jahren. Im Sterberegister steht als Eintrag: »Montag, 16. November 1942, Schmidt, Joseph – 38 Jahre, 8 Monate, 12 Tage, staatenlos.« Begraben ist er auf dem Israelitischen Friedhof Zürich, Unterer Friesenberg, Grab Nr. 2331.
Richard Tauber hieß zunächst nach seiner Mutter Denemy. 1913, im Jahr seines Laufbahnbeginns, wurde er von seinem Vater adoptiert. Seit 1915 trat er auch in Berlin auf. Nach 1933 ging er aus Deutschland nach Österreich, von dort flüchtete er 1938 nach dem »Anschluß« nach England. Enthüllung der Bronzetafel am 9.1. 1963.

**Artur SCHNABEL**
*Lipnik/Galizien 17.4.1882 –
†Axenstein/Schweiz 15.8.1951
**Wielandstraße 14**

Inschrift: *Hier lebte und wirkte von 1906 bis 1933 / der Pianist / Artur Schnabel / 17.4.1882–15.8.1951 / 1925 bis 1933 Leiter einer Meisterklasse / an der Musikhochschule in Berlin. / Als Interpret der Klavierwerke Beethovens und / Schuberts sowie als Lehrer hat er bis heute / unerreichte Maßstäbe gesetzt. / Emigrierte 1933, zuletzt nach New York*

Schnabel war das Kind eines jüdischen Kaufmanns, er heiratete die Sängerin Therese Behr (*Stuttgart 14.9.1876 – †Lugano/Schweiz 30.1. 1959), mit der er 1906 die 12-Zimmer-Wohnung in der Wielandstraße bezog. »In diesen Räumen wurde Berliner Musikgeschichte gemacht«, so Albrecht Dümling in seiner Laudatio zur Tafelenthüllung. 1930 vorzeitige Aufgabe der Professur wegen des um sich greifenden Antisemitismus. 1933 Emigration nach Italien, Großbritannien und in die USA. Er kehrte zwar nach Europa zurück, aber nach Deutschland zurückkehren mochte er nicht: »Ich möchte nicht in ein Land gehen, in dem ich nur deshalb geduldet bin, weil es einen Krieg verloren hat.« Enthüllung der Berliner Gedenktafel am 1.11. 1991.

**Adele SCHREIBER-KRIEGER**
*Wien 29.4.1872 –
†Herrliberg b. Zürich 18.2.1957
**Ahornallee 50 (gegenüber Einmündung der Nußbaumallee)**

Inschrift: *In diesem Hause wohnte / von 1910 bis 1933 / die Publizistin und Sozialpolitikerin / Adele Schreiber-Krieger / 29.4.1872–18.2.1957 / Mitbegründerin der »Deutschen Gesellschaft / für Mütter- und Kinderschutz« / Sie emigrierte 1933 aus politischen Gründen / in die Schweiz*

Frau Schreiber-Krieger war auch eine Kämpferin für das Frauenwahlrecht. Enthüllung der Berliner Gedenktafel am 11.3.1995.

**Libertas SCHULZE-BOYSEN**
*Paris 20.11.1913 –
†Berlin-Plötzensee 22.12.1942
**Harro SCHULZE-BOYSEN**
**Altenburger Allee 19**

Inschrift: *Hier wohnten von 1939 bis 1942 / Libertas Schulze-Boysen / 20.11.1913–22.12.1942 / und / Harro Schulze-Boysen / 2.9.1909–22.12.1942 / Gemeinsam mit vielen Frauen und Männern / leisteten sie in der / Gruppe »Rote Kapelle« aktiven / Widerstand gegen die nationalsozialistische / Gewaltherrschaft. Sie wurden am 22.12.1942 / in Berlin-Plötzensee hingerichtet.*

Enthüllung der Berliner Gedenktafel am 29.9.1989.

**Wilhelm SCHUSTER**
*19.7.1891 – †1979
**Heerstraße 2**

Inschrift: *In diesem Hause wirkte / und lebte von 1932–1979 / Rechtsanwalt und Notar / Dr. Wilhelm Schuster / Am 100. Geburtstag / 19. Juli 1991*

**Gustav SEVERIN**
*Rotterdam/Niederlande 12.5.1903
**Hildegard SEVERIN**
*Oschersleben 27.7.1911
**Salzufer 17–19 (Nähe Dovestraße)**

Inschrift: *Technische Universität Berlin / Lehr- und Forschungsstandort / Gustav- und Hildegard-Severin-Gelände / Schenkung an die TU Berlin im Jahre 1991 / durch Severin & Co*

Der Berliner Busunternehmer überließ der TU sein 19 000 $m^2$ großes Betriebsgelände zunächst im Wege eines Erbbaurechtsvertrags. Spätestens 2050 geht das Areal in das Eigentum der Universität über. Die Messingtafel ist an zwei schwarzen Metallpfosten befestigt und steht links hinter der Einfahrt, deren Gitter das »S« der Firma ziert. Enthüllung am 14.12.1995.

**Werner von SIEMENS**
*Lenthe/Hannover 13.12.1816 –
†Berlin 6.12.1892
**Otto-Suhr-Allee 10–16**

Hier lebte in einer schloßartigen Villa der Unternehmer und (1847) Begründer der Weltfirma von 1861–1892. Grabstätte der Familie Siemens auf dem Südwestfriedhof der Berliner Stadtsynode, Stahnsdorf, Rudolf-Breitscheid-Platz, Block Trinitatis, Erbbegräbnis 22. Berliner Gedenktafel. □

**Georg SIMMEL**
*Berlin 1.3.1858 – †Straßburg 26.9.1918
**Nußbaumallee 14 (heute DRK-Klinik)**

Inschrift: *Wohnhaus von / Georg Simmel / 1.3.1858–26.9.1918 / Philosoph und Soziologe / Begründer der deutschen Soziologie*

1901 wurde er zum Extraordinarius für Philosophie ernannt und erhielt 1914 eine ordentliche Professur an der Universität Straßburg. Seine »formale« Gesellschaftslehre trug entscheidend zur Herausbildung der Soziologie bei. Er gilt bis heute als der »Geheimtip« unter Philosophen und Soziologen. Simmel wohnte auch in der Lindenallee und in der Königin-Elisabeth-Straße 14. Enthüllung der Berliner Gedenktafel durch Bezirksbürgermeister Baldur Ubbelohe am 19.8.1988.

***James* Henry SIMON**
**Schloßstraße 1 (Ägyptisches Museum)**

Im ersten Stockwerk (Ausstellungsraum der Nofretete) erinnert eine Tafel an den Berliner Kaufmann (Baumwollgroßhandel) und Kunstförderer: *Dr. h.c. James Simon / Berlin 1851–1932 / schenkte der Deutschen / Orient-Gesellschaft die / Ausgrabungen in Tell el / Amarna 1911–1914 und über/liess der ägyptischen Abteilung / im Jahre 1920 die Funde*

Seine letzte Stadtwohnung war in der Kaiserallee (heute Bundesallee) 23 Ecke Trautenaustraße. Beigesetzt ist der große Mäzen, dem die Berliner Museen viele Kunstschätze – wie die Büste der Nofretete – verdanken, auf dem Jüdischen Friedhof, Prenzlauer Berg, Schönhauser Allee 23–25, Feld L 3.

**Kurt SINGER**
*Berent/Westpreußen 11.10.1885 –
†Theresienstadt 7.2.1944
**Mommsenstraße 56**

Inschrift: *In diesem Hause wohnte von 1932 bis 1934 / Kurt Singer / 11.10.1885–7.2.1944 / In seiner Wohnung wurde am 15. Juli 1933 der / Kulturbund Deutscher Juden / gegründet, dessen Leiter er war / 1938 floh Kurt Singer nach Holland / Er kam im Lager Theresienstadt um*

Berliner Gedenktafel. Eine erste provisorische Gedenktafel für den Musikwissenschaftler, Arzt und Dirigenten war von Mitgliedern des Vereins Aktives Museum Faschismus und Widerstand in Berlin e.V. am 26.1.1992 angebracht worden (und ein halbes Jahr darauf bereits wieder entfernt). Der Tagesspiegel schrieb zur Enthüllung am 27.1.1992 unter der Überschrift »Provisorisches Gedenken«: »Kurt Singer war 1933 stellvertretender Intendant der Oper in der Bismarckstraße und zugleich Lehrer an der Hochschule für Musik in Charlottenburg. Er floh 1938 nach Amsterdam. Nach dem Einmarsch deutscher Truppen in Holland wurde er nach Theresienstadt deportiert, wo er am 7. Februar 1944 den Tod fand. Die Hochschule der Künste hatte beim Bezirk Charlottenburg eine Gedenktafel für Kurt Singer beantragt, mußte jedoch von der Behörde erfahren, daß das bezirkliche Kontingent an Gedenktafeln erschöpft sei. Angesichts der Tatsache, daß Charlottenburg ›bis in die deißiger Jahre eine Enklave jüdischen Kulturlebens war und nahezu jedes Haus eine Gedenktafel verdiente‹, heißt es in einer Stellungnahme des Aktiven Museums dazu, ›ist uns eine solche ›Kontingentierung‹ des Gedenkens unverständlich.‹«
Eine zweite, am 8.11.1992 angebrachte Tafel trug die Inschrift: *In der Mommsenstraße 56 lebte und wirkte / Kurt Singer / (11.7.1885 [!] – 7.2.1944) / Leiter des Kulturbundes deutscher Juden / der am 15.7.1933 in diesem Hause / gegründet wurde / und Präsident des /*

*Reichsverbandes jüdischer / Kulturbünde / Kurt Singer floh 1938 nach Holland / Er starb im Lager Theresienstadt / Die zweite vorläufige Gedenktafel wurde am 8.11.1992 / vom Aktiven Museum Faschismus und Widerstand / in Berlin e.V. angebracht*

**Kurt SINGER**
**Bismarckstraße (Deutsche Oper Berlin)**

Inschrift der Messingtafel: *Dr. Kurt Singer / Mediziner, Musikschriftsteller und Dirigent / * am 11. Oktober 1885 zu Berent / † im Januar 1944 im Konzentrationslager / Theresienstadt / hat sich in den Jahren 1926 bis 1931 um Arbeit und Bestand / der Städtischen Oper Berlin-Charlottenburg / in führender Verantwortlichkeit verdient gemacht*

Die Tafel wurde am 26.1.1992 enthüllt, sie befindet sich im Foyer des Rangs.

**Adolf SLABY**
*Berlin 18.4.1849 – †Berlin 6.4.1913
**TU-Institut für Architektur (ehemals Sophienstraße 4, Nähe Ernst-Reuter-Platz)**

Inschrift: *In dem vormals hier stehenden Hause / -Sophienstraße 4- / lebte von 1885 bis 1913 der Pionier der Funktechnik / Adolf Slaby / 18.4.1849–6.4.1913 / Erster Professor der Elektrotechnik an der / Technischen Hochschule Charlottenburg / Mitbegründer der Telefunken AG*

Weil wegen der damit verbundenen Störungen des Telefonverkehrs die Versuche mit drahtloser Telegraphie von hier aus – der Geburtsstätte des Rundfunks in Deutschlands – nicht fortgesetzt werden konnten, verlegten Slaby und Graf Arco ihre Versuche in den Grenzbereich zwischen Berlin und Potsdam. Dabei diente ihnen 1897 der Glockenturm der Sakrower Kirche als Halterung für die Antenne. Eine Gedenktafel an der Kirche erinnert daran (seit 1993 eine Kopie der Tafel von 1928). Enthüllung der Berliner Gedenktafel am 7.10.1988. Grabstätte auf dem Luisenfriedhof II, Charlottenburg, Königin-Elisabeth-Straße 46–50, B I G 1.

**Werner SOMBART**
*Ermsleben/Harz 19.1.1863 –
†Berlin 18.5.1941
**Suarezstraße 27 Ecke Trendelenburgstraße**

Inschrift: *Hier lebte von 1906 bis 1919 / Werner Sombart / 19.1.1863–18.5.1941 / Volkswirtschaftler, Soziologe / und Historiker / Professor der Nationalökonomie*

Sombart erhielt 1906 einen Ruf als o. Prof. an die Handelsschule Berlin, später an die Universität. Er war als Nationalökonom ein Vertreter der »Historischen Schule« und wurde zu einem Wortführer einer soziologischen Richtung in diesem Fach. Seine politische Einstellung ist umstritten. Er schrieb u. a. »Der moderne Kapitalismus«, »Die Juden und das Wirtschaftsleben« (1928), »Deutscher Sozialismus« (1935). Enthüllung der Berliner Gedenktafel am 19.8. 1988. Ehrengrab auf dem Waldfriedhof Dahlem, Hüttenweg 47, Abt. 22 B 32/33.

**Friedrich SPIELHAGEN**
*Magdeburg 24.2.1829 – †Berlin 25.2.1911
**Kantstraße 165**

Inschrift: *In dem hier vormals / stehenden Hause / wohnte und arbeitete / in seinen letzten Lebensjahren / Friedrich Spielhagen / 24.2.1829–25.2.1911 / Schriftsteller, Verfasser / sozialkritischer Romane*

Spielhagen lebte hier von 1895–1911. Enthüllung der Berliner Gedenktafel am 24.10.1988. Grabstätte: Kaiser-Wilhelm-Gedächtnis-Friedhof, Charlottenburg, Fürstenbrunner Weg 69– 79, Abt. I (Ehrengrab), an der oberen Erbbegräbniswand.

**Heinrich Friedrich *Karl* Freiherr vom und zum STEIN**
**Steinplatz (Grünfläche)**

Büste auf Granitsockel mit goldener Inschrift: *Karl / Reichsfreiherr / vom und zum / Stein*
Am Sockel erläutert eine kleine Tafel: *Stifter / der Präsident / des Deutschen Städtetages / für die / im Präsidium vertretenen Städte / zur 750-Jahr-Feier Berlins / 30. April 1987*

**Franz STOLZE**
*14.3.1836 – †Berlin 13.1.1910
**Uhlandstraße 175 (Nähe Kurfürstendamm)**

Inschrift: *In · diesem · Hause · wohnte · und · wirkte / bis · an · sein · Lebensende / Franz Stolze / *14.3.1836 †13.1.1910 / Begründer · der · Gasturbine / heutiger · Bauform / Siemens-Ring-Stiftung / 13.12.1961*

**Richard STRAUSS**
*München 11.6.1864 – †Garmisch 8.9.1949
**Theodor-Heuss-Platz 12 Ecke Heerstraße 1**

Inschrift: *In diesem Hause hatte der / grosse deutsche Komponist / Richard Strauss / seine letzte ständige Wohnung / in Berlin / 1913–1917 / Richard-Strauss-Gesellschaft Berlin*

Strauss war von 1898–1919 als Kapellmeister und Generaldirektor an der Deutschen Staatsoper tätig. Die Granittafel mit rötlicher, zum Teil verwaschener Inschrift, ist in die Vorgartenmauer an der Ecke Theodor-Heuss-Platz und Heerstraße eingelassen.

**Gustav STRESEMANN**
*Berlin 10.5.1878 – †Berlin 3.10.1929
**Tauentzienstraße (im Eingangsbereich des Europa-Centers)**

Inschrift der Bronzetafel: *An dieser Stelle stand bis zu den Zerstörungen / des 2. Weltkrieges das Haus Tauentzienstrasse 12 a / Hier wohnte und wirkte von 1920–1923 / Dr. Gustav Stresemann / der Vorkämpfer für ein geeintes Europa und / der grosse Staatsmann der Weimarer Republik*

Die Berliner Morgenpost brachte am 1. Mai 1991 in einer »Rückblende« eine Meldung vom 1. Mai 1966: »Am Dienstag [3.5.] wird der Freundeskreis Dr. Gustav Stresemann am Westeingang des Europa-Centers eine Gedenktafel für den großen Staatsmann der Weimarer Republik einweihen.« Beigesetzt ist Stresemann auf dem Alten Luisenstadt-Kirchhof I, Kreuzberg, Südstern 8–12, am Glockenturm (Ehrengrab).

**SYNAGOGE**
**Kantstraße 125**

1908 wurde der Synagogenverein »Thora-Chessed e.V.« gegründet. Das Gotteshaus im 2. Hof des Grundstücks blieb bis 1939 in Betrieb. Das Haus existiert bis heute. Zu vermuten ist, daß die Synagoge dem Novemberpogrom 1938 nicht zum Opfer fiel, weil die Nazis – wie z. B. auch bei der Synagoge Rykestraße – befürchteten, ein Brand könne auf angrenzende Wohnhäuser übergreifen. Berliner Gedenktafel. □

**SYNAGOGE**
**Behaimstraße 11 (ehemals Schulstraße 7; zwischen Wilmersdorfer Straße und Richard-Wagner-Straße)**

Inschrift: *Hier stand die älteste Synagoge Charlottenburgs / 1889 von der / Jüdischen Religions-/gemeinschaft Charlottenburg e.V. / erbaut, wurde sie in der Pogromnacht des / 9. November 1938 / verwüstet und im Krieg durch Bomben zerstört*

Die 1889/90 errichtete Synagoge wurde am 30.3. 1890 eingeweiht. Sie wurde nach der Schändung während des Novemberpogroms 1938 durch Bombentreffer 1943 schwer beschädigt, die Ruine 1957 endgültig abgerissen. Die Enthüllung der Berliner Gedenktafel, deren Anbringung auf Anregungen der katholischen Herz-Jesu-Gemeinde und der evangelischen Luisengemeinde zurückgeht, fand am 30.3.1994 durch Bezirksbürgermeisterin Monika Wissel in Anwesenheit des Vorsitzenden der Jüdischen Gemeinde, Jerzy Kanal, statt.

**Wilhelm TANK**
*Kuschlin/Posen 15.6.1888 – †1967
**Am Vogelherd 26 Ecke Lärchenweg (Eichkamp)**

Inschrift neben dem Reliefporträt: *Hier lebte / Professor / W. Tank / 1888–1967 / Wissenschaftler / und Lehrer für / plastische / Anatomie*

Tank war auch Maler.

**Max TAUT**
*Königsberg/Ostpreußen 15.5.1884 – †Berlin 26.2.1967
**Lärchenweg 15 (Eichkamp)**

Hier lebte der Architekt von 1925 bis zu seinem Tod. Seit 1912 arbeitete er in Berlin, wo noch eine Fülle von Wohn- und Verwaltungsbauten von seinem Schaffen künden, die z. T. gemeinsam mit seinem Bruder Bruno Taut und Franz Hoffmann (*Berlin 13.6.1884 – †Berlin 15.7. 1951) entstanden, z. B. Bebauungsplan der Siedlung Eichkamp, ADGB-Haus (Mitte, Wallstraße Ecke Inselstraße, 1922– 24), Haus des Verbands Deutscher Buchdrucker (Kreuzberg, Dudenstraße, 1925), Reichsknappschaftshaus am Breitenbachplatz (1929), Schulbauten in Spindlersfeld (Oberspreestraße/Mentzelstraße) und Rummelsburg (Schlichtallee/Fischerstraße), das Erbbegräbnis Wissinger auf dem Südwestfriedhof in Stahnsdorf und Wohnbauten in Britz-Süd (1953/55). Zwischen 1933 und 1945 erhielt er keine öffentlichen Aufträge. Von 1945–1953 war er Professor an der Hochschule für Bildende Künste, ab 1955 leitete er die Abteilung Baukunst der Akademie der Künste Berlin. Berliner Gedenktafel. □

**TECHNISCHE UNIVERSITÄT**
**Straße des 17. Juni 135**

Im Lichthof des Hauptgebäudes steht ein Abguß der »Nike von Samothrake«. An ihrem Sockel erinnert eine Tafel: *In diesen Räumen trafen sich im Jahre 1956 zum ersten Male / zu gemeinsamen Beratungen Direktoren und Rektoren der Hohen / Technischen Schulen Frankreichs und Deutschlands, die in / Erinnerung hieran diesen Abguß der Nike von Samothrake / stifteten, als eine Huldigung an den Genius Europas*

**Ernst THÄLMANN**
**Alt-Lietzow 12**

Der KPD-Vorsitzende wohnte hier 1933. Berliner Gedenktafel. □

**TONFILM**
**Kurfürstendamm 68 (am Adenauerplatz)**

Die Inschrift der Tafel neben dem Hoteleingang lautet: *In diesem Hause / den damaligen Alhambra-Lichtspielen / erlebten die Besucher / am 17. September 1922 / die Welturaufführung des ersten Tonfilms / Die deutsche Erfindergemeinschaft Triergon / Dr. Jo Engl / Dr. ing. e.h. Joseph Massolle / Dr. h.c. Hans Vogt / hat mit ihrem heute noch angewandten Lichttonverfahren / die technischen Grundlagen für den Tonfilm geschaffen / Gewidmet von Friedrich Jahn 17. September 1964*

Im heutigen Hotel Kurfürstendamm am Adenauerplatz befand sich in den sechziger und frühen siebziger Jahren im Erdgeschoß ein »Wienerwald«-Restaurant, dessen Besitzer Friedrich Jahn war. In der Babelsberger Straße 49 in Wilmersdorf gründeten die drei Physiker das »Laboratorium für Kinematographie« und entwickelten ihr Verfahren zur Umwandlung elektrischer Schwankungen in Lichtschwankungen und daraus weiter zum Lichttonfilm. Sie nannten ihr Verfahren »Triergon« (Werk der Drei). Jo Benedict Engl (*München 6.8.1893 – †New York/USA 8.4.1942), Joseph Masolle (*Bielefeld 24.3.1889 – †Berlin 2.4.1957), Hans Vogt (*Wurlitz, Lkrs. Hof 25.9.1890 – †Passau 4.12. 1979).

**TREBLINKA**
**Amtsgerichtsplatz**

Inschrift: *Im Lager Treblinka II wurden / vom Juli 1942 bis November 1943 / über 750 000 Menschen ermordet. / Wer aber vor der Vergangenheit / die Augen verschliesst, / wird blind für die Gegenwart. / Wer sich der Unmenschlichkeit / nicht erinnern will, / der wird wieder anfällig / für neue Unrechtstaten.*

Die Tafel ist hinter der Plastik Treblinka in das Pflaster eingelassen. Die Neue Charlottenburger Rundschau schrieb dazu im September 1986: »Am 26. August 1985 beschloß die BVV Charlottenburg: ›Neben der Plastik 'Treblinka' des sowjetischen Künstlers Vladim Sidur soll eine Gedenktafel errichtet werden, die über die Vorgänge in dem nationalsozialistischen KZ informiert und die Hintergründe der Entstehung erklärt.‹ [...] Am 29. August 1986 ließ Baustadtrat Laschinski eine Gedenktafel am Treblinka-Mahnmal aufstellen, die den Beschluß der Bezirksverordnetenversammlung inhaltlich nicht erfüllt.«

**Jakob TUTEUR**
*Kaiserslautern 1879
**Kurfürstendamm 237**

Der Kaufmann Tuteur war 1905 Mitbegründer der Firma Kersten & Tuteur (»Haus der Moden«). Berliner Gedenktafel. □

**Else URY**
*Berlin 1.11.1877 – †Auschwitz 13.1.1943
**Kantstraße 30 Ecke Schlüterstraße**

Inschrift: *In diesem Hause lebte von 1905 bis 1933 / die Schriftstellerin / Else Ury / 1.11.1877–12.1.1943 / Die Verfasserin der »Nesthäkchen-Romane« / wurde 1935 aus der / Reichsschrifttumskammer ausgeschlossen / 1943 wurde sie nach Auschwitz deportiert / und dort umgebracht*

Berühmt wurde Else Ury durch die zehnbändige Romanserie vom »Nesthäkchen«, die sie zur beliebtesten deutschen Autorin von Mädchenbüchern werden ließ. Insgesamt schrieb sie fast 40 Bücher. Ihre letzte Wohnung hatte sie in einem sogenannten »Judenhaus« in der Solinger Straße in Moabit. Am 12. Januar 1943 wurde sie im Alter von 65 Jahren nach Auschwitz deportiert. Dieses Datum gilt als offizielles Todesdatum. Nach einem Bericht (Tsp., 12.4.95: »Nur ein Koffer ist geblieben«) haben Schülerinnen der Schöneberger Robert-Blum-Oberschule im Archiv der KZ Gedenkstätte Auschwitz den tatsächlichen Todestag ermittelt: 13. Januar 1943. Else Ury ist also unmittelbar nach ihrer Ankunft im Lager ermordet worden. Auf dem Jüdischen Friedhof in Berlin-Weißensee erinnert ein Stein am Grab ihrer Eltern an sie. 50 Jahre nach ihrer Ermordung erschien unter dem Titel »Nesthäkchen kommt ins KZ« eine von Marianne Brentzel verfaßte Biographie über die konservative, deutsch-national eingestellte Else Ury, die von ihrem Heimatland umgebracht wurde. Enthüllung der Berliner Gedenktafel am 11.3.1995.

**VILLA GRISEBACH**
**Fasanenstraße 24**

Hier gibt es zwei Tafeln. Eine Tafel am Treppenhaus trägt die Inschrift: *Stadtvilla / des /*

*Architekten / Grisebach / Erbaut 1891/92 / Teilzerstört im / Zweiten Weltkrieg / Erworben und / wiederhergestellt / 1984–1986 / durch die / Deutsche Bank / Berlin AG*

*Hans* Otto Friedrich Julius Grisebach (*Göttingen 26.6.1848 – †Berlin 11.5.1904) war ein vielbeschäftigter Architekt in Berlin.

Die zweite Tafel befindet sich am Eingang zum Kollwitz-Museum, Inschrift: *Erstes / Wohnhaus / in der / Fasanenstrasse / Teilzerstört im / Zweiten Weltkrieg / Erworben und / wiederhergestellt / 1984–1986 durch die / Deutsche Bank / Berlin AG*

**Robert WALSER**
*Biel/Schweiz 15.4.1878 –
†Herisau bei Appenzell 25.12.1956
**Karl WALSER**
*Teufen/Schweiz 8.4.1877 – †Bern 28.9.1943
**Kaiser-Friedrich-Straße 70 (Nähe Schillerstraße)**

Inschrift: *In dem Vorgängerbau dieses Hauses / lebten im ersten Jahrzehnt dieses Jahrhunderts / die Brüder / Karl Walser / 8.4.1877–28.9.1943 / Bedeutender Buchillustrator / Robert Walser / 15.4.1878–25.12.1956 / Wegweisender Schriftsteller der Moderne / schrieb hier seine Romane / »Geschwister Tanner« und »Der Gehülfe«*

Robert Walser zog 1905 zu seinem hier seit 1902 lebenden Bruder Karl und lebte dort bis 1908. Außerdem wohnte er bei Aufenthalten in Berlin am Schöneberger Ufer 40 und Spandauer Berg 1 (heute Spandauer Damm Ecke Sophie-Charlotten-Straße).
Karl Walser, der in Berlin von 1902 bis 1914 lebte, illustrierte die Werke bekannter deutscher Schriftsteller und galt als bedeutendster Theatermaler seiner Zeit. In Berlin stattete er unter anderem die Häuser von Walther Rathenau, Paul Cassirer und Samuel Fischer mit Wandmalereien aus. Enthüllung der Berliner Gedenktafel am 24.2.1993. Sie ist seitlich am Eingang zu Reifen-Köhrich angebracht, daher nur schwer wahrnehmbar.

**Ulrich von WILAMOWITZ-MOELLENDORFF**
*Markowitz/Westpreußen 22.12.1848 –
†Berlin 25.9.1931
**Eichenallee 12**

Inschrift: *Hier lebte und wirkte von 1897 bis 1931 / Ulrich von / Wilamowitz-Moellendorff / 22.12.1848–25.9.1931 / Seit 1897 Professor für Klassische Philologie / an der Berliner Universität / Bedeutender Neuerer auf dem Gebiet der / Textinterpretation und Interpret der Literatur / und Geschichte des antiken Griechenlands. [!]*

Wilamowitz-Moellendorff war ab 1915 Rektor der Berliner Universität. Die Urne mit seiner Asche wurde in seinem Heimatort beigesetzt. Enthüllung der Berliner Gedenktafel am 1.11. 1991.

**Margarethe von WITZLEBEN**
*Dresden 22.2.1853 –
†Berlin 1.2.1917
**Sophie-Charlotten-Straße 23 a**

Inschrift: *Margarethe von Witzleben-Haus / Zum Andenken an die Gründerin / der Deutschen Schwerhörigenbewegung / Margarethe von Witzleben / *22.2.1853 – †1.2.1917*

**Joseph WULF**
*Chemnitz 22.12.1912 –
†Berlin 10.10.1974
**Giesebrechtstraße 12**

Wulf wuchs in Krakau auf und wandte sich nach seinem Studium der Schriftstellerei zu. Die deutsche Besetzung beendete dies. Er schloß sich einer jüdischen Widerstandsgruppe an, wurde am 13.3.1943 von der Gestapo verhaftet und kam in das KZ Auschwitz. Nach geglückter Flucht während der Evakuierung (»Todesmarsch«) begründete er in Krakau die Zentrale Jüdische Historische Kommission mit, die in kürzester Zeit 29 Publikationen über die nationalsozialistische Vernichtungspolitik herausgab. Seit den fünfziger Jahren lebte Wulf als Staatenloser in Berlin und widmete sich in seiner Arbeit und in 18 Büchern der Aufklärung über den Nationalsozialismus: Bemüht um Objektivität, »aber nicht neutral«. Er erhielt für sein Werk den Leo-Baeck-Preis und die Carl-von-Ossietzky-Medaille, zum Leben reichte es kaum. Nach Jahren der Not stürzte er (sich) aus dem Fenster seiner im vierten Stock gelegenen Wohnung in den Tod. Berliner Gedenktafel. □

**ZENTRUM AM ZOO**
**Budapester Straße 46 (»Bikini-Haus«)**

Inschrift der KPM-Porzellantafel im Hausflur neben dem Fahrstuhl: *Zentrum am Zoo / 1956–1957 / mit Gegenwertsmitteln der / Vereinigten Staaten von Amerika / für die / Berliner Bekleidungsindustrie / errichtet*

**ZENTRUM FÜR BRASILIANISCHE STUDIEN**
**Knesebeckstraße 20/21**

Inschrift: *CENTRO DE ESTUDOS BRASILEIROS EM BERLIM / INAUGURADO PELO EXCELENTISSIMO SENHOR FERNANDO / HENRIQUE CARDOSO, PRESIDENTE DA REPUBLICA FEDERATIVA / DO BRASIL, POR OCASIAO DE SUA VISITA DE ESTADO A / REPUBLICA FEDERAL DA ALEMANHA, SENDO MINISTRO DE / ESTADO DAS RELAÇOES EXTERIORES O EXCELENTISSIMO / SENHOR EMBAIXADOR LUIZ FELIPE LAMPREIA E CONSUL-/GERAL DO BRASIL EM BERLIM O EXCELENTISSIMO SENHOR / EMBAIXADOR SERGIO PAULO ROUANET. / ZENTRUM FÜR BRASILIANISCHE STUDIEN IN BERLIN / EINGEWEIHT VON SEINER EXZELLENZ, HERRN FERNANDO / HENRIQUE CARDOSO, PRÄSIDENT DER FÖDERATIVEN REPUBLIK / BRASILIEN, ANLÄSSLICH SEINES STAATSBESUCHS IN DER / BUNDESREPUBLIK DEUTSCHLAND, IN DER AMTSZEIT SEINER / EXZELLENZ, DES HERRN BOTSCHAFTERS LUIZ FELIPE LAMPREIA, / MINISTER FÜR AUSWÄRTIGE ANGELEGENHEITEN, UND SEINER / EXZELLENZ, DES HERRN BOTSCHAFTERS SERGIO PAULO ROUANET, / GENERALKONSUL VON BRASILIEN IN BERLIN. / 20.09.1995*

Die Messingtafel auf Holz ist im Eingangsbereich des in der ersten Etage gelegenen Zentrums angebracht. Bei der Einweihung war auch Kultursenator Ulrich Roloff-Momin anwesend.

**Heinrich ZILLE**
*Radeburg/Sachsen 10.1.1858 –
†Berlin 9.8.1929
**Sophie-Charlotten-Straße 88**

Inschrift: *In diesem Hause wohnte / vom 1. September 1892 / bis zu seinem Tode / der*

*Meister des / Zeichenstiftes / der Schilderer / des Berliner / Volkslebens / Heinrich Zille / geb. 10.1.1858. Radeburg / gest. 9.8.1929. Berlin / Seinem Andenken / die Stadt Berlin 1931*

Der obere Teil der Tafel ist halbrund gestaltet, er zeigt ein Porträtrelief Zilles, umgeben von folgender Inschrift: *Die Zillegedenktafel nach 1933 zum Verschrotten gegeben / gerettet von Arbeiterhand / Im Jahre 1949 erneuert*

Die Bildnisplakette stammt von Richard Scheibe. Die gerettete Tafel wurde an Zilles 20. Todestag wieder angebracht. Zille wohnte in der vierten Etage. Über 40 Jahre nach seinem Tode, am 4.2.1970, wurde Zille postum gemeinsam mit Otto Nagel die Ehrenbürgerschaft Berlins verliehen. »Pinsel-Heinrich« ist beigesetzt auf dem Südwestfriedhof der Berliner Stadtsynode, Stahnsdorf, Rudolf-Breitscheid- Platz, Block Epiphanien, Feld 14, Gartenstelle 34/35.

**Nathan ZUNTZ**
*Bonn 6.(oder 7.)10.1847 –
†Berlin 22.(oder 23.)3.1920
**Bleibtreustraße 38/39**

Inschrift: *In diesem Hause lebte / von 1914 bis 1919 / Nathan Zuntz / 6.10.1847–22.3.1920 / Begründer der Luftfahrtmedizin / Professor für Tierphysiologie*

Zuntz war von 1880–1918 Professor für Tierphysiologie an der Landwirtschaftlichen Hochschule Berlin, widmete sich der Erforschung der Höhenphysiologie und lieferte damit Grundlagen der Luftfahrt- und Raumfahrtmedizin. Enthüllung der Berliner Gedenktafel am 27.6.1989.

**Arnold ZWEIG**
*Groß-Glogau/Niederschlesien 10.11.1887 –
†Berlin 26.11.1968
**Zikadenweg 59 (Nähe Lärchenweg; Eichkamp)**

Inschrift: *Hier wohnte und arbeitete bis zu seiner / Emigration im Jahre 1933 / Arnold Zweig / 10.11.1887–26.11.1968 / Erzähler, Dramatiker, Essayist / Verfasser des Romans / Der Streit um den Sergeanten Grischa*

Zweig lebte seit 1929 in Eichkamp. Hinter dem Haus ließ er sich am Kühlen Weg 9 ein Atelierhaus mit viel Glas errichten. Er flüchtete vor den Nazis nach Palästina, sein Haus wurde im Oktober 1933 beschlagnahmt. In einem Brief an Lion Feuchtwanger vom 10.12.1948 schreibt er nach seiner Rückkehr nach Berlin: »[...] wenn ich ihr [seiner Frau Dita, Verf.] auch noch nicht ein Heim in Kühler Weg 9 bieten kann, so hoffe ich doch bis zur endgültigen Lösung dieser Frage eine einigermaßen passende Unterbringung schaffen zu können.« Am 7. Mai 1949 schreibt er in einem weiteren Brief an Feuchtwanger, daß »die Engländer gerade mein Atelierhaus durch das Bezirksamt oder das Amtsgericht Charlottenburg der Naziwitwe Kaupisch zum Einzug freigegeben haben«. Der Versuch, es nach der Rückkehr aus Palästina zurückzuerhalten, scheiterte also. Er zog nach Pankow. In der DDR war er 1949 Volkskammerabgeordneter und von 1950–53 Präsident der Akademie der Künste. Enthüllung der Berliner Gedenktafel am 30.10. 1987. Beigesetzt ist Zweig auf dem Friedhof der Dorotheenstädtischen und Friedrichswerderschen Gemeinde, Mitte, Chausseestraße 126, M 1–56.

# SPANDAU

## ACKERBÜRGERHAUS
**Kinkelstraße 35 Ecke Ritterstraße**

Inschrift: *Ackerbürgerhaus / Erbaut um 1681 / genannt Wendenschloss / Wieder aufgebaut 1967/68 / durch die / St. Nikolai-Gemeinde Spandau*

## ADLER-APOTHEKE
**Carl-Schurz-Straße 39 Ecke Moritzstraße**

Inschrift: *Priv. 15. Febr. 1613 / Adler-Apotheke / Älteste Apotheke / und ältester Betrieb / in Berlin West / Gestiftet von / Apotheker Vogel Mai 87*

## ALTE SANKT MARIEN KIRCHE
**Behnitz 9**

Inschrift: *Alte St. Marien Kirche / Als katholische Pfarr-/kirche 1847/48 von Bau-/ inspektor Manger im / Stile einer Basilika er-/ baut · Von 1912–1918 und / 1936–1945 katholische / Garnisonkirche*

## BATARDEAU
**Stabholzgarten / Breite Straße**

Inschrift der Steintafel: *Batardeau / Befestigte / Wasser-Stau-/anlage für den / ehemaligen / Festungs-/graben / erbaut 1842*

## BISMARCK-SÄLE
**Feldstraße 52**

Zwar erwähnte der LPD am 7.6.1988 eine Gedenktafel, die aber weder an der Straßenfront noch an den Hofgebäuden auffindbar war. Laut Auskunft des Bezirksamts Spandau (Pressestelle) vom 30.9.1992 existierten »Kochs Bismarcksäle« bis 1944, die Existenz einer Gedenk- oder Erinnerungstafel war aber nicht bekannt.

## BÜRGERHAUS
**Behnitz 5**

Inschrift: *Bürgerhaus um 1750 / erbaut · Ende des / preussischen Barocks*

## BÜRGERHAUS
**Ritterstraße 1 a**

Inschrift der Steintafel am Hotel Benn: *Bürger/haus / Typischer Fachwerkbau / aus der Zeit um / 1800*

## DEUTSCHE TEILUNG
**Falkenseer Chaussee (Stadtgrenze)**

Inschrift: *Zur Erinnerung an die Trennung bis 1989*

Der vier Tonnen schwere Findling wurde vom Spandauer Steinmetzmeister Karlheinz Schafhausen bearbeitet und vom Spandauer Bezirksbürgermeister Sigurd Hauff und Falkensees Bürgermeister Jürgen Bigalke am 3.10.1994 enthüllt.

## Henri DUNANT
*Genf/Schweiz 8.5.1828 –
†Heiden/Schweiz 30.10.1910
**Henri-Dunant-Platz Ecke Siegener Straße**

Inschrift: *Henri Dunant / 1828 – 1910 / Gründer des Roten Kreuzes*

Die Bronzetafel befindet sich wie eine über ihr angebrachte Bronzetafel mit einem Refliefkopf an der rechten Seite einer nach rechts ansteigenden Betonwand. Die Erlebnisse der blutigen Schlacht von Solferino (ca. 40 000 Tote am 24.6.1859) ließen Dunant die Idee einer internationalen Konvention zur Hilfe für Verwundete entwickeln und propagieren. Für sein Lebenswerk erhielt er 1901 den Friedensnobelpreis.

**Ernst Ludwig HEIM**
*Solz/Thüringen 22.7.1747 –
†Berlin 15.9.1834
**Reformationsplatz 2 (früher Joachimsplatz; VHS Spandau)**

Inschrift: *An dieser Stätte, / dem ehemaligen Offiziantenhaus, / war die Amtswohnung des Stadtphysikus / Dr. Ernst Ludwig Heim / vom Jahre 1776 bis zu seinem / Abgange nach Berlin im Jahre 1783. / Seinem Andenken die Stadt Spandau.*

Heim ließ sich 1775 in Spandau nieder, wurde 1776 zum Stadtphysikus, später zum Kreisphysikus des Havellandes ernannt. In Berlin erwarb er sich durch seine Kenntnisse und seinen freundlichen Umgang große Popularität. Viele Arme behandelte er kostenlos. Er führte als erster Arzt die Pockenschutzimpfung ein. Beigesetzt ist der Ehrenbürger Berlins (seit 15.4.1822) auf dem

Friedhof II der Jerusalemer und Neuen Kirche, Kreuzberg, Zossener Straße, Abt. 3,1 (Ehrengrab).

**Wilhelm HEINEMANN**
*1.3.1862 – †20.1.1952
**Behnitz 5**

Inschrift: *Hier wohnte der / Komponist / Wilhelm / Heinemann / *1·3·1862 †20·1·1952*

**Karl HEINRICH**
*München 25.9.1890 –
†Berlin-Hohenschönhausen 3.11.1945
**Karl-Heinrich-Brücke (über den Mühlengraben im Zuge der Straße Am Juliusturm)**

Inschrift: *Polizeimajor / Karl Heinrich / Widerstands=/kämpfer / gegen Hitler / 1945 von den / Sowjets / verschleppt / u · in der Haft / umgekommen*

In der ersten deutschen Republik war Heinrich Leiter der Polizeiinspektion Linden, wurde nach dem sogenannten »Preußenschlag« am 20.7.1932 – der ungesetzlichen Entmachtung der demokratischen preußischen Regierung – in den Ruhestand versetzt. Der Spandauer »Reichsbanner«-Führer Heinrich wurde wegen seiner Aktivitäten 1936 verhaftet, im März 1937 vom Volksgerichtshof zu sieben Jahren Zuchthaus verurteilt, dann in Zuchthäusern und in Konzentrationslagern inhaftiert. Am 18. Mai 1945 wurde er von der sowjetischen Besatzungsmacht zum Kommandeur der neu aufgestellten Berliner Schutzpolizei ernannt. Ohne Angabe von Gründen am 2. August verhaftet, starb er wahrscheinlich am 3. November 1945 im sowjetischen Speziallager Hohenschönhausen (nach anderen Quellen kommt als Todestag auch der 4.11.1945, als Sterbeort das KZ Sachsenhausen in Frage). Die Tafel befindet sich auf einem Gedenkstein aus rotem Sandstein an der Nordwestecke der Brücke.

## HEIZKRAFTWERK REUTER
**Otternbuchtstraße**

Im 1929/30 errichteten BEWAG-Kraftwerk (Kraftwerk West) befindet sich eine Tafel, die ein Reliefporträt des Regierenden Bürgermeisters Ernst Reuter zeigt, darunter die Inschrift: *Kraftwerk / Reuter*

Den Namen Reuter trägt das Kraftwerk seit 1953. Eine am 8.12.1950 enthüllte Metallplakette erinnert an den Wiederaufbau während des Kalten Krieges. Die Platte zeigt einen doppelten Bogen als stilisierte Luftbrücke mit einem Flugzeug auf dem Weg zum rechts abgebildeten Kraftwerk. Über der »Brücke« stehen die Buchstaben *ERP*, unter der Abbildung steht: *Wiederaufbau im Luftbrückenjahr 1948/49 / mit ERP-Mitteln*

## HOTEL ZUM STERN
**Carl-Schurz-Straße 47**

Laut Auskunft des Bezirksamts Spandau (Pressestelle) vom 30.9.1992 wurde das ehemalige Hotel zum Stern im Zuge der Spandauer Altstadtsanierung abgerissen. Die Gedenktafel wurde angeblich wegen falscher Angaben entfernt. Ihr Verbleib und der Text sind nicht bekannt.

## JACZOTURM
**Gatower Straße 227**

Inschrift: *Has per fauces Jaczo, princeps Slavorum, / ab Alberto=Urso pulsus ad habelam evasit. / Anno domini MCLVII.*
(In deutscher Übersetzung: *Durch diese Schlucht entkam der Slawenfürst Jaczo, von Albrecht dem Bären geschlagen, zur Havel. Im Jahre des Herrn 1157.)*

Der Turm befindet sich in einer Senke dicht neben der Straße in einem eingezäunten, verwilderten Areal. Die Inschrift, die an die Flucht des Jaczo und die Schildhornlegende erinnert, befindet sich auf dem unteren Teil zweier Steintafeln. Im oberen Teil sind drei Reiter abgebildet, die einen vierten verfolgen. Die Inschrift ist durch Verwitterung teilweise nur schwer lesbar.

## JOACHIM II, genannt Hektor
*13.1.1505 – †Köpenick 3.1.1571
**Reformationsplatz**

Denkmal mit Tafel, Inschrift: *Dem Kurfuersten v. Brandenburg / Joachim II / am 350. Gedenktage des / am 1. November 1539 in der / St. Nicolai-Kirche zu Span=/ dau geschehenen feierlichen / Uebertritts dieses Fuer=/sten zum evangelischen Glauben / errichtet 1889*

Der verschwenderische und die Staatsfinanzen dadurch zerrüttende Kurfürst herrschte in Brandenburg von 1535 bis zu seinem Tode. Mit seinem Übertritt zum reformierten Glauben Martin Luthers wurde Brandenburg protestantisch.
Es werden auch der 15.1. und der 9.1. als Geburtsdatum genannt.

**JÜDENSTRASSE / KINKELSTRASSE**
**Kinkelstraße 49**

Inschrift: *Bis 1938 hiess diese Strasse Jüdenstrasse / Ob es sich dabei ursprünglich um ein Ghetto gehandelt hat oder ob von Anbeginn an in dieser Strasse Mitbürger / jüdischen und christlichen Glaubens nebeneinander lebten, / verliert sich im Dunkeln der Spandauer Stadtgeschichte. / Tatsache ist, dass es im Laufe der Geschichte in Spandau / Judenverfolgung gegeben hat. / Die Umbenennung der Jüdenstrasse dokumentiert für alle / erkennbar den dem Nationalsozialismus innewohnenden / Rassenhass, der selbst alle äusserlichen Symbole / jüdischen Glaubens ausmerzen wollte. Dieser Rassenhass / bedeutete für unsere jüdischen Mitbürger den / unausweichlichen Gang in die Gaskammern der / Konzentrationslager und die fast völlige Vernichtung. / Jeder von uns ist aufgerufen, diesen Teil der deutschen / Geschichte nie zu vergessen und diese Unmenschlichkeit / nie wieder zuzulassen.*

Die Bronzetafel wurde aus Anlaß der 50. Wiederkehr der Novemberpogrome von 1938 durch das Bezirksamt Spandau an der Rückfront des »Hauses der Gesundheit« angebracht.

**KARLSLUST**
**Pionierstraße 82 (Friedhof In den Kisseln, Abt. 31, Feierhallenweg)**

Inschrift: *Dem / Andenken / derer / die bei dem / Brandunglück / in der Gaststätte / „Karlslust" / am / 8. Februar 1947 / den Tod / fanden.*

Am Abend des 8. Februar 1947 brach in dem hölzernen Vergnügungslokal »Karlslust« in Hakenfelde (Hakenfelder Straße, unweit Schönwalder Allee und Osthavelländischer Eisenbahn) ein Brand aus. Die Feuerwehr kam aufgrund alliierter Fahrbeschränkungen nicht rechtzeitig zum Brandort, zudem fror bei bitterer Kälte das Wasser in den Schläuchen ein. 80 Menschen

starben, über 150 wurden zum Teil schwer verletzt. Als Konsequenz aus der Tragödie gaben die Alliierten das absolute Vorfahrtsrecht für alliierte Zivilfahrzeuge am 17.3.1947 auf. Die Tafel befindet sich auf einem mittlerweile auseinanderbrechenden Steinsockel.

**Karl KLINKE**
†Düppeler Schanzen 18.4.1864
**Klinkeplatz (Schönwalder Allee / Hohenzollernring)**

Unter der Skulptur eines getroffenen Soldaten (Klinke?) trägt der Granitsockel die Inschrift: *Unseren in den Feldzügen von / 1864, 1866 und 1870/71 für König / und Vaterland sowie in China / und Südwestafrika für Kaiser / und Reich gefallenen und ge-/storbenen Kameraden inson-/derheit dem Pionier Karl Klinke / der 4. Komp., welcher bei dem / Sturm auf die Düppeler Schanzen / am 18. April 1864 seinen aufopfe-/rungsvollen Heldentod fand, / zum Gedächtnis / Dem Bataillon in treuer Anhäng-/lichkeit zum 18. April 1908 zuge-/eignet vom Verein der Kamera-/den vom Pionier-Bataillon von / Rauch (Brdbg) N°3 zu Berlin*

**KRONPRINZENBUCHE**
**Spandauer Forst, Jagen 69 (stadtauswärts links der Schönwalder Allee)**

Ein Gedenkstein vor dem fast abgestorbenen Baum trägt auf drei Seiten – zum Teil stark angerostete – Tafeln. Die Inschriften lauten: (1.) ›*Waldschnepfen suchten im Revier / Der Kronprinz und Prinz Heinrich hier. / Da, weh! rast' unfern im Walde der Brand. – / Hei! leisteten Beide da hülfreiche Hand! – / Ich sah es und bin nun ein glückliches Holz; / Ich heisse, und d'rob ist der ganze Wald stolz: / Kronprinzen und Prinz Heinrichs / Buche.*‹ (2.) *In Dankbarkeit gewidmet. / Spandau, den 16ten April 1881. / Der Magistrat. Die Forstdeputation. / Canzler, Stadtoberförster* (3.) *Die Gedenktafel wurde / 1945 bei den Kämpfen / um Berlin beschädigt, / auf Anregung des / Forstamtsmannes Beyer / 1966 erneuert. / Bezirksamt Spandau*

**Rochus Quirinus Graf zu LYNAR**
*Maradia/Toskana 24.12.1525 –
†Spandau 22.12.1596
**Carl-Schurz-Straße 35 (Eingangsbereich der Filiale der Dresdner Bank)**

Inschrift der in Wappenform gestalteten Tafel: *Hier auf diesem ältesten / Kulturboden Spandaus / errichtete 1581 / Graf Rochus zu Lynar / sein Palais. 1866 wurde / daraus das Zuchthaus und / 1872 die Schlosskaserne*

Lynar war mit der obersten Bauleitung der Spandauer Zitadelle beauftragt. Beigesetzt ist er in der Spandauer Nikolaikirche.

**Wilhelm Friedrich Graf zu LYNAR**
*Berlin 3.2.1899 –
†Berlin-Plötzensee 29.9.1944
**Reformationsplatz (St. Nikolai-Kirche)**

Inschrift: *In Memoriam / Wilhelm Friedrich / Graf zu Lynar / Major d. R. / *3. Februar 1899 / †29. September 1944 / Er starb am Galgen / für Freiheit und Recht*

Lynar war als Adjutant des Generalfeldmarschalls Erwin von Witzleben (*Breslau 4.12. 1881 – †Berlin-Plötzensee 8.8.1944) aktiv an den Planungen zum 20. Juli 1944 beteiligt. Im Zusammenhang mit dem fehlgeschlagenen Attentat auf Hitler wurde er vom Volksgerichtshof zum Tode verurteilt und in Plötzensee hingerichtet. Die auf Vorschlag der Stiftung Hilfswerk 20. Juli angebrachte Bronzetafel befindet sich an der sogenanten Ribbeck-Kapelle neben dem von seinen Vorfahren gestifteten Altar. Ihre Enthüllung erfolgte in Anwesenheit seiner Witwe und Kinder am 3.2.1984, dem 85. Geburtstag Lynars.

**MILITÄRLAZARETT**
**Moritzstraße 9 Ecke Viktoria-Ufer**

Inschrift: *1734 / als Lazarett erbaut / für das Regiment / Prinz Heinrich. Nach / mancherlei Schicksal / und Verfall im Jahre / 1965 abgebrochen / 1967 / neu erbaut durch / den Spandauer Bürger / Dr. Wilhelm Reimann*

**NIKOLAIKIRCHE**
**Reformationsplatz**

Inschrift: *Bereits im ausgehenden 12. Jahrhundert und / seit der Gründungszeit der Stadt Spandau / in der ersten Hälfte des 13. Jahrhunderts / steht hier am Ort ein Gotteshaus · 1467/68 / wurde diese spätgotische Hallenkirche / St. Nikolai mit ihrem Turm vollendet. / Der barocke Turmhelm stammt von 1744 · / K. F. Schinkel gab dem Äusseren 1838/39 die / heutige Gestalt · Am 6.10.1944 erlitt das / Baudenkmal schwere Kriegsschäden · / Nach provisorischer Wiederherstellung / in der Nachkriegszeit wurden Kirchen-/schiff und Turm seit 1979 restauriert und / anlässlich des 450. Jahrestages der Ein-/führung der Reformation in der Mark / Brandenburg zum 1.11.1989 fertiggestellt ·*

**OPFER DER KRIEGE UND DER GEWALTHERRSCHAFT**
**Rathaus Spandau (Eingangshalle rechts)**

Inschrift der Marmortafel unter dem Wappen Spandaus: *Den Toten der Weltkriege / 1914–1918 + 1939–1945 / und den Opfern der / Gewaltherrschaft / zum Gedächtnis*

**OPFER DER MAUER**
**Bergstraße Ecke Hauptstraße (Staaken)**

Holzkreuz mit Foto. Am Fuß eine Metalltafel mit der Inschrift: *Dieter Wohlfahrt / * 27.5.1941 / am 9.12.1961 / als Fluchthelfer / ermordet.*

Wohlfahrt wurde erschossen, als er bei einem verabredeten, aber verratenen Fluchtversuch den Stacheldraht an der Grenze durchschnitt.

**OPFER DER MAUER**
**Finkenkruger Weg (Nähe Ungewitterweg; Staaken)**

Holzkreuz, Inschrift: *Willi Block, gest. 7.2.1966.*

Block (*5.6.1934) wurde bei der Flucht erschossen. Am 21.8.1993 war das Kreuz nicht auffindbar.

**OPFER DER MAUER**
**Oberjägerweg**

Inschrift: *Adolf Philipp (20), / am / 5. Mai 1964 / bei dem Versuch, / aus unbekannten / Gründen die Grenze / im Gebiet Nauen / zu überschreiten, / von Grenzsoldaten / erschossen*

Der West-Berliner »Grenzposten« (*17.8.1943) kam in der Nacht vom 4. zum 5. Mai 1964 ums Leben. Die Inschrift befindet sich auf einem weißen Täfelchen an einem Holzkreuz, das inmitten einer Umfriedung gut 100 m südlich der Stadtgrenze steht.

**OPFER DES NATIONALSOZIALISMUS**
**Pionierstraße 82 (Friedhof In den Kisseln, Ehrenfeld 143)**

Inschrift der auf einem Stein befestigten Bronzetafel: *Hier ruhen / 350 Opfer des / Faschismus*

Beigesetzt wurden hier 217 Zwangsarbeiter, 28 Tote aus Konzentrationslagern und 105 standrechtlich erschossene Soldaten. Die Tafel wurde auf Initiative des evangelischen Kirchenkreises Spandau und des Bezirksjugendrings gefertigt und am 21.7.1988 enthüllt.

**REICHSFORSCHUNGSSIEDLUNG**
**Haselhorster Damm Ecke Lüdenscheider Weg (Nordseite)**

Inschrift: *Die Wohnstadt Spandau-Haselhorst wurde in den Jahren 1930–1934 durch die Gemeinnützige Wohnungs-/bau Aktiengesellschaft Groß-Berlin im Auftrag von Reich und Preußen auf historischem Fortifikations-/boden Spandaus erbaut. Sie umfaßt 3000 [?] Kleinwohnungen, die in 3 Bauabschnitten unter Mitarbeit / vieler tausend Köpfe und Hände geschaffen wurden. Für rund [?] 13 000 [?] Volksgenossen wurden dadurch / gesunde Lebens- und Wohnungsbedingungen in günstiger [?] Lage zu ihren Arbeitsstätten und zugleich [?] / in der Natur in der Nähe von Wald und Wasser geschaffen.*

Der fast einen Viertelkreis einnehmende gut einen Meter hohe Stein aus Muschelkalk trägt einen sich schneckenförmig zusammenrollenden Aufsatz, darauf eine Kugel. Die Inschrift, ursprünglich dunkel ausgemalt, verwittert mit dem Stein und ist nur sehr schwer lesbar, weshalb der Text auch nicht an allen Stellen mit letzter Sicherheit richtig wiedergegeben werden konnte. An der Enstehung der Siedlung arbeiteten u. a. Walter Gropius, Stephan Fischer, Fred Forbat, Paul Mebes und Paul Emmerich mit.

## SOWJETISCHE PILOTEN
## Stößenseebrücke (Heerstraße)

Inschrift der Bronzetafel: *Am 6. April 1966 steuerten die sowjetischen Piloten / Hauptmann / Boris Wladimirowitsch Kapustin / und Oberleutnant / Juri Nikolajewitsch Janow / ihr defektes Kampfflugzeug in den Stössensee und / verloren dabei ihr Leben. Durch ihren selbstlosen / Einsatz vermieden sie eine unabsehbare Katastrophe / im nahen Wohngebiet. Diese Tafel gilt dem Gedenken / an das Opfer der sowjetischen Soldaten als ein / Zeichen der Menschlichkeit in Zeiten des / „Kalten Krieges".*

Enthüllung am 23.4.1993 durch Bezirksbürgermeister Sigurd Hauff. Die erste Anregung zu dieser Tafel – das Flugzeug, eine zweistrahlige Yak-28 stürzte am 6.4.1966 gegen 15.35 Uhr in den Stößensee – stammte von dem Zehlendorfer Ehepaar Tybus, berichtete das Spandauer Volksblatt am 28.1.1992: »Am südlichen Geländer der Stößenseebrücke wird eine Gedenktafel angebracht. Sie soll an die beiden sowjetischen Luftwaffenpiloten erinnern, die 1966 ihr abstürzendes Flugzeug über bewohntes Gebiet hinwegsteuerten. Die Piloten starben. Die Initiative für die Gedenktafel hatte ein Ehepaar ergriffen. Dr. Ralf Schuster regte nun im Ausschuß für Volksbildung und Kunst [der BVV Spandau] an, die Inschrift zweisprachig, deutsch und russisch, zu verfassen.« Ein erster Textvorschlag lautete (BM, v. 17.9.1992 und Spandauer Volksblatt v. 25.9. 1992): *Am 6. April 1966 stürzten die Soldaten der Sowjetunion Hauptmann Boris Wladimirowitsch Kapustin und Oberleutnant Juri Nikolajewitsch Janow mit ihrem Flugzeug in*

*den Stößensee und verloren dabei ihr Leben. Durch ihren selbstlosen Einsatz haben die Piloten eine mögliche Katastrophe vermieden, indem sie ihr defektes Flugzeug von reinem Wohngebiet fernhielten. Diese Tafel gilt dem Gedenken an das Opfer der sowjetischen Soldaten als ein Zeichen der Menschlichkeit in Zeiten politischen Terrors.*

Am 23.10.1992 schrieb das Spandauer Volksblatt, nunmehr habe sich der BVV-Ausschuß für Schulwesen, Volksbildung und Kunst auf einen Text geeinigt. Abgelehnt wurde, den Text auch in russisch zu schreiben.

## STAAKEN (KRIEGSENDE)
## Hauptstraße Ecke Nennhauser Damm (Staaken)

In der Grünanlage vor der Dorfkirche trägt ein alter Gedenkstein von 1901 die Inschrift: *Zum / Andenken / an die / Befreiung / am / 25. April 1945 / durch die / Rote / Armee* Darunter steht auf russisch: ВПАМЯТЬ / ОСБОБЖДЕНИЯ [!] / Г. ШТААКЕН / КРАСНОЙ / АРМИЕЮ (in deutscher Übersetzung: *Zum Gedenken an die Befreiung der Stadt Staaken durch die Rote Armee).* An der linken Seite des Sockels steht: ДАЗДРАВСТВУЕТ / ПОБЕДОНОСНАЯ / КРАСНАЯ / АРМИЯ (in deutscher Übersetzung: *Es lebe die siegreiche Rote Armee).* Auf der rechten Seite des Sockels steht: *Gewidmet von der / sozialis-/tischen [!] / Einheit*

Die Spandauer CDU forderte die Entfernung der Inschrift und deren Ersetzung durch die alte Inschrift aus dem Jahr der Aufstellung des Steins, die an die Schaffung des Königtums in Preußen 200 Jahre zuvor erinnerte.

**SYNAGOGE**
**Kammerstraße 7 Ecke Lindenufer 12**

Inschrift: *Erste eigene Synagoge der jüdischen Gemeinde / Spandau * Erbaut 1895 * Kammerstrasse 7 Linden-/ufer 12 – Das jüdische Gotteshaus wurde während / der Pogrome des 9. November 1938 von den Nationalsozialisten / zerstört / Zur mahnenden Erinnerung*

Die Tafel befindet sich an einem neuerbauten Wohnhaus in der Kammerstraße. Sie zeigt einen Davidsschild, darin das gebrochene Abbild der Synagoge. Die Inschrift befindet sich im unteren Teil. Enthüllung am 27.6.1991. Schon früher (Enthüllung am 14.1.1977 durch Bezirksbürgermeister Herbert Kleusberg und den Vorsitzenden der Jüdischen Gemeinde zu Berlin, Heinz Galinski) befand sich am Nebenhaus eine Tafel mit der Inschrift: *Das jüdische Gotteshaus / Kammerstr. 7 – Lindenufer 12 / wurde während der Pogrome / des 9. November 1938 von den / Nationalsozialisten zerstört / Zur mahnenden Erinnerung.*

Gegenüber dem einstigen Synagogenstandort am Lindenufer ist ein Mahnmal errichtet worden (Grundsteinlegung am 9.11.1988, Baubeginn am 12.6.1989, Enthüllung am 3.11.1989). Inschrift: מלחמת בני אור בבני חושך / *Dieses Mahnmal erinnert an die / Leiden der Spandauer Bürger / jüdischen Glaubens während der / Terrorherrschaft der National-sozia-/listen. Unweit dieser Stelle auf dem Grundstück Lindenufer 12 / stand das Jüdische Gotteshaus / das 1938 zerstört wurde* Die Übersetzung der hebräischen Inschrift lautet: *Krieg der Söhne des Lichts gegen die Söhne der Finsternis.*

Den Mittelpunkt des Mahnmals der Architekten Ruth Golan und Kay Zareh bildet auf einer gut fünf mal fünf Meter großen Grundplatte ein schwarzer, gespaltener Granitwürfel, dahinter ein schmaler, höherer Block aus grauem Granit. Ein beleuchteter Bergkristall symbolisiert das »Ewige Licht«.

**Heinrich Ludwig *August* von THÜMEN**
*Stücken/Mecklenburg 30.12.1757 –
†Caputh 15.3.1826
**Zitadelle**

Inschrift: *General / Aug. von Thümen / befreite Spandau / 27.4.1813.*

Durch fünftägige Beschießung erzwang Thümen den Abzug der Franzosen. Dies beendete die französische Herrschaft (unter Napoleon) über Spandau. Die Tafel befindet sich rechts neben dem Eingang zur Zitadelle. Beigesetzt ist v. Thümen im Erbbegräbnis der Familie auf dem Friedhof an der Kirche von Caputh.

### WIDERSTAND GEGEN DEN NATIONALSOZIALISMUS
**Am Wall 3 (Rathausnebengebäude)**

Inschrift: *Zur Erinnerung an alle Menschen, / die in der Zeit von 1933 bis 1945 / der Diktatur in Deutschland / Widerstand leisteten, / indem sie unter Einsatz ihres Lebens / für das Recht und gegen / das Unrecht eintraten. / Ihnen zum Dank – uns zur Mahnung!*

Enthüllung der Bronzetafel am 30.1.1986.

### ZWANGSARBEITERINNEN
**Pichelswerderstraße 9–11**

Inschrift: *Zum Gedenken / an die mehr als tausend Frauen und Mädchen aus / Jugoslawien, Polen, der Sowjetunion und Ungarn / die an dieser Stelle / in der Nazizeit in den Jahren 1944 und 1945 / als Häftlinge des KZ Sachsenhausen in der / Munitionsfabrik der Deutschen Industriewerke AG / Zwangsarbeit leisteten und von denen viele / den Tod fanden / Dieses Denkmal wurde auf Initiative / der Überlebenden und des / Bezirksamts Spandau von Berlin / errichtet / Oktober 1989.*

Die Enthüllung der auf einem Stein befestigten Bronzetafel erfolgte am 28.11.1989.

# WILMERSDORF

**Karl ABRAHAM**
*Bremen 3.5.1877 – †Berlin 25.12.1925
**Bismarckallee 14**

Inschrift der dunklen Metallplatte: *In · diesem · Hause / lebte · bis · zu · seinem · Tode / Dr. med. / Karl Abraham / Psychoanalytiker / Geb. 3.5.1877 · Gest. 25.12.1925*

**Max ALSBERG**
*Bonn 16.10.1877 –
†Samaden/Schweiz 12.9.1933
**Richard-Strauss-Straße 22 (damals Jagowstraße) Ecke Dachsberg (Grunewald)**

Inschrift: *Hier lebte bis 1933 / Max Alsberg / 16.10.1877–12.9.1933 / Der Jurist und Schriftsteller wirkte als Strafrechtsreformer und / Anwalt in vielen Aufsehen erregenden Prozessen / Wegen der Verfolgung und des Boykotts jüdischer Rechtsanwälte / emigrierte er 1933 in die Schweiz / wo er sich das Leben nahm*

Der promovierte Jurist Alsberg war seit 1906 in Berlin als Rechtsanwalt tätig und galt als einer der angesehensten Strafverteidiger. Er ging nach der Machtübernahme der Nationalsozialisten 1933 zunächst nach England und bereitete seinem Leben noch im selben Jahr durch Selbstmord ein Ende. Das Haus, in dem er von 1925–1933 lebte, befindet sich in einem ruinösen Zustand. Berliner Gedenktafel. □

**Siegfried AUFHÄUSER**
*Augsburg 1.5.1884 – †Berlin 6.12.1969
**Blissestraße 2 (Siegfried-Aufhäuser-Haus der Deutschen Angestellten-Gewerkschaft Berlin)**

Inschrift: *Siegfried Aufhäuser / * 01.05.1884 in Augsburg † 06.12.1969 in Berlin / Berliner Reichstagsabgeordneter von 1921–1933 / Vorsitzender des »Allgemeinen freien Angestelltenbundes« / Emigration 1933 über Paris – Prag – London in die / Vereinigten Staaten / Rückkehr 1951 nach Berlin / Landesverbandsleiter der Deutschen / Angestellten-Gewerkschaft von 1952 bis 1959 / Ernennung zum Ehrenvorsitzenden des DAG-Landesverbandes / und Ehrenmitglied des DAG-Hauptvorstandes / Um das Andenken an Siegfried Aufhäuser wachzuhalten, wurde / 1984 aus Anlaß seines 15. Todestages im Bezirk Neukölln ein / öffentlicher Platz nach dem mutigen Widerstandskämpfer und / verdienstvollen Gewerkschafter der ersten Stunde benannt. / Seit dem 1. Mai 1993 trägt dieses Haus den Namen: / Siegfried-Aufhäuser-Haus*

Aufhäuser engagierte sich seit dem Ersten Weltkrieg für eine Angestelltengewerkschaft, die sich parallel zum Allgemeinen Deutschen Gewerkschaftsbund (ADGB) entwickelte, aber mit diesem kooperierte. Von 1921 bis 1933 war er für die USPD bzw. die SPD im Reichstag. Als Einziger stimmte er im ADGB-Bundesausschuß gegen die Beteiligung der Gewerkschaften an Hitlers Maifeier 1933. Bald darauf flüchtete der von Verfolgung Bedrohte (als Gewerkschafter, Sozialdemokrat und Jude) vor den Nazis über Frankreich, die Tschechoslowakei und England nach New York. Dort lebte und arbeitete er (u. a. für den »Aufbau«) bis zu seiner Rückkehr nach Deutschland 1951. Im Jahr darauf wurde er zum Vorsitzenden der DAG in Berlin gewählt. Beigesetzt ist die Urne mit der Asche Aufhäusers im Kibbuz Hasore'a (Galiläa/Israel). Enthüllung durch den DAG-Landesverbandsvorsitzenden Winfried Schink, DAG-Landesverbandsleiter Hartmut Friedrich und Walter Quartier (Vorsitzender des Vorstandes der BfA, Träger der Siegfried-Aufhäuser-Medaille 1993) am 1.5.1993.

**Julius BAB**
*Berlin 11.12.1880 – †New York 12.2.1955
**Bundesallee 19 (damals Kaiserallee)**

Inschrift: *Hier lebte von 1906 bis 1908 / Julius Bab / 11.12.1880–12.2.1955 / Schriftsteller, Dramaturg und Theaterkritiker, / verfaßte zahlreiche Schriften über das deutsche Theater. / Mitbegründer des »Jüdischen Kulturbundes«. / Emigrierte 1939 über Frankreich in die USA.*

Bab war einer der bedeutendsten Theaterkritiker in Berlin. Er wirkte mit an der Gründung von Siegfried Jacobsohns »Schaubühne« (ab 1918 »Die Weltbühne«) und blieb dieser bis zum Schluß 1933 als Autor verbunden. An Max Reinhardts Deutschem Theater arbeitete er als Dozent für Dramaturgie. Er verfaßte mehrere Werke über das Theater. Geboren wurde Bab in der Gitschiner Straße 106a. Von 1901 bis 1906 lebte er in der Bernburger Straße 19 (Kreuzberg), von 1908 bis 1923 in der Auerbachstraße (heute Auerbacher Straße) 17 am Bahnhof Grunewald. Von dort zog er in die Potsdamer Straße 68 (heute Nr. 160, Schöneberg) und nach sieben Jahren 1930 in die Akazienallee 4 (Charlottenburg). Dort lebte er bis zu seiner Emigration aus Nazi-Deutschland, das ihm erst seine Arbeit und dann das Leben unmöglich machte. Im Exil verbrachte er Jahre in Armut, bis er Fuß fassen konnte. Lange nach seinem Tod erschien 1988 sein Werk über »Leben und Tod des deutschen Judentums«. Enthüllung der Berliner Gedenktafel am 11.5.1989.

**Albert BASSERMANN**
*Mannheim 7.9.1867 –
†auf dem Flug New York – Zürich 15.5.1952
**Joachim-Friedrich-Straße 54 (zwischen Halberstädter Straße und Seesener Straße)**

Inschrift: *Hier lebte von 1930 bis 1933 / Albert Bassermann / 7.9.1867–15.5.1952 / Schauspieler von 1909 bis 1914 am Deutschen Theater / unter Max Reinhardt, seit 1913 in vielen Filmen. / Emigrierte 1934 aus Solidarität mit seiner Frau / Else Schiff und vielen anderen jüdischen Kollegen, zuletzt / in die USA.*

Nach einem Chemiestudium wandte sich Bassermann dem Theater zu. Er begann am Mannheimer Hof- und Nationaltheater 1887, kam über mehrere Stationen 1895 nach Berlin ans Berliner Theater. Von dort wechselte der Charakterdarsteller zu Otto Brahm (eigtl. Abrahamson, *Hamburg 5.2.1856 – †Berlin 28.11.1912) an das Deutsche Theater, mit Brahm ging er ans Lessing-Theater und 1909 zu Max Reinhardt. Dort erhielt er den Iffland-Preis. 1915 bis 1918 spielte er noch einmal am Lessing-Theater, danach band er sich nicht mehr fest an bestimmte Bühnen. 1933 ging er auf Tournee nach Österreich und in die Schweiz, kehrte nicht nach Deutschland zurück, sondern emigrierte 1938 weiter über Paris in die USA. 1934 trat er wegen des Boykotts jüdischer Schauspieler aus der »Genossenschaft Deutscher Bühnenangehöriger« aus (sie befindet sich heute im Haus Joachim-Friedrich-Straße 54). Siegfried Jacobsohn schrieb 1912 in der »Schaubühne«: »Bassermann – Rittner – Sauer – Lehrmann, die vier Wundervollen.« (zit. nach Alfred Dreifuss, Deutsches Theater Berlin, Berlin 1987, S.10f.) Zuletzt spielte er ab 6. September 1951 im wiedereröffneten Schiller-Theater unter Boleslaw Barlog in »Wilhelm Tell«. Auch Bassermanns Frau Else (*Leipzig 14.1.1878 – †Baden-Baden 29.5.1961) war Schauspielerin u. a. am Deutschen Theater. Enthüllt wurde die Berliner Gedenktafel am 19.10.1993. Beigesetzt ist Bassermann in seiner Geburtsstadt Mannheim (Urne, Ehrengrab).

**Vicki BAUM**
*Wien 24.1.1888 – †Hollywood 29.8.1960
**Koenigsallee 43–45 (schräg gegenüber der Einmündung der Bismarckallee)**

Inschrift: *In dem früher hier stehenden Haus lebte / von 1926 bis zu ihrer Übersiedlung in die USA 1931 / Vicki Baum / 24.1.1888–29.8.1960 / Journalistin, Schriftstellerin und Drehbuchautorin. / Schrieb hier 1929 ihren Erfolgsroman / Menschen im Hotel*

Die Berliner Gedenktafel befindet sich am Zaun neben der Zufahrt. Enthüllung am 4.10.1989.

**Amelie »Melli« Hedwig BEESE-BOUTARD**
*Dresden 13.9.1886 – †Berlin 21.12.1925
**Storkwinkel Ecke Schwarzbacher Straße (Melli-Beese-Anlage)**

Stein mit Skulptur in der Grünanlage, Inschrift: *Melli Beese. Erste deutsche Fliegerin. 1886–1925*

Melli Beese wollte eigentlich Schauspielerin werden und studierte ab 1905 an der Königlichen Akademie der Freien Künste in Stockholm Bildhauerei. Von den Anfängen der Fliegerei begeistert, kam sie Ende 1910 nach Johannisthal. Dort machte sie am 13.9.1911, ihrem 25. Geburtstag, gegen erhebliche Widerstände als erste Frau in Deutschland ihren Flugschein (nach 114 Männern). Sie eröffnete eine Flugschule. Durch ihre Heirat mit Charles Boutard erhielt sie die französische Staatsbürgerschaft und wurde mit Beginn des Ersten Weltkriegs als »feindliche Ausländerin« aller Hoffnungen beraubt. Auch nach dem Krieg gelang es ihr nicht mehr, sich zu etablieren. Am Ende ihrer Kräfte und unter starken Depressionen leidend, erschoß sie sich. Vom 3. Juni bis zum 20. September 1992 würdigte das Heimatmuseum Treptow die fast vergessene deutsche Flugpionierin mit einer Ausstellung. Begraben ist sie auf dem Dorffriedhof Schmargendorf, Breite Straße, Abt. L-2-73.

**Walter BENJAMIN**
*Berlin 15.7.1892 –
†Port Bou/Spanien 27.9.1940
**Prinzregentenstraße 66 Ecke Waghäuseler Straße**

Inschrift: *In dem früher hier stehenden Haus / lebte von 1930 bis zu seiner Emigration 1933 / Walter Benjamin / 15.7.1892–27.9.1940 / Literaturkritiker, Essayist und Philosoph, / schrieb hier Teile der »Berliner Kindheit um 1900«. / Freitod an der französisch-spanischen Grenze / wegen drohender Auslieferung an die Gestapo.*

Benjamin schrieb auch unter den Pseudonymen Detlev von Holz, C. Conrad, K. A. Stempflinger. Er war der Bruder des von den Nazis im KZ ermordeten Berliner Arztes Georg Benjamin. Enthüllung der Berliner Gedenktafel am 14.7.1989.

**BERLINER SPORT-VEREIN E.V. 1892 (BSV 92)**
**Fritz-Wildung-Straße (Stadion Wilmersdorf)**

Stein in der Grünanlage oberhalb des Stadionovals, Inschrift: *Unseren toten / Kameraden / zum Gedenken / Berliner Sport-Verein / 1892 – e.V.*

**Otto von BISMARCK**
**Bismarckplatz**

Sockel in der Grünanlage mit der Inschrift: *Dem Fürsten / Otto von Bismarck / Die dankbare / Kolonie Grunewald*

Der Sockel im östlichen Teil der Anlage (neben dem Fußweg zur Caspar-Theyß-Straße) trug einmal (und trägt inzwischen wieder) das Standbild des »eisernen Kanzlers«, dessen Engagement zum Bau des Kurfürstendamms die Villenkolonie ihre Existenz verdankt.

**BLINDENVEREIN**
**Prinzregentenstraße 69 a**

Inschrift der Tafel über dem Eingang: *Der Allgemeine Blindenverein Berlin e.V. / schuf hier mit Hilfe einer hochherzigen Spende / des Berliner Zahlenlotto / 70 Wohnungen für blinde Mitbürger. / Berlin im Jahre 1959*

**Ernst BLOCH**
*Ludwigshafen 8.7.1885 –
†Tübingen 4.8.1977
**Kreuznacher Straße 52**

Inschrift: *Hier lebte von 1931 bis 1933 / Ernst Bloch / 8.7.1885–4.8.1977 / Philosoph, begann hier sein Werk »Erbschaft dieser Zeit«. / Seit 1933 im Exil, zuletzt in den USA, schrieb dort / »Das Prinzip Hoffnung«. Seit 1949 Professor in Leipzig, / wurde dort 1957 zwangsemeritiert. / Seit 1961 Professor in Tübingen.*

Bloch, der vor dem Nationalsozialismus warnte, verließ 1933 Deutschland und kam über Aufenthalte in der Schweiz, Österreich, Frankreich und der Tschechoslowakei 1938 in die USA, wo er bis 1949 blieb. Er folgte einem Ruf an die Universität Leipzig, geriet aber mit seinen Ansichten in Konflikt mit der Staatsführung der DDR. Er beeinflußte mit seinen Theorien stark die Studentenbewegung der sechziger Jahre. Enthüllung der Berliner Gedenktafel am 27.11. 1991.

**Karl BONHOEFFER**
*Neresheim 31.1.1868 – †Berlin 4.2.1948
**Dietrich BONHOEFFER**
**Wangenheimstraße 14**

Inschrift: *Hier lebte von 1916 bis 1935 / die Familie Bonhoeffer / Karl Bonhoeffer / 31.1.1868–4.2.1948 / Psychiater und Neurologe / Dietrich Bonhoeffer / 4.2.1906–9.4.1945 / Evangelischer Theologe · Aktiv im Widerstand, / im KZ Flossenbürg hingerichtet*

Enthüllung der Berliner Gedenktafel am 1.9. 1988. Grabstätte von Karl Bonhoeffer, Friedhof Charlottenburg, Trakehner Allee 1, Abt. II Ur W 12, 286/87.

**Bertolt BRECHT**
**Helene WEIGEL**
**Spichernstraße 16 (unweit Bundesallee)**

Inschrift: *In dem früher hier stehenden Haus lebten /*
*Bertolt Brecht* *Helene Weigel*
*10.2.1898–14.8.1956* *12.5.1900–6.5.1971*
*Schriftsteller* *Schauspielerin*
*Brecht schrieb hier den Text der Dreigroschenoper. / Beide emigrierten 1933, zuletzt in die USA. / Lebten seit 1948 in Berlin (Ost) und / gründeten dort 1949 das »Berliner Ensemble«*

Brecht und Weigel wohnten hier von 1924 bis 1929. Beigesetzt sind beide auf dem Friedhof der Dorotheenstädtischen und Friedrichswerderschen Gemeinde, Mitte, Chausseestraße 126, An der Mauer 26–29. Enthüllung der Berliner Gedenktafel anläßlich des 18. Todestages der Schauspielerin am 6.5.1989.

**Rudolf BREITSCHEID**
**Fasanenstraße 58**

Inschrift: *Hier lebte von 1904 bis 1932 / Rudolf Breitscheid / 2.11.1874–24.8.1944 / SPD-Politiker, Reichstagsabgeordneter / und preußischer Innenminister / Er wurde 1940 von der Vichy-Regierung in Frankreich / an die Gestapo ausgeliefert / und kam bei einem Luftangriff / im KZ Buchenwald um*

Berliner Gedenktafel. □

***Hermann* Louis BRILL**
*Gräfenroda/Thüringen 9.2.1895 –
†Wiesbaden 22.6.1959
**Karlsruher Straße 13**

Inschrift: *Hier · lebte · von 1934 bis · zu seiner · Verhaftung / als · Widerstandskämpfer · im · Jahre 1938 / Professor · Dr. jur. Hermann · Brill / Demokrat – Politiker – Wissenschaftler / Mitglied · des · Deutschen · Reichstages / Mitglied · des 1. Deutschen · Bundestages / Minister · des · Landes · Thüringen / Staatssekretär · im · Bundesland · Hessen / geboren 9.2.1895 gestorben 22.6.1959*

Die um 1989 angebrachte Bronzetafel ersetzt eine frühere Bronzetafel mit der Inschrift:
*Prof. Dr. jur. Hermann Brill, Mitglied des Reichstags, Mitglied des ersten Deutschen Bundestags, Minister des Landes Hessen, Staatssekretär in Hessen, * 9.2.1895 – † 22.6.1959, wohnte in diesem Hause von 1934 bis zu seiner Verhaftung 1938.*

Der Lehrer Brill trat 1918 der USPD bei (ab 1922 der SPD) und beteiligte sich am Zusammenschluß der sieben thüringischen Kleinstaaten zu einem Land. Er arbeitete im Landratsamt, im Volksbildungs- und im Innenministerium. Nach dem Regierungswechsel (Rechtsruck) 1924 studierte er Rechts- und Staatswissenschaften, promovierte und wurde Mitglied des Staatsgerichtshofs. Dem thüringischen Landtag gehörte er von 1920 bis 1933, dem Reichstag seit 1932 an. Nach 1933 gehörte er zur Gruppe »Neu Beginnen« und unterstützte das Programm der »Deutschen Volksfront«. Am 28.7.1939 wurde er wegen »Vorbereitung zum Hochverrat« zu zwölf Jahren Zuchthaus verurteilt, kam zunächst vier Jahre ins Zuchthaus Brandenburg, dann ins KZ Buchenwald. Von ihm stammt das »Buchenwalder Manifest«. Von Eugen Kogon vorgeschlagen, machten ihn die Amerikaner am 9.6.1945 zum Regierungspräsidenten der Provinz Thüringen. Das Amt verlor er schnell nach dem Abzug der Amerikaner, war ab Juli 1946 Chef der hessischen Staatskanzlei, arbeitete mit an den ersten Entwürfen für das Grundgesetz und wurde Mitglied des ersten Deutschen Bundestags. Bis zu seinem Tod war er Berater der hessischen Regierung unter Georg Zinn.

**BRITISCHE GARNISON**
**Fehrbelliner Platz 4 (Rathaus Wilmersdorf)**

Innen rechts und links neben der Eingangstür hängen zwei Messingtafeln auf Holz. Die Inschrift der (von innen gesehen) linken Tafel lautet: *Dieses Gebäude / erhielt 1945 den Namen / Lancaster House / und wurde bis 1953 als / Britisches Hauptquartier in Berlin / genutzt. / Anläßlich der Verabschiedung / der Britischen Schutzmacht / wurde diese Tafel / am 30. April 1994 enthüllt.*

Unter der schwer lesbaren Inschrift ist der Union Jack, die britische Flagge, wiedergegeben. Die Inschrift der rechten Tafel lautet: *Diese Tafel wurde dem Bezirk / Wilmersdorf im Jahre 1994 / anlässlich der Verabschiedung / der Britischen Garnison nach / 49 Jahren Präsenz im / Bezirk überreicht. / Die Übergabe erfolgte in / dankbarer Anerkennung der / besonders engen Beziehungen, / die sich in vielen Jahren / zwischen dem Bezirk, seinen / Einwohnern und den Britischen / Streitkräften entwickelt hatten. / With Many Thanks Farewell*

Die Inschrift ist umrahmt von den Wappen aller britischen Einheiten, die von 1945 bis zum Abzug der Alliierten mit dem Bezirk verbunden waren. Enthüllung am 15.9.1994 durch Bezirksbürgermeister Horst Dohm und Brigadier Bromhead, der am 22.9.1994 Berlin verließ.

**BUNDESHAUS**
**Bundesallee 216-218**

Inschrift: *Dieses Gebäude wurde 1895 errichtet / Nach Beseitigung von Kriegsschäden hat es Bundeskanzler / Konrad Adenauer am 17. April 1950 als / Bundeshaus Berlin / wieder eröffnet / Bis zur Wiedervereinigung 1990 war hier der Sitz / des Bevollmächtigten der Bundesregierung in Berlin und der / Berliner Vertretungen von Bundesministerien.*

Die Berliner Gedenktafel (Enthüllung am 4.3. 1996) ist rechts neben dem Eingang angebracht.

**Ernst BUSCH**
*Kiel 22.1.1900 – †Berlin 8.6.1980
**Bonner Straße 11**

Inschrift: *Hier lebte von 1931 bis 1933 / und von 1945 bis 1946 / Ernst Busch / 22.1.1900–8.6.1980 / Schauspieler und Regisseur, / Sänger politischer Lieder: »Barrikaden-Tauber«. / Emigrierte 1933. Von 1943 bis 1945 in Gestapo-Haft. / Seit 1950 Mitglied des »Berliner Ensemble«.*

In den zwanziger Jahren trat Busch als »musikalischer Agitator« für die KPD und als Interpret der Lieder von Bertolt Brecht und Hanns Eisler auf. Er flüchtete am 9.3.1933 nach Holland, später nach England und in die Sowjetunion. 1937 ging er auf die republikanische Seite im spanischen Bürgerkrieg, dann erneut nach Belgien. Zu Beginn des Zweiten Weltkriegs wurde er als feindlicher Ausländer interniert und nach Südfrankreich gebracht. Nach einem Fluchtversuch wurde er der Gestapo übergeben, in Berlin inhaftiert und zu vier Jahren Zuchthaus verurteilt. Mit der Befreiung des Zuchthauses Brandenburg am 27.4.1945 kam auch er wieder frei. Er engagierte sich am Aufbau des Berliner Ensem-

bles. Bis zu seinem Tod lebte er in Pankow. Begraben ist er seinem Wunsch entsprechend »quasi mit Blick auf sein Haus«, das inzwischen geschlossene Ernst-Busch-Haus, an der Mauer des Friedhofs Pankow III zur Leonhard-Frank-Straße. Enthüllung der Berliner Gedenktafel am 8.6.1990 durch Bezirksbürgermeister Horst Dohm und den Leiter des Ernst-Busch-Hauses, Erwin Burkert. Der Schauspieler und Vorsitzende des Vereins Künstlerkolonie e.V., Holger Münzer, sang zwei populäre »Ernst-Busch-Lieder«.

**Ion Luca CARAGIALE**
*Haimanale/Ungarn 29.1.1852 –
†Berlin 22.6.1912
**Hohenzollerndamm 201 Ecke Nassauische Straße**

Inschrift der weißen Marmortafel rechts neben dem Eingang: *In diesem Hause / Hohenzollerndammm 201 / zu Berlin-Wilmersdorf / wohnte von Oktober 1906 / bis Januar 1908 / Ion Luca Caragiale / einer der grossen / rumänischen Schriftsteller*

**CENTRALVEREIN DEUTSCHER STAATSBÜRGER JÜDISCHEN GLAUBENS**
**Emser Straße 42**

Inschrift: *C.-V. / In diesem Hause befanden sich / seit 1930 bis zu ihrem Verbot am 9. November 1938 / der 1893 gegründete C.-V. (Centralverein deutscher / Staatsbürger jüdischen Glaubens) / (Emser Straße 42) und der ihm gehörende / Philo-Verlag (Pariser Straße 44) / Der C.-V., die größte jüdische Organisation in Deutschland, / vertrat beharrlich die staatsbürgerlichen Rechte der / deutschen Juden. Er gehörte zu den Vorkämpfern gegen / Antisemitismus und Nationalsozialismus*

Enthüllung der Berliner Gedenktafel am 8.11. 1988.

**DORFAUE**
**Wilhelmsaue Ecke Mehlitzstraße**

Findling mit Bronzetafel, Inschrift: *Du / befindest dich hier auf der ehemaligen Dorfaue im / ältesten Teil unseres Bezirkes. / Um 1750 / gaben Bauerngehöfte, / umschlossen von Feldern, / Wiesen und Seen, Alt-/Wilmersdorf das Gepräge.*

**Isadora DUNCAN**
*San Francisco 26.5.1877 – †Nizza 14.9.1927
**Engelbert HUMPERDINCK**
*Siegburg 1.9.1854 – †Neustrelitz 27.9.1921
**Trabener Straße 16**

Inschrift: *Hier lebten und arbeiteten*

| | |
|---|---|
| *von 1904 bis 1914* | *von 1908 bis 1912 /* |
| *Isadora Duncan* | *Engelbert Humperdinck /* |
| *26.5.1877–14.9.1927* | *1.9.1854–27.9.1921 /* |
| *Tänzerin:* | *Komponist: /* |
| *Moderner Ausdruckstanz* | *»Hänsel und Gretel« (1893) /* |

*Isadora Duncan gründete hier zusammen mit / ihrer Schwester Elizabeth eine Tanzschule für Kinder, / die von Engelbert Humperdinck unterstützt / und gefördert wurde. 1914 zogen die Duncans mit / ihrer Tanzschule nach Paris.*

Die 1904 von den beiden Duncan-Schwestern begründete Tanzschule für Mädchen hatte das »Ziel einer umfassenden Gesamterziehung von Körper, Geist und Seele, wobei vor allem eine musikalische und gymnastisch-tänzerische Bildung erstrebt wird«. Isadora Duncan starb bei einem Autounglück, als sich ihr Schal im Rad verfing und sie erwürgte. Ihre Lebensdaten sind nach anderen Quellen: *27.5.1878 – †13.9.1927. Engelbert Humperdinck, der in jungen Jahren mit Richard Wagner, später für Max Reinhardt arbeitete, ist begraben auf dem Südwestfriedhof der Berliner Stadtsynode in Stahnsdorf, Rudolf-Breitscheid-Platz, Block Erlöser, Feld 5, Erbbegräbnis 10. Enthüllung der Berliner Gedenktafel am 26.10.1993.

**Rudi DUTSCHKE**
*Luckenwalde 7.3.1940 –
†Aarhus/Dänemark 24.12.1979
**Kurfürstendamm 140/141 Ecke Joachim-Friedrich-Straße**

Granittafel im Gehweg, Inschrift: *Attentat auf Rudi Dutschke / 11. April 1968 / An den Spätfolgen der / Schußverletzung starb / Dutschke 1979. / Die Studentenbewegung verlor / eine ihrer herausragendsten / Persönlichkeiten.*

Vor dem früher hier stehenden Haus wurde Dr. Rudi Dutschke, führender Kopf der Studentenbewegung und der außerparlamentarischen Opposition, Ostern 1968 angeschossen. An den Spätfolgen des Attentats starb er am Heiligen Abend 1979. Beigesetzt ist er auf dem kleinen kirchlichen Teil des Friedhofs an der St. Annen-Kirche (Nordseite) in Dahlem, weil ihm auf einem städtischen Friedhof im Bezirk Zehlendorf, in dem sich auch die Freie Universität befindet, kein Grab gewährt wurde. Enthüllung am 23.12. 1990.

**EISSTADION WILMERSDORF**
**Fritz-Wildung-Straße 9**

Inschrift: *Eisstadion Berlin-Wilmersdorf / Entwurf Planungsbüro Deyle Stuttgart / Durchführung Hochbauamt Wilmersdorf 1973–1975 / Bauträger Bezirksamt Wilmersdorf von Berlin / Abteilung Jugend und Sport / Finanzierung Land Berlin mit Finanzierungshilfe der Bundesrepublik Deutschland / Kunsteisflächen Schnellaufbahn 400 m Mehrzweckfeld 30 x 60 m / Ges. Eisfläche 6170 qm Bauvolumen 8500 cbm / Sommersport Rollschuh-Schnellauf – Kunst-lauf / Hockey – Allg. Bewegungsspiele*

Die große Metalltafel mit dunklen Inschriftfeldern und aufgesetzten hellen Lettern befindet sich links neben dem Eingang.

**EVANGELISCHES GYMNASIUM ZUM GRAUEN KLOSTER**
**Salzbrunner Straße 41–47 (nahe Hohenzollerndamm)**

Inschrift: *1271 / Baubeginn des Franziskanerklosters / in Berlin / 1539 / Reformation im Kurfürstentum Brandenburg / 1574 / Stiftung des Berlinischen Gymnasiums / zum Grauen Kloster / in den Gebäuden des Franziskaner-Ordens / 1945 / Zerstörung der Schulgebäude / 1949 / Gründung des Evangelischen Gymnasiums / in Berlin (West) / 1958 / Ende des Berlinischen Gymnasiums / zum Grauen Kloster in Berlin (Ost) / 1962 / Neubeginn als Evangelisches / Gymnasium zum Grauen Kloster / Stiftung Berlinisches Gymnasium zum Grauen Kloster*

Die große Bronzetafel zeigt über der Inschrift eine Abbildung der alten, im Krieg zerstörten Schulgebäude.

**Heinrich EVERT**
**Fritz-Wildung-Straße 9 (Stadion Wilmersdorf)**

Findling mit Bronzetafel, Inschrift: *Diese Sportanlage hat / Wilmersdorf 1948–1951 / unter der Leitung von / Bezirksstadtrat / Heinrich Evert / aus 1 Million Kubikmeter / Trümmerschutt erbaut als / Stätte für den friedlichen / Wettstreit der Jugend*

**Marta FEUCHTWANGER**
*München 21.1.1891 –
†Pacific Palisades 25.10.1987
**Lion FEUCHTWANGER**
*München 7.7.1884 –
†Los Angeles 21.12.1958
**Regerstraße 8 (Grunewald)**

Inschift: *Wohnhaus, früher Mahlerstraße 8, von / Marta und Lion Feuchtwanger. / Sie befanden sich auf einer / Auslandsreise als ihr Haus / 1933 von der SA / geplündert wurde. / Sie kehrten nicht mehr zurück.*

Bereits sechs Jahre vor der Enthüllung hieß es in einer Mitteilung der Akademie der Künste: »Enthüllung der Gedenktafel am letzten Berliner Haus Lion Feuchtwangers vor dessen Exil, Mahlerstraße 8, jetzt Regerstraße 8, Berlin 33, dies in Anwesenheit von Frau Dr. Marta Feuchtwanger, Samstag, 7. Juli 1984, 11 Uhr.« Die Ankündigung der Enthüllung aus Anlaß des 100. Geburtstages des Dichters konnte damals jedoch nicht wahr gemacht werden, eine Anbringung am Haus wurde nicht gestattet. Enthüllung des Gedenksteins (Granitstein im Gehweg) am 7.7.1990.

**Samuel FISCHER**
*Liptószentmiklós 24.12.1859 –
†Berlin 15.10.1934
**Erdener Straße 8**

Marmortafel mit Reliefporträt und daruntergesetzter Inschrift: *In diesem Haus / lebte, wirkte und starb / der Verleger / S. Fischer / 24.12.1859–15.10.1934*

Das Haus in der Erdener Straße, in dem Fischer seit Ende 1905 lebte, war ein gesellschaftliches und literarisches Zentrum in Berlin. Der Begründer des Verlags S. Fischer (1886) ist begraben auf dem Jüdischen Friedhof Weißensee, Herbert-Baum-Straße (Markus-Reich-Platz), Abt. J 4, Erbbegräbnis 2001. Über seine Beisetzung am 18.10.1934 – eindreiviertel Jahre nach der Machtübernahme der Nazis – notierte ein Trauergast: »Der Börsenverein schickte niemanden an das Grab eines Mannes, der zu seinen prominentesten Mitgliedern gehörte.« (Voß)

**Birger FORELL**
*Söderhamn 29.7.1893 – †Borås 4.7.1958
**Landhausstraße 26 (Schwedische Victoriagemeinde)**

Die Tafel befindet sich unter der Reliefdarstellung zweier Männer, der links Dargestellte bietet dem rechten offensichtlich Schutz. Inschrift:
*Birger Forell*
*1929–42 schwedischer Pfarrer in Berlin*
*Schützer und Retter vieler Verfolgter 1933–45*
*Helfer und Freund der deutschen Kriegsgefangenen in England*
*Er schuf die / „Deutsch-schwedische Flüchtlingshilfe“, um / vertriebenen Bauern neue Heimat zu geben / Seiner Entschlossenheit ist die Gründung / der Flüchtlingsstadt Espelkamp zu danken*

Die Schwedische Victoriagemeinde lieferte folgende Angaben zu Forells Leben: »Am 29. Juli 1893 in Söderhamn geboren, zuerst Ausbildung zum Handelsschullehrer, ab 1916 Theologiestudium in Uppsala, 1919/20 auch in Tübingen und Marburg. 1920 Ordination. 1921–26 Seemannspastor in Rotterdam, danach drei Jahre Pfarrer in der Nähe von Uppsala. 1927/28 auf einer Forschungsreise durch Indien mit Professor Rudolf Otto (seinem Lehrer aus Marburg) kommt er in Berührung mit Gandhi, wird Mitarbeiter der ›Friedensbewegung der Weltreligionen‹. 1929–42 Gesandtschaftspfarrer und Pastor der Schwedischen Victoriagemeinde in Berlin. 1942 auf Drängen der Nationalsozialisten abberufen, weil er als Retter und Beschützer vieler rassisch und politisch Verfolgter zu unbequem geworden war. Ab 1942 Hauptpastor in Borås. Verschiedene Aufträge in dieser Zeit, u. a. Betreuung deutscher Kriegsgefangener in England (1943 Berufung durch den Weltkirchenrat). Ab 1951 widmet er sich ganz der Hilfstätigkeit in Deutschland. Stationen dieser Arbeit: 1948 ›Griepenberg-Stiftung‹ (Kurse und Besuch für Ausländer in Schweden, um die Verständigung zu fördern), Gründung der Flüchtlingsstadt Espelkamp, 1952 Deutsch-schwedische Flüchtlingshilfe gegründet. [4.7.]1958 gestorben. 1956 Verleihung des Ehrendoktors der Universität Marburg für seine Verdienste um Deutschland.«

**Karl Rudolf FRIEDENTHAL**
*Breslau 15.9.1827 – †Gießmannsdorf b. Neiße/Oberschlesien 7.3.1890
**Halenseestraße**

Der Halenseepark sollte 1996 nach dem Juristen und Mitbegründer der Freikonservativen (Deutsche Reichspartei) Friedenthal-Park benannt werden, nachdem eine Rückbenennung der Schellendorffstraße (1938 hatten die Nazis die nach ihm benannte Straße nach einem preußischen General und Kriegsminister umgetauft) gescheitert war. Dazu soll im Park ein Findling mit einer Gedenktafel aufgestellt werden. Friedenthal war auch Mitglied des Reichstags, des Preußischen Landtags, des Preußischen Herrenhauses und preußischer Landwirtschaftsminister. □

**Salomo FRIEDLÄNDER**
*Gollantsch/Posen 4.5.1871 – †Paris 9.9.1946
**Johann-Georg-Straße 20**

Schwarze Metalltafel am Durchgang zum Gartenhaus, Inschrift: *Hier · lebte · von 1913 bis / zu · seiner · Emigration 1934 / der · Philosoph · und · Satiriker / Freund · der · Dadaisten / Dr. Salomo Friedländer / Bekannt · unter · dem · Pseudonym / Mynona / 1871 1946*

Das Pseudonym Mynona des expressionistischen Schriftstellers ist die Umkehrung von »anonym«. Er emigrierte mit seiner Frau nach Frankreich, wo er die deutsche Besetzung überlebte.

**Carl FÜRSTENBERG**
*Danzig 28.8.1850 – †Berlin 9.2.1933
**Koenigsallee 53 (Grunewald)**

Inschrift: *In dem früher hier stehenden Haus / lebte seit 1898 / Carl Fürstenberg / 28.8.1850–9.2.1933 / Bankier, Direktor der Berliner Handelsgesellschaft, / beteiligte seine Bank am Ausbau des Kurfürstendamms und / an der Erschließung der Villenkolonie Grunewald.*

Enthüllung der Berliner Gedenktafel am 4.10. 1989

**GOLDSCHMIDT-SCHULE**
**Hohenzollerndamm 110a (Nähe Roseneck)**

Inschrift: *An dieser Stelle befand sich / von 1935 bis 1939 / das Hauptgebäude der / Jüdischen Privatschule / Dr. Leonore Goldschmidt / Ab 1933 mußten jüdische Lehrer und Schüler / die öffentlichen Lehranstalten in / Deutschland verlassen. / Das Abschlußzeugnis dieser Schule berechtigte / zum Studium an den meisten englisch-/sprachigen Universitäten. / 1939 wurde die Schule durch die National-/ sozialisten geschlossen.*

Leonore Goldschmidt (geb. Tacke, *Gosda/ Lausitz 16.11.1897 – †London 7.3.1983) arbeitete als Lehrerin in Berlin. 1933 verlor sie ihre Anstellung und arbeitete an der Privatschule von Toni Lessler. 1935 gründete sie ihre eigene Schule, die 1936 die Berechtigung zur Abnahme der Abiturprüfungen erhielt. Sie war die größte private jüdische Schule Berlins. Im Sommer 1939 flüchtete Leonore Goldschmidt mit ihrer Familie und etwa 80 Schülern und wenigen Lehrern nach England. Ende September 1939 wurde die Schule geschlossen. In der Ausstellung »Hier ist kein Bleiben mehr« des Wilmersdorfer Museums wurde vom 19.3.–18.9.1992 fünf Gründerinnen jüdischer Schulen während des »Dritten Reichs« in Wilmersdorf gedacht: Leonore Goldschmidt , Lotte Kaliski (*Breslau 1908, lebte 1992 in New York), Vera Lachmann (1904–1985), Toni Lessler (1874–1952) und Anna Pelteson. Enthüllung der Berliner Gedenktafel am 18.10.1989.

**George GROSZ**
**Trautenaustraße 12 I Ecke Nassauische Straße**

Inschrift: *Hier lebte von 1928 bis 1933 / George Grosz / 26.7.1893–6.7.1959 / Maler und Graphiker · Bedeutender Satiriker, / kämpfte gegen Militarismus, Obrigkeitsstaat / und Untertanenmentalität / Seine Bilder wurden von den Nationalsozialisten als /*

*»entartete Kunst« verboten. Emigration 1933, / seit 1938 amerikanischer Staatsbürger*

Enthüllung der Berliner Gedenktafel am 1.7. 1988.

**Ernst HABERMANN**
*Nordhausen 8.6.1866 –
†Nordhausen 6.6.1958
**Habermannplatz (Gasteiner Straße Ecke Sigmaringer Straße)**

Ziegelmauer mit Betonabdeckung und Bronzetafel, Inschrift: *Habermannplatz / Ernst Habermann *8.6.1866 †6.6.1958 / Oberbürgermeister von Deutsch-/Wilmersdorf von 1909–1920 / Gegenüber stand damals das Rathaus*

**Maximilian HARDEN**
*Berlin 20.10.1861 –
†Montana/Schweiz 30.10.1927
**Wernerstraße 16 (unweit Leo-Blech-Platz)**

Inschrift: *In dem hier vormals stehenden Hause / lebte von 1894 bis 1922 / Maximilian Harden / 20.10.1861–30.10.1927 / Publizist, Mitbegründer der »Freien Bühne« und /*

*Gründer der politischen Wochenschrift / »Die Zukunft« · Kämpfte gegen Nationalismus und Militarismus / Lebte nach einem Attentat aus / rechtsradikalen Kreisen seit 1922 in der Schweiz*

Enthüllung der Berliner Gedenktafel am 19.10. 1988. Grabstätte: Friedhof Charlottenburg, Trakehner Allee 1, Abt. 8 C 12.

**Walter HASENCLEVER**
*Aachen 8.7.1890 –
†Aix-en-Provence 21.6.1940
**Ludwig-Barnay-Platz (früher Laubenheimer Platz) 3**

Inschrift: *Hier lebte von 1930 bis 1932 / Walter Hasenclever / 8.7.1890–21.6.1940 / Lyriker, Dramatiker, Repräsentant der expressionistischen / Literatur-Revolte: »Der Sohn« (1914). 1917 Kleist-Preis. / Kehrte Ende 1932 nicht mehr nach Deutschland zurück, blieb / als Emigrant in Italien und Frankreich. / Nahm sich aus Furcht vor der Auslieferung an die Gestapo / im Internierungslager Les Milles das Leben.*

Enthüllung der Berliner Gedenktafel am 27.11. 1991.

**Georg HERMANN, eigtl. Borchardt**
*Berlin 7.10.1871 –
†Auschwitz-Birkenau vermutlich 19.11.1943
**Kreuznacher Straße 28 Ecke Laubenheimer Straße**

Inschrift: *In dem hier vormals stehenden Wohnhaus Nr. 2 / lebte von 1931 bis zu seiner Emigration im Jahre 1933 / Georg Hermann / 7.10.1871–19.11.1943 / Schriftsteller, schilderte in den Romanen / Jettchen Gebert (1906), Henriette Jacoby (1908), / Kubinke (1910) und anderen Werken das Leben in Berlin, / Charlottenburg, Schöneberg und Wilmersdorf / Wurde im KZ Auschwitz-Birkenau ermordet*

Ganz überwiegend lebte Hermann – nach anderen Quellen – bereits seit 1914 in Neckargemünd und war in Berlin nur noch gelegentlich anwesend. Kurz nach dem Brand des Reichstags emigrierte er nach Holland. Dort wurden er, seine (aus zweiter Ehe stammende) Tochter Ursula und sein Enkelkind 1943 im KZ Westerbork inhaftiert. Tochter und Enkel konnten mit Pässen für Palästina versorgt und gerettet werden. Zu Georg Hermanns weiterem Schicksal schrieb Christian Rehse (Tsp., 20.11.93): »Das Informationsbüro des niederländischen Roten Kreuzes bescheinigt, ›daß laut der ihm zur Verfügung stehenden Angaben Georg Borchardt [...] am 16. November 1943 aus rassischen Gründen und zwar wegen jüdischer Abstammung vom K. L. Westerbork nach Auschwitz deportiert wurde. Obengenannte Person gilt als gestorben am 19. November in Auschwitz.‹ Die Todesanzeige eines Schriftstellers konnte kälter nicht sein. Es ist nicht einmal ganz sicher, ob dieses Leben tatsächlich an jenem 19. November zu Ende ging. Erinnern wir seinen Satz: ›Ich habe mich genug menschlich mitgeteilt für euch und für jeden, der später noch einmal Sehnsucht haben sollte, mit mir zu reden.‹« Enthüllung der Berliner Gedenktafel am 19.11.1988.

**Erich HOEPNER**
*Frankfurt/Oder 14.9.1886 –
†Berlin-Plötzensee 8.8.1944
**Henning von TRESCKOW**
*Magdeburg 10.1.1901 –
†bei Bialystock/Weißrußland 21.7.1944
**Bundesallee 216–218 (ehem. Bundeshaus)**

Inschrift: *In diesem Gebäude, 1895 für die ehemalige / Königlich-Preußische Artillerie-Prüfungskommission erbaut, / arbeiteten während des 2. Weltkrieges die Offiziere / des Widerstandes: / Generaloberst Erich Hoepner 14.9.1886–8.8.1944 / Generalmajor Henning von Tresckow 10.1.1901–21.7.1944*

Hoepner wurde 1942 aus der Wehrmacht ausgestoßen, weil er entgegen dem Befehl Hitlers sein Panzerkorps an der Ostfront aus hoffnungsloser Stellung zurücknahm. Fortan hielt er engen Kontakt zum militärischen Widerstand. Er wurde am 8.8.1944 zum Tode verurteilt und noch am selben Tage hingerichtet.
Tresckow war einer der Offiziere, die sich erst nach und nach zu überzeugten und handelnden Gegnern des Nationalsozialismus wandelten. Er nahm sich nach dem mißlungenen Attentat auf Hitler an der Ostfront bei Bialystock mit einer Gewehrgranate das Leben. Enthüllung der links vom Eingang befestigten Berliner Gedenktafel aus Anlaß des 46. Jahrestags des Umsturzversuches vom 20. Juli 1944 am 19.7.1990 durch den Bundesbevollmächtigten Günter Straßmeir.

**Helene JACOBS**
*25.2.1906 – †Berlin 13.8 .1993
**Bonner Straße 2 Ecke Ludwig-Barnay-Platz**

Inschrift: *In diesem Haus lebte von 1935 bis zu ihrem Tode / die Widerstandskämpferin gegen den Nationalsozialismus / Helene Jacobs / 25.02.1906 - 13.08.1993 / Sie versteckte in ihrer Wohnung untergetauchte Juden und / verhalf ihnen zur Flucht. Sie wurde von der Nazi-Justiz / zu zweieinhalb Jahren Zuchthaus verurteilt. / Berlin, im April 1997*

Frau Jacobs war engagiert in der Bekennenden Kirche, über die sie Kontakt zu Franz Kaufmann (s. u.) bekam. Sie wurde am 17.8.1943 verhaftet und im Januar 1944 verurteilt. Die weiße Metalltafel im Aluminiumrahmen wurde von der Berliner Geschichtswerkstatt e. V. rechts neben dem Eingang am 29.4.1997 enthüllt.

**Emil JANNINGS**
*Rorschach/Schweiz 23.7.1884 –
†Strobl/Österreich 2.1.1950
**Delbrückstraße 27**

Berliner Wohnort des unvergeßlichen Bühnen- und Filmschauspielers von 1929–1950, der in St. Wolfgang/Salzkammergut bestattet wurde. Berliner Gedenktafel. □

**Leon JESSEL**
*Stettin 22.1.1871 – †Berlin 4.1.1942
**Düsseldorfer Straße 47 (nahe Konstanzer Straße)**

Inschrift: *Hier lebte von 1925 bis 1941 der / Komponist Leon Jessel. Er starb / am 4. Januar 1942 an den Folgen / nationalsozialistischer Haft*

Seine anfänglichen Sympathien für die Nazis brachten Jessel keine Schonung. Er wurde am 15.12.1941 verhaftet und im Polizeipräsidium am Alexanderplatz inhaftiert. Von dort brachte man ihn am 4.1.1942 in das Jüdische Krankenhaus, wo er kurz nach der Einlieferung an den Folgen der erlittenen Mißhandlungen starb. Die dunkle Eisentafel wurde 1966 angebracht. Begraben ist Jessel auf dem Friedhof Wilmersdorf, Berliner Straße 81–103, Abt. C 8, 16a, 23.

**Leon JESSEL**
**Regerstraße 12**

Inschrift am Gartentor rechts: *Leon Jessel / 22.1.1871 4.1.1942 / Komponist / Hauptwerk »Schwarzwaldmädel« /* (Notenzeile) */ Er-klingen zum Tan-ze die Gei-gen*

Inschrift links vom Tor: *Leon-Jessel-Haus / Stätte der Begegnung / Bund der Berliner / und / Freunde Berlins e.V. / Landesverband Berlin*

### Joseph JOACHIM
### Joseph-Joachim-Platz (an Hubertusbader Straße und Lassenstraße)

Inschrift: *Joseph / Joachim / Platz / Violin-Virtuose / geb · 1831 in Pressburg, 1869 / Direktor der neugegründeten / Hochschule für Musik · Berlin gest · 1907 Berlin*

Die Gedenktafel befindet sich in der Grünanlage auf dem Weg zur Lassenstraße. Die Inschrift ist so ineinander verschachtelt, daß sie in ihrer Anordnung nicht präzise wiedergeben werden kann.

### JUDENDEPORTATIONEN
### Am Bahnhof Grunewald (Güterbahnhof Grunewald)

Die erste Tafel wurde am 8. November 1953 von der Vereinigung der Verfolgten des Naziregimes (VVN) angebracht. Die Inschrift lautete: *Den Zehntausenden / jüdischer Bürger Berlins gewidmet,/ die von hier aus von den Schergen / des unmenschlichen / Hitler-Regimes in die / Todeslager deportiert wurden.*

Bei ihrer Enthüllung hatte die Polizei Ansprachen verboten. Der Grund dürfte im damaligen Kalten Krieg zu suchen sein, denn die VVN hatte überwiegend kommunistische Mitglieder. Da aber nur »reden« verboten war, sang die Dichterin Lin Jaldati das jüdische Partisanenlied »Sog nischt kejnmol as du gejst dem letztn weg« (»Sage niemals, daß du den letzten Weg gehst«) und endete mit den Worten »Mir senen do!« (»Wir sind da!«).

Am 4. Februar 1973 wurde vom Bund politisch, rassisch-religiös Verfolgter am Signalhaus an der Verladerampe des Güterbahnhofs, wo auch schon die erste Tafel angebracht war, eine neue Tafel angebracht. Sie trug die Inschrift: לזכרון קרבנות השואה */ Zum Gedenken an die Zehntausende jüdischer / Mitbürger Berlins, die seit dem Februar 1943 von hier / aus von den Nazi-Henkern in die Todeslager / deportiert und ermordet wurden*
Eine kleinere, darunter gesetzte Tafel bekundete: *Gestiftet von Fam. S. Braun / Januar 1973 / Bund politisch, rassisch religiös Verfolgter Berlin*

Diese Tafel wurde in der Nacht vom 2. zum 3. Juni 1986 gestohlen, am 10. Juni 1986 durch eine provisorische neue Tafel ersetzt, die am 21. September 1986 von Unbekannten zerstört wurde. Am 3. April 1987 wurde endlich eine neue Tafel durch den Berliner Senat angebracht. Die in die Wand eingelassene neue Tafel trägt die Inschrift: לזכרון קרבנות השואה */ Zum Gedenken an Zehntausende jüdischer / Bürger Berlins, die ab Oktober 1941 / bis Februar 1945 von hier aus durch / die Nazi-Henker in die Todeslager / deportiert und ermordet wurden*

Dazu kam am 18. Oktober 1990 auf einer kleinen Straßeninsel an der Zufahrt die Aufstellung einer – ohne den hebräischen Satz »Zur Erinnerung an die Opfer der Schoah« – textgleichen Tafel durch Mitarbeiter des Grips-Theaters.

Am 18.10.1991 wurde ein Mahnmal von Karol Broniatowski anläßlich des 50. Jahrestages des

Beginns der Deportationen an der Zufahrt zum Güterbahnhof eingeweiht. Links daneben befindet sich eine Stele mit der Inschrift: *Zum Gedenken an die / mehr als 50 000 Juden Berlins, / die zwischen Oktober 1941 und / Februar 1945 vorwiegend / vom Güterbahnhof Grunewald aus / durch den national sozialistischen / Staat in seine / Vernichtungslager deportiert / und ermordet wurden. / Zur Mahnung an uns, / jeder Mißachtung des Lebens / und der Würde des Menschen / mutig und ohne Zögern / entgegenzutreten.*

Am 27.5.1997 wurde der Grundstein für eine Gedenkstätte am Gleis 17 gelegt, von dem die Züge in die Konzentrationslager fuhren.

**JÜDISCHES ALTERSHEIM**
**(heute Max-Bürger-Krankenhaus)**
**Berkaer Straße 31–35**

Inschrift: *Dieses Haus wurde 1930 von dem Architekten / Alexander Beer 10.9.1873–8.5.1944 als Altersheim / für die Jüdische Gemeinde zu Berlin erbaut. / Es wurde 1941 von der SS beschlagnahmt, die / letzten Bewohner und das Pflegepersonal / deportiert und im Konzentrationslager / ermordet. / Alexander Beer wurde 1943 in das Konzen-/trationslager Theresienstadt deportiert / und dort am 8.5.1944 ermordet.*

Alexander Beer entwarf eine große Zahl von Gebäuden für die Jüdische Gemeinde Berlins. Er wohnte am Landwehrkanal, Tiergarten, Blumeshof 15. Am 17. März 1943 wurde er deportiert. Enthüllung der Bronzetafel am 8.11.1988. Sie ersetzt eine Vorgängertafel, die die Inschrift trug: *Die Jüdische Gemeinde zu Berlin erbaute / im Jahre 1930 dieses Haus als Altersheim. / Die Nationalsozialisten nahmen im / Jahre 1941 widerrechtlich von ihm Besitz / und vertrieben seine Bewohner. Das freie Berlin beseitigte die Folgen / des Unrechts, erwarb das Haus im Jahre / 1954 und gab es kranken Mitbürgern / als Heimstatt.*

**JÜDISCHE SCHÜLER**
**Herbertstraße 2–6 (Schulhof der Walther-Rathenau-Schule)**

Inschrift: *Den ehemaligen jüdischen Schülern zum Gedenken, die der nationalsozialistischen Gewaltherrschaft zum Opfer fielen. Walther-Rathenau-Schule. 29. September 1988.*

Vgl. auch die Tafel in der Heinrich-von-Kleist-Oberschule, Tiergarten, Levetzowstraße.

**Alfred KANTOROWICZ**
*Berlin 12.8.1899 – †Hamburg 27.3.1979
**Kreuznacher Straße 48 Ecke Bonner Straße**

Inschrift: *In diesem Haus der ehemaligen Künstlerkolonie / lebte von 1931 bis 1933 / Alfred Kantorowicz / 12.8.1899–27.3.1979 / Literaturwissenschaftler und Schriftsteller, / emigrierte 1933 über Frankreich in die USA. / Mitbegründer der Exilorganisation / »Schutzverband Deutscher Schriftsteller«, / seit 1946 in Berlin (Ost). / 1947 bis 1949 Herausgeber der Zeitschrift »Ost und West«, / seit 1957 in der Bundesrepublik Deutschland.*

Enthüllung der Berliner Gedenktafel am 15.7. 1989.

**Erich KÄSTNER**
*Dresden 23.2.1899 – †München 29.7.1974
**Prager Straße 6**

Inschrift: *In dem Haus, das früher hier stand, / lebte von 1927 bis 1931 / Erich Kästner / 23.2.1899–29.7.1974 / Journalist und Schriftsteller, Kinderbuchautor / Beschreibt in »Emil und die Detektive« (1928) / seine Wohngegend am Prager Platz. 1933 wurden seine / Bücher von den Nationalsozialisten verbrannt.*

Heute befindet sich an der Stelle des Wohnhauses ein Kindergarten. Berliner Gedenktafel.

**Franz KAUFMANN**
*Berlin 5.1.1886 – †Sachsenhausen 17.2.1944
**Storkwinkel 5 (damals Hobrechtstraße 3)**

Der evangelische Christ, als getaufter Jude 1936 aus dem Staatsdienst entlassen, jedoch in »privilegierter Mischehe« lebend, engagierte sich in der Bekennenden Kirche und machte 1940 innerhalb einer Arbeitsgemeinschaft »als erster den riskanten Vorschlag, Juden zu verstecken. Er stieß dabei vor allem auf Zustimmung einer Gruppe couragierter Frauen. Dies waren [...] Helene Jacobs, Hildegard Schaeder, Hildegard Jacoby [† 2.6.1944] und Gertrud Staewen«. (Widerstand in Wilmersdorf, S. 28 ff.) Er und viele andere wurden im Sommer 1943 verhaftet. Kaufmann wurde im KZ Sachsenhausen inhaftiert und dort am 17.2.1944 erschossen. Berliner Gedenktafel. □

**Helmut KÄUTNER**
*Düsseldorf 25.3.1908 –
†Castellina/Italien 20.4.1980
**Koenigsallee 18g**

Schauspieler und Filmregisseur.
Grabstätte: Waldfriedhof Zehlendorf, Potsdamer Chaussee 75, Abt. III U 7 (Ehrengrab). Berliner Gedenktafel. □

**Alfred KERR, eigtl. Kempner**
*Breslau 25.12.1867 – †Hamburg 12.10.1948
**Douglasstraße 10**

Inschrift der am Gartenzaun befestigten Eisentafel: *Hier · lebte · bis · zu · seiner · Emigration / im · Jahre 1933 / Alfred Kerr / Theaterkritiker · Schriftsteller / und · Dichter / *25.12.1867 †12.10.1948 / Breslau Hamburg*

Der scharfzüngige Kritiker war eine Institution des Theaterlebens in Berlin. Nur zwei Wochen nach der »Machtergreifung« der Nazis verließ er nach einer Warnung durch die Polizei am 15.2.1933 mit seiner Frau und seiner Tochter Deutschland. Der Weg führte ihn über Prag nach Paris, später nach London. Am 10. Mai 1933 wurden auch seine Bücher auf dem Opernplatz (heute: Bebelplatz) verbrannt, am 14. Juli 1933 wurde ihm die deutsche Staatsbürgerschaft genommen. Als Danksagung für Glückwünsche zu seinem 80. Geburtstag hielt er Karten bereit, auf denen stand: »Man stirbt einen Tod; man weiß nicht, welchen; vielleicht ein schmuckes Schlaganfällchen.« (Voß) So geschah es: Bei seinem ersten Deutschlandbesuch nach dem Krieg erlitt er während einer Theateraufführung einen Schlaganfall und starb vier Wochen später in einem britischen Militärkrankenhaus. Beigesetzt wurde die Urne mit seiner Asche auf dem Friedhof in Hamburg-Ohlsdorf. Enthüllung der Tafel am 10.9.1971, dem 300. Gründungstag der Jüdischen Gemeinde.

**Alfred KERR**
**Höhmannstraße 6**

Inschrift: *Hier lebte / Alfred Kerr / 25.12.1867–12.10.1948 / Schriftsteller und Theaterkritiker / Erhob die Kritik zur literarischen Gattung / 1933 wurden seine Bücher verboten und verbrannt. / Alfred Kerr emigrierte / über Prag, Lugano und Paris nach London.*

Wohnort Kerrs von 1921 bis 1929, der später in die Douglasstraße umzog. Bei der Enthüllung der Berliner Gedenktafel am 12.10.1988 sprach der Herausgeber der Zeitschrift »Theater heute«, Rischbieter.

**Egon Erwin KISCH**
**Güntzelstraße 3**

Inschrift der Messingtafel: *In diesem Haus wohnte einige Jahre lang / bis zum 30. Januar 1933 / der Schriftsteller und Journalist / Egon Erwin Kisch (1885–1948)*

Der engagierte und kritische Journalist wurde berühmt durch seine Reportagen als »rasender Reporter«. 1933 wurde er verhaftet, aber auf Intervention der tschechoslowakischen Regierung freigelassen und konnte aus Deutschland ausreisen. Er nahm am spanischen Bürgerkrieg teil und fand schließlich in Mexiko Asyl. 1946 kehrte er in seine Heimatstadt Prag zurück.

**KÜNSTLERKOLONIE**
**Ludwig-Barnay-Platz (früher Laubenheimer Platz)**

In der Grünanlage befindet sich an der Seite zur Bonner Straße ein Findling mit eingelassener Tafel, Inschrift: *Mahnmal / für die / politisch / Verfolgten / der Künstlerkolonie*

Die Gedenktafel wurde am 15.3.1988 aus Anlaß des 55. Jahrestags des Überfalls der Nazis auf die Künstlerkolonie enthüllt.

**Helene LANGE**
*Oldenburg 9.4.1848 – †Berlin 13.5.1930
**Gertrud BÄUMER**
*Hohenlimburg 12.9.1873 –
†Gadderbaum b. Bielefeld 25.3.1954
**Kunz-Buntschuh-Straße 7 (früher: Gillstraße 9)**

Inschrift: *In dem Haus, das früher hier stand, / lebte von 1901 bis 1916 / Helene Lange / 9.4.1848–13.5.1930 / Pädagogin, Vorkämpferin / der bürgerlichen Frauenbewegung. / Bewirkte die Zulassung von Frauen zu Abitur und / Hochschulstudium. 1890 Mitbegründerin des / »Allgemeinen Deutschen Lehrerinnenvereins«. / Publizierte mit ihrer Lebensgefährtin Gertrud Bäumer / das »Handbuch der Frauenbewegung«.*

Helene Lange lebte hier mit Gertrud Bäumer zusammen. Enthüllung der Berliner Gedenktafel am 4.10.1989. Grabstätte: Friedhof Charlottenburg, Trakehner Allee 1, Abt. 5 A 1.

**Else LASKER-SCHÜLER**
*Elberfeld 11.2.1869 – †Jerusalem 22.1.1945
**Herwarth WALDEN, eigtl. Georg Levin**
*Berlin 16.9.1878 –
†Straflager Saratow/Wolga/UdSSR 31.10.1941
**Katharinenstraße 5 (Halensee)**

Inschrift: *In dem Haus, das früher hier stand, lebten und arbeiteten /*

| | |
|---|---|
| *von 1909 bis 1912* | *von 1909 bis 1911 /* |
| *Herwarth Walden* | *Else Lasker-Schüler /* |
| *16.9.1878–31.10.1941* | *11.2.1869–22.1.1945 /* |
| *Verleger, Komponist* | *Schriftstellerin, Lyrikerin /* |

*Walden gründete hier 1910 seine Zeitschrift »Der Sturm« / Forum des Expressionismus. Emigrierte 1932 in die UdSSR, / starb in stalinistischer Gefangenschaft. / Else Lasker-Schüler flüchtete 1933 in die Schweiz, / starb verarmt in Jerusalem.*

Nach der Heirat 1903 zog das Paar zunächst in die Ludwigkirchstraße 12, 1909 in die Katharinenstraße 5 (heute Auto-Werkstätten) und anschließend bis 1914 in die Grunewalder Humboldtstraße 13. Das Grab von Else Lasker-Schüler befindet sich auf dem Jüdischen Friedhof am Ölberg in Jerusalem. Enthüllung der Berliner Gedenktafel am 22.11.1991.

**Lilli LEHMANN**
*Würzburg 24.11.1848 – †Berlin 16.5.1929
**Herbertstraße 20 (Grunewald)**

Inschrift: *Hier lebte seit 1891 / Lilli Lehmann / 24.11.1848–16.5.1929 / Sopranistin und Gesangspädagogin, / seit 1870 Berliner Hofoper, / von 1886 bis 1890 Metropolitan Opera, New York. / Berühmte Wagner- und Mozartsängerin. / 1901 Mitbegründerin der Salzburger Festspiele. / Eine der ersten Bewohnerinnen der / Villenkolonie Grunewald.*

Die Königliche Kammersängerin und bedeutende Mozartinterpretin wurde zugleich erste Vorsitzende des Berliner Tierschutzvereins. Grabstätte: Dorffriedhof Dahlem, Königin-Luise-Straße 55 (Ehrengrab). Enthüllung der Berliner Gedenktafel am 4.10.1989.

**LOUISE HENRIETTE**
*Den Haag 27.11.1627 – †Berlin 18.6.1667
**Henriettenplatz (Halensee)**

Inschrift: *1627–1667 / Louise Henriette / Prinzessin / von Oranien Nassau / 1620–1688 / Friedrich Wilhelm / Markgraf von Brandenburg / Der grosse Kurfürst / Verehel. 1646 Den Haag / Gestiftet von / niederländischen / Unternehmen / in Berlin / 1988*

Die Prinzessin von Oranien war seit dem 7.12.1646 verheiratet mit Kurfürst Friedrich Wilhelm, dem Großen Kurfürsten. Die dreieckige Stele aus grauem Granit trägt an den beiden freien Seiten je ein ovales Medaillon mit dem Reliefporträt der Kurfürstin und des Kurfürsten. Die Inschrift ist gleichfalls in einen ovalen Rahmen gefaßt.

**Rosa LUXEMBURG**
**Karl LIEBKNECHT**
**Mannheimer Straße 27**

Inschrift des Granitsteins im Gehweg: *Letzter Zufluchtsort der / deutschen Revolutionäre / Rosa Luxemburg / Karl Liebknecht / vor ihrer Ermordung durch / marodierende Reichswehrtruppen / am 15.1.1919*

In der Wohnung eines Parteigenossen wurden in diesem Hause, damals Mannheimer Straße 43, Rosa Luxemburg, Karl Liebknecht und Wilhelm Pieck am 15.1.1919 von Angehörigen der Wilmersdorfer Bürgerwehr festgenommen, anschließend in das Eden-Hotel – ein Hauptquartier von Freikorpssoldaten – gebracht. Luxemburg und Liebknecht wurden ermordet, Pieck wurde freigelassen. Enthüllung am 15.1.1990.

**Theo MACKEBEN**
*Preußisch Stargard 5.1.1897 –
†Berlin 10.1.1953
**Kissinger Straße 60 (zwischen Davoser Straße und Weinheimer Straße)**

Inschrift: *In diesem Haus lebte seit 1952 / Theo Mackeben / 5.1.1897–10.1.1953 / Komponist, schrieb Operetten / und die Musik zu zahlreichen Spielfilmen, / unter anderem »Bel ami«*

Wohnhaus des Komponisten 1952/53, der seit 1922 als Kapellmeister an vielen Berliner Bühnen tätig war. An der Enthüllung der Berliner Gedenktafel am 29.5.1990 nahm auch seine Witwe Loni Heuser-Mackeben (*Düsseldorf 22.1.1908) teil.

**Heinrich MANN**
*Lübeck 27.3.1871 –
†Santa Monica/Kalifornien 12.3.1950
**Fasanenstraße 61 (am Fasanenplatz gegenüber der Ludwigkirchstraße)**

Inschrift: *Hier lebte von 1932 bis 1933 / Heinrich Mann / 27.3.1871–12.3.1950 / Schriftsteller und Essayist, / kämpfte gegen Nationalismus, Militarismus und / Obrigkeitsdenken (Der Untertan). / 1931 bis 1933 Präsident der Sektion Dichtkunst / der Preußischen Akademie der Künste. / Emigrierte 1933 über Frankreich in die USA.*

Der gesellschaftskritische Dichter flüchtete zunächst im Februar 1933 nach Nizza. Erst nach Beginn des Zweiten Weltkriegs 1940 gelangte er noch über Spanien und Portugal in die USA. Er wollte nach Deutschland in die DDR zurückkehren, um das Amt des ersten Präsidenten der Deutschen Akademie der Künste zu übernehmen. Begraben ist der Bruder Thomas Manns auf dem Dorotheenstädtischen Friedhof, Mitte, Chausseestraße 126, An der Mauer 36. Enthüllung der Berliner Gedenktafel am 5.5.1989.

**Fritz MAUTHNER**
*Horitz/Böhmen 22.1.1849 –
†Meersburg 29.6.1923
**Wangenheimstraße 46**

Wohnort des Schriftstellers und Philosophen 1892–1905. Theaterkritiker des Berliner Tageblatts, u. a. Parodiensammlung »Nach berühmten Mustern«, philosophisches Hauptwerk »Beiträge zu einer Kritik der Sprache«. Von Berlin zog er zunächst nach Freiburg/Br. und von dort 1909 nach Meersburg. Berliner Gedenktafel. □

**Johann H. L. MEIEROTTO**
*Stargard/Pommern 22.8.1742 –
†Berlin 24.9.1800
**Gerhart-Hauptmann-Anlage (zwischen Bundesallee und Meierottostraße)**

Holztafel mit Wilmersdorfer Wappen am Gitter im Park und der Inschrift: *Johann H. L. Meierotto / Erster Direktor / des Joachimsthalschen Gymnasiums / *1742 †1800*

**Will MEISEL**
*Berlin 17.9.1897 –
†Müllheim/Baden 29.4.1967
**Wittelsbacherstraße 18 (zwischen Konstanzer Straße und Brandenburgische Straße)**

Inschrift: *Hier lebte und wirkte ab 1934 / Will Meisel / 17.9.1897–29.4.1967 / Operetten- und Filmkomponist / Gründer der Meisel Musik- und Bühnenverlage*

Meisel hatte hier seine Wohnung bis zu seinem Lebensende. Enthüllung der Berliner Gedenktafel am 23.9.1988.

**Franz von MENDELSSOHN**
*Berlin 29.7.1865 – †Berlin 18.6.1935
**Bismarckallee 23 (heute Sankt-Michaels-Heim)**

Inschrift: *Hier lebte von 1899 bis 1935 / Franz von Mendelssohn / 29.7.1865–18.6.1935 / Jurist und Bankier · Mitinhaber des Bankhauses / Mendelssohn / 1914 bis 1931 Präsident der Berliner Industrie- / und Handelskammer / 1921 bis 1931 Präsident des Deutschen Industrie- / und Handelstages*

Das Haus für Franz von Mendelssohn, in sechster Generation Nachfahre von Moses Mendelssohn, wurde von Ernst von Ihne entworfen. Der Tagesspiegel schrieb am Tag nach der Enthüllung: »Sein Mäzenatentum bereicherte nicht nur das Berliner Kulturleben. Nach seinem Tode bemächtigten sich die Nationalsozialisten seines Grunewalder Besitzes, der im Krieg zu wesentlichen Teilen zerstört wurde. Nach dem Krieg verkaufte die Familie Mendelssohn ihren Besitz an der Bismarckallee an das Johannische Aufbau- und Sozialwerk. Bei der gestrigen Tafelenthüllung nahm auch ein Sohn Franz von Mendelssohns teil. Die Festrede hielt der Ost-Berliner Schriftsteller Heinz Knobloch. In einer an historischen Anspielungen reichen Skizze der berühmten Familie Mendelssohn wies Knobloch auch darauf hin, daß das Mendelssohnsche Bankhaus bis zum Jahr 1938 bestanden hatte. Die Inhaber hätten sich der demütigenden ›Arisierung‹, mit der die Nazis jüdisches Eigentum wegnahmen, widersetzt und die Auflösung ihres Unternehmens, als es nicht mehr anders ging, selbst betrieben. Das Bankhaus, darauf wies Knobloch auch hin, hat als Gebäude den Krieg überdauert, steht in der heutigen Otto-Nuschke-Straße Ost-Berlins [Jägerstraße] und beherbergt die Deutsche Außenhandelsbank der DDR. Dort werde auch ein Sonderkonto geführt: für Spenden zum Wiederaufbau der im Krieg ausgebrannten, vorher von den Nazis geschändeten Neuen Synagoge in der Oranienburger Straße, Ost-Berlin.« Enthüllung der Berliner Gedenktafel am 21.9.1988.

**Julius MORGENROTH**
*1871 – †1924
**Hohenzollerndamm Ecke Brienner Straße (Julius-Morgenroth-Platz)**

*Inschrift: Julius-Morgenroth-Platz / Julius Morgenroth (1871 – 1924) / Arzt und Biologe an Charité und Robert-Koch-Institut. / Seine Hauptarbeitsgebiete waren die Immunitätslehre / und die Chemotherapie. / 1938 wurde in Wilmersdorf die nach Morgenroth benannte Straße wegen / seiner jüdischen Herkunft von den / Nationalsozialisten umbenannt in Dünkelbergsteig.*

Da der Versuch einer Rückbenennung erfolglos blieb, erhielt das kleine Dreieck den neuen Platznamen. Die weiße Metalltafel befindet sich dort in einem Metallrahmen.

**Rudolf MOSSE**
*Grätz/Westpreußen 8.5.1843 –
†Schenkendorf b. Berlin 8.9.1920
**Rudolf-Mosse-Straße 11 Ecke Mecklenburgische Straße (Max-Bürger-Krankenhaus)**

Inschrift: *Dieses Haus wurde gestiftet von / Rudolf Mosse / 8.5.1843–8.9.1920 / Verlagsbuchhändler und Verleger, / eröffnete 1867 eine Annoncenexpedition, / später einen Zeitungsverlag. / Gründete 1871 das renommierte / »Berliner Tageblatt«*

Enthüllung der Berliner Gedenktafel am 9.5. 1989. Mosses Grab befindet sich auf dem Jüdischen Friedhof Weißensee, Herbert-Baum-Straße (Markus-Reich-Platz), Abt. M I Mauer Erbbegräbnis 127.

**Friedrich Wilhelm MURNAU, eigtl. Plumpe**
*Bielefeld 28.12.1888 –
†Santa Monica/Kalifornien 11.3.1931
**Douglasstraße 22**

Inschrift: *Hier lebte von 1919 bis 1926 / Friedrich Wilhelm Murnau / 28.12.1888–11.3.1931 / Schauspieler, Regisseur zahlreicher Stummfilme: / »Nosferatu« (1921), »Der letzte Mann« (1924), / erschloß dem Film neue Ausdrucksmöglichkeiten / durch »Entfesselung der Kamera«. / Seit 1926 in Hollywood, drehte dort unter anderem / »Sunrise« (1927)*

Begraben ist er auf dem Südwestfriedhof der Berliner Stadtsynode in Stahnsdorf, Rudolf-Breitscheid-Platz, Block Schöneberg, 3 a, Erbbegräbnis 5. Enthüllung der Berliner Gedenktafel am 4.10.1989.

**Ernst NIEKISCH**
*Trebnitz/Niederschlesien 23.5.1889 –
†Berlin 23.5.1967
**Koblenzer Straße 8 (gegenüber der Einmündung der Mainzer Straße)**

Inschrift: *In diesem Haus lebte / Ernst Niekisch / von 1947 bis zu seinem Tode 1967 / »Entweder wir sind ein revolutionäres Volk, oder wir / werden endgültig aufhören, ein freies Volk zu sein«*

Niekisch engagierte sich parteipolitisch ab 1917 auf der Linken (SPD, USPD), war Landtagsabgeordneter in Bayern. 1931 veröffentlichte er sein Buch »Hitler, ein deutsches Verhängnis«. Wegen seines Engagements gegen den Nationalsozialismus wurde er am 22.3.1937 verhaftet und wegen »Hochverrats« zu einer lebenslangen Zuchthausstrafe verurteilt. 1945 wurde er aus dem Zuchthaus Brandenburg befreit. Er wurde Mitglied der KPD/SED, lehrte ab 1948 an der Humboldt-Universität und wurde Mitglied der Volkskammer. Seine Kritik an den Mißständen, die zum Arbeiteraufstand vom 17. Juni 1953 führten, brachte den Bruch mit dem System. Er trat aus der SED aus, legte alle Ämter nieder und siedelte 1954 nach West-Berlin über. Die kleine Metalltafel ist rechts neben der rechten Erdgeschoßwohnung angebracht.

**Felix NUSSBAUM**
*Osnabrück 11.12.1904 –
†Auschwitz-Birkenau 9.8.1944
**Xantener Straße 23**

Inschrift: *In dem Haus, das früher hier stand, / lebte und arbeitete von 1928 bis 1932 / Felix Nussbaum / 11.12.1904–9.8.1944 / Maler des Neuen Realismus, seit 1933 / in der Emigration, zuletzt in Belgien. / 1944 in seinem Brüsseler Versteck / von der Gestapo verhaftet, nach Auschwitz deportiert / und dort ermordet.*

Nussbaum, dem ein für 1932/33 gewährtes Rom-Stipendium der Preußischen Akademie der Künste nach der Machtübernahme der Nazis wieder entzogen wurde, ging mit seiner Freundin Felka Platek nach Belgien. Dort lebten sie bis 1942 in Brüssel, Rue Archimède. Dann versteckten sie sich im Haus des Bildhauers Dolf Ledel, kehrten aber im März 1943 nach Brüssel in ihr altes Domizil zurück. Am 20.6.1944 wurden sie denunziert und verhaftet. Am 31.7.1944 wurden beide nach Auschwitz deportiert. Die versteckten Gemälde Nussbaums wurden von den Nazis nicht gefunden. Sie befinden sich heute überwiegend im Kulturhistorischen Mu-

seum in Osnabrück. Enthüllung der Berliner Gedenktafel am 11.12.1989.

**OLIVA**
**Olivaer Platz (Nordwestecke)**

Eine Bronzetafel trägt die Inschrift über der Ansicht des Westwerks der ehemaligen Abtei von Oliva, das Wort *Oliva*, darunter die Jahreszahl *1660*.

In der Abtei von Oliva (erbaut von Zisterziensern, 1170), einem Ort bei Danzig, wurde am 3. Mai 1660 mit dem »Frieden von Oliva« der schwedisch-polnische Krieg beendet.

**OPFER DER KRIEGE, DES NATIONALSOZIALISMUS UND DES KOMMUNISMUS**
**Fehrbelliner Platz 4 (Rathaus Wilmersdorf)**

Im Rundhof (Wappenhof) stehen drei Gedenksteine mit folgenden Inschriften (v.l.n.r.):

(1.) *Den Opfern / der Weltkriege 1914–1918 1939–1945;* (2.) *Den Opfern / nationalsozialistischer Willkür;* (3.) *Den Opfern / kommunistischer Willkür*

**Hans Paul OSTER**
*Dresden 9.8.1887 – †Flossenbürg 9.4.1945
**Bayerische Straße 9 Ecke Düsseldorfer Straße**

Inschrift: *In diesem Haus lebte von 1933 bis 1944 / Generalmajor / Hans Paul Oster / 9.8.1887–9.4.1945 / Aktiv im militärischen Widerstand gegen / den Nationalsozialismus. / Am 21. Juli 1944 verhaftet und im / KZ Flossenbürg ermordet.*

Oster war Leiter der Zentralabteilung Ausland/ Abwehr im Oberkommando der Wehrmacht und ein entschiedener Gegner der Kriegspläne Hitlers. Er versuchte schon vor dem Zweiten Weltkrieg Hitler loszuwerden und trat in Verbindung zu Oppositionellen. Abwehrchef Canaris deckte ihn. Am 5.4.1943 wurde er entlassen, am 21.7.1944 – nach dem gescheiterten Attentat auf Hitler – verhaftet und im Gestapo-Hauptquartier inhaftiert. Am 7.2.1945 wurde er in das KZ Flossenbürg gebracht und dort ermordet. Enthüllung der Berliner Gedenktafel am 14.8. 1990.

**Erik PERWE**
*Schweden 1.1.1905 – †Ostsee 29.11.1944
**Landhausstraße 26 (Schwedische Victoriagemeinde)**

Zwei übereinandergesetzte kupferfarbene Tafeln, die eine Einheit bilden. Die Inschrift steht unter einem Kreuz, vor dem sich zwei Hände fassen: *Erik Perwe / 1/1 1905–29/11 1944 / Kyrkoherde i Svenska Victoriaförsamlingen / 1942–1944 / De förföljdas räddare och vän, / som riskerade och gav livet / för sina medmänniskor. / Omnia gratia – Allt av Nåd.* (deutsche Übersetzung: *Erik Perwe / 1/1 1905–29/11 1944 / Pfarrer der Schwedischen*

*Victoriagemeinde / 1942– 1944 / Retter und Freund der Verfolgten, er riskierte und gab sein Leben / für seine Mitmenschen / Omnia gratia – Alles durch Gnade.)*

Die deutsche Übersetzung wie auch nachfolgende Angaben zu Perwes Leben lieferte freundlicherweise die Schwedische Victoriagemeinde: Nach dem Theologiestudium in Lund von 1925–31 arbeitete er als Pfarrer in Norrköping, später als Marinepfarrer in Arkösund, wo er sich für internierte Polen einsetzte. Im September 1942 wurde er Pfarrer der Schwedischen Victoriagemeinde in Berlin, wo er sich nicht nur um die schwedischen Gemeindemitglieder in der zerbombten Stadt, sondern auch um Juden und politische Flüchtlinge kümmerte (Zusammenarbeit mit der Gräfin von Maltzahn). Im November 1944 starb er auf der Reise nach Schweden bei einem Flugzeugabsturz über der Ostsee. Man vermutet, daß das Flugzeug von den Nationalsozialisten abgeschossen wurde.

**Franz PFEMFERT**
*Lötzen/Ostpreußen 20.11.1879 –
†Mexico-City 26.5.1954
**Nassauische Straße 17**

Inschrift: *Hier lebte und arbeitete von 1911 bis 1933 / Franz Pfemfert / 20.11.1879–26.5.1954 / Publizist, Begründer und Herausgeber der Zeitschrift / »Die Aktion« (1911–1932) / Engagierte sich für expressionistische Kunst und Literatur, / machte seine Zeitschrift zum Sprachrohr / gegen Nationalismus und Militarismus. / Emigrierte 1933, zuletzt nach Mexico-City. / Starb verarmt im Exil.*

Die Flucht aus Nazideutschland führte den engagierten, antinationalistischen Publizisten und seine Frau über die Tschechoslowakei, Frankreich, Portugal und die USA schließlich nach Mexiko, wo er sich als Photograph durchschlug. Enthüllung der Berliner Gedenktafel am 28.11. 1989.

**Max PLANCK**
**Wangenheimstraße 21 (zwischen Lynarstraße und Caspar-Theyß-Straße)**

Inschrift: *In dem früher hier stehenden Haus / lebte von von 1905 bis 1944 / Max Planck / 23.4.1858–4.10.1947 / Physiker, seit 1889 Professor an der Berliner / Universität, 1918 Nobelpreis. / Entdecker des Planck'schen Wirkungsquantums / 1930 bis 1937 und 1945/46 Präsident der / Kaiser-Wilhelm-Gesellschaft, / seit 1946 Max-Planck-Gesellschaft*

Beigesetzt wurde Planck auf dem Städtischen Friedhof in Göttingen. Enthüllung der Berliner Gedenktafel am 4.10.1989.

**Walther RATHENAU**
**Koenigsallee (gegenüber Einmündung der Erdener Straße)**

Stein mit Bronzetafel, Inschrift: *Die Liberal-Demokratische Partei Deutschlands / dem Andenken an / Walther Rathenau / Reichsaussenminister der Deutschen Republik / Er fiel an dieser Stelle durch Mörderhand / am 24. Juni 1922 / Die Gesundheit eines Volkes kommt / nur aus seinem inneren Leben – aus dem / Leben seiner Seele und seines Geistes / Oktober 1946*

Hier gab es bereits eine Gedenktafel, die von den Nazis entfernt wurde. 1973 wurde die 1946 angebrachte Tafel wiederum entwendet und erneuert. Mitte Juli 1987 wurde die Tafel erneut vermißt, aber schon wenige Tage darauf wieder angebracht. Mitarbeiter des Hochbauamts hatten sie zum Zwecke der Reinigung abmontiert. Am 28. Mai 1992 wurde der Gedenkstein von Unbekannten besudelt. Gegen 8.40 Uhr entdeckte eine Polizeistreife einen abgetrennten Schweinekopf auf ihm. Enthüllt wurden Stein und Tafel durch den Vorsitzenden der Liberaldemokratischen Partei Deutschlands (später Blockpartei in der DDR), Wilhelm Külz (*Borna 18.2.1874 – †Borna 10.4.1948), am 23.10.1946.

**Walther RATHENAU**
**Koenigsallee 65**

Inschrift: *Dieses Haus erbaute / und bewohnte von / 1910–1922 / Walther / Rathenau / Reichsaussenminister*

**Hilla REBAY**
*Straßburg 1890 – †New York City 1967
**Kurfürstendamm 136**

Wohnort der Malerin von 1913–1927. Berliner Gedenktafel. □

**Max REINHARDT, eigtl. Goldmann**
*Baden b. Wien 9.9.1873 –
†New York City 31.10.1943
**Fontanestraße 8 (unweit Bahnhof Grunewald)**

Inschrift: *Max Reinhardt / 1873–1943 / In dem einst hier / stehenden Hause lebte / der berühmte / Schauspieler und / Regisseur von / 1902–1905 / Eine Aktion der Spielbank Berlin*

Max Reinhardt, dessen Name unauslöschlich mit Berlin und dem Deutschen wie dem deutschen Theater verbunden ist, zog von hier in das »Palais Wesendonck«, In den Zelten (Tiergarten). 1933 verließ er das nationalsozialistische Deutschland und ging nach Österreich. Von dort zog er 1937 in die USA. Er starb in New York am 31. Oktober 1943, »es war die zweite Stunde des noch nächtlichen Tags, im Hotel Gladstone, 114 East 52nd Street«. (Tsp., 30.10.93)

Nicht erfüllt hat sich der Wunsch Erwin Piscators: »Nach dem Kriege wird über der Eingangstür in der Schumannstraße stehen ›Staatliche Max-Reinhardt-Bühne, freies Deutsches Theater‹, ein Wahrzeichen für die freie schöpferische Entwicklung des Menschen und des Künstlers.« (Tsp., 30.10.93) Die Tafel befindet sich recht unscheinbar an der linken Hausecke in Höhe des ersten Stockwerks über den Garagen. Beigesetzt wurde Reinhardt auf dem Westchester Hills Cemetery bei Hastings am Hudson River.

**Erich Maria REMARQUE**
*Osnabrück 22.6.1898 –
†Locarno/Schweiz 25.9.1970
**Wittelsbacherstraße 5**

Inschrift der Bronzetafel: *In diesem Hause lebte bis 1929 / Erich Maria Remarque / und schrieb »Im Westen nichts Neues« / Geboren 22.6.1898 Osnabrück / Gestorben 25.9.1970 Locarno*

Bei der Vorführung des nach seinem Antikriegsroman gedrehten Films im »Metropol« am Nollendorfplatz verursachten die Nazis einen Skandal, als sie weiße Mäuse laufen ließen und dadurch ein Aufführungsverbot erreichten (Initiator dieser Aktion war der vom Linken zum Nationalsozialisten mutierte und später wieder zum Kommunisten konvertierte Schriftsteller Arnolt Bronnen). Remarque verließ noch im Januar 1933 Berlin und gelangte über die Schweiz und Frankreich in die USA. Seine Werke wurden verbrannt, die deutsche Staatsbürgerschaft wurde ihm aberkannt.

**Otto REUTTER, eigtl. Pfützenreuter**
*Gardelegen/Altmark 24.4.1870 –
†Düsseldorf 3.3.1931
**Bregenzer Straße 5**

Inschrift: *In diesem Hause lebte von 1911 bis 1920 / Otto Reutter / 24.4.1870–3.3.1931 / Populärer Kabarettist, Star im Varieté-Theater / »Wintergarten«, / verfaßte über tausend Couplets, / unter anderem »Der Überzieher«*

Reutters Karriere begann 1895 in Berlin am Apollo-Theater in der Friedrichstraße. Später begeisterte er das Publikum im »Wintergarten« mit seinen witzigen, ironischen und auch boshaften Chansons, die sich z. T. bis heute eines großen Bekanntheitsgrades erfeuen (»In fünfzig Jahren ist alles vorbei«). Tucholsky schrieb 1932 über ihn: »Er hatte gegen eine Sprache zu kämpfen, die schwerfällig ist, die man erst biegen und kneten muß, mit der man Jahre und Jahre zu üben hat, bis sie tanzt [...] bei ihm hopste sie.« Die Berliner Gedenktafel wurde 1991 enthüllt.

**Rainer Maria RILKE**
*Prag 4.12.1875 –
†Valmont/Schweiz 29.12.1926
**Hundekehlestraße 11**

Inschrift: *In der früher hier stehenden »Villa Waldfrieden« / lebte von 1898 bis 1900 / Rainer Maria Rilke / 4.12.1875–29.12.1926 / Lyriker, schrieb hier 1899 die Erstfassung der Weise von Liebe und Tod des Cornets Christoph Rilke*

Enthüllung der Berliner Gedenktafel am 4.12. 1989.

**Carl Ludwig SCHLEICH**
*Stettin 19.7.1859 –
†Bad Saarow-Pieskow 7.3.1922
**Franzensbader Straße Ecke Hubertusbader Straße (Carl-Ludwig-Schleich-Promenade)**

Inschrift der Holztafel: *Carl- / Ludwig- / Schleich- / Promenade / Arzt / und / Dichter / Geb. 19.7.1859 / Gest. 7.3.1922*

**Anna SEGHERS, eigtl. Netty Rádvanyi**
*Mainz 19.11.1900 – †Berlin 1.7.1983
**Helmstedter Straße 24**

Inschrift: *Hier lebte von 1928 bis 1933 / Anna Seghers / 19.11.1900–1.7.1983 / Schriftstellerin, Trägerin des Kleist-Preises (1928) / und des Georg-Büchner-Preises (1947) / 1933 wurden ihre Bücher verboten und verbrannt / Anna Seghers emigrierte über Frankreich und Spanien / nach Mexiko / 1952 bis 1978 Präsidentin des Schriftstellerverbandes / der DDR · Hauptwerk: Das siebte Kreuz*

Anna Seghers trat 1928 der KPD bei. 1933 flüchtete sie vor den Nazis nach Frankreich, von dort nach dem Beginn der deutschen Besetzung weiter nach Mexiko, wo sie bis zu ihrer Rückkehr nach Deutschland 1947 lebte. Sie zog

in den Ostteil und wohnte in der (heute nach ihr benannten) Volkswohlstraße in Adlershof (s. d.). Am 18.6.1975 verlieh ihr Berlin die Ehrenbürgerwürde. Enthüllung der Berliner Gedenktafel an ihrem 5. Todestag, 1.7.1988. Begraben ist Anna Seghers auf dem Friedhof der Dorotheenstädtischen und Friedrichwerderschen Gemeinde, Mitte, Chausseestraße 126.

**Carl SONNENSCHEIN**
*Düsseldorf 15.7.1876 – †Berlin 20.2.1929
**Delbrückstraße 35 Ecke Hubertusallee**

Inschrift der Bronzetafel: *Carl-Borromäus-Kirche / erbaut zum Gedenken / des Berliner / Großstadtapostels / Dr· Carl Sonnenschein / 1876–1929*

Sonnenschein kam 1918 als Studentenseelsorger nach Berlin und wurde schnell zum »Vater der Armen« der Reichshauptstadt. Er begründete die katholische Volkshochschule und ein katholisches Arbeitsamt. Jeden Tag half der Priester ohne Gemeinde vor allem in den Arbeiterquartieren im Norden und Nordosten der Stadt. Er schrieb: »Ach, weniger Worte und mehr Hilfe! Mehr Hilfe! Mehr Initiative! Mehr Tat des praktischen Lebens! Nur so, Freunde, werden sich Parlament und Volk ergänzen!« Zweiundfünfzigjährig starb er und wurde am 28.2.1929 auf dem St. Hedwigs-Friedhof, Mitte, Liesenstraße, begraben. Ein großes Kruzifix schmückt sein Grab.

**SONNENUHR**
**Blissestraße Ecke Uhlandstraße**

Tafel am Sockel einer Sonnenuhr, Inschrift: *Sie sagt nich tick, sie sagt nich tack, / hat keene Jlocke, hat keenen Schlag, / Wenn die Sonne scheint, denn jeht se, / und wenn't rejent, denn steht se.*

**Julius SPRINGER**
*Berlin 18.5.1817 – †Berlin 17.4.1877
**Heidelberger Platz 3**

Hier ist das Stammhaus des renommierten Wissenschaftsverlages Springer. Berliner Gedenktafel. □

**STÄDTE-PARTNERSCHAFT**
**Blissestraße (Nähe Mecklenburgische Straße; an der Zufahrt vor der Friedrich-Ebert-Schule)**

Inschrift des Steins: *Forchheim / Wilmersdorf / In / Freundschaft / verbunden* (darunter ist eine angedeutete Schnecke in den Stein gemeißelt). Rechts neben dieser Inschrift ist in den Stein gemeißelt: *Dolomit-Steinbruch / Urspring Altental / Seefriedsche Forst-/verw. 1989 E. Müller*

**STÄDTE-PARTNERSCHAFTEN**
**Fehrbelliner Platz Ecke Barstraße (Passage am Rathaus Wilmersdorf)**

In dem Durchgang steht wie ein Stützpfeiler eine Reliefstele. An der straßenseitigen Wand ist eine Aluminiumtafel mit folgender Inschrift befestigt: *Diese Reliefstele wurde zum Europatag 1972 errichtet / Sie symbolisiert die partnerschaftlichen Beziehungen / zwischen fünf europäischen Städten und Wilmersdorf / Geschaffen wurde sie / von dem Berliner Bildhauer Reinhold Hommes*

**Adam STEGERWALD**
*Greußenheim b. Würzburg 14.12.1874 – †Greußenheim 3.12.1945
**Zoppoter Straße 62 (unweit Lentzeallee)**

Inschrift: *Hier lebte von 1921 bis 1934 / Adam Stegerwald / 14.12.1874–3.12.1945 / Führender christlicher Gewerkschaftler, / Zentrumspolitiker, preußischer Minister und / Minister der Weimarer Republik*

Stegerwald war 1919–1921 Mitglied des Preußischen Landtags und 1920–1933 des Deutschen Reichstags. Er war 1930 preußischer Verkehrssowie 1932 Arbeitsminister. Nach dem 20. Juli 1944 wurde er für zwei Monate inhaftiert. 1945 war er Mitbegründer der CSU, die amerikanische Besatzungsmacht setzte ihn als Regierungspräsident von Unterfranken ein. Enthüllung der Berliner Gedenktafel am 3.12.1988.

**Erich STEINFURTH**
*Mittenwalde 10.8.1896 – †Berlin 1.2.1934
**Ernst KAMIETH**
†Berlin 7.11.1951
**Fritz SCHÖNHERR**
†Berlin 19.8.1952
**Cordesstraße 3 (Eisenbahnwerkstätten; ehemaliges RAW Grunewald)**

Eine schwarze Emailtafel in einer kleinen Gedenkanlage im Hof hinter dem Eingangstor zeigt das Symbol der »Vereinigung der Verfolgten des Naziregimes« (Die Buchstaben VVN stehen auf einem roten Dreieck). Darunter steht in goldener Schrift: *Erich Steinfurt [!] / Von den Faschisten am 2.2.1934 ermordet / Ernst Kamieth / In Ausübung seines Dienstes / von Neofaschisten am 7.11.1951 ermordet / Fritz Schönherr / von Neofaschisten am 19.8.1952 ermordet / Ihr Tod ist uns Verpflichtung*

Erich Steinfurth war Schlosser (nach anderer Quelle Lokheizer) und arbeitete im RAW Grunewald. Hier war der KPD-Funktionär seit Anfang der zwanziger Jahre als Betriebsrat gewählt. Er leitete ab Mitte der zwanziger Jahre die Rote Hilfe in Berlin-Brandenburg, ab 1927 gehörte er deren Zentralvorstand an. Von 1929–1933 war er Mitglied des Preußischen Landtags, wurde am 25.3.1933 verhaftet, in Berlin-Plötzensee und im KZ Sonnenburg inhaftiert und wahrscheinlich am 1. Februar 1934 am sogenannten Kilometerberg (Schäferberg) in Berlin-Wannsee zusammen mit drei weiteren KPD-Mitgliedern ermordet. (s. Gedenkstein in Wannsee)

Ernst Kamieth ist ein Opfer des Kalten Krieges und der Auseinandersetzungen um die Rechtsstellung der Deutschen Reichsbahn in Berlin. Er war Dienststellenleiter des Bahnbetriebswerks am Potsdamer Bahnhof und kam bei einer Auseinandersetzung mit West-Berliner Polizei ums Leben. In der DDR-offiziellen Geschichtsschreibung liest sich das so (Keiderling, Berlin 1945 bis 1986, S. 528): »Am 7. November 1951 überfiel ein Westberliner Polizeikommando das Bahnbetriebswerk am Potsdamer Bahnhof. Dabei wurde der Dienststellenleiter Ernst Kamieth von einem Polizeioffizier namens Zunker erschlagen.« Gegen den Polizeiinspektor Zunker wurde deshalb (so die westliche »Chronik der Jahre 1951–1954«) am 11. Januar 1952 wegen »Körperverletzung mit tödlichem Ausgang« »Haftbefehl wegen Verdunkelungsgefahr und Fluchtverdacht« erlassen, denn »am 7. November 1951 hatte ein Einsatzkommando der West-Berliner Polizei unter Führung von [...] Zunker [...] das [...] Bahnbetriebswerk Potsdamer Güterbahnhof nach kommunistischem Propagandamaterial durchsucht. Als der Werksleiter Kamieth die Polizisten daran hindern wollte, wurde er von Zunker zur Seite gestoßen und erlitt dabei innere Schädelverletzungen, die wenige Stunden später in der Charité zu seinem Tode führten.« Am 17.11.1952 verurteilte das Schwurgericht Moabit Zunker zu zwei Jahren und drei Monaten Gefängnis. Das Urteil wurde vom Bundesgerichtshof aufgehoben, die 3. Strafkammer des Landgerichts verurteilte Zunker jedoch am 10.5.1954 »wegen sechs, teilweise gefährlichen Körperverletzungen im Amt zu einer Strafe von 22 Monaten Gefängnis«. Einen Gedenkstein für Kamieth auf dem Gelände des Bahnbetriebswerks Potsdamer Güterbahnhof hatten West-Berliner Polizisten bereits im November 1952 entfernt.

Der Hintergrund zum Tode Schönherrs war nicht aufzuhellen. Die Berliner »Chronik der Jahre 1951–1954« (S. 478 f.) berichtet nur, daß der »kommunistische Funktionär« an einem Gehirnschlag starb. Seinen Tod versuchten »die Ost-Berliner Zeitungen als politischen Mord darzustellen«. Bei der Trauerfeier am 29.8.1952 kam es am Krematorium Wedding und am S-Bahnhof Humboldthain zu Auseinandersetzungen zwischen demonstrierenden Trauergästen und der Polizei.

Darüber hinaus befanden sich zwei weitere Tafeln für Erich Steinfurth (Enthüllung 8.9.1952) und Fritz Schönherr (Enthüllung 18.8.1967) an einem Gebäude. Beide sind abgenommen und sollen eingelagert worden sein. Der Text der Tafel für Steinfurth lautete: *Zum Gedenken / an unseren von Faschisten / ermordeten Kollegen / Erich Steinfurth / *10.8.1896 ermordet am 2.2.1934. / Sein Tod soll uns Mahnung / u. Verpflichtung sein.*

Der Text der Tafel für Schönherr konnte nicht ermittelt werden.

**Robert STOLZ**
*Graz 25.8.1880 – †Berlin 27.6.1975
**Paulsborner Straße 81 Ecke Westfälische Straße**

Inschrift der Metalltafel: *1880 Robert Stolz 1975 / Hier lebte und wirkte von 1929 bis 1935 / der weltberühmte Komponist und Dirigent Robert Stolz. / Viele seiner unsterblichen Melodien / entstanden an dieser Stätte.*

Stolz kam 1924 nach Berlin. Hier komponierte er viele seiner insgesamt 42 Operetten (»Venus in Seide«), 100 Filmmusiken (»Zwei Herzen im Dreivierteltakt«) und etwa 2000 Schlagermelodien. Mitte der dreißiger Jahre verließ er Deutschland aus Protest gegen die nationalsozialistische Ausgrenzungspolitik und aus Solidarität mit den Verfolgten. Seine Stationen hießen Wien, Paris, USA. 1946 kehrte er nach Wien zurück. Er starb im Franziskus-Krankenhaus (Tiergarten) und ist beigesetzt auf dem Wiener Zentralfriedhof (Ehrengrab), Gräbergruppe 32 C.

**Robert STOLZ**
**Clayallee Ecke Waldmeisterstraße (Robert-Stolz-Anlage)**

Inschrift der ovalen Holztafel: *Robert-Stolz / Anlage / 1880 Robert Stolz 1975 / Von 1924–1936 verbrachte Robert Stolz / in Berlin glückliche u· arbeitsreiche Jahre· / Der begnadete Tonschöpfer u· Dirigent / schuf hier eine Vielzahl / seiner unvergänglichen Melodien / half vielen Mitbürgern in schwerer Zeit / und trug nach dem letzten Krieg viel / zur Versöhnung der Menschen bei·*

Die Enthüllung fand am 18.5.1994 in Anwesenheit der Witwe Yvonne Einzi Stolz durch Bezirksbürgermeister Horst Dohm statt. Sie ersetzt eine am 25.8.1980 – als die Grünanlage zu Stolz‘ 100. Geburtstag nach ihm benannt wurde – angebrachte, inzwischen verwitterte Holztafel, die eine gleichlautende Inschrift trug.

**Hermann SUDERMANN**
*Matziken/Memelland 30.9.1857 –
†Berlin 21.11.1928
**Bettinastraße 3 (zwischen Winkler Straße und Fontanestraße)**

Tafel am Gartentor, Inschrift: *Bettinastr. 3 / Erbaut: 1894 / Architekt Otto March / Hier lebten / Hermann Sudermann / 1857–1928 / Dramatiker / Prosaschriftsteller / von 1910–1928 / Dr. Rolf Laukner / 1887–1954 / Dramatiker / Lyriker · Filmautor / von 1931–1954*

An der Hauswand befindet sich eine Reliefplatte mit dem Porträt Sudermanns, Inschrift: *Hermann Sudermann 1857 1928*

Sudermanns Arbeitszimmer im Haus ist erhalten. Sein Grab befindet sich auf dem Friedhof Grunewald/Halensee an der Bornstedter Straße. Dr. Rolf Laukner (*Königsberg/Ostpreußen 15.10.1887 – †Bayreuth 26.4.1954) war Sudermanns Stiefsohn.

**SYNAGOGE FRIEDENSTEMPEL**
**Markgraf-Albrecht-Straße 11/12**

Inschrift: *An dieser Stelle stand einst / die Synagoge „Friedenstempel“ / erbaut von G. u. C. Gause 1922–1923 / eingeweiht am 9. September 1923 / angezündet und zerstört von / Nationalsozialisten am 9. November 1938 / „Der Tempel soll nicht allein religiösen / Zwecken dienen sondern auch eine Versamm-/*

*lungsstätte aller sein, die an der Herbeiführung / eines wirklichen Friedens mitarbeiten wollen" / Prof. Dr. S. Goldberg anlässlich der Einweihung*

Oben links befindet sich auf der am 8.11.1988 enthüllten Bronzetafel eine Abbildung des Gotteshauses. Am Haus befand sich vorher eine Tafel mit der Inschrift: *Hier wurde ein jüdisches Gotteshaus / die Synagoge Friedenstempel / am 9. November 1938 / niedergebrannt im Rassenwahn*

Aus dem Jahr der Einweihung des Gotteshauses stammte eine nicht mehr existente Steintafel zur Erinnerung an die Stifter mit der Inschrift: *Der „Friedenstempel" / wurde erbaut im Andenken / an unsere gottseligen Eltern / Eduard u. Sara Goldberg / Jakob u. Marie Altmann / Berlin-Wilmersdorf, den 9. September 1923 / Familie Goldberg Familie Altmann*

**SYNAGOGE GRUNEWALD**
**Franzensbader Straße 7/8**

Inschrift der Tafel, die in der linken oberen Ecke eine Abbildung der Synagoge zeigt: *An dieser Stelle stand einst / die Synagoge Grunewald / umgebaut von B.U.O. Neubauer 1923 / eingeweiht am 8. September 1923 / angezündet und zerstört von / Nationalsozialisten am 9. November 1938 / „Mögen von dem neuen Gotteshaus die edelsten / und nachhaltigsten Wirkungen auf die ganze / Gemeinde ausgehen" / Grunewald-Echo 16.9.1923*

Enthüllung der Bronzetafel am 8.11.1988. Der Bildgießer war Ernst Kraas. Sie ersetzt eine kleinere, 1982 angebrachte Tafel, deren Inschrift lautete: *Hier wurde ein jüdisches Gotteshaus / die Synagoge Grunewald / am 9. November 1938 / durch Unverstand zerstört*

**SYNAGOGE WILMERSDORF**
**Prinzregentenstraße 70**

Inschrift der Tafel, die in der linken oberen Ecke eine Abbildung der Synagoge zeigt: *An dieser Stelle stand einst / die Synagoge Wilmersdorf / Erbaut von A. Beer 1928–1930 / Eingeweiht am 16. September 1930 / Angezündet und zerstört von / Nationalsozialisten am 9. November 1938 / Die Pogromnacht „hat nicht nur Glas / zerschlagen, sondern auch unsere Träume / und Hoffnungen, ein gesichertes Leben / in unserem Heimatlande führen zu können". Rabbiner Manfred Swarsensky*

Enthüllung der Bronzetafel am 8.11.1988. Sie ersetzt eine ältere, kleinere Tafel, die die Inschrift trug: *Hier wurde ein jüdisches Gotteshaus / die Synagoge Prinzregentenstraße / am 9. November 1938 / niedergebrannt im Rassenwahn*

Auf dem Grundstück – die Ruine der Synagoge wurde 1958 gesprengt – steht heute ein Wohnheim des Allgemeinen Blindenvereins Berlin e.V.

**Ernst TOLLER**
*Samotschin/Westpreußen 1.12.1893 –
†New York 22.5.1939
**Wittelsbacher Straße 33a**

Inschrift: *Hier lebte von 1931 bis 1933 / Ernst Toller / 1.12.1893–22.5.1939 / Politiker, Dichter und Dramatiker / »Hoppla, wir leben« / Er war 1918/1919 als USPD-Mitglied führend an der / November-Revolution und an der Münchener Räterepublik / beteiligt und emigrierte wegen drohender Verhaftung 1933 über / die Schweiz, Frankreich und Großbritannien in die USA / wo er sich das Leben nahm*

Der Kriegsfreiwillige von 1914 wandelte sich durch die Erfahrungen des Ersten Weltkriegs zum Antimilitaristen. Kurt Eisner rief ihn aus Berlin nach München. Wegen seiner menschlichen Haltung wurde er trotz Beteiligung an der Münchener Räterepublik nicht zum Tode verurteilt, sondern »nur« für fünf Jahre hinter Gitter geschickt. 1924 kehrte er nach Berlin zurück, wo er an vielen Orten wohnte (u. a. im Bayerischen Viertel und in der Lietzenburger Straße 78 [heute Nr. 8]). Hier wirkte er Seite an Seite mit den literarischen und künstlerischen

Ernst Toller

Größen jener Zeit. Er schrieb z. B. in der Weltbühne, im Berliner Tageblatt und arbeitete mit Piscator auf der Bühne. Sein erstes Stück von 1919 hieß: »Die Wandlung«, 1924 erschütterte sein »Hinkemann« die Theaterwelt, 1927 wurde »Hoppla, wir leben« aufgeführt. Der ausgebürgerte und »verbrannte Dichter« starb durch Selbstmord im Hotel Mayflower in New York. Sehr lesenswert ist seine Autobiographie »Eine Jugend in Deutschland«, die bereits im Exil 1933 erschien. Die Urne mit seiner Asche ruht im Furncliff Mausoleum, Hartsdale, New York. Berliner Gedenktafel. □

**TONFILM**
**Babelsberger Straße 49**

Inschrift: *Hier schufen von 1919 bis 1922 die Erfinder / Joseph Benedikt Engl / 6.8.1893–8.4.1942 / Joseph Massolle / 24.3.1889–2.4.1957 / Hans Vogt / 25.9.1890–4.12.1979 / in ihrem »Laboratorium für Kinematographie in Berlin« / die Grundlagen des Tonfilms / Ihre Erfindung hieß »Triergon« – Das Werk der Drei*

Die am 21.5.1996 durch Bezirksbürgermeister Michael Wrasmann enthüllte Berliner Gedenktafel ersetzt eine 1954 angebrachte Tafel mit der Inschrift: *In diesem Hause wurden in den Jahren 1919 bis 1922 von den Erfindern J. Engl, J. Massolle und H. Vogt die Grundlagen des Tonfilms geschaffen.*

Joseph Massolle ist beigesetzt auf dem Friedhof In den Kisseln, Spandau, Pionierstraße (Ehrengrab).

**Louis TUAILLON**
*Berlin 7.9.1862 – †Berlin 21.2.1919
**Uhlandstraße 162**

Von dem Bildhauer stammen u. a. das Denkmal für Robert Koch am Robert-Koch-Platz (Mitte), die Bronzeplastik »Herkules mit dem Eber« auf dem Lützowplatz (Tiergarten) und die Reiterskulptur »Der Sieger« auf der Kreuzung Reichsstraße/Preußenallee (Charlottenburg). Grabstätte auf dem Urnenfriedhof am Krematorium Wedding, Gerichtstraße 37–38, Abt. V, 1-141. Berliner Gedenktafel. □

**Hans ULLSTEIN**
*Berlin 18.1.1859 – †Berlin 14.5.1935
**Bettinastraße 4 (zwischen Fontanestraße und Winkler Straße)**

Inschrift: *Hier lebte von 1903 bis 1935 / Hans Ullstein / 18.1.1859–14.5.1935 / Verleger, leitete mit seinen Brüdern Hermann, / Louis, Franz und Rudolf den vom Vater Leopold / gegründeten Ullstein-Verlag. / Nach 1933 vertrieben die Nationalsozialisten / die Verlegerfamilie aus Deutschland und beraubten / sie ihres Vermögens.*

Die Vertreibung der Familie Ullstein durch die Nationalsozialisten liest sich im »Großen Brockhaus« (15. Aufl., Leipzig 1934, Bd. 19, S. 254) so: »Ullstein A.-G., Buch-, Zeitschriften- und

Zeitungsverlag und Druckerei in Berlin, [...] seit 1921 A.-G. bis 1933 Familienbesitz, eins der größten Unternehmen seiner Art im Deutschen Reich. [...] Nov. 1933 und Juni 1934 erfolgten Umstellungen des Unternehmens. Die Familie Ullstein ist ganz ausgeschieden, ihr Aktienbesitz an ein unter Führung der Deutschen Bank und Disconto-Gesellschaft stehendes Konsortium übergegangen.« Über die Geschichte des Verlags nach 1945 schreibt Peter de Mendelssohn in »Zeitungsstadt Berlin«: »Sieben Jahre lang, von 1945 bis 1952, hatten die überlebenden Erben um die Rückgabe ihres Unternehmens gekämpft, und abermals sieben Jahre lang, von 1952 bis 1959, hatten sie am Wiederaufbau, an der Rückgewinnung der einstigen Größe ihres Verlagsunternehmens gearbeitet. Jetzt gaben sie den Kampf auf.« Am 29.12.1959 ging der Aktienbesitz des Ullstein-Verlags zu 73 Prozent auf Axel Springer über.

Hans Ullstein ruht auf dem Friedhof Charlottenburg, Trakehner Allee 1, Abt. 16 F.

Leopold Ullstein (*Fürth 6.9.1826 – †Berlin 4.12.1899) ist beigesetzt auf dem Jüdischen Friedhof Prenzlauer Berg, Schönhauser Allee 23–25, Abt. E, Grabnr. 21508.

Hermann Ullstein (*Berlin 6.7.1875 – †New York 23.11.1943) wohnte in der Grunewalder Taunusstraße 7. Er emigrierte 1939 nach New York.

Louis-Ferdinand Ullstein (*Berlin 11.11.1863 – †Berlin 20.3.1933) wohnte in Grunewald, Höhmannstraße 10. Er ruht in der 1922 geschaffenen Familiengrabstätte auf dem Südwestfriedhof der Berliner Stadtsynode, Stahnsdorf, Rudolf-Breitscheid-Platz, Block Charlottenburg, Gartenblock I, Erbbegräbnis 16.

Franz Ullstein (*Berlin 16.1.1868 – †New York 13.11.1945) emigrierte 1938 nach New York. Dort erlag er den Folgen eines Unfalls.

Rudolf Ullstein (*Berlin 26.2.1874 – †Berlin 2.2.1964) ging 1939 nach England, 1945 in die USA. 1949 kehrte er nach Berlin zurück und war von 1952–1960 Aufsichtsratsvorsitzender der neugründeten Ullstein A.G.

Die Berliner Gedenktafel ist am Pfeiler rechts neben der Zufahrt angebracht. Das schloßartige Anwesen beherbergt seit den sechziger Jahren ein psychiatrisches Krankenhaus des DRK.

**Jacobus Hendrikus VAN'T HOFF**
*Rotterdam 30.8.1852 – †Steglitz 1.3.1911
**Lietzenburger Straße 77 Ecke Uhlandstraße**

Inschrift: *In · diesem · Hause · wohnte · von · 1904–1909 / der · Chemiker · Prof · Dr · J · H · van't · Hoff / geb · 30·8·1852 · in · Rotterdam / gest · 1·3·1911 · in · Berlin-Steglitz / Seinem · Andenken · die · Stadt · Berlin · 1·3·1931*

Der Physiko-Chemiker begründete die Stereo-Chemie und mit Wilhelm Oswald (*Riga 2.9.1853 – †Großbotten, Lkrs. Grimma 4.4.1932) die physikalische Chemie. Er erhielt 1901 den Nobelpreis. Die dunkle Metalltafel befindet sich genau auf der Ecke in Höhe des ersten Stockwerks. Grabstätte: Dorffriedhof Dahlem, Königin-Luise-Straße 55, Abt. 9, an der Mauer zum Pfarrhaus (Ehrengrab).

**VENEZIANISCHER BRUNNEN**
**Fehrbelliner Platz 4 (Rathaus Wilmersdorf)**

Auf dem Rondell im Rundhof (Wappenhof) steht ein kleiner Brunnen. Davor erläutert eine kleine Bronzetafel: *Venezianischer Brunnen / frühes 18. Jahrhundert / 1911–1972 Schloß Brüningslinden (Kladow) / seit 1988 Wappenhof Rathaus Wilmersdorf / gestiftet von der Berliner Bank AG / – Kulturhauptstadt Europas Berlin 1988 –*

**Alfred WEGENER**
**Georg-Wilhelm-Straße 20**

Inschrift: *In diesem Hause lebte / von 1908 bis 1909 / der Geophysiker und / Grönlandforscher / Alfred Wegener / Begründer der Kontinental-/verschiebungstheorie / geboren 1880 in Berlin / gestorben 1930 im / grönländischen Inlandeis*

Die Bronzetafel wurde wahrscheinlich zum 100. Geburtstag Wegeners angebracht.

**WIDERSTANDSKÄMPFER**
**Bundesallee 1–12 (Konservatorium, ehem. Joachimsthalsches Gymnasium)**

Inschrift: *Wir gedenken unserer Kommilitonen / am Königlich Joachimsthalschen / Gymnasium zu Berlin / Generalleutnant Paul von Hase / Regierungspräsident a.D. Ernst von Harnack / Staatssekretär a.D. Erwin Planck / die in christlicher Verantwortung und / humanistischer Tradition Recht und / Menschenwürde gegen die Tyrannei des / NS-Staates verteidigten und ihren Wider-/stand gegen Unrecht und Barbarei vor / fünfzig Jahren mit dem Leben bezahlten / Ihr Opfer öffnete Deutschland den Weg / in eine bessere Zukunft und ist uns / bleibende Verpflichtung / Im April 1995 · Die Vereinigung Alter Joachimsthaler e.V.*

Die Enthüllung der kleinen, quadratischen Tafel (ca. 40 x 40 cm) fand am 19.7.1995 statt. Sie befindet sich an der inneren eckigen Säule links vor dem Eingang.

**Bernhard WIECK**
*8.5.1845 – †26.8.1913
**Bernhard-Wieck-Promenade (zwischen Hagenstraße und Griegstraße)**

Holzbrett mit der Inschrift: *Bernhard / Wieck / Promenade / 1. Gemeindevorsteher / und Standesbeamter / von Grunewald / *8.5.1845 / †26.8.1913*

**Gerhard WINKLER**
*Rixdorf 12.9.1906 – †Kempten 25.9.1977
**Nassauische Straße 61**

Inschrift: *Hier lebte von 1936 bis 1949 / Gerhard Winkler / 12.9.1906–25.9.1977 / Populärer Komponist / Schrieb hier die »Capri-Fischer« / und das »Chianti-Lied«*

Enthüllung der Berliner Gedenktafel am 5.5. 1992 durch Bezirksbürgermeister Horst Dohm in Anwesenheit von Winklers zweiter Ehefrau Traudl Winkler.

**Marina Iwanowna ZWETAJEWA**
*Moskau 26.9.(= 8.10.)1892 – †Jelabuga/Tatarische ASSR/UdSSR 31.8.1941
**Trautenaustraße 9 (am Nikolsburger Platz)**

Inschrift: *In diesem Hause wohnte 1922 1922 / die russische Dichterin / Marina Zwetajewa (1892–1941) /* В этом доме жила / Марина Цветаева / в *1922* г.

Hier wohnte die Lyrikerin und Schriftstellerin vom Frühjahr bis Sommer 1922 in einer Pension. Sie lebte überwiegend in Moskau, Prag und in Paris, fast stets in bitterer Armut. 1939 kehrte sie nach Moskau zurück, wo sie von der Lagerhaft ihrer Schwester erfuhr. Bald nach ihrer Rückkehr wurden auch ihr Mann und ihre Tochter inhaftiert. Nach dem deutschen Überfall auf die Sowjetunion wurde sie nach Jelabuga umgesiedelt, wo sie sich erhängte und in einem Gemeinschaftsgrab beigesetzt wurde. Die Anbringung der Messingtafel geht auf eine Initiative von Berliner Slawistikstudenten und Lehrenden zurück, die sie auch überwiegend finanzierten. Enthüllung am 6.11.1996 in Anwesenheit von Bezirksbürgermeister Michael Wrasmann.

# ZEHLENDORF

**Emil ALBRECHT**
*1856 – †1920
**Schwarzer Grund (oberhalb des Sees zwischen Gelfertstraße und Bitterstraße)**

Gedenkstein aus rötlichem Granit, Inschrift: *Dem märkischen / Wandersmann / Dr. Emil Albrecht / gewidmet / 1856–1920*

Albrecht, Professor an der Landwirtschaftlichen Hochschule in Berlin, erwanderte nebenbei die Mark Brandenburg und veröffentlichte seine Entdeckungen 1892 in einem dreibändigen »Wanderbuch für die Mark Brandenburg«. Sein Freundeskreis wollte nach seinem Tod den 1911 beim U-Bahnbau am U-Bahnhof Thielplatz gefundenen Findling als Gedenkstein nutzen und wandte sich mit der entsprechenden Bitte an die Kommission zur Aufteilung der Domäne Dahlem. Der Bitte wurde nicht entsprochen, jedoch die Errichtung eines Steins an anderer Stelle in Dahlem gestattet. Der Stein ist in eine kleine Mauer eingelassen, durch herumwachsende Pflanzen fast verdeckt und nur schwer wahrnehmbar.

Kießlings Reisebücher

Wanderbuch
für die
Mark Brandenburg
und angrenzende Gebiete
bearbeitet von
Prof. Dr. E. Albrecht.

Dritter Teil.
Weitere Umgegend Berlins
(Östliche Hälfte).
Mit 24 Karten.

Sechste Auflage.

Nachdruck des Buches, auch einzelner Teile desselben, wird strafrechtlich verfolgt.

Berlin 1907.
Verlag von Alexius Kießling.
SW., Kleinbeerenstraße 26.

**ALLIIERTE KOMMANDANTUR**
**Kaiserswerther Straße 16–18**

Inschrift: *Dieses Gebäude ist 1926/1927 als Hauptverwaltung für / den Verband Öffentlicher Feuerversicherungsanstalten / in Deutschland errichtet worden / Seit dem 25. Juli 1945 war es Sitz der / Alliierten Kommandatura / der obersten gemeinsamen Verwaltungsbehörde der / vier Hauptsiegermächte für Berlin, die auch nach dem Auszug / der Sowjets 1948 bis zum Ende der Besatzungszeit / am 2. Oktober 1990 bestand*

Heute wird das Haus (Architekt: Heinrich Straumer, *Chemnitz 7.12.1876 – †Berlin 22.11.1937) von der Freien Universität (Präsidialamt) genutzt. Berliner Gedenktafel. □

**Oskar BEGAS**
*Berlin 31.7.1828 – †Berlin 10.11.1883
**Am Kleinen Wannsee 2**

Der Bruder des Bildhauers Reinhold Begas, selbst Porträt- und Historienmaler, lebte hier von 1871–1883. Begraben ist er auf dem alten Friedhof Wannsee, Friedenstraße. Berliner Gedenktafel. □

**BEKENNENDE KIRCHE**
**Kirchweg (Kirche Nikolassee)**

Inschrift: *In dieser Gemeinde fanden statt / der Kurmärkische Kirchentag / am 11.5.1934, / die 6. und 7. Bekenntnissynode / der Ev. Kirche der altpreußischen Union / 11.6.–13.6.1938 und 28.1.–31.1.1939 / Für Freiheit der Verkündigung an alle / Für Unabhängigkeit der Kirche / gegenüber dem Staat / in Bekenntnis, Ordnung und Leitung. / Gottes Wort ist nicht gebunden / Jesus Christus gestern heute und / derselbe auch in Ewigkeit.*

Auf dem Kurmärkischen Kirchentag bekannten sich die brandenburgischen Gemeinden schon drei Wochen vor der Barmer Bekenntnissynode zu den dort formulierten Grundsätzen. Den Gottesdienst hielt Pfarrer Hans Böhm (*1899 – †1962), der später der vorläufigen Leitung der Bekennenden Kirche Deutschlands angehörte. Den Hauptvortrag hielt Reichsgerichtsrat Dr. Flor, der die rechtlichen Grundlagen der Bekennenden Kirche ausarbeitete. Die Marmortafel ist im Kircheninnern angebracht.

**Boris BLACHER**
*Newchang [Niuzhuang]/China 6.1.1903 – †Berlin 30.1.1975
**Kaunstraße 6**

Inschrift: *In diesem Hause lebte von 1958 bis 1975 der Komponist / Boris Blacher / 6.1.1903–30.1.1975 / Professor für Komposition und Direktor / der Hochschule für Musik in Berlin (1953–1970) / Präsident der Akademie der Künste (1968–1971)*

Blacher studierte in Berlin, emigrierte während des Nationalsozialismus und kehrte nach dessen Ende nach Berlin zurück. Enthüllung der Berliner Gedenktafel am 2.5.1990. Beigesetzt ist er auf dem Waldfriedhof Zehlendorf, Potsdamer Chaussee, Abt. I U 831 (Ehrengrab).

**Otto BRAUN**
**Gilgestraße Ecke Potsdamer Chaussee (Grünanlage)**

Inschrift: *In der Gilgestrasse 3 lebte / Otto Braun / * Königsberg/Pr. 26.1.1872 / † Ascona 15.12.1955 / Preussischer Ministerpräsident / 1920–1933*

Der Tagesspiegel schrieb dazu am 25.6.1987: »Zehlendorf setzt Otto Braun einen Gedenkstein. Für den sozialdemokratischen preußischen Ministerpräsidenten Otto Braun (1872 bis 1955) wird am 30. Juni 13 Uhr 30 auf der Grünfläche zwischen Gilgestraße und Potsdamer Chaussee in Zehlendorf von Bezirksbürgermeister Klemann eine Gedenktafel enthüllt. Braun war mit kurzen Unterbrechungen 1921 und 1925 von 1920 bis 1933 preußischer Ministerpräsident. Er wohnte mehrere Jahre in der Gilgestraße. Bei der Enthüllung des Gedenksteins, den Susanne Specht entworfen hat, wird der Braun-Biograph Hagen Schulze von der FU eine kleine Gedenkrede halten.«

**Bruno Hans BÜRGEL**
*Berlin 14.11.1875 – †Babelsberg 8.7.1948
**Beerenstraße 39 Ecke Karl-Hofer-Straße**

Inschrift: *In diesem Hause lebte von 1907 bis 1919 / Bruno H. Bürgel / 14.11.1875–8.7.1948 / Schriftsteller, Astronom und Journalist / Der ehemalige Arbeiter bildete sich autodidaktisch /*

*zum Naturwissenschaftler aus und wurde einer der / populärsten astronomischen Schriftsteller seiner Zeit.*

Seinen Lebensweg erzählte Bürgel 1919 in »Vom Arbeiter zum Astronomen«. Nach Voß (S. 324/341) lebte er bis 1913 in der Lichterfelder Moltkestraße 19, dann bis Mitte der zwanziger Jahre in der Beerenstraße und anschließend bis zu seinem Tod in Babelsberg, Merkurstraße 1 (unweit Bahnhof Drewitz). Enthüllung der Berliner Gedenktafel am 18.7.1990. Begraben ist Bürgel auf dem Friedhof Babelsberg, Goethestraße (der Grabstein ist ein mächtiger Findling).

**_Otto_ Friedrich Karl DIBELIUS**
*Berlin 15.5.1880 – †Berlin 31.1.1967
**Faradayweg 10**

Wohnort von 1957–1967. Obwohl in seiner Grundeinstellung eher dem Geist des »Dritten Reichs« nahestehend (aus einem Brief an den Evangelischen Oberkirchenrat vom 21.7.1933: »[...] habe schon während meiner Studentenzeit im Kampf gegen Judentum und Sozialdemokratie gestanden.« [zit. n. Sandvoß, Widerstand in Steglitz und Zehlendorf, S. 14]), wurde er aus seinem Amt als Generalsuperintendent der Kurmark Brandenburg entlassen. Er schloß sich der Bekennenden Kirche an und erwarb sich im Widerstand und bei Hilfsaktionen große Verdienste. In der schwierigen Zeit des Kalten Krieges wurde er Bischof von Berlin-Brandenburg und Ratsvorsitzender der EKD. Der Berliner Ehrenbürger (seit 15.5.1958) ist begraben auf dem Parkfriedhof Lichterfelde, Thuner Platz, Abt. 3c 87/88. Berliner Gedenktafel. □

**Emil DOVIFAT**
*Moresnet b. Eupen 27.12.1890 –
†Berlin 8.10.1969
**Charlottenburger Straße 2**

Inschrift: *In diesem Hause lebte von 1929 bis 1969 / Emil Dovifat / 27.12.1890–8.10.1969 / Der Publizistikwissenschaftler wurde 1928 / Professor und Direktor des Deutschen Instituts / für Zeitungskunde an der Friedrich-Wilhelms-Universität. / Mitbegründer der CDU und der Freien Universität / sowie Leiter des dortigen Instituts für Publizistik.*

Beigesetzt ist er auf dem Städtischen Friedhof Zehlendorf, Onkel-Tom-Straße 30. Enthüllung der Berliner Gedenktafel am 11.7.1990.

**Ingeborg DREWITZ**
*Berlin 10.1.1923 – †Berlin 26.11.1986
**Quermatenweg 178**

Inschrift: *In diesem Hause lebte und arbeitete / von 1946 bis zu ihrem Tode / die Schriftstellerin / Ingeborg Drewitz / 10.1.1923–26.11.1986 / Ihre Berliner Romane, Erzählungen und dramatischen Werke / handeln vom Schicksal der »Kleinen Leute« / und reflektieren die gesellschaftliche Entwicklung / In zahlreichen Gremien engagierte sie sich / für die Belange der Literaten*

Beigesetzt ist sie auf dem Städtischen Friedhof Zehlendorf, Onkel-Tom-Straße 30. Enthüllung der Berliner Gedenktafel (zunächst als Provisorium) an ihrem 10. Todestag am 26.11.1996.

**DÜPPEL**
**Wolzogenstraße (ehemaliges Rittergut, FU-Tierklinik)**

Inschrift der Holztafel (das marmorne Original wurde 1945 gestohlen) am Herrenhaus: *Durch die Gnade König Wilhelms I. / wurde diesem*

*vom Prinzen / Friedrich Karl von Preußen / im Februar 1859 gekauften / Bauerngute Neu-Zehlendorf / auf Antrag der Teltower Kreisstände / zugleich auch in Anerkennung / seiner Siege 1864 im Kriege gegen Dänemark / die Rittergutsqualität und die Benennung / Rittergut Düppel / laut Patent vom 13. Januar 1865 verliehen.*

**EISENBAHN**
**Machnower Straße Ecke Kremnitzufer (Kohlhasenbrück)**

In der Westwand der Brücke der ehemaligen Stammbahnlinie Berlin-Potsdam, der ältesten Eisenbahnverbindung in Preußen, befindet sich ein Granitstein mit der Jahreszahl *1838*. Darunter erläutert eine Tafel: *Dieser Jahresstein entstammt / dem gewölbten Bauwerk für die / erste preußische Eisenbahnlinie, / das i. J. 1926 umgebaut wurde.*

**ERINNERN FÜR DIE ZUKUNFT**
**Königin-Luise-Straße 55 (Dorffriedhof Dahlem)**

Inschrift: *Erinnern für die Zukunft / 1933–1945 / Rassenwahn – Krieg – Diktatur / Die Verlorenen willst Du sammeln / und die Zerbrochenen richtest Du auf / Niemand ist vergessen bei Dir / Unsere Schritte aber lenke / auf den Weg des Friedens / Kyrie eleison*

Die dreieckige Eisentafel (»Schutzrost«) befindet sich auf dem kirchlichen Teil des Friedhofs unweit des Eingangs (gleich rechts neben dem Grab von Helmut Gollwitzer). Sie ist angeschrägt und mit der Spitze nach unten auf drei Winkeleisen in ca. 2,50 m Höhe montiert (wohl symbolhaft wie ein KZ-Winkel).

**Paul ERNST**
*Elbingerode/Harz 7.3.1866 – †St. Georgen a. d. Stiefing/Steiermark 13.5.1933
**Am Schlachtensee (zwischen Terrassenstraße und Breisgauer Straße, Paul-Ernst-Park)**

Inschrift: *Paul · Ernst · / Park / Die Welt kann nicht bestehen, wenn / die Menschen selbstsüchtig sind, es muß / Menschen geben, welche sich selbst opfern. / Paul Ernst / 1866 1933*

Der Kulturkritiker und Schriftsteller, »der sich vom sozialistischen Naturalisten zum konservativen Neuklassizisten gewandelt hatte« (Voß), kam zuerst 1886 als Student nach Berlin, wo er ein Zimmer in der Rosenthaler Straße (Mitte) bezog. Sein Roman »›Der schmale Weg zum Glück‹ (1904), [ist] eine Schilderung des Berliner Lebens um 1890, gleichzeitig auch eine Chronik der Rosenthaler Straße« (Voß). Nach dem Tod seiner ersten Frau bezog er, aus Nordhausen kommend, 1897 mit Arno Holz gemeinsam zwei Dreizimmerwohnungen im »Gartenhaus« Pariser Straße 52, 3. Stock. Das »Verhältnis« mit Holz währte nur kurze Zeit. Ernst blieb bis 1903 in Berlin, lebte hier noch einmal von 1914 bis 1918. Der Granitstein befindet sich neben dem oberen Weg parallel zur Straße Am Schlachtensee zwischen dem ersten und dem zweiten Zugang zum Park von der Terrassenstraße aus. Die Inschrift ist stark verwittert und wegen Schmierereien kaum lesbar.

**Conrad FELIXMÜLLER, eigtl. Conrad Felix Müller**
*Dresden 21.5.1897 – †Berlin 24.3.1977
**Kösterstraße 3**

Inschrift: *In diesem Hause / lebte und wirkte / der Maler / Conrad Felixmüller / von 1970 / bis zu seinem Tode 1977*

Der Maler, Graphiker und Bildhauer erhielt 1920 den Sächsischen Rompreis, 1929 den Dürer-Preis der Stadt Nürnberg. 1934 übersiedelte er erhoffter größerer Freiheiten wegen von Dresden nach Berlin-Charlottenburg. Die Nationalsozialisten vernichteten große Teile seines Werkes als »entartet«. 1949 Professor an der Universität Halle. 1961 Übersiedlung nach Berlin-Köpenick, 1967 aus familiären Gründen nach Berlin-Zehlendorf, wo er zunächst in der Gartenstraße 3 wohnte. Die an der seitlichen Hauswand angebrachte schwarze Tafel ist von der Straße aus schwer wahrnehmbar und kaum zu entziffern. Sie zeigt in ihrer rechten Hälfte den Künstler bei der Arbeit und soll von dem Berliner Bildhauer Heinz Spilker geschaffen worden sein. Grabstätte Städtischer Friedhof Zehlendorf, Onkel-Tom-Straße 30, 25 W–U 21 (alte Numerierung).

**FLENSBURGER LÖWE**
**Heckeshorn (Verlängerung der Straße Zum Heckeshorn)**

Inschrift der Metalltafel am Sockel: *1850 hatten die Dänen die Schleswig-Holsteiner bei Idstedt be-/siegt. Der dänische Bildhauer Hermann V. Bissen schuf zur Erin-/nerung daran den „Löwen", der auf dem Flensburger Friedhof / aufgestellt wurde. 1864 – nach dem Sieg des Deutschen Bundes / über die Dänen – wurde der Löwe nach Lichterfelde umgesetzt. / Für Wilhelm Conrad, den Gründer der Villenkolonie Alsen (heu-/te Ortsteil von Wannsee), war der Löwe das Symbol des Sieges, / der durch den Übergang der preussischen Truppen auf die Insel / Alsen entschieden wurde. Deshalb liess er 1865 einen Zinkabguss / anfertigen, der seit 1938 am Wannseeufer steht. Das Original / wurde 1945 von den Amerikanern an die Dänen zurückgegeben.*

Hermann Vilhelm Bissen (*bei Schleswig 13.10.1798 – †Kopenhagen 10.3.1868), Schüler Bertel Thorvaldsens, schuf den Löwen 1853 aus Stein. 1862 wurde er auf dem alten Flensburger Friedhof aufgestellt, und befand sich von 1865–1945 auf dem Hof der Hauptkadettenanstalt (nach dem Zweiten Weltkrieg Andrews-Barracks der amerikanischen Streitkräfte). Die Rückgabe erfolgte nach anderen Quellen 1946. Der Zinklöwe (Höhe 7 m mit Sandsteinsockel) blickt zum Strandbad Wannsee. An seinen ursprünglichen Standort in Wannsee erinnert noch die Straße zum Löwen, an deren Ende er im Löwenpark stand. Dort (Straße zum Löwen 11) flankieren bis heute zwei kleine Marmorlöwen den Zugang zum Don-Bosco-Heim. Auf das Drängen und den Einsatz des Koloniegründers (»Villen-Colonie Alsen« ab 1872), Bankiers und Vorsitzenden der Berlin-Magdeburger Eisenbahngesellschaft Wilhelm Conrad (*Berlin 18.6.1822 – †Wannsee 24.12.1899) geht auch der Bau der damals von vielen als unsinnig angesehenen Wannseebahn zur Erschließung der entstehenden Vorortsiedlungen zurück (»Wahnsinnsbahn auf Conrädern«). Begraben ist Conrad auf dem Neuen Friedhof Wannsee, Lindenstraße 1/2, Alter Teil, Nr. 17.

***Philipp* Johann Heinrich FRANCK**
*Frankfurt/Main 9.4.1860 – †Berlin 13.3.1944
**Hohenzollernstraße 7 (Wannsee)**

Inschrift: *Hier lebte von 1911 bis 1944 / Philipp Franck / 9.4.1860 – 13.3.1944 / Maler, Mitbegründer der »Secession«, Direktor der / Staatlichen Kunsthalle Berlin (1915 – 1930) / und Mitglied der Preußischen Akademie der Künste.*

Der Maler Potsdamer Landschaften und des Spreewaldes war Mitbegründer der »Berliner Secession«, später wandte er sich dem Impressionismus zu. Grabstätte: Alter Friedhof Wannsee, Friedenstraße 2-14. Enthüllung der Berliner Gedenktafel am 29.4.1997 durch Bezirksbürgermeister Klaus Eichstädt.

**Ferdinand FRIEDENSBURG**
*Schweidnitz/Schlesien 17.11.1886 –
†Berlin 11.3.1972
**Hoiruper Straße 14 a (Nikolassee)**

Inschrift: *In diesem Hause lebte von 1940 bis 1972 / Ferdinand Friedensburg / 17.11.1886–11.3.1972 / Wirtschaftswissenschaftler und Politiker / Bürgermeister von Berlin 1948–1949 / Ehrenbürger der Stadt / Präsident des Deutschen Instituts für / Wirtschaftsforschung*

Friedensburg war u. a. seit 1920 Mitglied der Deutschen Demokratischen Partei, 1925–27

Vizepräsident der Berliner Polizei, 1927–33 Regierungspräsident in Kassel, 1945 Mitbegründer der CDU in der SBZ, 1946–51 stv. Bürgermeister von Berlin, 1952–55 MdB. Verleihung der Ehrenbürgerwürde am 20.10.1971. Enthüllung der Berliner Gedenktafel am 11.10.1995. Begraben ist er auf dem evangelischen Friedhof Nikolassee, Kirchweg 8–12, Fam. 10/11.

**FRIEDENSEICHE**
**Clayallee Ecke Potsdamer Straße**

Dunkle, gußeiserne Tafel in Eisenrahmen vor dem Baum, darauf ein golden lorbeer- und eichenlaubumkränztes Eisernes Kreuz mit goldener Inschrift: *2.9. / Friedenseiche. / 1871.*

Das Datum benennt den 1. Jahrestag des Sieges in der Schlacht von Sedan im Deutsch-Französischen Krieg, der kriegsentscheidende Bedeutung hatte und zum Ende des französischen Kaiserreichs führte.

**Siegfried GEISLER**
*1907 – †1943
**Königsweg (Forst Düppel, Jagen 61/60; Kohlhasenbrück)**

Gedenkstein mit der Inschrift unter einem Eisernen Kreuz: *Revierförster / Siegfried Geisler / 1907–1943*

**Heinrich GEORGE**
*Stettin 9.10.1893 –
†Sachsenhausen 25.9.1946
**Bismarckstraße 34 (Wannsee)**

Hier wohnte der große, aber wegen seiner Rolle(n) im »Dritten Reich« nicht unumstrittene Schauspieler von 1931–1945. Er wurde von den Sowjets im Lager Sachsenhausen inhaftiert und starb dort nach einer Blinddarmoperation an einer Lungenentzündung. Nach der Einheit wurden seine sterblichen Überreste exhumiert und am 16.10.1994 auf dem Friedhof Zehlendorf, Onkel-Tom-Straße 30, beigesetzt.

**GRENZÖFFNUNG**
**Machnower Straße / Zehlendorfer Damm**

Neben dem wiedererrichteten Grenzstein der »Gemarkung Zehlendorf« und der »Gemarkung Kleinmachnow« steht – schon auf Kleinmachnower Gebiet – ein kleinerer Stein mit der Inschrift: *Zur / Erinnerung / an die / Wiedereröffnung! / Machnower Str. = / Zehlendorfer Damm / am 31.3.1990*

**Otto HAHN**
**Fritz STRASSMANN**
*Bopppard 22.2.1902 – †Mainz 22.4.1980
**Thielallee 63 Ecke Faradayweg (Otto-Hahn-Bau der Freien Universität)**

Eine große Metalltafel am Turmbau trägt die Inschrift: *In · diesem · Hause / dem · damaligen / Kaiser · Wilhelm / Institut · für / Chemie / entdeckten · 1938 / Otto · Hahn / und / Fritz · Strassmann / die · Uran-Spaltung*

**Kurt Freiherr von HAMMERSTEIN-EQUORD**
*Hinrichshagen, Lkrs. Waren 26.9.1878 – †Berlin 24.4.1943
**Breisacher Straße 19 Ecke Hüninger Straße**

Inschrift: *Hier lebte von 1934–1943 / Generaloberst / Kurt Freiherr / von Hammerstein-Equord / 1878–1943 / Sein Haus war Treffpunkt / im Widerstand gegen die / nationalsozialistische / Gewaltherrschaft*

Der Chef der Heeresleitung und General der Infanterie Hammerstein stand dem Nationalsozialismus ablehnend gegenüber. Bereits am 1.10.1933 bat er um seine Entlassung, trat Ende 1934 von seinen Ämtern zurück. Mit Beginn des Zweiten Weltkriegs wurde er dienstverpflichtet, aber schon wenige Wochen später wieder entlassen. Die Bronzetafel wurde vor 1987 angebracht.

**Adolf von HARNACK**
*Dorpat 7.5.1851 – †Heidelberg 10.6.1930
**Ihnestraße Ecke Harnackstraße (ehemaliger Hörsaal der Kaiser-Wilhelm-Gesellschaft, später Klubhaus der amerikanischen Streitkräfte in Berlin)**

Neben dem Eingang hängen zwei Tafeln, die linke mit deutscher Inschrift: *Adolf von Harnack / 1851–1930 / Gelehrter und Wissenschaftsorganisator – / Generaldirektor der Königlichen Bibliothek / in Berlin – Erster Präsident der Kaiser-Wilhelm-/ Gesellschaft zur Förderung der Wissenschaften – / Freund und Förderer der wissenschaftlichen / Zusammenarbeit zwischen den Vereinigten Staaten und Deutschland* Die rechte Tafel trägt die englische Inschrift: *Adolf von Harnack / 1851–1930 / Scholar and science organizer – / Director general of Royal Library in Berlin – / First president of Kaiser Wilhelm Society for the / furthering of sciences – friend and promoter of / scientific cooperation between the United States / and Germany*

Grabstätte: Alter St. Matthäus-Friedhof, Großgörschenstraße 12–14, Abt. C 5, 9 (Ehrengrab).

**Ernst von HARNACK**
*Marburg/Lahn 15.7.1888 – †Berlin-Plötzensee 5.3.1945
**Am Fischtal 8 (unweit Wilskistraße)**

Inschrift: *Hier wohnte und wirkte von 1932 bis 1944 der Sozialdemokrat / Ernst von Harnack / 15.7.1888 5.3.1945 / Der 1932 amtsenthobene preußische Regierungspräsident / wurde als Widerstandskämpfer gegen das nationalsozialistische / Terrorregime nach dem 20. Juli 1944 verhaftet, / vom Volksgerichtshof zum Tode verurteilt und kurz / vor Kriegsende hingerichtet*

Der Sohn Adolf von Harnacks wurde wegen seiner Beteiligung am 20. Juli 1944 im September 1944 verhaftet und zum Tode verurteilt. Schon nach dem sogenannten Preußenschlag Franz von Papens am 20. Juli 1932 gegen die sozialdemokratische Regierung unter Otto Braun verlor er sein Amt als Regierungspräsident von Merseburg. 1933 kam er für mehrere Wochen in Haft, als er versuchte, die für den Mord am während der »Köpenicker Blutwoche« ermordeten Reichsbannerführer Johannes Stelling Verantwortlichen ausfindig zu machen. Er war auch Geschichtsphilosoph und Verfasser der Gräberkartei von Groß-Berlin. Enthüllung der Berliner Gedenktafel am 4.3.1994 durch Bezirksbürgermeister Ulrich Menzel. Sie befindet sich rechts oberhalb der Haustür. Eine symbolische Grabstätte (Ehrengrab) befindet sich auf dem Friedhof Zehlendorf, Onkel-Tom-Straße 30, Abt. 11 HW 22/23. Der Grabstein trägt die Inschrift: *»Selig sind,* *die um Gerechtigkeit willen verfolgt werden; denn das Himmelreich ist ihr.« (Matthäus 5,109)*

**Gustav HARTMANN**
*Magdeburg 4.6.1859 – †Berlin 23.12.1938
**Alsenstraße 11 (Wannsee)**

Inschrift: *In diesem Hause lebte von 1900 bis 1938 / der Fuhrunternehmer Gustav Hartmann, genannt / Eiserner Gustav / 4.6.1859–23.12.1938 / Am 2. April 1928 startet [!] er von hier aus / mit seinem Pferd Grasmus zur Droschkenfahrt / Berlin-Paris-Berlin.*

Das Unternehmen mit der Droschke Nr. 120 wurde von einem tüchtigen Journalisten begleitet und Hartmann dadurch berühmt. Exakt zwei Monate nach der Abfahrt kam er in Paris an, wo er – wie nach der Rückkehr nach Berlin am 2.9.1928 – triumphal empfangen wurde. Die Geschichte des »Eisernen Gustav« wurde mehrfach verfilmt. Begraben ist er auf dem Alten Friedhof Wannsee, Friedenstraße 2–14, Abt. 9, 7 (Ehrengrab). Enthüllung der Berliner Gedenktafel am 26.10.1990.

**Kurt IHLENFELD**
*Colmar/Elsaß 26.5.1901 – †Berlin 25.8.1972
**Heimat 85**

Inschrift: *In diesem Haus lebte von 1952 bis 1972 / Kurt Ihlenfeld / 26.5.1901– 25.8.1972 / Der evangelische Theologe, Schriftsteller / und Gründer des Eckart-Kreises, eines / geistigen Widerstandszentrums im National-/ sozialismus, erhielt 1952 den / Fontane-Preis der Stadt Berlin.*

Ihlenfeld war seit seiner Tätigkeit als Pfarrer in Breslau mit dem Schriftsteller Jochen Klepper befreundet. Grabstätte auf dem Waldfriedhof Zehlendorf, Potsdamer Chaussee 75, Abt. XIII W 459/460. Enthüllung der Berliner Gedenktafel an dem versteckt liegenden Haus in Anwesenheit der Witwe, Annie Ihlenfeld, am 24.10. 1990.

**Hermann JANSEN**
*Aachen 28.6.1869 – †Berlin 20.2.1945
**Faradayweg (Grünanlage gegenüber Nr. 4–6, unweit Thielallee; Dahlem)**

Inschrift: *Dem Städtebauer / Hermann Jansen / zum Gedenken / 1869–1945*

Prof. Dr.-ing. Hermann Jansen war Professor für Städtebau an der Technischen Universität. Er war zusammen mit Heinrich Schweitzer (*Stuttgart 11.3.1871 – †Berlin 15.8.1953) und Walter Kyllmann (*Weyer b. Solingen 16.5. 1837 – †Wannsee b. Berlin 10.7.1913) wesentlich an der Bebauungsplanung der Domäne Dahlem und der damit verbundenen Erhaltung und Schaffung von Grünzügen beteiligt. Er »stellte für mehr als hundert deutsche Städte Bebauungspläne auf, deren Grundsatz in einer Auflichtung durch planmäßige Parkanlagen und Grünflächen bestand. Madrid und Stambul (Istanbul) verdanken ihm ihre Neubaupläne u. Stadterweiterungen.« (Wohlberedt). Begraben wurde er auf dem Friedhof Charlottenburg, Trakehner Allee 1, Abt. 7, C 20 (Ehrengrab).

**Jochen KLEPPER**
*Beuthen/Oberschlesien 22.3.1903 –
†Berlin 11.12.1942
**Jochen-Klepper-Weg Ecke Beskidenstraße**

Inschrift des Gedenksteins: *Gott ist grösser / als unser Herz / 1. Joh. 3,20 / Als Opfer des Rassenwahns / gingen gemeinsam in den Tod / der Dichter / Jochen Klepper / und die Seinen / am 11. Dez. 1942 / Vergib uns unsere Schuld / In brüderlicher Verbundenheit errichtet / von den evangelischen Gemeinden des / Kirchenkreises Zehlendorf – 1961*

Klepper nahm sich nach einer letzten Unterredung mit Eichmann gemeinsam mit seiner »nichtarischen« Frau Hanna und (Stief-)Tochter Reni unmittelbar vor deren Deportation in der Nacht vom 10. zum 11.12.1942 das Leben. Seine Tagebuchaufzeichnungen, die die erlittenen Verfolgungen schildern, erschienen 1956 unter dem

Titel »Unter dem Schatten deiner Flügel«. Beigesetzt sind die drei Opfer des nationalsozialistischen Rassenwahns auf dem Friedhof Nikolassee, Kirchweg. Klepper war befreundet mit Kurt Ihlenfeld.

**Kurt KLUGE**
*Leipzig 29.4.1886 –
†Eben Emael/Belgien 21.7.1940
**Krottnaurerstraße 64**

Inschrift: *In diesem Hause lebte von 1935 bis 1940 / Kurt Kluge / 29.4.1886–26.7.1940 / Dichter, Bildhauer und Erzgießer, Professor an / der Hochschule für Bildende Künste (1921–1940). / Bekannt durch seinen Roman »Der Herr Kortüm«.*

1938 erschien Kluges Hauptwerk »Der Herr Kortüm«. Er starb an einem Herzschlag während einer Frontreise im Fort Eben Emael bei Lüttich. Grabstätte auf dem Friedhof Nikolassee, Kirchweg. Enthüllung der Berliner Gedenktafel am 18.5.1990.

**KNESEBECKBRÜCKE**

Kleiner Gedenkstein am Ende des Teltower Damms zur Erinnerung an die Wiedereröffnung der Brücke, Inschrift: *Brücken / schmieden / Eintracht u. Frieden! / Teltow – Zehlendorf* Dazu seitlich das Datum: *23.6. / 1990*

**KOHLHAS-EICHE**
**Königsweg 313 (Kohlhasenbrück)**

Inschrift: *Kohlhas-Eiche / gepflanzt am Sedantage 1873, / an Stelle der eingegangenen, aus dem / 15ten Jahrhundert stammenden / alten Kohlhas-Eiche.*

Die gußeiserne Tafel in Form eines seitlich gestreckten Eisernen Kreuzes befindet sich in etwa zwei Meter Höhe. Gepflanzt wurde die Eiche den Angaben zufolge am 2. September 1873.
Der Kaufmann Hans Kohlhase (*Tempelberg bei Fürstenwalde um 1500 – †Berlin 22.3.1540), der vergeblich sein Recht suchte und dabei selbst zum Verbrecher wurde, starb durch die Hand des Henkers auf dem Rad. Die Kohlhas-Eiche kennzeichnet offenbar ungefähr die Stelle, an der Kohlhase einen Silbertransport aus dem Mansfeldischen für die Berliner Münze überfiel. Die Silberbarren sollen im Teltower Fließ (im Volksmund Bäke genannt, heute Teltowkanal) versteckt worden sein.

**Johann KUNCKEL**
* um 1638 –
†Dreißighufen bei Pernau/Livland 20.3.1703
**Pfaueninsel (am Nordostende der Insel)**

Inschrift: *Johann Kunckel / erbaute 1685 sein / Laboratorium auf / dieser Insel. Er / stellte Phosphor / und Rubinglas her*

Der Stein befindet sich direkt neben dem Uferweg in der Nähe von Ausgrabungen aus dem Jahr 1972, bei denen Reste der 1689 abgebrannten Glashütte gefunden wurden. Als sein Gönner, der Große Kurfürst, 1688 starb, fiel Johann Kunckel in Ungnade und folgte einem Ruf des schwedischen Königs. Er wohnte lange in Berlin in der Klosterstraße an der Stelle der 1695–1703 erbauten Parochialkirche. Als Geburtsort Kunckels werden unterschiedliche Orte genannt: Wittenburg b. Plön/Holstein wie auch Hütten b. Rendsburg. Auch das Todesjahr ist nicht sicher, als Sterbeort wird auch Stockholm genannt.

**Julius LEBER**
**Eisvogelweg 71**

Inschrift: *Julius Leber / 1891–1945 / Der Reichstags-/abgeordnete und / Widerstandskämpfer / lebte hier von / 1938–1944 / Förderungsaktion der Spielbank Berlin*

Leber war Mitglied der SPD seit 1913. 1921 wurde er Mitglied der Lübecker Bürgerschaft, von 1921–33 war er Chefredakteur des »Lübecker Volksboten«. Ab 1924 war er Mitglied des Deutschen Reichstags. In den Jahren 1933–37 war er in KZ-Haft, dann fand er ein Auskommen als Kohlenhändler in der Torgauer Straße 20 in Schöneberg. Er war aktiv im Widerstand gegen den Nationalsozialismus u. a. im »Kreisauer Kreis« und beteiligt an den Vorbereitungen des Umsturzversuchs vom 20.7.1944. Bereits am 5.7.1944 wurde er aufgrund von Kontakten zum – von Spitzeln durchsetzten – kommunistischen Widerstand verhaftet und vom Volksgerichtshof unter dem Vorsitz Freislers zum Tode verurteilt. Es bleibt sein Satz: »Für eine so gute und gerechte Sache ist der Einsatz des eigenen Lebens der angemessene Preis. Wir haben getan, was in unserer Macht stand.« Die Mitte der siebziger Jahre angebrachte Tafel wurde während Bauarbeiten Anfang der neunziger Jahre demontiert und ist seither verschwunden (Tsp., 6.1.1995). Einer kurz darauf veröffentlichten Notiz zufolge (Tsp., 11.1.1995) hat die Wohnungsbaugesellschaft Gehag einen Künstler mit der Herstellung einer neuen Tafel beauftragt.

**Kyung-Lim LEE**
*Korea 4.9.1959 – †Berlin 16.10.1991
**Teltower Damm 118 (Kirchliche Hochschule Berlin)**

Inschrift: *Zum Gedenken / an die koreanische Studentin / Kyung-Lim Lee / *4.9.1959 / †16.10.1991 / die an diesem Ort / Opfer der Gewalt gegen Frauen wurde / Angehörige der Kirchlichen Hochschule Berlin*

Die Koreanerin wurde hier – neben einem Gebäude der Kirchlichen Hochschule, keine dreißig Schritte vom Teltower Damm entfernt – in der Nacht vom 15. zum 16. Oktober 1991 von einem unbekannten Täter überfallen und vergewaltigt. Sie blieb am Tatort liegen und wurde erst am nächsten Morgen gegen sechs Uhr entdeckt. Sie starb an den Folgen der Tat und der erlittenen Unterkühlung. Der Tat verdächtigt wurde ein ehemals in Berlin stationierter US-Soldat. Die Messingtafel ist auf einem Granitsockel befestigt.

**Max LIEBERMANN**
*Berlin 20.7.1847 – †Berlin 8.2.1935
**Am Großen Wannsee 42 (Zugang Colomierstraße)**

Inschrift: *Sommerhaus des Malers / Max Liebermann / 20.7.1847–8.2.1935 / Gründungsmitglied der »Berliner Secession« / Präsident der Preußischen Akademie der Künste. / Aus Protest gegen die antisemitische*

*Propaganda / der Nationalsozialisten legte er 1933 / alle öffentlichen Ämter nieder. / Ehrenbürger von Berlin.*

Begraben ist der große Berliner Künstler, dessen Werk so berühmt ist wie seine Berliner Stadtwohnung am Pariser Platz 7 (»Wenn'se nach Berlin komm'n, jleich links!«) und seine unverblümte Aussage über die Nazis (»Ick kann janich soviel fressen wie ick kotzen möchte!«) auf dem Jüdischen Friedhof, Prenzlauer Berg, Schönhauser Allee 23/25, Feld E, Erbbegräbnis 326. Die Ehrenbürgerwürde erhielt er zu seinem 80. Geburtstag verliehen. Enthüllung der Berliner Gedenktafel am 20.7.1993.

### *Paul* Louis Adolf MEBES
*Magdeburg 23.1.1872 – †Berlin 9.4.1938
**Beuckestraße 27–29 (Schadow-Schule)**

Inschrift: *Architekt der Schadow-Schule war / Paul Mebes / 23.1.1872–9.4.1938 / Mitglied der Preussischen Akademie der Künste / Die Schule wurde in den Jahren 1911–1914 erbaut / Neben bedeutenden öffentlichen Bauten / lag der Schwerpunkt seiner Tätigkeit im Wohnungs- / und Siedlungsbau, der von ihm maßgeblich / weiterentwickelt wurde*

Mebes entwarf eine große Zahl von Wohn- und Verwaltungsgebäuden in Berlin. Von 1906 bis 1923 war er als technisches Vorstandsmitglied für den Beamten-Wohnungsverein zu Berlin tätig (u. a. Pankow [Grabbeallee], Gartenstadt Zehlendorf). Er gestaltete auch – zusammen mit Bruno Taut – die Friedrich-Ebert-Siedlung (Wedding). Lange arbeitete er in einem gemeinsamen Büro (Mebes & Emmerich) mit Paul Emmerich (*Berlin 27.7.1876 – †Berlin 28.9.1958). Von ihm stammen des weiteren das Nordsternhaus (Schöneberg) und das Haus der Feuersozietät Berlin-Brandenburg (Tiergarten). Begraben ist Mebes auf dem Städtischen Friedhof Zehlendorf, Onkel-Tom-Straße 30, Abt. 22 U 400. Enthüllung der Berliner Gedenktafel am 20.9.1995.

### Friedrich MEINECKE
*Salzwedel 30.10.1862 – †Berlin 6.2.1954
**Am Hirschsprung 13 (Dahlem)**

Inschrift: *Hier lebte von 1914 bis 1954 der Historiker / Friedrich Meinecke / 30.10.1862–6.2.1954 / Professor für Geschichte an der / Friedrich-Wilhelms-Universität Berlin, der sich zur / Weimarer Republik bekannte und den / Nationalsozialismus ablehnte. Mitbegründer und / erster Rektor der Freien Universität Berlin.*

Von 1901–1906 war Meinecke Professor in Straßburg, von 1906–1914 in Freiburg. Im Jahr 1914 kam er nach Berlin. Der bedeutende Historiker wurde 1928 emeritiert, aber im hohen Alter (sechundachtzigjährig) zum Gründungsrektor der Freien Universität gewählt, an der er auch einen Lehrauftrag für neuere deutsche Geschichte annahm. Von 1896–1935 war er Hauptherausgeber der »Historischen Zeitschrift«. Grabstätte auf dem Dorffriedhof Dahlem, Königin-Luise-Straße 55, Abt. R 31 Fam 17 (Ehrengrab). Enthüllung der Berliner Gedenktafel am 17.5.1990.

### Marga MEUSEL
*Falkenberg/Oberschlesien 26.5.1897 – †Berlin 16.5.1953
**Teltower Damm 4**

Inschrift: *In diesem Hause arbeitete von 1932 bis 1953 / Marga Meusel / 26.5.1897–16.5.1953 / als Leiterin des Evangelischen*

*Bezirkswohlfahrts-/amtes der Inneren Mission / Sie erkannte frühzeitig die besonderen Gefahren / für die aus rassischen Gründen verfolgten Christen / und drängte die Evangelische Kirche, ihnen öffentlich / in dieser besonderen Not beizustehen.*

Beigesetzt ist sie auf dem Städtischen Friedhof Zehlendorf, Onkel-Tom-Straße 30. Enthüllung der Berliner Gedenktafel am 26.11.1991.

**NEUE GEMEINSCHAFT**
**Am Schlachtensee 40–60 (früher Seestraße 35/37)**

Hier schufen die Brüder Heinrich Hart (*Wesel 30.12.1855 – †Tecklenburg 11.6.1906) und Julius Hart (*Münster 9.4.1859 – †Berlin 7.7.1930; Grabstätte Städtischer Friedhof Zehlendorf, Onkel-Tom-Straße 30, Abt. 26 W 135/6) ein Zentrum für Künstler, das sie »Neue Gemeinschaft« nannten. Mit ihnen lebten u. a. Peter Hille (*Erwitzen bei Höxter 11.9.1854 – †Groß Lichterfelde 7.5.1904; Grabstätte St. Matthias-Friedhof, Tempelhof, Röblingstraße 91, Abt. 9 Erbbegräbnis 4) vom 3.6.1903 bis zu seinem Tod und Else Lasker-Schüler. Die »Neue Gemeinschaft« existierte bis zur Übersiedlung der Brüder Hart in neue Unterkünfte im Jahr 1905. Berliner Gedenktafel. □

**Martin NIEMÖLLER**
*Lippstadt 14.1.1892 – †Wiesbaden 6.3.1984
**Thielallee 1 (Gemeindehaus Dahlem)**

Inschrift: *Hier wirkte / Pfarrer Martin Niemöller / geboren am 14.1.1892 + gestorben am 6.3.1984 / vom 1.7.1931 bis zu seiner Verhaftung am 1.7.1937 / In dieses Gemeindehaus lud er die / »Dahlemer Bekenntnissynode« / zum 19./20. Oktober 1934 ein / In seinem ehemaligen Pfarrhaus neben / der St. Annenkirche wird seine Arbeit für / Frieden und Gerechtigkeit / in Gottes Namen fortgeführt*

Die 1,20 m x 0,80 m große Bronzetafel für den engagierten Christen, Gegner des Nationalsozialismus und Kämpfer für den Frieden wurde am 22.4.1992 enthüllt.

**NIKOLASHOF (Landhaus Freudenberg)**
**Potsdamer Chaussee 47/48 (zwischen Kirchweg und Kleeblatt Zehlendorf)**

Inschrift: *Nikolashof / Das Landhaus Freudenberg wurde / 1906–07 erbaut nach den Plänen des / Architekten Hermann Muthesius / Erneuerung und Umbauung wurden / 1974–75 nach den Entwürfen des / Architekten Alexander Hunecke / ausgeführt von der / H. Klammt AG Berlin*

Die bronzefarbene Metalltafel befindet sich links neben der Einfahrt.

**NS-»ERBFORSCHUNG«**
**Ihnestraße 22 (Fachbereich Politische Wissenschaften der Freien Universität)**

Inschrift: *In diesem Gebäude befand sich von 1927 bis 1945 das / Kaiser-Wilhelm-Institut für Anthropologie, menschliche / Erblehre und Eugenik. / Die Direktoren Eugen Fischer (1927–1942) und Otmar von Verschuer / (1942–1945) lieferten mit ihren Mitarbeitern wissenschaftliche / Begründungen für die menschenverachtende Rassen- und Geburten-/politik des NS-Staates. Als Ausbilder von SS-Ärzten und Erb-/gesundheitsrichtern, durch Gutachten für Abstammungsnach-/weise und Zwangssterilisationen leisteten sie einen aktiven / Beitrag zu Selektion und Mord. Die vom Reichsforschungsrat und von der Deutschen / Forschungsgemeinschaft finanzierten Zwillingsforschungen des / Schülers und persönlichen Mitarbeiters von Verschuer / Josef Mengele im KZ Auschwitz wurden in diesem Gebäude geplant / und durch Untersuchungen an Organen selektierter und ermordeter / Häftlinge unterstützt. / Diese Verbrechen blieben ungesühnt. Von Verschuer war Professor / für Genetik bis 1965 in Münster. / Wissenschaftler haben Inhalt und Folgen ihrer wissenschaftlichen / Arbeit zu verantworten.*

Provisorische Enthüllung der Tafel am 15.9.1987 aus Anlaß des 60. Jahrestags der Eröffnung des Instituts, die offizielle Enthüllung der bronzenen Gedenktafel war am 15.6.1988. Bei diesem Anlaß wies der Dekan des Fachbereichs Politische Wissenschaft, Professor Gerhard Kiersch, darauf hin, daß es die Studentin Anne-Louise Bergmann war, die im Rahmen einer Forschungsarbeit über Geburtenpolitik dem Fachbereich ins Bewußtsein gerufen habe, daß eines seiner Gebäude das damalige Kaiser-Wilhelm-Institut beherberge. Der Beschluß über den Text der Tafel fiel im Akademischen Senat am 13.1. 1988.

**OPFER VON GEWALT UND NATIONALSOZIALISMUS**
**Matterhornstraße / Schopenhauerstraße (Kirche Schlachtensee)**

Inschrift der Gedenkwand: *Herr, du hast uns heimgesucht / 1914 1939 / Gefallene / Durch Bomben Getötete / Als lebensunwert Ausgelöschte / Im Widerstand Geopferte / Gemordete Juden / Blutzeugen des Glaubens / Vermisste Verzweifelte Verschleppte / Aller Blut schreit zu dir / Herr, Erbarme dich unserer Not und Schuld / mach uns zu Toten deines Friedens.*

Die Wand wurde 1960 als Mahnmal gestaltet. Den Text hat Helmuth Linke, die Schrift Gunter Otto entworfen. In einem Gottesdienst mit Helmut Gollwitzer (*Pappenheim 29.12.1908 – †Berlin 17.10.1993) wurde das Mahnmal der Gemeinde übergeben.

**OPFER DES KRIEGES**
**Potsdamer Chaussee 75 (Waldfriedhof Zehlendorf)**

Inmitten der Gräberfelder mit Kriegstoten des Zweiten Weltkriegs rechts vom Haupteingang befinden sich drei Gedenksteine. Ein Granitfindling trägt die Inschrift: *Dem / Gedenken / der Toten des / 2. Weltkrieges / 1939–1945,* auf zwei langgezogenen rechteckigen Steinen (roter Sandstein) heißt es: *Den hier ruhenden Opfern des Krieges / 1939 zum Gedenken 1945*

**OPFER DER MAUER**
**Königsweg (gegenüber Nr. 326, Kohlhasenbrück)**

Holzkreuz, Inschrift: *Willi Marzahn / am 19.3.1966 / auf der Flucht erschossen*

Der etwa vierundzwanzigjährige NVA-Unteroffizier wurde erschossen, als er mit einem Begleiter, der unverletzt West-Berlin erreichte, flüchtete.

**OPFER DER MAUER**
**Berlepschstraße (am Wendekreis)**

Holzkreuz mit aufgesetzter Tafel, Inschrift: *Christian Buttkus (21), / am / 4. März 1965 / bei einem / Fluchtversuch / in Klein-Machnow [!] / von Grenzsoldaten / erschossen*

Buttkus ist am 21.2.1944 geboren.

**OPFER DER MAUER**
**Erdmann-Graeser-Weg Ecke Goethestraße**

Holzkreuz mit Inschrift: *Winfried Freudenberg (32), / am 8. März 1989 / bei dem Versuch, / mit einem selbst-/gebauten Gasballon / nach West-Berlin / zu flüchten, nach Überqueren / der Grenze abgestürzt / und tödlich verunglückt.*

Unter der Inschrift befinden sich Bilder des Verunglückten (*29.8.1956) und von der Bergung.

**OPFER DES NATIONALSOZIALISMUS**
**Königstraße (Kuppe des Schäferbergs, an der Treppe, Wannsee)**

Steinsäule mit drei Inschriften. Linke Seite: *Möge ihr Tod mahnen / bis niemand mehr / in unserem Lande / „auf der Flucht" / erschossen werde* Frontseite: *Den Opfern der Gestapo / im Februar 1934* Rechte Seite: *Johann Schehr / Rudolf Schwarz / Eugen Karl Schönhaar / Erich Steinfurth*

Die kommunistischen Opfer des Nazi-Terrors Johann Schehr (*Altona 9.2.1896), Rudolf Schwarz, Eugen Schönhaar (*Eßlingen 29.10. 1899) und Erich Steinfurth wurden etwa an der Stelle des Steins im Februar 1934 (wahrscheinlich am 1. [die Angaben der Quellen geben unterschiedlich den 1., 2. und den 22.2. an]) erschossen. Auch die Mordstelle wird in manchen Quellen in das Gestapo-Hauptquartier, Prinz-Albrecht-Straße (heute Niederkirchnerstraße) oder das KZ Columbia-Haus (heute Bereich Flughafen Tempelhof Höhe Golßener Straße) verlegt. Die Toten haben symbolische Grabstätten in der Gedenkstätte der Sozialisten in Friedrichsfelde.

**OPFER DES NATIONALSOZIALISMUS**
**Teltower Damm (Dorfaue)**

Schlichter stehender Stein, Inschrift: *Den Opfern 1933 1945*

**Ernst REUTER**
*Apenrade/Nordschleswig 29.7.1889 – †Berlin 29.9.1953
**Bülowstraße 33**

Inschrift: *Hier lebte und starb / Ernst Reuter / 1.4.1948–29.9.1953*

Der berühmte Berliner »Regierende« war seit 1912 Mitglied der SPD. In russischer Kriegsgefangenschaft wurde er nach der Revolution zum Beauftragten für den Verwaltungsaufbau im Wolgagebiet ernannt. Nach seiner Rückkehr nach Deutschland Ende 1918 bis zum Ausschluß 1922 war er in leitender Position (Generalsekretär) in der KPD. Er wurde wieder Mitglied der SPD, schuf als Stadtrat für Verkehrswesen in Berlin die BVG. 1931 wurde er Oberbürgermeister von Magdeburg, 1935 emigrierte er nach »Schutzhaft« und KZ-Aufenthalt über England in die Türkei. 1946 kehrte er nach Berlin zurück. Sein Engagement für die Demokratie führte zur Konfrontation mit der sowjetischen Besatzungsmacht, die gegen seine Wahl zum Oberbürgermeister 1947 ihr Veto einlegte. Mit der politischen Teilung der Stadt während der Blockade und nach den Wahlen vom 5.12.1948, die nur in den Westsektoren durchgeführt werden durften, wurde er Oberbürgermeister (später Regierender Bürgermeister) von (West-)Berlin. Vor allem seinem Einsatz verdankte der Westteil Berlins die Versorgung über die »Luftbrücke« und damit sein politisches Überleben, das ein wichtiges Fundament für die vier Jahrzehnte später erfolgte Wiedervereinigung war. Enthüllung der Bronzetafel am 29.7.1964. Begraben ist Reuter auf dem Waldfriedhof Zehlendorf, Potsdamer Chaussee 75, VI W 18/19 (Ehrengrab).

**Jochen RICHERT**
*Zehlendorf 9.5.1915 – †Hamburg 11.2.1984
**Königstraße 29 (zwischen Anhaltiner Straße und Düppelstraße; Zehlendorf)**

Inschrift: *In diesem Hause lebte von 1915 bis 1923 / Jochen Richert / 9.5.1915–11.2.1984 / Vater der Fernsehlotterie / »Ein Platz an der Sonne« / zugunsten der Berliner Ferienkinder / und der / Berliner Familien-Feriendörfer*

Der Vorschlag zur Schaffung der ARD-Fernsehlotterie wurde von Richert im Frühjahr 1956 vorgetragen. Die erste Sendung war am 28.4.1958. Bis 1990 spielte sie für bedürftige Berliner über 615 Millionen DM ein, mit deren Hilfe 1,4 Millionen Kinder, 115 000 Familien und 320 000 alte Menschen einen Urlaub verbringen konnten. Enthüllung der Berliner Gedenktafel durch Bezirksbürgermeister Ulrich Menzel am 29.11.1993 in Anwesenheit der Witwe Marcelline Richert, der Schwester Ingeborg Richert und des Präsidenten der Stiftung Hilfswerk Berlin, Günther Bantzer.

**SALZBURGER EMIGRANTEN**
**Potsdamer Straße (Mauer des alten Dorffriedhofs)**

Inschrift der Bronzetafel: *Im Mai 1732 begrüsste / König / Friedrich Wilhelm I. / in Zehlendorf aus Salzburg / vertriebene Protestanten / „Mir neue Söhne – Euch ein / mildes Vaterland!“*

**SCHILLERLINDE**
**Martin-Buber-Straße Ecke Hohenzollernstraße (Verkehrsinsel)**

Auf dem grünen Dreieck steht unter der Linde ein an der Frontseite polierter, rötlicher Granitstein mit der Inschrift: *Schillerlinde / 1905.*

Hier wurde offenbar zum 100. Todestag Schillers eine Linde gepflanzt. Der heutige Baum ist aber eindeutig jünger als 90 Jahre.

**Walter SCHMARJE**
*Flensburg 16.8.1872 – †Berlin 6.11.1921
**Milinowskistraße 12 Ecke Schmarjestraße**

Inschrift: *In diesem Hause lebte / von 1912 bis 1921 der Bildhauer / Walter Schmarje / 16.8.1872–6.11.1921 / Schüler von Reinhold Begas. Lehrer an der / Unterrichtsklasse des Kunstgewerbe-Museums in Berlin. / Skulpturen u. a. der »Trommler« (Rathaus Zehlendorf) / und die »Weibliche Figur« (Krankenhaus Heckeshorn) / Paul Mebes baute die »Villa Schmarje«*

Enthüllung der Berliner Gedenktafel am 12.6.1991 durch Volksbildungsstadtrat Stefan Schlede. Am Waschbetonsockel des »Trommlers« neben einem Rathauserweiterungsbau am Parkplatz erläutert eine Tafel: *(Der Trommler) 1913 von Walter Schmarje / *1872 Flensburg †1921 Berlin Zehlendorf / Die am Kriegsende beschädigte Skulptur / wurde 1987 restauriert und wieder-/aufgestellt mit Unterstützung der / Bank für Handel und Industrie AG*

**Karl SCHMIDT-ROTTLUFF**
*Rottluff b. Chemnitz 1.12.1884 –
†Berlin 10.8.1976
**Schützallee 136**

Inschrift: *Hier wohnte von 1947 bis 1976 der Maler / Karl Schmidt-Rottluff / 1.12.1884–10.8.1976 / Gründungsmitglied der Künstlervereinigung / die »Brücke«. / Professor an der Hochschule für Bildende Künste / in Berlin. / Ehrenbürger von Berlin.*

Schmidt-Rottluff stiftete gemeinsam mit Erich Heckel 1967 das Brücke-Museum, dessen Grundstock eine Schenkung aus seiner Sammlung bildete. Ehrenbürger wurde er am 10.4.1970. Enthüllung der Berliner Gedenktafel am 28.4.1992 durch Bezirksbürgermeister Ulrich Menzel, in Anwesenheit der Leiterin des Brücke-Museums, Prof. Magdalena Moeller. Grabstätte Waldfriedhof Dahlem, Hüttenweg 47, Abt. 10 E 11/12.

**Johann *Ferdinand* SCHREY**
*Elberfeld 19.7.1850 – †Berlin 2.10.1938
**Ehrenbergstraße 21 Ecke Habelschwerdter Allee**

Inschrift: *Hier lebte in den zwanziger Jahren / Ferdinand Schrey / 19.7.1850–2.10.1938 / Er setzte sich für die Vereinfachte Stenographie ein, / war Mitbegründer der Kurzschrift »Stolze-Schrey« von 1897 / und wirkte für die Verbreitung der mechanischen / Schreibmaschine in Deutschland.*

Der Kaufmann und Publizist prägte auch die Berufsbezeichnung »Stenotypist«. Enthüllung der Berliner Gedenktafel am 23.10.1992 durch Bezirksbürgermeister Ulrich Menzel. Die Grabstätte Schreys ist auf dem Dorffriedhof Dahlem, Königin-Luise-Straße 55, Abt. 18, 49/50 (Ehrengrab). (zu Wilhelm Stolze s. Anhang)

**17. JUNI 1953**
**Potsdamer Chaussee (Mittelstreifen östlich des Kleeblatts)**
Im östlichen Teil der eingefriedeten Anlage steht ein Holzkreuz, darauf befestigt ist eine Holztafel mit der Inschrift: *Den Opfern / und / unerschrockenen / Kämpfern / für / Menschenrecht / Menschenwürde / für / Wahrheit und Freiheit / 17. Juni 1953* Im westlichen Teil steht ein Gedenkstein aus Granit mit der Inschrift: *Den / russischen / Offizieren und / Soldaten, / die sterben mussten, / weil sie sich / weigerten, auf die / Freiheitskämpfer / des 17. Juni 1953 / zu schiessen*

Die Gedenkstätte wurde eingerichtet, nachdem die Sowjetunion den bisher hier stehenden Panzer vom Typ T 34 nach dem 17. Juni 1953 auf einen neuen Standort unmittelbar südlich der Berliner Stadtgrenze neben der Autobahn (hinter der Trasse der Stammbahn) zurückgenommen hatte. Dort stand er auf einem Podest bis 1991.

**SINTI UND ROMA**
**Thielallee 88–92 (Bundesinstitut für gesundheitlichen Verbraucherschutz und Veterinärmedizin – ehem. Bundesgesundheitsamt)**

Inschrift: *Zum Gedenken / an die Opfer des Völkermordes / an den Sinti und Roma / Auf diesem Gelände, in einem nicht mehr / vorhandenen Gebäude des ehemaligen / Reichsgesundheitsamtes, befand sich die / „Rassehygienische und Bevölkerungs-/biologische Forschungsstelle", die an / der Vorbereitung des planmässigen / Völkermordes der Nationalsozialisten / an den Sinti und Roma mitwirkte.*

Die Bronzetafel geht zurück auf zwei Berliner Schüler, die sich im Rahmen des Wettbewerbs »Deutsche Geschichte« 1993 mit der Tätigkeit der »Rassehygienischen und Bevölkerungsbiologischen Forschungsstelle« im Reichsgesundheitsamt beschäftigt hatten. Enthüllt wurde sie in Haus 3 (heute Bibliothek) am 11.12.1995.

**SOZIALDEMOKRATISCHE PARTEI DEUTSCHLANDS**
**Wilskistraße 78 (gegenüber Einmündung der Altkanzlerstraße; Zinnowwaldschule)**

Inschrift: *Am 7. April 1946 tagte in diesem Hause / der erste Landesparteitag / der Berliner SPD / nach der Urabstimmung, durch die / der kommunistische Versuch einer / Zwangsvereinigung von SPD und KPD / in Berlin abgewehrt worden ist. / Hierdurch wurden grundlegende / Voraussetzungen für eine weitere / demokratische Entwicklung / in unserer Stadt geschaffen.*

**Eduard SPRANGER**
*Groß-Lichterfelde 27.6.1882 –
†Tübingen 17.9.1963
**Fabeckstraße 13 (gegenüber Lansstraße; Dahlem)**

Inschrift: *In diesem Hause wohnte von 1927 bis 1946 / Eduard Spranger / 27.6.1882–*

*17.9.1963 / Professor für Philosophie und Pädagogik an der / Friedrich-Wilhelms-Universität von 1920–1946. / Mitglied der Preußischen / und Sächsischen Akademie der Wissenschaft / und des Ordens Pour le Mérite. / In seinem Hause traf sich auch die / traditionsreiche Mittwochs-Gesellschaft.*

In der Mittwochsgesellschaft bildete sich ab 1939 ein »Kreis im Kreis« heraus, der entschlossen war, Hitler zu stürzen. Enthüllung der Berliner Gedenktafel am 2.9.1988.

**Claus Graf Schenk von STAUFFENBERG**
*Jettingen bei Günzburg 15.11.1907 – †Berlin 20.4.1944
**Tristanstraße 8–10 (Nikolassee)**

Inschrift: *Oberst / Claus Graf Schenk von Stauffenberg / *15.11.1907 / †20.7.1944 / lebte hier 1943–1944 / Er starb im Widerstand gegen / die nationalsozialistische / Gewaltherrschaft*

Die Bronzetafel wurde aus Anlaß von Stauffenbergs 75. Geburtstag am 15.11.1982 enthüllt. Sie soll »den Bezug zu dem Ort herstellen, an dem sich 1943/44 regelmäßig die ›Grafenrunde‹ traf, ›um die Verschwörung gegen Hitler vorzubereiten‹«.

**Werner STEPHAN**
*20.5.1917 – †Berlin 17.8.1957
**Forst Grunewald, Jagen 65 (Sprengplatz, unweit Anfang des Hüttenwegs)**

Inschrift: *Zum Gedenken an / Werner Stephan / Polizei-Obermeister / 17.8.1957 / und zur Mahnung*

Betonsockel mit eingelassener Metalltafel und aufgesetzter Granate hinter dem Eingangstor zum Sprengplatz. Das kleine Denkmal erinnert an den Berliner Polizeifeuerwerker, der bei der Explosion eines Sprengkörpers aus dem Zweiten Weltkrieg, den er entschärfen wollte, ums Leben kam.

**Helene STÖCKER**
*Elberfeld 13.11.1869 – †New York 24.2.1943
**Münchowstraße 1 Ecke Am Beelitzhof (Nikolassee)**

Inschrift: *In diesem Hause lebte und wirkte / von 1912 bis zu ihrer Vertreibung 1933 / Helene Stöcker / 13.11.1869–24.2.1943 / Frauenrechtlerin, Sexualreformerin / und Pazifistin*

Auf Initiative Helene Stöckers entstand 1905 der »Bund für Mutterschutz und Sexualreform«, dessen Ziele eine Besserstellung der Frau auf allen Ebenen in der Gesellschaft waren und dessen Zeitschrift »Die neue Generation« (bis 1908 »Mutterschutz«) sie bis 1932 herausgab. Mit dem Beginn des Ersten Weltkriegs engagierte sie sich zudem für die Sache des Friedens. 1921 begründete sie in Holland die Internationale der Kriegsdienstgegner mit. Nach ihrer Flucht aus Nazi-Deutschland arbeitete sie in der Schweiz noch bis 1938 weiter für die Friedensidee. Enthüllung der Berliner Gedenktafel aus Anlaß des 125. Geburtstags Helene Stöckers am 18.11. 1994 durch Bezirksbürgermeister Ulrich Menzel. Die Tafel befindet sich schwer lesbar rechts oberhalb des Eingangs.

**Johann Peter SÜSSMILCH**
**Berliner Straße 2 Ecke Teltower Damm**

Inschrift der Berliner Gedenktafel: *An dieser Stelle befand sich / bis zum Jahre 1929 der Zehlendorfer Erbbraukrug. / das Geburtshaus von / Johann Peter Süssmilch / 3.9.1707–22.3.1767 / Universalwissenschaftler und Propst von / Cölln an der Spree · Mit seinem Hauptwerk von 1741 / »Die göttliche Ordnung« / wurde er zum Wegbereiter der Bevölkerungs-/ wissenschaft und Statistik*

Süßmilch wurde nach dem Studium der Rechtswissenschaft, Medizin und Theologie in Halle und Jena Feldprediger, Pfarrer in Ezien (Mittelmark), ab 1742 Propst an St. Petri und Oberkonsitorialrat in Kölln. 1743 wurde er ordentliches Mitglied der Königlichen Akademie der Wissenschaften. Sein Hauptwerk »Die göttliche Ordnung in den Veränderungen des menschlichen Geschlechts aus der Geburt, dem Tode und der Fortpflanzung desselben erwiesen« gilt als bahnbrechend für die Bevölkerungsstatistik.

**Bruno TAUT**
*Königsberg 4.5.1880 –
†Istanbul/Türkei 24.12.1938
**Argentinische Allee Ecke Riemeisterstraße (Südostecke)**

Die Bronzetafel ist dreigliedrig gestaltet. Sie trägt Inschriften auf Vorder- und Rückseite. Die Inschriften (Vorderseite, links): *Geboren 4.5.1880 / in Königsberg / 1921 Stadtbaurat / von Magdeburg / 1924 Architekt / der GEHAG / 1930 Professor / für Wohnungsbau / u. Siedlungswesen / a. der Technischen / Universität [!] Berlin / 1931 Mitglied / der Preussischen / Akademie / der Künste Berlin / 1933 Emigration / nach Japan und / 1936 in die Türkei / 1938 ausgebürgert / In Istanbul / gestorben 24.12.1938* Der mittlere Teil trägt die Inschrift: *Architektur / ist die / Kunst der / Proportion.* Der rechte Teil zeigt ein Porträt Tauts, darunter: *Bruno Taut / 1880–1938.* Rückseite, links: *Bruno Taut prägte / entscheidend das / Siedlungswesen. / Die Waldsiedlung / Onkel Tom / Zehlendorf, / Hufeisensiedlung / Britz, / Carl Legien-/Siedlung, / Prenzlauer Berg / sind Marksteine / aus dem Werk von / Bruno Taut.* Mittlerer Teil: *Als Architekt der / GEHAG entwarf / Bruno Taut in den / Jahren 1924– 1931 / rund 10.000 / Wohnungen / für uns. / Die Wohnung / verknüpft den / einzelnen mit den / Nachbarn der / Siedlung, dem / Umfeld, der Natur / und der Stadt.* Rechter Teil: *Das Haus – / Birke, / Kiefer, / Blumen / und Wiese / gehören / dazu.*

Die Tafel wurde in Anwesenheit zweier Kinder Tauts, des Bezirksbürgermeisters Ulrich Menzel und des GEHAG-Vorstandsvorsitzenden Heinz-Viktor Simon am 17.11.1992 enthüllt. Sie ersetzt

eine provisorische Tafel zur Würdigung des Werkes von Taut, die an seinem 50. Todestag in Anwesenheit des Architekten und Architekturkritikers Julius Posener an derselben Stelle enthüllt wurde. Deren Inschrift lautete: *Bruno Taut in Berlin / geb. 4. Mai 1880 in Königsberg gest. 24. Dezemb. 1938 in Istanbul-Türkei / 1921 Stadtbaurat von Magdeburg/Elbe / 1924 Architekt der „GEHAG" Berlin / 1930 Professor für Wohnungsbau und Siedlungswesen / an der TH Berlin-Charlottenburg / 1931 Mitglied der Preussischen Akademie der Künste / Berlin / 1933 Emigration nach Japan, von dort / 1936 Emigration in die Türkei – Professor an der Aka-/demie der Künste in Istanbul – Leiter des Architek-/turbüros des Türkischen Unterrichtsministeriums / 1938 Ausgebürgert und bedroht von den National-sozia-/listen, Emigrant in der Türkei, verstorben mit / 58 Jahren / Als Architekt der „GEHAG" entwarf er in den Jahren / 1924–31 ca. 10 000 Wohnungen, u. a. für die / Waldsiedlung Onkel-Toms-Hütte Zehlendorf / Hufeisensiedlung in Britz / Carl-Legien-Stadt am Prenzlauer Berg. / Diese provisorische Tafel wird zum 50. Todestag des / großen Architekten errichtet in Würdigung seines Wir/kens für den humanen Wohnungsbau und die gewerk-/schaftliche und sozialdemokratische Sied-lungs-/politik.*

**Heinrich TESSENOW**
*Rostock 7.4.1876 – †Berlin 1.11.1950
**Sophie-Charlotte-Straße 7 Ecke Schweitzerstraße**

Inschrift: *Wohnhaus Tessenow / erbaut von dem Architekten / Heinrich Tessenow / 7.4.1876–1.11.1950 / Er entwarf die Gartenstadt Hellerau bei Dresden / und den Umbau von Schinkels Neuer Wache in Berlin. / Maßgeblicher Vertreter der Neuen Sachlichkeit / in der Architektur*

Das sehr bescheidene Haus bewohnte Tessenow von 1945–1950. Von ihm stammen in der Nähe u. a. die Wohnhäuser Am Fischtal 2/2a, Riemeisterstraße 56a, 58–60, 62– 66b, auch die Innengestaltung des Stadtbads Mitte (Gartenstraße 5). Die Ausgestaltung des Innenraums der Neuen Wache (Unter den Linden) erfolgte 1931. Enthüllung der Berliner Gedenktafel am 1.11.1990 anläßlich des 40. Todestages. Ehrengrab auf dem Waldfriedhof Dahlem, Hüttenweg 47.

**US-SOLDATEN**
**Kirchstraße 3 (Rathaus Zehlendorf)**

Inschrift: *The officers and soldiers of 6th Battalion 502nd Infantry Regiment, / Berlin Brigade, United States Army, recognize with sincere / appreciation the support and friendship of the district of / Berlin-Zehlendorf. We now leave Berlin and proudly recall that our / soldiers and your citizens together defended freedom and celebrate its / triumph. 6th Battalion 502nd Infantry Regiment, Berlin Brigade's work / is done, and Zehlendorf faces many challenges ahead. We wish you / success and peace – remember the great American soldiers who served / you well. ALL THE WAY – WITH PRIDE! / 17 April 1994 Walter L. Holton, Lieutenant Colonel, Commander 6th Battalion 502nd Infantry Brigade / Die Offiziere und Soldaten des 6. Bataillons des 502. Infanterie Regiments / der Berlin Brigade der Armee der Vereinigten Staaten von Amerika, / möchten sich für die Unterstützung und Freundschaft des Bezirks / Berlin-Zehlendorf herzlich bedanken. Wir verlassen jetzt Berlin und denken / mit Stolz daran wie unsere Soldaten mit den Bürgerinnen / und Bürgern Zehlendorfs die Freiheit erfolgreich verteidigt haben. / Die Arbeit des 6. Bataillons des 502. Infanterie Regiments der Berlin / Brigade ist vollbracht und Zehlendorf hat noch viele Herausforderungen / vor sich. Wir wünschen Ihnen Erfolg und Frieden und behalten Sie die / hervorragenden amerikanischen Soldaten, die Ihnen so gut gedient haben, / in lebendiger Erinnerung. ALL THE WAY – WITH PRIDE! / 17. April 1994 Walter L. Holton, Oberstleutnant, Kommandeur 6. Bat. 502. Inf.*

Die rechteckige, dunkelbraun gestrichene Holztafel mit gelber Inschrift befindet sich in der Eingangshalle an der Wand neben dem rechten Treppenaufgang. Links neben der Inschrift befinden sich übereinander die Wappen der US-Einheit und des Bezirks. Wappen, Datum und Name sind auf goldenem Grund gehalten.

**WANNSEEHEIM FÜR JUGENDARBEIT**
**Hohenzollernstraße 14 (Wannsee)**

Inschrift: *1947 Gründung des „Camp of Wannsee" durch die / Amerikaner im Rahmen der re-education / 1951 „Wannseeheim für Jugendarbeit" in diesem / Haus, gekauft aus Mitteln des Mc·Cloy·Fonds / Wir danken den Amerikanern für den heute und / zukünftig noch nachwirkenden Impuls / 27.8.1994 wannsee/FORUM*

Das Haus der Bildungsstätte wurde 1907 für den Bankier Joegers errichtet. Bei der Einweihung als Jugendbildungsstätte 1951 sagte Ellen McCloy, die Frau des US-Hochkommissars für Deutschland: »Dieses Haus soll das Gefühl der Zusammengehörigkeit unter den Jugendlichen aller Nationen verstärken.« Es blieb durch die Jahrzehnte seines Bestehens ein Zentrum demokratischer Bildungsarbeit. Enthüllung der Glastafel durch den Vorsitzenden des Wannseeforums (Trägerverein), Eberhard Grashoff, und den Leiter der Außenstelle Berlin der US-Botschaft, Jack Covey, am 27.8.1994.

**WANNSEE-KONFERENZ**
**Am Großen Wannsee 56–58**

Inschrift: *In diesem Haus fand im / Januar 1942 die berüchtigte / Wannsee-Konferenz statt / Dem Gedenken der / durch nationalsozialistische / Gewaltherrschaft umgekommenen / jüdischen Mitmenschen*

Hier, in der heutigen Gedenkstätte, fand am 20. Januar 1942 die sogenannte Wannsee-Konferenz zur »Endlösung der Judenfrage« statt. Eichmann protokollierte, was führende Vertreter von Staat, NSDAP und ihren Terrororganisationen unter der Leitung von Reinhard Heydrich zur Ermordung der Millionen Juden im Einflußbereich Nazi-Deutschlands beschlossen. Die Bronzetafel wurde zunächst am Portal an der Straße, später – nach Beschmierungen und Diebstählen – am Haus angebracht. Jetzt gibt es eine Tafel an der Straße und eine zweite mit gleichem Text rechts neben dem Hauseingang. Eine erste Anbringung erfolgte um 1980.

**Otto Heinrich WARBURG**
*Freiburg/Br. 8.10.1883 – †Berlin 1.8.1970
**Boltzmannstraße 14**

Heute Gästehaus und zentrales Archiv der Max-Planck-Gesellschaft. Die Tafel ist von der Straße aus nicht zu sehen. Inschrift: *In diesem Hause, dem Kaiser-Wilhelm- / Max-Planck-/Institut für Zellphysiologie, forschte / Otto Heinrich Warburg / 8.10.1883–1.8.1970 / Biochemiker und Mediziner / auf den Gebieten der Atmung, der Photosynthese / und der Krebsentstehung / Nobelpreis für Physiologie und Medizin 1931 / Ehrenbürger der Stadt Berlin 1963*

Warburg war Direktor des Instituts für Zellphysiologie und wohnte in der Nähe, Garystraße 18, von 1930–1970. Die Ehrenbürgerwürde erhielt er am 8.10.1963 verliehen. Enthüllung der Berliner Gedenktafel am 17.10.1991. Grabstätte auf dem Dorffriedhof Dahlem, Königin-Luise-Straße 55, 23 W 124/25 (Ehrengrab).

**Richard WILLSTÄTTER**
*Karlsruhe 13.8.1872 –
†Muralto bei Locarno 3.8.1942
**Faradayweg 10**

Inschrift: *In diesem Hause wohnte von 1912 bis 1916 / Richard Willstätter / 13.8.1872–3.8.1942 / Wissenschaftliches Mitglied / und Leiter der Organischen Abteilung / des Kaiser-Wilhelm-Instituts für Chemie / Professor für Chemie / an der Friedrich-Wilhelms-Universität 1912–1916 / Nobelpreis für Chemie 1915 für seine Untersuchungen / der Pflanzen-Farbstoffe*

Vor seiner Berliner Zeit war Willstätter Privatdozent in München. 1905 erhielt er eine Professur an der Technischen Hochschule Zürich. 1912 kam er nach Berlin. Hier erhielt er 1915 einen Ruf nach München, dem er 1916 folgte, und wo er auch nach seiner Emeritierung 1925 lebte. 1939 fand er vor den Judenverfolgungen des nationalsozialistischen Deutschland Asyl in der Schweiz. Enthüllung der Berliner Gedenktafel am heutigen Sitz des Fritz-Haber-Institut der Max-Planck-Gesellschaft am 15.11.1993 durch Bezirksbürgermeister Ulrich Menzel.

# SCHÖNEBERG

**Hans BALUSCHEK**
*Breslau 5.7.1870 – †Berlin 28.9.1935
**Semperstraße Ecke Ceciliengärten 26**

Inschrift links neben einer szenischen Darstellung: *Hier lebte / malte / zeichnete / und schrieb / Hans / Baluschek / 1929–1933*

Der Maler Berliner Arbeiterlebens, auf dessen Werken sich fast immer Eisenbahnmotive finden (sein Vater war Eisenbahner), gehört in eine Reihe mit Käthe Kollwitz und Heinrich Zille. Karl Kraus schrieb über ihn: »An Sicherheit und satirischer Schärfe des Blicks wie aus technischem Können ist die Darstellung, die Baluschek dem Berlinerthum gibt, dem von Engelhart gemalten Wienerthum weit überlegen.« In Berlin lebte er in der Klopstockstraße 24 (Tiergarten), in der Steglitzer Straße 48 (Tiergarten; heute Pohlstraße), in der Cheruskerstraße 5 auf der »Schöneberger Insel« und schließlich in der Friedenauer Semperstraße. Enthüllt wurde die Bronzetafel 1981. Baluscheks Grab war zunächst auf dem Schöneberger Friedhof, Maxstraße. Von dort wurde er umgebettet zum Waldfriedhof Wilmersdorf in Stahnsdorf, Abt. L I – S III – 334 (Ehrengrab). Die Maxstraße heißt heute Kärntener Straße. Der östliche Teil des Friedhofs wurde dem Bau der Stadtautobahn geopfert. Der verbliebene Bereich ist über die Eisackstraße zugänglich.

**August BEBEL**
*Deutz 22.2.1840 –
†Churwalden/Passug/Schweiz 13.8.1913
**Hauptstraße 97 (am Innsbrucker Platz)**

Inschrift: *Hier wohnte von 1903–1913 / August Bebel / Mitglied des Reichstages / Vorsitzender der Sozialdemokratischen Partei / Deutschlands*

Bebel wohnte in Berlin an drei Stellen im heutigen Bezirk Schöneberg: Zunächst in der Großgörschenstraße 22a Ecke Bautzener Straße (zerstört), dann in der Habsburger Straße 5 und schließlich bis zu seinem Tode in der Hauptstraße 97. Gestorben ist Bebel während eines Sanatoriumsaufenthalts »an Herzlähmung«. Beigesetzt wurde er in Zürich, wo seine Tochter lebte. Die kaum wahrnehmbare, dunkle Bronzetafel über dem Hauseingang wurde 1981 enthüllt.

**Franz-Joachim BEHNISCH**
*Berlin 19.2.1920 – †Erlangen 3.6.1983
**Katzlerstraße 11**

Inschrift: *Hier wohnte von 1920 bis 1938 / der Schriftsteller und Pädagoge / Dr. Franz-Joachim Behnisch / 19.2.1920–3.6.1983 / Er wurde bekannt durch die Romane / „Rummelmusik" und „Nicht mehr in Friedenau" / sowie durch Erzählungen für Hörfunk und / literarische Zeitschriften.*

Die Bronzetafel wurde am 24.4.1987 enthüllt.

**Alfred Kardinal BENGSCH**
*Berlin 10.9.1921 – †Berlin 13.12.1979
**Tempelhofer Weg 26 Ecke Gotenstraße**

Inschrift: *Hier lebte von 1926 bis 1950 / Alfred Kardinal Bengsch / 10.9.1921–13.12.1979 / Als erster gebürtiger Berliner 1961 zum / Bischof des Bistums Berlin ernannt / 1962 mit dem Titel Erzbischof ausgezeichnet / und 1967 zum Kardinal erhoben / Sein Einsatz für den Fortbestand des Bistums / in der geteilten Stadt und für die / Glaubensfreiheit der Christen in der DDR / war ein wichtiger Beitrag zur Überwindung / der deutschen Teilung*

Die Berliner Gedenktafel wurde am 15.8.1995 in Anwesenheit von Bezirksbürgermeister Uwe Saager und Erzbischof Georg Kardinal Sterzinsky enthüllt. Beigesetzt ist Bengsch in der Krypta der St. Hedwigs-Kathedrale, Berlin-Mitte.

**Gottfried BENN**
*Mansfeld/Westprignitz 2.5.1886 –
†Berlin 7.7.1956
**Bozener Straße 20**

Inschrift der (wahrscheinlich 1957 enthüllten) Muschelkalkplatte: *Hier wohnte / vom 1 · 12 · 1937 / bis zu / seinem Tode / am 7 · 7 · 1956 / der Dichter / Gottfried / Benn*

Seine Arztpraxis hatte Benn Mehringdamm 38 Ecke Yorckstraße (damals: Belle-Alliance-Straße 12). Grabstätte auf dem Waldfriedhof Dahlem, Hüttenweg 47, Abt. 27 W 31 (Ehrengrab).

**Liane BERKOWITZ**
*Berlin 7.8.1923 – †Berlin-Plötzensee 5.8.1943
**Viktoria-Luise-Platz 1 Ecke Motzstraße 53**

Inschrift: *An diesem Ort lebte von 1930 bis 1943 / Liane Berkowitz / 7.8.1923–5.8.1943 / Sie war Abiturientin am Heil'schen Abendgymnasium / und arbeitete in der dortigen Widerstands-/gruppe der »Roten Kapelle« gegen das Nazi-Regime / Gemeinsam mit elf weiteren Frauen wurde sie / in Plötzensee hingerichtet · Ihr in der Haft geborenes / Kind starb in einem Kinderheim*

Liane Berkowitz wohnte in einem Vorgängerbau. Heute steht hier das Gemeindezentrum der Evangelischen Kirchengemeinde Zum Heilsbronnen. Die Tochter russischer Emigranten schloß sich dem Widerstand 1941 an. Ein Jahr darauf wurde sie, wie fast alle Mitglieder der »Roten Kapelle«, verhaftet, zum Tode verurteilt und zwei Tage vor ihrem 20. Geburtstag in Plötzensee ermordet. Enthüllung durch Bezirksbürgermeister Uwe Saager und Dr. Hans Coppi am 25.11.1993.

**BERLINER BLOCKADE**
**Handjerystraße 2**

Inschrift: *Während der Berliner / Blockade starben hier / am 25.7.1948 beim Absturz / eines Versorgungsflug-/zeuges zwei amerikanische / Piloten für die Freiheit / unserer Stadt*

Enthüllt wurde die fast schwarze Granittafel mit grauer Schrift, die rechts unten eine Abbildung des Luftbrückendenkmals zeigt, am 11.5.1979.

**Rudolf BERNAUER**
*Wien 20.1.1880 – †London 27.11.1953
**Viktoria-Luise-Platz 1**

Inschrift: *An diesem Ort lebte von / 1913 bis 1934 / Rudolf Bernauer / 20.1.1880–27.11.1953 / Schauspieler, Theaterleiter, Bühnenautor / / 1901 Mitbegründer des literarischen Kabaretts / »Die bösen Buben« / und Autor von Possen und Operetten / Von 1907 bis 1924 leitete er mehrere Berliner / Bühnen · Theaterhistorisch bedeutsam sind / seine Strindberg-Inszenierungen / 1934 mußte er nach England emigrieren*

Bernauer wirkte am Berliner Theater, am Theater in der Königgrätzer Straße und am Theater am Nollendorfplatz. Er verließ Deutschland auf der Flucht vor der »Rassenpolitik« der Nazis. Berliner Gedenktafel. □

**Georg BERNHARD**
*Berlin 20.10.1875 – †New York 10.2.1944
**Kleiststraße 21**

Inschrift: *An diesem Ort lebte von / 1911 bis 1930 / Georg Bernhard / 20.10.1875–10.2.1944 / Er leitete von 1914 bis 1930 die Vossische Zeitung / und war einer der angesehendsten Wirtschafts-/journalisten der Weimarer Republik / 1933 emigrierte er über Kopenhagen nach Paris, / 1941 nach New York*

Seine Pseudonyme waren Gracchus und Plutus. Berliner Gedenktafel. □

**Eduard BERNSTEIN**
*Berlin 6.1.1850 – †Berlin 18.12.1932
**Bozener Straße 18**

Inschrift: *Hier wohnte von 1918–1932 / Eduard Bernstein / 6.1.1850–18.12.1932 / Sozialdemokratischer Theoretiker / Stadtverordneter und Stadtrat / in Schöneberg 1910–1920 / Mitglied des Deutschen Reichstages / 1902–1906, 1912–1918 und 1920*

Der Theoretiker der SPD und Begründer der Revisionismustheorie, Gegner Karl Kautskys und von August Bebel heftig angegriffen, ist in Sichtweite von Bebels letzter Wohnung auf dem Schöneberger Friedhof am Innsbrucker Platz (Eisackstraße) begraben, Abt. 4 Block A 34. Enthüllung der Bronzetafel am 11.4.1981.

**BLINDE MITBÜRGER**
**Goßlerstraße 26/26a**

Eine in Höhe des ersten Stockwerks an dem Wohnhaus für blinde Mitmenschen befestigte Metalltafel zeigt ein Reliefporträt, darüber und darunter die Inschrift: *Lichtlos – und / doch lichtvoll*

**Robert BLUM**
*Köln 10.11.1807 –
†Brigittenau b. Wien 9.11.1884
**Kolonnenstraße 21–23 (Robert-Blum-Oberschule)**

Inschrift: *Robert Blum geb. 1807 gest. 1848 / Als Politiker, Buchhändler, Journalist / und Verleger weit über die Grenzen des / Königreichs Sachsen wirksam. Führer der / Linken in der Frankfurter Nationalver-/sammlung. Er wurde trotz parlamentarischer / Immunität verhaftet und standrechtlich er-/schossen. Er starb für seine Überzeugung. / Seine letzten Worte: / „Ich sterbe für die deutsche Freiheit, für / die ich gekämpft. Möge das Vaterland meiner / eingedenk sein!" (Robert Blum / 9. November 1848)*

Meyers Konversationslexikon von 1905 – gut ein halbes Jahrundert später und mitten im Kaiserreich – nennt Blum einen »deutschen Demokraten«. Enthüllung der Tafel am 7.12.1987.

**BOGEN VON 124,5°**
**An der Urania Ecke Kleiststraße**
**(Mittelstreifen gegenüber der Urania)**

Inschrift: *Bernar Venet Arc de 124,5° Bogen von 124,5° / Jacques Chirac, Premier ministre de la République française, / a inauguré cette œuvre de Bernar Venet le 2 Juillet 1987. / Réalisée grâce au concours d'Air France, elle a été offerte à Berlin / par la France pour célébrer le 750ème anniversaire de la Ville. / Der Premierminister der französischen Republik, Jacques Chirac, / hat dieses Kunstwerk von Bernar Venet am 2. Juli 1987 eingeweiht. / Es wurde dank der Mitwirkung von Air France als Geschenk Frankreichs / an Berlin anlässlich der 750-Jahr-Feier der Stadt verwirklicht.*

Die Metallplatte ist auf einem flachen Betonsockel liegend befestigt und im Gras des Mittelstreifens vor dem Bogen fast unsichtbar.

**Rudolf BREITSCHEID**
**Haberlandstraße 8/8a**

Inschrift des Gedenksteins aus bayerischem Granit (auf der Grünfläche vor dem Haus): *Hier wohnte von 1932 – März 1933 / Rudolf Breitscheid / preussischer Innenminister von 1918-1919 / führender sozialdemokratischer Reichstags-/abgeordneter von 1920–1932, geb. 1874 in Köln / umgekommen 1944 im KZ Buchenwald*

Breitscheid kam 1912 zur SPD, von 1917–1922 war er Mitglied der USPD, 1918/19 preußischer Innenminister, 1920–1933 Mitglied des Reichstags. Er flüchtete 1933 aus Deutschland zunächst in die Schweiz, später nach Paris. Von hier aus klagte er den braunen Terror in Deutschland an. Die französischen Behörden lieferten ihn am 11.12.1941 an die Gestapo aus. Damit begann Breitscheids Leidensweg in deutschen Konzentrationslagern. Er starb in Buchenwald bei einem Luftangriff am 24. August 1944. Sein Grab befindet sich auf dem Südwestfriedhof der Berliner Stadtsynode, Stahnsdorf, Block Lietzensee, Feld 22 Nr. 115.
Die 1906, zu seinem 70. Geburtstag, nach Salomon Haberland (*27.10.1836 – †Berlin 12.9. 1914; Grabstätte: Jüdischer Friedhof, Schönhauser Allee 23–25, Feld L 4 unweit der Mauer), dem Gründer des Bayerischen Viertels, benannte Straße, wurde am 27.7.1938 in Nördlinger Straße und Treuchtlinger Straße umbenannt. Am 2.9. 1996 erhielt der nördliche Teil seinen ursprünglichen Namen zurück.

***Max* Karl August BRUCH**
*Köln 6.1.1838 – †Berlin 2.10.1920
**Albestraße 3**

Inschrift: *Hier wohnte bis zu seinem Tode der Komponist / Max Bruch / 6.1.1838–2.10.1920 / Ehrenbürger von Friedenau. / Er war Dirigent in Sondershausen und Breslau. / 1891 wurde er Leiter einer Meisterklasse / der Königlichen Akademie der Künste in Berlin.*

Bruch lebte hier von 1907–1920. Die Berliner Gedenktafel wurde aus Anlaß des 70. Todestages am 2.10.1990 angebracht. Begraben ist Bruch auf dem Alten St. Matthäus-Friedhof, Schöneberg, Großgörschenstraße 12–14, Abt. Q-w.

**Georg BÜCHMANN**
*Berlin 4.1.1822 – †Berlin 24.2.1884
**Zietenstraße 20**

Letztes Wohnhaus des Sprachforschers. Das Grab des Lexikographen und Zitatensammlers (»Geflügelte Worte«) befindet sich auf dem Alten St. Matthäus-Friedhof, Schöneberg, Großgörschenstraße 12–14, Abt. K 7/20. Berliner Gedenktafel. □

***Ferruccio* Benvenuto BUSONI**
*Empoli/Florenz 1.4.1866 – †Berlin 27.7.1924
**Viktoria-Luise-Platz 11 Ecke Münchener Straße**

Inschrift: *Hier wohnte bis zu seinem Tode / Ferruccio Busoni / Musiker Denker Lehrer /*

*1866–1924 / Die Società Dante Alighieri · Co-/ mitato di Berlino · anlässlich des / 100. Geburtstages des Künstlers*

Der Klaviervirtuose und Komponist schrieb u. a. die Opern »Doktor Faust« und »Turandot«. Die Tafel befindet sich an einem Neubau an der Stelle des kriegszerstörten Wohnhauses. (Abbildung s. Billy Wilder) Busonis Grab befindet sich auf dem Friedhof Friedenau, Südwestkorso Ecke Stubenrauchstraße.

**COMEDIAN HARMONISTS**
**Stubenrauchstraße 47**

Inschrift: *In einer Mansarde dieses Hauses / wurden zur Jahreswende 1927/28 auf Initiative / von Harry Frommermann mit / Robert Biberti, Erwin Bootz, Erich Collin, / Roman Cycowski und ‚Ari' Leschnikoff die / „Comedian Harmonists" / gegründet. Das weltberühmte Vokalensemble / wurde 1935 durch die erzwunge Emigration der / drei jüdischen Mitglieder getrennt.*

Harry Frommermann (*Berlin 12.10.1906 – †Bremen 24.10.1975), Robert Biberti (*Berlin 5.6.1902 – †Berlin 2.11.1985), Erwin Bootz (*Stettin 30.6.1907 – †Hamburg 27.12.1982), Erich Abraham Collin (*Berlin 26.8.1899 – †Los Angeles/USA 29.4.1961), Roman Cykowski (*Łodz/Westpreußen 25.1.1901) lebte Anfang der neunziger Jahre noch in Palm Springs/ Kalifornien, Asparuch »Ari« Leschnikoff (*Haskovo b. Sofia 16.6.1897 – †Sofia/Bulgarien 31.7. 1978). Enthüllung der Bronzetafel am 7.9. 1990.

**August Leopold CRELLE**
*Eichwerder b. Wriezen 17.3.1780 –
†Berlin 6.10.1855
**Potsdamer Straße 172 (Nähe Pallasstraße, an der Brandmauer des »Sozialpalastes«)**

Inschrift: *An diesem Ort lebte von 1840 bis 1855 / August Leopold Crelle / 17.3.1780–6.10.1855 / Straßenbau- und Eisenbahningenieur / Geheimer Oberbaurat und Mitglied der Akademie / der Wissenschaften / Die Berlin-Potsdamer Eisenbahn, die 1838 / ihren Betrieb als erste Eisenbahn Preußens aufnahm, / wurde nach seinen Entwürfen gebaut*

Crelle war maßgeblich am Bau von Chausseen in Preußen beteiligt und machte sich einen Namen als Mathematiker und Vermessungsingenieur. Enthüllung der Berliner Gedenktafel am 3.11.1993 durch Bezirksbürgermeister Uwe Saager.

**Marlene DIETRICH eigtl. Maria Magdalena von Losch**
*Berlin 27.12.1901 – †Paris 6.5.1992
**Leberstraße 65 (früher Sedanstraße)**
**Nähe Leuthener Straße**

Die Bronzetafel trägt unter einem Porträt der Künstlerin die Inschrift: *Geburtshaus / der / Marlene / Dietrich* Der Rand ist eingefaßt mit Titeln von Filmen, in denen sie mitwirkte (v.l.n.r.): *Marokko · Shanghai Express · Angel / Die Blonde Venus / Destry Rides Again · A Foreign Affair / Der Blaue Engel*

Die 50 x 70 cm große Tafel fertigte der Berliner Bildhauer Heinz Spilker. Enthüllung am 23.11. 1992 durch Bezirksbürgermeister Uwe Saager. Die Gedenkrede hielt Marlene Dietrichs lang-

jähriger künstlerischer Begleiter und Texter Max Colpet (eigtl. Kolpenitzki, Pseud. Max Kolpe; *Königsberg 19.7.1905). Begraben ist Marlene Dietrich auf dem Friedhof Friedenau, Stubenrauchstraße Ecke Südwestkorso, Abt. 2-1-11 (Ehrengrab).

**DORFKIRCHE SCHÖNEBERG**
**Hauptstraße 46**

Inschrift: *Dorfkirche Schöneberg. 1760 im siebenjährigen Kriege zerstört. 1764–1766 unter dem Patronat Friedrichs d. Grossen neu erbaut. 1945 im 2. Weltkrieg ausgebrannt. Wiederaufgebaut 1953–1955.*

Sandsteintafel von 1964.

**Hermann EHLERS**
*Berlin 1.10.1904 – †Oldenburg 29.10.1954
**Gotenstraße 6**

Inschrift: *Hermann Ehlers / Präsident / des Deutschen Bundestages / wurde in diesem Haus geboren / *1904 †1954*

Der Jurist Ehlers unterstützte die Bekennende Kirche, was zu seiner Entlassung aus dem Staatsdienst führte. Er gehörte seit 1949 dem Deutschen Bundestag als Mitglied der CDU an und war von 1950 bis 1954 dessen Präsident. Enthüllung der Bronzetafel am 10. Todestag.

**Wilhelm EHRECKE**
*1840 – †1915
**Elßholzstraße 7 und 10**

Inschrift: *Dieses Haus / ist eine Stiftung / des Kaufmanns / Wilhelm / Ehrecke / 1840–1915 / an die / Stadtgemeinde / Schöneberg*

Zwei Tafeln. Granittafel von ca. 1968 am Haus Nr. 10. Das Anbringungsdatum der textgleichen Tafel am Haus Nr. 7 ist nicht bekannt, wahrscheinlich aber stammt sie aus demselben Jahr.

**Albert EINSTEIN**
**Haberlandstraße 8/8a (urspr. 5)**

Inschrift: *Hier wohnte / in dem früheren zerstörten Hause von 1918–1933 / Albert Einstein / Physiker und Nobelpreisträger geb. 1879 gest. 1955.*

Stein aus bayerischem Granit an der Stelle des kriegszerstörten Wohnhauses, in dessen dritter Etage Einstein wohnte.

**Albert EINSTEIN**
**Barbarossaplatz 5 (Albert-Einstein-Volkshochschule)**

Inschrift: *Albert Einstein / 1879–1955 / hat in Schöneberg 1905–1912 die / Relativitätstheorie entwickelt / Lutz Brockhaus 1971*

Die Tafel befindet sich rechts oberhalb des linken Fensters auf dem Podest in der Eingangshalle.

**FREIHEITSGLOCKE**
**J.-F.-Kennedy-Platz (Rathaus Schöneberg)**

Inschrift der Bronzetafel rechts neben dem Eingang: *„Möge diese Welt mit Gottes Hilfe / eine Wiedergeburt der Freiheit erleben“ / So tönt die Freiheitsglocke / vom Rathausturm in alle Welt / Sie ist ein Geschenk an die standhaften Berliner / von ihren Freunden, den Bürgern von Amerika / Ihrer Bestimmung wurde sie am 24. Oktober 1950 / durch den Regierenden Bürgermeister Ernst Reuter / und General Lucius D. Clay / in Gegenwart von über 500 000 Berlinern / aus beiden Teilen der Stadt übergeben / „That this world, under God, / shall have* *a new birth of freedom" / So speaks the bell of freedom from the / rathaus tower to all mankind / Gift to the steadfast citizens of Berlin / from their friends, the American people / Dedicated October 24, 1950 / by Governing Mayor Ernst Reuter / and General Lucius D. Clay / in the presence of more than 500,000 Berliners / from both parts of the city*

**Erich FROMM**
*Frankfurt/Main 23.3.1900 – Locarno/Schweiz 18.3.1980
**Bayerischer Platz 1**

Hier befand sich die Praxis des Psychoanalytikers, Sozialpsychologen und Sozialphilosophen von 1930 bis zu seiner Flucht in die USA 1934. Dort lebte und wirkte er bis 1949, danach in Mexiko. Im Alter kehrte er nach Europa in die Schweiz zurück. Berliner Gedenktafel. □

**Wilhelm FURTWÄNGLER**
*Berlin 25.1.1886 – †Baden-Baden 30.11.1954
**Nollendorfplatz 8–9 Ecke Maaßenstraße**

Inschrift: *Im Hause Maassenstraße 1 / wurde der Komponist und Chefdirigent / der Berliner Philharmoniker / von 1922–1954 / Wilhelm Furtwängler / am 25. Januar 1886 geboren.*

Die Bronzetafel an dem Nachfolgebau des Geburtshauses wurde am 25.1.1986 enthüllt.

**Clemens August Kardinal von GALEN**
**Winterfeldtplatz (Südwestecke zur Hohenstaufenstraße; St. Matthias-Kirche)**

Inschrift: *Hier wirkte von 1919–1929 als Pfarrer / von St. Matthias / der spätere Bischof von Münster / Clemens August / Kardinal von Galen / 16.3.1878–23.3.1946 / Er war ein unerschrockener Verteidiger / der Rechte der Menschen und der Kirche während des / nationalsozialistischen Regimes.*

Galen war von 1919 bis 1929 Pfarrer an dieser Kirche. »Der als ›Löwe von Münster‹ bekannt-

gewordene Geistliche hatte sich seinen Ruf erworben, weil er während der nationalsozialistischen Herrschaft unermüdlich gegen die staatliche Kirchen- und Rassenpolitik gepredigt hatte. Nach den Judenpogromen von 1938 wollte der Bischof zugunsten der bedrängten Juden Stellung nehmen, hatte aber auf Drängen der örtlichen Judenvertretungen davon abgesehen«, schrieb der Historiker Rudolf Morsey in einer Beurteilung des westfälischen Kirchenfürsten. (Tsp., 20.10.1990) Enthüllung der Berliner Gedenktafel am 21.10.1990.

**GOSSNER MISSION**
**Handjerystraße 19 (schräg gegenüber Schnackenburgstraße)**

Inschrift: *Haus der Gossner Mission / Das Haus war von seiner Errichtung 1891 bis 1992 / Sitz der Gossner Mission. Es diente ab 1934 auch als / gottesdienstlicher Versammlungsort für die Bekennende / Kirche sowie für getaufte Juden in Berlin. 1945 wurde das / Haus durch Brand zerstört und bis 1953 wieder aufgebaut. / Nach dem Einzug des Berliner Missionswerkes wurde das / Gossner Haus 1974 zum Haus der Mission.*

Die Gossner Mission geht zurück auf Johannes Evangelista Gossner (*Hausen b. Günzburg 14.12.1773 – †Berlin 20.3.1858), der auf dem Friedhof der Bethlehems-Gemeinde (deren Prediger er war), Eingang Zossener Straße, Abt. III,

Erbbegräbnis an der Mauer, beigesetzt ist. Die Metalltafel ist an der Seitenwand des Hauses zum Eingang angebracht und von der Straße nur schlecht wahrnehmbar. Enthüllung am 1.9.1996.

**HAUS DER JUGEND »DIE WEISSE ROSE«**
**Martin-Luther-Straße 77 (Wartburgplatz)**

Inschrift: *Dieses Haus der Jugend / trägt den Namen / Die weiße Rose / zur Ehrung / aller jugendlichen Widerstandskämpfer / die in den Jahren 1933–1945 / im Kampf für Freiheit und Menschentum / ihr Leben gaben / [Symbol der weißen Rose] / Die weiße Rose war das / symbolische Kampfzeichen der Gruppe um / Sophie und Hans Scholl*

Die schwarze Tafel mit weißer Schrift befindet sich im Eingangsbereich rechts an der Wand.

**Georg HERMANN, eigtl. Borchardt**
**Karl-Schrader-Straße 7–8 (Hof der Kindertagesstätte des Pestalozzi-Fröbel-Hauses)**

Inschrift (unter einem Schmetterling): *Georg / Hermann / Dem Gedenken / an / Georg Hermann / 1871–1944 [!] / der in den Jahren / 1901–1906 / im Hause / Bundesallee 108 / wohnte / und hier sein / Jettchen Gebert / schrieb.* Auf der Rückseite steht: *Der Senat von Berlin*

Die Gedenkstele aus Sandstein stand ursprünglich auf dem Grundstück Stubenrauchstraße 6 (Friedenau). An der Stelle des kriegszerstörten Wohnhauses, in dem Hermann seit 1906 lebte, wurde damals ein Park mit Kinderspielplatz (Georg-Hermann-Garten) angelegt und »am 28. August 1962 auf den Namen des Schriftstellers getauft. Am selben Tag wurde hier ein Gedenkstein enthüllt. [...] Der Stein wurde 1978 zwecks Restaurierung in Verwahrung genommen. Über seinen neuen Standort ist noch keine Entscheidung getroffen.« (Voß) Die restaurierte Stele wurde am 20.1.1988 wieder aufgestellt. 1991 war sie bereits wieder entfernt, weil sie beschädigt wurde. Seit Dezember 1993 steht sie aus Schutzgründen an ihrem heutigen Standort, zu dem es aber keinen inhaltlichen Bezug gibt.

**Theodor HEUSS**
*Brackenheim 31.1.1884 –
†Stuttgart 12.12.1963
**Fregestraße 80 (fast Ecke Hauptstraße)**

Inschrift: *In diesem Hause / wohnte von 1918– 1930 / Theodor Heuss / Erster Bundespräsident / der / Bundesrepublik Deutschland*

Der liberale Schwabe »Papa Heuss« (Deutsche Demokratische Partei, nach 1945 Freie Demokratische Partei), war Bundespräsident von 1949–1959. Am 31.10.1949 verlieh ihm Berlin die Ehrenbürgerwürde. Enthüllung der über dem Eingang angebrachten Bronzetafel 31.1.1964.

**Kurt HILLER**
*Berlin 17.8.1885 – †Hamburg 1.10.1972
**Hähnelstraße 9**

Inschrift: *Hier wohnte von 1921 bis 1934 / Kurt Hiller / 17.8.1885–1.10.1972 / Der expressionistische Schriftsteller / emigrierte 1934 nach erlittener KZ-Haft. / Er kehrte 1955 nach Deutschland zurück. / Von 1969 bis zu seinem Tod war er / Mitglied der Freien Akademie der Künste / in Hamburg.*

Hiller engagierte sich in der Weimarer Republik als politischer Schriftsteller gegen den aufkommenden Nationalsozialismus. Kurz nach Hitlers Machtantritt wurde er verhaftet, in das Zuchthaus Brandenburg gebracht und gefoltert. 1934 kam er frei und flüchtete sofort über Prag nach England. Enthüllung der Berliner Gedenktafel am 2.10.1990.

**Michael HIRSCHBERG**
*Odessa 25.3.1889 – †Brandenburg 20.3.1937
**Winterfeldtstraße 8**

Inschrift: *Hier wohnte in dem früheren, zerstörten / Haus bis zu seiner Verhaftung / am 16.5.1935 der ehem. Landgerichtsrat / Michael Hirschberg (1889–1937) / Leiter einer antifaschistischen / Widerstandsgruppe der SPD. / Umgekommen im März 1937 nach / furchtbaren Mißhandlungen durch / die Nazis im Zuchthaus Brandenburg.*

Hirschberg wurde von den Nazis verfolgt, mißhandelt und ermordet, weil er Jude, aktiver Sozialdemokrat und Führer beim Reichsbanner Schwarz-Rot-Gold war. Er wurde im November 1936 zu drei Jahren Zuchthaus verurteilt und erlag in der Haft den Mißhandlungen durch seine sadistischen Mörder. Enthüllung der Messingblechtafel am 20.10.1987.

**HOCHBUNKER**
**Pallasstraße 30 (Nähe Potsdamer Straße)**

1986 beschloß der Volksbildungsausschuß der Bezirksverordnetenversammlung Schöneberg die Anbringung einer Mahntafel am 1944 erbauten Hochbunker, »die an im Zweiten Weltkrieg besonders stark zerstörte Städte erinnern soll«. □

***Karl* Christian Ludwig HOFER**
*Karlsruhe 11.10.1878 – †Berlin 3.4.1955
**Grunewaldstraße 44 (Nähe Bayerischer Platz)**

Inschrift: *Prof. Dr. h. c. / Karl Hofer / Kunstmaler / Mitglied des Ordens / -Pour le Mérite- / Geboren 11. Oktober 1878 / in Karlsruhe / gestorben 3. April 1955 / in Berlin / Direktor der Hochschule / für Bildende Künste / Meister des Expressionismus / Während des / nationalsozialistischen Kunst-/terrors seines Lehramtes / enthoben und in seinem / künstlerischen Schaffen für / ›entartet‹ erklärt – wohnte / in diesem Haus von / 1913–1934*

Enthüllung der Bronzetafel 1981. Grabstätte: Waldfriedhof Dahlem, Hüttenweg 47, Abt. 16 F 29 (Ehrengrab).

**Arno HOLZ**
**Stübbenstraße 5 (unweit Grunewaldstraße am Bayerischen Platz)**

Der »virtuose Lyriker«, Schriftsteller und Mitbegründer des Naturalismus kam schon als Zwölfjähriger nach Berlin. Die Bronzetafel zeigt sein Porträt, darüber und darunter in einer Kopf- und Fußzeile die Inschrift: *Hat auch das Leben Eile /*

*lang ward mir manche Meile* Dazwischen heißt es unter dem Porträt von Holz: *In diesem Hause / wohnte von / 1910–1929 / der Dichter / Arno Holz*

Holz schrieb auch unter dem Pseudonym Jarne P. Holmsen. Enthüllung der Tafel in Anwesenheit der Witwe Anita und des Sohnes Hans Joachim zum 100. Geburtstag am 26.4.1963. Grabstätte: Friedhof Charlottenburg, Trakehner Allee 1, Abt. 3 B 27/28.

**Ödön von HORVÁTH**
*Sušak b. Fiume 9.12.1901 – †Paris 1.6.1938
**Martin-Luther-Straße 20/20 a Ecke Motzstraße (früher Motzstraße 20)**

Inschrift: *An diesem Ort logierte 1931 / Ödön von Horváth / 9.12.1901–1.6.1938 / Schriftsteller und Dramaturg / Autor satirischer und sozialkritischer / Volksstücke, die während seines Aufenthalts / in Berlin ihre Aufführung erlebten / 1933 wurden seine Werke verboten, seine / Bücher verbrannt / Er emigrierte nach Wien und starb 1938 in Paris*

Horváth wohnte hier in der damaligen Pension Lüttich. Er starb auf tragische Weise durch Blitzschlag, als er während eines Gewitters unter einem Straßenbaum Schutz suchte. Berliner Gedenktafel. □

**INSULANER**
**Munsterdamm Ecke Prellerweg**

Inschrift der Sandsteinstele unterhalb der Sternwarte an einer Wegkreuzung: *›Der Insulaner‹ / Geschaffen in den Jahren / 1946 bis 1951 aus Trümmern / des 2. Weltkrieges / trotz Not und Blockade / Berlin-Schöneberg, 11. August 1951*

**Christopher ISHERWOOD, eigtl. Christopher William Bradshaw-Isherwood**
*Disley/Cheshire/England 26.8.1904 – †Santa Monica/Kalifornien 3. (oder 5.) 1.1986
**Nollendorfstraße 17**

Inschrift: *Hier wohnte von März 1929 bis Jan./Febr. 1933 / der englische Schriftsteller / Christopher Isherwood / *26.8.1904 †5.1.1986 / Seine Romane »Lebwohl Berlin« und / „Mister Norris steigt um" basieren auf / seinen Erlebnissen aus dieser Zeit. / nach Motiven beider Romane entstand später das Musical „Cabarett".*

Enthüllung der Bronzetafel am 30.11.1985.

**Uwe JOHNSON**
*Cammin/Pommern 20.7.1934 – †Sheerness-on-Sea/Kent/England 23.2.1984
**Niedstraße 14 (unweit Handjerystraße; Friedenau)**

Inschrift: *Im Hause Niedstraße 14 / wohnte und arbeitete / von 1959 bis 1968 / Uwe Johnson / 20.7.1934–23./24.2.1984 / 1959 nach West-Berlin übergesiedelt, beschrieb er die / Lebensverhältnisse in der DDR und die Folgen der deutschen Teilung / in literarischen und journalistischen Arbeiten* Auf der Rückseite der Tafel steht: *Die Grenze in einer Stadt ist / einmalig, der unerhörte Anblick / verleitet dazu ihn hinzunehmen wie / etwas bereits Erklärtes. Er zeigt / aber herrlich die gegenwärtige Phase / eines Zustands, der veränderlich ist / und eine Geschichte von etwa zwölf / oder zweiundzwanzig Jahren hat; und / seine Bezeichnung ist irreführend. / Es gibt nicht: Berlin. Es sind zwei / Städte Berlin / Uwe Johnson »Berliner Stadtbahn«, 1961*

Die Weigerung der Besitzerinnen des Hauses, eine Gedenktafel anbringen zu lassen, führte nach längeren Diskussionen zu der Lösung, eine metallene Tafel im Format der Berliner Gedenktafeln an der Laterne vor dem Haus anzubringen. Dadurch wurde eine Beschriftung beider Seiten möglich. Enthüllung der Tafel am 9.12. 1994 durch Bezirksbürgermeister Uwe Saager. Zuvor hatte Zeitungsberichten zufolge (Tsp., 27.12.1993) der im Nachbarhaus Niedstraße 13 (bis Anfang 1996) lebende Schriftsteller Günter

Grass Überlegungen angestellt, ob man nicht an seinem Haus eine entsprechende Tafel mit einem Hinweis auf die Weigerung anbringen lassen sollte. In der Niedstraße lebte Johnson in einer Atelierwohnung, die früher von dem Maler Karl Schmidt-Rottluff bewohnt wurde. Von 1968 bis 1974 (als er nach England zog) wohnte er in der nahegelegenen Stierstraße 3. Anfang September 1995 wurde die Tafel von Unbekannten gestohlen.

## JUDEN IM BAYERISCHEN VIERTEL
**Berchtesgadener Straße 10/11 (Löcknitz-Grundschule)**

1994 hatten die Lehrerinnen Waltraud Hardtke, Ulrike Ulmer und Gisela Vendovsky ein Projekt »Denkmal an jüdische Mitbürger« ins Leben gerufen. Schüler der sechsten Klassen hatten sich »aus dem Gedenkbuch des Heimatmuseums Namen von jüdischen Mitbürgern, die in Konzentrationslagern umgebracht wurden, herausgesucht, zu denen sie Bezugspunkte auf Grund des Namens, Alters, Geburtsdatums oder der Adresse fanden«. (LPD, 15.6.1995) Auf jeweils einen gelben Backstein wurden unter dem Satz »Ich denke an« der Name, die Lebensdaten und der Wohnort geschrieben und die Steine dann zu einer Gedenkmauer auf dem Schulhof zusammengefügt. Ende 1996 bestand die Mauer aus 71 Steinen, war 2,80 m lang und 70 cm hoch. Sie steht auf einem Rasenstück neben der Münchener Straße in der Nähe des einstigen Standorts der Synagoge des Synagogenvereins Schöneberg. Das Projekt wird von weiteren sechsten Klassen fortgeführt. Einweihung in Anwesenheit von Bezirksbürgermeister Uwe Saager am 16.6. 1995.
Eine vergleichbare Aktion des Gedenkens durch private Initiative gibt es im Haus Schwäbische Straße 3 (unweit Martin-Luther-Straße). Dort hängt seit November 1996 im Hausflur gegenüber dem Stillen Portier eine Tafel mit Angaben zu 13 deportierten Bewohnern.

Inschrift: *Aus diesem Hause wurden deportiert / nach Auschwitz / Hedwig Bachmann · 20.7.1900 – am 1.3.1943 / Emma Lewy · 23.4.1892 – am 1.3.1943 / Marianne Lewy · 30.4.1923 – am 19.4.1943 / Gerhard Winter · 18.7.1887 – am 3.3.1943 / Else Winter · 6.10.1901 – am 3.3.1943 / Rudolf Winter · 17.3.1924 – am 3.3.1943 / nach Theresienstadt / Jaque Nahaum · 21.9.1894 – am 10.3.1944 / Alfred Wachsmann · 12.12. 1881 – am 11.9.1942 / Jenny Wachsmann · 19.4.1864 – am 10.7.1942 / nach Riga / Karl Gotthelf 17.4.1868 – am 25.1.1942 / Sofie Guttmann · 21.2.1897 – am 19.10.1942 / Ida Lewinsky · 25.2.1896 – am 25.1.1942 / nach Sachsenhausen / Alfred Fürst · 28.10.1903 – Todestag 28.5.1942 / Berlin, den 24.11.1996*

## JUDENVERFOLGUNG
**Bayerisches Viertel**

80 Gedenktafeln und mehrere Hinweistafeln mit Orientierungsplänen als flächendeckendes Denkmal unter dem Titel *Orte des Erinnerns im Bayerischen Viertel – Ausgrenzung und Entrechtung, Vertreibung, Deportation und Ermordung von Berliner Juden in den Jahren 1933 bis 1945*. Jede Tafel trägt auf der Frontseite einen kurzen Text über gegen Juden erlassene Verbote bzw. ergriffene Maßnahmen mit dem dazugehörenden Datum, auf der Rückseite ein dazu passendes Symbol. Mit nur sechs Ausnahmen konzentriert sich das Denkmal auf den

Bereich zwischen Badensche Straße (Süden), Kufsteiner Straße und Bamberger Straße (Westen), Barbarossastraße (Norden), Martin-Luther-Straße (Osten). Die Inschriften der Tafeln lauten (geordnet nach Jahreszahlen; Trennung der Tafeltexte durch – ): *Jüdische Anwälte und Notare / dürfen in Zukunft nicht in / Rechtsangelegenheiten der / Stadt Berlin tätig sein. / 18.3.1933 / Jüdische Richter / werden beurlaubt. 31.3.1933 – Nach dem 1.4.1933 entstandene / Kosten für die Behandlung bei / einem jüdischen Arzt werden von der Städtischen Kranken-/versicherungsanstalt Berlin / nicht mehr erstattet. / 31.3.1933 – Sämtliche Berliner / Bezirksämter sind / angewiesen, jüdische Lehrkräfte / an den Städtischen / Schulen sofort zu / beurlauben. / 1.4.1933 – Jüdische Beamte / werden aus dem / Staatsdienst / entlassen. / 7.4.1933 – Juden werden aus / Sport- und Turnvereinen / ausgeschlossen. / 25.4.1933 – Als deutscher Film wird / ein Film anerkannt, welcher / in Deutschland von deutschen / Staatsbürgern deutscher / Abstammung hergestellt / wurde. / 28.6.1933 – Juden werden aus / dem großdeutschen / Schachbund / ausgeschlossen. / 9.7.1933 – Juden werden aus / Gesangsvereinen / ausgeschlossen. / 16.8.1933 – Badeverbot für Juden / am Strandbad Wannsee. / 22.8.1933 – Vererbungslehre und / Rassenkunde werden / an allen Schulen als / Prüfungsgebiete / eingeführt. / 13.9.1933 – In den neugeschaffenen, / zwangsvereinigten / Deutschen Automobilclub / werden keine Juden / aufgenommen. / 1.10.1933 – Berufsverbote für jüdische / Schauspielerinnen und / Schauspieler. / 5.3.1934 – Jüdischen Kunst- und / Antiquitätenhändlern ist / die Ausübung ihres Berufs / untersagt. Sie müssen / innerhalb von vier Wochen / ihr Geschäft auflösen. / 1935 – Jüdischen / Schriftstellern / wird jede / schriftstellerische / oder literarische / Tätigkeit / in Deutschland / untersagt. / März 1935 – Berufsverbot für / jüdische Musiker. / 31.3.1935 – Wanderungen jüdischer / Jugendlicher in Gruppen / von mehr als 20 Personen / sind verboten. / 10.7.1935 – Eheschließungen und / außerehelicher Verkehr / zwischen Staatsangehörigen / deutschen Blutes und Juden / werden mit Zuchthaus bestraft. / Trotzdem geschlossene Ehen / sind ungültig. / 15.9.1935 – „Um bei den Besuchern aus dem / Ausland einen schlechten Eindruck / zu verhindern, sollen Schilder mit / extremem Inhalt abgenommen / werden; es genügen Schilder wie / Juden sind hier unerwünscht.“ / 29.1.1936 – Niederlassungsverbot / für jüdische Tierärzte. / 3.4.1936 / Generelles Berufsverbot. / 17.1.1939 – Journalisten / müssen für / sich und den / Ehepartner / bis in das / Jahr 1800 / ihre arische / Abstammung / nachweisen. / 15.4.1936 – Die in Berlin aufgestellten / judenfeindlichen Schilder / werden 1936 während der / Olympischen Spiele / vorübergehend entfernt. – Die Taufe von Juden / und der Übertritt zum / Christentum hat keine / Bedeutung für die / Rassenfrage. / 4.10.1936 – Promotionsverbot für Juden. / 15.4.1937 – Mit Jüdinnen verheiratete / Postbeamte werden in / den Ruhestand versetzt. / 8.6.1937 – Arischen und / nichtarischen Kindern wird / das Spielen / miteinander / untersagt. 1938 – Juden können / nicht Mitglieder / des Deutschen / Roten Kreuzes / sein. / 1.1.1938 – Nur ehrbare / Volksgenossen / deutschen oder / artverwandten / Blutes können / Kleingärtner / werden. 23.3.1938 – Juden müssen ihre / Vermögensverhältnisse / offenlegen,*

*um „den Einsatz des Vermögens im Interesse / der deutschen Wirtschaft / sicherzustellen". / 26.4.1938 – Jüdische Ärzte / dürfen nicht mehr / praktizieren. / 25.7.1938 – Straßen, die Namen von Juden / tragen, werden umbenannt. / Die nach dem Gründer des / bayerischen Viertels benannte / Haberland Straße wurde in / Treuchtlinger und Nördlinger / Straße umbenannt. / 27.7.1938 – Testamentarische / Zuwendungen an / Juden sind nichtig, / wenn das gesunde / Volksempfinden / mißachtet wird. / 31.7.1938 – Juden müssen den Namen „Israel", / Jüdinnen den Namen „Sara" / als zusätzliche Vornamen führen. / 17.8.1938 – Reisepässe von Juden / müssen mit einem „J" / gestempelt werden. / Pässe von Juden, / deren Ausreise / unerwünscht ist, sind / zu beschlagnahmen. / 5.10.1938 – Im November 1938 werden bei / einem organisierten Pogrom viele / Juden ermordet, jüdische Geschäfte / und Synagogen verwüstet. / Tausende werden in / Konzentrationslager abtransportiert. – Leitende Ange-/stellte dürfen ohne Ab-/findung und Versorgung / gekündigt werden. / 12.11. 1938 – Juden dürfen / kein selbständiges / Handwerk mehr / betreiben. / 12.11.1938 – Der Besuch / von Kinos, / Theater, / Oper und / Konzerten / wird Juden / verboten. / 12.11.1938 – Juden dürfen kein / Einzelhandels- oder / Versandgeschäft mehr / betreiben. / 12.11.1938 – Jüdische Kinder dürfen keine / öffentlichen Schulen mehr / besuchen. 15.11.1938 / Verbot jeglichen Schulbesuchs. / 20.6.1942 – Jüdische Verlage / und / Buchhandlungen / sind bis / zum Jahresende / aufzulösen. / Dezember 1938 – Berliner Bade-/anstalten und / Schwimmbäder / dürfen von Juden nicht betreten / werden. / 3.12.1938 – Bestimmte Bereiche der / Stadt Berlin dürfen Juden / nicht mehr betreten. / 3.12.1938 – Führerscheine und / Kfz-Zulassungen von / Juden werden für ungültig / erklärt und die Ablieferung / angeordnet. / 3.12.1938 – Die Anerkennung als / Hebamme ist einer / Jüdin zu versagen. / 21.12.1938 – Juden dürfen am / Bayerischen Platz nur / die gelb markierten / Sitzbänke benutzen. / Augenzeugenberichte 1939 – Bei der Auswanderung dürfen / Schmuck und Wertsachen nicht / mitgenommen werden. / 16.1.1939 – Berufsverbot für jüdische / Zahnärzte, Zahntechniker, / Apotheker, Heilpraktiker / und Krankenpfleger. / 1.7.1939 – Juden müssen Schmuck, / Gegenstände aus Gold, Silber, Platin und Perlen / abliefern. / 21.2.1939 – Die jüdischen Kultusvereinigungen / haben für die Beseitigung / der Synagogenruinen zu sorgen. / Der Wiederaufbau / ist nicht gestattet. / 24.3.1939 – Juden kann ohne Angabe von / Gründen und ohne Einhaltung / von Fristen die Wohnung / gekündigt werden. / Sie können zwangsweise in / sogenannte „Judenhäuser" / eingewiesen werden. / 30.4.1939 – Juden dürfen / nach 8 Uhr abends / (im Sommer 9 Uhr) / ihre Wohnungen / nicht mehr verlassen. / 1.9.1939 – Juden / müssen ihre / Rundfunkgeräte / abliefern. / 23.9.1939 – Juden erhalten keine / Kleiderkarte mehr. / Januar 1940 / Ablieferungszwang für / Pelze und Wollsachen. / Januar 1942 – Lebensmittel dürfen / Juden in Berlin nur / nachmittags von / 4-5 Uhr einkaufen. / 4.7.1940 – Telefonanschlüsse / von Juden werden / von der Post / gekündigt. 29.7.1940 / Benutzungsverbot / öffentlicher / Fernsprecher. 21.12.1941 – Alle Juden werden zur / Zwangsarbeit verpflichtet. / 4.3.1941 / Organisierte Verhaftungen am / Arbeitsplatz zur Deportation. / 26.3.[!]1943 – Juden sollen / keine Seife / und Rasierseife / mehr erhalten. / 26.6.1941 – Juden dürfen allgemeine Leih-/ büchereien nicht benutzen. / 2.8.1941 / Juden dürfen keine Bücher / mehr kaufen. / 9.10.1942 – Alle Juden, / die älter als 6 Jahre sind, / müssen den gelben Stern / mit der Aufschrift „Jude" / tragen. / 1.9.1941 – Juden dürfen öffentliche / Verkehrsmittel nur noch auf / dem Weg zur Arbeit benutzen. / 13.9.1941 / Vollständiges Benutzungsverbot. / 24.4.1942 / Die Benutzung von / Fahrkartenautomaten / ist für Juden verboten. / 26.6.42 – Juden benötigen zum / Verlassen des Wohnorts / einen polizeilichen /*

*Erlaubnisschein. / 18.9.1941 – Bei großem Andrang dürfen / Juden die öffentlichen / Verkehrsmittel nicht benutzen. / Sie dürfen Sitzplätze nur / einnehmen, wenn andere / Reisende nicht mehr stehen. / 18.9.1941 – Erste Massendeportationen / Berliner Juden. / 18.10.1941 / Erste Direktdeportation ins / Vernichtungslager Auschwitz. / 11.7.1942 – Auswanderungsverbot / für Juden. / 23.10.1941 – „... die Puderdose soll / ein kleines Andenken / für Dich persönlich / sein an mich, benutze / sie recht oft, dann / denkst Du an mich. / Eure tieftraurige / Else Stern“ / Vor der Deportation / 16.1.1942 – „Nun ist es soweit, morgen / muß ich fort u. das trifft / mich natürlich schwer; / (...) / Ich werde Dir schreiben ...“ / Vor der Deportation / 16.1.1942 – In Bäckereien und / Konditoreien sind Schilder / anzubringen, die darauf / hinweisen, daß Kuchen / an Juden und Polen / nicht verkauft wird. / 14.2.1942 – Juden dürfen keine / Zeitungen und / Zeitschriften / mehr kaufen. / 17.2.1942 – Jüdische Kinder dürfen / öffentliche Verkehrsmittel nur / dann für den Weg zur Schule / benutzen, wenn die Schule / weiter als fünf Kilometer von / der Wohnung entfernt ist. / 24.3.1942 – Juden dürfen öffentliche / Verkehrsmittel nur noch / benutzen, wenn die / Arbeitsstelle mehr als / sieben Kilometer von der / Wohnung entfernt ist. / 24.3.1942 – Kennzeichnungszwang für / Wohnungen jüdischer Familien / durch den „Judenstern“. / 26.3.1942 – Juden dürfen / keine Haustiere / mehr halten. / 15.5.1942 – Juden erhalten / keine Zigaretten / oder Zigarren mehr. / 11.6.1942 – Juden müssen ihre elektrischen / und optischen Geräte, Fahrräder, / Schreibmaschinen und Schallplatten / abliefern. / 12.6.1942 – Juden erhalten / keine / Eier mehr. / 22.6.1942 / Keine / Frischmilch / für Juden. / 10.7.1942 – Polen und Juden / werden vor Gericht / nicht als Zeugen / gegen Deutsche / gehört. / 7.8.1942 – Die Versorgung von Juden / mit Fleisch, Fleischprodukten / und anderen zugeteilten / Lebensmitteln wird eingestellt. / 18.9.1942 – „Wir hatten einen Wellensittich. Als nun die Verordnung uns / erreichte, daß Juden das Halten / von Haustieren verboten sei, konnte sich mein Mann nicht / von diesem Tier trennen. (...) / Vielleicht hat ihn jemand / denunziert, denn mein Mann / erhielt eines Tages eine / Vorladung zur Gestapo. (...) / Nach vielen angstvoll / durchlebten Wochen / bekam ich von der Polizei eine / Karte, daß ich gegen Zahlung / einer Gebühr von 3.– RM die Urne / meines Mannes abholen soll.“ / Bericht aus dem Jahre 1943 – „Am 1.3.1943 wurde das / Revier benachrichtigt, / daß der Jude Professor / Alex Israel C., 29.10.61 / Berlin geb., Berlin W 30, / Barbarossastr. 52 / wohnhaft gewesen, in seiner Wohnung / Selbstmord durch / Einnehmen von / Schlafmitteln beging.“ / Polizeibericht – Akten, deren / Gegenstand anti-jüdische / Tätigkeiten / sind, sind zu / vernichten. / 16.2.1945*

Wer im Herbst/Winter 1988/89 – 50 Jahre nach der »Reichspogromnacht« – durch die Straßen des Bayerischen Viertels ging, den mochte es auch ohne sonderliche Sensibilität grausen, wenn er an vielen Häusern Namenslisten früherer Bewohner las, die dort bis zu ihrer Deportation in ein KZ (Deportationen Berliner Juden begannen am 18. Oktober 1941) und zumeist nachfolgenden Ermordung lebten. Hier gab es besonders viele sog. »Judenhäuser«, in die Juden zwangsweise eingewiesen wurden. Es war eine Aktion der lokalen SPD, die Spuren jüdischen Lebens nachging, dabei unter anderem die Namenslisten an Wohnhäusern befestigte, aus denen mehr als zehn Menschen deportiert wurden. Das Bezirksamt griff die Idee von 1988 auf. Am 11. Juni 1993 weihten Bausenator Wolfgang Nagel und Bezirksbürgermeister Uwe Saager das flächendeckende Mahnmal über Ausgrenzung und Verfolgung des jüdischen Bevölkerungsteils ab 1933 ein. Bei der Anbringung der ersten Tafeln ab 4. Juni alarmierten Anwohner die Polizei mit dem Hinweis, es würden »rechtsradikale und antisemitische Parolen aufgehängt«. (Tsp., 7.6.1993) Nachdem sich die zunächst eintretende Verwirrung gelegt hatte, beschloß man, an den Schildern zusätzliche Informationstäfelchen anzubringen. Die Schilder wurden von Renate Stih und Frieder Schnock entworfen, die den von der Senatsbauverwaltung und dem bezirklichen Kunstamt ausgelobten Wettbewerb gewannen. Auch die Jüdische Gemeinde hatte sich für ihren Entwurf ausgesprochen.

**Karl KAUTSKY**
*Prag 16.10.1854 – †Amsterdam 17.10.1938
**Saarstraße 14**

Inschrift: *Hier wohnte von 1900–1902 / Karl Kautsky / *16.10.1854 †17.10.1938 / Führender Theoretiker der deutschen / und internationalen Sozialdemokratie*

Der marxistische SPD-Theoretiker war der innerparteiliche Gegner Eduard Bernsteins und von dessen Revisionismustheorie. Auf der Flucht vor den Nazis kam er im März 1938 in die Niederlande. Die Beisetzungsfeier fand am 20.10.1938 auf dem Amsterdamer Friedhof Westerveld statt. Enthüllung der Bronzetafel am 27.1.1980.

**John Fitzgerald KENNEDY**
*Brooklyn 29.5.1917 – †Dallas 22.11.1963
**John-F.-Kennedy-Platz (Rathaus Schöneberg)**

Inschrift der Bronzetafel links neben dem Eingang unter einem Reliefporträt Kennedys: *John F · Kennedy / 35. Praesident der Vereinigten Staaten / von Amerika sprach in der Mittagsstunde / des 26. Juni 1963 an dieser Staette zu den / Buergern Berlins / Hier versammelten sich in der Nacht des 22. Novem/ber 1963 die Berliner zur Totenklage fuer den / ermordeten Staatsmann / In Dank und Ehrfurcht enthuellten sie / am 26. Juni 1964 ihrem großen Freunde / zum Gedaechtnis diese Tafel.*

*Miteinander werden wir diese / Erde retten oder miteinander in / den Flammen ihres Brandes umkommen / Aber retten koennen und retten muessen / wir sie und damit werden wir uns den / ewigen Dank der Menschheit / verdienen und als / Friedensstifter den / ewigen Segen Gottes.*

*John F. Kennedy in seinem Appell an die Voelker der Welt 25. September 1961*

Darunter befindet sich eine kleine Tafel mit dem kreisrunden Abzeichen der *Ancient and Honorable Artillery Co. : Massachusetts : 1638* und der Inschrift: *Ein Geschenk an die Bürger Berlins von der al-/ten und ehrenwerten Artilleriekompanie / von Massachusetts zur Erinnerung an den / 25. Jahrestag der bewegenden und mitreissen-/den Rede ihres verehrten Mitglieds John F. / Kennedy, Präsident der Vereinigten Staaten / von Amerika / 3. Oktober 1988 / Ltc. Joseph de Matteo / Captain Commanding*

**KINDERTAGESSTÄTTE**
**Welser Straße 21–23 (neben dem »Arsenal«)**

Inschrift: *Diese Kindertagesstätte / wurde am 3.11.1964, / dem Tage des 700-jährigen /*

*Gemeindejubiläums / des Bezirks Schöneberg, / eröffnet.*

Die schwarze Eisentafel befindet sich rechts neben dem Eingang unter der Hausnummer.

**Egon Erwin KISCH**
**Hohenstaufenstraße 36**

Inschrift: *Hier lebte in den zwanziger Jahren / der „rasende Reporter" / Egon Erwin Kisch / 29.4.1885–31.3.1948 / Durch seine engagierten sozialkritischen / Artikel und Schriften setzte er neue / Akzente im Journalismus.*

Enthüllung der Bronzetafel im April 1987.

***Erich* Joseph KLAUSENER**
*Düsseldorf 25.1.1885 – †Berlin 30.6.1934
**Keithstraße 8 (damals Lutherstraße 47)**

Inschrift: *Hier wohnte von 1925–1934 Ministerialdirektor / Dr. Erich Klausener / 25.1.1885–30.6.1934 / Dr. Erich Klausener war Leiter der / Polizeiabteilung im Preussischen / Innenministerium und wurde bereits / am 2. Febr. 1934 wegen seines Wider/standes gegen den Nationalsozialismus / ins Reichsverkehrsministerium versetzt. / Seit 1928 war er Vorsitzender der / Katholischen Aktion im Bistum Berlin. / Dr. Klausener wurde am 30.6.1934 von / einem SS-Mann in seinem Büro erschossen.*

Unmittelbar nach der Machtübernahme durch die Nationalsozialisten wurde Klausener in die Schiffahrtsabteilung des Reichsverkehrsministeriums versetzt. Am 24.6.1934 wandte er sich vor 60 000 Gläubigen auf dem 32. Deutschen Katholikentag auf der Pferderennbahn Hoppegarten gegen die NS-Rassenpolitik. Im Zusammenhang mit dem angeblichen »Röhm-Putsch« befahl Göring die Erschießung Klauseners am Mittag des 30. Juni 1934. In der Kirche Maria Regina Martyrum, Charlottenburg, Heckerdamm 230, befindet sich die Urne Klauseners. Gegenüber dem Eingang zum St. Matthias-Friedhof, Tempelhof, Röblingstraße 91, befindet sich seit den frühen fünfziger Jahren ein Grabstein für Klausener und seine Frau. Enthüllung der Tafel am 5.3.1988.

**Walter KOLLO, eigtl. Kollodziezski**
*Neidenburg/Ostpreußen 28.1.1878 – †Berlin 30.9.1940
**Schwäbische Straße 26**

Inschrift der Bronzetafel über dem Eingang: *Hier lebte von 1929–1940 / Walter Kollo / Komponist des Liedes / „Es war in Schöneberg im Monat Mai ..."*

Der Komponist beliebter und erfolgreicher Operetten- und Film-Melodien (»Die Männer sind alle Verbrecher«, »Untern Linden, Untern Linden«, »Das ist der Frühling in Berlin«) ist begraben auf dem Sophienfriedhof, Bergstraße (Mitte), Feld IX-1-40/41.

**Gertrud KOLMAR, eigtl. Gertrud Käthe Chodziesner**
**Rosenheimer Straße Ecke Münchener Straße (neben dem Spielplatz; ehemals Speyerer Straße 10)**

Das Kunstamt Schöneberg enthüllte am 16.12.1994 aus Anlaß des 100. Geburtstages der Dichterin an der Stelle ihrer letzten Wohnung eine Erinnerungstafel mit Fotos und Texten und dem Hinweis, daß an dieser Stelle 1995 eine Gedenktafel enthüllt werden sollte. Die Speyerer Straße wurde nach den Zerstörungen des Zweiten Weltkriegs in diesem Bereich nicht wiederhergestellt. Ihren Künstlernamen legte sich die Schriftstellerin zum Erscheinen ihres ersten Gedichtbandes 1917 nach Kolmar, dem deutschen Namen der polnischen (damals westpreußischen) Stadt Chodzie (zwischen Piła [Schneidemühl] und Poznań [Posen]), zu. Sie blieb ihres Vaters wegen (er wurde 1941 nach Theresienstadt deportiert) nach 1933 in Deutschland, während eine Schwester emigrierte. Gertrud Kolmar mußte aus ihrem Wohnhaus in Finkenkrug bei Falkensee in ein sogenanntes Judenhaus in der Speyerer Straße 10 umziehen. Im Zuge der »Fabrikaktion« vom 27.2.1943 wurde sie verhaftet und am 2.3.1943 (vermutlich nach Auschwitz) deportiert. Das Deportationsdatum gilt seit 1951 als ihr offizielles Todesdatum. □

**KÖNIGIN-LUISE-SCHULE**
**Goßlerstraße 13–15 (Paul-Natorp-Oberschule; Friedenau)**

Inschrift der kleinen, ovalen Tafel im Eingangsbereich: *Zur Erinnerung / an die / Königin-Luise-Schule / 1911–1945 / Gestiftet vom Verein / ehemaliger Schülerinnen / der Königin-Luise-Schule*

Die Tafel wurde im Herbst 1996 angebracht.

**KÖNIGSKOLONNADEN**
**Potsdamer Straße 186–188 (Kleistpark)**

Inschrift: *Königskolonnaden / von Carl von Gontard 1770–1780 errichtet / Im Jahre 1910 von der früheren Königsbrücke am / Alexanderplatz in den Kleistpark versetzt.*

Bronzetafel etwa aus dem Jahr 1962.

**KONZENTRATIONS- UND VERNICHTUNGSLAGER**
**Kaiser-Wilhelm-Platz, Wittenbergplatz**

Auf dem Mittelstreifen des Wittenbergplatzes und auf dem Kaiser-Wilhelm-Platz finden sich zwei identisch gestaltete schwarze Tafeln aus Stahlrohr und Stahlblech mit gelber Inschrift: *Orte des Schreckens, / die wir niemals vergessen dürfen. / Auschwitz / Stutthof / Maidanek / Treblinka / Theresienstadt / Buchenwald / Dachau / Sachsenhausen / Ravensbrück / Bergen-Belsen*

Die Tafeln wurden 1967 aufgestellt und waren wegen »ihres Wegweiser-Charakters umstritten«. Die Tafel auf dem Wittenbergplatz stand zunächst an der Südwestseite, seit 11.7.1985 steht sie auf dem Mittelstreifen westlich des U-Bahnhofs. Im Frühjahr 1995 beschloß die BVV Schöneberg die Ergänzung um die Namen der Lager *Trostenez* und *Flossenbürg*. In Trostenez bei Minsk (Weißrußland) wurden 207 000 Menschen ermordet, in Flossenbürg 100 000.

**Adam KUCKHOFF**
*Aachen 30.8.1887 –
†Berlin-Plötzensee 5.8.1943
**Wilhelmshöher Straße 18 (Friedenau)**

Inschrift: *Hier lebte von 1939 bis 1942 / Adam Kuckhoff / 30.8.1887–5.8.1943 / Publizist und Dramaturg, Regisseur an den / preußischen Staatstheatern in Berlin. / Wegen seiner Mitwirkung in der Widerstandsgruppe / um Harro Schulze-Boysen (Rote Kapelle) / wurde er am 5. August 1943 in / Plötzensee hingerichtet.*

Kuckhoff lebte hier mit seiner Frau Greta (*Frankfurt/Oder 14.12.1902 – †Berlin 11.11. 1981), die wie Günter Weisenborn (*Velbert 10.7. 1902 – †Berlin 26.3. 1969) und Lotte Bergtel, geb. Schleif, vom Reichskriegsgericht zu einer Haftstrafe verurteilt und 1945 befreit wurde. In dem Haus lebte auch das Ehepaar Erika und Cay von Brockdorff (*Berlin 9.2.1915), das gleichfalls in der Gruppe aktiv war, ohne daß beide Familien voneinander wußten. Die Wohnung der Brockdorffs diente ab Ende 1941 als Funkstation der »Roten Kapelle«. Erika von Brockdorff wurde am 13.5.1943 hingerichtet. Durch Vermittlung des Ehepaars Kuckhoff lernten sich Harro Schulze-Boysen und Arvid Harnack im Jahr 1939 kennen. Enthüllung der Berliner Gedenktafel am 30.8.1990.

**LA BELLE**
**Hauptstraße 78**

Inschrift der Bronzetafel: *In diesem Haus / wurden / am 5. April 1986 / junge Menschen / durch einen / verbrecherischen / Bombenanschlag / ermordet*

Dem Anschlag in der (nicht mehr existierenden) Diskothek La Belle, die hauptsächlich von amerikanischen Soldaten besucht wurde, fielen mehrere junge Menschen zum Opfer. Hinter dem Attentat wurde Libyen vermutet. Die USA nahmen ihn deshalb zum Anlaß für die Bombardierung libyscher Städte.

**Else LASKER-SCHÜLER**
**Motzstraße 7 (Hotel Sachsenhof)**

Inschrift: *In diesem Haus wohnte / die Schriftstellerin / Else Lasker-Schüler / von 1924–1933.*

Muschelkalktafel links über dem Eingang, Enthüllung am 10.9.1971.

**Heinrich LASSEN**
*Flensburg 27.3.1864 – †Flensburg 21.2.1953
**Hauptstraße 40**

Inschrift der Holztafel: *Heinrich Lassen / Park / Prof. H. Lassen *27.3.1864 †21.2.1953 / Stadtbaurat von Schöneberg / von 1921–32*

Die Tafel ist derzeit nicht auffindbar.

**Julius LEBER**
**Kolonnenstraße Ecke Feurigstraße (Julius-Leber-Brücke über die Wannseebahn)**

Inschrift: *Julius-Leber-Brücke / Julius Leber, Mitglied des Deutschen Reichstages bis 1933 / brachte für Freiheit und Recht sein Lebensopfer. / Geboren 16.11.1891 Hingerichtet 5.1.1945*

Die Bronzetafel wurde enthüllt, als die Brücke am 16.11.1956 in Anwesenheit von Annedore Leber und Willy Brandt ihren Namen erhielt.

**Wilhelm LEUSCHNER**
**Kleiststraße 19–21 (DGB-Landesverband Berlin–Brandenburg)**

Inschrift: *Wilhelm-Leuschner-Saal / Wilhelm Leuschner / Geboren am 15.6.1890 / Hingerichtet am 29.9.1944 / in Berlin-Plötzensee*

Die Metalltafel befindet sich links neben dem Eingang zum Saal.

**Eduard LEVINSTEIN**
**Hauptstraße 14–15 (ehemals »Maison de la santé«)**

Der Mediziner arbeitete hier von 1861–1882. Berliner Gedenktafel. □

**Paul LÖBE**
*Liegnitz/Schlesien 14.12.1875 –
†Bonn 3.8.1967
**Rubensstraße 118**

Inschrift: *Paul Löbe / Ehrenbürger von Berlin / geb. 14.12.1875 in Liegnitz/Schlesien / gest. 3.8.1967 in Bonn / Redakteur der „Breslauer Volkswacht" / Reichstagspräsident /*

*Alterspräsident des Deutschen Bundestages / wohnte hier von 1936–1939*

Der Schriftsetzer Löbe war zunächst auf kommunaler Ebene in Breslau für die SPD aktiv. 1919 wurde er Mitglied der Weimarer Nationalversammlung, seit 1920 gehörte er dem Reichstag an. Nach dem Verbot der SPD im Juni 1933 wurde Löbe für ein halbes Jahr inhaftiert. Am 23.8.1944 wurde er im Zusammenhang mit dem 20. Juli 1944 erneut verhaftet und in das KZ Groß-Rosen gebracht. 1948/49 war er Mitglied des Parlamentarischen Rates, später des Deutschen Bundestages, dessen erster Alterspräsident er war. Die Ehrenbürgerwürde wurde Löbe an seinem 80. Geburtstag verliehen, die Bronzetafel zu seinem 100. Geburtstag am 14.12.1975 enthüllt. Begraben ist er auf dem Waldfriedhof Zehlendorf, Potsdamer Chaussee 75, Abt. III U 24 (Ehrengrab).

**Friedrich LUFT**
*Berlin 24.8.1911 – †Berlin 24.12.1990
**Maienstraße 4**

Inschrift: *Hier wohnte und arbeitete / 50 Jahre lang / bis zu seinem Tod 1990 /Friedrich Luft / „Die Stimme der Kritik"*

Die Inschrift steht unter einer eingravierten Karikatur Lufts von Friedrich Dürrenmatt (*Konolfingen b. Bern 5.1.1911–†Neuchâtel/Schweiz 14.12.1990), die dieser bei einem Besuch Lufts fertigte. Das Original wurde bei Renovierungsarbeiten unter der Tapete entdeckt. Die Enthüllung der Bronzetafel erfolgte am Nachmittag des 24.8.1992, Lufts 81. Geburtstag, in Anwesenheit vieler Freunde. Die Anbringung war von der BVV Schöneberg im Sommer 1991 beschlossen worden.

Die berühmte »Stimme der Kritik« meldete sich zum ersten Mal am 7. Februar 1946 aus dem RIAS mit den Worten: »Luft ist mein Name. Friedrich Luft. Ich bin 1,86 groß, wiege 122 Pfund, habe Deutsch, Englisch, Geschichte und Kunst studiert, bin geboren im Jahr 1911, bin theaterbesessen und kinofreudig und beziehe die Lebensmittel der Stufe II. Zu allem trage ich zum letzten Anzug, den ich aus dem Krieg gerettet habe, eine Hornbrille auf der Nase. Wozu bin ich da? – Ich soll mich für Sie plagen.« Seither meldete er sich – »gleiche Welle, gleiche Stelle« – jeden Sonntag um 11.45 Uhr bei seinen Hörern und wurde Deutschlands populärster Theaterkritiker.

**Martin LUTHER**
*Eisleben 10.11.1483 –†Eisleben 15.2.1546
**Otto von BISMARCK**
**Handjerystraße 96 (Friedrich-Bergius-Schule)**

Gedenksäule aus Sandstein mit einem Reliefporträt Luthers und dem Satz: *Ein · feste / Burg: ist / unser · Gott*
Auf der Rückseite der Stele steht unter einem Reliefporträt Bismarcks: *In · trini:/tate · ro:/bur* (deutsch: *In der Dreieinigkeit ist die Kraft)*

Die Rückseite ist durch eine große Eibe fast völlig den Blicken entzogen.

**Rosa LUXEMBURG**
**Cranachstraße 58 (Friedenau)**

Inschrift: *Hier wohnte von 1902–1911 / Rosa Luxemburg / geb. 5.3.1871 – ermordet 15.1.1919.*

Hier besuchte Lenin sie zusammen mit seiner Frau Nadeschda Konstantinowna Krupskaja (*St. Petersburg 26.2.1869 – †Moskau 27.2.1939) am Abend des 4.1.1908 (hieß es in der Leninausstellung im früheren sowjetischen Kapitulationsmuseum in Karlshorst). Die Bronzetafel wurde auf Beschluß der BVV Schöneberg neben einem Baum vor dem Haus angebracht, weil dessen Besitzer sich weigerte, eine Tafel am Haus anmontieren zu lassen. Enthüllung am 15.1.1988.

**Friedrich NAUMANN**
*Störmthal bei Leipzig 25.3.1860 –
†Travemünde 24.8.1919
**Naumannstraße 24 Ecke Gustav-Müller-Platz**

Inschrift: *Hier wohnte 1906–1919 / Friedrich Naumann / 1860 25. März 1960*

Evangelischer Theologe und Sozialpolitiker, der zunächst auch mit dem (antisemitischen) Berliner Hofprediger Adolf Stoecker (*Halberstadt 11.11.1835 – †Bozen 7.2.1909) gemeinsame Wege suchte. 1903 wurde er Mitglied der Freisinnigen Partei. Zwischen 1907 und 1918 war er wiederholt Mitglied des Deutschen Reichstags. 1919 wurde er Vorsitzender der Demokratischen Partei. Die Kalksteintafel wurde am 25.3. 1960, zu Naumanns 100. Geburtstag, angebracht. Beigesetzt ist er auf dem alten Friedhof der Zwölf-Apostel-Gemeinde, Kolonnenstraße 24/25, an der Südmauer (Ehrengrab).

***Günter* Christian Ludwig NEUMANN**
*Berlin 19.3.1913 – †München 17.10.1972
**Insulaner (Munsterdamm / Prellerweg)**

Stein mit Bronzerelief, Porträt gehalten von einem Schalk, daneben eine Eule, an einer Wegkreuzung unterhalb der Sternwarte. Inschrift: *1913–1972 / Günter Neumann / Eine unvergessene / Stimme Berlins*

Neumann war Musiker, Entertainer und Kabarettist (»Die Insulaner«). Aufgestellt wurde der Stein am 5.6.1976. Grabstätte: Friedhof III der

Luisen-Gemeinde, Charlottenburg, Fürstenbrunner Weg 37–67, Abt. E II-G-3a/b.

**OPFER DES NATIONALSOZIALISMUS**
**U-Bahnhof Nollendorfplatz (rechts neben Ausgang Motzstraße)**

Dreieckige Gedenktafel aus rotem Granit (Form des KZ-Häftlingsabzeichens) mit der Inschrift: *Totgeschlagen / totgeschwiegen / Den / homosexuellen Opfern / des / Nationalsozialismus* Enthüllung am 24.6.1989. Darunter erläutert eine am 10.11.1993 enthüllte Bronzetafel: *Der „rosa Winkel" war das Zeichen, / mit dem die Nationalsozialisten / Homosexuelle in den Konzen-/trationslagern in diffamierender / Weise kennzeichneten. / Ab Januar 1933 wurden fast / alle rund um den Nollendorfplatz / verteilten Homosexuellen Lokale / von den Nationalsozialisten / geschlossen oder zur Anlegung / von „rosa Listen" (Homosexuellen-/ karteien) durch Razzien missbraucht.*

Der Ort für die Tafel erkläre sich dadurch, schrieb Der Tagesspiegel am 20.6.1989, daß die Umgebung des Nollendorfplatzes besonders in der Weimarer Zeit ein Zentrum der homosexuellen Szene mit einer Vielzahl entsprechender Lokale gewesen sei. Und: »Ein solches Mahnmal war seit einigen Jahren von der Ökumenischen Arbeitsgruppe Homosexuelle und Kirche gefordert worden.«

**OPFER DES NATIONALSOZIALISMUS**
**Penzberger Straße Ecke Münchener Straße 28 (Grünanlage im Verlauf der früheren Speyerer Straße)**

Inschrift: *Dem Gedenken des Bürgermeisters / Hans Rummer und seiner / 15 Schicksalsgefährten, die am / 28· April 1945 in Penzberg· Oberbayern, / dem nazistischen Mordterror / zum Opfer fielen*

Vor dem Gedenkstein von Gerson Fehrenbach für die Opfer der »Penzberger Mordnacht« (Enthüllung am 28.4.1970) sind in das Pflaster das Stadtwappen von Penzberg und der Ortsname eingelassen. Hans Rummer war 14 Jahre lang bis zu seiner Entlassung durch die Nationalsozialisten 1933 Bürgermeister von Penzberg. Am 28. April 1945 hörte er im Radio einen Aufruf der »Freiheitsaktion Bayern«, daß nach der Beseitigung der NS-Machthaber der Krieg in Bayern beendet sei. Er traf daraufhin mit einigen Begleitern Maßnahmen zum Schutz der Stadt, der Kriegsgefangenenlager und zur kampflosen Übergabe an die heranrückenden Amerikaner. Der NS-Bürgermeister wurde zum Rücktritt aufgefordert. Der NS-Gauleiter in München, dem der mit seiner Einheit in die Stadt eingerückte Wehrmachtsoberstleutnant Ohm die Vorgänge gemeldet hatte, befahl die Erschießung der Männer.
Hans Rummer, Paul Badlehner, Michael Boos, Johann Dreher, Rupert Höck, Ludwig März und Michael Schwertl wurden am Abend in der Nähe des Sportplatzes an der Bichler Straße erschossen. Gottlieb Behlolawek, Franz Biersack, Albert Grauvogt, Josef Kastl, Johann Summerdinger und die Ehepaare Agathe und Xaver Fleissner sowie Therese und Johann Zenk wurden »in der Nacht aus ihren Wohnungen geholt und an Bäumen in der Bahnhof-, der Gustav- und der Karlstraße sowie am Balkon eines Hauses in der Karlstraße, mit einem Schild mit der Aufschrift ›Werwolf‹ um den Hals, erhängt. 30 Stunden später rückten amerikanische Soldaten in die Stadt ein.« (Ulrike Puvogel, Gedenkstätten für die Opfer des Nationalsozialismus, Bonn 1987, S. 130f.)

**OPFER VON KRIEG UND GEWALTHERRSCHAFT**
**Klixstraße 6–7 (Friedrich-List-Schule [Oberstufenzentrum Fremdsprachen], Eingang Grunewaldstraße 77)**

Im Hof der Schule steht eine Sandsteinsäule, bekrönt von einem Adler. Inschrift: *1914–1918 / 1933–1945 / Den Opfern / zum / Gedächtnis / der Jugend / zur / Mahnung / Prinz-/Heinrichs-/ Gymnasium / zu / Schöneberg / 1890-1945*
Auf der rechten Seite findet sich dazu eine griechische Inschrift: *ΕΙΣ / ΟΙΩΝΟΣ / ΑΡΙΣΤΟΣ / ΑΜΥ / ΝΕΣΘΑΙ / ΠΕΡΙ / ΠΑΤΡΗΣ (deutsch: Die beste Aussicht auf Sieg hat, wer für sein Vaterland streitet [Ilias XII, 243]).* Auf der linken Seite steht in lateinischer Sprache: *PALMAM / QUI / MERUIT / FERAT (deutsch: Die Siegespalme dem, der sie verdient hat)*

**Max PECHSTEIN**
*Zwickau 31.12.1881 – †Berlin 29.6.1955
**Offenbacher Straße 1 (Friedenau)**

Begraben ist der Maler (1906 Mitbegründer der »Brücke« und später Mitglied der Akademie der Künste) auf dem Dorffriedhof Schmargendorf, Breite Straße, Abt. A-1 (direkt neben dem Bildhauer Richard Scheibe). Berliner Gedenktafel. □

**Friedrich Justus PERELS**
*Berlin 13.11.1910 – †Berlin 23.4.1945
**Perelsplatz 6–9 (Friedrich-Bergius-Schule)**

Inschrift der Bronzetafel: *Friedrich Justus Perels / geb. 13.11.1910 · Jurist · / von 1922–1929 Schüler / des 1. Friedenauer Gymna-/siums (jetzt Friedrich-/Bergius-Schule) Mitglied / der Bekennenden Kirche / Er half vielen Juden, / Verfolgten und Angehö-/rigen von KZ-Gefangenen / Am 23.4.1945 wurde er / von der SS erschossen*

Der Jurist Perels wirkte als Rechtsberater der Bekennenden Kirche. Sein Engagement für nach dem mißglückten Attentat vom 20.7.1944 Inhaftierte führte zu seiner Verhaftung am 5.10.1944. Er wurde am 2.2.1945 wegen »Nichtanzeige der Verschwörung« zum Tode verurteilt. Zusammen mit anderen Gefangenen wurde er neben dem Zellengefängnis Moabit (Lehrter Straße) von SS-Angehörigen erschossen.

**Kurt PINTHUS**
*Erfurt 29.4.1886 –
†Marbach/Neckar 11.7.1975
**Heilbronner Straße 2 (unweit Hohenstaufenstraße)**

Inschrift: *An diesem Ort lebte von 1926 bis 1932 / der Schriftsteller und Literaturkritiker / Kurt Pinthus / 29.4.1886 – 11.7.1975 / Seine 1920 herausgegebene Gedichtanthologie / »Menschheitsdämmerung« / war damals die umfassendste Sammlung / expressionistischer Lyrik.*

Pinthus war auch Dramaturg und Journalist, dazu einer der bedeutendsten Kritiker der zwanziger Jahre. In Berlin schrieb er u. a. für das Berliner Tageblatt, das Acht-Uhr Abendblatt und war zudem ein beliebter Radiosprecher. 1937 emigrierte er in die USA. Erst 1967 kehrte er nach Deutschland zurück und lebte in Marbach. Auf dem dortigen Friedhof an der Alexanderkirche ist Pinthus auch begraben (oberhalb der Feierhalle). Die Berliner Gedenktafel sollte nach fertiggestellter Fassadenrenovierung Ende August 1990 angebracht werden, wurde aber erst nach einiger Verzögerung zu seinem 106. Geburtstag am 29.4.1992 durch Bezirksbürgermeister Michael Barthel enthüllt.

**Erwin PISCATOR**
*Ulm, Kreis Wetzlar 17.12.1893 –
†Starnberg 30.3.1966
**Nollendorfplatz 5 (»Metropol«)**

Inschrift: *Hier wirkte von 1927–1931 der / Regisseur und Theaterleiter / Erwin Piscator / 17.12.1893–30.3.1966 / In seinen revolutionären Inszenierungen / stellte er alle Mittel der Technik / in den Dienst der Bühne. / Mit dem Ernst Toller-Stück »Hoppla, wir leben« / eröffnete er 1927 die / »Piscator-Bühne« am Nollendorfplatz.*

Enthüllung der Berliner Gedenktafel am 3.9.1990 am Nebeneingang Motzstraße. Beigesetzt ist Piscator auf dem Waldfriedhof Zehlendorf, Potsdamer Chaussee 75, Abt. XX W 688/9 (Ehrengrab).

**RADRENNFAHRER**
**Priesterweg (Radrennbahn, Nähe Sachsendamm)**

Inschrift der Sandsteinstele: *Den Toten / des / deutschen / Radrennsports / Deutscher / Radrennklub / e.V. / Bund / deutscher / Radfahrer*

**Klaus Jürgen RATTAY**
*1963 – †Berlin 22.9.1981
**Potsdamer Straße Ecke Bülowstraße (Bürgersteig, Nordostecke, neben der Bushaltestelle vor der Commerzbank)**

Auf der Fläche von sechs steinernen Gehwegplatten ist der Bürgersteig kreuzförmig mit Beton ausgegossen. Im Beton steht: *22.9.1981 Klaus Jürgen Rattay*

Der Achtzehnjährige wurde am 22.9.1981 im Verlauf einer Demonstration gegen die Räumung des Hauses Bülowstraße 87 zusammen mit anderen Demonstranten von der Polizei in die Potsdaner Straße abgedrängt, im Kreuzungsbereich mit der Bülowstraße von einem BVG-Bus erfaßt und zu Tode geschleift.

**RATHAUS SCHÖNEBERG (alt)**
**Kaiser-Wilhelm-Platz 3a (unweit Kolonnenstraße)**

Inschrift: *Hier stand von 1892 bis zur / Zerstörung im letzten Kriege / das alte Rathaus / der Stadt Schöneberg / Im März 1920 putschten hier rechtsradikale Soldaten / gegen die frei gewählte Regierung und schossen auf / die zum Generalstreik versammelten Bürger. / Drei der Schöneberger Opfer des Kapp-Putsches sind / auf dem Friedhof Lindenhof bestattet.*

Links neben dem oberen Teil der Inschrift befindet sich eine Abbildung des alten Rathauses. Enthüllung der Bronzetafel am 16.5.1987.

Auf dem Friedhof Schöneberg, Eythstraße, steht ein Gedenkstein aus Granit (Abt. 34 / 17-19) mit der Inschrift: *Den Opfern / des Kapp-Putsches / Georg Heidrich / geb. 9. April 1890 / Walter Bieler / geb. 18. Mai 1903 / Paul Bieneck / geb.26. Oktober 1894 / In dankbarer Erinnerung gewidmet / von der Sozialdemokratischen Partei / Deutschland, II. Kreis Schöneberg-Friedenau*

**Ferdinand Freiherr von RICHTHOFEN**
*Carlsruhe/Oberschlesien 5.5.1833 – †Berlin 6.10.1905
**An der Urania 4–10**

Inschrift: *„In dem früher an dieser Stelle stehenden Haus / lebte von 1886–1905 / der Geograph, China-Forscher und Geomorphologe / Prof. Dr. Ferdinand Freiherr von Richthofen / geb. am 5. Mai 1833 in Carlsruhe/Oberschlesien / gest. am 6. Oktober 1905 in Berlin.“*

Von Richthofen befaßte sich seit seiner Teilnahme an der preußischen Ostasienexpedition 1860/62 intensiv mit der Erforschung Chinas (Forschungsreise 1868–1872). Nach Professuren in Bonn und Leipzig wirkte er seit 1886 an der Universität Berlin, wo er das geographische Institut und später das Institut für Meereskunde begründete. Begraben ist von Richthofen

auf dem Südwestfriedhof der Berliner Stadtsynode Stahnsdorf, Rudolf-Breitscheid-Platz, Umbettungsblock Abt. C, Erbbegräbnis 127 (umgebettet vom Alten St. Matthäus-Friedhof). Enthüllung der Bronzetafel am 5.5.1985.

**Alexander RODA RODA, eigtl. Sandór Friedrich Rosenfeld**
*Puszta Zdenci/Slawonien 13.4.1872 –
†New York 20.8.1945
**Innsbrucker Straße 44 Ecke Freiherr-vom-Stein-Straße 3/3a**

Inschrift: *An diesem Ort wohnte von 1920 bis 1933 / Alexander Roda Roda / Sandor Friedrich Rosenfeld / 13.4.1872–20.8.1945 / Schriftsteller und Kabarettist / Autor satirischer Geschichten und Anekdoten / Mitarbeiter des »Simplizissimus«*

Der österreichische Offizier spießte in seinen Veröffentlichungen das Militärleben auf, was zu seiner Entlassung führte. Nach dem Ersten Weltkrieg lebte er in Deutschland. 1933 zog er sich vor den Nazis nach Graz zurück, 1938 flüchtete er in die Schweiz. Aus dieser 1940 ausgewiesen, fand er in den USA Asyl. Seine Pseudonyme waren auch Aaba Aaba, Aba Aba, unter denen es ihm gelang, an erster Stelle im Telefonbuch zu stehen. Die Anbringung der Berliner Gedenktafel war ursprünglich vorgesehen zum 45. Todestag im Jahr 1990, angebracht wurde sie am 13.4.1992, seinem 120. Geburtstag.

**Nelly SACHS**
**Maaßenstraße 12**

Die dunkle Bronzetafel über dem Eingang zeigt rechts das Porträt der Künstlerin.

Inschrift: *Geburtshaus / Nelly Sachs 1891 1970 / Ehrenbürger von Berlin / Nobelpreis für Literatur 1966*

Den Bemühungen ihrer Freundin Gudrun Harlan, Selma Lagerlöfs und des schwedischen Prinzen Eugen ist zu verdanken, daß Nelly Sachs und ihre Mutter vor den Verfolgungen und dem Terror der Nazis gerettet wurden. Am 16. Mai 1940 verließ die Neunundvierzigjährige gemeinsam mit ihrer neunundsechzigjährigen Mutter mit dem letzten nach Schweden fliegenden Flugzeug ihren Geburtsort Berlin (FAZ, 10.12.1991), wo sie von 1900 bis 1940 in der Lessingstraße 33 (Tiergarten) gelebt hatte. Am 14.7.1967 erhielt sie die Ehrenbürgerwürde Berlins.

**Nelly SACHS**
**Dennewitzstraße (unweit Dennewitzplatz)**

Findling mit der Inschrift *Nelly Sachs Park* und einer Bronzetafel. Inschrift: *Nelly Sachs – Lyrikerin / Ehrenbürgerin von Berlin / geb. 10.12.1891 in Berlin / gest. 12.5.1970 in Stockholm / Von den Nationalsozialisten / verfolgt, gelang ihr 1940 / die Flucht nach Schweden. Sie erhielt 1966 den / Nobelpreis für Literatur.*

Die Parkanlage wurde am 10.12.1989 nach Nelly Sachs benannt.

**Alice SALOMON**
*Berlin 19.4.1872 – †New York 30.8.1948
**Goltzstraße 43/44 (Fachhochschule für Sozialarbeit und Sozialpädagogik »Alice Salomon«)**

Inschrift links neben einem Reliefporträt: *Alice / Salomon / 1872–1948 / Gründerin / der sozialen / Frauenschule*

Alice Salomon promovierte 1906 über »Die Ursachen der ungleichen Entlohnung von Männer- und Frauenarbeit«, 1908 gründete sie die »Soziale Frauenschule« in Schöneberg, die sie bis 1924 leitete (ab 1932 trug diese ihren Namen). 1920 wurde sie Vizepräsidentin des Internationalen Frauenrats und wirkte 1929 mit bei der Gründung des Internationalen Komitees sozialer Schulen. 1933 wurde sie aus allen öffentlichen Ämtern entlassen, flüchtete 1937 aus Nazi-Deutschland über England in die USA. Die im Hof der Schule angebrachte Bronzetafel für die

Sozialpädagogin und Frauenrechtlerin wurde am 30.1.1985 enthüllt. Sie geht auf eine Initiative der SPD-Fraktion in der BVV Schöneberg zurück. Seit dem Frühjahr 1993 trägt die Fachhochschule für Sozialarbeit und Sozialpädagogik den Namen Alice Salomons.

**SCHÖNEBERG**
**Hauptstraße (Kirchhof Alt-Schöneberg, an der Dorfkirche)**

Inschrift: *1964 errichtet zur 700-Jahrfeier v. Schöneberg aus Eingangssäulen der alten Paul-Gerhardt-Kirche. Ausgeführt v. Gisela Boeckh-von Tzschoppe u. Werkstätten Scherhag*

**Alexander SCHWAB**
*Stuttgart 5.7.1887 – †Zwickau 12.11.1943
**Keithstraße 8 (früher Lutherstraße 47)**

Inschrift: *In diesem Haus wohnte und arbeitete / Alexander Schwab / 5.7.1887–12.11.1943 / Schriftsteller, Architekturtheoretiker, Widerstandskämpfer / Mitbegründer der »Räteschule der Großberliner Arbeiterschaft« (1919), / der »Kommunistischen Arbeiterpartei Deutschlands« (1920) / und der Widerstandsgruppe »Rote Kämpfer« (1932/33) / Er wurde 1936 verhaftet und kam im Zuchthaus Zwickau um*

Die Tafel soll im Rahmen des Berliner Gedenktafelprogramms angebracht werden. □

**Georg SCHWEINFURTH**
*Riga 29.12.1836 – †Berlin 19.9.1925
**Willmanndamm 3**

Inschrift: *An diesem Ort lebte von 1909 bis zu seinem Tode / der Botaniker und Afrika-Forscher / Georg Schweinfurth / 29.12.1836–19.9.1925 / Von bleibender Bedeutung ist seine Erforschung / der Pflanzenwelt der Nilländer*

Begraben ist Schweinfurth im Botanischen Garten, Lichterfelde, Königin-Luise-Platz. Die Anbringung der Tafel ist im Rahmen des Berliner Gedenktafelprogramms vorgesehen. □

**SENIORENFREIZEITSTÄTTE**
**Stierstraße 20a (fast Ecke Hauptstraße)**

Inschrift: *Diese Seniorenfreizeitstätte / wurde mit einer Spende der / Stiftung Hilfswerk Berlin / und aus Mitteln der / ARD-Fernsehlotterie / „Ein Platz an der Sonne" / errichtet*

**Werner von SIEMENS**
**U-Bahnhof Nollendorfplatz**

Inschrift: *Dem Schöpfer / des elektrischen Bahnbetriebes / Werner von Siemens / und den Mitarbeitern / an der Durchführung / seines Schnellbahngedankens / Wilhelm von Siemens / Heinrich Schwieger*

Die Bronzetafel befindet sich zwischen den Aufgängen zum Hochbahnhof (U 2). Werner von Siemens hat die Siemenswerke im Jahr 1847 in Berlin gegründet. Grabstätte: Südwestfriedhof der Berliner Stadtsynode, Stahnsdorf, Rudolf-Breitscheid-Platz, Block Trinitatis, Erbbegräb-

nis 22. Unter der Leitung von Wilhelm von Siemens (*Berlin 30.7.1855 – †Arosa/Schweiz 14.10.1919), Sohn und Geschäftsnachfolger von Werner von Siemens, erfolgten die Schnellfahrversuche auf der Strecke Marienfelde – Zossen (s. Tempelhof) und die Verlegung der Siemenswerke nach Siemensstadt. Grabstätte: Neuer Friedhof Wannsee, Lindenstraße 1, Alter Teil Nr. 52 (Erbbegräbnis der Familien Helmholtz und Siemens). Wilhelm von Siemens war mit der Tochter des Physikers Hermann von Helmholtz verheiratet. Er wohnte in der Villenkolonie Alsen (Wannsee), Am Kleinen Wannsee 5 (heute Immanuel-Krankenhaus).
Heinrich Schwieger (*1846 – †1911) war seit 1885 technischer Berater bei Siemens & Halske, er hatte zuvor beim Bau der Berliner Stadtbahn Kenntnisse im Eisenbahnwesen erworben.

**Renée SINTENIS, eigtl. Renate Weiss-Sintenis**
*Glatz/Schlesien 20.3.1888 –
†Berlin 22.4.1965
**Innsbrucker Straße 23**

Inschrift: *Prof. Renée Sintenis / 1888–1965 / Die bekannte Bildhauerin / und Grafikerin lebte / hier von 1945–1965 / Förderungsaktion der Spielbank Berlin*

Begraben ist sie auf dem Waldfriedhof Dahlem, Hüttenweg 47 Abt. 24 B 12 (Ehrengrab).

**SOLDAT**
**Dominicusstraße Ecke Hauptstraße (Mittelstreifen der Dominicusstraße, Südostseite)**

Inschrift des Gedenksteins: *Hier wurde am 25. April 1945 / – nur wenige Tage vor dem / Ende des Dritten Reichs – ein / Soldat an einem Laternenpfahl erhängt. / Zum Gedenken an ihn und / an die weiteren vielen un-/bekannten Opfer, die unter / der nationalsozialistischen / Gewaltherrschaft noch in / den letzten Kriegstagen ihr / Leben lassen mußten. 8. Mai 1985.*

Da Der Panzerbär, das »Kampfblatt für die Verteidiger Gross-Berlins«, über die Ermordung des Soldaten am 25.4.1945 berichtete, ist der Name dieses Nazi-Opfers bekannt. Dort hieß es: »[…] an der Kreuzung der Hauptstraße und des Tempelhofer Weges [heute Dominicusstraße] fand die Berliner Bevölkerung einen am Laternenpfahl mit einer Wäscheleine aufgehängten Soldaten. Den Waffenrock trug er nicht mehr. Am Hosenträger befestigte die Bevölkerung als seine Richter ein weißes Pappschild mit der Aufschrift: ›Ich, der Obergefreite Höhne aus Berlin, war zu feige, meine Frau und meine Kinder zu verteidigen.‹ Dieses ungewohnte Bild in den Straßen der Reichshauptstadt hat seine tiefe Berechtigung.« Der Panzerbär erschien nach dem Einstellen aller anderen Tageszeitungen in Berlin erstmalig am 23. April 1945. Auf seiner Titelseite stand der Befehl zur Ermordung aller Deserteure oder Kapitulationswilligen: »Eine ernste Mahnung des Führers! Merkt Euch! Jeder, der Maßnahmen, die unsere Widerstandskraft schwächen, propagiert oder gar billigt, ist ein Verräter! Er ist augenblicklich zu erschießen oder zu erhängen! Das gilt auch dann, wenn angeblich solche Maßnahmen im Auftrage des Gauleiters Reichsminister Dr. Goebbels oder gar im Namen des Führers befohlen werden sollten. Führerhauptquartier, den 22.4.1945 gez. Adolf Hitler«

Bald nach Kriegsende wurde an mehreren Orten gleichermaßen ermordeter Soldaten durch provisorische Tafeln gedacht. Eine dieser Tafeln, die sich auf diesen Ort beziehen könnte, trug folgende Inschrift: *Hier wurde / am 24. April 1945 ein deut-/scher Soldat, weil er den / zwecklosen, wahnsinnigen / Krieg nicht weiter mitma-/chen wollte, von vertierten / Nazi-Bestien erhängt.*

Die Enthüllung des Gedenksteins erfolgte am am 40. Jahrestag der Kapitulation, dem 8.5.1985, »auf Veranlassung der Bezirksverordnetenversammlung nach mehrjährigen kontroversen Debatten«.

**SPORTPALAST**
**Potsdamer Straße 170 (Nähe Pallasstraße)**

Inschrift: *Hier stand von 1910 bis 1973 der / Sportpalast / Er wurde durch Eisrevuen, Musikdarbietungen, Sportveranstaltun /gen und das Sechs-Tage-Rennen bei den Berlinern beliebt. / Am 18. Februar 1943 stellte der nationalsozialistische Reichspropa-/ganda-minister hier auf einer Grosskundgebung die demagogischen / Fragen: „Wollt ihr den totalen Krieg? Wollt ihr ihn, wenn nötig, tota-/ler und radikaler als wir ihn uns heute überhaupt vorstellen können?“ / Als Antwort schrien die versammelten Massen fanatisch „Ja“!*

Die Bronzetafel zeigt oben links eine Abbildung des am 17.11.1910 eröffneten Sportpalasts. Die Enthüllung der Tafel am 18.2.1993 durch Bezirksbürgermeister Uwe Saager und Bezirksverordnetenvorsteher Alfred Gleitze erfolgte am 50. Jahrestag der Nazi-Massenveranstaltung zum »totalen Krieg« und nur wenige Tage vor dem 20. Jahrestag des Abrißbeginns 1973. Das Bezirksamt Schöneberg kündigte die Anbringung der seit sechs Jahren geplanten Tafel so an: »Die große Arena war seit ihrer Eröffnung 1910 berühmter Austragungsort von Sportereignissen und berüchtigter Schauplatz von Auftritten der Nazi-Größen: Hier hatte der NS-Propagandachef Goebbels seine fanatisierten Zuhörer gefragt, ob sie den totalen Krieg wollten. Sie bekamen ihn gründlich.« Bezirksbügermeister Uwe Saager erläuterte den Sinn der Tafel (BM, 18.2.1993): »Die Tafel soll nicht allein an die politische Geschichte des Gebäudes erinnern. Der Sportpalast war ein Stück Kulturgut dieser Stadt. Es war ein Fehler, ihn abzureißen.« Unauslöschlich verbunden mit der Geschichte des Baus sind die Sechs-Tage-Rennen und der als »Praterlied« komponierte »Sportpalastwalzer«, gepfiffen von »Krücke« (d. i. Reinhold Franz Habisch, *1889 – †1964; Grabstätte: Friedhof der St. Thomas-Gemeinde, Neukölln, Hermannstraße 179–185). An der Stelle des Sportpalasts steht heute eine ziemlich scheußliche Wohnanlage mit 550 Wohnungen, »Sozialpalast« genannt (»Mieter in Käfighaltung«).

**Heinrich Friedrich *Karl* Freiherr vom und zum STEIN**
*Nassau/Lahn 26.10.1757 –
†Cappenberg/ Westfalen 29.6.1831
**Freiherr-vom-Stein-Straße**

Sandsteinwandrelief (Hugo Lederer, 1914) am Rathaus Schöneberg (Portal 2) mit der Porträtbüste des Freiherrn vom und zum Stein, flankiert von zwei Männergestalten. Inschrift: *Reichsfreiherr Carl / vom und zum Stein / geb. 26.X.1757 – ◦ – gest. 29.VI.1831 / Dem Wecker des deutschen / Gedankens dem Schoepfer / unserer Staedteordnung / dem Kaempfer fuer seines / Volkes Freiheit / und Selbstbestimmung / MCMXIII*

**Rudolf STEINER**
*Kraljevec/Slawonien 27.2.1861 –
†Dornach b. Basel 30.3.1925
**Marie STEINER VON SIVERS**
*Włotzławek/Russ. Polen 14.3.1867 –
†Beatenberg/Schweiz 27.12.1948
**Motzstraße 30**

Inschrift: *Rudolf Steiner / Begründer der Anthroposophie / Marie Steiner v. Sivers / wohnten und wirkten hier / 1903–1923*

**STERNWARTE**
**(Wilhelm-Foerster-Sternwarte)**
**Munsterdamm (unweit Prellerweg, am Insulaner)**

Inschrift: *Wilhelm-Foerster-/Sternwarte / 13° 21' 11" östl. Länge / 52° 27' 32" nördl. Breite / Höhe über NN 78,40 m / Errichtet 1962. Aus Mitteln der Berliner / Zahlenlotterie*

Metalltafel vom 30.1.1963.

***Hermann* Joseph STÜBBEN**
*Hülchrath/Niederrhein 10.2.1845 –
†Frankfurt/Main 8.12.1936
**Stübbenstraße 1 Ecke Grunewaldstraße**

Inschrift über und unter dem Reliefporträt Stübbens: *Dem Altmeister deutscher / Städtebaukunst / Ober-Baurat Dr· ing· / H· Jos· Stübben. / geb. 10. Febr. 1845.*

Der Architekt und Stadtplaner entwarf das Bayerische Viertel. Die Tafel wird von zwei Reliefsäulen flankiert, die einen dreieckigen Giebel tragen, in dem ein Dreiecklineal und ein Zirkel abgebildet sind. Enthüllung der Bronzetafel am 30.11.1985.

**SYNAGOGE**
**Münchener Straße 37 (heute 34–38, gegenüber der Einmündung der Westarpstraße, Schulhof der Löcknitz-Grundschule [früher 14. Gemeindeschule])**

Inschrift: *Hier stand / die 1909 / erbaute / Synagoge / der / jüdischen / Gemeinde*

Der Gedenkstein von Gerson Fehrenbach wurde am 8.11.1963 enthüllt. Am Fuß des Steins befindet sich seit dem 9.11.1988 eine Bronzetafel mit dem Text: *Hier stand von 1909–1956 eine Synagoge. / Sie wurde während der Reichspogromnacht / am 9. Nov. 1938 wegen ihrer Lage in einem / Wohnhaus nicht zerstört. / Nach der Vertreibung und*

*Vernichtung / der jüdischen Mitbürgerinnen und Mitbürger / durch die Nationalsozialisten verlor sie / ihre Funktion und wurde 1956 abgerissen.*

Der Abriß des nach Entwürfen von Max Fraenkel für den »Synagogenverein Schöneberg« erbauten Gotteshauses begann am 4.9.1956.

**SYNAGOGE**
**Passauer Straße 1–3 (Parkhaus des KaDeWe)**

Inschrift der Bronzetafel unter einer Abbildung des Bauwerks: *Hinter diesem Gebäude befand sich / die 1905 erbaute Synagoge des / „Religionsvereins Westen", / Passauer Strasse 2. / In der Pogromnacht des 9. Nov. 1938 / wurde sie von Nationalsozialisten / geplündert und zerstört.*

Die Gedenktafel für das Gotteshaus des »Synagogenvereins Passauer Straße e.V.« (auch »Religionsverein Westen«) wurde am 9.11.1992 durch Bezirksbürgermeister Uwe Saager und den Vorsitzenden der Jüdischen Gemeinde, Jerzy Kanal, enthüllt.

**Luise TESKE**
**Wilhelm TESKE**
**Rosenheimer Straße 5 Ecke Eisenacher Straße**

Inschrift: *„Jesus Christus spricht: / Was ihr diesen meinen / Brüdern angetan, das / habt ihr mir angetan." / (nach Math. [!] 25. V. 40) / In diesem Haus boten in der / Zeit der NS-Herrschaft / der Schuhmachermeister / Wilhelm Teske und seine / Frau Luise Teske / jüdischen Mitbürgern Zuflucht / vor ihren Verfolgern / und rette-/ten dadurch deren Leben.*

Das Ehepaar Teske lebte hier von 1922–1943. Die Bronzetafel ist schwer wahrnehmbar an einem Vorsprung in ca. 2,50 m Höhe angebracht. Enthüllung durch Bezirksbürgermeister Uwe Saager am 10.11.1993.

**Kurt TUCHOLSKY**
**Bundesallee 79**

Inschrift: *„Sprache ist eine Waffe / haltet sie scharf" / Hier wohnte von 1920 bis 1924 / Kurt Tucholsky / 5.1.1890 [!]–21.12.1935 / Schriftsteller, Zeitkritiker, / Gegner des Nationalismus und / Militarismus.*

Das Haus befindet sich südlich des Friedrich-Wilhelm-Platzes auf der rechten Straßenseite. Tucholsky verfaßte nicht nur bis heute bekannte und beliebte Werke (»Schloß Rheinsberg«, »Ein Pyrenäenbuch«), er war ein scharfer Beobachter seiner Zeit, der sich – vor allem in der Weltbühne – mit spitzer, politischer Feder äußerte. Berlin hatte er schon Mitte der zwanziger Jahre mit Paris als Lebensmittelpunkt getauscht. Er ging schließlich nach Schweden ins Exil. Dort nahm er sich aus politischer Verzweiflung und wohl auch aus gesundheitlichen Gründen das Leben. Pseudonyme Tucholskys für seine schriftstellerische Tätigkeit waren Kaspar Hauser, Peter Panter, Theobald Tiger, Ignaz Wrobel, seine »5 PS«. Enthüllung der Bronzetafel am 16.5.1987.

**U-BAHN**
**U-Bahnhof Bayerischer Platz (Eingang Bayerischer Platz/Grunewaldstraße)**

Die Inschrift der Tafel zum sechzigjährigen Bestehen der U-Bahn in Schöneberg lautet:
*60 Jahre,* darunter ein großes *U,* links davon *Innsbrucker Platz,* rechts davon *Nollendorfplatz,* darunter *Bezirk Schöneberg von Berlin, 1.12.1970*

**Robert UHRIG**
*Leipzig 8.3.1903 – †Brandenburg 21.8.1944
**Wartburgstraße 4**

Inschrift: *In diesem Hause wohnte bis zu seiner Verhaftung / durch die Nazis am 4. Januar 1942 / der Werkzeugmacher / Robert Uhrig / 8.3.1903–21.8.1944 / Leiter der größten, antifaschistischen / Widerstandsgruppe der*

*KPD in Berlin / Hingerichtet am 21. Aug. 1944 / im Zuchthaus Brandenburg*

Im Abschiedsbrief an seine Frau schrieb Uhrig: »Mein Leben hat doch viel Schönes und Lebenswertes gehabt, und vor allem hatte ich ein Ziel vor Augen. Es war nicht, als Spießer achtzig Jahre alt zu werden. Wenn ich heute in den Tod gehe, so tue ich das aufrecht [...] Mein letzter Gedanke gilt Dir und einer freien Menschheit.« Enthüllung der Tafel (Kupferlegierung) am 20.10.1987. Eine symbolische Grabstätte befindet sich auf dem Friedhof Buchholzer Straße, Niederschönhausen.

**Lesser URY**
*Birnbaum/Westpreußen 7.11.1861 –
†Berlin 18.10.1931
**U-Bahnhof Nollendorfplatz (am Ausgang zur Einemstraße)**

Die Tafel zeigt den Maler des Berliner Großstadtlebens in seinem Arbeitsraum und trägt die Inschrift: *Lesser Ury – Ein Hauptmeister der Berliner / Secession · Er lebte und wirkte von 1920 / bis zu seinem Tode in dem im II. Weltkrieg / zerstörten Haus – Nollendorfplatz 1*

Gestorben ist er im Krankenhaus Moabit, sein Grab ist auf dem Jüdischen Friedhof Weißensee, Herbert-Baum-Straße (Markus-Reich-Platz), Ehrenreihe. Enthüllung der Bronzetafel am 16.10.1976.

**VERKEHRSOPFER**
**An der Urania Ecke Kleiststraße (Mittelstreifen)**

Inschrift des grabsteinähnlichen Granitsteins: *Im Gedenken / an die / 78 Kinder / die in Berlin / 1990–1994 / dem Autoverkehr / geopfert wurden*

Hinter dem im März 1995 aufgestellten Stein steht eine entsprechende Zahl von kleinen, schwarzen Holzkreuzen.
Erstmalig hatte der Bund für Umwelt und Naturschutz (BUND) am 22.1.1993 einen solchen Gedenkstein mit der Inschrift errichtet: *Zur Mahnung an / die 18 Kinder / die 1992 in Berlin / dem Autoverkehr / geopfert wurden*

Hinter dem Stein wurden 18 schwarze Holzkreuze, auf denen jeweils der Vorname, das Alter und der Todestag der Kinder verzeichnet waren, aufgestellt. In der Nacht vom 17. zum 18. März 1993 wurden die meisten Holzkreuze von Unbekannten zerstört und später alle entfernt. Ein Jahr später wurden erneut Kreuze für die im Jahr 1993 im Straßenverkehr in Berlin getöteten Kinder aufgestellt. Die Inschrift auf dem Stein wurde um die Zeile *1993: 21 Kinder* ergänzt. Diesmal wurden die Kreuze nicht verwüstet. In einem Schaukasten wurden die einzelnen Unfälle, die zum Tod der Kinder führten, mit Ort, Datum und Uhrzeit aufgeführt. Es wird im Begleittext auch auf das kindliche Verhalten und ihr »natürliches Unvermögen« hingewiesen, Geschwindigkeiten richtig einzuschätzen, wie darauf, daß dieses natürliche Verhalten zwar den Kindern als Fehler angelastet, für die Autofahrer aber als entlastendes Moment gewertet wird. Der Ort der Aufstellung wurde gewählt, weil sich an der Straße An der Urania der Dienstsitz des Verkehrssenators befand.

**VOLKSGERICHTSHOF**
**Potsdamer Straße (an den Gontardschen Königskolonnaden am Eingang zum Kleistpark)**

Inschrift: *In diesem Gebäude / tagte der berüchtigte / Volksgerichtshof, / der hier unter anderem / die Urteile gegen die / Widerstandskämpfer / des 20. Juli 1944 fällte.*

Der Text bezieht sich auf das Gebäude des Preußischen Kammergerichts, heute Berliner Verfassungsgericht. Enthüllung der Granittafel am 7.10.1983. Es ist vorgesehen, im einstigen großen Sitzungssaal eine Bronzetafel zur Erinnerung an das hier gesprochene und praktizierte Unrecht anzubringen.
Das Gebäude war von 1946 bis 1990 Sitz der letzten funktionierenden alliierten Einrichtung, der Alliierten Luftsicherheitszentrale. Dort wurde am 3.9.1971 das Viermächteabkommen über Berlin unterzeichnet.

**Martin WAGNER**
*Königsberg/Ostpreußen 5.11.1885 –
†Cambridge/Massachusetts/USA 28.5.1957
**Röblingstraße 29 Ecke Reglinstraße (neben der Durchfahrt)**

Inschrift der Messingblechtafel, die im oberen Teil einen Lageplan der Siedlung zeigt: *Zum Gedenken an / Martin Wagner / 1885–1957 / dem Erbauer der / „Lindenhofsiedlung" / Stadtbaurat in Schöneberg, / Architekt und Stadtplaner.*

Der Schöneberger (seit 1.7.1918) und später Berliner Stadtbaurat (seit 1926) war Schöpfer mehrerer herausragender Siedlungen der Weimarer Republik in Berlin. Am 14.3.1933 wurde er aus seinem Amt entlassen. 1935 ging er nach Istanbul, 1938 folgte er einem Ruf an die Harvard-Universität.

**Claire WALDOFF**
*Gelsenkirchen 21.10.1884 –
†Bayerisch Gmain 22.1.1957
**Regensburger Straße 33 Ecke Ansbacher Straße**

Eine kreisrunde Plakette zeigt die singende Claire Waldoff, die Tafel darunter trägt die Inschrift: *In diesem Hause lebte / von 1919 bis 1933 die große / Berliner Vortragskünstlerin, / Kabarettistin und Schauspielerin / Claire Waldoff / geb. am 21.10.1884 in Gelsenkirchen / gest. am 22.1.1957 in Bayrisch [!] Gmain*

Begraben ist Claire Waldoff, die zu einem Synonym für die »Berliner Schnauze mit Herz« wurde, in München. Enthüllung der Gedenktafel am 21.10.1989.

**Ernst WEISS**
*Brünn 28.8.1884 – †Paris 15.6.1940
**Luitpoldstraße 34 (Sackgasse an der Martin-Luther-Straße)**

Inschrift: *An diesem Ort wohnte von 1926 bis 1931 der / Arzt und Schriftsteller / Ernst Weiss / 28.8.1882–15.6.1940 / Er war ein Meister des psychologischen Romans / und einer der bedeutendsten Romanciers / des 20. Jahrhunderts. Als Flucht vor den National-/ sozialisten wählte er den Freitod.*

Der Schiffsarzt und Schriftsteller Dr. med. Weiß verließ 1936 Nazi-Deutschland und ging über Prag nach Paris. Dort beging er beim Herannahen der deutschen Truppen Selbstmord. Die meisten Quellen geben 1884 als Geburtsjahr an, als Todesdatum wird auch der 14.6.1940 genannt. Enthüllung der Berliner Gedenktafel am 28.8.1990.

**WERNER-SIEMENS-REALGYMNASIUM**
**Hohenstaufenstraße 47/48 (Georg-von-Giesche-Oberschule)**

Inschrift: *In diesem Gebäude befand sich bis 1935 das Werner-Siemens-Realgymnasium. Die Schule im / Bayerischen Viertel hatte seit ihrer Gründung im Jahre 1902 einen hohen Anteil jüdischer Schüler. / Die nationalsozialistische Politik der Ausgrenzung, Verfolgung, Vertreibung und Ermordung der / jüdischen Bevölkerung betraf daher einen großen Teil der Schülerschaft. Bereits 1935 wurde die als / liberal geltende Schule von den Nationalsozialisten geschlossen. Die Begründung: „Schülermangel". / Lehrer, Schüler und Eltern / Georg-von-Giesche-Schule / 13.10.1994*

Die Tafel wurde an diesem Tage von Bezirksbürgermeister Uwe Saager enthüllt. Bis zum 18.11.1994 gab es eine Freiluftausstellung auf dem Schulgelände unter dem Titel »Die verschwundene Schule«, die von Schülerinnen und Schülern gemeinsam mit dem Museum Schöneberg erarbeitet wurde.

**WIDERSTANDSKÄMPFER**
**Großgörschenstraße 12/14 (Alter St. Matthäus-Friedhof)**

Inschrift: *Zum Gedenken / an den / 20. Juli 1944 / An dieser Stelle wurden / Claus Schenk Graf / von Stauffenberg / Ludwig Beck / Friedrich Olbricht / Albrecht Mertz / von Quirnheim / Werner von Haeften / begraben · Dann wurden / ihre Leichname an einen un-/ bekannten Ort verbracht*

Berichten zufolge wurden die kurz nach der Beisetzung exhumierten Leichname im Krematorium Wedding verbrannt und die Asche auf Rieselfeldern im Norden Berlins verstreut. Der 1979 aufgestellte Gedenkstein steht an der Stelle der ersten Beisetzung (Abt. A s-4).

**Rudolf WILDE**
* 26.5.1857 – † 1.11.1910
**Rudolf-Wilde-Park (Martin-Luther-Straße)**

Inschrift der Holztafel: *– Rudolf – Wilde – / Park / Rudolf Wilde war von 1898 bis 1910 / Bürgermeister von Schöneberg*

Wilde war erster Oberbürgermeister der jungen Stadt Schöneberg. Beigesetzt ist er auf dem Friedhof Schöneberg, Eisackstraße (am Innsbrucker Platz), Abt. 8 (Ehrengrab). Die Tafel ist am angegebenen Ort nicht auffindbar.

**Billy WILDER, eigtl. Samuel Wilder**
*Sucha b. Krakau 22.6.1906
**Viktoria-Luise-Platz 11 Ecke Münchener Straße**

Inschrift: *Hier wohnte von 1927 bis 1928 / auch / Billy Wilder / Filmregisseur / * 22.6.1906*

Der berühmte Regisseur österreichischer Herkunft (u. a. »Some like it hot«, »Eins, zwei, drei«) lebte hier eineinhalb Jahre zur Untermiete im dritten Stock bei der Familie York-Schulz. Er erinnerte sich: »Ein winziges Zimmerchen mit düsterer Tapete. Wand an Wand mit einer ständig rauschenden Toilette.« (BM, 19.2.1993) Und hier begann auch seine Filmkarriere, »als nämlich eines Nachts Herr Galitzenstein, Direktor der Maxim-Film, in Unterhosen in Wilders Zimmer stand, weil er aus dem Schlafzimmer der Nachbarin die Flucht egreifen mußte.

Und darum gar nicht anders konnte, als Billy Wilders erstes Drehbuch zu kaufen.« (Tsp., 2.6. 1994) Die Tafel aus griechischem Marmor mit dunklen Messingbuchstaben – gleiche Materialien wie bei der darüber angebrachten Tafel für Ferruccio Busoni – hat Wilders Freund Willy Egger anbringen lassen. Enthüllung am 17.2. 1993 in Anwesenheit Wilders, der anläßlich der Filmfestspiele in Berlin war. Die Tafel befindet sich am Nachfolgebau des kriegszerstörten Wohnhauses. Billy Wilder erhielt 1997 für sein Lebenswerk den Ehrenpreis des Deutschen Filmpreises, das Filmband in Gold.

**WILHELM I.**
*Berlin 22.3.1797 – †Berlin 9.3.1888
**AUGUSTA**
*Weimar 30.9.1811 – Berlin 7.1.1890
**Hauptstraße (Dorfaue, Mittelstreifen gegenüber der Dorfkirche)**

Gedenkstein mit Schmuckzaun, Inschrift: *Zur Erinnerung / an die goldene Hochzeit / Kaiser Wilhelms I. / u. Kaiserin Augusta / am 11. Juni 1879. / Schoeneberger Veteranen / und Landwehr Verein.*

**Paul ZECH**
*Briesen/Westpreußen 19.2.1881 –
†Buenos Aires/Argentinien 7.9.1946
**Naumannstraße 78 (früher Königsweg; unweit Torgauer Straße)**

Inschrift: *Hier wohnte von 1925 bis 1933 / Paul Zech / * 19.2.1881 † 7.9.1946 / Arbeiterdichter Dramatiker / Übersetzer französischer Lyrik*

Zech, der seit 1912 in Berlin lebte, schrieb auch unter den Pseudonymen Paul Robert und Timm Borch. Nach der Machtübernahme der Nazis wurde Zech sofort inhaftiert und bis August 1933 festgehalten. Er emigrierte dann über Prag und Paris nach Buenos Aires. Noch in Deutschland begann er seinen Tatsachenroman »Deutschland, dein Tänzer ist der Tod«, in dem er sehr genau über die Verfolgungen von Nazigegnern und die Folterungen in den sogenannten »wilden« KZ der SA berichtet, und der erst 1984 erschien. Die Bronzetafel wurde am 22.8.1983 von Volksbildungsstadtrat Ottokar Luban gemeinsam mit Zechs Schwiegertochter Hella Zech enthüllt. Grabstätte auf dem Friedhof Friedenau, Stubenrauchstraße 43–45 Ecke Südwestkorso (Abt. 12, 49–51).

**Carl ZUCKMAYER**
*Nackenheim/Rhein 27.12.1896 –
†Visp/Wallis/Schweiz 18.1.1977

Eine Bronzetafel mit Bezug zum kriegszerstörten Wohnhaus in der Fritz-Elsas-Straße 18 befindet sich an der Carl-Zuckmayer-Brücke im Zuge der Innsbrucker Straße.

Inschrift: *„Erst kommt der Mensch! / Und dann die Menschenordnung." / In einem Haus, das an der Stelle des Hauses / Fritz-Elsas-Str. 18 stand, lebte von / 1926-1933 der Schriftsteller / Carl Zuckmayer / Hier arbeitete er unter anderem / am „Hauptmann von Köpenick"*

Der erfolgreiche Schriftsteller, der 1933 vor den Nazis über mehrere Zwischenstationen in die USA flüchtete, schrieb etliche Erfolgsstücke, die auch verfilmt wurden. Dazu gehören u. a. »Der fröhliche Weinberg« (1925) und »Des Teufels General« (1946). Die Geschichte des Schusters Wilhelm Voigt (»Hauptmann von Köpenick«) wurde mehrfach verfilmt. In ein Brüstungsteil der Brücke ist Zuckmayers Namenszug in Bronzelettern eingelassen. Die Enthüllung der Tafel am 11.5.1983 ging auf eine Initiative der SPD-Fraktion in der BVV Schöneberg zurück.

**ZUM GUTEN HIRTEN (Gemeindehaus)**
**Bundesallee 76a Ecke Goßlerstraße**

Die Tafel trägt unter der Abbildung einer spätmittelalterlichen Kreuzigungsszene Jesu die Inschrift: *Gemeindehaus / der Kirche / Zum guten Hirten / Erbaut unter dem ersten / Friedenauer Pfarrer / Otto Görnandt / 1892–1918 / durch den Gemeindebaurat / Hans Altmann / 1912*

Eine Reliefbüste Altmanns (1871–1965) ist an dem von ihm entworfenen Rathaus Friedenau (Hauptstraße/Rheinstraße) über der Einfahrt angebracht.

**ZUM GUTEN HIRTEN (Kirche)**
**Friedrich-Wilhelm-Platz**

Inschrift: *Kirche / Zum · guten · Hirten / Erbaut · in · den · Jahren / 1891 · bis · 1893 / unter · dem · Protektorat / Auguste · Viktorias · I. R. / nach · Plänen · von / Architekt · Carl · Doflein*

Bronzetafel von 1974 rechts neben dem Eingang.

# STEGLITZ

**Hannah ARENDT**
*Hannover 14.10.1906 – †New York 4.12.1975
**Opitzstraße 6 (Nähe Breitenbachplatz)**

Inschrift: *In dem hier vormals stehenden Nebenhaus lebte / vor ihrer Emigration die Philosophin / Hannah Arendt / 14.10.1906–4.12.1975 / Hier entstand die Biographie über Rahel Levin Varnhagen / 1933 emigrierte sie über Frankreich in die / Vereinigten Staaten von Amerika, wo sie ihre bedeutenden/ Werke wie »Elemente und Ursprünge totaler Herrschaft« / veröffentlichte*

Sie wuchs auf in Königsberg/Ostpreußen, studierte in Marburg, Heidelberg und Freiburg bei Martin Heidegger, Rudolf Bultmann und Karl Jaspers Philospohie, Theologie und Griechisch. 1993 Flucht vor den Nazis nach Paris (bis 1940), dann weiter in die USA. Ihr Beruf war – nach eigenem Bekunden – »politische Theorie«. Sie schrieb u. a. auch »Vita activa« und »Eichmann in Jerusalem«. Die Enthüllung der Berliner Gedenktafel war für das Frühjahr 1997 vorgesehen.

□

**Ruth ANDREAS-FRIEDRICH**
*Schöneberg 23.9.1901 – †München 17.9.1977
**Leo BORCHARD**
*Moskau 31.3.1899 – †Berlin 23.8.1945
**Hünensteig 6**

Inschrift: *Hier lebten / Ruth Andreas-Friedrich / 23.9.1901–17.9.1977 Schriftstellerin / und / Leo Borchard / 31.3.1899–23.8.1945 Dirigent / Als Begründer der Widerstandsgruppe »Onkel Emil«/ halfen sie seit 1938 von den Nationalsozialisten / verfolgten Menschen. / Die Gruppe »Onkel Emil« hatte hier ihr Domizil*

Die Journalistin und Schriftstellerin Ruth Andreas-Friedrich lebte hier bis 1948. Die Widerstandsgruppe »Onkel Emil« hatte zwischen 1938 und 1945 Regimegegnern Unterschlupf gewährt, sie mit falschen Pässen und Dokumenten ausgestattet und damit vor der Verhaftung gerettet. Auch malten Gruppenmitglieder antinazistische Parolen an Fassaden. Alle Mitglieder der Gruppe überlebten das »Dritte Reich«. Leo Borchard, Lebensgefährte von Ruth Andreas-Friedrich, war erster Dirigent der Berliner Philharmoniker nach dem Krieg. Er wurde in Höhe der Ringbahnbrücke am Bundesplatz am Abend des 23. August 1945 bei der Einfahrt in den amerikanischen Sektor in einem britischen Militärwagen von einem US-Soldaten erschossen, weil das Fahrzeug nicht hielt und die US-Soldaten nach Zusammenstößen mit sowjetischen Soldaten den Befehl erhalten hatten, jedes Fahrzeug anzuhalten und im Verweigerungsfall sofort das Feuer zu eröffnen. Enthüllung der von der Straße aus nicht wahrnehmbaren Berliner Gedenktafel am 20.10.1988.

**Mahmud AZHAR**
*Karachi/Pakistan 20.2.1950 –
†Berlin 6.3.1990
**Ostpreußendamm 111 (Institut für Biochemie der Freien Universität Berlin)**

Inschrift: بسم الله الرحمن الرحيم */ Q 7 86 / Mahmud Azhar / Geboren am 20.2.1950 Gestorben am 6.3.1990 / Karachi-Pakistan Berlin / wurde hier am 7.1.1990 Opfer eines / ausländerfeindlichen Überfalls / Er verstarb am 6.3.1990 an den Folgen dieser Tat. / Wie viele Menschen müssen / noch sterben, bis die / Ausländerfeindlichkeit / überwunden ist? / Mahmud Azhar war Doktorand und wissenschaftlicher / Mitarbeiter am Institut für Biochemie der Freien / Universität Berlin / Im Mai 1990 hätte er seine Promotion abgeschlossen. / Danach wollte er nach Pakistan zurückkehren, / um sein in*

*Deutschland erworbenes Wissen / praktisch anzuwenden und seinen Eltern / den traditionellen Beistand im Alter zu leisten.*

Mahmud Azhar wurde auf dem Parkplatz des Instituts von einem angetrunkenen Deutschen angepöbelt und verletzt. Er starb an den Folgen einer Erkrankung, die er sich während des Genesungsprozesses zuzog. Die arabisch geschriebene Eingangsformel steht am Anfang eines jeden Schreibens eines gläubigen Muslims. Sie heißt auf Deutsch: *Im Namen Allahs, des Barmherzigen, des Allbarmherzigen.* Die nachfolgende Angabe Q 7 86 könnte sich auf den Koran (Qur'an) beziehen.

**BAUHAUS**
**Birkbuschstraße 49 Ecke Siemensstraße**

Inschrift: *In einem früher hier stehenden Gebäude / befand sich von 1932 bis 1933 das / Bauhaus Berlin. / Gegründet 1919 von Walter Gropius in Weimar, / weitergeführt als Hochschule für Gestaltung in Dessau, / war das Bauhaus in den zwanziger Jahren international / wegweisend für Formgestaltung und Architektur. / Zuletzt von Ludwig Mies van der Rohe geleitet, wurde es / auf Druck der Nationalsozialisten 1932 aus Dessau / vertrieben und 1933 in Steglitz geschlossen. / Viele seiner Mitglieder wurden verfolgt oder emigrierten.*

Enthüllung der Berliner Gedenktafel am 30.11. 1989.

**Ludwig BECK**
*Biebrich 29.6.1880 – †Berlin 20.7.1944
**Goethestraße 24 (Lichterfelde)**

Inschrift: *Ludwig Beck / 1880–1944 / Der Generaloberst / und Widerstandskämpfer / lebte hier von / 1937–1944 / Förderungsaktion der Spielbank Berlin*

Ludwig Beck gehörte zu den führenden militärischen Widerstandskämpfern. Er wurde am 20.7. 1944 erschossen.

**Carl Heinrich BECKER**
*Amsterdam 12.4.1876 – †Berlin 10.2.1933
**Arno-Holz-Straße 6**

Inschrift: *Wohnhaus von / Carl Heinrich Becker / 12.4.1876–10.2.1933 / Von 1919–1921 und 1921–1925 Staatssekretär / im preußischen Kultusministerium / 1921 sowie 1925 bis 1930 preußischer / Kultusminister*

Becker lebte hier von 1916 bis 1933. Er war Professor für Orientalistik in Heidelberg, Hamburg, Bonn und Berlin. Er begründete die ersten pädagogischen Akademien in Bonn, Elbing und Kiel sowie die deutsche Dichterakademie. Gleichzeitg war er von 1910-1933 Herausgeber der Zeitschrift »Der Islam« und gilt als Begründer der Islamwissenschaft. »1930 fiel der Parteilose ohne Hausmacht der Postenarithmetik der Parteien zum Opfer. Die SPD fühlte sich im Kabinett unterrepräsentiert und erhob Anspruch auf das Kultusministerium. Der SPD-Ministerpräsident Otto Braun, der Becker sehr schätzte, mußte ihm den Abschied nahelegen. Bevor er eine Lehrtätigkeit in der Schweiz annehmen konnte, starb [er] an einer Grippe.« Enthüllt wurde die Berliner Gedenktafel am 1.12.1988. »Lange Jahre hatte sich der Berliner Oberstudiendirektor Joachim Schiller für diese Becker-Ehrung eingesetzt. Schiller würdigte bei der Enthüllung der Gedenktafel die Leistungen von Carl-Heinrich Becker, der im Jahr 1921 zum ersten Mal im Alter von 45 Jahren Kultusminister geworden war. 1925 wurde Becker zum zweiten Mal für knapp fünf Jahre Kultusminister. Becker stand über den Parteien, war für eine republikanische Staatsgesinnung auch unter den Lehrern und Schülern eingetreten und forderte eine Erziehung der Jugend zur Weimarer Republik, was ihm die Kritik der konservativen Lehrerverbände eintrug. Zur besseren Ausbildung hatte Becker die Pädagogischen Akademien gefördert, und auf dem Gebiet der Kunst hatte er so bedeutende Persönlichkeiten wie Otto Klemperer [*Breslau 14.5.1885 – †Zürich 7.7.1973] für Berlin gewonnen. An die Hochschulen berief er Romano Guardini [*Verona 17.2.1885 – †München 1.10.1968] und Hermann Kantorowicz [*Posen 18.11.1877 – †1940], um nur das Spektrum von konservativ bis links anzudeuten.« (Tsp., 4.12.1988) Begraben ist Becker auf dem Waldfriedhof Dahlem, Hüttenweg 47, Abt. 4 E 7 (Ehrengrab).

**BEKENNTNISSYNODE**
**Albrechtstraße 81–82 (Gemeindehaus der Markusgemeinde; gegenüber Stadtpark Steglitz)**

Inschrift: *Vom 24. bis 26. September 1935 / – zehn Tage nach dem Erlaß der / „Nürnberger Gesetze" – / tagte hier / die 3. Bekenntnissynode der Evangelischen Kirche / der Altpreußischen Union. / Die Ereignisse der Geschichte, das Widerstehen, / aber auch das Versagen der Brüder und Schwestern / von damals sind uns Mahnung und Verpflichtung / für heute. / Evangelische Markuskirchengemeinde 1985*

Auf dieser Synode hatte Bonhoeffer zu einem klaren Widerspruch gegen das Unrecht des Staates aufgefordert.

**Hans BENZMANN**
*Kolberg 27.9.1869 –†Berlin 7.1.1920
**Klingsorstraße 27 (früher Belforter Straße 32)**

Inschrift: *In diesem Haus wohnte / der Dichter / Hans Benzmann / bis zu seinem Tode / am 7. Januar 1920*

Die Tafel ist in ihrer Färbung der Fassadenfarbe nahe und dadurch unauffällig.

**BISMARCKEICHE**
**Teltowkanal (Uferpromenade südwestlich der Königsberger Straße)**

Findling, Inschrift: *Am 1.April 1915 / dem hundertsten Geburtstage / Otto von Bismarcks / pflanzten diese Eiche die / Verwundeten / der Lazarette vom Roten Kreuz / und des Johanniterhauses zu Lichterfelde*

**Dietrich BONHOEFFER**
**Sondershauser Straße Ecke Geraer Straße (Dietrich-Bonhoeffer-Gemeindezentrum)**

Inschrift: *›Unser Christsein wird heute / nur in Zweierlei bestehen: Im / Beten und im Tun des Gerechten / unter den Menschen‹ / Dietrich Bonhoeffer / Pfarrer und Widerstandskämpfer / geboren: 4.2.1906 in Breslau / ermordet: 9.4.1945 in Flossenbürg*

Enthüllung der Bronzetafel 1988.

**Herbert von BOSE**
*16.3.1893 – †Berlin 30.6.1934
**Neuchateller Straße 8 (Lichterfelde)**

Inschrift: *In diesem Hause lebte von 1930 bis 1934 / Herbert von Bose / 16.3.1893–30.6.1934 / Als führender Exponent einer konservativen / Widerstandsgruppe gegen Hitler wurde er im Zusammenhang / mit dem sogenannten »Röhm-Putsch« ermordet*

Bose organisierte und plante die Aktivitäten des »Papenkreises«. Er wurde von SS-Leuten in seinem Büro in der Wilhelmstraße erschossen. Enthüllung der Berliner Gedenktafel am 6.11. 1991.

***Margret* Antonie BOVERI**
*Würzburg 14.8.1900 – †Berlin 6.7.1975
**Opitzstraße 8**

Inschrift: *In einem früher hier stehenden / Hause lebte / Margret Boveri / 14.8.1900 – 6.7.1975 / Journalistin und Schriftstellerin / Hauptwerk: / »Der Verrat im 20. Jahrhundert«*

Hier lebte Margret Boveri von 1920–1938. Sehr lesenswert ist ihr Tagebuch über Berlin 1945 »Tage des Überlebens«. Enthüllung der Berliner Gedenktafel am 24.11.1990.

**CARSTENN-SCHLÖSSCHEN**
**Hindenburgdamm 28**

Inschrift: *Gutshaus Lichterfelde / Baumeister und genaue Bauzeit sind nicht bekannt, /*

*vermutlich wurde das Gutshaus um 1780 / auf den Grundmauern eines älteren Vorgängerbauwerks errichtet. / Das Gebäude wurde seither mehrfach umgebaut. / Nach Johann Anton Wilhelm Carstenn, / der 1865 die Rittergüter Lichterfelde und Giesensdorf erwarb / und hier die Villenkolonie Lichterfelde gründete, / auch »Carstenn-Schlößchen« genannt. / Als Baudenkmal gemäß § 23 des Gesetzes zum Schutz von Denkmalen / in Berlin in das Baudenkmalbuch eingetragen*

Carstenn (*Hamburg 12.12.1822 – †Berlin 20.12.1896) kam 1865 in den Berliner Raum und begann 1868 mit der Umwandlung der erworbenen Güter in Bauland. Enthüllung der Berliner Gedenktafel am 22.6.1989.

**DORFKIRCHE LICHTERFELDE**
**Hindenburgdamm (ehem. Dorfaue Höhe Tietzenweg)**

Inschrift: *Dorfkirche Lichterfelde / Feldsteinbau des 14. Jh., der mehrfach umgebaut und 1939 / romanisiert wurde. Zwei wappengeschmückte Gruftkapellen / kamen im 18. Jh. hinzu. Der nördliche Gruftanbau von 1776 mit / der Bülowschen Wappentafel blieb unverändert, der westliche / wurde zur Eingangshalle vergrößert und nahm die alte / Westpforte ins Innere. Der Dachturm, oft erneuert, hat noch / den Umriß des Fachwerkbaues von 1735. / Nach „Berlins alte Dorfkirchen" / von Kurt Pomplun*

**Hermann EHLERS**
**Poschingerstraße 6**

Inschrift der Granittafel: *In diesem Hause / wohnte von / 1909 – 1934 / Hermann / Ehlers / Präsident / des / Deutschen / Bundestages / 1950–1954*

Enthüllung am 26.10.1979.

**Paul EHRLICH**
*Strehlen/Schlesien 14.3.1854 –
†Bad Homburg v. d. Höhe 20.8.1915
**Bergstraße 96 (heute Bergstraße 94–97, am Eingang von Reparaturannahme und Ersatzteilverkauf der Fa. VAG Eduard Winter)**

Inschrift der von außen kaum wahrnehmbaren Tafel: *In einem hier vormals stehenden Hause / lebte und arbeitete / Paul Ehrlich / 14.3.1854–20.8.1915 / Mediziner, Gründungsdirektor des / seit 1896 hier ansässigen / Instituts für Serumforschung und / Serumprüfung / Nobelpreis für Medizin 1908*

Hier wurde durch den Wissenschaftsförderer Friedrich Althoff (*Dinslaken 19.2.1839 – †Berlin 20.10.1908) in einer alten Bäckerei und Scheune das Institut für Ehrlich eingerichtet, doch schon drei Jahre später übersiedelte er in ein größeres Institut in Frankfurt/Main. In Berlin fanden in enger Kooperation mit Emil von Behring (*Hansdorf/Westpreußen 13.3.1854 – †Marburg 31.3.1917) die entscheidenen Forschungen zur Immunologie statt. Enthüllung der Berliner Gedenktafel am 28.11.1988.

**Heinrich GRÜBER**
*Stolberg/Rhein 24.6.1891 –
†Berlin 29.11.1975
**Hortensienstraße 18**

Inschrift: *Büro Grüber / In diesem Pfarrhaus gründete / Pfarrer Heinrich Grüber (1891 – 1975) im / Jahre 1936 die »Hilfsstelle für evangelische Rasseverfolgte«, / auch »Büro Grüber« genannt. Das Büro verhalf einer großen / Anzahl von Verfolgten zur Auswanderung / 1940 wurde Pfarrer Grüber verhaftet und sein Büro / von den Nationalsozialisten geschlossen*

Seinen Einsatz büßte Grüber, der auch Pfarrer in Berlin-Kaulsdorf war, mit der Inhaftierung im Konzentrationslager von 1940 bis 1943, als er schwerkrank entlassen wurde. 1945 wurde er Propst von Berlin, am 8.5.1970 erhielt er die

Ehrenbürgerwürde der Stadt. Grübers Grabstätte befindet sich auf dem Friedhof der Dom-Gemeinde, Müllerstraße 72 (Wedding), Abt. III 5,12.

**Gottlieb HABERLANDT**
*Wieselburg-Ungarisch-Altenburg 28.11.1854 – †Berlin 30.1.1945
**Königin-Luise-Straße 1**

Der Botaniker Haberlandt war ab 1888 Professor in Graz, von 1910–1923 Direktor und Professor am Pflanzenphysiologischen Institut Berlin. Berliner Gedenktafel. □

**Otto HAHN**
**Altensteinstraße 48 (gegenüber Otto-Hahn-Platz, Lichterfelde)**

Dreiteilige Metalltafel auf Steinsockel mit Porträt Otto Hahns und zwei Inschriften. Oberer Text: *Alle Nationen / müssen zu der / Entscheidung / kommen / freiwillig auf / die Gewalt als / letztes Mittel / der Politik / zu verzichten / Sind sie dazu / nicht bereit / so werden sie / aufhören / zu existieren / Mainauer Erklärung / 1955*
Unterer Text: *In diesem Hause / lebte mit seiner / Familie von 1929–1944 / Otto Hahn / 1879–1968 / Professor / der Chemie / Entdecker der / Atomkernspaltung / Nobelpreisträger / Ehrenbürger / von Berlin*

Ehrenbürger Berlins ist Hahn seit dem 17.6.1968.

**HAUPTKADETTENANSTALT**
**Finckensteinallee (gegenüber Kadettenweg)**

Zwei nach 1945 links vom Eingang zur ehemaligen Hauptkadettenanstalt (später Andrews-Barracks der US-Streitkräfte) angebrachte Tafeln erinnerten an gefallene Soldaten, nicht jedoch an (vermutlich) dort erschossene jüdische Geiseln nach dem Brandanschlag der Gruppe Herbert Baum auf die Nazi-Propagandaausstellung »Das Sowjetparadies« im Lustgarten 1942.
Inschrift der ersten Tafel: *Zur Erinnerung / an die / Königlich Preussische / Hauptkadettenanstalt / zu Gross Lichterfelde / 1878 – 1920 / und zum Gedenken / der in beiden / Weltkriegen / gefallenen / Kadetten*
Inschrift der zweiten Tafel: *Zur Erinnerung / an das / Königlich Sächsische / Kadettenkorps zu Dresden / 1725–1920 / und zum / Gedenken an die / in beiden Weltkriegen / gefallenen / Kadetten*

Beide Tafeln waren im Sommer 1996 entfernt, nur die Anbringungsspuren noch erkennbar. Eine dritte Tafel (Berliner Gedenktafel) wurde am 15.12.1988 rechts neben dem Hauptportal angebracht, Inschrift: *Preußische Hauptkadettenanstalt / 1878–1920 / Erbaut von 1872 bis 1878, Realgymnasium für / Jungen in der Weimarer Republik von / 1920 bis 1933. Während des »Dritten Reiches« / Kaserne der Leibstandarte SS »Adolf Hitler« / Im Juni 1934 zahlreiche Erschießungen / im Zusammenhang mit der Ermordung Röhms und der / Entmachtung der SA. / Seit 1945 Andrews-Barracks der amerikanischen / Schutzmacht*

Letzteres blieb sie bis zum Abzug der US-Streitkräfte aus Berlin 1994.

**Erich HECKEL**
*Döbeln 31.7.1883 – †Radolfzell 27.1.1970
**Markelstraße 60 (neben Karstadt)**

Inschrift: *Hier befand sich von 1911 bis 1919 / das Atelier von / Erich Heckel / 31.7.1883–27.1.1970 / Maler und Graphiker / Mitbegründer der Künstlergemeinschaft / »Die Brücke«*

Enthüllung der Berliner Gedenktafel am 3.5. 1990.

**Paul HEIMANN**
*Mittelwalde/Schlesien 16.3.1901 – †Berlin 30.6.1967
**Dessauerstraße 49–55 (Lankwitz, Paul-Braune-Sonderschule und Schulpraktische Seminare im Bezirk Steglitz)**

Messingtafel im Foyer rechts, Inschrift: *Paul Heimann / *16.3.1901 †30.6.1967 / Seminarist in Breslau · Lehrer in Berlin-Neukölln / Professor für Allgemeine Pädagogik / an der Pädagogischen Hochschule Berlin / Lehrerbildner, Medienpädagoge, Unterrichtsforscher / Wegbereiter der Berliner Didaktik*

Die Tafel wurde im Rahmen eines Paul-Heimann-Symposiums der Freien Universität Berlin, das aus Anlaß des 20. Todestages des Wissenschaftlers veranstaltet wurde, an der ehemaligen Paul-Heimann-Oberschule enthüllt.

**Theodor HEUSS**
**Elly HEUSS-KNAPP**
**Schloßstraße 37 (altes Rathaus Steglitz, erster Stock)**

In einer Glasvitrine hängt eine Bronzetafel mit der Inschrift: *Hier lebte / Bundespräsident / Theodor Heuss / mit seiner Frau / Elly Heuss-Knapp / 1930-1943.*

Ein erläuternder Text darunter klärt auf: Die Gedenktafel befand sich am Haus Kamillenstraße 6 Ecke Unter den Eichen (Lichterfelde-West). Das Wohnhaus wurde 1968 wegen der Verbreiterung der Straße Unter den Eichen abgerissen.

**Elly HEUSS-KNAPP**
*Straßburg 25.1.1881 – †Bonn 19.7.1952
**Grillparzerstraße 15 Ecke Fritschweg**

Inschrift: *Hier wohnte von 1911 bis 1912 / Elly Heuss-Knapp / 25.1.1881–19.7.1952 / Gründerin des Müttergenesungswerks / Ehefrau des ersten / Bundespräsidenten Theodor Heuss*

Der Tagesspiegel schrieb am 22.11.89: »Geehrt werden soll nach Mitteilung des Bezirksamts nicht die Frau des Bundespräsidenten und Gründerin des Müttergenesungswerks, sondern ›die selbständige, politisch tätige Frau‹. Sie war an einer Fortbildungsschule für Mädchen tätig und hatte ein Buch über Volkswirtschaft für Frauen geschrieben.« Enthüllung der Berliner Gedenktafel am 28.11.1989.

**Betty HIRSCH**
**Rothenburgstraße 14**

Blindenpädagogin. Berliner Gedenktafel. □

**Peter HUCHEL**
*Groß-Lichterfelde 3.4.1903 –
†Staufen bei Freiburg/Br. 30.4.1981
**Hindenburgdamm 32 (unweit Klingsorstraße)**

Inschrift: *Geburtshaus von / Peter Huchel / 3.4.1903–30.4.1981 / Schriftsteller, Lyriker / Herausgeber / der Literaturzeitschrift / »Sinn und Form«*

Huchel wuchs in Langerwisch (Mark) auf. Er studierte Philosophie und Literatur an den Universitäten in Berlin, Freiburg und Wien. Nach 1945 wurde er Sendeleiter des Berliner Rundfunks, 1948 Chefredakteur von »Sinn und Form«. Zunehmende Konflikte mit Staat und Partei in der DDR führten 1962 zu seiner Demission. 1971 siedelte er in den Westen Deutschlands über. Enthüllung der links neben dem Eingang angebrachten Berliner Gedenktafel am 14.7.1994 durch Volksbildungsstadtrat Thomas Härtel.

**Richard HUELSENBECK**
*Frankenau/Hessen 23.4.1892 –
†Minusio b. Locarno 20.4.1974
**Lessingstraße 12 (nahe Bergstraße)**

Inschrift: *In diesem Hause lebte von 1930 bis 1936 / Richard Huelsenbeck / 23.4.1892–20.4.1974 / Arzt und Schriftsteller / Gründete im April 1918 mit George Grosz / und anderen unter dem Eindruck / des Ersten Weltkriegs die Künstlergruppe / »Dada Berlin«*

Hier war Huelsenbecks letzte Berliner Wohnung vor seiner Emigration aus Nazi-Deutschland 1936 in die USA, wo er als Psychiater und Psychoanalytiker tätig war. Enthüllung der Berliner Gedenktafel am 30.11.1989.

**JÜDISCHE BLINDENANSTALT**
**Wrangelstraße 6/7 (heute »Haus Nazareth«)**

Hinter der Hecke des Vorgartens schwer zu entdeckende bronzene Gedenktafel auf einem Stein. Inschrift: *Hier stand die / jüdische Blindenanstalt. / Wie die kleine Synagoge / in Steglitz, Düppelstraße 41, / wurde sie in der Zeit der / nationalsozialistischen / Gewaltherrschaft zerstört.*

Enthüllung am 9.11.1965.

**Franz KAFKA**
*Prag 3.7.1883 –
†Wien-Klosterneuburg 3.6.1924
**Grunewaldstraße 13**

Inschrift der Tafel an der Straßenfront (Enthüllung am 20.9.1983): *Der österreichische Dichter / Franz Kafka / geboren am 3. Juli 1883 in Prag / verstorben am 3. Juni 1924 / in*

*Wien/-Klosterneuburg / wohnte in diesem Hause / vom 15. November 1923 bis zum 1. Februar 1924 / Die Republik Österreich.*

Eine weitere Tafel befindet sich etwas verborgen an der seitlichen Wand, die zur Eingangstür des Mehrfamilienhauses führt: *Die Guten gehn im / gleichen Schritt / Ohne von ihnen zu / wissen tanzen die / andern um / sie die / Tänze der / Zeit / Franz Kafka / * 3. Juli 1883 / † 3. Juni 1924 / Der Dichter lebte in diesem Hause / vom Spätsommer 1923 bis Anfang 1924 / Gestiftet von der Notgemeinschaft / der deutschen Kunst aus Anlass des / 30. Todestages von Franz Kafka.*

**Nikos KAZANTZAKIS**
*Heraklion/Kreta 18.2.1887 –
†Freiburg/Br. 26.10.1957
**Unter den Eichen 63**

Inschrift: *Hier lebte und wirkte / von 1920 bis 1923 / Nikos Kazantzakis / 18.2.1883–26.10.1957 / Griechischer Schriftsteller / »Alexis Sorbas«*

Unter den Eichen 63 befand sich bis zur Zerstörung im Zweiten Weltkrieg die »Pension Lichterfelde-West« in der Kazantzakis lebte. Anwesend zur Enthüllung der Berliner Gedenktafel am 22.4.1986 waren u. a. die Witwe Elena Kazantzakis, die griechische Kulturministerin Melina Mercouri und der griechische Botschafter.

**Jochen KLEPPER**
**Oehlertring 7**

Inschrift: *In diesem Hause wohnte / von 1935 bis 1938 / Jochen Klepper / 22.3.1903–11.12.1942 / Schriftsteller und Publizist / Hauptwerk: »Der Vater. / Roman des Soldatenkönigs«*

Die Enthüllung der Berliner Gedenktafel war für den 28.11.1988 vorgesehen, fand allerdings erst exakt ein Jahr später statt.

**Lucie KÜHNE**
**Leydenallee 56**

Inschrift: *Lucie Kuehne / gruendete hier 1873 / die erste hoehere Maedchenschule / in Steglitz*

Die Tafel ist Teil der Fassade, im Putz kaum herausgehoben, auch farblich nicht unterscheidbar.

**LANKE**
**Charlottenstraße 64 (Lankwitz; Grünanlage an der Ratswaage)**

Im Frühjahr 1993 wurde ein Findling mit der Inschrift: *Lanke / Quelle* in der Grünanlage enthüllt. Er erinnert an die an der Amalienstraße entsprungene Lanke, einen Bach, der einst in die Bäke (heute Teltowkanal) mündete. Der Bach – Namensgeber des Ortes – verschwand mit der Anlage des Kanals und unter neu angelegten Straßen. Die Quelle ist nicht versiegt, ihr Wasser wird unterirdisch zum Lankwitzer Hafen geleitet.

**Gustav LILIENTHAL**
*Anklam 9.10.1849 – †Berlin 1.2.1933
**Marthastraße 5 (Lichterfelde-West)**

Inschrift: *Wohnhaus von / Gustav Lilienthal / 9.10.1849–1.2.1933 / Architekt und Flugpionier / Architekt zahlreicher Lichterfelder Villen / Gemeinsam mit seinem Bruder / Otto Lilienthal / einer der Flugpioniere*

Lilienthal ist auch Begründer der Siedlung »Freie Scholle« in Reinickendorf. Enthüllung der Berliner Gedenktafel am 18.5.1989. Grabstätte auf dem Parkfriedhof Lichterfelde, Thuner Platz, Abt. 18, Nr. 94/95.

**Karl Wilhelm *Otto* LILIENTHAL**
*Anklam 23.5.1848 – †Berlin 10.8.1896
**Boothstraße 17 (heute Seniorenheim)**

Inschrift: *In einem hier früher stehenden Haus lebte / Otto Lilienthal / 23.5.1848–10.8.1896 / Ingenieur und Flugpionier / Am 9. August 1896 stürzte er bei einem Flugversuch / in den Rhinower Bergen ab. / Gedenkstätte in der Schütte-Lanz-Straße*

Lilienthal starb am Tag nach einem Absturz am Gollenberg bei Stölln. Grabstätte auf dem Friedhof Lichterfelde (-Ost), Lange Straße 8–9, Abt. I a, Wahlstätte 7/8 (Ehrengrab). Enthüllung der Berliner Gedenktafel am 31.5.1989.

**Karl Wilhelm *Otto* LILIENTHAL**
**Schütte-Lanz-Straße 25 unweit Scheelestraße (Lilienthal-Gedenkstätte)**

Drei Tafeln vor, links und rechts neben der Treppe auf den Hügel.
(1.) *1894 von / Otto Lilienthal / für seine / Flugversuche / errichteter / Fliegeberg*
(2.) *Gustav / Lilienthal / 1849–1933 / Engster / Mitarbeiter / Bruder des / Flugpioniers / Otto / Lilienthal*
(3.) *Paul Beylich / Hugo Eulitz / Paul Schauer / Helfer / Otto Lilienthals / bei praktischen / Flugversuchen / 1891–1896*

**LUTHER-EICHE**
**Schloßstraße 44 b (Gelände der Matthäus-Kirche)**

Unter dem Baum ein Stein mit der Inschrift: *Luther / Eiche / 10.11.1883*

Der Baum wurde zum 400. Geburtstag des Reformators gepflanzt.

**Franz MEHRING**
*Schlawe/Pommern 27.2.1846 – †Grunewald 28.1.1919
**Beymestraße 6/7 (Evangelische Schule Steglitz)**

Inschrift: *In einem hier vormals stehenden / Hause lebte / Franz Mehring / 27.2.1846–28.1.1919 / Publizist und Historiker, Hauptwerk: / Die Geschichte der / deutschen Sozialdemokratie*

Der SPD-Parteihistoriker und Lehrer an der Parteihochschule wohnte zunächst in der Derfflingerstraße in Tiergarten, zog um die Jahrhundertwende in die Beymestraße 7, später in die Kantstraße 16 in Steglitz. Er wandte sich im Ersten Weltkrieg von der Mehrheits-SPD ab und war Mitbegründer des Spartakusbundes. Enthüllung der Berliner Gedenktafel am 12.4. 1988. Begraben ist Mehring auf dem Zentralfriedhof Friedrichsfelde, Gudrunstraße (Gedenkstätte der Sozialisten).

**Eduard MEYER**
*Hamburg 25.1.1855 – †Berlin 31.8.1930
**Mommsenstraße 7/8 (Lichterfelde-West)**

Inschrift: *Wohnhaus von / Eduard Meyer / 25.1.1855–31.8.1930 / Professor für Alte Geschichte / Rektor der Berliner Universität 1919/20 / Hauptwerk: / Geschichte des Altertums*

Meyer war seit 1902 Professor in Berlin. Enthüllung der Berliner Gedenktafel am 16.6.1988.

**Otto MORGENSTERN**
*Magdeburg 2.2.1860 –
†Theresienstadt 28.11.1942
**Söhtstraße 2 (Lichterfelde-West)**

Inschrift: *Hier wohnte Otto Morgenstern, geboren 1860, / langjähriger Lehrer der humanistischen Fächer / am Schiller-Gymnasium zu Lichterfelde. / 1920–33 Bezirksverordneter in Steglitz. / Als Zweiundachtzigjähriger wurde er 1942 / wegen seiner jüdischen Abstammung / in das Konzentrationslager Theresienstadt verschleppt. / Noch im gleichen Jahr erlag er den Schikanen der Nazis.*

Als Bezirksverordneter in Steglitz wirkte Morgenstern in den Ausschüssen für das höhere Schulwesen sowie für Kunst und Bildung. Die Nazis ließen ihn als Achtundsiebzigjährigen in sadistisch-schikanöser Weise die Straßen fegen. Enthüllung der bronzefarbenen Gedenktafel am 9.11.1984.

**Ernst Wilhelm NAY**
*Berlin 11.6.1902 – † Köln 8.4.1968
**Klingsorstraße 21 Ecke Leydenallee**

Inschrift: *Der Maler / Ernst Wilhelm Nay / 11.6.1902–8.4.1968 / wohnte und malte hier bis 1927 / Mitglied der Akademie der Künste Berlin / Berliner Kunstpreis 1964*

Enthüllung der Berliner Gedenktafel am 14.6. 1989.

**OPFER DER MAUER**
**Teltower Damm (Knesebeckbrücke)**

Ein rechteckiger Muschelkalkquader links vor der Brücke trägt die Inschrift: *Dem unbekannten / Opfer des Terrors*
Auf dem Quader ist eine Metallplatte befestigt, Inschrift: *An dieser Stelle / wurde am 29·8·1961 / ein Deutscher er-/schossen, weil er / den Weg in die / Freiheit suchte*

Der Stein wurde von der Mordstelle hierher versetzt. Roland Hoff (*Hannover 19.3.1934) starb im Teltowkanal in Höhe der Wupperstraße.

**OPFER DES NATIONALSOZIALISMUS**
**Karl-Stieler-Straße 11 (am Markusplatz; Markus-Grundschule/7. Grundschule)**

Inschrift: *Auf dem Hof dieser Schule wurden in den / letzten Tagen des Zweiten Weltkrieges / Soldaten, russische Kriegsgefangene / und Zivilisten / von Nationalsozialisten erschossen. / Ihr Tod muss uns Verpflichtung sein, alles zu / tun, um Freiheit, Frieden und Menschenwürde / zu bewahren.*

1945 war die Steglitzer Kreisleitung der NSDAP in dem Schulgebäude untergebracht. Es wurden nach Augenzeugenberichten auf dem Schulhof mindestens elf Menschen umgebracht. Die Metalltafel verdankt ihre Entstehung einer Elterninitiative. Sie wurde am 12.12.1985 am Haupteingang anläßlich der 75-Jahr-Feier der Schule enthüllt.

**Johann Heinrich PESTALOZZI**
**Pestalozziplatz (Ringstraße/Weißwasserweg/Lotzestraße)**

Findling mit ovaler Platte und Reliefporträt Pestalozzis. Über dem Porträt steht: *Lebe nicht Dir · lebe den Brüdern* unter ihm: *1746–1827 / Johann Heinr. Pestalozzi*

**Oskar PICHT**
*Pasewalk 27.5.1871 –
†Rehbrücke b. Potsdam 15.8.1945
**Rothenburgstraße 14**

Inschrift: *Hier lebte und arbeitete / Oskar Picht / 27.5.1871–15.8.1945 / Direktor der Blindenbildungsanstalt in Steglitz / (1920–1933) / Mit seiner Erfindung der Punktschrift-Steno-Maschine / half er den Blinden*

Picht ersann bereits 1899 eine Blindenschriftmaschine (Blattschreibmaschine), für die er auf der Schreibmaschinenausstellung in Venedig 1907 eine Goldmedaille erhielt, 1909 dann den auf der Tafel genannten Bandschreiber. Beigesetzt wurde er auf dem Friedhof von Bergholz-Rehbrücke bei Potsdam. Da die Anbringung der Berliner Gedenktafel nach der Fertigstellung verweigert wurde, wird sie im Heimatmuseum verwahrt. □

**Erich POMMER**
*Hildesheim 20.7.1889 –
†Hollywood 8.5.1966
**Carl-Heinrich-Becker-Weg 16–18**

Inschrift: *Hier lebte vor seiner Emigration 1933 / der Filmproduzent / Erich Pommer / 20.7.1889–8.5.1966 / Er produzierte einige der bedeutendsten Filme der / Weimarer Republik wie »Der blaue Engel«. Nach seiner / Rückkehr aus den Vereinigten Staaten von Amerika / beteiligte er sich am Wiederaufbau der / deutschen Filmindustrie*

Die Enthüllung der Berliner Gedenktafel war für das Frühjahr 1997 vorgesehen. □

**Henny PORTEN**
*Magdeburg 7.1.1890 – †Berlin 15.10.1960
**Albrechtstraße 40 Ecke Sedanstraße**

Inschrift: *Die Schauspielerin / Henny Porten / 7.1.1890–15.10.1960 / wuchs in einem hier früher stehenden Haus auf / und drehte schon*

*früh unter der Regie / ihres Vaters Franz Porten Filme in Steglitz. / Sie war ein »Star« des deutschen Stummfilms.*

Die Karriere des Stummfilmstars setzte sich auch im Tonfilm fort. Bis 1933 war sie die am meisten beschäftigte deutsche Schauspielerin. Als sie sich 1943 weigerte, sich von ihrem jüdischen Mann scheiden zu lassen, wurde sie von den Nationalsozialisten boykottiert. Im Krieg verlor sie ihre gesamte Habe, siedelte 1945 mit ihrem Mann nach Ratzeburg über, kehrte aber 1956 nach Berlin zurück. Enthüllung der Berliner Gedenktafel am 14.6.1989. Grabstätte auf dem Friedhof der Kaiser-Wilhelm-Gedächtnis-Gemeinde, Charlottenburg, Fürstenbrunner Weg 69–79 (Ehrengrab).

**Marianne PÜNDER**
*Köln 1.4.1898 – †Berlin 11.8.1980
**Marianne HAPIG**
*Schloß Hohenthurm 5.3.1894 – †Berlin 23.3.1973
**Marienstraße 15**

Inschrift: *Hier lebten /*
*Marianne Pünder* *Marianne Hapig /*
*1.4.1898–11.8.1980* *5.3.1894–23.3.1973 /*
*Dozentin* *Fürsorgerin /*
*Die »beiden Mariannen« halfen aus christlicher / Überzeugung während des »Dritten Reiches« / zahlreichen Verfolgten und Angeklagten des / Volksgerichtshofes*

Die beiden engagierten Katholikinnen hatten verfolgten Geistlichen und untergetauchten Jüdinnen geholfen und Verhaftete des 20. Juli 1944 sowie deren Familien betreut. Enthüllung der Berliner Gedenktafel am 28.6.1989.

**REALGYMNASIUM LANKWITZ**
**Kaulbachstraße 65 Ecke Brucknerstraße**

Inschrift: *Hier stand das / Realgymnasium Lankwitz / 1908 erbaut von der Gemeinde / 1933 Tannenbergschule benannt / 1943 durch Bomben zerstört / 1952 als / Käthe-Kollwitz-Seniorenheim / wiederaufgebaut, 1994 Neubau / Die Ehemaligen*

Der Findling mit Bronzetafel steht rechts vor dem Eingang. Enthüllung am 22.9.1995.

**ROSENKRANZ-BASILIKA**
**Kieler Straße 11**

Metalltafel, Inschrift: *Rosenkranz-Basilika – Kieler Straße 11 – / Erbaut 1899 bis 1900 als Zentralbau nach dem Vorbild früh-/ byzantinischer Kuppelkirchen mit Fassade im Stil märkischer / Backsteinbauten der Spätromanik von Christoph Hehl, einem / namhaften Schüler von Conrad Wilhelm Hase, der als / Begründer der sogenannten Hannoverschen Bauschule in der / zweiten Hälfte des 19. Jahrhunderts für die Wiederbelebung / der mittelalterlichen Backsteinbauweise eintrat / Kommentar im Gesetzesentwurf / der Berliner Bauordnung*

Conrad Wilhelm Hase (*Einbeck 2.10.1818 – †Hannover 28.3.1902), Christoph Hehl (*Kassel 11.10.1847 – †Charlottenburg 18.6.1911).

**Paul SCHEERBART**
**Marschnerstraße 15**

Inschrift: *»Mensch, sei frei« / In diesem Haus / wohnte der Dichter / Paul Scheerbart / (1863)–(1915) / die letzten Jahre / seines Lebens*

Die helle Steintafel ist rechts neben dem Eingang in Höhe des Kellergeschosses angebracht. Scheerbart, Verfasser skurril-humoristischer Romane, verhungerte freiwillig aus Protest gegen den Ersten Weltkrieg. Beigesetzt war er auf dem Parkfriedhof Lichterfelde, Thuner Platz. Enthüllung der Tafel Anfang Juli 1992 (ursprünglich war sie für den 15.10.1990, den 75. Todestag Scheerbarts, vorgesehen).

**Philipp SCHEIDEMANN**
**Lenbachstraße 6a**

Inschrift: *In einem hier vormals stehenden Hause lebte / Philipp Scheidemann / 26.7.1865–29.11.1939 / Am 9. November 1918 rief er die erste / deutsche Republik aus / Der sozialdemokratische Politiker wurde / 1919 Ministerpräsident der / ersten demokratisch gewählten Regierung der / »Weimarer Republik« / Ging 1933 in die Emigration*

Scheidemann lebte hier von 1913–1920. Enthüllung der Berliner Gedenktafel am 29.11.1990.

**Arnold SCHÖNBERG**
*Wien 13.9.1874 – †Los Angeles 13.7.1951
**Sembritzkistraße 33/33a**

Inschrift: *In einem hier vormals stehenden Gartenhaus / lebte von 1913 bis 1915 der Komponist / Arnold Schönberg / 13.9.1874–13.7.1951 / Er hat mit der »Zwölftontechnik« der Musik des / 20. Jahrhunderts neue Wege eröffnet · 1933 emigrierte er / in die Vereinigten Staaten von Amerika*

Erwähnt seien die »Gurrelieder« und seine Kantate »Ein Überlebender aus Warschau«. Die Enthüllung der Berliner Gedenktafel war für das Frühjahr 1997 vorgesehen. □

**Walter SCHOTTKY**
*Zürich 23.7.1886 –
†Pretzfeld, Lkrs. Forchheim 4.3.1976
**Heesestraße 15 (Gymnasium Steglitz)**

Inschrift: *Hier im Gymnasium Steglitz bestand / Walter Schottky / 23.7.1886–4.3.1976 / im Jahre 1904 das Abitur / Seine theoretischen und experimentellen / Beiträge zur Physik schufen die Grundlage / für Elektronenröhren und Bauelemente / der Mikroelektronik / Stiftung Werner-von-Siemens-Ring. 1990*

Im Jahr 1915 erfand Schottky die Schirmgitterröhre. 1923 erhielt er eine Professur an der Universität Rostock und wurde 1927 wissenschaftlicher Berater von Siemens & Halske. Enthüllung der im Inneren des Schulgebäudes gleich rechts hinter dem Haupteingang befindlichen Tafel am 12.12.1990.

**Carl SCHUHMANN**
*Münster 12.5.1869 – †Berlin 24.3.1946
**Osdorfer Straße 53 Ecke Réaumurstraße (Carl-Schuhmann-Halle)**

Inschrift: *Carl Schuhmann Halle / 12.5.1869 24.3.1946 / Zur Erinnerung an den 1. Deutschen Olympiasieger / mit 4 Siegen erfolgreichster Teilnehmer der / Spiele der I. Olympiade 1896 in Athen / Medaillen / Ringen Offene Klasse / Pferdsprung Einzel / Barren Mannschaft / Reck Mannschaft*

Zwischen den Lebensdaten befindet sich eine silberne Medaille, die einen Turner am Pferd zeigt und darunter den Namen *Carl Schuhmann* trägt. Der nur 1,57 m große Sportler war der erste deutsche Einzelsieger (Langpferd) bei den ersten Olympischen Spielen der Neuzeit und erfreute sich nach zeitgenössischen Berichten vor allem durch seinen Sieg im Ringen über einen Griechen zeitweilig größerer Popularität als der König. Beigesetzt ist er auf dem Friedhof Charlottenburg, Trakehner Allee 1, II W 7, 48. Die Messingtafel im Eingangsbereich an einem Pfeiler zwischen zwei Zugangstüren zur eigentlichen Sporthalle wurde zur Namensgebung der Halle am 14.12.1996 angebracht.

**Paul SCHWARZ**
**Teltowkanal (Uferpromenade am Bäketeich unweit Dalandweg)**

Die Inschrift auf dem Findling ist zweigeteilt. Rechts steht: *Paul Schwarz / †1951 / zum Gedächtnis*, links ist eingraviert: *Ein Leben / für die Freiheit*

Schwarz, der als DVP-Mitglied kommunalpolitische Erfahrungen aus der Weimarer Republik hatte und mehrere Jahre im KZ inhaftiert war, wurde Anfang Mai 1945 von den Sowjets zum Steglitzer Bürgermeister ernannt. „Einen Tag bevor die Amerikaner den Bezirk übernahmen (wurde er) verschleppt. Zunächst soll er im Konzentrationslager Sachsenhausen interniert gewesen und dann nach Waldheim verlegt worden sein. Von dort verliert sich seine Spur." (Annette Godefroid, Steglitz, Berlin 1989, S. 97)

**Heinrich SEIDEL**
*Perlin/Mecklenburg 25.6.1842 –
†Groß-Lichterfelde 7.11.1906
**Boothstraße 30 (heute Seniorenwohnanlage »Haus Bethel«; Lichterfelde)**

Die Tafel befindet sich an der Zufahrt, Inschrift: *Hier stand früher das Haus von / Heinrich Seidel / 25.6.1842–7.11.1906 / Schriftsteller und Ingenieur / Verfasser des »Leberecht Hühnchen«*

Sein bedeutendstes Werk als Ingenieur war die stählerne Dachkonstruktion des Anhalter Bahnhofs. Enthüllung der Berliner Gedenktafel am 28.6.1989. Bestattet ist Seidel auf dem Friedhof Lichterfelde, Moltkestraße 42, An der Westmauer 23 (Ehrengrab).

**SOLDAT**
**Schloßstraße 37 (altes Rathaus Steglitz, 1. Stock)**

In einer Glasvitrine hängt eine braungestrichene, gerahmte Holztafel mit der Inschrift: *Am 24. April 1945 / wurde hier / ein deutscher Soldat / von unmenschlichen / Nationalsozialisten / erhängt*

Die Tafel befand sich ursprünglich, so ein unter der Tafel befindlicher, erläuternder Text, »am Oberleitungsmast vor dem Grundstück Albrechtstraße 2 in Steglitz. Der Anbringungsplatz mußte im Rahmen der Umgestaltung der Albrechtstraße und des Hermann-Ehlers-Platzes entfernt werden«. Ein Antrag der AL in der Steglitzer Bezirksverordnetenversammlung, die Tafel wieder vor dem Haus Albrechtstraße 2 anzubringen, wurde mit den Stimmen der CDU abgelehnt. »Die Albrechtstraße war der CDU für eine Gedenktafel zu belebt, sie plädierte für einen besinnlicheren Ort.« (Tsp., 17.10.1985)

**SPIEGELWAND**
**Hermann-Ehlers-Platz**

Auf diesem »Spiegel gegen das Vergessen« sind neben relativ wenigen allgemeinen Angaben zur Geschichte der Juden in Deutschland, Berlin und Steglitz, die Namen, Geburtsdaten und Adressen von 1723 aus Berlin in KZ's und Vernichtungslager deportierten Juden wiedergegeben. Es sind die Seiten aus den erhalten gebliebenen Transportlisten aufgeführt, sofern sich darauf Steglitzer Adressen befanden. So wurde die namentliche Erinnerung an 230 jüdische Steglit-

zerinnen und Steglitzer möglich. An den Schmalseiten der Spiegelwand steht einmal auf deutsch *Gedenke* und einmal auf hebräisch זכור. Der Errichtung der eindrucksvollen Spiegelwand ging ein jahrelanger Streit auf Bezirksebene voraus, weil sich ihr eine »Koalition« aus CDU, FDP und Republikanern widersetzte. Im Mai 1994 zog Bausenator Wolfgang Nagel das Verfahren an sich. Am 7.6.1995 wurde das »Denkzeichen« enthüllt.

**Christoph Erdmann von SPIEL**
* 24.9.1668 – † 27.9.1713
**Schloßstraße 44**

Im Durchgang zur Matthäus-Kirche hinter dem alten Dorffriedhof befindet sich an der rechten Wand ein alter Grabstein, rechts neben diesem eine rote Sandsteintafel mit der Inschrift: *Christoph Erdmann / von Spiel / Erbherr auf Steglitz / geb. am 24. Sept. 1668 / gest. am 27. Sept. 1713 / verheiratet mit / Ana Dorothea / geb. von Thümen*

**Christian Konrad SPRENGEL**
*Brandenburg 22.9.1750 –†Berlin 7.4.1816
**Königin-Luise-Platz und Unter den Eichen (Botanischer Garten; Lichterfelde-West)**

Inschrift: *Dem / Entdecker / des Geheimnisses / der / Natur / im Bau / und in der Befruchtung / der / Blumen / Christian Konrad Sprengel / geb. 22. Sept. 1750 in Brandenburg a. H. / gest. 7. April 1816 / in Berlin*

Sprengel studierte Theologie und alte Sprachen. Von 1780–1794 war er Rektor des Gymnasiums in Spandau. Dort entstand 1793 sein bis heute gültiges Hauptwerk »Das entdeckte Geheimnis der Natur im Bau und in der Befruchtung der Blumen«. Später zog er nach Berlin. Der große, dunkle Gedenkstein befindet sich unterhalb der Schaugewächshäuser neben dem Hauptweg am Rand des Blindengartens. Er trägt die Inschrift in einem polierten Oval, gesäumt von Blütenständen. Begraben ist Sprengel auf dem Friedhof der Dorotheenstädtischen Gemeinde, Mitte, Chausseestraße 126.

**SS-WIRTSCHAFTS- UND VERWALTUNGSHAUPTAMT**
**Unter den Eichen 126–135**

Inschrift: *Hier befand sich während der NS-Zeit der Sitz des / SS-Wirtschafts- und Verwaltungshauptamtes / Zentralverwaltung zur Organisation und wirtschaftlichen / Nutzung aller Konzentrations- und Vernichtungslager, / sowie der zentralen Leitung der SS-Wirtschaftsunternehmen. / Bis zur Errichtung des KZ-Außenlagers / in der Wismarer Straße waren im östlichen Innenhof des / Gebäudes von 1940 bis 1942 Häftlinge des / KZ Sachsenhausen untergebracht.*

Enthüllung der Berliner Gedenktafel am 17.11. 1988.

**Joachim TIBURTIUS**
*Liegnitz/Schlesien 11.8.1889 –
†Berlin 27.5.1967
**Hortensienstraße 12**

Inschrift: *Wohnhaus von / Joachim Tiburtius / 11.8.1889–27.5.1967 / Senator für Volksbildung von 1951–1963 / Während seiner Amtszeit / Ausbau der Freien Universität Berlin / Einrichtung der Berliner Festwochen / sowie der Berliner Filmfestspiele*

Enthüllung der Berliner Gedenktafel für den CDU-Politiker am 31.5.1989. Grabstätte auf dem Friedhof Lichterfelde, Moltkestraße 42, Abt. V WRi 7/8.

**TITANIA-PALAST**
**Schloßstraße 4–5 Ecke Gutsmuthsstraße**

Inschrift: *Titania-Palast / Am 26. Januar 1928 als einer der größten Kinopaläste / Berlins mit 2000 Plätzen eingeweiht. / Erstes Nachkriegskonzert des Berliner Philharmonischen / Orchesters unter Leo Borchard am 26. Mai 1945. / Gründungsversammlung der »Freien Universität Berlin« / am 4. Dezember 1948*

Zur Enthüllung der Tafel schrieb Der Tagesspiegel (28.5.1989): »Das nach Plänen der Düsseldorfer Architekten Schöffler, Schloenbach und Jacobi errichtete Gebäude [...] blieb im Zweiten Weltkrieg fast unbeschädigt. Es war ein beliebter Ort für Kino, Theater, Oper, Varieté und andere Großveranstaltungen: Die Berliner Philharmoniker hatten hier nach 1945 eine feste Spielstätte, 1948 fand im Titania-Palast die Gründungsversammlung der Freien Universität statt. Bei den ersten Filmfestspielen diente der Palast 1951 als Hauptspielstätte. Schließlich waren Oper und Operette zu Gast an der Schloßstraße. Die letzte Premiere, »Die Fledermaus«, fand im Dezember 1965 statt. Es folgte eine jahrelange Suche nach einer neuen Nutzung: Vorschläge wie Spielkasino, Tanzlokal und Jugendzentrum wurden gemacht und wieder verworfen. Heute dient das Gebäude als Geschäftshaus, der Landeskonservator stellte den Titania-Palast 1984 unter Denkmalschutz.« Enthüllung der Berliner Gedenktafel am 31.5.1989.

**UNIVERSITÄTSKLINIKUM BENJAMIN FRANKLIN**
**Hindenburgdamm 30**

Auf der Freifläche vor dem Eingang des Krankenhauses steht eine Skulptur, an deren linker Seite fünf und vor der Frontseite vier dunklere Bodenplatten eingelassen sind. In diese ist eingraviert: *Grundsteinlegung / 21. Oktober 1959*

Auf der flachen Skulptur (Erich Reischke, 1969) befindet sich eine angeschrägt aufgestellte Bronzetafel mit dem Namen des Klinikums.

**WANDERVOGEL**
**Grunewaldstraße Ecke Schloßstraße**

Inschrift der Steintafel unter einem Vogelbildnis: *Am 4. November 1901 / wurde hier im Ratskeller / der / „Ausschuss für Schülerfahrten" / ins Leben gerufen / und erhielt den Namen / Wandervogel / Aus dieser Urzelle entstand / die deutsche Jugendbewegung*

Die Tafel befindet sich in einem Schaukasten in der Grunewaldstraße am alten Steglitzer Rathaus. Der namengebene Grabstein für Kaethe Branco befindet sich auf dem Dahlemer St. Annen-Friedhof. Der Text von Maximilian Jähns (*Berlin 18.4.1837 – †Berlin 19.9.1900) beginnt: »Wer hat euch Wandervögeln die Wissenschaft geschenkt ...«

**WANDERVOGEL**
**Johanna-Stegen-Straße (Stadtpark Steglitz)**

Inschrift des Gedenksteins aus Granit unter einem stilisierten, fliegenden Vogel: *Wandervogel / Ursprung der Jugendbewegung / Steglitz, um 1900*

***Ewald* Hermann WENCK**
*Berlin 28.12.1891 – †Berlin 30.4.1981
**Unter den Eichen 104 a (Lichterfelde-West)**

Inschrift: *In diesem Hause lebte von 1957 bis 1981 / Ewald Wenck / 28.12.1891–30.4.1981 / Schauspieler und Hörfunkmoderator / Seit 1948 Mitglied des Berliner Funkkabaretts / »Die Insulaner« von Günter Neumann*

Enthüllung der Berliner Gedenktafel am 3.5. 1990. Grabstätte Friedhof Steglitz, Bergstraße 34–52, Abt. D VII 1. Wahlreihe rechts, Nr. 11.

**Arthur WERNER**
*Berlin 15.4.1877 – †Berlin 27.7.1967
**Köhlerstraße 22 (zwischen Pfleidererstraße und Geibelstraße; Lichterfelde-West)**

Inschrift: *In diesem Hause lebte von 1921 bis 1967 / Arthur Werner / 15.4.1877–27.7.1967 / Architekt und Ingenieur / 1945 bis 1946 erster Oberbürgermeister / von Groß-Berlin / nach dem Zweiten Weltkrieg*

Der parteilose Dr. Werner wurde bereits am 19.5. 1945 vom sowjetischen Stadtkommandanten Bersarin »in einem halbzerstörten Saal des Gebäudes der Feuersozietät in der Parochialstraße« als Oberbürgermeister Berlins eingesetzt. Der erste Magistrat bestand außer ihm aus dreizehn weiteren Stadträten und fungierte bis zur Amtsübernahme des ersten gewählten Magistrats nach den Wahlen vom 20.10.1946. Die Berliner Gedenktafel wurde am 8.7.1994 durch Volksbildungsstadtrat Thomas Härtel enthüllt. Sie ist links am Haus angebracht und vom Bürgersteig wegen einer Hecke am Grundstückszaun nur schlecht wahrnehmbar. Beigesetzt ist Werner auf dem Friedhof der Luther- und der Kreuz-Gemeinde, Lankwitz, Malteserstraße 113–133, Familiengrab im Walde 300.

**Josef WIRMER**
*Paderborn 19.3.1901 –
†Berlin-Plötzensee 8.9.1944
**Holbeinstraße 56 Ecke Ringstraße (Lichterfelde-West)**

Inschrift: *Hier wohnte / Josef Wirmer / 19.3.1901–8.9.1944 / Rechtsanwalt und Zentrumspolitiker / Exponent des katholischen Widerstandes / gegen den Nationalsozialismus / In Plötzensee hingerichtet*

Wirmer war am Widerstand seit 1936 beteiligt und für den Fall eines geglückten Umsturzes am 20. Juli 1944 als Justizminister im Kabinett Goerdeler vorgesehen. Am 4.8.1944 wurde er verhaftet, am 8.9.1944 vom »Volksgerichtshof« zum Tode verurteilt und noch am selben Tag in Plötzensee hingerichtet. Enthüllung der Berliner Gedenktafel am 14.12.1988.

**WRANGEL-SCHLÖSSCHEN**
**Schloßstraße 48 (Beyme-Schlößchen, Schloßpark-Theater)**

Erbaut 1804 nach Entwürfen von David Gilly (*Schwedt 7.1.1748 – †Berlin 5.5.1808) und Heinrich Gentz (*Breslau 5.2.1766 – †Berlin 3.10.1811) für Karl Friedrich von Beyme (*Königsberg/Ostpreußen 10.7.1765 –†Steglitz 10.12. 1838). Berliner Gedenktafel. □

**Peter Graf YORCK VON WARTENBURG**
*Klein-Oels bei Breslau 13.11.1904 –
†Berlin-Plötzensee 8.8.1944
**Hortensienstraße 50 (Lichterfelde-West)**

Inschrift: *In diesem Hause lebte / Peter Graf Yorck von Wartenburg / 13.11.1904–8.8.1944 / Hingerichtet nach dem gescheiterten / Attentat auf Hitler am 20. Juli 1944 / Mitglied des »Kreisauer Kreises« / der sich hier auch traf*

Hier wohnte Yorck von Wartenburg von 1937–1944, hier trafen sich die Mitglieder des »Kreisauer Kreises« öfter als in Kreisau. Enthüllung der Berliner Gedenktafel am 19.4.1988.

**ZÜRICH**
**Schloßstraße Ecke Hindenburgdamm und Braillestraße**

Auf dem Mittelstreifen westlich der Kreuzung steht ein rechteckiger Granitstein. Stadtauswärts steht unter einem Bärenrelief:
*Berlin – Zürich / 863 / km.;* stadteinwärts liest man: *Gestiftet / von der Stadt / Zürich / 3.6.1958 / Erneuert 1989*

# TEMPELHOF

**Elisabeth ABEGG**
*Straßburg 3.3.1882 – †Berlin 8.8.1974
**Tempelhofer Damm 56 (früher Berliner Straße 24 a)**

Inschrift: *Von 1926 bis 1973 wohnte hier / Elisabeth Abegg / 3.3.1882 – 8.8.1974 / Zwischen 1942 und 1945 versteckte und versorgte / sie mit Hilfe ihrer Schwester Julie Abegg viele rassistisch / Verfolgte und rettete ihnen so das Leben*

Die Quäkerin verweigerte als Lehrerin den Eid auf Hitler, wurde erst zwangsversetzt, 1941 zwangsweise pensioniert. Sie half etwa 80 untergetauchten Juden, indem sie ihnen zeitweilig Unterschlupf gewährte, sie finanziell und mit Lebensmitteln oder bei der Suche nach anderen Verstecken unterstützte. Enthüllung der Berliner Gedenktafel durch Bezirksbürgermeister Wolfgang Krueger am 9.11.1991.

**Georg Graf von ARCO**
*Großgorschütz b. Ratibor/Oberschlesien 30.8.1869 – †Berlin 5.5.1940
**Albrechtstraße 48–50**

Inschrift: *Dr + hc + Georg Graf von Arco / 1869 – 1940 / Zum Gedenken an den / Wegbereiter der Funk-/technik + der an dieser Stelle in den Jahren / von 1911 – 1926 gewohnt hat +*

Die Tafel hat eine kupferfarbene Tönung. Arco war erst Offizier, wandelte sich später zum Pazifisten. Bekannt wurde er als einer der Pioniere der drahtlosen Telegraphie (zusammen mit Adolf Slaby). 1903 wurde er Mitbegründer der Telefunken-Gesellschaft, zugleich deren technischer und wissenschaftlicher Leiter. Begraben ist er auf dem Südwestfriedhof Stahnsdorf, Block Heilige-Geist, Erbbegräbnis 20 (Ehrengrab).

**BFC VIKTORIA 89**
**Bosestraße 21 (Friedrich-Ebert-Sportanlage)**

Etwa in der Mitte des lindengesäumten Hauptwegs (in der Verlängerung der Wittekindstraße) steht linker Hand ein Gedenkstein mit einer verwitterten Inschrift: *Unseren / in beiden Weltkriegen / gefallenen / Viktorianern / zur Erinnerung*
Vor dem Stein zeigt eine Bodenplatte oben die Vereinsfahne, darunter steht: *Unseren / Verstorbenen / und / Gefallenen / des / BFC Viktoria 89 / gewidmet*

Ob eine früher am Anfang des Weges neben den Kabinen befindliche (Anfang der neunziger Jahre gestohlene) Büste Friedrich Eberts eine Inschrift trug, konnte nicht ermittelt werden.

**Fritz BRÄUNING**
*Halle/Saale 20.1.1879 – †Berlin 10.6.1951
**Manfred-von-Richthofen-Straße 77 (Ecke Adolf-Scheidt-Platz)**

Inschrift: *Hier wohnte von 1924 bis 1944 / Fritz Bräuning / 20.1.1879–10.6.1951 / Architekt, Stadtbaurat in Tempelhof / Mitglied der Preußischen Akademie der Künste / Gestalter der Siedlung auf dem Tempelhofer Feld / Er entwarf den Lageplan und die Häuser / sowie die Rundkirche*

Enthüllung der Berliner Gedenktafel am 27.5. 1989.

**Constantin BRUNNER, eigtl. Leopold Wertheimer**
*Altona 28.8.1862 –
†Den Haag/Niederlande 28.8.1937
**Alt-Tempelhof 24**

Der Philosoph lebte hier von 1904–1913, später in Potsdam. Berliner Gedenktafel. □

**Lucius Dubignon CLAY**
*Marietta/Georgia/USA 23.4.1897 (oder 1898) – †Chatham/Massachusetts/USA 16.4.1978
**Platz der Luftbrücke**

An der mittleren Säule zwischen den Türen zur Haupthalle des Flughafens Tempelhof befindet sich eine Bronzetafel von Max Rose mit dem Porträtrelief Clays. Darunter steht: *Lucius D. Clay / *23.4.1897 †16.4.1978 / Ehrenbürger Berlins / Vater der Luftbrücke / 25.6.1948–12.5.1949*

General Clay war seit 1947 Militärgouverneur in Deutschland und Befehlshaber der US-Luftstreitkräfte in Europa. Er gehörte als Initiator der Hilfsaktion zur Erhaltung der Lebensfähigkeit für die von den Westzonen Deutschlands abgeriegelte Westhälfte Berlins zu den bekanntesten und beliebtesten Amerikanern. Als Sonderbeauftragter des amerikanischen Präsidenten Kennedy und als Garant für die Freiheit West-Berlins kam er nach dem Mauerbau noch einmal in offizieller Mission in die Stadt zurück. Am 5.5.1962 wurde ihm die Ehrenbürgerwürde verliehen. Die Inschrift ist insofern nicht korrekt, als zwar die Blockade der Westsektoren Berlins am 12.5.1949 beendet wurde, die Luftbrücke aber noch bis zum 30. September weiterging, um die Vorräte aufzufüllen. In der bis dahin größten Aktion der Luftfahrtgeschichte in Friedenszeiten wurden mit »277.264 Flügen [...] 1,83 Millionen Netto-Tonnen Güter ohne Postsachen nach Berlin eingeflogen«. (Berlin. Chronik der Jahre 1948-1951, Schriftenreihe zur Berliner Zeitgeschichte, S. 423)

**DEUTSCHE EINHEIT**
**Alt-Lichtenrade (Dorfaue, gegenüber Nr. 124)**

Findling unter einer Buche, Inschrift: *Erinnerung an die / Wiedervereinigung / am 3. Oktober 1990*

Die Buche wurde am 3.10.1990 gepflanzt, der Stein ein Jahr später enthüllt.

**DEUTSCHE LUFTHANSA**
**Platz der Luftbrücke**

Die Tafel ist an einer Säule der Kolonnaden am Zugang zur Haupthalle des Flughafens Tempelhof (neben dem Polizeipräsidium) angebracht. Sie trägt außer der Inschrift das Lufthansa-Emblem: *Hier in Tempelhof hatte die am 6. Januar 1926 / gegründete Deutsche Lufthansa AG / von 1938 bis 1945 ihren Verwaltungssitz. / Tempelhof war auch Zentralflughafen / der Lufthansa-Flotte. / Wir bleiben uns unserer Bindung an Berlin / bewußt. / Deutsche Lufthansa Aktiengesellschaft*

**EISENBAHN-GESCHWINDIGKEITS-WELTREKORD**
**Bahnstraße (gegenüber Nr. 6, vor dem S-Bahnhof Marienfelde)**

Aluminiumplastik mit kreisrunder Scheibe und der Inschrift: *Am 20.10.1903 fuhr ein AEG-Drehstrom-/Triebwagen den Geschwindigkeits-/ Weltrekord von 210,2 km/h*

Dazu sind abgebildet eine damalige Oberleitungsanlage und die Bahnstrecke mit den Stationsnamen Marienfelde und Zossen. Der Tagesspiegel berichtete unter der Überschrift »Denkmal für einen Weltrekord« am 21.12.1985: »Am S-Bahnhof Marienfelde ließ das Bezirksamt Tempelhof jetzt einen ›Meilenstein der Verkehrstechnik‹ aufstellen, der an die am 28. Oktober 1903 erfolgte Weltrekordfahrt für Drehstromwagen erinnern soll. Das AEG-Fahrzeug erreichte damals auf der Strecke nach Zossen bereits 210,2 km in der Stunde. Die Aluminiumplastik von Irene Schultze-Seehof und Maximilian Pfalzgraf symbolisiert einen aufgeteilten preußischen Meilenstein sowie technische Einzelheiten der Weltrekordlokomotive und der Strecke.« Die Lokomotive bewältigte die Strecke Marienfelde-Zossen der sogenannten Militäreisenbahn in acht Minuten.

**Lothar ERDMANN**
*Breslau 12.10.1888 –
†Sachsenhausen 18.9.1939
**Adolf-Scheidt-Platz 3 (unweit Manfred-von-Richthofen-Straße; damals Paradeplatz 3)**

Inschrift: *Hier wohnte von 1925 bis 1939 / Lothar Erdmann / 12.10.1888–18.9.1939 / Gewerkschafter, Sozialdemokrat / freier Schriftsteller / Nach brutalen Mißhandlungen / starb er im KZ Sachsenhausen*

1933 verlor Erdmann seine Stellung als Chefredakteur der wissenschaftlichen Zeitschrift »Die Arbeit« des Allgemeinen Deutschen Gewerkschaftsbundes. Er wurde zu Beginn des Zweiten Weltkriegs zusammen mit über 100 weiteren Funktionären der liquidierten Arbeiterbewegung verhaftet, weil er sich unter anderem geweigert hatte, für NS-Zeitschriften zu arbeiten und starb an den Folgen der erlittenen Mißhandlungen. Enthüllung der Berliner Gedenktafel am 12.10. 1988.

***Paul* Otto Heinrich FECHTER**
*Elbing/Westpreußen 14.9.1880 –
†Berlin 9.1.1958
**Franziusweg 48**

Der Journalist, Schriftsteller und Literaturhistoriker wohnte hier von 1921 bis 1958. Er arbeitete in Berlin, wo er seit 1911 lebte, für die Vossische Zeitung und die Deutsche Allgemeine Zeitung als Feuilletonredakteur. Grabstätte: Friedhof der ev. Kirchengemeinde Lichtenrade, Paplitzer Straße 10-24, Abt. 22a W 197/98. Berliner Gedenktafel. □

**FLUGHAFEN TEMPELHOF (ADLERKOPF)**
**Platz der Luftbrücke (»Adlerplatz«)**

Vor der Zufahrt zur Haupthalle des Flughafens befindet sich ein Sockel mit daraufgesetztem Kopf eines Bronzeadlers und einer Tafel. Inschrift (englisch und deutsch): *Eagle square / Eagle square received its name from the statue / of an eagle which stood on the roof of the main / terminal building of Tempelhof Central Airport / from 1940–1962. / In 1962 the statue was dismantled to make room / for radar equipment. The eagle's head was / subse-*

*quently given to the museum of the United / States Military Academy at West Point N.Y. / Designed by architect E. Sagebiel and modelled / by sculptor W. Lemke. Only the head remains of / the original 4.50-meter-high eagle statue. / The eagle's head has been returned by the United / States Air Force to be shared with the people / of Berlin. / Dedicated August 1985 / Eagle Square erhielt seinen Namen von einer / Adlerstatue die sich von 1940 – 1962 auf dem / Dach des Hauptgebaeudes des Flughafen / Tempelhofs [!] befand. / Die Statue wurde 1962 abgebaut um Platz fuer / ein Radargeraet zu schaffen. Der Kopf der Adler/statue wurde dann dem Museum der United States / Military Academy in West Point, US. Bundesstaat / New York, uebergeben. Von der 4.50 m hohen Adler/statue, entworfen von dem Architekten E. Sagebiel / und geformt von dem Bildhauer W. Lemke, ist nur / noch dieser Kopfteil vorhanden. / Die United States Air Force hat den Adlerkopf / zurueckgeholt, um ihn den Berlinern zu erhalten. / Im August 1985 eingeweiht*

**GARDE-KÜRASSIER-KASERNE**
**(Polizeidirektion 5)**
**Columbiadamm**

Inschrift: *Diese. Kaserne. diente. dem. im. Jahre / 1815. errichteten. Garde-Kürassier / Regiment. als. Unterkunft / Von hier rückte das Regiment am 3. / Aug. 1914 mit 37 Offizieren 713 Unter-/offizieren und Garde-Kürassieren / ins Feld / Am 29. Okt. 1918 kam das Regiment / aus seiner letzten Schlacht bei / St. Fergeux mit 31 Unteroffz. und / Garde-Kürassieren zurück / Der letzte Offizier fiel am gleichen / Tage beim letzten Gegenangriff.*

Die großformatige Tafel ist an der Außenfront des zweiten Gebäudes westlich der Golßener Straße angebracht. Sie zeigt im oberen Teil die Abbildung eines reitenden Garde-Kürassiers und trennt mit Abbildungen von gekreuzten Eichenblättern, gekreuzten Olivenzweigen und einem Eisernen Kreuz die Inschrift in zwei Teile.

**GENOSSENSCHAFTSSIEDLUNG**
**Rathausstraße 96 Ecke Prinzenstraße**

Unscheinbare graue Tafel aus Kunststein, die in die Fassade eingelassen ist: *Baugenossenschaft / vertriebener Ostdeutscher / E.G.m.b.H. / Grundsteinlegung am 25. Juni 1926*

**JOHANN II.**
**Mariendorfer Damm 30 Ecke Markgrafenstraße**

An der Fassade zur Markgrafenstraße befindet sich in Höhe des ersten Stocks eine reliefierte Abbildung eines auf sein Schild gestützten Ritters in Kettenrüstung. Darunter steht:
*Johann II. / Markgraf von Branden-/burg / 1266–1281*

Unklar ist, warum hier gerade eines Markgrafen, der in der frühen Geschichte Berlins und umliegender Dörfer kaum eine Rolle spielte, gedacht wird.

**KAPITULATION BERLINS**
**Schulenburgring 2**

Inschrift: *In diesem Haus wurde am / 2. Mai 1945 / der Waffenstillstand für Berlin unterzeichnet*

Im Speisezimmer einer Erdgeschoßwohnung, die vom 27. April bis zum 4. Mai 1945 Gefechtsstand General Tschuikows war, verhandelte seit den frühen Morgenstunden des 1. Mai General Hans Krebs über die Kapitulation der Berliner Garnison, die mit der Unterzeichnung und Verkündung durch den »Befehlshaber des Verteidigungsbereichs Berlin«, General Helmuth Weidling, am 2. Mai in Kraft trat. Die Messingtafel wurde Ende April/Anfang Mai 1985 angebracht.

**Adolf KIEPERT**
*Berlin 23.8.1820 – †Marienfelde 10.1.1892
**Alt-Marienfelde 17–21 (Herrenhaus des ehemaligen Ritterguts)**

Inschrift: *Hier wohnte von 1844 bis 1892 / Adolf Kiepert / 23.8.1820–10.1.1892 / Rittergutsbesitzer, Politiker und / Amtsvorsteher in Marienfelde / Gründete zusammen mit Max Eyth 1885 in Berlin / die Deutsche Landwirtschaftsgesellschaft*

Kiepert war auch Reichstagsabgeordneter. Er hatte das Gut 1844 gekauft und zu einem Musterbetrieb entwickelt. Heute befindet sich hier ein Mustergut des ehem. Bundesgesundheitsamts. Enthüllung der Berliner Gedenktafel am 15.4.1989.

**Albrecht KUNTH**
* 10.6.1842 – † 21.1.1871
**Kaiserin-Augusta-Straße 19/20 (Askanische Oberschule)**
Inschrift: *Der Geologe / Albrecht Kunth / 10.6.1842–21.1.1871 / hat in einer 1865 hier gelegenen Sand- und / Kiesgrube über 200 verschiedene Arten fossiler / Lebewesen, darunter das nach ihm benannte / Leitfossil der ersten Zwischeneiszeit, die / Schnecke »Paludium diluviana Kunth«, gesammelt / und beschrieben und damit die / Eiszeitforschung wesentlich gefördert*

Enthüllung der Berliner Gedenktafel am 17.4. 1989.

**Friedrich KÜTER**
*Stralau 19.5.1879 –
†Sachsenhausen April 1945
**Alt-Mariendorf 53 Ecke Forddamm (früher Dorfstraße 2)**

Inschrift: *Hier wohnte seit 1912 / Friedrich Küter / 19.5.1879–1945 / Tempelhofer Kommunalpolitiker der USPD bzw. SPD / Erster Vorsteher der Tempelhofer Bezirksversammlung (1920) / Verwirklichte als Bezirksstadtrat / den Volkspark Mariendorf (1931) / 1933 entlassen, seit Mai 1944 im KZ Sachsenhausen / 1945 verschollen*

Enthüllung der Berliner Gedenktafel am 21.4. 1989.

**Friedrich KÜTER**
**Volkspark Mariendorf**

Inschrift des Steins: *Friedrich Küter / 19.5.1879 / Sachsenhausen / April 1945*

Der Tempelhofer Stadtrat und Vater des im Juni 1931 eingeweihten Volksparks Mariendorf wurde im April 1944 verhaftet, einige Wochen später entlassen, sofort wieder verhaftet und nach Sachsenhausen verschleppt. Von dort schrieb er zuletzt am 20.8.1944 einen Brief an seine Frau.

**LEHNSCHULZENHOF UND DORFGERICHT**
**Alt-Tempelhof 21 (fast Ecke Tempelhofer Damm)**

Die sehr unscheinbare, dunkle Tafel trägt die Inschrift: *An dieser Stelle / befand sich vom 13. Jahrhundert / (Gründung des deutschen Dorfes Tempelhof) / bis Anfang des 19. Jahrhunderts der / Lehnschulzenhof / mit dem Dorfgericht*

**LUFTBRÜCKENFLUGZEUG (»ROSINENBOMBER«)**
**Columbiadamm (Flughafen Tempelhof; westlich gegenüber der Einmündung der Lilienthalstraße)**

Vor dem Flugzeug erklärt eine Tafel auf Englisch und Deutsch: *Berlin Airlift Veteran / During the first days of the airlift the C–47 / »Gooney Bird« was the only aircraft of its type available / to the Air Force in Europe. It was later joined by / the C–54 which had three times the cargo capacity of / the C–47. This type of aircraft is still used today as / cargo and passenger aircraft in Alaska and / New England. The commercial version of the C–47 is called / DC–3. The Navy calls it R4D and the British Air Force / calls it the Dakota / This C–47 is on permanent loan from the / Air Force Museum, Wright-Patterson AFB, Ohio // Berliner Luftbrücken Veteran / In der Anfangsphase der Luftbrücke standen der / U.S. Air Force in Europa nur Flugzeuge des Typs / C–47 »Gooney Bird« zur Verfügung. Später kam dann die / C–54 mit einer dreifachen Ladekapazität der C–47 dazu. / Auch heute noch werden Flugzeuge dieses Typs als / Fracht- und Passagierflugzeuge in Alaska und / New England genutzt. Die zivile Version dieses / Flugzeuges ist die DC–3. Die Navy nennt es R4D / und die Britische Luftwaffe Dakota. / Diese C–47 ist eine ständige Leihgabe des / Air Force Museums, Wright-Patterson Air Force Base, Ohio*

Das Flugzeug steht inzwischen am Deutschen Technikmuseum Berlin.

**Bruno MÖHRING**
*Königsberg 13. (oder 11.)12.1868 – †Berlin 26.3.1929
**Bruno-Möhring-Straße 14 A (früher Parallelstraße 7–8)**

Inschrift: *In dem von ihm 1904 errichteten Sommerhaus / wohnte bis zu seinem Tode / Bruno Möhring / 13.12.1863–26.3.1929 / Bedeutender Berliner Jugendstilarchitekt und / Stadtplaner. Wichtige Einzelwerke: Bonner Rheinbrücke / (1895–1898, erste künstlerische Eisenkonstruktion), / Hochbahnhof Bülowstraße in Berlin-Schöneberg, / »Millionenbrücke« in Berlin-Gesundbrunnen. / Städtebaulicher Beitrag zur Erneuerung Berlins / (Plan Groß-Berlin 1910)*

Von ihm stammen u. a. auch die mächtigen Wohnhäuser am Platz der Luftbrücke/Manfred-von-Richthofen-Straße und das Rathaus Nikolassee. Begraben ist er auf dem Friedhof der Christus-Gemeinde, Mariendorfer Damm 223–227 (Abt. 2-E-17). Enthüllung der Berliner Gedenktafel am 30.11.1989. Die nach Möhring benannte Straße hieß bis 1973 Parallelstraße. Die Tafel ist unscheinbar an der Außenwand einer Garage an der Durchfahrt zum Haus Nr. 14 B angebracht. Dieses ist das eigentliche Möhring-Haus, das durch die heutige Randbebauung des Grundstücks an der Ecke Emilienstraße mit Einfamilienhäusern dem Blick von der Straße fast vollständig verborgen bleibt.

**Hermann MÜLLER (MÜLLER-FRANKEN)**
*Mannheim 18.5.1876 – †Berlin 20.3.1931
**Wenckebachstraße 3**

Müller wohnte hier von 1919–1928. Seit 1906 gehörte er dem Parteivorstand der SPD an, seit 1916 dem Reichstag. 1919 unterzeichnete er als Reichsaußenminister den Versailler Vertrag. Nach dem Kapp-Putsch wurde er für nur gut zwei Monate Reichskanzler, war dann Vorsitzender der Reichstagsfraktion und ein zweites Mal Reichskanzler einer Großen Koalition von Mitte 1928 bis zu seiner Demission März 1930. Beigesetzt ist er auf dem Zentralfriedhof Friedrichsfelde (Gedenkstätte der Sozialisten), Gudrunstraße. Berliner Gedenktafel. □

**Friedrich MUSSEHL**
*Lychen 23.11.1855 – †Tempelhof 23.12.1912
**Alt-Tempelhof 26 (am ehemaligen Tempelhofer Rathaus)**

Inschrift: *In diesem Dienstgebäude arbeitete und wohnte / von 1891 bis 1912 / Friedrich Musseh l/ 23.11.1855–24.12.1912 / Erster hauptamtlicher Gemeinde- und / Amtsvorsteher in Tempelhof (1891–1912) / Kreistagsabgeordneter, Mitglied des Kreisausschusses des Kreises Teltow / Bürgermeister von Wendisch-Buchholz (1883–88) / und Teltow (1888–91)*

Enthüllung der Berliner Gedenktafel am 12.4. 1989. Grabstelle Friedhof Tempelhof, Gottlieb-Dunkel-Straße 26–27.

**NOTAUFNAHMELAGER MARIENFELDE**
**Marienfelder Allee 66–80 (Nahe Stegerwaldstraße)**

Inschrift: *Von 1953–1990 waren / diese Gebæude als Notauf-/nahmelager Marienfelde erste / Anlaufstelle für Flüchtlinge / aus der DDR auf ihrem Weg in die / Freiheit. Wæhrend dieses Zeitraumes / wurden über 1.350.000 Menschen / mit Hilfe von deutschen und alliierten / Dienststellen sowie Wohlfahrts-organi-/sationen aufgenommen, betreut und / in die Lænder der Bundesrepublik / Deutschland weitergeleitet. / Berlin, den 30. Juni / 1995 Erinnerungs-/stætte Notaufnahme-/lager Marienfelde e.V. / Gestiftet von Radio Hundert,6*

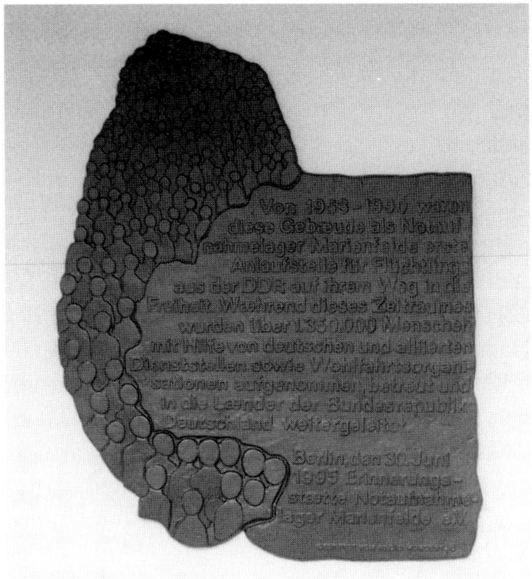

Die Tafel zeigt auf der linken Seite eine die Flüchtlinge symbolisierende stilisierte Menschenmenge. Die Inschrift nimmt den rechten Teil ein. Die am pavillonartigen Eingang angebrachte Tafel wurde in Anwesenheit von Sozialsenatorin Ingrid Stahmer am 30.6.1995 enthüllt.

**OPFER DER MAUER**
**Wittelsbacher Straße (Lichtenrade)**

Holzkreuz mit einer kleinen Tafel, Inschrift: *Horst Kullack (23) / am / 1. Januar 1972 / bei einem / Fluchtversuch / nach Lichtenrade / von Grenzsoldaten / beschossen und / später verstorben*

Kullack ist am 20.11.1948 geboren.

**OPFER DES NATIONALSOZIALISMUS**
**Werner-Voß-Damm 62**

Inschrift: *Den Opfern / des frühen Naziterrors / 1933 / in Kellern der Kaserne / General-Pape-Strasse*

In den Kellern der Kaserne General-Pape-Straße befand sich im Frühjahr und Sommer 1933 ein »wildes« KZ der SA, eine gefürchtete Folter- und Mordstätte. Die im März 1980 (nach einer anderen Quelle am 30.3.1981) angebrachte Bronzetafel wurde Ende 1986 gestohlen und durch eine Nachbildung ersetzt, die am 20.3.1987 enthüllt wurde. Zur Geschichte der einstigen Eisenbahner-Kaserne schrieb Der Tagesspiegel (21.3.1987): »In den ersten Monaten nach der Nazi-›Machtergreifung‹ gehörten die Tempelhofer Kasernengebäude zu den berüchtigsten der zahlreichen ›wilden‹ Konzentrationslager. Zwischen März und Dezember 1933 war dort an der General-Pape-Straße das Hauptquartier der ›Feldpolizei der SA-Gruppe Berlin-Brandenburg‹ untergebracht.«

**OPFER DES NATIONALSOZIALISMUS**
**Columbiadamm (bis 1950 Columbiastraße) Ecke Golßener Straße**

Inschrift: *=Erinnern= / =Gedenken= / =Mahnen= / Das Columbia-Haus war / ab 1933 Gefängnis und / vom 8.1.1935 bis 5.11.1936 / ein Konzentrationslager der / nationalsozialistischen Machthaber / Hier wurden Menschen / gefangengehalten / entwürdigt / gefoltert / gemordet*

Die Gedenkanlage aus Edelroststahl in Form eines Hauses befindet sich an der Nordostseite der Straßeneinmündung. Die östliche Seitenwand steht etwas separiert und trägt an der Innenseite die Inschrift. Das Columbia-Haus war Teil der heute von der Polizei genutzten Kasernenanlage des Garde-Kürassier-Regiments und diente ursprünglich als Militär-Arrest-Gebäude. Es wurde nach der Machtübernahme der Nazis eines der ersten sogenannten »wilden« KZ's und eine berüchtigte Stätte des Folterns und Mordens. Bei der Errichtung des heutigen Flughafens wurde es abgerissen. Der Standort befand sich südwestlich vom heutigen Mahnmal auf dem Flughafengelände gegenüber dem zweiten Haus der Polizeidirektion 5 (von der Golßener

Straße aus). Nach Zeitungsberichten scheiterte eine Aufstellung der Gedenkanlage am richtigen Standort zunächst an der ablehnenden Haltung der Amerikaner, später der Flughafengesellschaft. Eine Verlegung käme nach der Stillegung des Flughafens in Frage. Enthüllung durch Volksbildungsstadtrat Klaus Wowereit und Bezirksbürgermeister Wolfgang Krueger am 3.12.1994.

**OPFER DES NATIONALSOZIALISMUS**
**Bornhagenweg (gegenüber Hanowsteig, Lichtenrade)**

Inschrift der Gedenkanlage aus Eisenbahnschienen, Granit und Marmor: *Erinnern / und / nicht / vergessen / Zum Gedenken an / die Opfer des / nationalsozialistischen / Terrors, die hier / zwischen 1943 und 1945 / im ehemaligen / Aussenlager des / Konzentrationslagers / Sachsenhausen / inhaftiert waren.*

Das Lager war ursprünglich für Zwangsarbeiter vorgesehen, wurde dann aber mit überlebenden Häftlingen aus dem durch Bombenangriffe am 21. und 22.8.1943 zerstörten KZ-Außenlager Marienfelde, Straße 473 (heute Nahmitzer Damm), belegt.

**PARKSIEDLUNG ALT-LICHTENRADE**
**Bornhagenweg (Grünanlage schräg gegenüber Hanowsteig)**

Inschrift des Findlings: *Parksiedlung Alt-Lichtenrade / erbaut vom / Petrus-Werk / 1966–1970*

**Eugen G. SCHMOHL**
*Ludwigsburg 2.8.1880 – †Berlin 18.6.1926
**Mariendorfer Damm 1–3 (Ullstein-Haus)**

Die Tafel, die auch ein Porträtrelief des Architekten Schmohl zeigt, ist von außen nur schwer wahrnehmbar. Sie befindet sich in der Halle unter der Ullstein-Eule am Aufgang A.

Inschrift: *Prof. Eugen G. Schmohl / geb. 2.8.1880 – gest. 18.6.1926 / Erbauer dieses Hauses, / seiner grössten Arbeit, / deren Vollendung / er nicht mehr / erleben sollte.*

**Louise SCHROEDER**
**Boelckestraße 121 (unweit Hoepnerstraße)**

Die dunkle Bronzetafel links neben dem Eingang ist für den Vorbeigehenden schwer wahrnehmbar.

Inschrift: *Dieses · Haus · war · der · letzte · Wohnsitz / der · Ehrenbuergerin · von · Berlin / Louise · Schroeder / Buergermeisterin · von · Berlin / von · 1946 · bis · 1951 / Beauftragter · Oberbuergermeister · von · Berlin / von · 1947 · bis · 1948 / geb · 2·4·1887 / gest · 4·6·1957*

Louise Schroeder gehörte 1919 für die SPD der Nationalversammlung in Weimar an, war Mitglied des Reichstags bis 1933. Sie lehrte u. a. an der Deutschen Hochschule für Politik in Berlin und gehörte auch dem Vorstand der Arbeiterwohlfahrt an. 1945 engagierte sie sich beim Aufbau des demokratischen Lebens in Berlin. Nach dem sowjetischen Veto gegen die Wahl Ernst Reuters zum Oberbürgermeister übernahm sie das Amt bis zur politischen Spaltung der Stadt Ende 1948. Sie war Mitglied des Abgeordnetenhauses von Berlin und seit 1949 auch des Deutschen Bundestages. Enthüllung der Tafel am 4.6.1959. Beigesetzt wurde sie am 20.6.1957 in Hamburg-Bahrenfeld, Ottenser Friedhof, Hostenkamp 91, im Elterngrab (Ehrengrab).

**STADTRANDSIEDLUNG**
**Wippraer Weg**

Erbaut 1932. Berliner Gedenktafel. □

**SYNAGOGE**
**Mussehlstraße 22**

Die private Synagoge der »Israelitischen Religionsvereinigung Neu-Tempelhof« bestand von 1931 bis 1938. Vorsitzender war der Kaufmann Moritz Cohn, Hohenzollernkorso 2 (heute Manfred-von-Richthofen-Str. 4), dem um 1937 die Auswanderung in die USA gelang. Im Haus befand sich auch eine Zweigstelle der Bibliothek der Jüdischen Gemeinde und der Jüdischen Winterhilfe. Berliner Gedenktafel. □

**TRIGONOMETRISCHER PUNKT RAUENBERG**
**Marienhöher Weg (Trümmerberg Marienhöhe)**

Inschrift der Informationstafel auf dem 1976 wieder eingemessenen und am 12.9.1985 errichteten

Denkmal: *TP Rauenberg / Geographische Länge 31° 02' 04" 928 östlich von Ferro / Geographische Breite 52° 27' 12" 021 / Azimut Rauenberg – Berlin Marienkirche 19° 46' 04" 87 / Der trigonometrische Punkt 1. Ordnung Rauenberg ist der Ausgangspunkt für die Berechnung der geographischen Koordinaten des preußischen Hauptdreiecksnetzes. Als Zentralpunkt bestimmt er auch die Lage und die Orientierung des heutigen deutschen Hauptdreiecksnetzes auf dem als Bezugsfläche gewählten Bessel-Ellipsoid. Länge und Breite (Lage) sowie Azimut (Orientierung) wurden aus astronomischen Messungen der Jahre 1853 und 1855 abgeleitet.*

Eine zweite Tafel mit der Karte Preußens und den trigonometrischen Hauptdreieckslinien trägt die Inschrift: *Die Hauptdreiecke der Trigonometrischen Abtheilung der Königlich Preußischen Landesaufnahme im Jahre 1900*

**VERFOLGTE VON GEWALTHERR-SCHAFTEN**
**Alt-Tempelhof (Werner-Stephan-Ober-schule)**

Inschrift: *Rosen zum Gedenken an alle / Verfolgten von Gewaltherrschaften. / Rosen gegen das Vergessen. / Lidice 1942 – Berlin 1996*

Die von Schülern der Klasse 10.1 entworfene und gefertigte Kupfertafel wurde am 30.5.1996 in Anwesenheit von Überlebenden aus Lidice an der Schulhofmauer enthüllt.

**Albert VOSS**
† 10.11.1947
**Eschwegering 7**

Das Haus des ehemaligen Reichsjugendführers der Christlichen Gewerkschaften war ein Treffpunkt des konservativen Widerstandes. Hier diskutierte man über die Zukunft der Arbeiterbewegung und die Schaffung einer Einheitsgewerkschaft nach dem Ende des Nationalsozialismus. Hier versteckte sich zeitweilig auch Jakob Kaiser, als er nach dem 20. Juli 1944 gesucht wurde. Voß wurde 1945 erster Vorsitzender der CDU in Tempelhof. Berliner Gedenktafel. □

***Rudolf* Karl Ludwig WISSELL**
*Göttingen 8.3.1869 – †Berlin 13.12.1962
**Wiesenerstraße 22**

Inschrift: *Rudolf Wissell / 1869–1962 / Hier lebte der / Reichstagsabgeordnete / und Minister von / 1926–1962 / Förderungsaktion der Spielbank Berlin*

Der Ehrenbürger Berlins (seit dem 8.3.1949) war u. a. Reichswirtschaftsminister (1919) und Reichsarbeitsminister (1928–1930), gehörte für die SPD dem Reichstag von 1920 bis 1933 an. Begraben ist er auf dem Friedhof der Gemeinde Zum Heiligen Kreuz, Mariendorf, Eisenacher Straße 62, Erbbegräbnis W9, 105.

**Orville WRIGHT**
*Dayton/Ohio/USA 19.8.1871 –
†Dayton/Ohio/USA 30.1.1948
**Columbiadamm 8 (Flughafen Tempelhof)**

Inschrift: *In commemoration of / Orville Wright's flights / at Tempelhof, Sept 4–18, 1909 / 16 Nov 1974, Troop 46, BSA Berlin.*

Die Messingtafel ist auf einem kleinen Waschbetonsockel befestigt, der in einer Grünanlage neben Turm 7, Haus A (Tower 7, Bldg A) steht.

# NEUKÖLLN

### AN DEN MENSCHEN – ERBAUER DES FRIEDENS
**Bat-Yam-Platz**

Am Sockel dieser Skulptur befindet sich je eine erläuternde Tafel in deutscher und in italienischer Sprache. Inschriften: *Die Skulptur / all uomo – costruttore di pace / – an den Menschen – Erbauer des Friedens – / Die vom [!] Paolo Marazzi aus dem Stein der Albaner / Berge geschaffen wurde, ist Berlin anlässlich / der 750-Jahrfeier von der Stadt Marino / geschenkt worden. / Sie ist den mit Marino in europäischen Städte-/partnerschaften verbundenen Bürgern Neuköllns / als Botschaft des Friedens und der Brüder-/lichkeit gewidmet. / 1. August 1987 / Der Bürgermeister Marinos / Leonardo Massa La citta di Marino / dona questa opera dedicata / »all uomo costruttore di pace« / scolpita nella sua pietra albana / da Paolo Marazzi / alla citta di Berlino / per il 750 della sua nascita / affindado ai cittadini di Neukölln a noi legati / da vincolo di gemellaggio europeo / questo messaggio di pace e di fratellanza / 1 Agosto 1987 / il sindico / leonardo massa*

### BAT YAM
**Bat-Yam-Platz (Gemeinschaftshaus)**

Inschrift: *1971–1981 / Aus Anlass der Partnerschaft / Berlin-Neukölln und Bat-Yam – Israel / erhielt dieser Platz seinen Namen*

### *Hermann* Karl Wilhelm BODDIN
*Gransee 16.5.1844 – †Rixdorf 23.7.1907
**Karl-Marx-Straße 83 (Rathaus Neukölln)**

Inschrift: *Im Andenken an / Hermann Boddin / 16.5.1844–23.7.1907 / Erster Amts- und Gemeindevorsteher von Rixdorf / (4.2.1874–1.4.1899) / Erster Bürgermeister, später Oberbürgermeister / von Rixdorf / (2.4.1899–23.7.1907)*

Boddin machte die wohl einmalige Karriere vom Ortsvorsteher eines Dorfes zum Oberbürgermeister einer Großstadt ohne den Ort zu wechseln. Enthüllung der Berliner Gedenktafel am 16.5.1990.

### Joachim *Günter* Arnold BODEK
*Berlin 7.5.1895 –
†Benicasim/Spanien 26.7.1937
**Wildenbruchstraße 10 (zwischen Weserstraße und Wildenbruchplatz)**

Inschrift: *Hier wohnte und praktizierte / von 1924 bis 1933 / Dr. med. Günter Bodek / Er wurde als Jude und / Antifaschist verfolgt und mußte / Ende 1933 mit seiner Familie*

*Deutschland verlassen. / Er starb am 26. Juni 1937 / in Spanien als Arzt der / Internationalen Brigaden.*

Bodek war zunächst als Assistenzarzt am Jüdischen Krankenhaus tätig. 1924 ließ er sich als Allgemeinmediziner in der Wildenbruchstraße nieder. Er wurde bereits Anfang April 1933 kurzzeitig verhaftet, im Juni desselben Jahres verlor er seine Zulassung als Kassenarzt. Er emigrierte mit seiner Familie am 22.12.1933 nach Spanien und starb in Benicasim: »Er war in einer Unterhaltung mitten im Wort umgefallen.« (Kolland, S. 341) Seiner Frau glückte mit den Kindern Klaus und Ulrich 1942 die Emigration aus Frankreich nach Mexiko. Dort starb sie am 25.7.1981. Die Metalltafel zeigt im linken Teil ein eingeätztes Foto Bodeks, rechts trägt sie die Inschrift in weißen Buchstaben. Sie wurde als erste des Neuköllner Gedenktafelprogramms am 14.4.1994 von Volksbildungsstadtrat Wolfgang Schimmang enthüllt.

**BÖHMISCHES DORF (DORFSCHULE)**
**Kirchgasse 5**

Inschrift: *Ehemaliges Schul- u. Anstaltshaus / der Brüdergemeine. / Am 2. März 1753 wurde der 1. Baum / zum Bau des Hauses gefällt. / Grundsteinlegung 21. Mai 1753. / Einweihung 14. November 1753. / Die Anstaltsarbeit wurde 1770 aufgegeben. / Danach noch bis 1909 Schule / der Brüdergemeine. / Ältestes erhaltenes Schulhaus Neuköllns. / 1980/82*

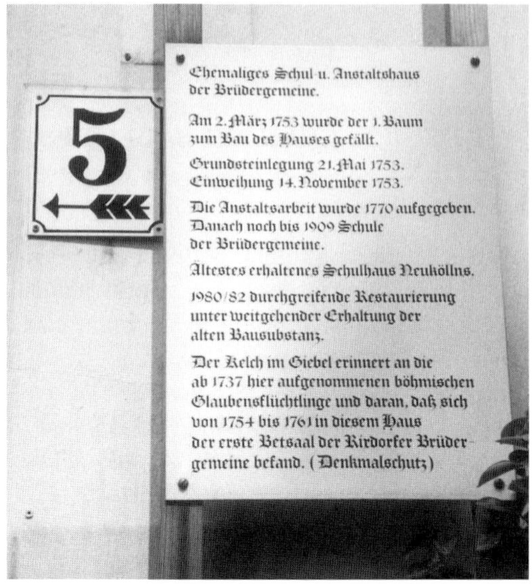


*durchgreifende Restaurierung / unter weitgehender Erhaltung der / alten Bausubstanz. / Der Kelch im Giebel erinnert an die / ab 1737 hier aufgenommenen böhmischen / Glaubensflüchtlinge und daran, daß sich / von 1754 bis 1761 in diesem Haus / der erste Betsaal der Rixdorfer Brüder-/ gemeine befand. (Denkmalschutz)*

**BÖHMISCHES DORF**
**Richardstraße 80**

Am Haus erinnert eine Inschrift an die Vernichtung des Vorgängerbaus durch Feuer im Jahr 1849: *Andenken / von d. gro. Brande d. 28. Apr. / 1849 der alle unser Habe / beraubt hat u. mit Gottes / Beistand in dem selben / Jahr wieder Erbaut [!] / worden ist. / Maresch u. Strakon*

**Johann Amos COMENIUS**
*Ungarisch Brod oder das benachbarte Dorf Nivnice 28.3.1592 – †Amsterdam 15.11.1670
**Kirchgasse Ecke Richardstraße**

Findling mit eingesetzter kreisrunder Platte, darin ein Reliefporträt und darüber im äußeren Rand die Inschrift: ◇ *geb1592* ◇ *Amos Comenius* ◇ *gest 1670* ◇

Der Theologe und Pädagoge Comenius (tschechisch Komensky) »entstammte der Gemeine der böhmisch-mährischen Brüder«, deren Gemeinebischof in Lissa (Leszno/Polen) er 1648 wurde. Seine Lebensideale waren (so Meyers Konversationslexikon, 1904) u. a. eine Reform der Erziehung und der wissenschaftlichen Weltansicht, friedliche Verständigung der streitenden Kirchen, Unterstützung und Zusammenhaltung der versprengten Brüdergemeine.

**Karl *Friedrich* FRIESEN**
*Magdeburg 25.9.1784 (oder 1785) –
†La Lobbe bei Reims 15., 16. oder 25.3.1814
**Hasenheide (Karlsgartenstraße)**

Inschrift des Gedenksteins: *Geweiht / der Erinnerung an / Friedr. Friesen / geb. 25. Sept. 1785 / gefallen 25. März / 1814.*

Friesen war ein enger Mitstreiter Friedrich Ludwig Jahns bei der Schaffung des ersten deutschen Turnplatzes. Abweichend vom Stein gibt sein Grabkreuz den 16. März als Todestag an, andere Quellen geben den 15. März an. Der Geburtstag wird in Nachschlagewerken auch mit dem 27.9. angegeben, auf dem Grabkreuz ist es wie auf dem Stein der 25.9., aber 1784! Der Gedenkstein aus Granit ist äußerst unscheinbar und befindet sich am Rande einer kleinen Freifläche unweit des Zugangs Karlsgartenstraße Ecke Fontanestraße zur Hasenheide. Die Inschrift ist kaum noch lesbar. Grabstätte Invalidenfriedhof, Mitte, Scharnhorststraße.

**August FROEHLICH**
*Königshütte/Oberschlesien 26.1.1891 –
†Dachau 22.6.1942
**Alt-Rudow 46 (Katholisches Gemeindezentrum St. Joseph)**

Inschrift: *Pfarrer August Froehlich / 1931–1932 Seelsorger der / Rudower St. Josephsgemeinde / starb am 22.6.1942 im / Konzentrationslager Dachau*

Ins KZ kam Froehlich, weil er sich als Pfarrer in Rathenow, wo er nach seiner Amtszeit in Rudow tätig war, für polnische Zwangsarbeiter eingesetzt hatte. Beigesetzt wurde die Urne mit seiner Asche auf dem St. Matthias Friedhof, Tempelhof, Röblingstraße 91.

***Erich* Bruno Walter GALLE**
*Rixdorf 15.9.1894 – †Berlin 29.10.1970
**Ilsestraße 16 (Nähe Thomasstraße)**

Inschrift: *Hier lebte von 1956 bis 1964 / Erich Galle / 15.9.1894–29.10.1970 / Gewerkschafter, Mitbegründer der unabhängigen / Gewerkschaft (1948) / Erster Bevollmächtigter der IG-Metall in Berlin*

Am 10.2.1948 wurde in Berlin die »Arbeitsgemeinschaft Gewerkschaftsopposition« gegen die zunehmende kommunistische Einflußnahme in der Einheitsgewerkschaft FDGB mit acht Mitgliedern (darunter Erich Galle) gebildet. Sie hatte ihren Stützpunkt im Wilhelm-Leuschner-Haus in Dahlem (in der einstigen Ribbentrop-Villa, Lentzeallee 7/11, die am 29.9.1947 als gewerkschaftliche Bildungsstätte eingeweiht worden war). Aus dieser entwickelte sich die »Unabhängige Gewerkschafts-Organisation« (UGO) als Zwischenstufe auf dem Weg zum DGB-Landesverband Berlin. Bereits am 27.2.1948 erschien als unabhängiges Gewerkschaftsblatt Das Freie Wort, das knapp zwei Jahre existierte (letzte Ausgabe 27.1.1950). Enthüllung der Berliner Gedenktafel durch Bezirksbürgermeister Hans-Dieter Mey und Volksbildungsstadtrat Wolfgang Schimmang am 29.10.1992.

**GENEZARETHKIRCHE**
**Herrfurthplatz**

Inschrift: *Ev. Genezarethkirche / Erbaut 1903–1905 / Zerstört 29.1.1944 / Wiederaufgebaut 1954–1959*

**Ernst Moritz GEYGER**
*Rixdorf 9.11.1861 – †Florenz 29.12.1941
**Karl-Marx-Platz 16–18**

Bronzetafel mit Porträtrelief, Inschrift: *Ernst Moritz / Geyger / Bildhauer und / Graphiker / Geb. 9.11.1861 in Rixdorf / Gest. 29.12.1941 in Florenz / Auf diesem Grundstück / – früher Mühlenstr. 7 – / stand das Geburtshaus / des Künstlers*

In der Hauskapelle auf dem Landsitz der Familie in Florenz, wo Geyger seit 1896 eine Professur innehatte, wurde seine Urne beigesetzt.

**GINGKO-BAUM**
**Gutsgarten Britz**

Messingtafel auf Findling, Inschrift: *Gingko biloba – Fächerblattbaum / Der seit 250 Millionen Jahren existierende Gingko stammt aus Japan und Ostchina, / war aber bis zur Eiszeit vor 30 Millionen Jahren noch bei uns in Mitteleuropa / verbreitet, und kommt heute nur noch in einer Art vor. / Der bis zu 40 m hohe Baum besitzt fächerförmige, ledrige, oft eingeschnittene oder / gelappte Blätter, die ursprünglich aus zusammengewachsenen Nadeln bestehen. / Diese Übergangsform von Nadel- zu Laubgehölzen machen den Gingko biloba zum / berühmtesten lebenden Fossil. / Sein Wuchs ist vielgestaltig, oft unregelmäßig oder kegelförmig mit wenig ver-/zweigten Ästen. Eine besondere Bedeutung hat der Gingko als Großstadtbaum, da er / grundsätzlich stadtklimafest, besonders widerstandsfähig gegen Luftverschmutzung / und fast krankheitsresistent ist. / Seine Besonderheiten und Vorzüge prädestinieren den Fächerblattbaum geradezu, / das Symbol für die gärtnerische Ausbildung in Neukölln darzustellen. / Das Mosaikbild des Gingkoblattes wurde dem Neuköllner Bezirksbürgermeister Herrn / Bodo Manegold anläßlich des Tags der offenen Tür der BVV am 23. November 1996 / von den Auszubildenden geschenkt.*

Das kreisrunde Mosaik befindet sich seit April 1997 vor der Tafel unter dem Gingkobaum .

**GROPIUSSTADT**
**U-Bahnhof Johannisthaler Chaussee (Nordseite)**

Unter der Angabe des Stationsnamens »U-Bhf. Johannisthaler Chaussee -Gropiusstadt-« befinden sich vier Tafeln. Ihre Inschriften lauten (v.l.n.r.): (1.) *Dieser Stadtteil trägt den Namen des / Architekten und Lehrers Walter Gropius, / der am 18. Mai 1883 in Berlin geboren, / am 5. Juli 1969 in Boston/USA gestorben / ist. Er war der Gründer des Bauhauses.* (2.) *Das Land Berlin beauftragte / Walter Gropius, diesen Stadtteil / zu planen und die bau-/liche Gestaltung zu betreuen. Der Grund-/stein wurde 1962 gelegt.* (3.) *In diesem neuen Stadtteil leben nach der / Fertigstellung mehr als 50000 Berliner / in rund 18000 Wohnungen. Die U-Bahn sorgt / für die schnellste Verbindung zur City.* (4.) *Im Rahmen seiner Gesamtplanung entwarf / Walter Gropius die Schule und die Wohn-/gruppierung an der Lipschitzallee sowie / das Hochhaus am Wildmeisterdamm.*

Am Südausgang (zum Kirschnerweg) befindet sich eine Wiederholung mit dem Text der ersten drei Tafeln.

**Martha GUNKEL**
*Ostpreußen 5.8.1858 – †Berlin 29.6.1913
**Karl-Marx-Straße 166 (gegenüber Uthmannstraße)**

Inschrift: *In diesem Hause / lebte und wirkte / Martha Gunkel / als Begründerin der / I. Höheren Mädchen-Schule / zu Rixdorf / vom 8. Oktober 1888 / bis zum 7. April 1910*

Die dunkle Metalltafel befindet sich an der rechten Seite der Tordurchfahrt.

**Hans (Hanno) GÜNTHER**
*Berlin 12.1.1921 –
†Berlin-Plötzensee 3.12.1942
**Onkel-Bräsig-Straße 108 (Britz)**

Inschrift der hinter einer Eibe versteckt angebrachten Tafel: *Hier wohnte / Hanno Günther / 12.1.1921–3.12.1942 / Anführer einer Gruppe ehemaliger Schüler / der Rütli-Schule im Widerstand / gegen den Nationalsozialismus. / Er wurde in Berlin-Plötzensee hingerichtet.*

Zur Widerstandsgruppe gehörten u. a. Dagmar Petersen, Elisabeth Pungs (die beide überlebten), Emmerich Schaper, Wolfgang Pander (*Berlin 12.4.1917) und Bernhard Sikorski (*Berlin 5.5.1921). Die Gruppe verfaßte Flugblätter und Aufkleber gegen den Krieg und ein illegales Blatt »Das freie Wort«. Der Bäckergeselle Günther wurde am 29.7.1941 verhaftet und vom 2. Senat des Volksgerichtshofs unter Vorsitz von Volksgerichtsrat Hartmann im Oktober 1942 wegen »Vorbereitung zum Hochverrat, von Günther begangen in Tateinheit mit landesverräterischer Feindbegünstigung, zum Tode und zum dauernden Verlust der bürgerlichen Ehrenrechte verurteilt.« (Tsp., 15.7.84). Am 3.12.1942 starben mit ihm Wolfgang Pander und Bernhard Sikorski durch die Hand des Henkers in Plötzensee. Für Hanno Günther existiert ein gemeinsames Grab mit seiner 1952 gestorbenen Mutter auf dem Südwestfriedhof der Berliner Stadtsynode, Stahnsdorf, Rudolf-Breitscheid-Platz, Urnenhain III, Feld 10, Wahlstelle 89. Enthüllung der Berliner Gedenktafel am 3.12.1989.

**Sigfrid HAMMERSCHLAG**
*Magdeburg 16.1.1871 –
†Meschhed/Iran 16.5.1948
**Mariendorfer Weg 28–38 (Krankenhaus Neukölln, Frauenklinik)**

Inschrift: *Hier lebte und praktizierte / Sigfrid Hammerschlag / 16.1.1871–16.5.1948 / Professor für Geburtshilfe und Gynäkologie. / Von 1910 bis 1933 Direktor / der Brandenburgischen Frauenklinik und / Hebammenlehranstalt Berlin-Neukölln. / Wegen seiner jüdischen Herkunft / 1933 aus dem öffentlichen Dienst entlassen, / emigrierte 1934 nach Persien.*

Die Berliner Gedenktafel befindet sich in der Eingangshalle des Westflügels. Enthüllung am 16.1.1993. (s. a. Krankenhaus Neukölln)

**ARVID HARNACK**
*Darmstadt 24.5.1901 –
†Berlin-Plötzensee 22.12.1942
**Mildred HARNACK**
*Milwaukee/Wisconsin /USA 16.9.1902 –
†Berlin-Plötzensee 16.2.1943
**Hasenheide 61**

Inschrift: *Arvid und Mildred / Harnack / 24.5.1901 – 16.9.1902 / 22.12.1942 – 16.2.1943 / ermordet in Plötzensee* darunter die Reliefporträts beider Geehrter, dann: *In ihrer Wohnung im vierten Stock / dieses Hauses organisierte das Ehepaar / Harnack 1933/34 antifaschistische / Schulungskurse und politische / Gesprächskreise. / Dies war der Beginn des vielfältigen / Widerstandskampfes der Harnack/ / Schulze-Boysen-Organisation gegen / Nazi-Diktatur und Krieg, für ein / humanistisches Deutschland. / Über 130 Mitglieder dieser von der / Gestapo „Rote Kapelle" genannten / Gruppe wurden von*

*Sommer 1942 an / verhaftet, 49 von ihnen hingerichtet, / drei weitere in den Tod getrieben.*

Am 16. Februar 1990 wurde die von Volkmar Oellermann geschaffene Bronzetafel aus dem Kreuzberger Antifaschistischen Gedenktafelprogramm enthüllt. Anwesend waren der Bruder Arvid Harnacks, Falk Harnack, und Neuköllns Bürgermeister Frank Bielka. Eine Stunde zuvor bereits würdigten in einem nahegelegenen Café in der Lilienthalstraße 2 Kreuzbergs Bürgermeister Günter König, der Historiker Johannes Tuchel (Gedenkstätte Deutscher Widerstand) und als Zeitzeuge und ehemaliger Zimmernachbar des Ehepaares der Schriftsteller Stefan Heym die Widerstandskämpfer. Auf dem Städtischen Friedhof Zehlendorf, Onkel-Tom-Straße 30, befindet sich für beide eine symbolische Grabstätte (Abt. 22 [jetzt Feld 015] U 400a). Der Stein trägt die Inschrift: *In memoriam / Arvid Harnack / Dr. jur. Dr. phil. / 1901–1942 / Mildred Harnack / geb. Fish / Dr. phil. M.A. / 1902–1943*

Unmittelbar dahinter, über einen Weg hinweg, ist der 1991 gestorbene Falk Harnack beigesetzt.

**Benno HELLER**
*29.9.1894 – †Anfang 1945
**Irmgard HELLER**
*30.1.1895 – †Leipzig 15.9.1943
**Sonnenallee 13 Ecke Hobrechtstraße**

Inschrift: *Hier befand sich die Wohnung / und die Praxis des Frauenarztes / Dr. Benno Heller / (29.9.1894–Anfang 1945) / und seiner Frau und Mitarbeiterin / Irmgard Heller geborene / Strecker (30.1.1895–15.9.1943). / Dieses Ehepaar leistete Widerstand / gegen das nationalsozialistische / Regime. Ihre politische Gesinnung / und Menschlichkeit erlaubten / ihnen nicht, der Vertreibung und / Vernichtung zuzusehen. / Sie versuchten alles, das Leben / jüdischer Menschen zu bewahren. / Sich selbst konnten sie nicht retten.*

Die Tafel sollte ursprünglich am 100. Geburtstag Benno Hellers enthüllt werden, jedoch verweigerte der Hauseigentümer eine Anbringung. So gedachte man des Ehepaares auf einer Veranstaltung im Heimatmuseum Neukölln. Hellers halfen von der Deportation bedrohten Berliner Juden, indem sie ihnen Unterschlupf verschafften. Benno Heller wurde kurz nach der sogenannten Fabrikaktion vom 27.2.1943 nach Auschwitz deportiert, kam im Sommer 1944 nach Sachsenhausen und starb vermutlich auf dem Marsch nach Ravensbrück Ende Februar 1945. Seine »arische« Frau starb in Leipzig, wohin sie nach der Verschleppung ihres Mannes zog. Die Metalltafel befindet sich jetzt in einem Stahlrohrrahmen neben einer Linde vor dem Haus. Rechts neben der weißen Inschrift ist in Ätztechnik ein Foto des Ehepaares wiedergegeben. Enthüllung am 27.9.1996 durch Bildungs- und Kulturstadtrat Michael Wendt.

**Fritz HOFFMANN**
*Rixdorf 5.7.1898 – †Berlin 11.1.1976
**Onkel-Bräsig-Straße 76–78 (in Höhe der Einmündung der Straße Hüsing; Fritz-Karsen-[Gesamt]schule, Britz)**

Inschrift: *Hier wirkte von 1948 bis 1964 / der Schulreformer / Fritz Hoffmann / 5.7.1898–11.1.1976 / Gründer und Gestalter dieser Schule / als Einheitsschule nach dem / „Gesetz für Schulreform" von 1948*

Die Bronzetafel befindet sich an der linken Gebäudeecke neben der Treppe zur Terrasse.

**IDEAL-PASSAGE**
**Fuldastraße 55/56 (zwischen Sonnenallee und Donaustraße)**

Inschrift: *Die / Ideal-Passage / – Modell sozialen Wohnens – / wurde im wesentlichen / von den Architekten / Paul Kind (24.7.1881–6.6.1945) / und / Willi Kind (14.1.1877–Januar 1946) / erdacht und gebaut*

Die Anlage der Wohnungsbaugenossenschaft »Ideal« entstand 1907/08 in Abkehrung von den bis dahin üblichen Mietskasernen. Berliner Gedenktafel. □

**Friedrich Ludwig JAHN**
*Lanz/Priegnitz 11.8.1778 –
†Freyburg/Unstrut 15.10.1852
**Hasenheide (etwa gegenüber Nr. 17, fast auf der Hanghöhe)**

Unterhalb des Jahn-Denkmals erläutert eine mehrfach gegliederte Tafel, die auch die Titelseite von Jahns Buch »Die deutsche Turnkunst« und eine Abbildung des Turnplatzes aus dem Jahr 1818 zeigt, auf der linken Seite: *Berlin / ist für die Turn- und Sportbewegung / historischer Boden. / Am 19. Juni 1811 hat / Dr. h.c. Friedrich Ludwig Jahn, / Lehrer am Gymnasium zum Grauen Kloster, / hier den ersten öffentlichen Turnplatz / eröffnet. / Von 1862 bis 1872 sammelten Turner / im In- und Ausland 12000 Taler für das / vom Bildhauer Erdmann Enke geschaffene / Denkmal. Es wurde am 11. August 1872 / eingeweiht und im Jahre 1936 an diese / Stelle umgesetzt.*
Auf der rechten Seite steht: *Friedrich Ludwig Jahn, geboren / am 11. August 1778 in Lanz/Priegnitz, / gestorben am 15. Oktober 1852 in Freyburg / an der Unstrut, Schöpfer der deutschen / Turnbewegung, Freiheitskämpfer, / Sprachforscher, Abgeordneter / der Deutschen Nationalversammlung, wird / in aller Welt als »Turnvater« verehrt. / Bezirksamt Neukölln / Deutscher Turnerbund / Berliner Turnerbund / anläßlich des 200. Geburtstages / im Jahre 1978.*

In die Umfassungsmauer des Jahn-Denkmals waren ursprünglich 139 von deutschen Turnvereinen des In- und Auslandes gestiftete Steine eingelassen, davon trugen 112 Inschriften. Nach dem Zweiten Weltkrieg sind Metallteile gestohlen worden.

**Friedrich Ludwig JAHN**
**Karlsgartenstraße Ecke Fontanestraße (Zugang zum Volkspark Hasenheide an der Jahn-Eiche)**

Inschrift der Holztafel: *Hier stehst du / an der Geburtsstätte / des deutschen Turnens / Turnvater Jahn richtete 1811 / an dieser Stelle der Hasenheide / den ersten deutschen Turnplatz ein*

**Curt KAISER**
* 26.1.1865 – †Berlin 25.4.1940
**Sonnenallee 124 Ecke Innstraße**

Inschrift: *Hier lebte / Curt Kaiser / 26.1.1865 – 25.4.1940 / Letzter Oberbürgermeister von Rixdorf/Neukölln / (1908–1919) / 1915 wurde ihm die Medaille der Stadt Neukölln / verliehen / 1919 übernahm er die Leitung der städtischen / Besitzungen in Börnsdorf*

Beigesetzt wurde seine Urne in Bruckberg/Mittelfranken (zwischen Ansbach und Heilsbronn). Enthüllung der Berliner Gedenktafel am 25.4. 1990, Kaisers 50. Todestag.

**Heinz KAPELLE**
*Berlin 17.9.1913 –
†Berlin-Plötzensee 1.7.1941
**Weserstraße 168**

Inschrift: *Hier lebte / Heinz Kapelle / 17.9.1913–1.7.1941 / Anführer einer kommunistischen Widerstandsgruppe / gegen das nationalsozialistische Regime. / Am 20. Februar 1940 zum Tode verurteilt und in / Berlin-Plötzensee hingerichtet.*

Der Buchdrucker Kapelle stellte in einer Buchdruckerei am Prenzlauer Berg (A. Zeh, Schönhauser Allee 9) Flugblätter gegen den Krieg her und verteilte sie zusammen mit Gesinnungsgenossen an vielen Orten und in Betrieben der Stadt. Die Gestapo fand eine Spur erst, als sie die Drucktypen aller Berliner Druckereien überprüfte. Am 15.10.1939 wurde er verhaftet, bei den Verhören brutal mißhandelt, schließlich vom Volksgerichtshof zum Tode verurteilt. Die Tafel wurde im Rahmen des Berliner Gedenktafelprogramms zum 79. Geburtstag Kapelles (17.9.1992) erneuert.

Die Inschrift der Vorgängertafel lautete: *Heinz Kapelle / geb. 17.9.1913 / hingerichtet / 1.7.1941 / Sein Kampf ist uns / stets Verpflichtung*

Begraben ist Kapelle auf dem Parkfriedhof Tempelhof, Gottlieb-Dunkel-Straße 26–27, Abt. 37/752.

**Fritz KARSEN**
*Breslau 11.11.1885 –
†Guayaquil/Ecuador 25.8.1951
**Sonnenallee 79 (Nähe Elbestraße)**

Inschrift: *Hier lehrte von 1921–1933 / der bedeutende Reformpädagoge / Fritz Karsen / Zum Gedenken der durch / nationalsozialistische Gewaltherrschaft / verfolgten Pädagogen.*

Die Karl-Marx-Schule (heute Ernst-Abbe-Schule), deren Direktor Karsen war, war eine der bedeutendsten Reformschulen der Weimarer Republik. Karsen wurde bereits im Februar 1933 von den Nationalsozialisten aus dem Schuldienst entfernt. Noch in der Nacht des Reichstagsbrandes flüchtete er mit seiner Familie nach Paris. 1936 ging er nach Bogotá, von dort 1938 nach New York. Von 1946 bis 1948 war er Beauftragter der US-Regierung für das Hochschulwesen in Berlin, kehrte dann nach New York zurück. Er starb, als er im Auftrag der Unesco in Ecuador war. Die Bronzetafel wurde 1989 enthüllt.

**KRANKENHAUS NEUKÖLLN**
**(Frauenklinik)**
**Mariendorfer Weg 28–38**

Über dem Portal des Nordflügels steht in einem steinernen Oval: *S. M. / Wilhelm II., / Deutscher Kaiser / König von Preußen, / zur Feier des 25. Jahres seiner / Regierung / 1913.*
Über dem Eingang des Westflügels steht: *Erbaut / während des grossen Krieges / 1914–1917.*
In der Eingangshalle des Westflügels erinnert eine Tafel an Sigfrid Hammerschlag (s. d.) und eine ältere an den Bau des Hauses: *In den Jahren / 1914–1917, / als Herr Joachim / von*

*Winterfeldt-Menkin / Landesdirektor d. Prov. Brandenburg war, / nach dem gemeinsam mit dem / Geh Med.-R. Dr. med. Barnick Frankfurt a/O. / aufgestellten Bauprogramm / entworfen und erbaut vom / Landesbaurat d. Prov. Brandenburg / Geh. Bau-R. Prof. Theod. Goecke. / Der ärztliche Berater beim Bau / war der derzeitige Direktor der Anstalt, / San. R. Prof. Dr. med. Hammerschlag, / der örtliche Bauleiter der / Architekt Karl Oettinger.*

**Franz KÜNSTLER**
*Berlin 13.5.1888 – †Berlin 10.9.1942
**Elsenstraße 52 (unweit Harzer Straße)**

Inschrift: *Hier lebte / Franz Künstler / 13.5.1888–10.9.1942 / Von 1924 bis 1933 Vorsitzender des / SPD-Bezirks Groß-Berlin / Als Widerstandskämpfer von den National-/ sozialisten inhaftiert, / verstarb er 1942 an den Folgen der Haft*

Künstler, der von 1920-1933 auch dem Deutschen Reichstag angehörte, hatte hier von 1933 bis 1942 seine Wohnung. Er wurde im KZ Oranienburg inhaftiert, von dort 1934 schwer herzkrank entlassen. Er suchte bald danach wieder Kontakte zu Gesinnungsgenossen und »galt als Hauptorganisator der ›Sängerfeste‹ (= als solche getarnte Treffen von Berliner Sozialdemokraten) in der ›Neuen Welt‹«. (Sandvoß, Neukölln, S. 50) Bald nach Beginn des Zweiten Weltkriegs wurde er zu schwerer körperlicher Arbeit herangezogen. »Als dienstverpflichteter Arbeiter mußte Franz Künstler Zweizentnersäcke schleppen. Diese Schwerstarbeit ging über seine Kräfte. Am 10. September 1942 erlag er in der Straßenbahn Urban-/Ecke Blücherstraße einem Herzschlag.« (Bericht der Freundin des Ehepaares Künstler, Dora Lösche, zit. nach Sandvoß) Eine symbolische Grabstätte befindet sich in der Gedenkstätte der Sozialisten, Zentralfriedhof Friedrichsfelde, Gudrunstraße. Sein Grab ist auf dem Friedhof Treptow (Baumschulenweg), Kiefholzstraße, wo sie nach der Wende im alten Teil, Feld F, wiederentdeckt wurde (Vorwärts, Juli 1992, S. 28). Zur Beisetzung erschienen 1942 nach unterschiedlichen Schätzungen zwischen 1000 und 3000 Teilnehmer. Enthüllung der Berliner Gedenktafel am 51. Todestag durch den stellvertretenden Bezirksbürgermeister Heinz Buschkowsky, Volksbildungsstadtrat Wolfgang Schimmang und den SPD-Landesvorsitzenden Dr. Ditmar Staffelt.

**Kurt LÖWENSTEIN**
*Bleckede/Elbe 18.5.1885 – †Paris 8.5.1939
**Geygerstraße 3**

Inschrift: *Dr. Kurt Löwenstein / 1885–1939 / Der bekannte Pädagoge / Reichstagsabgeordnete / und Stadtrat lebte hier / von 1921–1933 / Förderungsaktion der Spielbank Berlin*

Der Sozialdemokrat Löwenstein war, zusammen mit Fritz Karsen, einer der bedeutendsten Reformpädagogen und Schulreformer der Weimarer Republik. Er war Mitbegründer und Reichsvorsitzender der Bewegung der »Kinderfreunde«. Den Nazis war er so verhaßt, daß zwei uniformierte SA-Leute ihn noch in der Nacht des Reichstagsbrandes (am 28.2.1933 gegen 3.15 Uhr) in seiner im vierten Stock gelegenen Wohnung überfielen, zehn Schüsse in das Schlafzimmer abfeuerten und das Arbeitszimmer verwüsteten. Löwenstein flüchtete noch am selben Tag aus Deutschland und ging nach Paris ins Exil. Beigesetzt wurde er auf dem Pariser Friedhof Père-Lachaise.

**LUFTBRÜCKENFLUGZEUG (»ROSINENBOMBER«)**
**Columbiadamm (Flughafen Tempelhof; östlich gegenüber der Einmündung Lilienthalstraße)**

Vor dem Flugzeug erklärt eine Tafel auf Englisch und Deutsch: *Berlin Airlift Veteran / For 462 days during 1948 and 1949 the city of Berlin / was kept alive by an air bridge of allied aircraft / bringing food and other essentials from the west. / This C–54 „Skymaster“ actually flew during the airlift. / It was last flown into the city in 1971 / by Col. Gail Halvorsen, the „candy pilot“. The airlift, / called operation vittles by the Americans, / was the result of a Soviet blockade of all land, / rail and water routes into the city. Seventy-five men lost their lives / in service of the airlift.*

*Berliner Luftbrücken Veteran / Die Stadt Berlin wurde 1948–1949 durch eine / Luftbrücke der Alliierten 462 Tage lang, / mit allen lebenswichtigen Gütern versorgt. / Diese C–54 „Skymaster“ war während der / Luftbrücke im Einsatz und wurde 1971 von / Oberst Gail Halvorsen, dem „Rosinenbomber Piloten“, / als Erinnerung an dieses Ereignis, nach Berlin / eingeflogen. Die Luftbrücke war die Antwort auf / die Blockade aller Zufahrtswege durch die Russen. / 75 Männer verloren ihr Leben / im Dienste der Luftbrücke.*

**MAUERFALL – 9. NOVEMBER 1989**
**Sonnenallee (Brücke über den Heidekampgraben, am ehemaligen Grenzübergang)**

Inschrift: *9. November 1989 / Maueröffnung / Berlin Treptow / Neukoelln*

Eisenplatte im Kleinmosaikpflaster des Bürgersteigs auf der Westseite der Sonnenallee mit einer Inschrift zwischen reliefierten stangenartigen Verstrebungen. Enthüllung der Tafel der beiden Treptower Künstler R. Röhl und Jan Skuin durch die Bezirksbürgermeister Michael Brückner (Treptow) und Hans-Dieter Mey (Neukölln) am 20.3.1993. Warum »Maueröffnung« mit, »Neukoelln« jedoch ohne Umlaut geschrieben ist, bleibt unerklärte künstlerische Freiheit.

**Will MEISEL**
* Berlin 17.9.1897 –
† Müllheim/Baden 29.4.1967
**Jonasstraße 22**

Inschrift: *Hier lebte / Will Meisel / 17.9.1897–29.4.1967 / Komponist und Verleger / zahlreicher Operetten und Tonfilmmelodien / »Berlin bleibt doch Berlin«*

Enthüllung der Berliner Gedenktafel am 13.6. 1990.

**Erich MÜHSAM**
*Berlin 6.4.1878 – †Oranienburg 10.7.1934
**Dörchläuchtingstraße 48**

Inschrift des Gedenksteins vor dem Haus: *Erich Mühsam / Dichter für Freiheit / und Menschlichkeit / Von SS im KZ 1934 / ermordet / Wir vergessen dich nie!*

Hier lebte Mühsam 1928–1930. Der Schriftsteller und menschenliebende Anarchist wurde von seinen Zeitgenossen als herzensguter Mensch geschildert. Wegen seiner Teilnahme an der Münchener Räterepublik 1919 wurde er zu mehreren Jahren Haft verurteilt. Die Nazis inhaftierten ihn im KZ Oranienburg und ermordeten ihn dort. Die Beisetzung auf dem Waldfriedhof Dahlem, Hüttenweg, erfolgte am 16.7.1934 im Beisein nur weniger mutiger Freunde. Seine Grabstätte (Abt. 2 A 144) wurde erhalten und gepflegt, ohne Ehrengrab des Landes Berlin zu sein. Das wurde sie erst Anfang der neunziger Jahre.

**Helene NATHAN**
*Oels/Schlesien 23.8.1885 –
†Berlin 23.10.1940
**Ganghoferstraße 3 (Heimatmuseum, ehem. Städt. Volksbücherei)**

Inschrift: *Hier wirkte / Helene Nathan / 23.8.1885–23.10.1940 / Leiterin der Städtischen Volksbücherei / Neukölln (1921–1933) / 1933 als Jüdin aus dem öffentlichen Dienst / entlassen, nahm sie sich 1940 das Leben*

Dr. Helene Nathan, die die Städtische Volksbücherei Neukölln seit dem 1.7.1921 leitete, wurde von den Nazis bereits im März 1933 aus ihrem Beruf vertrieben. Sie »nahm sich 1940 verzweifelt das Leben«. Ihre Wohnung war am Truseweg 12 (an der Werrastraße). Enthüllung der Berliner Gedenktafel am 6.11.1991. Die Tafel ist im Atrium des Heimatmuseums angebracht.

**OPFER DES NATIONALSOZIALISMUS**
**Sonnenallee 181–189**

Inschrift: *Auf diesem Gelände errichtete / die Firma »Nationale Krupp Registrierkassen GmbH« / für die Rüstung der Nationalsozialisten / 1942 ein Zwangsarbeitslager. / Mehrere hundert Frauen waren hier eingeschlossen. / Von 1944–1945 befanden sich über / 500 jüdische Frauen aus Polen in diesem Lager. / In diesen Jahren war hier eine Aussenstelle / des Konzentrationslagers Sachsenhausen.*

Es handelt sich nicht um eine Gedenktafel im herkömmlichen Sinn. Vielmehr wird der Text in den Abendstunden von einem Projektor für 40 Sekunden auf den Bürgersteig projiziert, sobald ein Passant eine Lichtschranke passiert. Der Gedenkort wurde nach einem Entwurf von Wolfgang Radermacher gestaltet und am 16.5.1994 eingeweiht.

**OPFER VON KRIEG UND GEWALTHERRSCHAFT**
**Onkel-Bräsig-Straße Ecke Blaschkoallee**

Inschrift: *– Zur Mahnung – / Den Opfern der Kriege / und jeglicher / Gewaltherrschaft*

Die Inschrift befindet sich auf einem über zwei Meter hohen Findling in einer kleinen Gedenkanlage oberhalb des Fennpfuhls.

**Carl POHLE**
*Rixdorf 8.12.1889 – †Brandenburg 5.6.1944
**Kranoldstraße 16/17 (Philipp-Melanchthon-Gemeinde)**

Inschrift der Marmortafel in der Kirche: *Zum Gedenken an / Carl Pohle / Schuhmacher / Vorsitzender der / „Bekennenden Kirche" / in unserer Gemeinde / geb. am 8.12.1889 in Berlin / hingerichtet 5.6.1944 im / Zuchthaus Brandenburg*

Pohle, deutschnational, aber völlig anti-nationalsozialistisch eingestellt, organisierte an seiner Gemeinde schon 1934 die »Bekennende Kirche« und hielt den Kontakt zu deren Zentrum in Dahlem. Bei einer Familienfeier am 19.2.1943 sprach er offen seine Ansichten aus, wurde später denunziert und am 17.4.1944 vom Volksgerichtshof zum Tode verurteilt, weil er »im 4. Kriegsjahr in übelster Weise defaististisch gehetzt und den Führer maßlos beschimpft« habe.

Die Philipp-Melanchthon-Gemeinde hatte schon in der Weimarer Republik einen Pfarrer, der »religiöser Sozialist« war. Im »Dritten Reich« war Pfarrer Arthur Rackwitz (*Landsberg/Warthe 4.8.1895 – †Berlin 16.8.1980), seit 1926 SPD-Mitglied, in dieser Tradition aktiv. Allerdings waren durchaus nicht alle Gemeindemitglieder anti-nazistisch. Die Kirche wurde zwangsweise bis zu ihrer Zerstörung durch Fliegerbomben im Zweiten Weltkrieg als Möbellager für Ausgebombte genutzt. An den Wiederaufbau erinnert im Eingangsbereich eine Tafel unter einer Statue von Philipp Melanchthon: *Die Erneuerung / der / Philipp Melanchthon Kirche / nach dem 2. Weltkrieg / erfolgte in den Jahren / 1948–1952*

**RIXDORFER SCHULZENGERICHT**
**Richardplatz 1**

Inschrift: *Hier stand bis 1878 das / Rixdorfer Schulzengericht / die Keimzelle Rixdorfs / – später Neukölln – / als politische Gemeinde*

Berliner Gedenktafel. □

**RÜTLI-SCHULE**
**Rütlistraße 41/45**

Inschrift: *Dem Gedenken der durch / nationalsozialistische / Gewaltherrschaft umgekom-/menen ehemaligen Schüler / der Rütli-Oberschule.*

Die Rütli-Schule war neben der Karl-Marx-Schule die reformfreudigste in Neukölln während der Weimarer Republik. Mehrere ehemalige Schüler (Rütli-Gruppe, s. a. Hans [Hanno] Günther) waren im Widerstand gegen den Nationalsozialismus aktiv und wurden dafür hingerichtet.

**Karl SCHRÖDER**
*Polzin/Pommern 13.11.1884 – †Berlin 6.4.1950
**Fuldastraße 37 Ecke Ossastraße**

Inschrift: *Hier lebte / Karl Schröder / 13.11.1884–6.4.1950 / Politischer Schriftsteller und Leiter des / »Bücherkreises« · 1945 Direktor am Pädagogischen / Institut der Stadt Berlin, von 1945 bis 1949 / Direktor der Volkshochschule Neukölln*

Der Sozialdemokrat Dr. Schröder war vor 1933 Leiter der Buchgemeinschaft »Bücherkreis«, schrieb auch selbst (»Klasse im Kampf«, Roman, 1932). Er wurde 1936 zu vier Jahren KZ verurteilt, das er schwerkrank überlebte. Berliner Gedenktafel. Eine erste Tafel, schon in der Art der »Berliner Gedenktafel«, aus Papier mit vorgesetzter Plastikscheibe (Enthüllung am 13.11.1992 durch Bezirksbürgermeister Hans-Dieter Mey und Volksbildungsstadtrat Wolfgang Schimmang) trug die Inschrift: *Hier lebte / Karl Schröder / 13.11.1884– 6.4.1950 / 1945 Direktor des Pädagogischen / Instituts der Stadt Berlin, / von 1945 bis 1949 Direktor der / Volkshochschule Neukölln*

**Werner SEELENBINDER**
**Thomasstraße 39 (Konrad-Agahd-Schule)**

Inschrift: *Hier trainierte / Werner Seelenbinder / 2.8.1904–24.10.1944 / Arbeitersportler von internationalem Ruf, / Olympiateilnehmer 1936. / Mitglied in der kommunistischen Widerstands-/gruppe Uhrig, 1942 verhaftet und / im Zuchthaus Brandenburg hingerichtet.*

Die Sporthalle wird heute noch von Seelenbinders Verein SC Berolina 03 e.V. als Trainingsstätte genutzt (Berliner Zeitung, 24.10.1992). Die Enthüllung der Berliner Gedenktafel fand am 48. Todestag Seelenbinders, am 24.10.1992, statt.

Werner Seelenbinder, stehend in der Mitte

Die Urne mit der Asche Seelenbinders wurde am heutigen Sportstadion Neukölln an der Oderstraße beigesetzt (die Sportanlage wurde kurz nach dem Krieg auch Werner-Seelenbinder-Kampfbahn genannt). Rechts am Zugangsweg zeigt ein Hinweisschild zur »Gedenkstätte Werner Seelenbinder«, die sich in den Grünanlagen befindet. Die Inschrift des Steins auf dem Grab lautet: *Dem Gedenken / der deutschen Sportler / die im Kampf gegen / Krieg und Faschismus / ihr Leben liessen / Werner Seelenbinder / geboren 2.8.1904 / sechsfacher deutscher / Meister und Olympia/kämpfer / hingerichtet 24.10.1944*

**Heinrich STAHL**
*Rudow 13.4.1868 – †Theresienstadt 4.11.1942
**Alt-Rudow 43**

Inschrift: *Hier stand das Geburtshaus von / Heinrich Stahl / 13.4.1886 [!] – 4.11.1942 / Vorsitzender der Jüdischen Gemeinde / zu Berlin von 1933 bis 1942 / Er kämpfte um das Überleben der Gemeinde / und ihrer Mitglieder / Bald nach seiner am 12. Juni 1942 erfolgten / Deportation starb er im KZ Theresienstadt*

Stahl war – abweichend vom Tafeltext – von 1933 bis 1940 Vorsitzender der Jüdischen Gemeinde zu Berlin. Auch wurde er im Nachbarhaus (Nr. 41) geboren. Deren Besitzer verweigerten die Anbringung der Tafel gegenüber dem Kunstamt, weil sie »Anlaß für antisemitische Anschläge auf das Haus und die dortige Bäckerei geben« könnte (Tsp., 21.4.93). Da das Haus, an dem die Tafel angebracht wurde, im Herbst 1993 abgerissen und durch einen Neubau ersetzt werden sollte, wurde die Berliner Gedenktafel vorher wieder entfernt. Volksbildungsstadtrat Wolfgang Schimmang sagte in einem Interview (Berliner Zeitung, 24.4.1993) die spätere Anbringung einer neuen, korrekten Tafel mit dem Hinweis auf das Nachbarhaus als Geburtshaus zu. Enthüllung durch Bezirksbürgermeister Hans-Dieter Mey am 22.4.1993.

**SYNAGOGE**
**Isarstraße 8 Ecke Neckarstraße**

Inschrift: *Auf dem Hinterhof befand sich die Synagoge / (erbaut 1907) des 1896 gegründeten / »Israelitischen Brüder-Vereins zu Rixdorf e.V.«, / die während des Pogroms gegen die / jüdische Bevölkerung am 9.11.1938 zerstört wurde. / Georg Kantorowsky / 24.8.1883–30.8.1972 / von 1917 bis 1938 Rabbiner in Neukölln. / Emigrierte 1940 nach Shanghai und verstarb / in San Francisco.*

Rabbiner Kantorowsky (*Loslau/Oberschlesien 24.8.1883 – †Oakland/Kalifornien/USA 30.8. 1972) verließ Berlin am 22.10.1940 mit Frau und Tochter per Eisenbahn. Sein Sohn Hans war zu diesem Zeitpunkt inhaftiert. Es gelang nicht, ihn für die Fahrt freizubekommen. Am 19.4.1943 wurde er aus Berlin nach Auschwitz deportiert. Dort kam er am 2.9.1943 ums Leben. Beigesetzt wurde Dr. Kantorowsky auf dem Eternal Home Cemetary (Colma/Kalifornien/ USA) Enthüllung der Berliner Gedenktafel am 9.11.1988.

**Bruno TAUT**
**Fritz-Reuter-Allee (Hof der Hufeisensiedlung)**

Inschrift der auf einem Stein befestigten Bronzetafel: *Zur Erinnerung an den / Architekten / Bruno Taut / 1880 – 1938 / der mit Martin Wagner / die Hufeisensiedlung der Gehag plante. / Mai 1980*

**TÜRKISCHER FRIEDHOF (TÜRK ŞEHITLIĞI)**
**Columbiadamm 128**

Im Eingangsbereich des Friedhofs erläutert eine Tafel auf türkisch und deutsch: *Türk Şehitliği / Berlin'de ikinci Türk mezarlığı olarak 1866 yılında Sultan / Abdül Aziz zamanında kurulmuştur 1798'de tesis olunan ilk / Türk kabristanındaki mevtâlar buraya taşınmışlardır. / Mezarları nakledilen, Prusya'da Osmanlı sefiri iken 29 Ekim 1798'de / vefat eden devlet adamı, şair ve tasavvuf eri Giritli Ali Aziz / Efendi ile diğer dört merhum adına 1867 yılında kurulan abide / 1988'de Berlin Senatosu tarafindan Diyanet Işleri Türk-Islâm / Birliğinin işbirliği ile tamir edilmiştir. / 1920/21 yıllarında şehilliğin ihyasında Osmanlı Büyükelçiliği / eski imamı Hafiz Şükrü Efendi'nin büyük emiği geçmiştir. / Caminin yapımı ve şehitliğin bugünkü durumu Berlin'de çalışan / Türk işçisinin eseridir. / Der türkische Friedhof / wurde als zweite türkische Begräbnisstätte Berlin's [!] 1866 / zur Regierungszeit des Sultans Abdül Aziz eingeweiht.*

*Die / auf dem 1798 eingerichteten ersten Türkenfriedhof bestattet / gewesenen Toten wurden hierher überführt. / Das im Jahre 1867 für den Staatsmann, Dichter und Mystiker / Ali Aziz Efendi aus Kreta, verstorben am 29. Oktober 1798 / als osmanischer Botschafter in Preußen, und die zusammen / mit ihm hierher überführten weiteren vier Verstorbenen / errichtete Monument ist im Jahre 1988 durch den Senat / von Berlin in Zusammenarbeit mit der Türkisch-Islamischen Union / der Anstalt für Religion restauriert worden. / Um die Erneuerung des Friedhofes hat sich 1920/21 der ehem. / Imam der osmanischen Botschaft, Hafiz Şükrü Efendi, verdient / gemacht. / Die Moschee und die heutige Gestalt des Friedhofes ist / das Werk der türkischen Arbeitnehmerschaft Berlin's. [!]*

Der erste türkische Friedhof befand sich an der Blücherstraße auf dem Areal der Carl-von-Ossietzky-Schule. Er mußte dem Bau der Kaserne für das Kaiser-Franz-Gardegrenadierregiment weichen.

**Max VALIER**
*Bozen 9.2.1895 – †Berlin 17.5.1930
**Gradestraße 107 (Britz; Linde KG)**

Inschrift: *Hier wirkte / Max Valier / 9.2.1895–17.5.1930 / Pionier der Raketenantriebstechnik / Er experimentierte zusammen mit Fritz von Opel / beim Bau von Raketenautos.*

Der österreichische Raumfahrtpionier (Raketentechniker) und Schriftsteller Max Valier kam hier, auf dem früheren Gelände der Gesellschaft für Industriegas-Verwertung (Heylandt-Gelände), bei einem »Experiment für seinen Flüssigkeits-Raketenmotor« durch einen Splitter, von dem er getroffen wurde, ums Leben. Beigesetzt wurde er in München. Die Berliner Gedenktafel befindet sich links neben dem Werkstor. Sie wurde am 17.5.1993, Valiers 63. Todestag, enthüllt. Wegen einer falschen Angabe des Geburtsjahres (1885) und zur Überarbeitung wurde sie anschließend erneut zur KPM gegeben.

**Heinrich VOGELER**
*Bremen 12.12.1872 – †Kolchos Budjonny bei Kornejewka/Kasachische SSR/UdSSR [heute Chorochevskoje/Kasachstan] 14.6.1942
**Onkel-Bräsig-Straße 138**

Inschrift: *Hier wohnte von 1927 bis 1931 / Heinrich Vogeler (12.12.1872–14.6.1942) / Der Maler, Grafiker und Designer / zog aus der Künstlerkolonie / Worpswede nach Berlin, um aktiv / als Künstler in die politischen Auseinandersetzungen der Weimarer / Zeit einzugreifen. Zu einem Arbeits-/aufenthalt in Moskau weilend, verbot / die Machtergreifung der National-/sozialisten seine Rückkehr nach / Deutschland. Aus dem Exil heraus / hatte er am antifaschistischen / Widerstand teil. Nach Kasachstan / evakuiert, starb er 1942.*

Vogeler lebte von 1894–1924 in Worpswede. Er war einer der besten Buchillustratoren seiner Zeit. »Aber Vogeler konnte mehr als das. Er entwarf Möbel und schuf das Design für Porzellan, Gläser, Bestecke, Schmuck; er gestaltete

zwischen 1903 und 1905 die Güldenkammer des Bremer Rathauses bis in die Prägung der Ledertapeten hinein.« (Eckart Klessmann) Der Kriegsfreiwillige von 1914 wandelte sich zum Kommunisten, begann nach dem Ersten Weltkrieg ein Kommuneexperiment auf seinem Barkenhoff. Ab 1923 – dem Jahr, in dem er der KPD beitrat – bereiste er mehrfach die Sowjetunion. Von 1931 an lebte und arbeitete er dauerhaft in Moskau. Als sich nach dem deutschen Überfall auf die Sowjetunion die Front Moskau näherte, wurde er zwangsweise nach Kasachstan umgesiedelt, wo er einsam und im Elend starb. Die Metalltafel, die rechts ein Porträtfoto Vogelers zeigt, ist links neben der Haustür befestigt. Enthüllt wurde sie am 12.5.1995.

**Martin WEISE**
*Torgau 12.5.1903 –
†Berlin-Plötzensee 25.11.1943
**Jonasstraße 42**

Hier lebte der KPD-Bezirksverordnete (1929–1933) und Widerstandskämpfer. Nach fünfjähriger Zuchthaus- und KZ-Haft kam Weise 1939 frei, schloß sich wieder dem kommunistischen Widerstand an, wurde erneut verhaftet und zum Tode verurteilt. □

**WOHNUNGSBAU**
**Weichselstraße 24 Ecke Ossastraße**

Inschrift einer Steintafel über der Hofeinfahrt: *Erbaut im Jahre 1928 / durch die Gemeinnützige / Baugesellschaft Berlin-Ost / m.b.H. / Alleiniger Gesellschafter / Stadt Berlin. / Architekt: Bruno Taut.*

# TREPTOW

**8. MAI 1945**
**Platz der Befreiung (Adlergestell zwischen Abtstraße und Weerthstraße; Adlershof)**

Inschrift: *8. Mai 1945. Ruhm und Ehre den Helden der Sowjetunion.*

Die Stele von Günter Schmolke wurde 1975 aufgestellt.

**Melli BEESE, eigtl. Amelie Hedwig Beese-Boutard**
**Sterndamm 82 (zwischen Königsheideweg und Heubergerweg; Johannisthal)**

Inschrift: *In diesem Haus wohnte in den Jahren vor 1914 / Deutschlands erste Pilotin / Melli Beese-Boutard / 13.9.1886–21.12.1925 / Sie konstruierte, baute und flog ab 1911 Motorflugzeuge / auf dem Flugplatz in Johannisthal / Wegen ihrer Ehe mit einem französischen Piloten / wurde sie seit dem Ersten Weltkrieg verfemt / und beging später Selbstmord*

Die Tafel soll im Rahmen des Berliner Gedenktafelprogramms angebracht werden. □

**Emil von BEHRING**
*Hansdorf b. Deutsch-Eylau/Westpreußen 15.3.1854 – †Marburg/Lahn 31.3.1917
**Puschkinallee 8**

Inschrift auf dem Sockel der Kunststeinbüste (Ingrid Puhlemann, 1983): *Emil v. Behring, geb. 1854, gest. 1917. Begründer der Serumtherapie für Diphterie und Tetanus*

Hier wohnte der Mediziner und Nobelpreisträger (1901). Von Berlin, wo er an der Pépinière und an der Charité studiert und gearbeitet hatte, ging er 1893 erst an die Universität Halle und 1895 weiter nach Marburg. Dort gründete er sein Pharmazieunternehmen.

**Lotte BERGTEL**
*Berlin 4.7.1903 – †Berlin 26.2.1965
**Kiefholzstraße 179 (Stadtbücherei, Baumschulenweg)**

Inschrift: *Lotte / Bergtel / 1903–1965 / Bibliothekarin / Mitglied der / Widerstandsgruppe / Schulze-Boysen-Harnack*

Lotte Bergtel leistete Kurierdienste für die KPD, stellte ihre Wohnung als Treffpunkt und für politisch Verfolgte als Unterschlupf zur Verfügung. Sie wurde im Zweiten Weltkrieg verhaftet und zu acht Jahren Zuchthaus verurteilt. Die Tafel aus der Kunstschmiedewerkstatt Kühn (Altglienicke) wurde zum 70. Geburtstag Lotte Bergtels angebracht. Die Bücherei ist umgezogen in die Kiefholzstraße 274.

**Waleri Fjodorowitsch BYKOWSKI**
*Pawlowski Possad 2.8.1934
**Puschkinallee (Treptower Park, Hain der Kosmonauten)**

Inschrift auf dem Sockel unter der Bronzebüste: *Waleri F. Bykowski, Fliegerkosmonaut der UdSSR*

**Roman CHWALEK**
*Woinowitz/Oberschlesien 24.7.1898 –
†Berlin 27.11.1974
**Adlergestell 141 (S-Bahnausbesserungswerk Schöneweide [DDR: Reichsbahnausbesserungswerk ›Roman Chwalek‹])**

Inschrift: *Roman Chwalek 1898–1974. Leben und Kampf für die Arbeiterklasse.*

Die Bronzetafel von Ulrich Jörke (1986) zeigte szenische Darstellungen und ein Porträt des KPD-Reichstagsabgeordneten, Groß-Berliner FDGB-Vorsitzenden und späteren Ministers in der DDR. Ihr Verbleib konnte nicht ermittelt werden.

**Georgi DIMITROFF**
**Anna-Seghers-Straße 91 (Adlershof, früher Volkswohlstraße)**

Inschrift: *Hier wohnte / Georgi Dimitroff / geb. 18.6.1882 gest. 2.7.1949 / Seine kühne und entschlossene / Anklage gegen die Barbarei / des Hitlerfaschismus war / ein leuchtendes Beispiel / für alle antifaschistischen / Kämpfer*

Die Enthüllung der von der Kunstschmiedewerkstatt Kühn geschaffenen Metalltafel erfolgte 1972.

**Otto DUNKEL**
*Hindenburg b. Templin 9.4.1889 –
†Lübecker Bucht 3.5.1945
**Spreestraße 1**

Inschrift: *Hier wohnte der antifaschistische / Widerstandskämpfer / Otto Dunkel / geb. am 9. April 1889 / ermordet am 3. Mai 1945 / Ehre seinem Andenken*

Otto Dunkel, als Steinmetzlehrling der SPD beigetreten, schloß sich 1919 der KPD an. In ihr und ihren Organisationen war er aktiv, versuchte im »Dritten Reich« Verfolgten zu helfen, war auch als Kurier zu Widerstandsgruppen tätig, ab 1940 in Neubrandenburg. Nach der Verhaftung einer Anzahl Mitglieder seiner Gruppe im April 1942 übernahm er die Leitung und wurde bereits Ende Mai desselben Jahres verhaftet. Er kam zunächst in Neubrandenburg ins Gefängnis, später ins KZ Neuengamme. Bei der Evakuierung des Lagers vor den heranrückenden alliierten Truppen kam er mit vielen anderen am 3.5.1945 auf dem Schiff »Cap Arkona« in der Lübecker Bucht ums Leben, als dieser Gefangenentransporter versenkt wurde.

**Feliks DZIERZYŃSKI**
*Wilna 11.9.1877 – †Moskau 20.7.1926
**Rudower Straße 7–8 (3. Gymnasium [DDR: Oberschule »Feliks Dzierzynski«]; Niederschöneweide)**

Inschrift: *Kämpft, lernt und lebt im Geiste Feliks Dzierzynskis!*

Vor der Gedenkmauer stand auf einem Mauersteinsockel eine Büste Dzierzyńskis. Der Verbleib ist nicht bekannt. Dzierzyński war der Begründer der berüchtigten Tscheka, der Geheimpolizei der Bolschewisten.

**Friedrich EBERT**
**Defreggerstraße 20 (unweit Puderstraße)**

Inschrift: *In diesem Hause wohnte von 1912 bis 1919 / Friedrich Ebert / 4.2.1871–28.2.1925 / Der Sozialdemokrat Friedrich Ebert wurde im Jahre 1919 / von der Deutschen Nationalversammlung in Weimar zum ersten / Reichspräsidenten gewählt*

Diese erste Tafel aus dem Berliner Gedenktafelprogramm in Treptow wurde am 5.10.1994 durch Bezirksbürgermeister Michael Brückner enthüllt.

**Albert EINSTEIN**
**Alt-Treptow (Archenhold-Sternwarte)**

Inschrift: *In diesem Saal / hielt / Albert / Einstein / (1879–1955) / am 2. Juni 1915 / den ersten / öffentlichen / Berliner Vortrag / über die / Relativitäts-/theorie*

Die Tafel von W. Füssl aus dem Jahr 1979 befindet sich am Eingang des Großen Saals.

**FICHTESPORTPLATZ**
**Eichbuschallee 30**

Vor dem Wohnhaus steht eine Stele, die ein F – das Symbol des Vereins – trägt. Hier war einst der Zugang zum Sportplatz des Arbeitersportvereins »Fichte«. Rechts neben der Stele befindet sich auf dem Boden eine Steinplatte mit der Inschrift: *Von 1900–1933 befand sich hier der / Fichte Turn- und Sportplatz. / Er war gleichzeitig Wirkungsstätte der / revolutionären Berliner Arbeiter und / ihrer Klassenorganisationen.*

**Juri Alexejewitsch GAGARIN**
*Kluschino b. Smolensk 9.3.1934 – †Absturz bei Nowoslojowo b. Wladimir 27.3.1968
**Puschkinallee (Treptower Park, Hain der Kosmonauten)**

Inschrift auf dem Sockel unter der Bronzebüste: *Juri Gagarin, Fliegerkosmonaut der UdSSR, erster Mensch im Weltraum*

**Arkadi Petrowitsch GAIDAR, eigtl. Golikow**
*Arbeitersiedlung bei Lgow/Ukraine 22.2.1904 – †Lepljawa 26.10.1941
**Schnellerstraße 31 (7. Grundschule [DDR: Oberschule »Arkadi Gaidar«])**

In der Traditionsecke befanden sich ein Bildnis Gaidars und eine Tafel mit der Inschrift: *Ich möchte, daß man über uns in der Zukunft folgendes berichtet. Da lebten in jener Zeit Menschen, die sich listig den Anschein gaben, als seien sie einfache Jungschriftsteller, die in Wahrheit jedoch eine standhafte rote Garde zum Kampf vorbereiteten. Arkadi Gaidar.*

Gaidar fiel als Partisan im Kampf gegen deutsche Truppen an der sowjetischen Südwestfront.

**GARTENSTADT FALKENBERG**
**Gartenstadtweg 53/55**

Inschrift der Eisentafel in der »Tuschkastensiedlung«: *Die Gartenstadt Falkenberg / entstand in den Jahren 1913–1915 / nach den Entwürfen von / Architekt Bruno Taut*

Die Tafel wurde gestaltet in der Kunstschmiedewerkstatt von Achim Kühn (Altglienicke). Das trifft wohl auch auf die gleichartig gestaltete

Tafel in Erinnerung an die Beteiligung von Einwohnern der Gartenstadt an der Niederschlagung des Kapp-Putsches zu (s. d.). Maur (Treptow, S. 11 f.) erwähnt eine offenbar ältere Tafel, die im Akazienhof gewesen sein soll. Inschrift: *Gartenstadt Falkenberg. Erbaut 1913–1915 von Architekt Bruno Taut. Auf genossenschaftlicher Grundlage als Protest gegen das kapitalistische Mietskasernen-Elend errichtet, wurde sie zu einem Beispiel für den sozialen Wohnungsbau. Zahlreiche Gründungsmitglieder wirkten als aktive Streiter gegen Krieg und Faschismus. Ihre Ideale wurden in der Deutschen Demokratischen Republik sozialistische Wirklichkeit. Die Gartenstadt Falkenberg steht unter Denkmalschutz.*

**Walter GERBER**
*Gera 12.10.1888 – †Berlin 21.12.1939
**Selchowstraße 22**

Inschrift: *Hier wohnte der / antifaschistische / Widerstandskämpfer / Walter Gerber / geb. am 12.10.1888 / Er wurde von der / Gestapo verhaftet / und am 21.12.1939 / ermordet / Ehre seinem Andenken*

Der KPD-Funktionär Gerber arbeitete im Verlagswesen seiner Partei. Er wurde nach 1933 mehrfach verhaftet und in den Konzentrationslagern Sonnenburg, Esterwegen und Sachsenhausen inhaftiert. Zuletzt gehörte er der Gruppe um Otto Nelte an, wurde am 20.12.1939 verhaftet und war bereits einen Tag später tot.

**Klement GOTTWALD**
*Dediče 23.11.1896 – †Prag 14.3.1953
**Am Plänterwald 17 (2. Grundschule [DDR: Klement-Gottwald-Schule])**

Büste auf Sockel mit der Inschrift: *Klement Gottwald / geb. 1896, gest. 1953 / 1948–1953 Präsident der / Tschechoslowakischen Republik / Vorsitzender der KPČ*

Der Verbleib ist nicht bekannt.

**Alfred GRÜNBERG**
*Groß-Ottersleben b. Magdeburg 18.2.1901 – †Berlin-Plötzensee 21.5.1942
**Grünbergallee 128 Ecke Kastanienweg (Bohnsdorf)**

Inschrift: *Hier lebte der Antifaschist / Alfred Grünberg / ein unermüdlicher Kämpfer / gegen Krieg u. Unterdrückung / geb. am 18. Februar 1901 / Von den Faschisten ermordet / am 21. Mai 1942*

Grünberg war KPD-Mitglied seit 1928, reiste zwischen 1936 und 1938 als Kurier mehrere Male nach Prag. Er schrieb und verbreitete Flugblätter gegen den Nationalsozialismus an seiner Arbeitsstätte in den Siemens-Werken und unterstützte den illegal eingereisten KPD-Beauftragten Arthur Emmerlich (*Niederwiesa/Sachsen 20.9.1907 – †Berlin 21.5.1942) gemeinsam mit Kurt Steffelbauer (*Görlitz 16.2.1890 – †Berlin 21.5.1942) und Johannes Gloger (*Schneidemühl 27.9.1890 – †Berlin 11.1.1942). Dies führte zu seiner Verhaftung und der Verurteilung zum Tode. Gloger verübte in der Haft Selbstmord, die drei anderen wurden am selben Tag in Berlin-Plötzensee hingerichtet. Der Gedenkstein ist aus Granit. Er trägt eine rote Inschrift unter einem gleichfalls rot gerandeten, auf der Spitze stehenden Dreieck.

**Alfred GRÜNBERG**
**S-Bahnhof Grünbergallee (Bohnsdorf)**

Inschrift der Tafel unter einem Reliefporträt: *Alfred / Grünberg / geboren am 18. Februar 1901 / Von den Faschisten / am 21. Mai 1942 / in Plötzensee hingerichtet / Er war ein Kämpfer / für Freiheit und Recht*

Der S-Bahnhof mit der Gedenktafel und Grünbergs Wohnort mit davorstehendem Gedenkstein sind in unmittelbarer Nachbarschaft zueinander.

**KAPP-PUTSCH**
**Friedlander Straße (Adlershof, Friedhof)**

Eine symbolische Grabanlage für 15 bei den Kämpfen während des Kapp-Putsches im März 1920 Gefallene (das Original wurde 1933 zerstört, die Gräber eingeebnet). Davor eine Bronzeskulptur von Hans Kies, unterhalb derer ein Stein die Inschrift trägt: *Dem Gedenken / der im Kampf / gegen die Reaktion / gefallenen Sozialisten / 1920*

Die davor befindlichen, 1946 mit der Anlage wiederhergestellten Grabsteine tragen die Namen: *Otto Müller 1884–1920, Willi Böhme 1898–1920, Wilhelm Böhlke 1902–1920, Karl Strube 1896–1920, Richard Bugiel 1902–1920, Friedrich Plath 1898–1920, Otto Saeger 1886–1920, Peter Kujawa 1897–1920, Max Gueth 1902–1920, Willi Netzband 1895–1920, Friedrich Matthecka 1896–1920, Alfred Lawin 1896–1920, Alexander Böhme 1894–1920, August Gerber 1856–1920, Karl Nelte 1891–1920*

**KAPP-PUTSCH**
**Akazienhof Ecke Am Falkenberg (Bohnsdorf; Siedlung Falkenberg)**

Inschrift der Eisentafel: *In Aktionseinheit nahmen Ende / März 1920 bewaffnete Arbeiter / der Gartenstadt Altglienicke / an der Niederschlagung des / Kapp-Putsches teil*

Die Tafel aus der Kunstschmiedewerkstatt Kühn in Altglienicke wurde am 13.3.1971 enthüllt.

**Franz KIRSCH**
*Johannisthal 8.3.1901 –
†Brandenburg 3.2.1944
**Herbert MITTAG**
*Berlin 15.11.1905 – †Brandenburg 26.6.1944
**Glienicker Weg 125 (Haupteingang von Berlin-Chemie [DDR: VEB Berlin-Chemie]; Adlershof)**

Der Stein befand sich im Juli 1992 links vor dem Eingang umgestürzt im Gras.Die Inschrift war kaum noch lesbar: *Ihr Opfer unsere Verpflichtung / In diesem Betrieb arbeiteten / Franz Kirsch / von den Faschisten im Zuchthaus Brandenburg ermordet / 1944 / Herbert Mittag / wegen Zersetzung der Wehrkraft / erschossen 1944 / Erfüllt ihr Vermächtnis*

Franz Kirsch war Rangierer im damaligen Betriebsteil der Schering AG in Adlershof. Er gehörte der Widerstandsgruppe um Otto Nelte und Willy Gall an, verteilte im Betrieb Flugblätter gegen den Krieg und wurde dort am 22.12. 1939 verhaftet. Nach seiner Verurteilung zu zwölf Jahren Haft kam er in die Strafanstalten Brandenburg, Sonnenburg/Schlesien und wieder Brandenburg, wo er an den Haftfolgen (TBC) starb.
Herbert Mittag war in demselben Betrieb als Heizer tätig und schrieb heimlich Briefe an deutsche Soldaten an der Ostfront, in denen er sie aufforderte, mit dem Krieg Schluß zu machen und zur Roten Armee überzulaufen. Er wurde 1944 verhaftet und wegen »Wehrkraftzersetzung« zum Tode verurteilt.

**Sala KOCHMANN**
**Ellernweg 22 (Staatliche Fachschule für Sozialpädagogik Treptow und Berufsfachschule für Sozialwesen Treptow [DDR: Pädagogische Schule für Kindergärtnerinnen Sala Kochmann]; Johannisthal)**

Ein angeblich vorhandener Gedenkstein wurde nicht gefunden.

**KPD-BEZIRKSVERORDNETEN-FRAKTION**
**Neue Krugallee 4 (Rathaus Treptow)**

Inschrift: *In diesem Haus konstituierte sich 1923 die erste Fraktion der KPD für den Verwaltungsbezirk Berlin-Treptow.*

Diese erste BVV-Fraktion der KPD nach den Bezirkswahlen 1923 bestand aus vier Mitgliedern. Der recht große Stein hing im ersten Stockwerk rechts neben dem Treppenhaus. Er wurde nach der Wende abgenommen und befand sich am 13.7.1992 im Keller des Rathauses.

**Walter KROH**
*Breslau 13.12.1901
**Schulzendorfer Straße 26 (Bohnsdorf)**

Inschrift: *Dieses Haus schenkte der antifaschistische Kämpfer Walter Kroh unserer Jugend.*

**Fritz LESCH**
*Eberswalde 16.3.1898 – †Spanien 12.2.1937
**Dörpfeldstraße (Fritz-Lesch-Sportplatz; Adlershof)**

Stein mit Inschrift: *Dem Arbeitersportler / u. Widerstandskämpfer / Fritz Lesch / geboren 16.3.1898 / gefallen 12.2.1937 / in Spanien*

Der Sportlehrer und aktive Sportler Lesch gehörte zur Reichsleitung der 1930 gegründeten »Kampfgemeinschaft für Rote Sporteinheit«. Er flüchtete 1934 aus Deutschland, 1936 ging er nach Spanien. Dort fiel er als Kommandeur einer Panzereinheit.

**Erich LODEMANN**
*Berlin 26.10.1909 –
†Brandenburg 24.10.1944
**Erich-Lodemann-Straße (Grünfläche zwischen den Häusern Erich-Lodemann-Straße 31 und Dammweg 140)**

Inschrift: *Dem / Kommunisten / und / Widerstandskämpfer / Erich Lodemann / geboren / am 26.10.1909 / ermordet / am 24.10.1944 / zum ehrenden / Gedenken*

Auf der Kunststeintafel befand sich ursprünglich auch eine Büste des Journalisten. Die Gedenkstele für Erich Lodemann und ihre Inschrift im Bereich der 4. Gesamtschule Treptow (DDR: Erich-Lodemann-Oberschule), Baumschulenstraße 79/81, konnte nicht verifiziert werden.

**Trifon Andrejewitsch LUKJANOWITSCH**
*Dorf bei Minsk 1919 – †Berlin 4.5.1945
**Elsenstraße Ecke Puschkinallee (vor dem S-Bf. Treptower Park)**

Gedenkmauer mit Metalltafel, Inschrift: *Trifon / Andrejewitsch / Lukjanowitsch / Obersergeant der sowjetischen Armee, / rettete an dieser Stelle / am 29. April 1945 / ein deutsches Kind vor dem Beschuss / durch die SS. / Fünf Tage nach der Heldentat starb er / an den schweren Verletzungen. / Ehre und Ruhm seinem Andenken*

**Johann Heinrich *Gustav* MEYER**
*Frauendorf b. Oppeln 14.1.1816 –
†Berlin 27.5.1877
**Treptower Park**

Marmorbüste von Albert August Manthe (1890) mit Inschrift auf dem Sockel: *Gustav Meyer, geboren den 14. Jan. 1816, gestorben den 27. Mai 1877. Städtischer Gartendirektor zu Berlin. Gewidmet von Freunden u. Verehrern.*

**Otto NELTE**
*Adlershof 4.12.1898 –
†Berlin-Plötzensee 25.7.1941
**Hackenbergstraße 30**

Eine 1973 angeblich an der Stelle des Wohnhauses von Otto Nelte befindliche Tafel konnte nicht gefunden werden. Das Haus existiert nicht. An der Stelle steht ein Supermarkt.

**OPFER DES NATIONALSOZIALISMUS**
**Dahmestraße Ecke Gartenstadtweg**
**(Bohnsdorf, neben dem Volkshaus)**

Stein mit aufgesetzter Tafel, Inschrift: *Zum Tode geführt / doch siehe / wir leben / Judith Auer / Karl Materna / Paul Wegmann / Hermann David / Gerhard Fliehs / Alfred Grünberg / Werner Commichau*

Am 12.7.1992 war die Tafel mit einem Hakenkreuz und »Anarchistensymbol« [Kreis mit A] beschmiert.
Judith Auer, geb. Vallenthin (*Zürich 19.9.1905 – †Berlin-Plötzensee 27.10.1944), beendete aus finanziellen Gründen ihr Musikstudium nicht und arbeitete als Stenotypistin. 1924 trat sie dem KJVD, 1927 der KPD bei. In diesem Jahr heiratete sie den kommunistischen Jugendfunktionär Erich Auer. Sie arbeitete während des Zweiten Weltkriegs als Einkäuferin im Kabelwerk Oberspree. Dort gehörte sie der Widerstandsgruppe Saefkow an und betätigte sich auf ihren Dienstreisen als Kurier zu anderen KPD-Organisationen im Untergrund. Sie verbarg in ihrer Wohnung den von der Gestapo gesuchten Franz Jacob. Im Juli 1944 wurde sie von der Gestapo verhaftet und vom Volksgerichtshof zusammen mit Bruno Hämmerling und Franz Schmidt zum Tode verurteilt. Als »ironische Fußnote der Geschichte« sei angemerkt, daß ein nach ihr benannter Jugendklub in Friedrichshain nach der Wiedervereinigung zu einem Treffpunkt rechtsradikaler Jugendlicher wurde.
Karl Materna (*Rixdorf 17.9.1906 – †Berlin 22.3.1940). Der Maler arbeitete bei der Firma Lorenz (später SEL) in Tempelhof, wo er sich der illegalen KPD-Betriebsgruppe um Willy Gall und Otto Nelte anschloß. Er wurde am 7.12.1939 von der Gestapo verhaftet und beschuldigt, Schriften der KPD verbreitet zu haben. Die Umstände seines Todes bleiben nach den vorliegenden Quellen unklar («...von den Nazis in den Tod getrieben«).
Paul Wegmann (*Ronsdorf, Krs. Lennep 17.10.1889 – †Bergen-Belsen 3.4.1945) war Ende 1918 Mitglied des Vollzugsrates der Arbeiter- und Soldatenräte in Berlin, kam über die USPD zur KPD, die er 1921 wieder verließ, sich der SPD anschloß und für sie in den Reichstag gewählt wurde.
Hermann David (*Olbersdorf/Schlesien 5.10.1902 – †Sonnenburg 31.1.1945) arbeitete im Flugzeugmotorenwerk der Heinkel AG. Dort schloß er sich mit anderen zu einer Widerstandsgruppe zusammen. Er wurde am 16.3.1943 mit drei anderen von der Gestapo verhaftet. Da ihm nichts nachzuweisen war, wurde er »nur« zu zwei Jahren Zuchthaus verurteilt und in das KZ Sonnenburg eingeliefert. Seit dem 2.12.1944 fehlt von ihm jede Spur.
Alfred Grünberg, s. d.
Werner Commichau (*Dresden 30.1.1909 – †1945). Der Schriftsetzer war ab 1924 Mitglied der SAJ, ab 1928 der SPD. Er schloß sich im Widerstand gegen den Nationalsozialismus der Gruppe um Gall und Nelte an, wurde im Dezember 1939 verhaftet und später hingerichtet. Das ihm zur Last gelegte »Verbrechen« war, Flugzettel mit der Aufschrift »Deutschland erwache – Hitler verrecke« verteilt zu haben.

**OPFER DES NATIONALSOZIALISMUS**
**Sterndamm Ecke Heubergerweg**

Auf einer kleinen Grünanlage steht ein roter Granitstein mit einer Bronzetafel, Inschrift:
*Hitlers Blutregime fielen aus Johannisthal / als Antifaschisten zum Opfer: /*
*Fritz Bergau *29.7.94 ermordet am 10.12.41 in Gollnow*
*Willi Heinze *28.3.10 ermordet am 26.2.45 in Brandenburg*
*Franz Kirsch * 8.3.01 ermordet am 3.2.44 in Brandenburg*
*Fritz Kirsch * 5.3.03 ermordet am 30.4.40 in Sachsenhausen*
*Günther Kobs *12.1.21 ermordet am 22.1.45 in Waldenburg*
*Johannes Sasse *19.11.18 ermordet am 19.6.44 in Halle*

*Hans Schmidt *17.9.14 ermordet am 26.8.44 in Albinea/Italien*
*Otto Springborn *26.6.90 ermordet am 31.7.43 in Brandenburg*
*Eduard Zachert * 8.3.81 ermordet am 22.7.43 in Plötzensee*
*Ihr Opfertod sei uns Mahnung und Verpflichtung.*

Die unterstrichenen Worte sind auf der Tafel durch Wiederholungszeichen dargestellt. Einige Meter hinter dem Gedenkstein steht ein weiterer Stein, bekrönt von einer Art Schale oder Urne mit Deckel, Inschrift: *Den Opfern / des / Faschismus.*

Fritz Bergau wurde wegen seiner Arbeit für die illegale KPD im November 1937 verhaftet, zu vier Jahren Zuchthaus verurteilt und im Zuchthaus Gollnow (bei Stettin) umgebracht.
Fritz Kirsch (KPD) war Maschinenschlosser, Mitglied des Betriebsrats bei AEG Oberschöneweide und Bezirksverordneter. Er hatte enge Kontakte zu Ernst Schneller und Wilhelm Firl. Von Juli bis Oktober 1933 war er von der SA inhaftiert und mißhandelt worden. Nach seiner Freilassung arbeitete er in Tempelhof bei der Fa. Weber & Co als Dreher, war weiter im Widerstand gegen den Nationalsozialismus tätig, wurde 1939 erneut verhaftet, in das KZ Sachsenhausen gebracht und dort ermordet.
Der Buchhalter Günther Kobs kam aus einem sozialdemokratischen Elternhaus. Als Soldat äußerte er sich kritisch über den Nationalsozialismus, wurde denunziert und wegen »Wehrkraftzersetzung« zu fünf Jahren Zuchthaus verurteilt. Er kam im Zuchthaus Waldheim (Sachsen) ums Leben.
Johannes Sasse äußerte sich gleichfalls als Soldat gegen den Nationalsozialismus. Das Reichskriegsgericht verurteilte ihn am 3.2.1944 zum Tode. Er wurde im Zuchthaus Halle (Saale) durch das Fallbeil hingerichtet.
Hans Schmidt nahm als Soldat mit Gleichgesinnten Kontakt zu italienischen Partisanen auf. Der Sozialdemokrat und seine Kameraden wurden von einem Kriegsgericht zum Tode verurteilt und standrechtlich erschossen.
Otto Springborn war von Beruf Metallschleifer. Er gehörte zur Spartakusgruppe, wurde dafür noch vor dem Ende des Ersten Weltkriegs inhaftiert, aber im Verlauf der Novemberrevolution befreit. Seit 1919 war er aktives KPD-Mitglied, lange Jahre in Kreuzberg. Nach 1933 war er in der Illegalität tätig, wurde 1934 wegen der Herstellung von Flugblättern verhaftet und ein halbes Jahr inhaftiert. Danach war er zunächst arbeitslos, später zum Straßenbau zwangsverpflichtet. Er wurde wegen antinazistischer Äußerungen am 12.6.1944 im Elsaß verhaftet, kam über die Gefängnisse Mulhouse (Mühlhausen/Elsaß) und Moabit nach Brandenburg. Dort wurde er am 31.7.1944 (nicht, wie der Stein besagt, 1943!) hingerichtet.
Der Gewerkschafter Eduard Zachert war seit 1923 Vorsitzender des Bezirksverbandes der Allgemeinen Deutschen Postgewerkschaft und sozialdemokratisches Mitglied der Stadtverordnetenversammlung Berlin, 1925 in den Preußischen Landtag gewählt. 1934 wurde er einige Monate im KZ Lichtenburg inhaftiert, betätigte sich nach seiner Freilassung weiter im Widerstand. Im Oktober 1942 wurde er von der Gestapo verhaftet und am 25.3.1943 zum Tode verurteilt. Er starb durch den Henker in Berlin-Plötzensee.

### OPFER DES NATIONALSOZIALISMUS Kiefholzstraße (Friedhof Baumschulenweg)

Links neben dem Krematorium erinnert ein Stein: *Den / 1195 / ermordeten / Antifaschisten / deren Asche hier / bestattet / ist* Auf der Rückseite des Steins steht: *Zu erster stiller Sammlung aufgeboten, / in gleichem Fühlen, gleichem Geist vereint, / gilt das Gedenken euch, den teuren Toten, / der Opfer Schar, die uns unzählbar scheint. // Ihr habt euch stets mit gleichem Mut vereinigt, / so oft der Haß der Henker euch versprengt – / sie haben euch erbarmungslos gepeinigt, / in qualvolle*

*Erniedrigung gezwängt. // Sie schonten nicht die Frauen, nicht die Greise, / sie schlachteten euch ohne Nachsicht ab, / sie tilgten eure Spur in roher Weise, / und gönnten selbst den Toten nicht das Grab. // Wir ahnten nur die Not der letzten Stunden, – / Ihr starbt ja hinter Hecken, im Verlies. / Sie wehrten noch dem Schrei der Todeswunden, / die ihre Mordlust in den Abgrund stieß. // Sie konnten nur, was sterblich ist zerstören, / des Leibes Hülle, die so rasch zerfällt. / Dem Geiste wird Unsterblichkeit gehören, / der wie der eure seine Kraft behält. // Ihr habt dem Ungeist sterbend Trotz geboten. / Wir Lebenden, wir sind voll Dankbarkeit, / und wir versprechen euch, den unvergessnen Toten, / wir schaffen eine neue, bessre Zeit! Walter Dehmel*

Es handelt sich um Häftlinge des Konzentrationslagers Sachsenhausen, deren Leichen (bis Mitte 1940) hier verbrannt und deren Asche u. a. hier beigesetzt wurde (s. a. Friedhof Altglienicke).

**OPFER DES NATIONALSOZIALISMUS**
**Schönefelder Chaussee 100 (Friedhof Altglienicke)**

Stein im ersten Gang links, etwa 20 m vom Hauptweg. Inschrift: *Den 1284 / ermordeten Antifaschisten deren / Asche hier bestattet / ist*

Es handelt sich um Häftlinge des Konzentrationslagers Sachsenhausen, deren Urnen hier beigesetzt wurden. (s. a. Friedhof Baumschulenweg) – Hinter der Friedhofskapelle befindet sich ein bemerkenswertes Kriegerdenkmal in Erinnerung an Tote des Ersten Weltkriegs, das ausschließlich aus z. T. sehr großen Findlingen besteht. Die Namen sind kaum noch lesbar. Die Inschrift des größten Findlings lautet: *Den Toten zur Erinnerung / Den Lebenden zur Mahnung*

**OPFER DES NATIONALSOZIALISMUS**
**Dörpfeldstraße Ecke Nipkowstraße (Adlershof)**

Gedenkstein aus rotem Sandstein, Inschrift: *Zum Gedenken / an die heldenhaften / Widerstandskämpfer gegen / die faschistische Barbarei / Ihr Vermächtnis hat sich / in der sozialistischen / Deutschen Demokratischen / Republik erfüllt*

Die daneben stehende Stele trägt unter vier roten (Sandstein-)Winkeln die Inschrift: *Otto Nelte / 4.12.1898–27.7.1941 / Willy Gall 3.10.1908–27.7.1941 / Walter Gerber / 12.10.1888–21.12.1939*

Der KPD-Funktionär und Kunstformer Nelte wirkte nach einer mehrwöchigen Inhaftierung 1933 in der illegalen Arbeit der KPD im Berliner Südosten. Nach Beginn des Zweiten Weltkriegs gab er gemeinsam mit Willy Gall Widerstandsschriften heraus. Er wurde im Dezember 1939 mit Mitgliedern seiner Gruppe verhaftet, zum Tode verurteilt und in Berlin-Plötzensee am

25.7.1941 (nicht wie auf der Tafel angegeben am 27.!) hingerichtet.
Willy Gall (geboren in Falkenstein/Vogtland) schloß sich 1929 der KPD an. Er flüchtete im April 1933 in die Tschechoslowakei. Von dort aus organisierte er den Transport illegaler Literatur nach Deutschland, fuhr 1938/39 selbst mehrfach nach Berlin, wo er KPD-Zellen aufbauen sollte und im Widerstand die Zusammenarbeit auch mit Sozialdemokraten suchte. Er wurde ebenfalls am 25.7.1941 in Plötzensee hingerichtet.

**ARBEITER-BAUGENOSSENSCHAFT »PARADIES«**
**Buntzelstraße Ecke Paradiesstraße (Bohnsdorf)**

Inschrift: *Arbeiter-/Baugenossenschaft / „Paradies“ / gegründet Mai 1902*

**ROTER OKTOBER**
**Am Plänterwald Ecke Galileistraße**

Inschrift: *Für vorbildliche Leistungen im Wettbewerb zu Ehren des 60. Jahrestages des Roten Oktober. WBA – 013*

Der 60. Jahrestag der Oktoberrevolution 1917 wurde in der DDR durch besondere Leistungen im »sozialistischen Wettbewerb« vorbereitet, dabei wurde dem Wohnbezirksausschuß 013 der »Nationalen Front« in Treptow die Wettbewerbsplakette überreicht.

**Willi SÄNGER**
**Köpenicker Landstraße 186–196 (Sportanlagen »Willi Sänger«)**

Inschrift: *Dem unvergessenen / Arbeitersportler / und Widerstandskämpfer / Willi Sänger / geboren 21.5.1894 / hingerichtet 27.11.1944.*

Der Gedenkstein für Sänger (KPD) gleich rechts hinter dem Eingang trägt die Inschrift unter dem »F« als Symbol des Arbeitersportvereins »Fichte«. Am 27.9.1992 war er umgestürzt. Sängers Grabstätte ist auf dem Zentralfriedhof Friedrichsfelde, Gudrunstraße (Pergolenweg).

**Ernst SCHNELLER**
*Leipzig-Eutritzsch 8.11.1890 –
†Sachsenhausen 11.10.1944
**Schnellerstraße 70 a (Niederschöneweide)**

Inschrift: *Hier wohnte / von 1925–1933 der / antifaschistische / Widerstandskämpfer / Ernst / Schneller / Mitglied des / Zentralkomitees / und Vorsitzender / des militärischen Rates / der KPD geb. am 8.11.1890 / von der SS am 11.10.1944 / im Konzentrationslager / Sachsenhausen / ermordet.*

Die Buchstaben SS sind in der im »Dritten Reich« üblichen Runenform wiedergegeben. Enthüllung 1982.

Eine Vorgängertafel trug die Inschrift: *Hier wohnte der von den Nazis ermordete antifaschistische Widerstandskämpfer Ernst Schneller. Mitglied des Reichstages 1933, geboren am 8.11.1890. Er wurde am 11.10.1944 im KZ von der SS auf Befehl erschossen.*

Schneller trat 1919 der SPD bei, wechselte bereits 1920 zur KPD, wurde Mitglied des Sächsischen Landtags. Seit 1923 war er Vorsitzender des Ständigen Militärischen Rates beim ZK der KPD, dem er seit 1924 angehörte. Reichstagsmitglied war er von 1924 bis 1933. Unmittelbar nach dem Reichstagsbrand wurde er am 28. Februar 1933 in Moabit, Beusselstraße 44, verhaftet, in das Untersuchungsgefängnis Moabit eingeliefert und im April in das KZ Sonnenburg gebracht. Sechs Jahre Haft, zu denen er vom Reichsgericht verurteilt wurde, verbrachte er in Waldheim (Sachsen). Im Juli 1939 kam er in das KZ Sachsenhausen, wo er sich aktiv am Lagerwiderstand beteiligte. Im Oktober 1944 wurde er auf Befehl Himmlers zusammen mit 23 anderen Kommunisten von SS-Leuten erschossen.

**Werner SEELENBINDER**
**Hoffmannstraße 15/26 (ehemals VEB Elektro-Apparate-Bau, EAW)**

Inschrift unter einem Reliefportrait Seelenbinders: *Unserem / unerschrockenen Kämpfer / gegen imperialistischen / Krieg und Faschismus / Werner Seelenbinder / zum Gedenken / Er wurde am 24.10.1944 / ermordet*

Seelenbinder war im einstigen AEG-Werk Treptow als Transportarbeiter beschäftigt. Die bronzierte Eisentafel wurde nach der Wende von der Straßenfront abgenommen, um sie vor Beschädigungen zu schützen. Sie wurde an der Hoffront hinter dem Haupteingang angebracht. Ob und wo sie die Abriß-, Um- und Neubaumaßnahmen für die jetzigen »Treptowers« überstanden hat, konnte nicht ermittelt werden. Enthüllung am 30.4.1955.

**Anna SEGHERS**
**Anna-Seghers-Straße (früher Volkswohlstraße) 81 Ecke Silberberger Straße (Adlershof)**

Inschrift: *In diesem Hause wohnte / die Schriftstellerin / Anna Seghers / von 1955 bis 1983*

Dunkle Metallplatte mit weißer Inschrift. In dem Haus befindet sich die Anna-Seghers-Gedenkstätte.

**Richard SORGE**
*Baku 4.10.1895 – †Tokio 7.11.1944
**Springbornstraße 132 (5. Grundschule [DDR: Dr.-Richard-Sorge-Oberschule]; Johannisthal)**

Inschrift: *Dr. Richard Sorge, Kundschafter im Dienste des Friedens, geboren am 4. Oktober 1895, hingerichtet am 7. November 1944.*

Der promovierte Staatswissenschaftler schloß sich bereits 1919 der KPD an. Ab 1924 war er für die Kommunistische Internationale in Moskau tätig, wurde 1925 Mitglied der KPdSU. Von 1929 an war er für die Rote Armee als Spion in China und Japan tätig. Im Oktober 1941 wurde er in Japan verhaftet. Der Verbleib der Tafel ist nicht bekannt.

**SOWJETISCHES EHRENMAL**
**Puschkinallee / Am Treptower Park**

Hinter den Steinsarkophagen auf der rechten Seite befindet sich ein Gedenkstein mit den Inschriften: *Das schaffende Volk Berlins den unsterblichen Helden der Roten Armee am 1. Mai 1946* Auf der Rückseite steht: *Unsterbliche Opfer, / die für uns gebracht, / die uns befreit / aus faschistischer Nacht. / Opfer, uns allen / zur mahnenden Lehre – / Ewiger Ruhm Euch / und ewige Ehre.* Die Inschrift am Eingangsportal lautet in Russisch und Deutsch: *Ewiger Ruhm den Helden, die für die Freiheit und Unabhängigkeit der sowjetischen Heimat gefallen sind.* Über dem Portal Puschkinallee steht: *Eure grossen Heldentaten sind unsterblich. Euer Ruhm wird Jahrhunderte überleben. Die Heimat wird euch stets in Erinnerung behalten.* Die Pylone, die den Zugang zur eigentlichen Friedhofsanlage kennzeichnen, tragen die Inschrift auf Deutsch und Russisch: *Ewiger Ruhm den Kämpfern der Sowjetarmee, die ihr Leben hingegeben haben im Kampf für die Befreiung der Menschheit von faschistischer Knechtschaft.* Auf einer Platte unterhalb der Treppe zur Friedhofsanlage steht (Russisch und Deutsch): *Die Heimat / wird ihre Helden / nicht vergessen.*

***Franz* Ludwig SPÄTH**
*Berlin 25.2.1839 – †Berlin 3.2.1913
**Späthstraße 80–81 (Herrenhaus im Arboretum, unweit Königsheideweg; Späthsfelde)**

Inschrift: *In diesem Haus wohnte von 1874 bis 1913 / Franz Späth / 25.2.1839–3.2.1913 / Einen 1720 in Berlin als Familien-/unternehmen gegründeten Gartenbaubetrieb / führte er zu internationaler Anerkennung / Mit seiner Entscheidung, die / Späthsche Baumschule 1864 hier anzusiedeln, / legte er den Grundstein für das Aufblühen / von »Baumschulenweg«*

Mit 24 Jahren übernahm Franz Späth einen kleinen Gartenbaubetrieb vor dem Halleschen Tor, den ein Vorfahr gegründet hatte. Er verlegte ihn in die Britzer Feldmark und machte ihn durch spätere Erweiterungen auch im Osthavelland zur größten Baumschule Europas. Einen Schwerpunkt legte er auf die Erforschung und Züchtung neuer Obstsorten. Enthüllung der Berliner Gedenktafel am 23.9.1995 durch Bezirksbürgermeister Michael Brückner und Kulturstadtrat Siegfried Stock. Begraben ist Späth auf dem Alten Luisenstadt-Kirchhof I, Kreuzberg, Südstern 8–12, Erbbegräbnis 55 (Sein Todesdatum wird von einigen Quellen mit dem 2.2.1913 angegeben).

**Erich STEINFURTH**
**Friedlander Straße 139 (Adlershof)**

Inschrift neben einem roten Winkel:
*Hier wohnte der von den Nazis / ermordete antifaschistische / Widerstandskämpfer / Erich Steinfurth / * am 10.8.1896 / † am 2.2.1934 / Ehre seinem Andenken*

Die Tafel gibt – wahrscheinlich irrtümlich – den 2.2.1934 statt des 1.2.1934 als Todestag an.

**Johannes STELLING**
*Hamburg 12.5.1877 – †Berlin 21.6.1933
**Erich JANITZKY**
*Berlin 21.7.1900 – †Berlin 21.6.1933
**Adlergestell (Stelling-Janitzky-Brücke über den Teltowkanal, Adlershof/Grünau)**

Inschrift: *Stelling-Janitzky/Brücke / Zum Gedenken / an die Widerstandskämpfer / Johannes Stelling und Erich Janitzky / die im Jahre 1933 von den Faschisten / in der Köpenicker Blutwoche / bestialisch ermordet wurden.*

Stelling war von 1901–1919 Redakteur des »Lübecker Volksboten«. Seit 1920 gehörte er dem Deutschen Reichstag an und war Mitglied des Parteivorstands der SPD. Von August 1919 bis Juli 1920 war er Innenminister und von Ja-

nuar 1921 bis März 1924 Ministerpräsident von Mecklenburg-Schwerin. Beim Reichsbanner Schwarz-Rot-Gold war er stellvertretender Vorsitzender und Vorsitzender des Gaus Berlin-Brandenburg. Er wurde am 21. Juni 1933 von SA-Leuten aus seinem Haus in Köpenick in das Amtsgericht Köpenick verschleppt und dort ermordet. Seine Leiche wurde in die Dahme geworfen und erst Anfang Juli 1933 gefunden.
Der Maschinenbauer Janitzky (KPD) wurde gleichfalls am 21.6.1933 aus seinem Wohnhaus in Köpenick von SA-Leuten in das Amtsgericht verschleppt. Seine Leiche wurde später mit einem Kopf- und einem Bauchschuß aufgefunden.

**Ernst THÄLMANN**
**Ellernweg 20 (2. Gymnasium [DDR: Herta-Geffke-Oberschule]; Johannisthal)**

Stele mit Porträtplakette, darunter der Name *Ernst Thälmann,* rechts daneben: *Pionierfreundschaft / Werner Seelenbinder,* links: *Für Frieden und Sozialismus. / Immer bereit!*

Der Stein soll in der Schule eingelagert sein.

**Ernst THÄLMANN**
**Radenzer Straße 16 (4. Grundschule [DDR: 15. Oberschule]; Baumschulenweg)**

Gedenkstein mit Porträtplakette Thälmanns und der Inschrift: *Wie / Ernst Thälmann / treu und kühn*

Der Verbleib des Steins ist nicht bekannt.

**Käthe TUCHOLLA**
*Berlin 10.1.1910 –
†Berlin-Plötzensee 28.9.1943
**Bruno-Bürgel-Weg 99–125 (Käthe-Tucholla-Sportstadion; Niederschöneweide)**

Gedenkmauer mit eingelassener Steinplatte hinter dem Eingang zum Stadion, Inschrift: *Käthe Tucholla / ermordet von den Faschisten*
Links unterhalb davon befindet sich eine Tafel mit der Inschrift: *Käthe Tucholla / *10.1.1910 / am 28.9.1943 hingerichtet / Sie wurde wegen ihres aufrechten Kampfes / gegen Faschismus und Krieg von den Faschisten / im Strafgefängnis Plötzensee ermordet / Käthe Tucholla war Mitglied des Sportclubs Sparta Lichtenberg / Ihr Tod sei uns Verpflichtung!*

**VEREINIGUNG VON KPD UND USPD**
**Am Plänterwald 23**
**(2. Grundschule Treptow)**

Inschrift der Tafel rechts neben dem Eingang: *In der Aula des / ehemaligen / Realgymnasiums / schlossen sich / 1920 die linken / Kräfte der USPD / mit der KPD von / Treptow und / Baumschulenweg / zusammen*

**WELTLICHE SCHULE**
**Radickestraße 43–49 ([DDR: Peter-Kast-Straße], 2. Gesamtschule; Adlershof)**

Inschrift: *In einem Teil dieses Gebäudes / wurde 1920 die / Dritte Gemeindeschule für Knaben und Mädchen / als erste »weltliche« Schule / in Berlin eingerichtet / Anders als in dem / konfessionell gebundenen preußischen Schulsystem / war hier der Religionsunterricht / kein Pflichtfach mehr*

Die Berliner Gedenktafel wurde am 27.1.1995 von Kulturstadtrat Siegfried Stock enthüllt.

**X. WELTFESTSPIELE DER JUGEND UND STUDENTEN**
**Buntzelstraße 119 Ecke Paradiesstraße**

Die Plakette rechts neben dem Hauseingang zeigt auf der rechten Seite das Symbol der Spiele, links die Inschrift: *Weltfestspiele / der Jugend und Studenten / Für / vorbildliche / Gastfreundschaft / Hauptstadt der DDR Berlin 1973*

# KÖPENICK

**ÄCHTUNG DER ATOMBOMBE**
**Lindenstraße 1 Ecke Bahnhofstraße (Berufsfachschule für Sozialwesen und Staatliche Fachschule für Sozialpädagogik Köpenick)**

Eine Tafel ist am 27.9.1992 von außen nicht feststellbar. Auch die frühere Existenz einer solchen Tafel am oder im Haus konnte nicht verifiziert werden. Ihr eventuelles einstiges Vorhandensein könnte im Zusammenhang mit einer durch den (kommunistischen) Weltgewerkschaftsbund am 20.6.1958 in Köpenick organisierten »Konferenz der Gewerkschaften und Arbeiter Europas« stehen, deren Ziel war, »alle Friedenskräfte im Kampf gegen die Gefahr des Atomkrieges zu vereinigen«.

**Richard ASSMANN**
*Berlin 16.12.1875 –
†tot aufgefunden, Berlin 11.7.1933
**Aßmannstraße 46 Ecke Bölschestraße (Friedrichshagen)**

Inschrift: *In diesem Hause wohnte / der antifaschistische Widerstandskämpfer / Richard Assmann / geb. am 16.12.1875 / In der Köpenicker Blutwoche / am 18. Juni 1933 von der SA ermordet.*

Der Versicherungsangestellte Aßmann war Mitglied der SPD und Kreisleiter des Reichsbanners Schwarz-Rot-Gold. Die Marmortafel ist entfernt, an ihrer Stelle befindet sich eine provisorische, schlichte Ersatztafel.

**Judith AUER**
**An der Wuhlheide 196 (Nähe Weiskopffstraße, ehem. TRO-Kinderheim »Judith Auer«, dann Städtische Kindertagesstätte)**

Inschrift des Gedenksteins: *Judith Auer / hingerichtet / am 27.10.1944 / Sie kämpfte und starb / für eine bessere Welt.*

Der Stein befindet sich unter der rechten von drei Linden oberhalb der Spree. TRO stand als Abkürzung für Transformatorenwerk Oberschöneweide (nach der Wende zeitweilig wieder AEG).

**Johann Jacob BAEYER**
*Müggelheim 5.11.1794 – †Berlin 11.9.1885
**Alt-Müggelheim (Ostrand der Dorfaue, in Höhe des Hauses Alt-Müggelheim 13)**

Roter Gedenkstein mit daraufgesetzter mit Meßnetz versehener (Erd-)Kugel. Zwischen die Lebensdaten ist auf der Inschrift eine Plakette mit dem Reliefporträt Baeyers gesetzt: *Dem Begründer der / Internationalen Erdmessung / 1794 1885 / Johann Jacob Baeyer / aus / Müggelheim / anläßlich des 100-jährigen Bestehens / der internationalen Erdmessung / im Jahre 1962*

Enthüllung 1962.

**BERLINER ERKLÄRUNG**
**Niebergallstraße 20 (gegenüber Einmündung Ekhofstraße, Wendenschloß)**

Inschrift: *Am 5. Juni 1945 unterzeichneten hier im ehemaligen Hauptquartier Marschall G. K. Shukows die Vertreter der Oberkommandos der Anti-Hitler-Koalition die Deklaration über die Niederlage des faschistischen Deutschland und die Übernahme der Regierungsgewalt durch die vier alliierten Staaten.*

Im späteren »Sporthaus Freundschaft« unterzeichneten am 5. Juni 1945 Marschall Georgij Konstantinowitsch Shukow (UdSSR), General Dwight D. Eisenhower (USA), Feldmarschall Bernard L. Montgomery (Großbritannien) und General Jean de Lattre de Tassigny (Frankreich) die Erklärung über die endgültige Niederlage Deutschlands und die Übernahme der Regierungsgewalt durch die Siegermächte. Die Anbringung der Tafel an einer Backsteinstele erfolgte wahrscheinlich 1982. Die gemauerte Gedenkanlage gleich hinter dem Zugang war am 27.9.92 umgestürzt und zerstört, der Verbleib der Tafel ist nicht bekannt.

**Wilhelm BÖLSCHE**
*Köln 2.1.1861 –
†Schreiberhau/Riesengebirge 30.8.1939
**Müggelseedamm 254 (früher Wilhelmstraße 72; Friedrichshagen)**

Inschrift: *In diesem Hause wohnte / Wilhelm Bölsche / Mitglied des / Friedrichshagener / Dichterkreises / geb. 2.1.1861 gest. 30.8.1939*

Bölsche gehört zum Gründerkreis des auf Initiative von Otto Brahm 1889 aus der Taufe gehobenen Theatervereins »Freie Bühne«. Er wurde vor allem durch sein in Arbeiterkreisen gern gelesenes populärwissenschaftliches (um 1900 erschienenes Werk) »Liebesleben in der Natur« bekannt. Der Schriftsteller gehörte dem um 1890 in Friedrichshagen gebildeten Kreis sozialistischer Dichter an. Zu diesem Kreis gehörten u. a. die Brüder Heinrich und Julius Hart,

Bruno Wille (*Magdeburg 6.2.1860 – †Lindau-Aeschach 4.9.1928), Gerhart Hauptmann, Max Halbe (*Güttland bei Danzig 4.10.1865 – †Gut Neuötting 30.11.1944) und viele, die gelegentlich hierherkamen und oft in dem stets gastfreundlichen Haus Bölsches übernachteten.

**Paul von ESSEN**
*Allenstein/Ostpreußen 1.3.1886 –
†Berlin 21.6.1933
**Essenplatz 9 (Elsengrund)**

Inschrift: *Hier wohnte der / Widerstands/kämpfer / Paul von Essen geboren am 1.3.1886 / in Allenstein. / In der Köpenicker / Blutwoche von / der S.A. am 21.6.1933 / ermordet.*

Der Schlosser Paul von Essen war Mitglied der SPD, des Reichsbanners Schwarz-Rot-Gold und Gewerkschaftssekretär. Seine Leiche wurde in einen Sack eingenäht, in die Dahme geworfen und am 1.7.1933 am Flußufer gefunden.

**Wilhelm FIRL**
*Dresden 26.1.1894 –
†Berlin-Plötzensee 16.8.1937
**Aßmannstraße 11 (Friedrichshagen; DDR: Sprachheilschule Wilhelm Firl, jetzt 5. Gymnasium)**

Auf dem Schulgelände befand sich ein Findling mit der Inschrift: *Wilhelm Firl / ermordet 1937*

Der Verbleib konnte nicht geklärt werden.

**Alfred FLATOW**
**Gustav Felix FLATOW**
**Birkenstraße 11 gegenüber Anemonenstraße (Flatow-Oberschule [Gymnasium und Realschule])**

Inschrift: *Den Siegern der 1. Olympiade der Neuzeit 1896 in Athen /*
*Gustav Felix Flatow und Alfred Flatow /*
*geb. 7.1.1875 geb. 3.10.1869 /*
*gest. 29.1.1945 gest. 28.12.1942 /*
*Die beiden Pioniere der deutschen Sportbewegung / wurden wegen ihrer jüdischen Herkunft ausgegrenzt, / verfolgt und später von den Nationalsozialisten in das / KZ Theresienstadt deportiert. / Sie starben dort vor Hunger und Entkräftung.*

Links vor dem Eingang der Schule befindet sich ein Kunststeinsockel mit eingelassener Bronzetafel. Sie zeigt symbolhafte und szenische Darstellungen, dazu Porträts der beiden Flatow-Cousins. Darunter ist eine kleinere Messingtafel mit der Inschrift eingelassen. Die Berliner Morgenpost schrieb am 30.1.1995: »Im Rahmen des Senatsprogramms ›Schule gegen Gewalt‹ wird derzeit eine Flatow-Gedenktafel für die Oberschule hergestellt. Künstler Bernd Finkenwirt gießt das 8000 Mark teure Bronze-Stück.« Enthüllung am 14.10.1995.

**FRIEDRICHSHAGEN**
**Müggelseedamm 162 Ecke Pfeiffergasse**

Findling mit Tafel im Vorgarten des Lokals »Bräustübl« neben der Brauerei »Berliner Bürgerbräu«, Inschrift: *Zur Erinnerung / an die Gründung / von Friedrichshagen / 1753 / Die Brauerei, das ehemalige / Lehnschulzengut / Stammgrundstück / von Friedrichshagen.*

**Alexander FUTRAN**
*Odessa 26.7.1877 – †Köpenick 21.3.1920
**Futranplatz (Freiheit Ecke Katzengraben)**

Findling mit Reliefporträt, Inschrift: *Alexander Futran / Unserem Arbeiterführer / der am 21. März 1921 / im Kapp-Putsch / ermordet wurde*

Die Jahreszahl muß natürlich 1920 lauten. Die »1« besteht aus einem großen »I«, darunter sind Bohrlöcher erkennbar, die auf die frühere Anbringung eines anderen Zeichens, wohl die »0« für das Jahr 1920, hindeuten. Am späteren Futranplatz wurde 1918 der Arbeiter- und Soldatenrat von Köpenick gewählt. Futran war USPD-Vorsitzender von Köpenick. Während des Kapp-Putsches ließen sich die Vertreter der Arbeiterwehren auf Verhandlungen mit den Putschisten ein. Futran und sechs weitere wurden nach der Niederlegung der Waffen im Hof der damaligen Brauereiniederlassung an der Grünauer Straße erschossen.

**Hermann GRAMSCH**
**Grüne Trift 23 D (DDR: 1. Sonderschule)**

Der Verbleib des Gedenksteins (Findling) mit Reliefporträt, der den Umzug 1984 vom alten Standort der Schule (Alter Markt 3) zum jetzigen noch mitgemacht hatte, und eine etwaige Inschrift waren nicht zu ermitteln.

**Curt GROTTEWITZ, eigtl. Max Curt Pfütze**
*Grottewitz b. Grimma 22.2.1866 –
†Berlin 16.7.1905
**Alt-Müggelheim 15 Ecke Odernheimer Straße**

Dunkle Metalltafel, Inschrift: *Hier lebte und wirkte / der Natur- und / Arbeiterfreund / Dr. Curt Grottewitz / 22. Februar 1866–16. Juli 1905*

Der Sozialdemokrat Curt Grottewitz war Mitbegründer der Arbeiterwanderbewegung »Die Naturfreunde« und unterhielt enge Beziehungen zum Friedrichshagener Dichterkreis. Enthüllung (wahrscheinlich zum 100. Geburtstag) 1966.

**Ernst GRUBE**
*Neundorf/Anhalt 22.1.1890 –
†Bergen-Belsen 12. oder 14.4.1945
**Ernst-Grube-Straße 51 (Ernst-Grube-Stadion; Spindlersfeld)**

Inschrift unter rotem KZ-Winkel: *Zum Gedenken des / Widerstandskämpfers / Ernst Grube / geb. 22.1.1890 / Er verstarb / am 12.4.1945 / an den Folgen der / jahrelangen KZ-Haft / in Bergen-Belsen / als Kämpfer / gegen den Faschismus*

Der Tischler war Leiter der 1930 gegründeten »Kampfgemeinschaft für Rote Sporteinheit«. Er wurde mehrfach verhaftet, kam in verschiedene Zuchthäuser und Konzentrationslager und starb an Flecktyphus im KZ Bergen-Belsen. Die Tafel befindet sich am Casino. Nach anderen Quellen ist sein Todesdatum der 14.4.1945.

**Bruno HÄMMERLING**
*Wulferstädt 15.8.1886 –
†Brandenburg 30.10.1944
**Hämmerlingstraße 99**

Inschrift: *In diesem Hause / wohnte der / antifaschistische / Widerstandskämpfer / Bruno / Hämmerling / geb. am 15.8.1886 / Er wurde am 30.10.1944 / von den Faschisten / im Zuchthaus / Brandenburg / ermordet*

Der Klempner Hämmerling trat 1920 der KPD bei. Er war nach 1933 im Widerstand der illegalen KPD aktiv und schloß sich der Widerstandsgruppe um Anton Saefkow an. Er wurde am 6.7.1944 verhaftet und vom Volksgerichtshof am 31.8.1944 zum Tode verurteilt. Enthüllung 1976.

**Johann Julius HECKER**
*Werden/Ruhr 2.11.1707 – †Berlin 29.6.1768
**Schloßinsel (Park)**

Inschrift: *Begruender / des ersten / preussischen / Lehrerseminars / 1748*

Die Sandsteinstele von F. Volke unterhalb einer Platane zeigt oben eine Reliefbüste, darunter den Namen *Joh. Jul. Hecker* im unteren Teil links einen Jüngling mit einem Lorbeerzweig in seiner linken Hand, auf der rechten Seite den Inschrifttext. Auf der Rückseite der Stele steht: *Gestiftet / von / Lehrern und Freunden / des / Volksschulwesens / 1898*

Werden/Ruhr ist seit 1929 nach Essen eingemeindet. Begraben war Hecker auf dem Friedhof an der Dreifaltigkeitskirche (ehemaliger Standort: Mitte, im Bereich Mauerstraße und Mohrenstraße).

**Erich JANITZKY**
**Mittelheide 3 (Elsengrund)**

Inschrift: *Hier wohnte der / Widerstands-/ kämpfer / Erich / Janitzky / geboren am 21.7.1900 / in Berlin / In der Köpenicker / Blutwoche von / der S.A. am 21.6.1933 / ermordet.*

**KAPP-PUTSCH**
**Futranplatz (Freiheit Ecke Katzengraben)**

Gedenkstein rechts neben dem Stein für Alexander Futran. Der Stein trägt auf seiner Oberseite die Inschrift: *Köpenicker Arbeiter / gefallene Kämpfer gegen den Kapp-Putsch / Alexander Böhme. Wilhelm Böhme. Karl Breschke / Willi Dürre. Eckert. Karl Gratzke. Otto Gutsche / Heiland. Kassner. Fritz Kegel. Alfred Lawin / Adolf Schön. Fritz Purrmann. Georg Schütz / Paul Seelisch. Karl Wienicke*

**KAPP-PUTSCH**
**Adlergestell Ecke Wassersportallee (gegenüber S-Bahnhof Grünau)**

Findling mit aufgesetzten Metallettern, Inschrift: *Den / Arbeitern / des / Stadtbezirks / Berlin-Koepenick / zum Gedenken, / die im Maerz 1920 / bei der / Niederschlagung / des reaktionaeren / Kapp-Putsches / ihr Leben / liessen*

Enthüllung am 19.3.1977.

**Hans KIRSTEIN**
*Berlin 11.7.1891 – †Auschwitz 13.12.1942
**Tongrubenweg 76 (Müggelheim)**

Inschrift der Tafel auf einem Stein: *Hier wohnte der / jüdische Bürger / Hans Kirstein / geb. am 11.7.1891 / Er wurde im Konzentrations-/lager Auschwitz / am 13.12.1942 / von den Hitler-/faschisten / ermordet / Ehre seinem Andenken*

**KOMMUNISTISCHE JUGENDINTERNATIONALE**
**Fährallee 21 (Rauchfangswerder)**

Inschrift: *In diesem Haus tagte im Sommer 1930 unter der Leitung von Georgi Dimitroff eine illegale Beratung der Kommunistischen Jugendinternationale. An dieser Beratung nahm Artur Becker teil.*

Das zweitägige Treffen fand im damaligen Gasthaus »Zur Linde« statt. An dem Haus (in der DDR ein Kinderferienheim) war die Tafel, deren Spuren gut sichtbar waren, am 12.7.1992 entfernt. Ihr Verbleib ist nicht bekannt.

**KOMMUNISTISCHE PARTEI DEUTSCHLANDS**
**Rohrwallallee 11 (Karolinenhof/ Schmöckwitz)**

Inschrift: *In diesem Hause eröffnete Wilhelm Pieck am 14. September 1945 die Landesparteischule der KPD Berlin »Friedrich Engels«.*

Das Areal beherbergt jetzt das Sportforum Berlin, Bootshaus am Rohrwall, der Senatsverwaltung für Schule, Berufsbildung und Sport. Die anläßlich des 100. Geburtstags von Wilhelm Pieck enthüllte Tafel befand sich rechts neben dem Haupteingang. Sie soll sich bei der PDS Köpenick befinden.

**KÖPENICKER BLUTWOCHE**
**Dorotheenstraße Ecke Pohlestraße**

Gedenkanlage vor dem ehemaligen SA-Sturmlokal Demuth aus drei leicht stumpfwinklig zueinander stehenden rötlichen Steinen. Im linken Stein steht: *Den heldenhaften Kämpfern / gegen Faschismus und / imperialistischen Krieg.* Der mittlere Stein ist geprägt durch einen großen KZ-Winkel, über dem steht: *Köpenicker Blutwoche / Juni 1933*
Die Inschrift des rechten Steins lautet: *In ihrem Geiste – / Vorwärts, für Frieden, / Demokratie und Sozialismus!* Vor dem mittleren Stein liegt ein weiterer auf dem Boden mit der Inschrift: *Lokal Demuth / 1933 / Auf dem Heuboden und im Keller / wurden in den Junitagen von der SA / Hunderte Köpenicker Antifaschisten / mißhandelt und zu Tode gefoltert*
Eine frühere Tafel hatte einen leicht abweichenden Text: *Lokal Demuth / 1933 / Auf dem Heuboden u. Keller wurden in den / Junitagen von der SA Hunderte Köpenicker / Antifaschisten mißhandelt und zu Tode gefoltert. / Die Widerstandskämpfer gegen Faschismus / und Krieg*

*mahnen zum Kampf für Frieden, / Demokratie und Sozialismus.*

Insgesamt wurden während der »Köpenicker Blutwoche« 91 Menschen von SA-Angehörigen ermordet.

### KÖPENICKER BLUTWOCHE
**Essenplatz 1/Stellingdamm 39 (Elsengrund)**

Grünanlage mit Gedenkstein und aufgesetzter Gedenktafel, Inschrift: *Unseren von den Faschisten / während der Köpenicker Blutwoche / im Juni 1933 / ermordeten mutigen Kämpfern / ein ehrendes Gedenken / Johann Schmaus Paul von Essen / Anton Schmaus Erich Janitzky / Johannes Stelling / Wofür sie kämpften und starben / ist heute in der DDR Wirklichkeit*

### KÖPENICKER BLUTWOCHE
**Mahlsdorfer Straße Ecke Unter den Birken (Uhlenhorst)**

Inschrift des Gedenksteins: *Zum Gedenken an die Opfer der Köpenicker Blutwoche. Hier wurden im Juni 1933 im ehemaligen SA-Sturmlokal aufrechte Antifaschisten grausam mißhandelt und ermordet.*

Hier befand sich das SA-Sturmlokal Seidler, in das während der »Blutwoche« etwa 100 Menschen verschleppt, dort mißhandelt und z. T. auch ermordet wurden.

### KÖPENICKER BLUTWOCHE
**Müggelseedamm 132 (ehemalige Gladenbecksche Villa)**

Inschrift: *Zum Gedenken / an die aufrechten Kämpfer / gegen den Faschismus / die während der Köpenicker / Blutwoche im Juni 1933 / in diesem Haus von Faschisten / grausam misshandelt wurden*

Enthüllung am 20.6.1983.

### KÖPENICKER BLUTWOCHE
**Platz des 23. April**

Am Fuß des Denkmals von Walter Sutkowski steht auf einer Tafel: *Den Opfern der / Köpenicker / Blutwoche / im Juni 1933 / zum Gedenken* An der Rückseite steht: *Und ob wir dann noch leben werden, wenn es erreicht wird – leben wird unser Programm. Es wird die Welt der erlösten Menschheit beherrschen. Trotz alledem! Karl Liebknecht*

Am Zugang zur Grünanlage an der Bahnhofstraße Ecke Lindenstraße erläutert eine Metalltafel auf einem Betonsockel den Platznamen: *Platz des 23. April / An diesem historischen Tag / wurde 1945 / Berlin-Köpenick / durch die ruhmreiche / Sowjetarmee / vom Faschismus befreit.*

### KÖPENICKER BLUTWOCHE
**Puchanstraße 12 (Damm-Vorstadt, am ehemaligen Amtsgerichtsgefängnis)**

Inschrift: *Zum Gedenken / an die Opfer / der / Köpenicker Blutwoche / 1933*

Neben dem Tor weist eine Tafel darauf hin, daß sich im Gefängnishof links eine Gedenkstätte befindet. Im ehemaligen Zellenbau wurde am 7.9.1987 eine »Traditionsstätte des antifaschistischen Widerstands« eingeweiht; eine Tafel in der letzten Zelle im ersten Stock trägt die Inschrift: *Den / unvergessenen / Opfern der / Köpenicker / Blutwoche*

Seit Juni 1993 heißt der Ort »Gedenkstätte Köpenicker Blutwoche Juni 1933«.

**KÖPENICKER BLUTWOCHE**
**Wendenschloßstraße 390**
**Ecke Lienhardweg (SC Brise von 1898)**

Inschrift: *Unvergessen / sind die aufrechten Kämpfer / gegen den Faschismus, / die in der Köpenicker Blutwoche / im Juni 1933 auf diesem Grundstück / grausam misshandelt, ermordet / und in die Dahme versenkt wurden.*

Auf einer Waschbetonstele rechts neben dem Eingang ist die ocker gestrichene Holztafel (mit brauner Inschrift) angebracht. Eine frühere Tafel (Enthüllung am 20.6.1983) wurde im Herbst 1990 von Unbekannten entfernt. Zum 60. Jahrestag der »Köpenicker Blutwoche« im Juni 1993 sollte das Provisorium ersetzt werden. Einen solchen Antrag richtete der Bund der Antifaschisten Köpenick an das Bezirksamt, die Bezirksverordnetenversammlung faßte Ende März 1993 einen entsprechenden Beschluß. Den Auftrag für die Kupfertafel erhielt der Müggelheimer Künstler Martin Jahn, der bereits die erste Tafel schuf.

**Rudolf MANDRELLA**
*Auschwitz 6.3.1902 – †Brandenburg 3.9.1943
**Mandrellaplatz**

Inschrift unter dem Reliefporträt: *Rudolf Mandrella / Richter am Amtsgericht Berlin-Köpenick / katholischer Antifaschist / geboren 6.3.1902 ermordet 3.9.1943 / im Zuchthaus Brandenburg*

Der Gedenkstein mit Metalltafel steht auf dem kleinen Platz vor dem Amtsgerichtsgebäude. Enthüllung am 10.9.1982.

**Clara MÜLLER-JAHNKE**
*Lenzen/Pommern 5.2.1861 –
†Wilhelmshagen 4.11.1905
**Hochlandstraße 62–66 Ecke Saarower Weg (Wilhelmshagen, Friedhof an den Püttbergen)**

Inschrift des Findlings an ihrem Grabe unter einer Bildnisplakette: *Clara / Müller=Jahnke / * / 1905*
Etwas unterhalb der Grabstelle steht auf einem weiteren Findling: *Sei gesegnet, du Götterbote / der auf rauschenden Adlerschwingen / meine Seele aus Nacht und Dunkel / aufwärts trägt zu den fernen Höh'n, / wo aus goldenem Schacht*

*des Glückes / nie versiegende Quellen sprudeln – / Dreimal süsser ist Schlaf denn Wachen / aber das Süsseste ist der Tod.*

Der Text für die Dichterin (Wohlberedt) stammt von Julius Hart. Die Steine befinden sich im Friedhof oben am Hang außerhalb der genutzten Friedhofsanlage und sind nur über einen Trampelpfad am Rande des Zauns erreichbar und von unten nicht zu sehen.

**Theodor NEUBAUER**
*Ermschwerd b. Witzenhausen 12.12.1890 – †Brandenburg 5.2.1945
**Bölschestraße 65**

Stele mit lebensgroßer Büste, dahinter an der Wand zwei schmale Tafeln mit den Inschriften: *„Dr. Theodor Neubauer geb. 12.12.1890"* und *„Von den Faschisten ermordet 5.2.1945"*

**OPFER DES NATIONALSOZIALISMUS**
**Wilhelminenhofstraße 76/77 Nähe Ostendstraße (DDR: VEB Kabelwerk Oberspree [KWO]; heute Entwicklungsareal der Berliner Landesentwicklungsgesellschaft [BLEG])**

Zwischen der Rathenauvilla (ehem. Verwaltungsgebäude) und Haus 4 (Aufgang 3) steht in einer Grünanlage ein abgestufter, aus gelbroten Klinkern gemauerter Gedenkstein von ca. zweieinhalb Metern Höhe. An seiner Spitze ist ein aus Beton gefertigtes Dreieck (KZ-Symbol) angebracht, darin ein stehender und ein knieender Häftling vor Stacheldraht.

Die Inschrift aus aufgesetzten Lettern lautet: *Wir gedenken / unserer Kämpfer / gegen den / Faschismus / Grete Walter / geb. 22.2.13 erm. 21.10.35 / Paul v. Essen / geb. 1.3.86 erm. 21.6.33 / Fritz Plön / geb. 3.12.06 erm. 28.8.44 / Judith Auer / geb. 19.9.05 erm. 27.10.44 / Arthur Illgen / geb. 22.1.05 [!] erm. 11.5.43*

Die KPD-Funktionärin Grete Walter wurde mehrfach, zuletzt während einer Zwangsverpflichtung als Landhelferin in Wahlendow am 9.10.1935 wegen Widerstandsaktivitäten verhaftet. Sie wurde in der Gestapo-Zentrale in der Prinz-Albrecht-Straße (Niederkirchnerstraße) gefoltert, um Aussagen zu erzwingen. Als sie die Qualen nicht länger schweigend ertragen konnte, stürzte sich die Zweiundzwanzigjährige aus dem 3. Stock in einen Lichtschacht.
Der Schweißer Fritz Plön gehörte einer Untergrundgruppe der KPD im Werk an. Er wurde am 4.2.1942 verhaftet, zum Tode verurteilt und im Zuchthaus Brandenburg hingerichtet.
Zu dem technischen Angestellten Arthur Illgen (*Berlin 22.2.1905 – †Berlin-Plötzensee 11.5. 1943) lagen keine weiteren Angaben vor.

**OPFER DES NATIONALSOZIALISMUS**
**An der Wuhlheide 131 a (Waldfriedhof Oberschöneweide)**

Etwa 150 m vom Haupteingang entfernt befindet sich rechts vom Hauptweg eine kleine, grabähnliche Anlage. Inschrift des Steins: *Den Toten zu Ehren / den Lebenden zur Pflicht /*

*Erich Busse / Wilhelm Firl / Fritz Kirsch / Fritz Plön / Günther Ratajczak / Elfriede Tygör / Bernhard Sobottka / Unvergessen*

Erich Busse wurde am 19.10.1905 in Oberschöneweide geboren, er starb am 20.9.1940.
Wilhelm Firl wurde vom Volksgerichtshof zum Tode verurteilt und in Berlin-Plötzensee ermordet.
Fritz Kirsch starb im KZ Sachsenhausen.
Fritz Plön wurde in Brandenburg hingerichtet.
Elfriede Tygör (*Berlin 10.10.1903) starb am 25.8.1944 durch den Henker in Berlin-Plötzensee.
Günther Ratajczak (*Obersteine 17.5.1923) wurde am 10.1.1944 in Brandenburg hingerichtet.
Bernhard Schottka (*Wanne-Eickel 30.6.1911) starb am 20.7.1945 wahrscheinlich in Hamburg.

**Wilhelm PIECK**
**Fürstenwalder Allee 182/184 (2. Gymnasium Köpenick [Außenstelle], DDR: Wilhelm-Guddorf-Schule; Rahnsdorf)**

Inschrift: *In dieser Schule sprach Wilhelm Pieck, Vorsitzender der SED, am 5.7.1946 zur Rahnsdorfer Bevölkerung.*

Die Tafel wurde anläßlich des 100. Geburtstags Piecks enthüllt. Sie ist entfernt, ihr Verbleib ist nicht bekannt.

**Walther RATHENAU**
**An der Wuhlheide 131a (Waldfriedhof Oberschöneweide)**

Am Grabmal der Familie Rathenau war noch am 12.7.1992 eine Bronzetafel mit folgender Inschrift angebracht: *Im Gedenken an / Dr. Walter [!] Rathenau / der den Rapallovertrag mit / der Sowjetunion unterschrieb / mit den grossen Staaten in Ost und / West gute Beziehungen suchte / und deshalb von der Reaktion / im Juni 1922 ermordet wurde. / Nationalrat der Nationalen Front /*

*des demokratischen Deutschland / Berlin, 24. Juni 1962*

Am 27.9.1992 war die Tafel entfernt und durch eine nichtssagende Bronzetafel mit der Inschrift ersetzt: *Dr. Walther Rathenau / geboren / 29.9.1867 / ermordet / 24.6.1922 / Reichsaussenminister 1922*

**Alide RATSCH, geb. Janowski**
*Pola/Österreich 26.1.1883 –
†Berlin 17.7.1975
**Georg RATSCH**
*Naumburg/Saale 24.3.1880 –
†Berlin 20.7.1965
**Freiheit 14 (Pfarrhaus der evangelisch reformierten Schloßkirchengemeinde Köpenick)**

Die Tafel befindet sich seitwärts an der Brandmauer zum Haus Nr. 15, Inschrift: *Georg Ratsch, / Pfarrer der / reformierten Gemeinde / 1927–1947, / seine Ehefrau Alide / und die Gemeinde / machten dieses Pfarrhaus / zu einer Stätte der / Zuflucht und der Hilfe / für Antifaschisten, Juden / und Opfer des Krieges / in den Jahren 1933–1945*

Enthüllung am 20.6.1988.

**Fritz RODE**
*Staßfurt 4.12.1885 –
†Sachsenhausen 9.8.1940
**Rodestraße 41 Ecke Klafterzeile**

Gedenkstein mit Tafel, Inschrift: *Hier wohnte der / Widerstands-/kämpfer / Fritz Rode / geb. am 4.12.1885 / Am 9.8.1940 / von SS-Banditen in / Sachsenhausen / ermordet / Ehre seinem Andenken*

Wegen der Herstellung und Verbreitung der antinazistischen Druckschrift »Die Stimme der Werktätigen« wurde Rode 1936 zu dreieinhalb Jahren Haft verurteilt, anschließend in das KZ Sachsenhausen eingeliefert und dort ermordet.

**Johann SCHMAUS**
*München 5.12.1879 – †Berlin 21.6.1933
**Anton SCHMAUS**
*München 19.4.1910 – †Berlin 16.1.1934
**Schmausstraße 2 am Essenplatz (Elsengrund)**

Inschrift: *In diesem Hause wohnten / die Widerstandskämpfer / Johann Schmaus / geb. 5.12.1879 in München / Am 21.6.1933 in der / Köpenicker Blutwoche / ermordet. / Anton Schmaus / geb. 19.4.1910 in München / Am 16.1.1934 an den / Folgen grausamer / Misshandlungen / in Köpenick / verstorben.*

Johann Schmaus war Mitglied des Reichsbanners Schwarz-Rot-Gold, Vertreter der SPD im Reichswirtschaftsrat und Vorstandsmitglied des Deutschen Landarbeiterverbandes. Sein Sohn Anton konnte sich zunächst der Verhaftung durch Flucht entziehen. Er stellte sich später der Polizei und wurde bei »seinem Eintreffen im Berliner Polizeipräsidium von SA-Leuten angeschossen. Obwohl mit einer Lähmung beider Beine bettlägerig, holten ihn die SA-Schläger aus dem Krankenhaus zur Vernehmung«.

**Werner SEELENBINDER**
**Mandrellaplatz 6 Ecke Seelenbinderstraße (Amtsgericht Köpenick)**

Inschrift rechts neben einem Reliefporträt: *Dem mutigen Kämpfer / gegen Faschismus, / Imperialismus / und Krieg / Werner / Seelenbinder / zum Gedenken*
Unter dem Porträt stehen die Lebensdaten: *Geb. / 2.8.1904 / Ermordet / 24.10.1944*

**SOZIALISTISCHE EINHEITSPARTEI DEUTSCHLANDS**
**Freiheit (Altes Schulhaus)**

Inschrift unter den verschlungenen Händen: *In dieser Schule / vereinigten sich am 11. April 1946 / Mitglieder der KPD und SPD / zur Kreis-Parteiorganisation / Berlin-Köpenick der / Sozialistischen Einheitspartei / Deutschlands*

Enthüllung am 21.4.1983.

**Johannes STELLING**
**Stellingdamm 36 (Elsengrund)**

Inschrift: I*n diesem Hause / wohnte / der Antifaschist / Johannes / Stelling / geb. 12.5.1877 / Er wurde von der S. A. am 21.6.1933 / grausam in der / Köpenicker Blutwoche ermordet*

**Wilhelm SÜLT**
*Patzig/Rügen 3.4.1888 – †Berlin 1.4.1921
**Rummelsburger Landstraße 2–12 (BEWAG)**

Inschrift: *Zum Gedenken / an / Wilhelm Sült / Im Kampf um die Freiheitsrechte / der Arbeiterschaft / unseren Reihen entrissen / durch Mörderhand / am 30. März 1921. / Sühnt seinen Tod durch rastlose Tat / für Frieden Freiheit und Gerechtigkeit / Gestiftet / im Aufstieg aus Trümmern und Not / am 1. Mai 1946. / Von der Belegschaft der / BEWAG.*

**Werner SYLTEN**
*Hergiswyl/Schweiz 9.8.1893 –
†Schloß Hartheim bei Linz 26.8.1942
**Müggelbergplatz (Wendenschloß)**

Gedenkstein mit Reliefporträt, darunter die Inschrift: *Werner Sylten / evangelischer Pfarrer / Retter rassisch / Verfolgter / Opfer des Faschismus / geboren 9.8.1893 / ermordet 26.8.1942*

Sylten war ein enger Mitarbeiter von Pfarrer Heinrich Grüber und Leiter der seelsorgerischen Abteilung des »Büros Grüber« bis zu dessen Schließung im Dezember 1940. Er und andere dort Tätige verhalfen vielen Juden zur Ausreise aus Deutschland. Im Februar 1941 wurde er verhaftet und in das KZ Dachau verschleppt. Er starb (BM, 9.8.1993) am 26.8.1942 in der Gaskammer des Schlosses Hartheim bei Linz (Österreich). Seine Grabstätte befindet sich auf dem Friedhof Köpenick, Rudower Straße 23. In Hartheim wurden allein 1940/41 18 269 Kranke und Behinderte vergast, anschließend eine unbekannte Zahl von KZ-Häftlingen, die aus den KZ's Mauthausen und Dachau hierhergebracht wurden. (Die Zeit, 26.1.1996, S. 73) Enthüllung am 26.6.1985.

**SYNAGOGE**
**Freiheit 8**

Inschrift: וזה שער השמים / *Und dieses ist ein Tor des Himmels / Zur Erinnerung an die / Jüdische Gemeinde zu Köpenick / und ihre Synagoge / die am 9. November 1938 in der / Pogromnacht zerstört wurde*

Über der Inschrift zeigt die Metalltafel eine Reliefdarstellung des Gotteshauses. Der hebräische Satz (= erste [und in deutscher Übersetzung zweite] Zeile der Gedenktafelinschrift) war über dem Synagogenportal angebracht. Die Tafel wurde am 9.11.1993 enthüllt.

**Wilhelm VOIGT**
*Tilsit 13.2.1849 –
†Luxemburg-Limpertsberg 3.1.1922
**Alt-Köpenick 21 Ecke Rosenstraße (Rathaus)**

Inschrift: *In diesem Rathaus beschlagnahmte / am Nachmittag des 16. Oktober 1906 als / »Hauptmann von Köpenick« / der Schuhmacher / Wilhelm Voigt / 13.2.1849– 3.1.1922 / die Stadtkasse · Als Köpenickiade ging diese / Tat in die Geschichte ein / Durch das gleichnamige Theaterstück von / Carl Zuckmayer (1931) wurde er / zur literarischen Figur*

An seinem Grab im Sterbeort ließ der Circus Sarrassani 1961 eine Tafel zur Erinnerung an den Mann anbringen, der aus Verzweiflung handelnd den kaiserlichen Militärstaat und seine Hörigkeit gegenüber der Obrigkeit entlarvte. Enthüllung der Berliner Gedenktafel rechts neben dem Eingang durch Bezirksbürgermeister Klaus Ulbricht am 23.8.1996.

**Otto WELS**
*Berlin 15.9.1873 – †Paris 16.9.1939
**Rahnsdorfer Straße 23 (Friedrichshagen)**

Hier war die letzte Berliner Wohnung des SPD-Vorsitzenden (seit 1931), der mit seiner mutigen Rede gegen das Ermächtigungsgesetz am 23.3. 1933 im Reichstag als einziger die Fahne der Demokratie und Freiheit noch einmal hochgehalten hatte, bevor er zuerst nach Prag und später nach Paris ins Exil ging. Im August 1933 wurde ihm von den Nazis die deutsche Staatsangehörigkeit aberkannt. Seit 1891 war der Tapezierer Mitglied der SPD, 1912 wurde er zum ersten Mal als Abgeordneter in den Reichstag gewählt. 1920 leitete er zusammen mit Carl Legien (*Marienburg/Westpreußen 1.12.1861– †Berlin 26.12.1920) den erfolgreichen Generalstreik gegen den Kapp-Putsch. Die Anbringung einer Berliner Gedenktafel wurde verweigert, Alternativen werden überlegt. □

**WIDERSTANDSKÄMPFER**
**Am Goldmannpark 53 (Friedrichshagen)**

Nach Unterlagen der Abteilung Kultur des Rats des Stadtbezirks Köpenick aus dem Frühjahr 1988 sollte die Tafel »im Flur des Gebäudes« mit den Namen von 29 ermordeten Mitgliedern der Widerstandsgruppe Herbert Baum (der Gedenkstein auf dem Jüdischen Friedhof in Weißensee nennt 28 Namen) »in Kürze restauriert und fehlende Geburtsdaten nachgetragen« werden. Es scheint zudem eine weitere außen angebrachte Tafel gegeben zu haben. Der Inschrifttext begann: *Gewidmet / der / Widerstandsgruppe / Herbert Baum / die heldenhaft gegen / den Hitlerfaschismus / kämpfte und dafür / ihr Leben ließ.*

Der weitere Textverlauf und der Verbleib der Tafel (sie soll im Sommer 1991 noch gehangen haben) konnten nicht geklärt werden.

**WIDERSTANDSKÄMPFER**
**Griechischer Park (Oberschöneweide)**

Aus rötlichen Klinkern gemauerte Säule mit oben umlaufenden gebrannten Tonplatten, die nach vorn eine Schwurhand vor einem KZ-Winkel zeigen und an der linken und rechten Seite Inschriften tragen: *Zum Gedenken / an die / Widerstands-/kämpfer aus / Oberschö-/ neweide* (links); *Im Kampf gegen / faschistische / Barbarei / gaben sie / ihr Leben* (rechts)

Die Säule befindet sich an der Ostecke des Parks in Höhe des Hauses Griechische Allee 42.

**Paul ZOBEL**
*Berlin 13.3.1891 – †Dachau 22.3.1945
**An der Wuhlheide 256 (Paul-Zobel-Sportanlagen)**

Inschrift: *Dem unvergessenen Arbeitersportler / und Widerstandskämpfer / Paul Zobel / geboren am 13.3.1891 / ermordet am 23.3.1945 [!] / im KZ Dachau*

Das Todesdatum weicht von dem in Pankow angegebenen ab. Die Metalltafel befindet sich am Vereinshaus rechts neben dem Eingang.

**ZWANGSARBEITER**
**Wendenschloßstraße 154/158**

Inschrift: *Ehrendes Gedenken den antifaschistischen Kämpfern aus der Sowjetunion, Jugoslawien, Belgien, Frankreich und Deutschland, die in dem faschistischen Rüstungsbetrieb GEMA zwangsverpflichtet waren und in diesem Haus von der Gestapo inhaftiert, entwürdigt, gequält und danach in die faschistischen Todeslager verschleppt wurden.*

Die Tafel befindet sich an der Rückseite des Hauses 4 auf dem Gelände des ehemaligen Funkwerks Köpenick.

# LICHTENBERG

**ARBEITERRAT**
**Hirschberger Straße 4 (jetzt BfA)**

Inschrift: *In unserem volkseigenen / Berliner Bremsenwerk, / der ehemaligen Knorr-Bremse AG, / wurde im Kampf / gegen den imperialistischen Krieg / im Aprilstreik 1917, / nach den Weisungen der Spartakusgruppe, / der erste Arbeiterrat Deutschlands gebildet*

Am 19.4.1917 stellte der Rat die Forderungen auf, Karl Liebknecht und andere in Schutzhaft Befindliche freizulassen, das Vereinsgesetz aufzuheben und völlige politische Freiheit zu gewähren, den Belagerungszustand aufzuheben und die ausreichende Versorgung mit Lebensmitteln sicherzustellen sowie den Krieg ohne Anspruch auf Entschädigungen und Eroberungen zu beenden. Ferner wurden die Beschäftigten anderer Betriebe aufgefordert, ebenfalls Arbeiterräte zu bilden. Die Tafel ist seit den Umbaumaßnahmen entfernt. Sie befand sich rechts neben dem Eingang.

**Otto ARNOLD**
*Lößnitz, Krs. Zwickau 13.7.1889 –
†13.3.1941
**Weißenseer Weg (DDR: Ho-Chi-Minh-Straße, ehemalige Kleingartenanlage Landsberg)**

Im Oktober 1934 wurde der zunächst Geflüchtete von der Gestapo verhaftet und wegen seiner Untergrundarbeit für die KPD zu dreieinhalb Jahren Haft verurteilt. Anschließend kam er in ein KZ und dort ums Leben. Die Kleingartenanlage existiert nicht mehr. Verbleib und Inschrift der Tafel sind nicht bekannt.

**Artur BECKER**
*Remscheid 12.5.1905 –
†wahrscheinlich Burgos/Spanien 16.5.1938
**Schlichtallee 1 (Rummelsburg)**

Inschrift: *Hier wohnte Artur Becker, Erster Vorsitzender des Kommunistischen Jugendverbandes Deutschlands 1931–1932. Von den Faschisten 1938 in Spanien ermordet. Die Jugend der DDR erfüllt sein Vermächtnis.*

Die Tafel wurde 1990 von der Wohnungsverwaltung abgenommen. Am 6.5.1994 brachte der Verein Aktives Museum Faschismus und Widerstand in Berlin e.V. eine Ersatztafel an, Inschrift: *Hier an seinem Wohnhaus war eine Gedenktafel für / Artur Becker / 12.5.1905 – Mai 1938 / Bereits mit 15 Jahren wurde Artur Becker Mitglied der KPD und / des Kommunistischen Jugendverbands Deutschlands, 1929 wurde er in / dessen Zentralkomitee, 1931 zum Vorsitzenden gewählt. / 1930 wurde er jüngster Abgeordneter des Reichstags (Wahlkreis / Düsseldorf-West). 1933 emigrierte Artur Becker nach Moskau, / 1937 ging er nach Spanien. Im April 1938 wurde er als / Politkommissar des Thälmann-Bataillons der XI. Internationalen / Brigade schwer verwundet und gefangenge-*

*nommen. Zeitpunkt und / Umstände seines Todes sind ungeklärt. / 8. Mai 1994 / Aktives Museum Faschismus und Widerstand in Berlin e. V.*

**Artur BECKER**
**Leopoldstraße 14 (DDR: Artur-Becker-Schule, jetzt 3. Gymnasium; Rummelsburg)**

Inschrift: *Artur Becker 1905–1938 Sein Name verpflichtet*

Die Tafel war im Hof der Schule angebracht. Ihr Verbleib wie der einer Büste Beckers sind nicht bekannt.

**Georg BENJAMIN**
**Paul-Junius-Straße 15 (DDR: Körperbehinderten-Schule Dr. Georg Benjamin)**

Inschrift: *Dr. Georg Benjamin, /10.9.1895–26.8.1942. / 1914 Beginn des Mathematikstudiums, / Soldat des 1. Weltkrieges / 1918 Fortsetzung des Studiums / als Medizinstudent / 1920 Mitglied der USPD / 1922 Mitglied der KPD / 1923 Dr. der Medizin / 1926 Schularzt in Wedding / 1931 Entlassung / 1933 Berufsverbot, erste Verhaftung / Mitarbeit in der illegalen Leitung / der KPD / 1936 Erneute Verhaftung, Verurteilung / zu 6 Jahren Zuchthaus / 1942 Ermordung im KZ Mauthausen.*

Der Verbleib der Tafel ist nicht bekannt.

**Nikolai E. BERSARIN**
**Alt-Friedrichsfelde 1 (DDR: Straße der Befreiung) Ecke Rosenfelder Straße**

Inschrift: *In diesem Haus / befand sich / Ende April/Anfang / Mai 1945 die erste / sowjetische / Stadtkommandantur / von Berlin. / Hier wirkte / Generaloberst / N. E. Bersarin / als erster / Stadtkommandant.*

**Max BRUNNOW**
*Stralsund 26.9.1896 –
†Sachsenhausen 10.2.1940
**Alfred-Jung-Straße 5 (früher: Wördenstraße 63)**

Inschrift: *Hier wohnte der / antifaschistische / Widerstandskämpfer / Max / Brunnow / geb. am 26.9.1896 / Von den / Faschisten ermordet / am 10.2.1940 / Ehre seinem Andenken*

Brunnow wurde 1936 und 1938 verhaftet, mußte aber jedesmal wieder freigelassen werden. Am 1.9.1939 wurde er nach erneuter Verhaftung im KZ Sachsenhausen eingesperrt und kam dort ums Leben.

**Hans COPPI**
*Berlin 25.1.1916 –
†Berlin-Plötzensee 22.12.1942
**Römerweg 39 (DDR: Hans-Coppi-Oberschule; 6. Gymnasium)**

Inschrift einer großen Tafel, vor der eine Büste Coppis stand: *Hans Coppi wurde am 25. Januar 1916 in Berlin geboren. Er gehörte seit seiner frühesten Jugend der sozialistischen Bewegung an. Schon mit knapp 17 Jahren wurde er von der faschistischen Justiz wegen seiner Betätigung für die illegale Kommunistische Partei zum ersten Male verurteilt. Nach seiner Entlassung aus dem Gefängnis 1934 nahm er erneut Verbindung zu seinen früheren Kampfgefährten auf. Mit großer Energie erwarb sich Hans Coppi ein umfassendes Wissen und qualifizierte sich vom Hilfsarbeiter in einem Metallbetrieb zum*

*Techniker. Gemeinsam mit seiner Lebensgefährtin Hilde Coppi kämpfte er in der Widerstandsgruppe Schulze-Boysen/Harnack für die Beendigung des Hitlerkrieges. Im September 1942 wurde er von der Gestapo mit vielen seiner Kampfgenossen, unter denen sich auch seine Frau befand, wiederum verhaftet und als einer der aktivsten Kämpfer der Widerstandsgruppe zum Tode verurteilt. Wenige Wochen nach der Geburt seines Sohnes Hans, die am 27. November 1942 im Zuchthaus erfolgte, wurde Hans Coppi am 22. Dezember 1942 hingerichtet. Im Herbst 1943 traf auch Hilde Coppi das gleiche Schicksal.*
*Sein Sohn wurde bei den Großeltern Robert und Frieda Coppi aufgezogen. Er besuchte diese Schule bis 1955. Frau Frieda Coppi nahm lange Jahre hindurch regen Anteil an der schulischen Arbeit. Der Name Hans Coppi wurde dieser Schule anläßlich des 10. Jahrestages der Gründung der Deutschen Demokratischen Republik auf Grund der guten politisch-pädagogischen Arbeit und der beispielgebenden Tätigkeit in den Pioniergruppen verliehen.*
*Die Pionierfreundschaft trägt den Namen Hans Coppi seit 1950.*

Büste und Tafel befinden jetzt sich im Heimatmuseum Lichtenberg.

**Hedwig COURTHS-MAHLER**
**Dönhoffstraße 11 (Karlshorst)** □

**Oscar GREGOROVIUS**
*19.12.1843 – †2.8.1913
**Wildensteiner Straße 18**

Wohnort des Baumeisters, der den städtebaulichen Entwurf für die Villensiedlung Karlshorst vorgelegt hat. □

**HEIZKRAFTWERK KLINGENBERG**
**Köpenicker Chaussee 42/45 (Rummelsburg)**

Inschrift: *Rekonstruktion und Neubau des / Heizkraftwerks Rummelsburg / Für die*

*architektonische Gestaltung / erhielt das Kollektiv / Lothar Arzt Volker Barthmus / Dörthe Kothe / Egon Mahnkopf Günter Ulbricht / den Architekturpreis / der Hauptstadt der DDR, Berlin / 1988*

Die Tafel befindet sich links neben dem Haupteingang (Tor 1). In der Eingangshalle befindet sich zudem eine Metalltafel, die den Namen *Georg / Klingenberg* (*Hamburg 28.11.1870 – †Berlin-Charlottenburg 7.12.1925) und darüber ein Reliefporträt trägt. Die Tafel wurde Anfang der siebziger Jahre abgenommen, als man den traditionellen Namen in Heizkraftwerk Rummelsburg änderte. Inzwischen hängt sie wieder am alten Ort. Außerdem erläutert eine Tafel zum Bau des Kraftwerks: *Gesamtausführung / des Kraftwerkes im Auftrage / der Berliner Städtischen / Elektrizitäts-Werke A.G. / durch die / Allgemeine Elektricitäts-Gesellschaft / Berlin / Leistung im ersten Ausbau / 270.000 KW. / Baubeginn 15. Sept. 1925 / Inbetriebnahme 19. Dez. 1926 / Arch. B.D.A. Klingenberg u. Issel*

**MUSEUM BERLIN-KARLSHORST**
**(»Museum der bedingungslosen Kapitulation des faschistischen Deutschland im Großen Vaterländischen Krieg 1941–1945«)**
**Rheinsteinstraße (DDR: Fritz-Schmenkel-Straße) Ecke Zwieseler Straße**

Inschrift der Tafel links neben dem Eingang: В этом зданни 8 мая 1945 года/ был подписан Акт/ о безоговорочной капитуляции/фашистскои Германии / *In diesem Gebäude wurde am 8. Mai 1945 / die bedingungslose Kapitulation / des faschistischen Deutschland unterzeichnet*

Die Urkunde unterzeichneten am späten Abend des 8. Mai 1945 (gegen 22.45 Uhr MEZ, nach Moskauer Zeit bereits am 9. Mai 1945) für die deutsche Seite Generalfeldmarschall Wilhelm Keitel, Generaladmiral Hans von Friedeburg und Generaloberst Hans Jürgen Stumpff. Im Saal der Unterzeichnung der Kapitulation werden auf der linken Schmalseite auf drei wandhohen Tafeln in russischer Sprache die militärischen Einheiten und Geräte bezeichnet, die im Zweiten Weltkrieg auf sowjetischer Seite zum Einsatz kamen. Im Gang dahinter steht auf einer an der Wand befestigten Marmortafel: НА ТЕРРИТОРИИ ГДР/ СОВЕТСКИМ ВОИНАМ ВОЗДВИГНУТО 317 / ПАМЯТИКОВ И ОБЕЛИ-/СКОВ. НАХОДЯТСЯ 528 / КЛАДБИЩ И БОЛЬШИХ/ ЗАХОРОНЕНИИ. (In deutscher Übersetzung: *Auf dem Territorium der DDR existieren 317 Denkmäler und Obeliske für sowjetische Krieger, es befinden sich [dort] 528 Friedhöfe und größere Begräbnisplätze.)*

Das Museum wurde Ende Mai 1994 geschlossen und nach Umbau am 10.5.1995 als »Museum Berlin-Karlshorst« wiedereröffnet.

**KARLSHORST (KOLONIE)**
**Lehndorffstraße**

Ein Findling mit Inschrift soll an die erste Kolonie Karlshorst erinnern. □

**KOMMUNISTISCHE PARTEI DEUTSCHLANDS**
**Einbecker Straße 41 (früher Prinzenallee 80; fast Ecke Rosenfelder Straße)**

Inschrift: *In diesem Hause befand sich / von Mai bis Juli 1945 / der Sitz des Zentralkomitees / der Kommunistischen Partei / Deutschlands*

Diese Tafel aus der »Ära Honecker« ersetzte eine ältere, deren Inschrift lautete: *In diesem Hause begannen / am 9.5.1945 / die antifaschistisch-/demokratischen Kräfte / unter Führung von / Walter Ulbricht / mit der Herstellung / der Einheitsfront von KPD und / SPD und dem Aufbau der neuen demokratischen Verwaltung / in Deutschland*

Hier war der Sitz der sogenannten »Initiativgruppe Ulbricht« ab 9.5.1945, die seit ihrem Eintreffen in Deutschland zunächst in Bruchmühle bei Altlandsberg untergebracht war. Der neue Ort wurde offenbar mit Bedacht ausgewählt, denn nur wenige Meter entfernt befand sich die erste sowjetische Stadtkommandantur unter Bersarin (Alt-Friedrichsfelde 1). Das Haus wurde 1992 renoviert, dabei die Tafel, die sich rechts oberhalb der Tür zwischen den Fenstern des Hochparterres befand, entfernt. Sie befindet sich im Heimatmuseum Lichtenberg.

**Soja KOSMODEMJANSKAJA**
*Ossino-Gaj, Gebiet Tambow 13.9.1923 – †Petristschewo, Gebiet Moskau 29.11.1941
**Wolodja DUBININ**
*29.8.1927 – †4.1.1942
**Dolgenseestraße 60 (DDR: Soja-Kosmodemjanskaja-Oberschule, jetzt 4. Gymnasium)**

Hier befanden sich zwei Tafeln mit den Inschriften: *Zum ehrenden Gedenken an die Helden der Sowjetunion Soja Kosmodemjanskaja und*

*Wolodja Dubinin* und: *Wolodja Dubinin, geb. 29.8.1927, gest. 4.1.1942. Pionierheld der Sowjetunion, Träger des Rotbannerordens.*

Der Verbleib beider Tafeln ist nicht bekannt.

**Hans KRÜGER**
*Berlin 5.6.1904 – Brandenburg 27.11.1944
**Türrschmidtstraße 38 (Rummelsburg)**

Inschrift: *Hier wohnte der / antifaschistische / Widerstandskämpfer / Hans / Krüger / geb. am 27.6.1904 / Von den / Faschisten ermordet / am 27.11.1944 / Ehre seinem / Andenken*

Krüger wurde wegen antinazistischer Äußerungen im Juli 1943 denunziert, zum Tode verurteilt und im Zuchthaus Brandenburg hingerichtet. Das Geburtsdatum weicht von den Angaben in den Brandenburger Akten ab.

**Georg LEHNIG**
**Wönnichstraße 105**

Inschrift: *In diesem Hause / wohnte der / antifaschistische / Widerstandskämpfer / Georg / Lehnig / geb. am 15.3.1907 / von den Faschisten ermordet / am 28.3.1945 / Ehre seinem Andenken*

Lehnig war ab 1933 zunächst als Kurier für die KPD tätig und wurde noch im selben Jahr verhaftet. Nach der Freilassung 1935 stellte er fremdsprachige Flugblätter für Zwangsarbeiter in Rüstungsbetrieben her (Rheinmetall-Borsig in Tegel). Den von der Gestapo gesuchten KPD-Funktionär Paul Hinze (*Letschin, Krs. Lebus 10.8.1906 – †Brandenburg 20.2.1945) versteckte er in seiner Wohnung. Beide wurden im April 1944 verhaftet und im Zuchthaus Brandenburg hingerichtet.

**Bernhard LICHTENBERG**
**Gundelfinger Straße 36 Nähe Marksburgstraße (Karlshorst; Pfarrhaus der St. Marien-Gemeinde)**

Inschrift: *Zum Gedenken an / Bernhard Lichtenberg / 3.12.1875 – 5.11.1943 / 1905-1910 Seelsorger in Friedrichsfelde Karlshorst / 1937–1943 Dompropst von St. Hedwig / 1941–1943 Häftling in Plötzensee Altmoabit [!] Tegel / Verstorben auf dem Weg in das Konzentrationslager Dachau / Mahner des Friedens Priester für das Volk / Streiter für die Rechte des Menschen und der Kirche / Märtyrer / Seligsprechung 23.6.1996 Berlin / 1909 errichtete Lichtenberg dieses Pfarrhaus / mit der ersten katholischen Kirche in Karlshorst*

Enthüllung und Segnung der Eisentafel durch Bezirksbürgermeister Wolfram Friedersdorf, Pfarrer Burkhard Simon und Dompropst Otto Riedel am 2.11.1996.

**Wilhelm MARTINKE**
*Berlin 12.10.1909 – †1.1.1945
**Pfarrstraße 92 (Rummelsburg)**

Inschrift: *Hier wohnte der Antifaschist Wilhelm Martinke, geboren am 12.10.1909, verschollen 1.1.1945.*

Die Tafel wurde 1991 von Unbekannten entwendet. Am 6.5.1994 brachte der Verein Aktives Museum Faschismus und Widerstand in Berlin eine Ersatztafel an. Inschrift: *Hier an seinem Wohnhaus war eine Gedenktafel für / Wilhelm Martinke / 12.10.1909– 1.1.1945 / Der Metallschleifer Wilhelm Martinke gehörte keiner politischen / Partei an. Er gab Nachrichten des Londoner und Moskauer Rundfunks / an seine Arbeitskollegen bei Siemens & Halske weiter. / Am 9. September 1944 wurde er verhaftet und wegen »Wehrkraft-/zersetzung« zu zwei Jahren Haft verurteilt. Auf dem Transport ins / Zuchthaus wurde Wilhelm Martinke ermordet. / 8. Mai 1994 / Aktives Museum Faschismus und Widerstand in Berlin e.V.*

**Robert MÜHLPFORTE**
*Halle 27.3.1911 – †17.8.1972
**Rosenfelder Ring 63 (DDR: Robert-Mühlpforte-Oberschule, jetzt 8. Grundschule)**

Inschrift: *Robert Mühlpforte, 1911 Am 27. März als Sohn einer im Klassenkampf erprobten Arbeiterfamilie in Halle geboren. 1921 Mitglied der kommunistischen Kinderorganisation. Erste politische Erfahrungen durch illegalen Zeitungs- und Flugblattvertrieb. 1925 Lehre als Maler. Beitritt zum KJVD. Als aktiver Funktionär tätig. 1932 Lehrgangsbesuch des KJVD in Berlin. 1933 Als Mitglied der Bezirksleitung Halle des KJVD im Oktober verhaftet. 1934/1935 Inhaftierung im KZ Esterwegen, einem der berüchtigsten Moorlager 1937 Aktive Teilnahme am illegalen antifaschistischen Widerstandskampf. Erneute Verhaftung im Oktober und zu 2 1/2 Jahren Zuchthaus verurteilt. 1940/1944 Überführung in das KZ Dachau. 1944 Auf Beschluß der illegalen Lagerleitung der Partei im November zur Wehrmacht gemeldet. Mit zahlreichen Mitkämpfern dem Strafbataillon Dirlewanger zugeteilt. Mit seinen Kampfgefährten im Dezember den kampflosen Übergang zur Roten Armee organisiert. 1945 Rückkehr aus der Kriegsgefangenschaft. Mitglied der KPD und hauptamtliche Mitwirkung in der Landesleitung der Partei in Sachsen-Anhalt. 1950 Angehöriger des Ministeriums für Staatssicherheit, in leitenden Funktionen des Ministeriums und der SED-Parteiorganisation tätig. 1969 Ernennung zum Generalmajor. 1971 Auszeichnung mit dem Vaterländischen Verdienstorden in Gold. Delegierter des VIII. Parteitags der SED. 1972 Am 17. August verstarb Gen. Robert Mühlpforte. Geehrt als Verdienter Mitarbeiter des Ministeriums für Staatssicherheit.*

Der Verbleib der Tafel ist nicht bekannt.

**Herbert NEUBECK**
*Düsseldorf 30.3.1923 –
†Berlin-Plötzensee 21.4.1943
**Franz-Jacob-Straße Ecke Karl-Lade-Straße**

Inschrift: *Apothekerlehrling / Herbert Neubeck / Kämpfer gegen den Faschismus / geboren 30. März 1923 / hingerichtet 21. April 1943*

An der Ecke befand sich die Herbert-Neubeck-Apotheke. Der Verbleib der Tafel ist nicht bekannt.

**Erwin NÖLDNER**
*Berlin 29.4.1913 – †Brandenburg 6.11.1944
**Türrschmidtstraße 16**

Inschrift: *Hier wohnte der Antifaschist Erwin Nöldner, geboren am 29.4.1913, hingerichtet am 6.11.1944.*

Der Bauschlosser Nöldner war Mitglied des KJVD seit 1928. Er arbeitete für die KPD im Untergrund, wurde 1936 zu drei Jahren Haft verurteilt. Anschließend war er für die Gruppe Saefkow vor allem in Rüstungsbetrieben tätig. Im Juli 1944 wurde er erneut verhaftet, zum Tode verurteilt und am selben Tag wie Bernhard Almstadt (*Hannover 23.8.1897 – †Brandenburg 6.11.1944) und Arthur Weisbrodt hingerichtet. Die Tafel wurde 1991 von Unbekannten entfernt. Am 6.5.1994 brachte der Verein Aktives Museum Faschismus und Widerstand in Berlin eine Ersatztafel an. Inschrift: *Hier an seinem Wohnhaus war eine Gedenktafel für / Erwin Nöldner / 29.4.1913–6.11.1944 / Der Schlosser Erwin Nöldner trat mit 15 Jahren in den / Kommunistischen Jugendverband Deutschlands ein. Wegen seines / Widerstands gegen den Nationalsozialismus wurde er 1935 zum ersten / Mal verhaftet und zu drei Jahren Zuchthaus verurteilt. Nach seiner / Entlassung 1938 knüpfte er an seiner Arbeitsstelle, der Firma / Auert in Weißensee, Kontakte zur Widerstandsgruppe um Anton / Saefkow. Erwin Nöldner wurde im Juli 1944 verhaftet, am 19. / September zum Tode verurteilt und am 6. November im Zuchthaus / Brandenburg hingerichtet. / 8. Mai 1994 / Aktives Museum Faschismus und Widerstand in Berlin e.V.*

**OPFER DES NATIONALSOZIALISMUS**
**Loeperplatz (Mittelstreifen Möllendorffstraße [DDR: Jacques-Duclos-Straße] Ecke Scheffelstraße, südlich der Dorfkirche)**

An dem viereckigen Pfeiler, der bekrönt wird vom Symbol der antifaschistischen Widerstandskämpfer in der DDR, sind vier Tafeln befestigt. Auf dreien steht: *Zum Gedenken / unserer / Toten / Nie wieder / 1933–1945*
Auf der vierten Tafel, die an der Südseite befestigt ist, steht: *Zum ehrenden / Gedenken / an die ermordeten / antifaschistischen / Widerstandskämpfer / 1933–1945*

**OPFER DES NATIONALSOZIALISMUS**
**Am Tierpark 39–47 (Tierpark Friedrichsfelde)**

Gedenkstein mit drei Gedenktafeln und den Inschriften (Frontseite): *Euer Mut und eure / Standfestigkeit / im / antifaschistischen / Widerstandskampf / sind uns Verpflichtung* Linke Seite: *Hier befand sich das / „Lager Wuhlheide" / der faschistischen / Geheimen Staats-/ polizei (Gestapo), in / dem Zwangsarbeiter / und Kriegsgefangene / aus 16 Ländern für die / Rüstungsindustrie / ausgebeutet, / mißhandelt / und ermordet wurden /* – Rechte Seite: *Tausende / antifaschistische / Widerstandskämpfer / wurden in dieses / Lager verschleppt. / Unter ihnen befanden / sich Funktionäre der / illegal kämpfenden / KPD, von denen viele / hier oder in / Zuchthäusern und / Konzentrationslagern / ermordet wurden.*

Der Gedenkstein steht inmitten einer kleinen Anlage in der Nähe des Alfred-Brehm-Hauses. Er wurde im Januar 1981 enthüllt, die Schrift wurde von Wolfgang Günzel entworfen.

**Artur PACZINSKY**
*8.12.1893 – †28.9.1967
**Sewanstraße 101 (DDR: Hans-Loch-Straße, Artur-Paczinsky-Oberschule, jetzt 2. Gesamtschule)**

Inschrift: *Zum Gedenken an den Jungkommunisten und Kämpfer gegen den Faschismus, Oberst im Ministerium für Staatssicherheit der DDR, Artur Paczinsky, geboren: 8.12.1893, gestorben: 28.9.1967*

Der Verbleib der Tafel ist nicht bekannt.

**Ernst REINKE**
*Memel 28.11.1891 – †Flossenbürg 28.4.1943
**Herzbergstraße 103 Ecke Siegfriedstraße**

Inschrift: *Hier wohnte der antifaschistische Widerstandskämpfer Ernst Reinke, geb. am 28.11.1891, ermordet am 28.4.1943. Ehre seinem Andenken*

Hier erinnerte ein Gedenkstein an den Wohnort des Arbeiters Reinke, der wegen seiner Untergrundtätigkeit 1939 verhaftet, in die KZ's Sachsenhausen und Flossenbürg verschleppt und dort ermordet wurde. Der Stein war am 12.9. 1992 nicht mehr vorhanden. Sein Verbleib ist nicht bekannt.

## REVOLUTIONSDENKMAL
**Gudrunstraße (Zentralfriedhof Friedrichsfelde)**

In Feld F stand das von Ludwig Mies van der Rohe (*Aachen 27.3.1886 – †Chicago/USA 17.8.1969) entworfene Denkmal, das 1935 zerstört wurde. Eine Tafel am einstigen Standort zeigt eine Abbildung des Denkmals und trägt die Inschrift: *Auf diesem Fundament / stand das / Revolutionsdenkmal / für / Karl Liebknecht / Rosa Luxemburg / und viele andere / revolutionäre Kämpfer / der deutschen Arbeiterbewegung. / 1926 errichtet von der / Kommunistischen Partei Deutschlands / nach Plänen von / Ludwig Mies van der Rohe*

## Erich ROHDE
*10.6.1906 – †Berlin 15.11.1933
**Wotanstraße 7**

Inschrift: *Hier wohnte der / antifaschistische / Widerstandskämpfer / Erich Rohde / geb. am 10.6.1906 / Von den / Faschisten ermordet / am 15.11.1933 / Ehre seinem Andenken!*

Rohde wurde am 10.11.1933 beim Verteilen von Flugblättern von SA-Leuten erwischt, in ihr Sturmlokal in der Pfarrstraße verschleppt und dort schwer mißhandelt. An den Folgen der Mißhandlungen starb er. Nach einer anderen Quelle soll er erst am 30.4.1934 gestorben sein.

## SCHIFFSUNGLÜCK
**Gudrunstraße (Zentralfriedhof Friedrichsfelde)**

Der Gedenkstein aus rotem Porphyr trägt drei Bronzetafeln. Die Inschrift der mittleren Tafel lautet: *Dem Gedenken / der Toten vom / 5. Juli 1951*
Die zwei links und rechts, etwas tiefer angebrachten Tafeln verzeichnen die Namen der Opfer. Inschrift links: *Brunhilde Gowa 05.08.38 / Hannelore Rapsch 08.12.39 / Rosemarie Rapsch 23.07.44 / Manfred Tschierski 28.05.40 / Liselotte Lipke*

*15.08.37 / Gisela Wendland 24.03.39 / Eckhardt Neumann 01.12.37 / Horst Buchalla 20.05.41 / Horst Sellhusen 23.07.39 / Gisela Schirrmacher 13.05.44 / Heinz Stock 01.04.40 / Manfred Seefeld 06.06.40 / Klaus-Jürgen Mahlitz 29.06.42 / Eva Grohmann 31.07.39 / Dagmar Moch 23.12.41* Inschrift rechts: *Erika Schimke 26.03.40 / Horst-Dieter Eismann 24.03.41 / Detlef Schlee 13.08.44 / Helmut Effner 12.11.40 / Erna Reinicke 29.12.08 / Ida Schwenke 27.07.01 / Renate Schwenke 13.11.43 / Reinhilde Wegener 27.11.42 / Gudrun Schreiber 06.03.39 / Helga Krause 29.04.42 / Jutta Wilhelm 02.07.41 / Doris Gellert 14.05.44 / Herbert Lipstreuer 12.07.40 / Hans-Joachim Bild 20.03.41 / Hermann Schmidt 28.09.39*

Die Tafeln ersetzen die verwitterten ursprünglichen Tafeln zur Erinnerung an die Opfer des Schiffsunglücks vom 5. Juli 1951. »Damals explodierte ein Ausflugsdampfer kurz nach dem Ablegen in der Nähe der Treptower Brücke. Von den 127 Passagieren, zumeist Schulkinder, kamen 30 ums Leben.« (Lichtenberger Monatsblatt, Juni 1994). Die Enthüllung der neuen Tafeln erfolgte am 4. Mai 1994 in Anwesenheit von Überlebenden, Angehörigen der Opfer und Lebensrettern. Die Tafeln wurden von einer Schöneicher Werkstatt hergestellt. Die Anlage befindet sich links hinter der Gedenkstätte der Sozialisten.

**Harro SCHULZE-BOYSEN**
**Schulze-Boysen-Straße 12 (DDR: Schulze-Boysen-Oberschule, jetzt 5. Gesamtschule)**

Gedenkstein (Mauer) mit einer Inschrift links neben dem Reliefporträt Schulze-Boysens: *Alles was ich tat, / tat ich aus meinem / Kopf, meinem / Herzen und meiner / Ueberzeugung heraus / Harro Schulze-Boysen / 1909–1942* Rechts unten befindet sich eine kleine Tafel mit der erläuternden Inschrift: *Errichtet durch die FDJ-Bezirksorganisation Gera / Anläßlich des „Nationalen Jugendfestivals der DDR“ Pfingsten 1979*

**Robert SIEWERT**
*Schwersenz/Westpreußen 30.12.1887 – †Berlin 2.11.1973
**Römerweg 38a (DDR: Poliklinik »Robert Siewert«, später Ärztehaus Karlshorst)**

Inschrift: *In diesem Wohngebiet / lebte und wirkte / von 1950 bis 1973 / der Kommunist u. Widerstandskämpfer / Robert Siewert / 1887–1973*

Der Maurer Siewert, zunächst SPD-Mitglied, trat 1919 der KPD bei und vertrat sie ab 1920 als Abgeordneter im Sächsischen Landtag. Von 1928 an lebte er in Berlin und war Mitglied des ZK. Kurz nach der Machtübernahme der Nationalsozialisten wurde er verhaftet und im Zuchthaus Tegel sowie im KZ Buchenwald bis zur Befreiung inhaftiert. Bis 1950 war Siewert Innenminister von Sachsen-Anhalt und arbeitete dann bis 1967 im Ministerium für Bauwesen der DDR.

**SPARTAKUSAUFSTAND**
**Grünanlage Möllendorffstraße (DDR: Jacques-Duclos-Straße) zwischen Rathaus und Frankfurter Allee (an der rekonstruierten alten Friedhofsmauer Lichtenberg)**

Inschrift: *Hier wurden 11 Spartakuskämpfer im März 1919 ermordet*

Darunter sind zwei Tafeln mit Namen angebracht. Linke Tafel: *Fritz Gast / Albert Gast / Erich Renk / drei unbekannte / Matrosen* Rechte Tafel: *Rudolf Lebede / Georg Pormann / Gustav Schnick / Julian Kuklinsky / Karl Friedrich*

Die elf Männer wurden am 12.3.1919 erschossen. Fritz und Albert Gast sind auf dem Parkfriedhof Marzahn, Wiesenburger Weg, begraben.

**Herbert SPLANEMANN**
*Berlin 8.7.1912 – †Brandenburg 29.1.1945
**Marie-Curie-Allee 112 (Friedrichsfelde)**

Inschrift: *Hier wohnte der antifaschistische Widerstandskämpfer Herbert Splanemann, geb. am 8.7.1912, von den Faschisten ermordet am 29.1.1945. Ehre seinem Andenken.*

Herbert Splanemann gehörte zur Widerstandsgruppe um Anton Saefkow bei den Teves-Werken in Wittenau. Die Tafel wurde 1991 von Unbekannten entfernt. Am 6.5.1994 brachte der Verein Aktives Museum Faschismus und Widerstand in Berlin eine Ersatztafel an. Inschrift: *Hier an seinem Wohnhaus war eine Gedenktafel für / Herbert Splanemann / 8.7.1912–29.1.1945 / Der Werkzeugmacher Herbert Splanemann gehörte einer / illegalen KPD-Betriebsgruppe der Teves-Werke in Berlin-/ Wittenau an, die Flugblätter verteilte. 1944 wurde er / mit vielen anderen Mitgliedern seiner Gruppe verhaftet, / zum Tode verurteilt und im Januar 1945 hingerichtet. / 8. Mai 1994 / Aktives Museum Faschismus und Widerstand in Berlin e.V.*

**Käthe TUCHOLLA**
**Felix TUCHOLLA**
*Berlin 17.5.1899 – †Berlin-Plötzensee 8.9.1943
**Kaskelstraße 41**

Inschrift: *Hier wohnten die / antifaschistischen / Widerstandskämpfer / Käthe Tucholla / *10.1.1910 / †28.9.1943 / Felix Tucholla / *17.5.1899 / †8.9.1943 / Sie wurden von den / Faschisten ermordet. / Ehre ihrem Andenken*

Das Ehepaar Tucholla (sie von Beruf Sekretärin, er Schlosser) leistete für die KPD Widerstandsarbeit und gewährte politisch Verfolgten Unterschlupf. Sie wurden im Juli 1943 verhaftet, zum Tode verurteilt und in Berlin-Plötzensee hingerichtet.

**Käthe TUCHOLLA**
**Felix TUCHOLLA**
**Nöldnerstraße 44 (DDR: Sonderschule »Käthe und Felix Tucholla«, jetzt 1. Sonderschule [Schule für Lernbehinderte])**

Gedenkstein auf dem Schulhof, Inschrift: *Käte [!] Tucholla / *10.1.1910. / Felix Tucholla / *17.5.1899. / Hingerichtet / im September 1943*

**Robert UHRIG**
**Sewanstraße 223 (DDR: Hans-Loch-Straße 303, Robert-Uhrig-Oberschule, jetzt 19. Grundschule)**

Gedenkstein, Inschrift: *Robert Uhrig / 8.3.1903–21.8.1944 / Von den Faschisten ermordet*

Der Stein soll eingegraben worden sein.

**VORWERK KARLSHORST**
**Waldowallee** □

**III. WELTFESTSPIELE DER JUGEND UND STUDENTEN**
**Roedeliusplatz 2/2a Ecke Plonzstraße**

Die Metalltafel entspricht derjenigen in der Warschauer Straße 61. Sie ist kreisrund. Im oberen Teil sind drei junge Menschen abgebildet, über denen eine Taube schwebt. Ein Inschriftenband zieht sich am äußeren Rand um die Tafel. Sie ist durch eine quergezogene Inschrift und eine im unteren Teil befindliche rechteckige Tafel unterbrochen, entsprechend auch der Text. Die Inschriften lauten: *III. Welt[fest]spiele der Ju[gend und Stu]denten für [den] Frieden. Sieger im Friedenswettbewerb der Gastfreundschaft Berlins. Berlin 1951. Haus der besten Gastfreundschaft*

**III. WELTFESTSPIELE DER JUGEND UND STUDENTEN**
**Treskowallee 39–47 (DDR: Hermann-Duncker-Straße 39–47, Hochschule für Ökonomie »Bruno-Leuschner«)**

Inschrift: *Haus der besten Gastfreundschaft im Kreis Lichtenberg. Sieger im Wettbewerb der Gastfreundschaft, Berlin 1951*

Die Tafel ist nicht mehr auffindbar. Vermutlich war sie in der Gestaltung vergleichbar denjenigen am Roedeliusplatz und in der Warschauer Straße.

**X. WELTFESTSPIELE DER JUGEND UND STUDENTEN**
**Rosenfelder Ring 63 (DDR: Robert-Mühlpforte-Oberschule, jetzt 8. Grundschule)**

Inschrift: *Weltfestspiele der Jugend und Studenten. Für vorbildliche Gastfreundschaft. Hauptstadt der DDR, Berlin 1973.*

Der Verbleib der Tafel ist nicht bekannt.

**Otto WINZER**
*Berlin 3.4.1902 – †Berlin 3.3.1975
**Franz-Jacob-Straße 33 (DDR: Otto-Winzer-Oberschule, jetzt 2. Grundschule)**

Inschrift: *Otto Winzer, / 3. April 1902–3. März 1975. / 1919 Mitglied der KPD / 1935 Emigration nach Frankreich, / Holland und in die UdSSR / auf Beschluß der Partei / 1945 Ernennung zum Stadtrat / für Volksbildung und zum / Mitglied des 1. Magistrats / von Groß-Berlin nach der Zerschlagung / des Faschismus durch die / ruhmreiche Sowjetarmee / 1946 Delegierter des Vereinigungs-/parteitages der KPD und SPD / 1947 Mitglied des ZK der SED / 1949 Staatssekretär und Chef der / Präsidialkanzlei des ersten / Präsidenten der DDR, / Wilhelm Pieck / 1950 Wahl in die Volkskammer / der DDR / 1965 Minister für / Auswärtige Angelegenheiten / Otto Winzer erwarb sich außerordentlich / große Verdienste*

*um die Entwicklung der / Außenpolitik unseres Staates sowie um die / Stärkung und Festigung der internationa-/len Positionen der DDR. Tiefe Verbun-/denheit zum Lande Lenins und zur KPdSU er-/füllte sein Leben. Er wurde auf Beschluß / der Sowjetunion mit dem Orden der / Freundschaft und der Lenin-Medaille / ausgezeichnet. Otto Winzer wurde weiter-/hin zweimal mit dem Karl-Marx-Orden und / weiteren hohen Auszeichnungen geehrt.*

Der Verbleib der Tafel ist nicht bekannt.

**Gustav ZAHNKE**
*Berlin 14.3.1908 – †Leipzig 25.4.1930
**Margaretenstraße 9 Ecke Wönnichstraße**

Inschrift: *Hier wohnte der / antifaschistische / Widerstandskämpfer / Gustav / Zahnke / geb. am 14.3.1908 / Von den / Faschisten ermordet / am 21.4.1930 [!] / Ehre seinem / Andenken*

Der Schlosser Zahnke wurde zu Ostern 1930 in Dresden (nach anderen: in Leipzig) beim Reichstreffen des Kommunistischen Jugendverbandes (KJVD) durch eine Polizeikugel schwer verletzt und starb am 25.4.1930, weil er zu spät in ärztliche Behandlung gebracht wurde. Er ist beigesetzt auf dem Zentralfriedhof Friedrichsfelde.

**Heinrich ZILLE**
**Tuchollaplatz**

Zilles Eltern zogen 1867 nach Berlin, ließen sich zunächst am Schlesischen Bahnhof (jetzt Hauptbahnhof) nieder. »1872 erwarb Zilles Vater von dem Lichtenberger Gutsbesitzer Albert Roeder ein Grundstück am Grenzweg 8 (heute: Fischerstraße). Hier errichtete er ein bescheidenes Häuschen, das 1944 während eines Bombenangriffs zerstört wurde. In diesem Haus starben Zilles Schwester Fanny 1894, seine Mutter 1908 und sein Vater 1909. Heinrich Zille selbst verbrachte rund 20 Jahre seines Lebens in Boxhagen-Rummelsburg. Am 15. Dezember 1883 heiratete er die Lehrerstochter Hulda Frieske aus Fürstenwalde an der Spree. Das junge Paar bezog eine in der Nähe des elterlichen Hauses gelegene Kellerwohnung am Grenzweg. 1882 zogen sie in die Türrschmidtstraße und 1890 zum Mozartplatz (heute: Tuchollaplatz), die genauen Adressen sind bis heute nicht bekannt.« (Lichtenberger Monatsblatt, März 1994) □

**Johannes (Hans) ZOSCHKE**
*Landsberg/Warthe 28.1. oder 8.10.1910 – †Brandenburg 24.10.1944
**Normannenstraße (Hans-Zoschke-Stadion).**

Inschrift: *Zum Gedenken / an den Sportler und / antifaschistischen / Widerstandskämpfer / Hans / Zoschke / geb. am 28.1.1910 / Von den Faschisten / ermordet / am 26.10.1944 [!] / Ehre seinem Andenken*

Zoschke war Arbeitersportler. Er schloß sich der Widerstandsgruppe um Robert Uhrig an, wurde Anfang 1942 verhaftet und zum Tode verurteilt. Die Tafel befindet sich zwischen den Treppenaufgängen. Das Stadion war »Betriebssportstadion« der »Stasi«.

# WEISSENSEE

**Ernst BERENDT**
*Berlin 19.5.1842 – †Berlin 16.1.1919
**Ernst BERENDT**
*Berlin 1.5.1878 – †Dachau 4.8.1942
**Albertinenstraße 20/23 (Stephanus-Stiftung)**

Inschrift: *Pfarrer Ernst Berendt / *19.05.1842 Berlin / †16.01.1919 Berlin / Gründer der Stephanus-Stiftung / Pfarrer Ernst Berendt / *01.05.1878 Berlin / †04.08.1942 KZ Dachau / Direktor der Stiftung 1919–1938 / Die Wasserwogen im Meer sind groß und brausen mächtig / der Herr aber ist noch grösser in der Höhe Ps 93,4 / Gründungs- und Leitwort der Stephanus Stiftung*

Pfarrer Ernst Berendt jr. war aktiv im Kampf der Bekennenden Kirche gegen den Nationalsozialismus. Er starb nach anderen Quellen am 13.8. 1942.

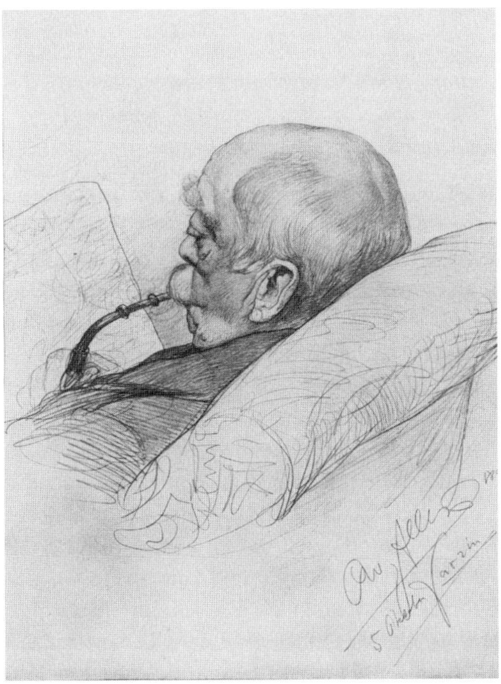

**Otto von BISMARCK**
**Berliner Allee (DDR: Klement-Gottwald-Allee) Ecke Rennbahnstraße**

Inschrift: *Unserem / Bismarck / die / Bürger / Weissensees / 30. Juli 1908*

Errichtet wurde der unter einer Eiche stehende Stein zum 10. Todestag des »Eisernen Kanzlers«. Zu Zeiten der DDR stand die Inschrift senkrecht auf dem Findling, weil dieser auf die Seite gekippt war. Interessanterweise überstanden Stein und Inschrift so die DDR. Inzwischen steht er wieder richtig.

**Erich BOLTZE**
*Weißensee 2.9.1905 –
†Sachsenhausen 11.10.1944
**Pistoriusstraße (gegenüber Pistoriusplatz)**

Eine kleine Gedenkanlage aus Klinkern mit zwei Tafeln. Inschrift der ersten Tafel: *Erich Boltze / geboren / am 2. September 1905 / ermordet / im KZ Sachsenhausen / am 11. Oktober 1944* Inschrift der zweiten Tafel: *Die Jugend der DDR / erfüllt das Vermächtnis / der antifaschistischen / Widerstandskämpfer / Bezirksorganisation Cottbus / der FDJ / Nationales Jugendfestival / der DDR 1979*

**Erich BOLTZE**
**Pistoriusstraße 28 (nähe Mirbachplatz)**

Inschrift: *Hier wohnte / der Antifaschist / Erich Boltze / Mitglied der KPD / am 11.10.1944 im KZ / Sachsenhausen ermordet / Ehre seinem Andenken!*

Seit 1919 war Boltze Mitglied der Freien Sozialistischen Jugend, ab 1925 der KPD, für die er ab 1933 illegal in Neukölln wirkte. Am 21.9.1937 wurde er verhaftet und zu drei Jahren Zuchthaus verurteilt. Nach der Haft kam er in das KZ

Sachsenhausen, wo er am 11. Oktober 1944 zusammen mit weiteren 26 Gefangenen (darunter Ernst Schneller, Augustin (Gustl) Sandtner (*München 8.8.1893), Matthias Thesen (*Ehrang b. Trier 29.4.1891) und Siegmund Sredzki (*Berlin 30.11.1892) von einem SS-Kommando erschossen wurde. Die Tafel stammt aus dem Jahr 1974.

**Carl James BÜHRING**
*Berlin 11.5.1871 – †Leipzig 2.1.1936
**Pistoriusstraße 24 (am Pistoriusplatz)**

Inschrift: *In den Jahren 1907 bis 1914 errichtete die / Gemeinde Weißensee / unter der Leitung des Gemeindebaurates / Carl James Bühring / 11.5.1871–2.1.1936 / das als Ortszentrum geplante Munizipalviertel / Es blieb unvollendet / Die Stadthalle wurde bis auf das Restaurant / im Zweiten Weltkrieg zerstört*

Enthüllung der Berliner Gedenktafel im Oktober 1995. Die Tafel ist an der gerundeten Hausecke hinter dem Vorgarten und einer Robinie unscheinbar angebracht. Nach einer anderen Quelle wird das Todesdatum mit 10.9.1936 angegeben.

**Anna EBERMANN**
*Würzburg 10.2.1891 –
†Berlin-Plötzensee 17.3.1944
**Gürtelstraße 11**

Inschrift: *Anna Ebermann / Antifaschistische / Widerstandskämpferin / geboren am 10.02. 1891 / am 17.03.1944 / von den Faschisten / in Berlin-Plötzensee / ermordet. / Vergeßt es nie!*

Die Wohnung der Arbeiterin und Kommunistin Ebermann in diesem Haus war in den ersten Jahren des Nationalsozialismus ein Treffpunkt in der Illegalität lebender Antifaschisten. Im Mai 1943 wurde sie wegen antinazistischer Äußerungen denunziert und später zum Tode verurteilt.

**FILMSTADT WEISSENSEE**
**Berliner Allee 249 Ecke Liebermannstraße**

Inschrift: *Auf diesem Gelände entstanden ab 1913 / Ateliers mehrerer Berliner Filmgesellschaften, / welche die / Filmstadt Weissensee / begründeten / Bis 1928 wurden hier vor allem Stummfilme / gedreht, darunter / »Das Cabinet des Dr. Caligari«*

Die Tafel wurde als erste im Rahmen des Berliner Gedenktafelprogramms in Weißensee am 18.10.1995 von Bezirksbürgermeister Gert Schilling enthüllt.

**Wieland HERZFELDE, eigtl. Herzfeld**
*Weggis/Schweiz 11.4.1896 –
†Berlin 23.11.1988
**Woelckpromenade 5**

Inschrift: *Hier wohnte von 1974 bis zu seinem Tode / der Schriftsteller und Verleger / Wieland Herzfelde / 11.4.1896–23.11.1988 / Sein 1916 gegründeter Malik-Verlag / entwickelte sich bis 1933 zu einem der wichtigsten / Literaturverlage der Weimarer Republik / Auch im Exil führte er den Verlag weiter / Nach Deutschland zurückgekehrt, / wirkte er u. a. als Professor für Literatur in Leipzig / Ehrenbürger von Berlin*

Wieland Herzfelde kam nach dem frühen Tod seiner Eltern zusammen mit seinem Bruder Helmut, der sich später aus Protest gegen die deutsche Politik John Heartfield (*Berlin 19.6.1891–†Berlin 26.4.1968) nannte, zu Verwandten nach Deutschland. Hier gehörte er zur Avantgarde der »Dadaisten«, schloß sich früh der KPD an. 1933 flüchtete er zunächst nach Prag, wo er seine Arbeit fortsetzte, später weiter nach New York. Auch dort war er als Verleger und Buchhändler tätig. 1949 kehrte er nach Deutschland in die DDR zurück. Er war Mitglied der Akademie der Künste und Ehrenmitglied des Schriftstellerverbandes. Die Ehrenbürgerwürde verlieh ihm Berlin zu seinem 90. Geburtstag am 11.4.1986. Begraben ist Herzfelde auf dem Dorotheenstädtischen Friedhof, Mitte, Chausseestraße 126. Enthüllung der Berliner Gedenktafel am 23.11.1995 durch Bezirksbürgermeister Gert Schilling.

**Josef HÖHN**
*Falkenberg 27.3.1902 –
†Brandenburg 29.1.1945
**Börnestraße 20 Ecke Langhansstraße**

Inschrift: *Josef Höhn / Antifaschistischer / Widerstandskämpfer / geboren am 27.03.1902 / Am 29.01.1945 / von den Faschisten / im Zuchthaus Brandenburg / ermordet. / Vergeßt es nie!*

In diesem Haus wohnte Josef Höhn. Er gründete in den Siemens & Halske-Werken in Siemensstadt gemeinsam mit anderen im Kontakt zur Gruppe um Anton Saefkow eine illegale Betriebsgruppe der KPD. Im Juli 1944 wurde er verhaftet und zusammen mit Rudolf Seiffert (*Charlottenburg 11.7.1908 – †Brandenburg 29.1.1945) und Egmont Schultz (*Berlin 13.10. 1903 – †Brandenburg 29.1.1945) zum Tode verurteilt. Die Anbringung einer ersten Tafel erfolgte vor 1952, die jetzige wurde 1987 angebracht.

**Else JAHN, geb. Gerichow**
*17.9.1901 – †Berlin 26.4.1945
**Berliner Allee 23 (DDR: Klement-Gottwald-Allee)**

Inschrift: *Else Jahn / Antifaschistische / Widerstandskämpferin / 17.9.1901– 26.4.1945 / ermordet von Faschisten / während des / Befreiungskampfes der / sowjetischen Armee / um Berlin / Ehre ihrem Andenken*

Else Jahn wurde 1936 wegen antifaschistischer Aktivitäten verhaftet und zu drei Jahren Zuchthaus verurteilt. Im April 1945 stellte sich die Kommunistin der Roten Armee als Lotse in Berlin zur Verfügung. Bei einer Kampfhandlung mit SS-Einheiten fand sie den Tod.

**Berthold MANSKE**
*Pommern 28.10.1874 – †Waldheim 24.1.1938
**Meyerbeerstraße 31 Ecke Mahlerstraße**

Inschrift: *Berthold Manske / Antifaschistischer / Widerstandskämpfer / geboren am 28.10.1874 / am 24.01.1938 / von den Faschisten / im Zuchthaus Waldheim / ermordet. / Vergeßt es nie!*

Manske (der Gedenkstein auf dem Friedhof an der Roelckestraße gibt seinen Namen mit »Manzke« wieder) wurde 1935 wegen seiner Untergrundaktivitäten für die KPD verhaftet und zu drei Jahren Zuchthaus verurteilt. Er starb an den Folgen der erlittenen Mißhandlungen und Entbehrungen im Zuchthaus Waldheim in Sachsen.

**Arno NACHER**
*Reichenbach/Saale 11.12.1899 – †1941
**Lehder Straße 61**

Inschrift: *Arno Nacher / Antifaschistischer / Widerstandskämpfer / geboren am 11.12.1899 / am 28.2.1933 / von den Faschisten / verschleppt / und ermordet. / Vergeßt es nie!*

Nacher arbeitete beim Vertrieb des »Internationalen Arbeiter-Verlages«. Er wurde am 28.2.1933 bei dem Versuch verhaftet, kommunistische Literatur weiterzugeben. 1941, nach acht Jahren Zuchthaus, wurde er ermordet.

**NATIONALES AUFBAUWERK**
**Große Seestraße (Zugang zum Weißenseer Park neben der Freilichtbühne)**

Inschrift der Metalltafel: *Das Erbe des Faschismus / war Schutt und Ruinen / Durch freiwillige Arbeit / der Bevölkerung im / Nationalen Aufbauwerk / entstand diese Anlage / Eine Tat des Friedens*

Rechts neben der Inschrift steht ein Bär, in den Tatzen hält er einen nach unten gerichteten Spaten. Darunter die Jahreszahl *1955*. Eine gleichartige Tafel befindet sich an der Warschauer Brücke.

### NATIONALES JUGENDFESTIVAL
**Weißenseer Park (Nähe Parkstraße)**

Die Tafel war nicht auffindbar. Text und Verbleib sind nicht bekannt.

### Erich NEUMANN
*17.8.1900 – †7.2.1942
**Gürtelstraße 13**

Inschrift: *Erich Neumann / Antifaschistischer / Widerstandskämpfer / geboren am 17.08.1900 / am 07.02.1942 / von den Faschisten / ermordet. / Vergeßt es nie!*

Neumann betätigte sich zunächst im Untergrund für die KPD, kämpfte ab 1936 in den Internationalen Brigaden in Spanien, flüchtete dann nach Südfrankreich, wo er zunächst im Lager Vernet inhaftiert und später an Deutschland ausgeliefert wurde.

### OPFER DES NATIONALSOZIALISMUS
**Herbert-Baum-Straße (Markus-Reich-Platz, Jüdischer Friedhof)**

Inschrift: זכור יהוה מה היה לנו */ Gedenke Ewiger / was uns geschehen. / Gewidmet dem Gedächtnis / unserer ermordeten / Brüder und Schwestern / 1933–1945 / und den Lebenden / die das Vermächtnis / der Toten erfüllen sollen / Die Jüdische Gemeinde zu Berlin*

Der Gedenkstein vor der Trauerhalle wurde am 12.10.1953 enthüllt. Er ersetzt einen bereits am 23.4.1950 enthüllten liegenden Gedenkstein mit gleicher (oder ähnlicher) Inschrift.

### OPFER DES NATIONALSOZIALISMUS
**Parkstraße 22 (Stephanus-Stift, Stephanus-Schule)**

Inschrift der Steintafel: *Aus diesem Haus wurden / 146 taubstumme jüdische / Mitbürger 1942 durch / faschistische Banditen / verschleppt und ermordet / Den Toten zum Gedenken / den Lebenden zur Mahnung*

Über dem Text befindet sich der rote Winkel der politischen KZ-Häftlinge, unter dem Text ein Davidsschild. Hier befand sich das 1873 gegründete Pflegeheim der »Israelitischen Taubstummenanstalt für Deutschland«. Enthüllung vor 1965.

### OPFER DES NATIONALSOZIALISMUS
**Berliner Allee 73 (DDR: Klement-Gottwald-Allee)**

Inschrift unter rotem Winkel und Davidsschild: *Aus diesem Hause / wurden 1943 / von den Faschisten / 7 jüdische Familien / in die / Vernichtungslager / verschleppt / und ermordet / Vergeßt es nie*

**OPFER DES NATIONALSOZIALISMUS**
**Berliner Allee 62/64 (DDR: Klement-Gottwald-Allee)**

Inschrift unter rotem Winkel und Davidsschild: *Aus diesem Hause / wurden 1943 / von den Faschisten / 4 jüdische Familien / in die / Vernichtungslager / verschleppt / und ermordet / Vergeßt es nie*

Bei einer der deportierten Familien handelte es sich (nach Schönfeld) um das Ehepaar Selma und Siegfried Peisachowicz. In dem Haus befand sich ein Kaufhaus. Es wurde um 1995 für einen Neubau abgerissen. Der Verbleib der Tafel konnte nicht ermittelt werden.

**OPFER DES NATIONALSOZIALISMUS**
**Smetanastraße 53 (in der Sackgasse; früher Wörthstraße 20; heute Bezirksamt Weißensee, Tiefbauamt und Vermessungsamt)**

Inschrift: *Hier befand sich / ein jüdisches / Arbeitsheim. / 1943 wurden / die 180 Insassen / vergast. / Vergesst es nie*

Die Stele mit aufgesetztem rotem Gedenkstein befindet sich auf dem Hof des ehemaligen »Dauerheims für jüdische Schwachsinnige«.

**OPFER DES NATIONALSOZIALISMUS**
**Wittlicher Straße (Friedhof der Israelitischen Synagogengemeinde Adass Jisroel)**

Inschrift des Gedenksteins zur Straßenseite:
זכור לא תשכח /
לזכר /
חברי ועובדי /
ק"ק עדת ישראל ברלין /
אשר נרצחו בידי הנאצים /
(הי"ד) /
ת נ צ ב "ה /
י"ט בסיון תשמ"ו /
*Zum ewigen Gedenken / an die von den Nazis / ermordeten / Mitglieder der Israelitischen / Synagogengemeinde / (Adass Jisroel) / zu Berlin / 26. Juni 1986* Auf der Rückseite des Steins befindet sich eine »symbolische und unvollständige Namensliste von Naziopfern aus dem Kreise der Mitglieder, Mitarbeiter und Anhänger« der Gemeinde: *Zierel und Josef Apfelbaum / Luise und Prof. Dr. Philipp Aronstein · Dr. Siegfried Baer / Amalie und Gottlieb Bier · Martin Bondi und Tochter Bertha / Else und Dr. Karl Eisemann mit Tochter · Käte Emanuel / Josefine und Sara Geis · Margarete und Dr. Gerhard Glaser / Cäcilie und Chajim Glatt mit Tochter / Gertrud und Hannchen Gradenwitz · Rosa und Dr. Benno Gradenwitz / Gertrud Halberstadt · Sara Hildesheimer / Helene Hirschberg mit Tochter · Regina und Jacob Kempe / Eva und Ludwig Knoller · Simon Knoller / Helene Lemky · Trude Lewinski · Alice Lipski · Mathilde und Max Marcus / Rosa und Emanuel Meyer · Rosa und Samuel Munk / Hulda und Max Neuberger mit 5 Kindern · Fritz Nussbaum / Dr. Louis Rosenblatt · Jenny und Abraham Rzeszewski / Käthe und Dr. Nachmann Schlesinger mit 9 Kindern / Rosa und Eli Schneller · Dr. Julius Tugendreich / Gertrud und Lehmann Weichselbaum / Harriet und Sally Weil mit 2 Kindern · Elfriede Weinstein / Margarethe und Elias Wittkowski mit 2 Kindern / Selma und Hosias Wolfsohn / Sie und viele andere wurden von den Nazis ermordet*

**Walter RUNGE**
*Malchow 24.12.1904 –
†bei Madrid Februar 1937
**Berliner Allee (DDR: Klement-Gottwald-Allee) 217 Ecke Rennbahnstraße**

Inschrift: *Walter Runge / antifaschistischer Widerstands-/ und Spanienkämpfer / geboren am 24.12.1904 / im Februar 1937 vor Madrid / von den Faschisten ermordet / – Vergeßt es nie –*

Dies war das Wohnhaus des KPD-Mitglieds Runge.

**Fri(e)da SEIDLITZ**
*Weißensee 2.9.1907 – †Berlin 27.5.1936
**Heinersdorfer Straße 32**

Inschrift: *Frida Seidlitz / Antifaschistische Widerstandskämpferin / geboren am 2.9.1907 / am 27.5.1936 / von den Faschisten im alten / Berliner Polizeipräsidium ermordet / Vergeßt es nie!*

Die Verkäuferin betätigte sich nach 1933 als Kurier für die KPD, wurde Anfang 1936 verhaftet und furchtbar gefoltert, um Namen ihrer Verbindungsleute zu erfahren.
Auf dem Gedenkstein auf dem Friedhof an der Roelckestraße wird ihr Vorname als Frieda wiedergegeben, ebenso in der nach ihr benannten »Frieda-Seidlitz-Straße« (Weißensee). Eine erste Tafel wurde vor 1952 angebracht, Inschrift: *In diesem Hause wohnte / die antifaschistische / Widerstandskämpferin / Frida Seidlitz / geb. am 2.9.1907 am 27.5.1936 / wurde sie im alten Berliner / Polizeipräsidium ermordet. / Vergeßt es nie!*

Die Neufassung stammt von 1986.

**Max SELLHEIM**
*Berlin 26.6.1883 – †bei Siggelkow 3.5.1945
**Karower Damm / Sellheimbrücke (Blankenburg)**

Metalltafel im Brückengeländer mit der Inschrift: *Sellheim-Brücke / Max Sellheim /*

*Widerstandskämpfer / geb. 26. Juni 1883 / Letzter Wohnsitz Berlin-Blankenburg. Nach / qualvollen Jahren hinter Kerker-Mauern wurde / er auf dem Evakuierungsmarsch bei Siggelkow/Mecklenburg am 3. Mai 1945 von der SS erschossen.*

**Walter SIEMUND**
*Ladeburg/Oberbarnim 20.5.1896 –
†Brandenburg 27.11.1944
**Elstersteg 5/246 (Blankenburg, Kleingartenanlage V [Der Weg geht vom Wachtelweg unweit des Kuckuckswegs ab])**

Inschrift: *Walter Siemund / geboren 20.5.1896 / hingerichtet am 27.11.1944 / in Brandenburg als Kämpfer / gegen den Faschismus*

Enthüllung 1982.

**SPARTAKUSAUFSTAND**
**Rennbahnstraße 70 (am Übergang in die Romain-Rolland-Straße; Ortsteilgrenze Weißensee/Heinersdorf)**

Inschrift des Steins: *Am 15. März 1919 / wurden hier die Spartakuskämpfer / Willi Arndt / im Alter von 32 Jahren / Otto Ebert / im Alter von 31 Jahren / Erwin Wagner / im Alter von 19 Jahren / Peter Wagner / im Alter von 17 Jahren / durch die Soldateska / der Konterrevolution ermordet*

Der Stein wurde vor einigen Jahren von der gegenüberliegenden Straßenseite (Rennbahnstraße 68) an seinen heutigen Standort versetzt. Bei dem im Band »Berlin« (»Werte unserer Heimat« Bd. 49/50, S. 384) angegebenen »Stein zum Kapp-Putsch« handelt es sich um eine Verwechselung der Geschehnisse.

**Ernst THÄLMANN**
**Straße 3 (Siedlung Wartenberg)**

Inschrift und genauer Anbringungsort konnten nicht ermittelt werden.

**WIDERSTANDSKÄMPFER,**
**Herbert-Baum-Straße (Markus-Reich-Platz, Jüdischer Friedhof).**

Inschrift des Gedenksteins hinter Verwaltungsgebäuden und Trauerhalle: (Vorderseite): *Herbert Baum / geboren 10.2.1912 / ermordet 11.6.1942 / er war ein vorbildlicher Kämpfer / gegen Krieg und Faschismus.* (Rückseite): *Den / Angehörigen der Gruppe / Herbert Baum / hingerichtet in den Jahren 1942/43 / Marianne Baum 30 Jahre / Martin Kochmann 30 Jahre / Sala Kochmann 30 Jahre / Gerd Meyer 22 Jahre / Hanni Meyer 22 Jahre / Suzanne Wesse 29 Jahre / Irene Walter 22 Jahre / Heinz Birnbaum 23 Jahre / Heinz Rotholz 21 Jahre / Hella Hirsch 22 Jahre / Alice Hirsch 19 Jahre / Edith Fraenkel 21 Jahre / Felix Heymann 26 Jahre / Werner Steinbrink 26 Jahre / Hilde Jadamowitz 26 Jahre / Hans Adler 30 Jahre / Hans Joachim 21 Jahre / Marianne Joachim 21 Jahre / Siegi Rotholz 21 Jahre / Lotte Rotholz 20 Jahre / Lothar Salinger 23 Jahre / Hilde Löwy 20 Jahre / Herbert Budzislawsky 22 Jahre / Helmut Neumann 21 Jahre / Hardel Heymann 31 Jahre / Kurt Bernhard 40 Jahre / Herbert Meyer 32 Jahre / Sie sind im Kampf für Frieden / und Freiheit gefallen*

Die unterstrichenen Worte ersetzen die im Original verwendeten Wiederholungszeichen. Herbert Baum (*Moschin/Posen 10.2.1912 – †Berlin 11.6.1942) und seine Frau Marianne (*Saarburg/Lothringen 9.12.1912 – †Berlin-Plötzensee 18.8.1942) nahmen 1936 Kontakt zum Bund Deutsch-Jüdischer Jugend auf. Daraus entwickelte sich eine aktive Widerstandsgruppe. Am 22.5.1942 wurden die meisten Mitglieder der Gruppe verhaftet. 28 von ihnen wurden zum Tod verurteilt und hingerichtet, etwa 50 erhielten Zuchthaus- und Gefängnisstrafen, wurden aber zum Teil in Konzentrationslager eingeliefert und dort umgebracht. Die Lebensdaten der anderen – soweit bekannt und nicht an anderer Stelle genannt – lauten: Gerhard (Gerd) Meyer (*Berlin 12.1.1919 – †Berlin-Plötzensee 18.8.1942); Hans (Heinz) Joachim (*Berlin 13.12.1919 – †Berlin-Plötzensee 18.8.1942); am 4.3.1943 wurden in Berlin-Plötzensee hingerichtet: Heinz Birnbaum (*Berlin 22.9.1920); Heinz Rotholz (*Berlin 28.5.1921); Siegbert (Siegi) Rotholz (*Berlin 14.9.1919); Hella Hirsch (*Posen 6.3. 1921); Marianne Joachim (*Berlin 5.11.1921); Lothar Salinger (*Berlin 8.5.1919); Hilde Löwy (*Berlin 4.8.1922); Helmut Neumann (*Berlin 29.7.1921). Lotte Rotholz (*Bentheim 25.9. 1923) und Alice Hirsch (*Berlin 28.4.1923) wurden im KZ Auschwitz ermordet, Edith Fraenkel (*Berlin 8.2.1922) in Theresienstadt. Hans Adler hieß eigentlich Hans-Georg Mannaberg (*Berlin 24.12.1912 – †Berlin-Plötzensee 18.8. 1942).

**WIDERSTANDSKÄMPFER**
**Liebermannstraße 30 (ehem. VEB Leichtbaukombinat)**

Inschrift: *Unseren / von Faschisten / ermordeten / Genossen / Fritz Siedentopf / 1944 / Gustav / Widrinna / 1943 / Erwin Nöldner / 1944*

Die drei Kommunisten arbeiteten bei der Firma Erwin Auert in Weißensee. Gustav Widrinna (*Eisenwerk Ruhden 25.6.1890 – †1943) wurde im KZ Sachsenhausen ermordet, Erwin Nöldner und Fritz Siedentopf wurden im Zuchthaus Brandenburg hingerichtet. Die Inschrift aus Metallettern ist auf einer aus roten Backsteinen gemauerten Stele befestigt. Unter der Inschrift befindet sich ein dreigeteilter Winkel, dessen oberer Teil ein roter KZ-Winkel bildet.

**WIDERSTANDSKÄMPFER**
**Roelckestraße 48–51 (Städtischer Friedhof)**

Inschrift auf rotem Stein unter einem weißen, goldgerahmten KZ-Winkel: *Frieda [!] Seidlitz / geb. 2.9.1907 gest. 27.5.1936 / Berthold Manzke [!] / geb. 28.10.1874 gest. 24.1.1938 / Else Jahn geb. Gerichow / geb. 17.9.1901 gest. 26.4.1945 / Wir werden Euch nie vergessen!*

Der Stein befindet sich links vom Eingang in der ersten hinteren Reihe neben der Trauerhalle.

# PANKOW

**ANTIFASCHISTISCHE JUGEND-KONFERENZ 1945**
**Görschstraße 42/44 (Carl-von-Ossietzky-Oberschule / Gymnasium)**

Inschrift: *In diesem Haus fand am 2. und 3. Dezember 1945 die Tagung des Zentralen Antifaschistischen Jugendausschusses statt. / Auf ihr wurde die Gründung einer einheitlichen, antifaschistisch-demokratischen Jugendorganisation – der Freien Deutschen Jugend – vorbereitet. / An dieser Tagung nahmen die Genossen Wilhelm Pieck, Otto Grotewohl und Erich Honecker teil.*

Die Tafel war im Gebäude angebracht. Ihr Verbleib ist nicht bekannt.

**Erich BARON**
*Berlin 20.7.1881 – †Berlin 26.4.1933
**Kavalierstraße 22**

Inschrift: *Hier arbeitete / und wohnte der / Widerstandskämpfer / Erich Baron / geb. am 20. Juli 1881 / Generalsekretär / der Gesellschaft / der Freunde / des neuen Russland / bis zu seiner / Ermordung durch / die Faschisten / am 26. April 1933*

Baron, seit 1924 Generalsekretär der »Gesellschaft der Freunde des neuen Russland«, war auch Herausgeber der Zeitschrift »Das neue Russland«. Er wurde in der Nacht des Reichstagsbrandes verhaftet und zunächst ins Polizeipräsidium gebracht. Zwei Monate später erlag er den in der Haft erlittenen Mißhandlungen.

Eine Vorgängertafel trug die Inschrift: *Hier arbeitete und wohnte der Widerstandskämpfer Erich Baron, geb. 1885[!], Vorsitzender der Freunde des Neuen Russland. Er war 1933 eines der ersten Opfer des Faschismus*

Die erste Tafel wurde vor 1960, die neue Tafel (Bildhauer Heinz Worner) 1983 angebracht. Sie ist hinter einem Gebüsch versteckt kaum wahrnehmbar.
Am Haus befindet sich auch eine kleine, rötliche Metalltafel, die neben einer Rose die Inschrift: *Für / vorbildliche Leistungen / im Wettbewerb / zu Ehren / des 60. Jahrestages / des Roten Oktober* trägt.

**Johannes Robert BECHER**
*München 22.5.1891 – †Berlin 11.10.1958
**Majakowskiring 34**

Inschrift: *In diesem Hause wohnte / der*

*Dichter / Johannes R. Becher / vom Juli 1945 bis Oktober 1958*

Das KPD-Mitglied (seit 1919) Becher emigrierte 1933 nach Moskau. Nach der Rückkehr aus dem Exil war er von 1945–57 Präsident des Deutschen Kulturbundes, 1953–56 Präsident der Akademie der Künste der DDR, ab 1954 erster Kulturminister. Im Jahr 1949 schrieb er die von Hanns Eisler vertonte Nationalhymne der DDR. Sein Grab ist auf dem Dorotheenstädtischen Friedhof, Mitte, Chausseestraße 126, An der Mauer 37–40.

**Georg BENJAMIN**
**Binzstraße 50 (Nähe Neumannstraße)**

Inschrift: *Hier wohnte der / antifaschistische Widerstandskämpfer / Dr. Georg Benjamin / geboren am 10.09.1895 / ermordet am 26.08. 1942 / im Konzentrationslager / Mauthausen*

Enthüllung 1986. Im Herbst 1992 war die Tafel entfernt. Ihr Verbleib ist nicht bekannt. Am 7.5. 1993 brachte der Verein Aktives Museum Faschismus und Widerstand in Berlin e.V. eine Ersatztafel an mit folgender Inschrift: *Hier, an seinem Wohnhaus, war eine Gedenktafel für / Georg Benjamin / 10.9.1895 – 28.8.1942 [!] / Der Arzt und Sozialpolitiker war Stadtverordneter der KPD / und Schularzt im Bezirk Wedding. 1933 wurde er aus seinem Amt / entlassen und kam für einige Monate in Haft. 1936 wurde Georg Benjamin / wieder verhaftet und an verschiedenen Orten gefangengehalten. / Im Konzentrationslager Mauthausen wurde er 1942 ermordet. / 8. Mai 1993 / Aktives Museum Faschismus und Widerstand in Berlin e.V.*

**Lorenz BREUNIG**
*Weilbach/Unterfranken 11.8.1882 –
†Sachsenhausen 15.2.1945
**Miltenberger Weg 9**

Inschrift: *Lorenz / Breunig / geboren 11.8.1882 / vergast 15.2.1945 / in Sachsenhausen / als Kämpfer gegen / den Faschismus*

Breunig (SPD) war seit 1920 Sekretär des Hauptvorstandes des Deutschen Eisenbahner-Verbandes, 1920–24 auch Mitglied des Deutschen Reichstags. Er sammelte nach 1933 Geld für politische Gefangene und deren Familien, nahm Kontakt mit Gewerkschaftsvertretern im Ausland auf. Gleich zu Beginn des Zweiten Weltkriegs am 1.9.1939 wurde er verhaftet und im KZ Sachsenhausen inhaftiert.

**Rudolf BURDT**
*Berlin 20.1.1913 –
†Berlin-Plötzensee 22.12.1944
**Gaillardstraße 7**

Inschrift: *Hier lebte und wirkte / der / Widerstandskämpfer / Rudolf Burdt / geboren am 20.1.1913 / hingerichtet / am 22.12.1944 / als Opfer / des Faschismus*

Der parteilose Zimmermann Burdt äußerte sich offen gegen Nationalsozialismus und Krieg, wurde denunziert, im Januar 1944 verhaftet und zum Tode verurteilt.

**Reinhold BURGER**
*Glashütte-Baruth 12.1.1866 –
†Berlin 21.12.1954
**Wilhelm-Kuhr-Straße 3**

Inschrift: *In diesem Hause wohnte und arbeitete von 1927 bis zu seinem Tode / Reinhold Burger / 12.1.1866–21.12.1954 / Glasinstrumentenbauer und Inhaber / zahlreicher Patente / Er erfand 1903 die Thermosflasche*

Begraben ist Burger auf dem Wald- und Parkfriedhof Pankow-Schönholz. Berliner Gedenktafel. □

**Ion Luca CARAGIALE**
**Mühlenstraße 24 (Ion-Luca-Caragiale-Bibliothek)**

Inschrift auf dem Sockel einer steinernen Büste vor dem Haus: *Ion Luca Caragiale. Rumänischer Schriftsteller 1852–1912*

**Hanns EISLER**
*Leipzig 6.7.1898 – †Berlin 6.9.1962
**Pfeilstraße 9**

Inschrift: *In diesem Hause / wohnte 1950–1962 / Hanns Eisler*

Der Schüler Arnold Schönbergs emigrierte 1933 aus Deutschland, ging 1938 nach Mexiko, 1939 in die USA. Während der McCarthy-Ära verließ er sie wieder, ging zunächst nach Wien, 1950 in die DDR. Er schrieb eine Vielzahl von Musikstücken für Film- und Bühne. Wiewohl in der DDR (deren Hymne er vertonte) bis zu seinem Tode lebend, behielt er doch seine österreichische Staatsbürgerschaft. Die Tafel ist über der Garage angebracht. Beigesetzt ist er auf dem Dorotheenstädtischen Friedhof, Mitte, Chausseestraße 126, H 3,31.

**Hans FALLADA, eigtl. Rudolf Wilhelm Ditzen**
*Greifswald 21.7.1893 – †Berlin 5.2.1947
**Majakowskiweg 19**

Inschrift: *In diesem Hause wohnte / in seinem letzten Lebensjahr / der Schriftsteller / Hans Fallada / 21.7.1893–5.2.1947 / Hier schrieb er den Roman / »Jeder stirbt für sich allein«*

In diesem, seinem letzten Roman, schildert er den Widerstand des in Plötzensee hingerichteten Weddinger Ehepaares Elise und Otto Hampel (s. d.). Von Fallada stammen u. a. auch »Bauern, Bonzen, Bomben«, »Kleiner Mann – was nun« und »Wer einmal aus dem Blechnapf frißt«. Beigesetzt war er auf dem Friedhof Pankow III, Leonhard-Frank-Straße 103, Abt. UW 13/326. Anfang der achtziger Jahre wurde die Urne mit seiner Asche umgebettet nach Karwitz bei Feldberg (Mecklenburg-Vorpommern). Berliner Gedenktafel. □

**Otto GROTEWOHL**
**Majakowskiring 46/48 (gegenüber Einmündung Straße 106)**

Inschrift der Tafel links vom Eingang: *In diesem Haus lebte / von 1950 bis 1964 / Otto Grotewohl / Erster / Ministerpräsident / der Deutschen / Demokratischen / Republik*

**Otto HEINE**
*28.9.1875 – †2.12.1942
**Pankgrafenstraße 8**

Inschrift: *In diesem Hause / wohnte der / antifaschistische / Widerstandskämpfer / Otto Heine / geboren am 28.9.1875 / verstorben / 2.12.1942 / Ehre / seinem Andenken*

Der Maurer Heine trat 1919 der KPD bei und war in seiner Gewerkschaft aktiv. 1936 wurde er wegen der Teilnahme an Widerstandsaktivitäten verhaftet und zu über zwei Jahren Haft verurteilt, 1939 aus dem Zuchthaus Brandenburg entlassen. Er starb an den Folgen der Haft.

**Willi HIELSCHER**
*Berlin 18.10.1904 – †Brandenburg 8.1.1945
**Lessingstraße 32 (Wilhelmsruh)**

Inschrift: *In diesem Hause wohnte der antifaschistische Widerstandskämpfer Willi*

*Hielscher, geb. am 18.10.1904, ermordet am 8.1.1945. Ehre seinem Andenken.*

Der Schneider Hielscher war frühzeitig im Widerstand der KPD gegen den Nationalsozialismus aktiv. Während des Zweiten Weltkriegs kümmerten er und seine Freunde sich um sowjetische Zwangsarbeiter. Am 30. August 1944 wurde er bei einem Treffen mit Sowjetbürgern verhaftet und schwer mißhandelt. Er versuchte vergeblich, den Quälereien durch einen Sprung aus dem Fenster zu entkommen. Der Volksgerichtshof verurteilte ihn am 16.11.1944 zum Tode. Die 1984 – für eine ältere – angebrachte Tafel wurde 1991 von Unbekannten entwendet.

**Cäsar HORN**
*Berlin 18.5.1914 – †Brandenburg 19.3.1945
**Lessingstraße 53 (Wilhelmsruh)**

Inschrift der links neben dem Eingang angebrachten Tafel: *Zum Gedenken an den / antifaschistischen / Widerstandskämpfer / Cäsar Horn / geboren am 18.5.1914 / in Berlin / Von den Faschisten / am 19.3.1945 im / Zuchthaus Brandenburg / ermordet. / Ehre seinem Andenken.*

Der kaufmännische Angestellte Horn war Mitglied im Arbeitersportverein »Fichte«, seit 1932 auch der KPD und beteiligte sich an Widerstandsaktionen seiner Partei. 1936 wurde er zu eineinhalb Jahren Freiheitsstrafe verurteilt. Später sandte er Frontsoldaten, deren Namen und Feldpostnummern er ausfindig gemacht hatte, illegale Schriften und forderte sie zur Desertion auf. Die Gestapo ermittelte ihn als Absender und verhaftete ihn im Juni 1944. Am 23.1.1945 wurde er zum Tode verurteilt. Horn gehörte zur Widerstandsgruppe um Anton Saefkow. Enthüllung der Tafel (Ersatz für eine Vorgängertafel) 1981.

**Walter HUSEMANN**
*Kiel-Ellerbeck 2.12.1909 –
†Berlin-Plötzensee 13.5.1943
**Florastraße 26**

Inschrift: *Hier lebte / Walter Husemann / geboren am 2.12.1909 / hingerichtet am 13.5.1943 / von den Faschisten / in Plötzensee / Er war ein Kämpfer / für Freiheit und Recht*

Der Werkzeugmacher war Sportreporter und politischer Redakteur der »Roten Fahne«. Wegen seiner Beteiligung am Widerstand wurde er 1936 verhaftet und war zwei Jahre in den KZ's Sachsenhausen und Buchenwald inhaftiert. Nach der Freilassung nahm er Kontakt zur Gruppe Schulze-Boysen/Harnack auf, arbeitete mit an »Die innere Front«. Er wurde im September 1942 erneut verhaftet und zum Tode verurteilt. Die 1959 erneuerte Tafel war am 10.7.1991 entfernt. Auf die Wand gemalt war ein rotes Dreieck und *»Wo ist Walter?«*
Am 7.5.1993 brachte der Verein Aktives Museum Faschismus und Widerstand in Berlin e.V. eine Ersatztafel mit folgender Inschrift an: *Hier, an seinem Wohnhaus, war eine Gedenktafel für / Walter Husemann / 2.12.1903 [!]–13.5.1943 / Walter Husemann arbeitete als Journalist für KPD-Zeitungen. / Er war 1936-1938 in den Konzentrationslagern Sachsenhausen / und Buchenwald gefangen. Nach seiner Freilassung schloß er sich / der Widerstandsgruppe um Harro Schulze-Boysen an, wurde 1942 / wieder verhaftet, zum Tode verurteilt und 1943 hingerichtet. / 8. Mai 1993 / Aktives Museum Faschismus und Widerstand in Berlin e.V.*

**JÜDISCHES LEHRLINGSHEIM**
**Mühlenstraße 24 (Caragiale-Bibliothek)**

Inschrift: *Dieses Haus wurde 1895/96 als jüdisches Lehrlingsheim Pankow erbaut / und am 17. Mai 1896 feierlich eingeweiht. / Mit Hilfe von Spenden konnte das Grundstück erworben und ein Lehrlingsheim gebaut werden. / Sein erster Leiter (bis 1906) war Michael Max Wilinski, sein Nachfolger Oscar Israel (bis 1936). / Hier erhielten viele hundert Jugendliche eine handwerkliche Ausbildung. / Ende 1939 räumten die Nationalsozialisten das Haus und vertrieben die Lehrlinge und Erzieher, von denen viele / später in Vernichtungslagern ermordet wurden. / Bund der Antifaschisten Berlin-Pankow / Aktives Museum Faschismus und Widerstand in Berlin / Berliner Vereinigung VdN, Bezirk Pankow*

Die Idee des Lehrlingsheims wurde bereits ab 1891 zunächst an der Mühlenstraße 1 realisiert. Erst dann wurde das Haus an der Mühlenstraße 20 (ab 1909 Nr. 24) gebaut. Die »einfache Metalltafel« wurde am 14.5.1996 enthüllt. Finanziert wurde sie durch zweckgebundene Spenden von Mitgliedern und Freunden des Aktiven Museums in einen Fonds »zur Erinnerung an den Widerstand und an jüdisches Leben im Ostteil der Stadt Berlin«.

**JÜDISCHES SÄUGLINGS- UND KLEINKINDERHEIM**
**Wilhelm-Wolff-Straße 30/38 (früher Moltkestraße 8-11, Niederschönhausen)**

Inschrift: *Hier wurden über / 150 jüdische Kinder / unter ihnen etwa / 70 Säuglinge / umsorgt und in Liebe / zu den Menschen erzogen / SS verschleppte 1942 / diese lebensfrohen Kinder / und mordete sie / Schweigt nicht / Sagt es allen Menschen / Mahnt die Völker*

Die Tafel aus dem Jahr 1968 wurde von dem Bildhauer Heinz Worner geschaffen und 1988 erneuert. Sie zeigt oben rechts einen Davidsschild und im unteren Teil, nach einem Motiv von Käthe Kollwitz, zwei Hände, die fürsorgend einen Kopf umfassen. Hier wurde 1907 ein jüdisches Säuglings- und Kleinkinderheim eingerichtet. In der DDR befand sich in dem Haus das Altersheim der (Ost-)Berliner Jüdischen Gemeinde.

**II. JÜDISCHES WAISENHAUS**
**Berliner Straße 120/121**

Inschrift: *Dieses Gebäude wurde 1912 bis 1913 als / II. Waisenhaus / der Jüdischen Gemeinde in Berlin / erbaut. Die Synagoge im Inneren war eine Stiftung / des Zigarettenfabrikanten Garbáty-Rosenthal / Viele der hier wohnenden Schüler, Lehrlinge und Erzieher / wurden 1942 in Vernichtungslager deportiert*

Berliner Gedenktafel. □

**Walter KLEIN**
*Berlin 29.7.1912 –
†bei Brünette/Spanien Juli 1937
**An der Priesterkoppel 13 (Rosenthal)**

Inschrift: *Hier wohnte der / antifaschistische / Widerstandskämpfer / Walter Klein / geboren 29.7.1912 / gefallen im Juli 1937 / bei Brünette / im Kampf um Madrid / Ehre / seinem Andenken*

Der Mechaniker und KJVD-Funktionär Klein wurde im Herbst 1933 nach der Störung einer SA-Veranstaltung festgenommen und im Oktober zu einem halben Jahr Haft verurteilt. Er entzog sich der Haft und flüchtete Anfang 1934 in die Sowjetunion. Von dort aus schloß er sich den Internationalen Brigaden im Spanischen Bürgerkrieg an. Die Metalltafel ist an einem Zaungitter in einem roten Dreieck (KZ-Winkel) angebracht.

**Albin KÖBIS**
*Berlin 18.12.1892 – †Wahner Heide 5.9.1917
**Schulzestraße 36**

Inschrift: *Albin Köbis / In diesem Hause / am 18.12.1892 geboren. / Er starb als führen-/der*

*Vertreter revolu-/tionärer Matrosen / in der deutschen / Novemberrevolution / für die Sache / der Arbeiterklasse. / Ermordet am 5.9.1917 / durch die Reaktion.*

Die Tafel aus schwarzem Stein ist rechts neben dem Eingang angebracht. In der DDR stand das Haus im Grenzsperrgebiet. Die Tafel war mithin nur für wenige erreichbar und lesbar. Köbis lebte auch in der Chausseestraße 16 (nahe Invalidenstraße).

Albin Köbis, Max Reichpietsch, Willy Sachse, Willy Weber und Hans Beckers spielten eine führende Rolle beim Wilhelmshavener Matrosenaufstand im August 1917. Die kriegsmüden fünf Matrosen wurden vor ein Kriegsgericht gestellt. Kriegsgerichtsrat Dobring empfing sie mit der Bemerkung: »Ich kann Sie erhängen oder erschießen lassen, je nachdem, wie und was Sie aussagen werden. Erhängen ist natürlich ein schimpflicherer Tod für einen Soldaten. Sie haben selbst die Wahl. Das Urteil steht fest.« (Vorwärts, August 1992, S. 24).
Köbis argumentierte in seiner Verteidigung auch politisch: »Jawohl, ich wollte den Frieden. Annexionslos. Einen Frieden ohne euch und mit allen Mitteln. Ich will die Freiheit, die dieser Krieg nie bringen kann.« (ebd.)
Alle wurden zum Tode verurteilt. Beckers, Sachse und Weber wurden im letzten Moment zu fünfzehn Jahren Zuchthaus »begnadigt«. Der zweiundzwanzigjährige Max Reichpietsch (*Charlottenburg 24.10.1894 – †Wahner Heide 5.9. 1917) und der vierundzwanzigjährige Albin Köbis wurden auf dem Artillerieschießplatz in der Wahner Heide (heute Flughafen Köln-Bonn) erschossen. Dort erinnert ein Gedenkstein an sie. Im Abschiedsbrief an seine Eltern schrieb Köbis: »Tröstet Paula und meinen kleinen Fritz. Ich sterbe zwar nicht gern so jung, aber ich sterbe mit einem Fluch auf den deutschen Militärstaat. Auf immer Euer Sohn.« (Berger, Berlin – freiheitlich & rebellisch, S. 93)

In Bezirk Tiergarten erinnern zwei Straßen an die Matrosen. Das Reichpietschufer (gern als »Reichspietschufer« verballhornt) und die Köbisstraße, die als totes Straßenstück in der noch Wüstenei des südlichen Tiergartenrandes in Richtung Klingelhöferstraße abzweigt.
Beckers schrieb nach seiner Befreiung am 9. November 1918 ein Buch »Wie ich zum Tode verurteilt wurde«, das Vorwort dazu verfaßte Ignaz Wrobel (Kurt Tucholsky).
Willy Sachse schloß sich während des Nationalsozialismus der Widerstandsgruppe um Beppo Römer an und wurde am 21.8.1944 im Zuchthaus Brandenburg hingerichtet (am selben Tag wie der gleichfalls zur Gruppe gehörende Fritz Riedel).

**Erich KÜHNE**
*Staßfurt 28.2.1891 –
†Sachsenhausen 4.4.1943
**An der Priesterkoppel 10 (Rosenthal)**

Inschrift: *Hier wohnte der / antifaschistische / Widerstandskämpfer / Erich Kühne / geboren am 28.2.1891 / verstorben / am 4.4.1943 an den / Misshandlungen / in Sachsenhausen / Ehre / seinem Andenken*

Der Angestellte Kühne gehörte zur Widerstandsgruppe Uhrig. Er verfaßte u. a. Zettel mit Appellen gegen den Krieg. Am 29.4.1942 wurde er von der Gestapo verhaftet und kam ins KZ Sachsenhausen. Schönfeld (Gedenktafeln in Ost-Berlin, S. 118) berichtet ferner, daß Kühnes jüdische Ehefrau in das KZ Theresienstadt deportiert wurde, das sie schwerkrank überlebte. Sie kehrte nach Berlin zurück und starb 1947.

**Willy LANGE**
*6.7.1897 – †Neuengamme 15.3.1945
**Dietzgenstraße 45 (Niederschönhausen)**

Inschrift: *Hier lebte der / antifaschistische / Widerstandskämpfer / Willy / Lange / geboren den 6.7.1897 / ermordet am 15.3.1945 / in Neuengamme / Er kämpfte / für Freiheit / und Recht*

Der Schlosser Lange war bereits 1935 wegen seiner Widerstandstätigkeit gegen den Nationalsozialismus festgenommen und zu 20 Monaten Haft verurteilt worden. Seither war er im Zuchthaus und anschließend in KZ's inhaftiert.

**Joseph LENZEL**
*Breslau 21.4.1890 – †Dachau 3.7.1942
**Platanenstraße 22 b (Niederschönhausen, Maria-Magdalena-Kirche)**

Inschrift des Gedenksteins vor der Kirche: *Eine größere Liebe / hat niemand, als wer / sein Leben gibt für / seine Freunde. / Pfarrer / Joseph Lenzel / starb für seine / polnischen Glaubens-/brüder / am 3.7.1942 / im KZ Dachau*

Es folgt ein Textteil auf einer zweiten Tafel im unteren Teil des Gedenksteins: *Die Kolpingsfamilien / im Bistum Berlin und / die dankbare Gemeinde St. Maria Magdalena*

Der 1890 geborene Lenzel war in der Gemeinde seit 1930 tätig. Er wandte sich im Zweiten Weltkrieg seelsorgerisch polnischen Zwangsarbeitern zu. Für seinen Einsatz wurde er inhaftiert und im KZ Dachau ermordet.

**Karl LIEBKNECHT**
**Kurze Straße 5/6 (ABB Kraftwerke Berlin GmbH, DDR: VEB Bergmann Borsig; Wilhelmsruh)**

Inschrift: *In den Tagen der Novemberrevolution 1918 rief / Karl Liebknecht / von hier aus die Arbeiter der / Bergmann-Elektricitäts-Werke zum Kampf gegen / Militarismus und Reaktion, für die Sozialisierung / der Betriebe auf. / Unser volkseigener Betrieb kündet von der Kraft / der geeinten Arbeiterklasse, die das Vermächtnis / ihrer revolutionären Helden erfüllte!*

Der Appell Liebknechts erfolgte Mitte Dezember 1918. Die in schlechtem Zustand befindliche Metalltafel ist an der linken Ecke von Haus 4 in gut zwei Metern Höhe angebracht. Sie wurde zu Liebknechts 94. Geburtstag enthüllt.

**Bruno MACKER**
*8.9.1905 – †1944
**Maximilianstraße 11 b**

Inschrift: *In diesem Hause wohnte / der antifaschistische / Widerstandskämpfer / Bruno Macker / geb. am 8.9.1905 / Nach mehrjähriger Haft / und dem Einsatz im / faschistischen / Strafbataillon 999 / wurde er wegen seines / mutigen Auftretens gegen / den faschistischen Krieg / 1944 von den Faschisten / verurteilt und ermordet*

Der Maschinenschlosser Macker wurde 1935 wegen seiner politischen Aktivitäten zu zweieinhalb Jahren Freiheitsstrafe verurteilt. 1943 kam er in das Strafbataillon 999. Auch dort machte er gegen den Krieg Propaganda, wurde von einem Kriegsgericht deswegen am 22.5.1944 zum Tode verurteilt und erschossen. Erneuerte Tafel von 1980.

**Karl MÜLLER**
*1.1.1904 – †Berlin 21.3.1945
**Hauptstraße 57 (Wilhelmsruh)**

Inschrift: *Hier wohnte der / antifaschistische / Widerstandskämpfer / Karl Müller / geb. am 1.1.1904 / ermordet am 21.3.1945 / im Gefängnis Lehrter Str. / Er starb für ein / freies Deutschland*

Der Arbeiter Müller gehörte zur Widerstandsgruppe Uhrig. Er wurde am 24.2.1945 verhaftet und starb an den erlittenen Mißhandlungen.

**Otto NAGEL**
**Kurze Straße 5/6 (ABB Kraftwerke Berlin GmbH, DDR: VEB Bergmann Borsig; Wilhelmsruh)**

Rechts neben dem Eingang zum Kommunikationszentrum (Haus 14, DDR: Kulturhaus Otto Nagel) in der Verlängerung der Zufahrt Lessingstraße befindet sich eine große Metalltafel in einem aus Backsteinen gemauerten Rahmen. Sie zeigt Otto Nagel und verschiedene Darstellungen aus dem Leben und Schaffen des Künstlers sowie in der Mitte die Inschrift: *Otto Nagel 1894–1967 / 1919/21 Arbeiter in der Bergmann AG / Revolutionäre Demonstrationen und / Streiks/Auf die ›Schwarze Liste‹ gesetzt / Bedeutender Maler des Proletariats / ›Gegen Ungerechtigkeit und falsche / Ordnung‹ / Präsident der Akademie / der Künste der DDR/NPT*

**Emil NEHRING**
*Stargard/Pommern 5.11.1881 –
†Brandenburg 4.12.1944
**Birnbaumring 39 (Blankenfelde)**

Inschrift: *Emil Nehring, geb. am 5.11.1881, hingerichtet am 4.12.1944 in Brandenburg als Kämpfer gegen den Faschismus!*

Der Schlosser Nehring arbeitete in den Reinikkendorfer Teves-Werken und gehörte dort zur Widerstandsgruppe um Anton Saefkow. Im August 1944 geriet er mit anderen in die Fänge der Gestapo und wurde zum Tode verurteilt. Die Tafel ist nicht mehr vorhanden, sie soll bereits Anfang der achtziger Jahre vom Besitzer des Hauses zerstört worden sein.

**Emil NEHRING**
**Birnbaumring Ecke Kartoffelsteig (gegenüber Einmündung Sonnenblumensteig; Blankenfelde)**

Inschrift des Gedenksteins: *Emil Nehring / Widerstandskämpfer / gegen den Faschismus / geb 5.11.1881 ermordet 4.12.1944 / Ich war / ich bin / ich werde sein*

Der Spruch ist demjenigen aus der Gedenkanlage für Luxemburg/Liebknecht von Ludwig Mies van der Rohe entlehnt. Die goldene Schrift auf dem Granitstein ist stark verblaßt, die gesamte Anlage in verwildertem Zustand.

***Paul* Julius Gottlieb NIPKOW**
*Lauenburg/Pommern 22.8.1860 –
†Berlin 24.8.1940
**Parkstraße 5**

Inschrift: *In diesem Hause wohnte von 1911 bis zu seinem Tode / der Ingenieur / Paul Nipkow / 22.8.1860–24.8.1940 / Er erfand 1884 das »Elektrische Teleskop«, das / unter der Bezeichnung »Nipkow-Scheibe« / von 1928 bis 1938 als mechanischer Bildabtaster bei der / Entwicklung des Fernsehens benutzt wurde*

Berliner Gedenktafel. □

**OPFER DES NATIONALSOZIALISMUS**
**Grünanlage am Dreieck Hauptstraße / Schillerstraße / Goethestraße (Wilhelmsruh)**

Inschrift des Gedenksteins (Vorderseite, unter einem roten KZ-Winkel): *Den / Opfern / des / Faschismus* (Rückseite): *Wir gedenken / der Ermordeten / aus Wilhelmsruh /*
*Willi Hielscher / 18.10.1904–8.1.1945 /*
*Cäsar Horn / 18.5.1914–19.3.1945 /*
*Karl Müller / 1.1.1904 –21.3.1945 /*
*Kurt Müller / 2.2.1903–26.6.1944 /*
*Anna Reinicke / 22.1.1903–27.1.1945 /*
*Ernst Rexin / 1.12.1883–6.11.1943 /*
*Wilhelm Schmidt / 5.12.1895–27.11.1944 /*
*Fritz Wöhrer / 4.8.1901–12.5.1944*
Ein Vorgängerstein trug die Inschrift (Vorderseite): *Den Opfern des Faschismus* (Rückseite): *Wir gedenken / der / Opfer / aus / Wilhelmsruh / Willi Hielscher / geb. 18.10.04, hingerichtet 8.1.45 Brandenburg / Cäcar [!] Horn / geb. 18.5.14, hingerichtet 19.3.45 Brandenburg / Wilhelm Schmidt / geb. 5.12.95, hingerichtet 27.11.44 Brandenburg / Ernst Rexin / geb. 1.12.83 (Moorsoldat) gestorben 6.11.43 / Fritz Wöhrer / geb. 4.8.01, im Arbeitslager gestorben 27.11.44 [!] / Karl Müller / geb. 1.1.04, im Gefängnis gestorben 21.3.45 / Kurt Müller / geb. 29.9.02 [!], im Gefängnis gestorben 7.10.36 [!] / Anna Reinicke / geb. 22.1.03, Ravensbrück gestorben 27.1.45*

Die Schreibweise des Familiennamens von Anna Reinicke ist nicht sicher, da er an anderer Stelle ohne »c« geschrieben wird.

**OPFER DES NATIONALSOZIALISMUS**
**Schwanebecker Chaussee (Buch; Städtischer Friedhof)**

Auf dem Friedhof befinden sich rechts hinter dem Eingang eine größere Anzahl Gräber wahrscheinlich von Zwangsarbeitern im »Dritten Reich«. Ein nach einer Quelle vorhandener Gedenkstein konnte nicht verifiziert werden.

**Carl von OSSIETZKY**
**Ossietzkystraße 24/26**

Inschrift: *Zum Gedenken des / Widerstandskämpfers / Carl / v. Ossietzky / geb. am 3.10.1889 / Er verstarb am 4.5.1938 / an den Folgen der KZ / Haft im Krankenhaus / Nordend als / Kämpfer gegen den / Faschismus*

Nach Schönfeld (S. 130) hing diese Tafel ursprünglich am Wohnhaus Ossietzkys in der Wisbyer Straße 46 a (oder 45?).

**Wilhelm PIECK**
**Majakowskiring 29**

Inschrift: *In diesem Hause / lebte von / 1945 bis 1960 / Wilhelm / Pieck / Erster Präsident / der Deutschen / Demokratischen / Republik*

**Wilhelm PIECK**
**Kissingenstraße 12 (3. Oberschule Pankow (Gymnasium), jetzt Rosa-Luxemburg-Schule; DDR: Wilhelm-Pieck-Schule)**

Inschrift links neben einem Porträtrelief Piecks: *Der Friede ist das kostbarste Gut der Menschheit. Auf ihm beruht die Zukunft der Jugend.*

Die Tafel wurde bald nach der Wende abgenommen und soll im Keller der Schule verwahrt werden.

**Anna REINIKE**
*22.1.1903 – †Ravensbrück 27.1.1945
**Schillerstraße 50 (Wilhelmsruh)**

Inschrift: *Anna Reinike / geboren 22.1.1903 / verstorben 27.1.1945 / in Ravensbrück / als Kämpfer gegen / den Faschismus*

Die Arbeiterin war im Widerstand aktiv und wurde dafür im Frauen-KZ Ravensbrück inhaftiert, wo sie den Mißhandlungen erlag. Nach anderen Angaben – siehe auch der Gedenkstein an der Hauptstraße – schrieb sich der Name mit »ck«.

**SACHSENHAUSEN-PROZESS**
**Breite Straße (DDR: Johannes-R.-Becher-Straße) 24–26 (Rathaus, Erdgeschoß)**

Inschrift: *Im Pankower Rathaus wurden Ende 1947 die Nazi-Verbrecher des KZ Sachsenhausen durch ein sowjetisches Militärgericht ihrer gerechten Strafe zugeführt.*

**Anton SAEFKOW**
*Berlin 22.7.1903 – †Brandenburg 18.9.1944
**Änne SAEFKOW**
*Düsseldorf 12.10.1902 – †4.8.1962
**Trelleborger Straße 26**

Inschrift: *Hier wohnten die / antifaschistischen / Widerstandskämpfer / Anton Saefkow / geboren am 22.7.1903 / ermordet am 18.9.1944 / im Zuchthaus Brandenburg / Änne Saefkow / seine tapfere Mitkämpferin / und Aktivistin / der ersten Stunde / geboren am 12.10.1902 / gestorben am 4.8.1962*

Saefkow war seit 1924 Mitglied der KPD, ab 1927 in leitenden Funktionen. Er wurde 1933 verhaftet, später zu zwei Jahren Haft verurteilt und anschließend ins KZ Dachau gebracht. Von dort wurde er 1939 nach Berlin entlassen. Hier nahm er Kontakt zum Widerstand auf, wurde 1942 Leiter der illegalen Berliner KPD-Organisation. Er suchte auch den Kontakt zu Widerstandsgruppen anderer Ausrichtung. Am 4.7. 1944 wurde Saefkow zusammen mit vielen anderen Widerstandskämpfern verhaftet und zum Tode verurteilt. Die Tafel wurde 1978 erneuert, Änne Saefkow dabei in den Text einbezogen.

**Ernst SASSE**
*17.2.1897 – †20.6.1945
**Florastraße 95 (Nähe Wollankstraße)**

Inschrift: *Hier wohnte der antifaschistische Widerstandskämpfer Ernst Sasse, geboren am 17.2.1897, verstorben am 20.6.1945 an den Folterungen im Zuchthaus Brandenburg*

Sasse emigrierte 1934 aus Nazi-Deutschland, arbeitete im Widerstand in Prag und Kopenhagen. Nach der deutschen Besetzung Dänemarks wurde er wohl bereits am 26.7.1940 (und nicht erst wie die neue Ersatztafel angibt: 1944) von der Gestapo verhaftet und zu 12 Jahren Haft verurteilt. Die 1983 erneuerte Tafel wurde 1991 von Unbekannten entwendet. Die Spuren der Anbringung waren am 7.6.1992 noch klar zu erkennen. Am 7.5.1993 brachte der Verein Aktives Museum Faschismus und Widerstand in Berlin e.V. eine Ersatztafel an. Inschrift: *Hier, an seinem Wohnhaus, war eine Gedenktafel für / Ernst Sasse / 17.2.1897– 20.6.1945 / Der Kommunist Ernst Sasse floh 1934 aus Deutschland und / gelangte schließlich nach Dänemark. Im Juli 1944 wurde / er dort verhaftet und zu 12 Jahren Zuchthaus verurteilt. / Er starb kurz nach seiner Befreiung aus dem Zuchthaus / Brandenburg an Lungentuberkulose / 8. Mai 1993 / Aktives Museum Faschismus und Widerstand in Berlin e.V.*

**Franz SCHMIDT**
*Luckenwalde 28.2.1885 –
†Brandenburg 30.10.1944
**Karower Straße 11 (Krankenhaus Buch, Haus 209)**

Inschrift: *Hier wirkte als Krankenpfleger der antifaschistische Widerstandskämpfer Franz Schmidt, geb. am 28.2.1885, ermordet am 30.10.1944 im Zuchthaus Brandenburg.*

Schmidt unterstützte die Widerstandsgruppe um Anton Saefkow. Anbringung der Tafel Mitte August 1987. Die Tafel wurde nicht gefunden, sie soll entfernt sein. Ihre frühere Existenz war den Beschäftigten bei einem Besuch am 11.10.92 im Haus 209 unbekannt.

**Max SKLADANOWSKY**
*Berlin 30.4.1863 – †Berlin 30.11.1939
**Waldowstraße 28 (Niederschönhausen)**

Inschrift: *In diesem Hause lebte von 1908 bis zu seinem Tode / der Glasmaler, Fotograf und*

*Unternehmer / Max Skladanowsky / 30.4.1863–30.11.1939 / Mit dem von ihm 1895 entwickelten Bioskop / gehörte er zu den Pionieren des Films*

Er stellte auf dem Dachgarten eines Hauses an der Schönhauser Allee die ersten kurzen Filme her und führte am 1.11.1895 erstmalig in Deutschland im »Wintergarten« am Bahnhof Friedrichstraße ein fünfzehnminütiges Filmprogramm vor. Grabstätte Friedhof Pankow IV, Buchholzer Straße, Erbbegräbnis 24. Berliner Gedenktafel. □

**SOWJETISCHES EHRENMAL**
**Schönholzer Heide**

Auf dieser 1947 bis 1949 geschaffenen Gedenkstätte, die zugleich Friedhof für 13 000 sowjetische Soldaten ist, gibt es eine Reihe von Inschriften und Tafeln, deren Texte häufig in deutscher und russischer Sprache angebracht sind: *Den Helden zum ewigen Gedenken!; Entblößt das Haupt! Hier sind sowjetische Soldaten, Helden des Großen Vaterländischen Krieges 1941–1945, zur ewigen Ruhe gebettet. Sie gaben ihr Leben für eure Zukunft.; Die Stärke der Roten Armee besteht … darin, / dass sie keinen Rassenhaß gegen andere Völker, / auch nicht gegen das deutsche Volk, / hegt und hegen kann, daß sie im Geiste / der Gleichberechtigung aller Völker und Rassen, / im Geiste der Achtung der Rechte anderer Völker / erzogen ist. J. Stalin; Die Rote Armee hat in ihrer Entwicklung / einen ruhmvollen Weg zurückgelegt. / Sie hat ihren historischen Auftrag in Ehren erfüllt, / ihr gilt mit Recht die Liebe des Sowjetvolkes. / J. Stalin; Nicht vergebens waren der Tod und das vergossene Blut der Sowjethelden. Nicht vergebens der Kummer und die Tränen der Mütter, Witwen und Waisen. Sie rufen zum Kampf für den dauernden Frieden unter den Völkern auf.; Ewiger Ruhm den tapferen Söhnen des großen Sowjetvolkes, die im Kampf gegen den Faschismus für die Ehre und Unabhängigkeit ihres sozialistischen Vaterlandes, für die Freiheit und den Fortschritt der Menschheit ihr Leben ließen.; Den Kämpfenden der sowjetischen Armee, die in den faschistischen Lagern zu Tode gequält wurden! Sie unterwarfen sich nicht dem Faschismus. Ihre Liebe zur Heimat, die Treue zu ihrem Volk waren stärker als der Tod.*

Die Inschrift erinnert auch an jene sowjetischen Zwangsarbeiter, die in einem Lager in unmittelbarer Nähe des heutigen Ehrenmals den Tod fanden.

**Erich WEINERT**
*Magdeburg 4.8.1890 – †Berlin 20.4.1953
**Heinrich-Mann-Straße / Hermann-Hesse-Straße (DDR: Kurt-Fischer-Straße)**

Gedenkmauer mit eingelassener marmorner Tafel, Inschrift: *Erich Weinert / 1890–1953 / In dieser Siedlung / wohnte und / arbeitete der / Dichter und / Revolutionär / in seinen / letzten Jahren* Auf der Gedenkmauer steht zusätzlich ein Zitat: *Den Gedanken Licht / den Herzen Feuer / den Fäusten Kraft / Erich Weinert*

**Ernst WINTER**
*27.6.1890 – †Berlin 23.12.1939
**Prenzlauer Promenade 177**

Inschrift: *Hier wohnte der / Antifaschist / Ernst Winter / geboren am 27.6.1890 / ermordet am 23.12.1939 / im Polizeipräsidium / Berlin / als Kämpfer / für ein freies / sozialistisches / Deutschland*

Weil der Feinmechaniker Winter (SPD) sich am Arbeitsplatz gegen den Nationalsozialismus aussprach und den Überfall auf Polen kritisierte, wurde er am 21.12.1939 verhaftet. Zwei Tage später erhielt seine Familie die Mitteilung, er habe sich in einer Zelle des Polizeipräsidiums erhängt.

**Fritz WÖHRER**
*4.8.1901 – †Großbeeren 12.5.1944
**Sachsenstraße 24 (Wilhelmsruh)**

Inschrift: *Fritz Wöhrer / geboren am 4.8.1901 / umgekommen am 12.5.1944 / im Arbeitslager Grossbeeren / als Kämpfer / gegen den Faschismus*

Wöhrer wurde bereits 1933 inhaftiert. Bald wieder entlassen, suchte er Anschluß an Widerstandsgruppen, wurde 1936 zu einer längeren Zuchthausstrafe verurteilt und starb im Lager. Erneuerte Tafel von 1979.

**Paul ZOBEL**
**Berliner Straße 79 (kurz hinter der Thulestraße)**

Inschrift: *In diesem Hause / wohnte der / Widerstandskämpfer / Paul Zobel / geboren am 13.3.1891 / verstorben / am 22.3.1945 in Dachau / als Opfer / des Faschismus*

Zobel war 1928 Mitglied des Preußischen Landtags und Sportpolitiker, wurde im Februar 1933 kurzzeitig inhaftiert und kam von Juli bis Dezember 1933 in das KZ Sonnenburg. Nach der Freilassung war er gemeinsam mit Hermann Tops aktiv in der Widerstandsgruppe um Robert Uhrig, nach dessen Verhaftung in der Gruppe Saefkow. Im Juli 1944 erneut verhaftet und im KZ Dachau inhaftiert.

**Arnold ZWEIG**
**Homeyerstraße 13**

Am Arnold-Zweig-Archiv der ehemaligen Akademie der Künste der DDR befindet sich eine Bronzetafel (Jo Jastram, 1982) mit dem Reliefbildnis des Dichters und der Inschrift:
*Arnold Zweig / lebte in / diesem / Hause / von 1950 / bis 1968*

Der Gedenkstätte drohte im Frühjahr 1993 – für die Öffentlichkeit war sie bereits gesperrt – das endgültige Aus. Sibylle Wirsing schrieb darüber (Tsp., 2.3.1993): »Der Besucher konnte hier etwas von der Rückkehr des Emigranten in die Erinnerung erfahren. Denn der Schauplatz und seine Ausstattung bezeugen das prägende intellektuelle Milieu der zwanziger Jahre, dem Zweig angehört hatte. Der bevorstehende Verlust wird von keiner Archivierung wettzumachen sein. […] Homeyerstraße 13: mehr als ein Einfamilienhaus mit der entsprechenden Miete, die seine früheren Eigentümer jetzt von den Nutzern haben wollen. Die Adresse ist ein sensibler Zeuge für Berlin trotz alledem. Seine Erhaltung wäre ein Signal; und seine Abschaffung ist es, umgekehrt, nicht minder.«

# REINICKENDORF

**Max BECKMANN**
**Ringstraße 17 (Hermsdorf)**

Inschrift: *Max Beckmann / 1884–1950 / Maler / lebte und wirkte in diesem Haus von 1906–1914*

Der expressionistische Maler und Graphiker kam 1904 nach Berlin, wo er sich der »Berliner Secession« anschloß und 1914 die »Freie Berliner Secession« mitbegründete. Im Ersten Weltkrieg meldete er sich als Kriegsfreiwilliger, von 1925 bis 1932 arbeitete er in Frankfurt/Main, wurde 1933 entlassen und kehrte zunächst nach Berlin zurück. Bei den Nazis galt er als »entartet«. 1938 ging er nach Paris und Amsterdam, 1947 weiter in die USA.

**BERLINER FLUGHAFEN-GESELLSCHAFT**
**Flughafen Tegel (Flughafen Otto Lilienthal; Haupthalle, rechte Treppe)**

Inschrift der Tafel, die über dem Datum das Wappen von Los Angeles zeigt: *Presented to Berliner Flughafen-Gesellschaft to / commemorate the Agreement of Cooperation with / Los Angeles International Airport fostering the / promotion of air transportation and commerce and / further enhancing the strong alliance between the / Sister Cities of Los Angeles and Berlin. / February 1988 / City of Los Angeles / Tom Bradley, Mayor / Board of Airport Commissioners / Maria D. Hummer / President / Samuel Greenberg / Vice President / Robert A. Chick / Johnnie L. Cochran, Jr. / Jerry B. Epstein / Clifton A. Moore / Executive Director*

**Otto Julius BIERBAUM**
*Grünberg/Schlesien 28.6.1865 –
†Kötzschenbroda b. Dresden 1.2.1910
**Eisenhammerweg 16 (Tegel)**

Bierbaum lebte hier von 1893–1895. Er war Schriftsteller und Journalist, lieferte bedeutsame Beiträge für die Kabaretts »Überbrettl« und die »Elf Scharfrichter«. Während seiner Berliner Zeit schrieb er den Roman »Stilpe. Ein Roman aus der Froschperspektive«. Berliner Gedenktafel. □

**Hans BLÜHER**
*Freiburg/Schlesien 17.2.1888 –
†Berlin 4.2.1955
**Berliner Straße 53/55 (Hermsdorf)**

Wohnort des Philosophen, Psychotherapeuten und Schriftstellers von 1925–1955. Er war ein führender Vertreter des »Wandervogels« und dabei auf eine männliche Jugendbewegung orientiert. Nach seiner Philosophie ist Frieden »nur verschwiegener Krieg«. Berliner Gedenktafel. □

**Wilhelm BLUME**
*Wolfenbüttel 8.2.1884 – †Berlin 17.11.1970
**Speerweg 36 Ecke Am Priesterberg 14 (Frohnau)**

Inschrift: *Hier wohnte von 1937 bis 1970 / Wilhelm Blume / 8.2.1884 – 17.11.1970 / Pädagoge / Gründer der Schulfarm Insel Scharfenberg / Gründungsdirektor der / Pädagogischen Hochschule Berlin*

Er lebte von 1937 bis zu seinem Tod am Speerweg. Das von ihm begründete und von ihm mehrere Jahre geleitete Internat »Schulfarm Scharfenberg« zählt zu den bedeutendsten pädagogischen Reformversuchen der Weimarer Republik. Enthüllung der Berliner Gedenktafel am 17.11. 1988. Grabstätte: Friedhof am Fließtal, Waidmannsluster Damm 13, Abt. J 1a–3 (Ehrengrab).

**Wilhelm BLUME**
**Insel Scharfenberg**

Gedenkstein mit Tafel am Zentralhaus, Inschrift: *Dem Gründer / der Schulfarm / zum 100. Geburtstag / am 8.2.1984*

**Carl August BOLLE**
*21.11.1821 – †17.2.1909
**Insel Scharfenberg**

Gedenkstein (Findling) mit Tafel für den Botaniker zwischen Braunhaus und Zentralhaus im Nordteil der Insel, Inschrift: *Dr. Carl August / Bolle / *21.11.1821 / †17.2.1909*

**Dietrich BONHOEFFER**
**Alfred DELP**
*Lampertheim b. Mannheim 5.9.1907 – †Berlin-Plötzensee 2.2.1945
**Seidelstraße 39 (Justizvollzugsanstalt Tegel)**

Inschrift: *Sie widerstanden dem / tödlichen Unrecht um der / Menschenliebe Gottes willen / und waren inhaftiert in Tegel / Dietrich Bonhoeffer / Pfarrer / geb. 4.2.1906 hingerichtet 9.4.1945 / in Flossenbürg / Alfred Delp / Jesuitenpater / geb. 5.9.1907 hingerichtet 2.2.1945 / in Berlin Plötzensee / Selig sind, die um Gerechtigkeit / willen verfolgt werden; / denn das Himmelreich ist ihr / Matth. 5.10*

Angebracht ist die am 12.12.1987 enthüllte Tafel am Eingang des Kirchen- bzw. Verwaltungsflügels (Teilanstalt II) der Strafanstalt unterhalb der beiden Kirchtürme.

**Johann Karl Friedrich *August* BORSIG**
**Berliner Straße 27 (Tegel)**

Standort der ehemaligen Borsigwerke.
Berliner Gedenktafel. □

**Wernher von BRAUN**
*Wirsitz/Westpreußen 23.3.1912 – †Alexandria/Virginia/USA 16.6.1977
**Rudolf NEBEL**
*Weißenburg/Bayern 21.3.1894 – †Düsseldorf 18.9.1978
**Hermann OBERTH**
*Hermannstadt/Siebenbürgen 25.6.1894 – †Nürnberg 28.12.1989
**Flughafen Tegel (Flughafen Otto Lilienthal)**

In der Haupthalle rechts hängen an einem Pfeiler Bronzereliefporträts der drei Raketenforscher, die außer den Porträts nur den jeweiligen Namen tragen.

Rudolf Nebel mietete für Raketenversuche den auf dem heutigen Flughafengelände gelegenen alten Artillerieschießplatz. »Er bekam ihn für eine symbolische Jahresmiete von zehn Reichsmark, und am 27. September 1930 empfing er von dem zuständigen Beamten den Schlüssel. Nebel [...] prägte dafür in einem Telegramm an den amerikanischen Autokönig Henry Ford anläßlich von dessen Deutschlandbesuch den Namen ›Raketenflugplatz‹. Darin stand: ›Anbiete erste Flüssigkeitsrakete für Fordmuseum Stop Einlade zur Besichtigung des ersten Raketenflugplatzes in Berlin-Reinickendorf.‹« (Jesco von Puttkamer, in: Mitteilungen des Vereins für die Geschichte Berlins, April 1995, S. 376)

**Ludwig BRUNOW**
*3.7.1848–†11.6.1929
**Brunowplatz (Tegel)**

Findling mit Tafel, Inschrift: *Ludwig / Brunow / 3.7.1848– 11.6.1929 / Amts- u. Gemeindevorsteher / von Tegel 1874–1903*

Brunow sorgte in Tegel für notwendige Infrastrukturmaßnahmen, um den Anschluß »an die neue Zeit« zu finden. Beigesetzt wurde Brunow auf dem Städtischen Friedhof Tegel, Waidmannsluster Damm (heute Wilhelm-Blume-Allee).

**Hans COPPI**
**Hans (Hanno) GÜNTHER**
**Schulfarm Insel Scharfenberg**

Inschrift der Bronzetafel: *Scharfenberger leisteten / Widerstand gegen den / Nationalsozialismus. / Hans Coppi Hanno Günther / hingerichtet / 22.12.1942 3.12.1942*

Beide waren Schüler der Schulfarm. Enthüllung durch Volksbildungsstadtrat Willimsky am 2.6. 1984.

Coppi wurde bereits 1934 in »Schutzhaft« genommen und saß wegen »Vorbereitung zum Hochverrat« ein Jahr im Gefängnis. 1935 erhielt er vier Wochen Freiheitsstrafe wegen der Verbreitung verbotener Druckschriften. 1939 bekam er durch einen früheren Mitschüler – den späteren Präsidenten der Historikergesellschaft der DDR, Heinrich Scheel – Kontakt zur Widerstandsgruppe Schulze-Boysen/Harnack (»Rote Kapelle«), für die er ab Mai 1941 als Funker arbeitete. Auch seine Frau, Hilde Coppi, die im August 1943 in Plötzensee hingerichtet wurde, war aktiv in dieser Gruppe tätig. Hans Coppi wurde am 19.12.1942 durch das Reichskriegsgericht zum Tode verurteilt. Der Schriftsteller Peter Weiss hat ihm in seiner »Ästhetik des Widerstandes« ein literarisches Denkmal gesetzt. Zu Hanno Günther vgl. Neukölln.

**Hans COPPI**
**Hilde COPPI**
*30.5.1909 – †5.8.1943
**Seidelstraße (Kleingartenkolonie Am Waldessaum Nr. 107)**

Inschrift: *Hier lebten / Hans u. Hilde Coppi / Hans wurde am 22.12.1942 / Hilde am 5.8.1943 / nach der Geburt ihres Kindes, / von den Hitlerfaschisten / ermordet.*

Die dunkle Metalltafel wurde 1946 angebracht.

**Paul DAHLKE**
*Osterode/Ostpreußen 25.1.1865 –
†Berlin 29.oder 28.2.1928
**Edelhofdamm 54 Ecke Enkircher Straße**

Inschrift: *Hier lebte und wirkte / von 1924 bis zu seinem Tod / Paul Dahlke / 25.1.1865–29.2.1928 / Arzt und Schriftsteller / Gründer des Buddhistischen Hauses*

Dahlke, der den Buddhismus auf einer Reise kennenlernte, wollte ihm Zugang nach Europa schaffen und begründete das Buddhistische Haus. Er schrieb neben medizinischen Abhandlungen mehrere Bücher über den Buddhismus und gab die Zeitschrift »Brockensammlung«, die sich mit Fragen dieser Religion befaßte, heraus. Auf eigenen Wunsch wurde er an unbekannter Stelle nahe dem Buddhistischen Haus beige-

setzt. Seit 1957 gehört das Haus der German Dharmaduta Society in Colombo (Sri Lanka), woher auch die ständig dort lebenden Mönche kommen. Enthüllung der ersten Tafel im Berliner Gedenktafelprogramm in Reinickendorf am 12.9.1988.

**DOMINIKUS-KRANKENHAUS**
**Kushausstraße 28–32 (Hermsdorf)**

In Station 1 am Übergang zum Neubau befindet sich eine schwarze Steintafel mit goldener Inschrift unter Eisernem Kreuz und nicht vergoldetem Eichenlaub: *Der opferwilligen Barmherzigkeit / der Schwestern / im Weltkriege. / Aus Dankbarkeit gewidmet / von den Verwundeten des St. Dominikusstiftes / Hermsdorf bei Berlin / 1914–1919*

**Carl EINSTEIN**
*Neuwied 26.4.1885 –
†Pau/Frankreich 5.7.1940
**Zeltinger Straße 54**

Inschrift der Bronzetafel: *Hier lebte / bis 1928 / der Schriftsteller / Carl Einstein / *1885 †1940 / Verfasser der „Kunst des 20. Jahrhunderts" / der Propyläen-Kunstgeschichte*

1933 mußte Einstein aus dem nationalsozialistischen Deutschland ins Exil nach Frankreich fliehen, wo er nicht Fuß faßte und resigniert festhielt: »Seit langem bin ich von gleichsprachigen Menschen und Büchern gänzlich abgeschnitten. Nie werde ich in französischer Dichtung zu Hause sein, denn ich träume und sinniere deutsch. Also nun bin ich durch Hitler zu völliger Heimatlosigkeit und Fremdheit verurteilt.« Das einstige Wohnhaus Einsteins ist eines der seltenen reetgedeckten Häuser Berlins.

**FINDLING**
**Alt-Lübars (Dorfaue)**

Am Westrand der Dorfaue ist ein Findling mit folgender Inschrift aufgestellt: *Findling / aus dem Acker von / Rosentreter Lübars / 1956 geborgen / von H. J. Brenz*

**FREIWILLIGE POLIZEI-RESERVE**
**Waidmannsluster Damm Ecke Karolinenstraße**

Auf einem Findling neben einer Eiche befindet sich eine Metallplatte (Aluminium) mit der Inschrift: *25 Jahre / Freiwillige Polizei-Reserve / Berlin im September 1986*

Im »Nordberliner« vom 19.3.1992 heißt es dazu: »Aus Anlaß ihres 25jährigen Bestehens, mitinitiiert von ihrem jetzigen stellvertretenden Referatsleiter, dem Ersten Polizeihauptkommissar Michael Thürnagel, wurde im September 1986 eine deutsche Eiche im Wert von 1605 DM auf die kleine Grünfläche an der Einmündung des Waidmannsluster Dammes in die Karolinenstraße gegenüber der Humboldt-Mühle gepflanzt [...] Die Wahl des Standortes selbst hatte keinen direkten Bezug zum Anlaß, sondern erfolgte auf Bitte des Reinickendorfer Bezirksamtes [...].«

**Paul GRUNWALDT**
*Berlin 18.1.1891–†Weingarten 7.6.1962
**Raschdorffstraße 82**

Inschrift: *Hier lebte und arbeitete von 1931 bis 1961 / Paul Grunwaldt / 18.1.1891–7.6.1962 /*

*Maler Mitglied der Künstlervereinigung / »Novembergruppe« / Vertreter des Berliner Expressionismus*

Enthüllung der Berliner Gedenktafel am 21.6. 1989.

**Guido Graf HENCKEL FÜRST VON DONNERSMARCK**
*Breslau 10.8.1830 – †Berlin 18.12.1916
**Donnersmarckplatz (Sigismundkorso Ecke Alemannenstraße)**

Findling mit Bronzetafel, die auf der rechten Seite ein Porträtrelief Donnersmarcks trägt. Inschrift: *Guido Graf Henckel / Fürst von Donnersmarck / 1830–1916 / Gründer der Gartenstadt Frohnau, 1910 / und einer Stiftung für die Betreuung / versehrter, behinderter Menschen, 1916*

Donnersmarck war bedeutender Bankier und Industrieller, in Deutschland einer der reichsten Männer seiner Zeit. 1901 wurde er von Kaiser Wilhelm II. als Fürst von Donnersmarck in den erblichen Fürstenstand erhoben. Enthüllung am 6.5.1983.

***Hannah* Anna Therese Johanna HÖCH**
*Gotha 1.11.1889 – †Berlin 31.5.1978
**An der Wildbahn 33 Ecke An der Hasenfurt (Heiligensee)**

Inschrift: *Hier lebte und arbeitete von 1939 bis 1978 / die Malerin / Hannah Höch /*

*1.11.1889–31.5.1978 / Sie wurde vor allem durch ihre Collagen / und Photomontagen bekannt. / 1919 Mitbegründerin von »Dada Berlin« / Eine der großen Frauen ihrer Epoche*

Enthüllung der Berliner Gedenktafel am 25.10. 1989. Beigesetzt ist Hannah Höch auf dem Friedhof Heiligensee, Sandhauser Straße 78–130, Abt. 19, 6 UR 15.

***Max* Julius HODANN**
*Neiße/Oberschlesien 30.8.1894 –
†Stockholm 17.12.1946
**Alt-Reinickendorf 45**

Inschrift: *Hier arbeitete von 1922 bis 1933 / Max Julius Hodann / 30.8.1894–17.12.1946 / Arzt und Sexualpädagoge / Stadtarzt und Leiter des Gesundheitsamtes / Reinickendorf / Emigrierte 1933, zuletzt nach Schweden*

Der fortschrittliche Arzt, Sexualaufklärer und Mitarbeiter von Magnus Hirschfeld wurde schon kurz nach der »Machtergreifung« inhaftiert. Ende 1933 emigrierte er über die Schweiz nach Norwegen. Der erneuten Festnahme nach der deutschen Besetzung entging er durch einen zufälligen Aufenthalt in Schweden. Berliner Gedenktafel.

**Bernhard HOETGER**
*Hörde 4.5.1874 –
†Beatenberg/Schweiz 18.7.1949
**Gollanczstraße 40**

Inschrift: *An dieser Stelle stand / das Atelierhaus, in dem von 1939 bis 1943 / Bernhard Hoetger / 4.5.1874–18.7.1949 / lebte und arbeitete. / Hoetger war Bildhauer, Maler / und Architekt. / Schöpfer der Böttcherstraße Bremen*

Von Hoetger, dessen Hauptwerke in Darmstadt, Bremen und Worpswede zu finden sind, stammt unter anderem auch die Paracelsus-Büste im Paracelsus-Bad. Enthüllung der Berliner Gedenktafel am 24.6.1991.

**KAISER- UND FRIEDENSEICHE**
**Alt-Lübars (Dorfaue)**

An einer Durchfahrt vor der Dorfkirche steht vor einer Eiche ein Stein mit der Inschrift: *Zum Andenken an die Pflanzung / der Kaiser= und Friedens=Eiche. / Und zur Erinnerung / an das 25jährige Bestehen / des hiesigen Schützen=Vereins / Lübars d. 13. Juni 1897.*

**Erich KÄSTNER**
**Parkstraße 3 a (Hermsdorf)**

Inschrift: *Erich Kästner / 1899–1974 / Schriftsteller / lebte in diesem Haus von 1966–1969*

Kästner hatte hier während dieser Jahre eine Zweitwohnung.

**Peter KOEHNE**
*1917 – †1984
**Alt-Wittenau 53 Ecke Triftstraße**

Inschrift: *Zur Erinnerung an Peter Koehne / *1917 †1984 / der das Wandbild im Jahre 1980 auf Veranlassung des / damaligen Bezirksbürgermeisters Herbert Grigers / geschaffen hat. / Nach dem Original restauriert 1989 / mit finanzieller Unterstützung / der Grundstückeigentümerin Frau Herta Hohensee, / der Sparkasse der Stadt Berlin West und / der Senatsverwaltung für Bau- und Wohnungswesen*

Die Tafel befindet sich am Rande des Wandbildes an der Brandmauer zur Triftstraße.

**Adolph KOLPING**
*Kerpen b. Köln 8.12.1813 – †Köln 4.12.1865
**Kolpingplatz (Kopenhagener Straße / Alt-Reinickendorf)**

Inschrift: *Adolph Kolping / »Gesellenvater« / Katholischer Priester * Publizist * Sozialreformer / 1813 Geboren in Kerpen bei Köln * Schuhmacherlehre und Wanderjahre / 1841 Abitur in Köln * Theologiestudium / 1845 Priesterweihe in Köln / 1848 Schrift »Der Gesellenverein« / 1849 Gründung des Gesellenvereins in Köln / 1852 Gründung des Gesellenvereins in Berlin mit Missionsvikar Eduard Müller / 1865 Verstorben am 4. Dezember in Köln / 1991 Seligsprechung in Rom am 27. Oktober*

Enthüllung am 4.12.1991.

**Gottlob Johann *Christian* KUNTH**
*Baruth 12.6.1757 – †Berlin 22.11.182
**Gabrielenstraße Ecke Adelheidallee (rechts neben der Zufahrt zum Humboldt-Schloß)**

Inschrift der in einen Findling eingelassenen Bronzetafel: *Christian Kunth / 12.6.1757–22.11.1829 / Erzieher der Humboldt-Brüder, / Gewerbepolitiker u. preuss. Staatsrat*

Kunth wurde als Zwanzigjähriger Erzieher der Brüder Wilhelm und Alexander von Humboldt. Später trat er in preußische Staatsdienste und setzte sich für den Ausbau der Industrie und für einen freien Handel ein. Ab 1815 war er »General-Handelskommissarius« und förderte die Errichtung von Gewerbeschulen. Begraben ist Kunth im Familiengrab der Humboldts im Park des Tegeler Schlosses. Enthüllung in Anwesenheit von Nachfahren Kunths aus dem süddeutschen Raum und Bezirksbürgermeister Detlef Dzembritzki am 12.6.1993. Ursprünglich sollte die Enthüllung der vom Ortsgeschichtlichen Arbeitskreis Tegel gestifteten Tafel bereits am 22.11.1992 erfolgen, wurde jedoch verschoben, weil das Bezirksamt zunächst eine Tafel im Rahmen des Berliner Gedenktafelprogramms bevorzugte, die am Schloß angebracht werden sollte.

**Gustav LANDAUER**
*Karlsruhe 7.4.1870 – †München 2.5.1919
**Schloßstraße 17 Ecke Waldseeweg (Hermsdorf)**

Inschrift: *Hier lebte von 1902 bis 1908 / Gustav Landauer / 7.4.1870–2.5.1919 / Schriftsteller und Politiker / Theoretiker des*

*anarchistischen Sozialismus / Mitglied der Münchener Räteregierung 1919*

Über den Tod Landauers während der militärischen Niederwerfung der Räteregierung heißt es: »Im Zuchthaus Stadelheim schlug ihm ein Offizier die umgedrehte Reitpeitsche über den Kopf und gab seinen Soldaten den Angriff frei. Es blieb unklar, ob Landauer erschossen oder erschlagen wurde. Zeugen hörten seine letzten Worte: ›Erschlagt mich doch. Daß ihr Menschen seid.‹« (Der Spiegel 49/2.12.1968, S. 177) Martin Buber veröffentlichte nach Landauers Tod dessen »Vorträge über Shakespeare« (1920) und »Beginnen. Aufsätze über den Sozialismus« (1924). Enthüllung der Berliner Gedenktafel am 22.10.1991.

**Leopold LESSING**
*Elbing 1832–†Berlin 4.1.1900
**Alt-Hermsdorf 9 (Dorfaue)**

Inschrift: *Leopold Lessing / Leopold Lessing wurde 1832 in Elbing (Westpreußen) / geboren. Als letzter Gutsbesitzer von Hermsdorf förderte / er nach 1860 die industrielle Entwicklung des Ortes. / Obwohl seine Pläne, nach der Erschließung einer Solquelle / im Jahre 1889 aus Hermsdorf einen Kurort zu machen, / scheiterten, trug Leopold Lessing maßgeblich dazu bei, daß sich Hermsdorf nach der Anbindung an den Berliner / Vorortverkehr im Jahre 1891 zu einem Villen- und / Wohnvorort entwickelte. / Er starb am 4.1.1900 in Berlin.*

Die Bronzetafel ist in einen Findling eingelassen. Sie wurde am 19.10.1995 in Anwesenheit der Bezirksstadträte Rainer Lembcke und Diethard Rüther enthüllt. Auf dem gegenüber befindlichen Teil der Dorfaue wurde bei archäologischen Grabungen 1987/88 das Fundament einer Dorfkirche aus dem frühen 16. Jahrhundert freigelegt, die wegen Baufälligkeit im 18. Jahrhundert abgerissen wurde. Im Inneren fand man Reste einer hölzernen Vorgängerkirche aus dem 13. Jahrhundert. An der Spitze der Dorfaue erinnert ein Findling an den früher um die Kirche gelegenen Friedhof. Er trägt die Inschrift: *Menschen wie Du / fanden hier / Ruh.*

**Bernhard LICHTENBERG**
**Bernhard-Lichtenberg-Platz (Seidelstraße Ecke Bernauer Straße)**

Findling mit Tafel, Inschrift: *Bernhard Lichtenberg Platz / Bernhard Lichtenberg *3.12.1875 †5.11.1943 / stellvertretend für alle Widerstandskämpfer / gegen die nationalsozialistische Gewaltherrschaft*

Der Gedenkstein wurde im Herbst 1985 enthüllt. In der Krypta der St. Hedwigs-Kathedrale befindet sich die Grabstätte Lichtenbergs, der seit 1937 Dompropst an St. Hedwig war. Er wurde nach anhaltenden Protesten gegen die Verbrechen in den Konzentrationslagern, dem Einschließen verfolgter Juden in seine Gebete und seinem Eintreten gegen die Ermordung behinderter Menschen, am 23.10.1941 verhaftet und zu zwei Jahren Gefängnis verurteilt. Nach der Haftverbüßung sollte er in das KZ Dachau gebracht werden. Auf dem Transport dorthin starb er. Die Trauerfeier fand am 15.11.1943 in der St. Sebastian-Kirche auf dem Gartenplatz (Wedding) statt. In der Kirche waren etwa 4000 Menschen, vor ihr warteten an 1000 weitere. Die Beisetzung erfolgte auf dem St. Hedwigs-Friedhof an der Liesenstraße, von dem ein Teil für den »Todesstreifen« nach dem 13. August 1961 eingeebnet wurde. Lichtenbergs sterbliche Überreste wurden am 26.8.1965 in die Krypta der St. Hedwigs-Kathedrale überführt. Am 23.6.1996 wurde er von Papst Johannes Paul II. seliggesprochen – nur sechs Tage nachdem das Landgericht Berlin das NS-Urteil gegen ihn aufgehoben hatte.

**Gustav LILIENTHAL**
**Waidmannsluster Damm Ecke Schollenhof**

Inschrift des Findlings: *1895 / Dem Gründer und Förderer / der „Freien Scholle" / Gustav Lilienthal / die dankbare Genossenschaft. / 1945*

**Oskar LOERKE**
*Jungen a.d. Weichsel/Westpreußen 13.3.1884 – †Berlin 24.2.1941
**Kreuzritterstraße 8**

Inschrift: *Hier lebte von 1930 bis 1941 / Oskar Loerke / 13.3.1884–24.2.1941 / Lyriker, Essayist und Literaturkritiker / Lektor im S. Fischer Verlag / Sekretär der Sektion für Dichtkunst der / Preußischen Akademie der Künste / bis 1933*

Loerke studierte ab 1903 in Berlin, erhielt 1913 den Kleist-Preis. Ab 1926 war er Mitglied der Preußischen Akademie der Künste, Sekretär der Sektion Dichtkunst von 1928 bis zu seiner Entlassung Mitte März 1933. Der »Entdecker und Förderer vieler Dichter« (Voß) wurde von den Nazis mundtot gemacht. Berliner Gedenktafel. Grabstätte: Friedhof Frohnau, Hainbuchenweg 64–76, Abt. G 3,1.

**MEILENSTEIN**
**Gabrielenstraße Ecke Adelheidallee**

Links neben dem Beginn der Zufahrt zum Humboldtschloß steht ein alter Meilenstein. Neben diesem erläutert eine Tafel: *Dieser Meilenstein ist vermutlich / um 1730 aufgestellt worden. Es / handelt sich um einen Sandstein / Obelisken. Die ursprüngliche Mei-/lenangabe ist nicht mehr feststell-/bar. Es dürften jedoch 1½ Meilen / gewesen sein, die sich auf das / Oranienburger Tor (Bezirk Mitte) / bezogen. Eine preußische Meile / entspricht 7,535 km. / Der frühere Standort befand sich / an der Zufahrt zum Schloß Tegel / in unmittelbarer Nähe des sogen. / „Epheuhauses" der Humboldt-/Mühle. / Die Schäden an den Kanten wer-/den auf das Schleifen von Äxten / und Sensen zurückgeführt, obwohl / dies seit 1701 durch ein königliches / Edikt unter Strafe gestellt war. / Der Meilenstein wurde im*

*Frühjahr / 1992 mit freundlicher Unterstützung / der Arbeitsgemeinschaft Tegel-City / restauriert.*

**Franz NEUMANN**
*Berlin 14.8.1904 – †Berlin 9.10.1974
**Moorweg 10 (am Schollenweg)**

Inschrift: *Hier lebte von 1945 bis 1974 der Politiker / Franz Neumann / 14.8.1904–9.10.1974 / Landesvorsitzender der Sozialdemokratischen / Partei Deutschlands (1946-1958) / Ehrenbürger der Stadt Berlin / Er war maßgeblich am Kampf gegen die Zwangs-/ vereinigung von SPD und KPD beteiligt*

Neumann beteiligte sich am Widerstandskampf gegen die Nationalsozialisten, kam ins KZ und wurde 1936 wegen »Vorbereitung zum Hochverrat« zu eineinhalb Jahren Gefängnis verurteilt. Nach 1945 engagierte er sich wie vor 1933 für die SPD auf kommunaler Ebene. Von 1949 an war er Mitglied des Deutschen Bundestags. Seit dem 20.10.1971 ist er Ehrenbürger Berlins. Berliner Gedenktafel. Beigesetzt ist er auf dem Friedhof am Fließtal, Waidmannsluster Damm 13, Abt. J 1a–1 (Ehrengrab).

**OPFER DER MAUER**
**Edelhofdamm Ecke Oranienburger Chaussee**

Dort wurde ein Mauersegment mit davorgestelltem Holzkreuz errichtet. Auf dem Mauerteil befindet sich eine Tafel mit der Inschrift: *Zum Gedenken / an die Opfer / der Berliner Mauer / 13.8.1961–9.11.1989*

Auf dem Kreuz steht auf einer kleinen Tafel: *Herbert Bauer / †25.12.52 / Michael Bittner / †24.11.86*
Bittner (*31.8.1961) starb mit 25 Jahren bei einem Fluchtversuch.
Der Polizeioberwachtmeister Herbert Bauer (*30.11.1925) wollte westdeutsche Besucher vor Belästigungen durch angetrunkene sowjetische Soldaten schützen. Er wurde von diesen ange-

schossen und verblutete, weil sie durch weiteres Feuer jegliche Hilfeleistung unmöglich machten. Zur Trauerfeier für Bauer am 30.12. 1952 vor dem Rathaus Schöneberg versammelten sich Hunderttausende Berliner, »auf dem Weg zum Friedhof Tegel [Wilhelm-Blume-Allee, Ehrengrab; Verf.] säum[t]en eine Million Menschen die Straßen, um Herbert Bauer die letzte Ehre zu erweisen«. (Berlin, Chronik der Jahre 1951–1954, S. 606). Einweihung am 27.7. 1991.

**OPFER DES NATIONALSOZIALISMUS**
**Am Rathauspark (neben dem Rathaus)**

Inschrift: *Zum Gedenken / an die unter / der nationalsozialistischen / Gewaltherrschaft 1933–1945 / verfolgten, deportierten / und ermordeten Mitbürger*

Die 70 x 100 cm große Bronzeplatte wurde vor dem von Lidy von Lüttwitz geschaffenen Denkmal aus Anlaß des 50. Jahrestags der November-

pogrome am 10.11.1988 angebracht. Das Denkmal aus rotem Sandstein zeigt einen auf das Hakenkreuz geflochtenen Menschen und trägt die Inschrift: *Jede / Weltanschauung / die sich auf / Gewalt gründet / rädert den Menschen / auf ihren Symbolen*

**OPFER DES NATIONALSOZIALISMUS**
**Eichborndamm 215 (Rathaus Reinickendorf, Altbau)**

Inschrift: *Von 1933 bis 1945 wurden viele Reinickendorfer Bürger Opfer von Terror, politischer Unterdrückung und Rassismus. Weit über 1000 Reinickendorfer Bürger wurden verfolgt, weil sie oder ihre Vorfahren Juden waren. Sie wurden entrechtet, gedemütigt, entmündigt. Sie wurden verjagt oder zur Auswanderung gezwungen. Sie wurden in den Tod getrieben. Sie wurden ermordet. Nur wenige erhielten Hilfe von ihren Mitbürgern.*

Die Bronzetafel befindet sich im Treppenaufgang des Rathausaltbaus. Enthüllung durch Bürgermeister Detlef Dzembritzki am 24.8.1995.

**OPFER DES NATIONALSOZIALISMUS**
**Eichborndamm 238 (nördlich Taldorfer Weg, gegenüber Rathaus Reinickendorf)**

Inschrift: *Unter dem Tarnnamen „Kinderfachabteilung“ / der Nervenklinik wurden von 1942 bis 1945 / in diesem Haus 66 Mädchen und 109 Jungen / als sogenannte „Reichsausschusskinder“ / untergebracht. Unter nationalsozialistischer / Herrschaft erfuhren sie nicht Hilfe, sondern / wurden gnadenlos zum Experimentierfeld. / Von den 175 Kindern starben 81 einen / qualvollen Tod. Ihr Alter lag zwischen / wenigen Monaten und 16 Jahren.*

Die Kinder wurden vom »Reichsausschuß zur wissenschaftlichen Erfassung erb- und anlagebedingter schwerer Leiden« in die »Städtische Nervenklinik für Kinder und Jugendliche« (Klinik »Wiesengrund«) eingewiesen. Sie wurden »Opfer der nationalsozialistischen ›Kinderaktion‹, die mit der Meldepflicht für behinderte Kinder im August 1939 begann, und in deren Verlauf mindestens 5000 Kinder getötet wurden«. Enthüllung der Bronzetafel durch Bezirksbürgermeister Detlef Dzembritzki am 21.12.1993.

**OPFER DES NATIONALSOZIALISMUS**
**Falkenplatz (Konradshöhe)**

Der Gedenkstein (Granit) trägt unter dem Symbol der von den Nationalsozialisten Verfolgten (die Buchstaben KZ auf einem dreieckigen Winkel) die Inschrift: *Richard Neumann / von Faschisten erschossen am 26.4.45 / Albert Brust / hingerichtet am 26 [!].9.44 / Sie waren Kämpfer gegen den Faschismus / Vergesst sie nie!*

Der Tischler Richard Neumann, der in der Straße 310, Nr. 15, (heute Baummardersteig) wohnte und sich im Wald versteckende Zwangsarbeiter heimlich mit Lebensmitteln versorgte, wurde noch drei Tage nach der Besetzung von Konradshöhe durch sowjetische Truppen von fanatischen Nationalsozialisten erschossen.

Der Maschinenschlosser Albert Brust (*Köln 29.4.1899) wohnte in der Bismarckstraße 11 (heute Friederikestraße) und war einer der führenden Köpfe der Widerstandsgruppe Mannhart bei Rheinmetall-Borsig in Tegel (s. dort). Aufgestellt wurde der Stein durch die VVN etwa 1946.

**OPFER DES NATIONALSOZIALISMUS**
**Oranienburger Straße 285 (Karl-Bonhoeffer-Nervenklinik)**

Inschrift: *In den Wittenauer Heilstätten wurden 1933–1945 / Tausende von Patienten zu Opfern / nationalsozialistischer Verbrechen. / Das Leben dieser Menschen galt als wertlos. / Sie wurden als fortpflanzungsunwürdig bezeichnet / und zwangssterilisiert. / Sie starben den gewalt-/samen Hungertod. Sie wurden in Tötungsanstalten / deportiert und dort mit Medikamenten vergiftet / oder in Gaskammern ermordet. / Diese Menschen waren Schutzbefohlene. Sie wurden / von jenen getötet, die sie schützen sollten. / Die Verbrechen an diesen wehrlosen Kranken / sind unsühnbar. Die Schuldigen sind bekannt. / Die Opfer sind unvergessen!*

Von 1934 bis 1938 wurden 1826 Patienten nach Urteilen von sogenannten »Erbgesundheitsgerichten« zwangsweise sterilisiert. In den Jahren 1942–1944 wurden 2013 Patienten von hier in die Anstalt Obrawalde zur Ermordung gebracht. Die Akten lagerten im Keller der Anstalt bis zu ihrer Wiederentdeckung durch die Psychologin Christina Härtel. In der Klinik gibt es jetzt eine permanente Ausstellung unter dem Titel »Totgeschwiegen« über die Geschichte in der Zeit des Nationalsozialismus. Die Bronzetafel wurde am 17.10.1994 durch Bezirksbürgermeister Detlef Dzembritzki, Gesundheitsstadträtin Marlies Wanjura und die Krankenhausleitung an der linken Seite des Pförtnerhauses enthüllt.

**Carl von OSSIETZKY**
**Seidelstraße 39 (am Tor zum Gefängnis).**

Inschrift der dunklen, gußeisernen Tafel: *Carl / von · Ossietzky / *3.10.1889 †4.5.1938 / Inhaftiert · in · der / Strafanstalt · Tegel / vom · 10.5.1932 / bis · 22.12.1932 / Für · den · Frieden · schrieb · er, für / den · Frieden · lebte · er, für · den / Frieden · ging · er · ins · Gefängnis, / für · den · Frieden · wurde · er · ge-/krönt, für · den · Frieden · starb · er. / Lion Feuchtwanger*

**PAN AMERICAN WORLD AIRWAYS**
**Flughafen Tegel (Flughafen Otto Lilienthal)**

Inschrift: *1950–1990 / Der Senat von Berlin / dankt / Pan American World Airways, Inc. / für 40-jähriges Engagement / im Berlin-Flugverkehr / PanAm hat als zuverlässiger Partner in / schwierigen Zeiten die Verbindung zur / freien Welt aufrecht erhalten und sich / um unsere Stadt verdient gemacht. / Berlin, 27. Oktober 1990*

Enthüllt wurde die Tafel, die über dem Datum das Emblem der Fluggesellschaft trägt und an der linken Treppe in der Haupthalle befestigt ist, am 8.11.1990.

**Käthe PAULUS**
*Berlin 22.12.1868 – †Berlin 26.7.1935
**Gotthardstraße 105 (fast an der Scharnweberstraße)**

Inschrift: *Käthe Paulus / 1868–1935 / Die erste deutsche / Ballonfahrerin und Fallschirmspringerin / lebte und wirkte in der Gotthardstrasse / von 1912–1935*

Die erst vierundzwanzigjährige Käthe Paulus sorgte im Jahr 1893 für eine Sensation, als sie als erste deutsche Frau mit einem Fallschirm am Stadtrand von Nürnberg landete. Sie »fiel in ihrem Leben rund 150 Mal vom Himmel« und machte über 500 Ballonfahrten mit, entwickelte ein Patent für die spezielle Faltung und das Packen des Schirmes. In Berlin gründete sie eine Fabrik für Fallschirme und Ballone. Beigesetzt ist sie auf dem Friedhof der Dankesgemeinde, Blankestraße 12, Abt. D 2, 32 (Ehrengrab).

**Hermann SCHULZ**
*Berlin 10.9.1890 – †Berlin 10.11.1942
**Kienhorststraße 67–79 (Hermann-Schulz-Schule)**

Inschrift: *Hermann Schulz / 10.9.1890–10.11.1942 / lebte in unserem Bezirk und unterrichtete lange Jahre / an der »Grauen Schule« in der Auguste-Viktoria-Allee. / Er starb im Widerstand gegen die Naziherrschaft.*

Schulz wurde wegen seiner sozialistischen Gesinnung von den Nazis aus dem Schuldienst entlassen. Er beteiligte sich an Widerstandsaktionen der Sozialistischen Arbeiterpartei, der er angehörte, u. a. durch das Herstellen und Verteilen von Flugblättern. Am 10.10.1942 wurde er von der Gestapo verhaftet und kam einen Monat später durch »einen Sturz in einen Lichtschacht« ums Leben. Die etwa 1984 angebrachte Bronzetafel befindet sich in der Schule.

**Gustav SCHWARZ**
**Dianastraße 84 Ecke Düsterhauptstraße**

Muschelkalkstein, Inschrift unter Reliefporträt: *Dem / Tischlermeister / Gustav Schwarz / der im Jahre 1882 / dieses Werk begründete. / 1935*

**17. JUNI 1953**
**Berliner Straße (Tegel)**

In einem Park mit Gedenkanlage gegenüber vom alten Borsig-Werkstor steht auf einer Bronzetafel: *Hier zogen am 17. Juni 1953 / die Hennigsdorfer Stahlarbeiter / vorbei zur Stadtmitte / und forderten / die Wiedervereinigung / des deutschen Volkes / durch freie Wahlen*

**Wilhelm STAEHLE**
*Neuenhaus 20.11.1877 – †Berlin 23.4.1945
**Invalidensiedlung**

Denkmal mit Bronzetafel zwischen den Häusern 11 und 12, Inschrift: *Oberst Wilhelm Staehle / *20.11.1877 †23.4.1945 / Dem Kommandanten der Invalidensiedlung, / der wegen seiner Teilnahme am Widerstand / gegen das Hitler-Regime unmittelbar vor Ende des Krieges / von den Nationalsozialisten ermordet wurde, / zum Gedenken.*

Staehle half Verfolgten u. a. durch die Gewährung von Unterschlupf. Am 12.6.1944 wurde er aufgrund einer Denunziation verhaftet und im März 1945 zu zwei Jahren Haft verurteilt. Er saß im Zellengefängnis Moabit ein. Dort wurde er mit anderen Gefangenen in der Nacht vom 22. zum 23.4.1945 von einem SS-Kommando erschossen. Einweihung am 5.6.1985.

**WIDERSTANDSKÄMPFER**
**Saalmannstraße 9**
**(nahe S-Bahnhof Karl-Bonhoeffer-Nervenklinik [früher Wittenau/Kremmener Bahn])**

Inschrift der auf Firmengelände angebrachten Tafel aus schwarzem Stein (von der Straße aus kaum wahrnehmbar): *Im Kampf gegen den Faschismus / fielen den Henkern zum Opfer / unsere unvergeßlichen Kollegen: / Karl Lüdtke / hingerichtet am 29. Januar 1945 / Siegfried Forstreuther / hingerichtet am 30. Oktober 1944 / Harry Harder / hingerichtet am 4. Dezember 1944 / Waldemar Hentze / verstorben im Gefängnis am 18. Februar 1945. / „Lieber vom Feind erschlagen, / als für den Feind zu fallen.“ / Karl Lüdtke, / am Tage der Urteilsverkündung. / Berlin-Reinickendorf-West, den 29. Jan. 1946. / Die Belegschaft der Firma / Friedrich Stolzenberg & Co. G.m.b.H.*

Als Widerstandskämpfer fielen dem Nationalsozialismus zum Opfer: Harry Harder (*Königsberg 26.8.1906) und Waldemar Hentze (*Berlin 2.12.1902, †Bayreuth); Karl Lüdtke (*Berlin 5.9.1905) und Siegfried Forstreuther (*Berlin 18.4.1914) wurden in Brandenburg hingerichtet, sie gehörten zur Widerstandsgruppe um Anton Saefkow.

## WIDERSTANDSGRUPPE MANNHART
**Berliner Straße (Tegel)**

Inschrift der Bronzetafel rechts neben dem alten Borsig-Werkstor: *Dem Gedenken / an die / Widerstandsgruppe Mannhart / bei / Rheinmetall-Borsig / 1941 bis 1943 kämpften deutsche Männer / und Frauen in Wort, Schrift und Tat / gegen die / nationalsozialistische Zwangsherrschaft. / Vier von ihnen wurden / am 25. September 1944 hingerichtet. / Andere verbüssten Zuchthausstrafen.*

Ende 1943 wurde die etwa 20-30 Menschen umfassende Gruppe entdeckt, vier ihrer Mitglieder vom »Volksgerichtshof« zum Tode verurteilt und am 25.9.1944 im Zuchthaus Brandenburg hingerichtet: Otto Haase (*Bonn 27.2.1899), Otto Dressler (*Niebel 25.7.1897), Albert Brust und Friedrich Lüben (*Brandenburg 14.1.1899). Enthüllung in Anwesenheit zweier ehemaliger Mitglieder der Widerstandsgruppe, Max Wittek und Paul Goebel, am 25.9.1984.

## WIDERSTANDSGRUPPE MANNHART
**Schubartstraße 55 (Borsigwalde)**

Hier befand sich in der Wohnung von Friedrich Lüben einer der Treffpunkte der Widerstandsgruppe. Aufgrund von Recherchen und des Engagements von Schülerinnen und Schülern der Benjamin-Franklin-Schule beschloß die BVV Reinickendorf, eine Gedenkplatte in den Gehweg vor dem Haus einzulassen. Im nahegelegenen Haus Schubartstraße 61 lebten weitere Mitglieder der Gruppe. □

## WIDERSTANDSGRUPPE SAEFKOW
**Hermsdorfer Straße 14 Ecke Blomberger Weg (heute Filiale der Gabriele-von-Bülow-Oberschule [Gymnasium])**

Inschrift: *Dem Gedenken / an die / Widerstandsgruppe Anton Saefkow / bei der / Firma Alfred Teves / 1933 bis 1944 kämpften deutsche Männer / und Frauen in Wort, Schrift und Tat / gegen die / nationalsozialistische Herrschaft. / Mehr als 50 Mitglieder wurden / im September 1944 / im Zuchthaus Brandenburg hingerichtet.*

Der Tagesspiegel schrieb am 17.1.1988: »Auf dem Gelände der ehemaligen Firma Teves, heute

Hagen-Batterien, in der Hermsdorfer Straße 14, Reinickendorf, wird am Dienstag [19.1.1988], 15.30 Uhr, eine Gedenktafel für die Widerstandsgruppe Saefkow von Bezirksbürgermeister Orwat enthüllt. Dies geschieht auf Beschluß des Bezirkamts. Der engeren Widerstandsgruppe gehörten Anton Saefkow, Franz Jacob und Bernhard Bästlein [*Hamburg 3.12.1894 – †Brandenburg 18.9.1944] an, die in mehr als 70 Betrieben Gruppen gebildet hatten, die mit Flugschriften und auch mit Sabotagen in der Rüstungsindustrie gegen die NS-Herrschaft und den Krieg wirkten. In der Firma Teves wurden Flugzeugteile hergestellt. Bis 1944 blieb die Widerstandsgruppe Saefkow unentdeckt. Dann aber wurden deren Angehörige, mehr als 50 Menschen, verhaftet und im September 1944 im Zuchthaus Brandenburg hingerichtet.«

**WIDERSTANDSGRUPPE UHRIG**
**Eichborndamm 103 (heute Gelände der VARTA-Batterie AG)**

Inschrift: *Dem Gedenken / an die / Widerstandsgruppe Uhrig / in der Deutschen / Waffen- und Munitionsfabrik / Von 1933 bis zu ihrer Verhaftung 1942 / kämpften deutsche Männer und Frauen / mit Widerstandsgruppen aus anderen Betrieben / in Wort, Schrift und Tat / gegen die / nationalsozialistische Herrschaft / und die Fortsetzung des Krieges. / 16 Widerstandskämpfer / wurden in der Untersuchungshaft ermordet, / weitere 36 hingerichtet.*

Die Bronzetafel wurde am 23.2.1988 enthüllt.

***August* Carl Bernhard WIETHOLZ**
*31.5.1869–†17.3.1949
**Dorfaue Alt-Tegel**

Metalltafel auf Granitblock, Inschrift: *August Wietholz / 31.5.1869–17.3.1949 / Der Chronist von Tegel*

Wietholz hatte sich nach dem Militärdienst in Tegel niedergelassen und arbeitete als Sekretär in der Staatsbibliothek. Seine Forschungsarbeit über die Tegeler Dorfgeschichte wurde 1914 fortsetzungsweise im Tegeler Anzeiger abgedruckt, aber nach Kriegsbeginn abgebrochen, weil die Zeitung ihr Erscheinen einstellte. So erschien die »Geschichte des Dorfes und Schlosses Tegel« erst 1922 als Buch. Wietholz wohnte in der Berliner Straße 1. Er ist auf dem Alten Tegeler Friedhof an der Wilhelm-Blume-Allee beigesetzt. Enthüllung am 31.5.1989, zu seinem 120. Geburtstag.

# MARZAHN

**Waleri Fjodorowitsch BYKOWSKI**
*Pawlowski Porad bei Moskau 2.8.1934
**Sigmund JÄHN**
*Rautenkranz/Vogtland 13.2.1937
**Allee der Kosmonauten (schräg vor Haus Nr. 66)**

Eine Tafel neben einer Reliefdarstellung erinnert: *Die Allee der Kosmonauten trägt / diesen Namen seit dem Besuch / von Valeri Bykowski / und Sigmund Jähn*

Die Kosmonauten starteten am 26.8.1978 mit Sojus 31 zur Raumstation Saljut 6 und kehrten am 3.9.1978 mit Sojus 29 zur Erde zurück. Jähn war der erste Deutsche im Weltall. In der DDR kursierte zum Flug der Witz: »Die janze DDR jähnt«. Beide sind seit dem 21.9.1978 Berliner Ehrenbürger.

**Fritz GAST**
†12.3.1919
**Albert GAST**
†12.3.1919
**Wiesenburger Weg (Parkfriedhof Marzahn)**

Gedenkstein und Grabstein, Inschrift: *Dem Gedenken / der am 12. März 1919 / vom Freikorps Lüttwitz / ermordeten Matrosen / Gebrüder Fritz u. Albert / Gast*

**Karl LIEBKNECHT**
**Cecilienstraße 14 (DDR: Albert-Norden-Straße; Biesdorf)**

Büste mit der Inschrift: *Sorget, dass die Macht, die ihr jetzt errungen habt, nicht euren Händen entgleite und dass ihr sie gebraucht für euer Ziel.*

Die Büste befand sich im Traditionszimmer der Hochschule der Volkspolizei »Karl Liebknecht«. Ihr Verbleib ist nicht bekannt.

**Otto NAGEL**
**Otto-Nagel-Straße 5/6 (früher Königstraße)**

Inschrift der Kupfertafel: *Hier lebte / und arbeitete / der / Künstler / Otto Nagel / von 1951–1967*

**OPFER DES NATIONALSOZIALISMUS**
**Wiesenburger Weg (Parkfriedhof Marzahn)**

Inschrift: *46 Menschen starben / damit wir leben*

Die Inschrift befindet sich in einer kleinen Anlage im mittleren rechten Teil des Friedhofs auf einem roten Stein unter einem weiß gerahmten roten Winkel, auf dem die Buchstaben *ODF* (= Opfer des Faschismus) stehen. Es handelt sich um 46 zwischen den Jahren 1939 und 1943 im Zuchthaus Brandenburg Ermordete, deren Urnen entgegen der Anweisung hier an einer besonders gekennzeichneten Stelle beigesetzt wurden. Möglicherweise gehörte dazu auch die Urne von Walther Arndt, die 1945 aus Marzahn nach Wilhelmshagen überführt wurde, obwohl er »erst« 1944 hingerichtet wurde.

**OPFER DES ZWEITEN WELTKRIEGS**
**Wiesenburger Weg (Parkfriedhof Marzahn)**

Inschrift eines Gedenksteins (links hinter dem Eingang) in Form einer schwörenden Hand:

*Euch Lebende / mahnen / 3330 Opfer / des Bombenterrors*

Hier sind Opfer von Bombenangriffen auf Lichtenberg beigesetzt.

**OPFER DES ZWEITEN WELTKRIEGS**
**Brebacher Weg (Wilhelm-Griesinger-Krankenhaus)**

Metalltafel auf Findling neben Haus 31, Inschrift: *Hier / sind im Mai 1945 / 180 Patienten / als Opfer des 2. Weltkrieges / in einem Gemeinschaftsgrab / zur letzten Ruhe / gebettet worden / Möge ihnen die Erde / leicht werden*

**Arno PHILIPPSTHAL**
*13.9.1887 – †Berlin 3.4.1933
**Oberfeldstraße 10 Ecke Bentschener Weg (Biesdorf)**

Inschrift: *Hier wohnte der / Widerstandskämpfer / Dr. Arno / Philippsthal / geb. am 13.9.1887 / Von Faschisten am / 3.4.1933 ermordet / Ein Wohltäter und / verdienter / Arzt des Volkes*

Philippsthal wurde schon bald von den Nazis drangsaliert, dann der ärztlichen Hilfeverweigerung beschuldigt. Diese Anschuldigung soll als Vorwand für seine Verschleppung in die SA-Kaserne (»Wildes KZ«) in der General-Pape-Straße (Tempelhof) am 21.3.1933 gedient haben. Am 3. April 1933 erlag er den erlittenen Folterungen. Die Tafel wurde 1952 angebracht. Das ehemalige Krankenpflegeheim an der Straße Grabensprung (Biesdorf) wurde 1979 nach ihm benannt. Ein dort seit 1988 stehender Stein trägt die Inschrift: *Dr. Arno / Philippsthal / Ein Arzt des Volkes / von den Faschisten / am 3. April 1933 / ermordet*

Beigesetzt ist Philippsthal auf dem Jüdischen Friedhof Weißensee, Herbert-Baum-Straße (Markus-Reich-Platz), Feld H 7 Reihe 30.

**SINTI und ROMA**
**Wiesenburger Weg (Parkfriedhof Marzahn)**

Im hinteren rechten Teil des Friedhofs erinnern ein Findling, eine davor liegende helle Tafel und eine links davorgesetzte Kupfertafel an die Leiden der Berliner Sinti und Roma im »Dritten Reich«. Inschrift des Findlings: *Vom Mai 1936 / bis zur / Befreiung / unseres Volkes / durch die / ruhmreiche / Sowjetarmee / litten in einem / Zwangslager / unweit dieser Stätte / Hunderte Angehörige / der Sinti / Ehre / den Opfern*
Auf der Marmortafel steht: *Den Berliner Sinti, die im / Zigeunerlager Marzahn litten / und in Auschwitz starben / Mai 1936– Mai 1945 / Atschen Devleha*
Auf der Metalltafel wird erläutert: *Auf einem*

*ehemaligen Rieselfeld nördlich / dieses Friedhofs richteten die Nazis / im Vorfeld der Olympischen Spiele 1936 / einen «Zigeunerrastplatz» ein, auf dem / Hunderte Sinti und Roma / gezwungen wurden zu leben. / Zusammengepfercht in düstere Baracken, / fristeten die Lagerbewohner ein elendes / Dasein. Harte Arbeit, Krankheit und Hunger / forderten ihre Opfer. Willkürlich wurden / Menschen verschleppt und verhaftet. / Demütigende / «rassenhygienische Untersuchungen» / verbreiteten Angst und Schrecken. / Im Frühjahr 1943 wurden die meisten der / «Festgesetzten» nach Auschwitz deportiert. / Männer und Frauen, Greise und Kinder. / Nur wenige überlebten.*

Die Aufstellung des Findlings erfolgte im September 1986, die davor liegende Tafel wurde am 16.6.1990 enthüllt.

**SOWJETISCHES EHRENMAL**
**Wiesenburger Weg (Parkfriedhof Marzahn)**

Im hinteren linken Teil des Friedhofs befindet sich eine Grabanlage für sowjetische Soldaten. Die Inschrift am zehn Meter hohen Obelisken aus rotem Granit lautet (in Deutsch und Russisch): *Eure großen Heldentaten sind unsterblich, Euer Ruhm wird Jahrhunderte überdauern. Die Heimat wird Euch stets in Erinnerung behalten.*
Neben einer Steinurne mit der Asche gefallener Soldaten befinden sich zwei Steintafeln mit identischer Inschrift in Russisch und Deutsch: *Ewiger Ruhm den / Helden, die für die / Freiheit und Unab/hängigkeit der so/zialistischen Hei/mat gefallen sind*

Der Ehrenfriedhof wurde als einziger von deutschen Behörden in Abstimmung mit dem sowjetischen Stadtkommandanten konzipiert und am 7.11.1958 eröffnet. Die Gestaltung lag bei dem Gartenarchitekten Johannes Mielenz und dem Bildhauer Erwin Kobbert. Insgesamt befinden sich dort 458 Grabstätten gefallener sowjetischer Soldaten. Am 8.9.1992 berichtete Der Tagesspiegel unter der Überschrift »Sowjetischer Ehrenfriedhof in Marzahn geschändet«, daß »wahrscheinlich schon vor drei bis vier Wochen 47 Grabsteine umgestoßen« worden seien.

**SOZIALISTISCHER WOHNUNGSBAU**
**Allee der Kosmonauten 68 Ecke Marchwitzastraße**

Am Denkmal steht auf einer Tafel die Inschrift: *Richtkrone, steige auf das neue Haus! / Erstes Haus von vielen eines großen Baus. / Früher Sumpf und Kiete, künftig neue Stadt – / Stadtteil unsrer Hauptstadt, den sie nötig hat. / Hunderttausend Menschen ziehen bald hier ein, / und so soll ihr Leben schmuck und sicher sein. / Sollen Rosen leuchten, kleine Wälder, grün, / sollen Kinder spielen, soll die Liebe blühn. / Sollen Alte gehen, aufgericht [!] und schön / und in aller Augen soll der Friede stehn. / Daß dies alles werde, haben wir gebaut, / dabei immer unsrer eignen Kraft vertraut. / Denn in allen Wettern, Schlamm, Staub und Wind – / Arbeit unser Wort, weil wir Arbeiter sind. / Darum hoch die Krone! Hoch den Stadtbezirk! / Hochruf allen jenen, die schon mitgewirkt! / Hochruf den Bewohnern, dazu zähln [!] auch wir! / Hoch dem Sozialismus, überall und hier! / Richtfestspruch von Helmut Baierl, / gehalten in Berlin-Marzahn am 2. September 1977*

Bei dem ersten Neubau handelte es sich um das direkt neben dem Denkmal befindliche Haus Marchwitzastraße 43 (s. dort).

**SOZIALISTISCHER WOHNUNGSBAU**
**Marchwitzastraße 43**

Steintafel im Eingangsbereich, Inschrift: *Am 2.9.1977 wurde hier am ersten / Wohngebäude im Neubaugebiet / Berlin-Marzahn / die Richtkrone gesetzt, und im / Dezember 1977 wurden die Woh-/nungen von den Mietern bezogen.*

Die offiziell ersten Mieter, das Ehepaar Gerd und Carola Jütte, erhielten die Wohnungsschlüssel für ihre 60-Quadratmeter-Wohnung am 9.12. 1977.

**SOZIALISTISCHER WOHNUNGSBAU**
**Luise-Zietz-Straße 129**

Inschrift: *Hier erfolgte am 6. Juli 1978 / im Beisein des Generalsekretärs des ZK der SED / und Vorsitzenden des Staatsrates der DDR / Genossen Erich Honecker / die Übergabe der 1 000 000. Wohnung / die in Durchführung des vom VIII. Parteitag der SED beschlossenen / Wohnungsbauprogramms seit 1971 / fertiggestellt wurde*

Anwesend waren auch der Ost-Berliner Oberbürgermeister Erhard Krack (*Danzig 9.1.1931) und Konrad Naumann (*Leipzig 25.11.1928–†25.7.1982), damals Mitglied des Politbüros des ZK der SED und 1. Sekretär der Bezirksleitung Berlin der SED. Der Verbleib der rechts neben dem Eingang angebracht gewesenen Tafel ist nicht bekannt.

**SOZIALISTISCHER WOHNUNGSBAU**
**Paul-Dessau-Straße 1 (neben Raoul-Wallenberg-Straße 33 [DDR: Bruno-Leuschner-Straße])**

Bronzetafel, Inschrift: *In Durchführung des / Wohnungsbauprogramms / in der Hauptstadt / der DDR, Berlin, / wurde hier die / 20 000. Wohnung / im Neubaugebiet / Berlin-Marzahn / am 2. Oktober 1981 übergeben.*

**Herbert TSCHÄPE**
*Neukölln 15.1.1913 –
†Brandenburg 27.11.1944
**Allee der Kosmonauten 29 (an der Beilsteiner Straße, VEAG)**

Ein ca. zwei Meter hoher Gedenkstein aus Granit mit aufgesetzter Metalltafel. Inschrift unter dem roten Winkel der politischen KZ-Häftlinge: *Herbert / Tschäpe / 15.1.1913 / 27.11.1944*

Der Stein wurde anläßlich des 40. Todestages von Tschäpe am 27.11.1984 in einer kleinen Grünanlage rechts vor dem Verwaltungsgebäude des damaligen Kombinats »Verbundnetze Energie« (heute VEAG) aufgestellt. Nach deren Mitteilung wurde er aufgrund geplanter Umbaumaßnahmen entfernt und auf dem Betriebsgelände zwischengelagert. Nach Abschluß der Umbaumaßnahmen sollte er wieder aufgestellt werden. Der Zimmermann Tschäpe war Mitglied der SAJ und seit 1931 des KJVD. Er wurde 1935 und 1936 in Untersuchungshaft genommen, flüchtete anschließend aus Deutschland und kämpfte im Spanischen Bürgerkrieg. Seit Februar 1939 war er in verschiedenen französischen Internierungslagern und wurde 1941 an Deutschland ausgeliefert. Im Juni 1941 kam er (mit der Häftlingsnummer 39855) in das KZ Sachsenhausen, aus dessen Außenlager Marienfelde ihm im Frühjahr 1944 die Flucht gelang. Tschäpe schloß sich der Widerstandsgruppe um Anton Saefkow an. Nach dem 20. Juli 1944 wurde er verhaftet und im Gestapo-Hauptquartier in der Prinz-Albrecht-Straße inhaftiert. Am 24. Oktober 1944 wurde er wegen »erschwerter Vorbereitung zum Hochverrat« zum Tode verurteilt und in Brandenburg hingerichtet.

# HOHENSCHÖNHAUSEN

**Victor ARONSTEIN**
*1.11.1896–†Auschwitz 1945
**Werneuchener Straße 3**

Inschrift: *Von 1931 bis 1938 praktizierte hier / der jüdische Arzt / Victor Aronstein / 1.11.1896 – Januar 1945 / Am 1. November 1941 wurde er von der Gestapo / in das Ghetto von Łodz deportiert und 1945 / im Vernichtungslager Auschwitz ermordet*
Die am 27.1.1996 von Bezirksbürgermeisterin Bärbel Grygier enthüllte Berliner Gedenktafel ersetzt eine Steintafel mit der Inschrift: *Zum Gedenken! / Dr. Viktor Aronstein / Am 1.11.1942 [!] / von der Gestapo / verschleppt u. ermordet. / Ein Helfer der Menschheit / wurde das Opfer / der Unmenschlichkeit.*
Eine weitere, metallene Vorgängertafel trug die Inschrift: *Dr. med. Viktor Aronstein / geb. am 1.11.1896 / wurde von den Faschisten / am 1.11.1942 [!] / verschleppt und ermordet / Ehre seinem Andenken!*

Der ehemalige Chefarzt des Krankenhauses Birkenwerder wurde wegen seiner jüdischen Herkunft aus dem Dienst entfernt und hatte in der Werneuchener Straße eine Privatpraxis. Er verzog 1939 nach Charlottenburg, wo er ausschließlich für Juden noch als »Krankenbehandler« tätig sein durfte.

**Artur BECKER**
**Degnerstraße Ecke Konrad-Wolf-Straße**
**[DDR: Artur-Becker-Ehrenhain]**

Metallplastik mit drei Kupfertafeln, Inschriften: (1.) *Artur Becker, Vorsitzender des Kommunistischen Jugendverbandes Deutschlands, wohnte von 1929 bis 1933 in Hohenschönhausen;* (2.) *Artur Becker, Beauftragter der Kommunistischen Jugendinternationale und des KJVD in den XI. Internationalen Brigaden, im Zuchthaus Burgos (Spanien) von den Faschisten ermordet;* (3.) (unter einem Reliefporträt) *Artur Becker 12.05.1905– 16.05.1938*

Der Ehrenhain wurde am 40. Jahrestag der Bildung der Internationalen Brigaden, dem 27.10. 1976, eingeweiht.

**Artur BECKER**
**Dingelstädter Straße 48 a**

Inschrift der Marmortafel: *Hier wohnte von 1929 bis 1933 / der Vorsitzende / des Kommunistischen Jugendverbandes / Deutschlands / Artur Becker / Er wurde am 16. Mai 1938 / in Spanien ermordet.*

Der Schlosser emigrierte 1933 aus Deutschland in die Sowjetunion, ging im August 1937 nach Spanien und war im Bürgerkrieg Parteisekretär des Thälmann-Bataillons der XI. Internationalen Brigade. Im April 1938 fiel er bei den Kämpfen am Ebro schwer verwundet in die Hände der Falangisten und wurde nach wochenlangen Folterungen in Burgos ermordet.

**Günther FRIES**
†Berlin 16.4.1934
**Dorfstraße (Malchow)**

Im ehemaligen Gutspark am Malchower See steht auf einem Felsteinsockel ein größerer Findling mit ovaler Auslassung (Höhe zusammen ca. 1,80 m). Dort befand sich eine Gedenktafel für den jungen, in Malchow aufgewachsenen Kunstflieger Günther Fries, der hier bei Flugübungen am 16.4.1934 im Alter von 20 Jahren abstürzte und starb. Der Stein soll restauriert, die Tafel erneuert werden. Die Tafel wurde in den sechziger Jahren entfernt, von der Familie erneuert und nach der Wende erneut demontiert. Jetzt will – nach Zeitungsberichten – der Bezirk für die Erneuerung aufkommen. Begraben ist Fries auf dem Malchower Dorffriedhof.

**Paul Freiherr von FUCHS**
*Stettin 15.12.1640 – †Malchow 7.8.1704
**Dorfstraße 9 (Malchow)**

Inschrift: *Im Gutshaus von Malchow / lebte von 1684 bis zu seinem Tode / Paul von Fuchs / 15.12.1640–7.8.1704 / Preußischer Staatsminister / Er war maßgeblich an der Ausarbeitung des Edikts / von Potsdam (1685) beteiligt / und gehörte zu den Begründern und Förderern / der Berliner Hugenotten-Gemeinde*

Ob der Vertraute des Großen Kurfürsten und brandenburgische Staatsminister noch im barocken Kern des 1855/56 klassizistisch umgestalteten Gutshauses (heutiger Nutzer: Humboldt-Universität, landwirtschaftlich-gärtnerische Fakultät) lebte oder in einem Vorgängerbau, bleibt unsicher. Mit Sicherheit geht die erste Anlage des Gutsparks auf ihn zurück. Enthüllung der Berliner Gedenktafel durch Bezirksbürgermeisterin Bärbel Grygier am 8.11.1996.

**HUMBOLDT-GRUFT**
**Dorfstraße (Falkenberg, Friedhof)**

Inschrift der schwarzen, polierten Steinplatte: *Gruftgewölbe der Familie von Humboldt / Hier wurden beigesetzt: / Friedrich Ernst von Holwede, vermählt mit / Marie Elisabeth Colomb, gestorben im Jahre 1765 / Alexander Georg von Humboldt, zweiter Gemahl der / Marie Elisabeth Colomb, verw. von Holwede / Vater der Brüder Wilhelm u. Alexander. Er starb im Jahre 1779. / Eine früh verstorbene Tochter aus der Holwede'schen Ehe. / Marie Elisabeth von Humboldt, geb. Colomb, verwitwete / von Holwede, Mutter der Brüder Wilhelm u. Alexander / von Humboldt. Sie starb im Jahre 1797. / Dieses Gewölbe wurde im 2. Weltkrieg zerstört und im Jahre 1969 / vom Magistrat von Groß-Berlin, der Hauptstadt der DDR restauriert.*

Die Gruft wurde am 21.4.1945 von Soldaten der Waffen-SS bei der Sprengung der mittelalterlichen Feldsteinkirche zerstört. Die Kirche war Ende des 18. Jahrhunderts im Auftrag Marie-Elisabeths von Humboldt durch den Berliner Baumeister Paul Ludwig Simon (*Berlin 12.1. 1771 – †Berlin 14.2.1815) umgebaut und mit der Gruft versehen worden. Die verwilderte Grabanlage sollte bis zum 200. Todestag von Marie-Elisabeth von Humboldt im Jahre 1996 wieder hergerichtet werden. Die Tafel befindet sich an einem wiedererrichteten Mauerstück im hinteren Teil der bis auf die Grundmauern zerstörten Kirche. Ein hellrötlicher Granitstein neben der Ruine trägt die Inschrift: *Die Opfer / der Kriege / mahnen / zum Frieden / Glaube – / Liebe – / Hoffnung*

**OPFER DES STALINISMUS UND DER STASI**
**Genslerstraße 66 gegenüber Freienwalder Straße**

Inschrift: *Auf diesem Gelände befand sich von 1950 bis 1990 die / Untersuchungshaftanstalt Hohenschönhausen / des Ministeriums für Staatssicherheit der DDR / hervorgegangen aus einem Speziallager (1945 bis 1946) / und der zentralen Untersuchungshaftanstalt (bis 1950) / der Sowjetischen Besatzungsmacht / Als Ort des Leidens und Sterbens verfolgter Menschen ist die / Gedenkstätte Hohenschönhausen / ein Zeugnis und Mahnmal gegen politische Unterdrückung*

Die Tafel rechts neben dem Eingang ist in der Art einer Berliner Gedenktafel aufgemacht und als solche gekennzeichnet, jedoch nicht aus Porzellan und mit schwarzer Schrift. Die Inschrift einer kleinen Vorläufertafel am Hauptgebäude lautete: *Den Opfern / des Stalinismus*
Die jetzige Tafel wurde am 5.10.1995 durch Kultursenator Ulrich Roloff-Momin enthüllt.

**SOWJETISCHES EHRENMAL**
**Küstriner Straße**

Inschrift einer Informationstafel vor dem Ehrenmal: *Anläßlich des 30. Jahrestages der Befreiung vom Faschismus wurde dieses Ehrenmal von der Weißenseer Jugend und sowjetischen Komsomolzen als Kreisjugendobjekt umgestaltet*

**SOZIALISTISCHER WOHNUNGSBAU**
**Barther Straße 3**

Inschrift: *An dieser Stelle / erfolgte durch / den Generalse/kretär des ZK / der SED und Vor/ sitzenden des / Staatsrates der / DDR Genossen / Erich Honecker / am 09.02.1984 / die Grundstein/legung für / Berlin-Hohen/schönhausen*

Die inzwischen entfernte Tafel soll sich nach Auskunft des Heimatmuseums Hohenschönhausen bei der Wohnungsbaugesellschaft Hohenschönhausen mbH befinden.

**SOZIALISTISCHER WOHNUNGSBAU**
**Vincent-van-Gogh-Straße 22 (DDR: Erich-Correns-Straße 22)**

Inschrift: *Hier wurde am 12. Oktober 1988 im Beisein / des Generalsekretärs des ZK der SED / und Vorsitzenden / des Staatsrates der DDR, Erich Honecker, die dreimillionste Wohnung übergeben, / die im Rahmen des Wohnungsbauprogramms, / des Kernstücks der Sozialpolitik der SED, / seit 1971 erschaffen wurde*

Es handelte sich um die Wohnung 0203, in die Renée und Mario Fischer einzogen. Die Tafel war bereits Mitte 1990 »durch eine Blechscheibe abgedeckt und unleserlich gemacht« worden. Nach einer Mitteilung des Heimatmuseums Hohenschönhausen befindet sie sich bei der Wohnungsbaugesellschaft Hohenschönhausen mbH.

**Ernst THÄLMANN**
**Straße 3 Nr. 21 (Wartenberg; 28. Grundschule)**

Inschrift: *Thälmann, der fielest, wir lieben es, dein Leben*

Der Gedenkstein mit der etwas schwülstigen Inschrift soll in der Schule gelagert sein.

**ZWANGSARBEITER**
**Konrad-Wolf-Straße (früher Berliner Straße, Friedhof der St. Marcus-, St. Andreas-, St. Pius- und St. Hedwigs-Gemeinde)**

Im mittleren Teil befinden sich zwei Massengräber für Belgier und Holländer, die als Zwangsarbeiter in Berlin bei Bombenangriffen ums Leben kamen. Die Inschriften der beiden Steine lauten: *Hier ruhen / 102 Belgier und / Holländer / gefallen während / des 2. Weltkrieges / in Berlin.* und: *Hier ruhen in Gott / 195 Belgier und Holländer / gefallen /*

*während des 2. Weltkrieges / in Berlin / Jesus Christus / hat dem Tode die Macht genommen / 2. Timotheus 1,10*

Früher hier gleichfalls beigesetzte Franzosen und Italiener wurden nach dem Zweiten Weltkrieg in ihre Heimatländer überführt. Außerdem gibt es im hinteren Teil des Friedhofs Massengräber für Deutsche und Sowjetbürger. Inschrift des vorderen Steins: *Hier / ruhen / in Gott / 959 Deutsche / Soldaten und Bürger. / Sie fielen / während des zweiten / Weltkrieges / in den Kämpfen um Berlin. / Lamm Gottes, / Du nimmst hinweg / die Sünden der Welt. / Gib uns den Frieden* Auf dem etwas dahinter stehenden großen Stein steht: *Hier / ruhen in Gott / 1647 Sowjetische / Staatsangehörige, / die während des zweiten / Weltkrieges / bei den Kämpfen um / Berlin / ihr Leben liessen / Gott / wird jede Träne wegwischen / von ihren Augen. / Offenb. St. Joh. 7,17*

Es soll sich um sowjetische Kriegsgefangene und Zwangsarbeiter handeln, die Opfer der erlittenen Entbehrungen und Mißhandlungen wurden oder bei Bombenangriffen ums Leben kamen.

# HELLERSDORF

**Hugo HÄRTIG**
*Berlin 4.9.1872–†Brandenburg 11.9.1944
**Bausdorfstraße 10 (Kaulsdorf)**

Inschrift: *Hier wohnte der antifaschistische Widerstandskämpfer Hugo Härtig, geb. am 4.9.1872, von den Faschisten ermordet am 11.9.1944. Ehre seinem Andenken.*

Der Tischler Härtig (KPD) verteilte Flugblätter gegen den Nationalsozialismus und versteckte den von der Gestapo gesuchten Paul Hinze bei sich. Er wurde im November 1943 verhaftet, zum Tode verurteilt und im Zuchthaus Brandenburg hingerichtet. Die Tafel wurde bei Renovierungsarbeiten abgenommen und anschließend nicht wieder angebracht. Sie befindet sich in der Obhut von Angehörigen Härtigs.

**Johann PRZYBILLA**
*Grünau 1.11.1887–†23.3.1945
**Wielandstraße 20 (Mahlsdorf-Süd)**

Inschrift: *Hier wohnte der / antifaschistische / Widerstandskämpfer / Johann / Przybilla / geb. am 1.11.1887 / Von den Faschisten / ermordet / am 23.3.1945 / Ehre seinem / Andenken*
Eine ältere Tafel trug die Inschrift: *Hier wohnte der antifaschistische Widerstandskämpfer Johann Przybilla, geb. am 1.11.1887, hingerichtet am 23.3.1945 in Brandenburg. Den Toten zu Ehren, den Lebenden zur Mahnung.*

Der Kohlenhändler Przybilla (KPD) wurde in der Nacht des Reichstagsbrandes aus seiner Wohnung heraus verhaftet, aber bereits nach zwei Wochen entlassen. Er war weiter im Widerstand aktiv. Am 28. Dezember 1943 wurde er erneut verhaftet, zum Tode verurteilt und im Zuchthaus Brandenburg hingerichtet. (Nach anderer Quelle wurde er zu drei Jahren Zuchthaus verurteilt und ist im Zuchthaus Brandenburg gestorben.) An dem im rückwärtigen Teil des Grundstücks gelegenen Haus war am 27.9.92 keine Tafel sichtbar, nach einer Mitteilung des Bezirksamts soll sie sich aber dort noch befinden.

**SOWJETISCHES EHRENMAL**
**Brodauer Straße / Waplitzer Straße (Kaulsdorf)**

Der Stein trägt auf drei Seiten kaum noch lesbare russische Inschriften. Nach Vorstellungen des Heimatvereins Hellersdorf soll die Gedenkstätte einen zusätzlichen Steinblock erhalten und eine Gedenkstätte für alle Opfer von Krieg und Gewalt werden (BM, 25.3.1992). Ende 1992 lag noch keine Entscheidung der Bezirksverordnetenversammlung dazu vor. Die sterblichen Überreste der hier ursprünglich beigesetzten Toten wurden 1948/49 zum Ehrenhain in Treptow überführt.

**Wilhelm (*Willi*) TIETZE**
*Berlin 25.3.1910–†Brandenburg 21.2.1944
**Lehnestraße 30 (Kaulsdorf)**

Inschrift: *Hier wohnte der Antifaschist Willi Tietze, geb. am 25.3.1910, hingerichtet am 21.2.1944.*

Der Schildermaler Tietze war Mitglied der KPD und wurde Anfang 1940 zur Wehrmacht eingezogen, desertierte aber bald. Er wurde 1942 verhaftet, wegen »Fahnenflucht« zum Tode verurteilt und im Zuchthaus Brandenburg hingerichtet.

**Karl VESPER**
*Berlin 17.5.1883–†Berlin 27.11.1933
**Briesener Weg 170 (Mahlsdorf)**

Inschrift: *Hier wohnte der / antifaschistische / Widerstandskämpfer / Karl / Vesper / geb. am 17.5.1883 / Von den Faschisten / ermordet / am 27.11.1933 / Ehre seinem / Andenken*

Der Monteur Vesper war lokaler Funktionär der KPD in Lichtenberg. Er wurde am 8.11.1933 von SA-Leuten verhaftet, in das »wilde KZ« im Columbia-Haus gebracht und dort umgebracht.

**Arthur WEISBRODT**
*Rummelsburg 23.10.1909 –
†Brandenburg 6.11.1944
**Greifswalder Straße 49 (Mahlsdorf)**

Inschrift: *Hier wohnte der / antifaschistiche Widerstandskämpfer / Arthur / Weisbrodt / geb. am 23.10.1909 / hinger. am 6.11.1944 / in Brandenburg / Den Toten zu Ehren, den / Lebenden zur Mahnung*

Der Optiker Weisbrodt war Mitglied der KPD, er arbeitete nach 1933 als Kurier für die Rote Hilfe Deutschlands. Im Mai 1934 wurde er verhaftet, zu eineinhalb Jahren Zuchthaus verurteilt. Während der Haft erhielt er in einem neuen Prozeß eine weitere Strafe von sieben Jahren. Nach der Entlassung schloß er sich 1941 der Widerstandsgruppe Saefkow an. Im Juli 1944 wurde er erneut verhaftet, zum Tode verurteilt und im Zuchthaus Brandenburg durch den Strang hingerichtet.

**X. WELTFESTSPIELE DER JUGEND UND STUDENTEN**
**Ulmenstraße 79–85 Ecke Eichenstraße (34. Grundschule)**

Am 27.9.92 war von außen am Gebäude keine Tafel wahrnehmbar. Ihr Text und Verbleib sind nicht bekannt.

# VERSCHWUNDENE GEDENKTAFELN

In diesem Anhang werden als Ergänzung Gedenktafeln, die überwiegend Ende des 19. und in den ersten Jahren des 20. Jahrhunderts angebracht wurden und die Krieg, Zerstörung und Abriß dieses Jahrhunderts nicht überstanden, nach Angaben aus der Literatur aufgeführt.

Tafeln aus der Zeit des Nationalsozialismus sind nicht verzeichnet, weil sie – bis auf drei – von Text und Anbringungsort her dem Verfasser nicht bekannt sind.
Auch werden keine Tafeln aufgeführt, die nach der Wende in der DDR im Ostteil Berlins offiziell entfernt oder von Unbekannten entwendet wurden. Diese sind im Hauptteil verzeichnet.

Als Quellen dienten Paul Schmidt-Neuhaus »Berliner Gedenktafeln« (1893) und Otto Mönch »Die Gedenktafeln in Berlin« (1911). Berichtet Schmidt-Neuhaus von rund 50 Gedenktafeln in der Stadt, so werden bei Mönch schon 83 aufgezählt (in Mönchs Numerierung sind es zwar 84, aber Lessing wird doppelt aufgeführt [Nr. 11 und Nr. 41]). Dazu kommt ein sechsseitiges maschinengeschriebenes »Verzeichnis der in Berlin befindlichen Gedenktafeln für berühmte Persönlichkeiten« mit dem Stichtag 31.12.1932. Der unbekannte Verfasser hat es gegliedert in die Teile »A. Von der Stadtverwaltung angebrachte Gedenktafeln« und »B. Von Korporationen, Vereinen und Privatpersonen angebrachte Gedenktafeln«. Es führt 118 Tafeln auf, allerdings sind zwei doppelt gezählt, weil zwei auf ihnen genannte unterschiedliche Personen separat aufgeführt werden. Hinzu kommt eine handschriftlich aufgeführte Tafel für Diesterweg (s. Mitte). Leider ist für keine der Tafeln in dieser Liste eine Inschrift wiedergegeben. Dafür finden sich bei einer Vielzahl von Tafeln handschriftliche Hinweise wie »kein Haus«, »(Tafel) vorhanden« oder »keine Tafel«, ganz offenbar eine teilweise Bestandsaufnahme nach 1945. Daraus, daß die Gedenktafel für Paul Gerhardt an der Nikolaikirche 1957 angebracht wurde und handschriftlich eine Tafel an diesem Ort vermerkt wird, während ein früherer Anbringungsort (Stralauer Straße 38) durchgestrichen ist, könnte man schließen, daß diese Bestandsaufnahme 1957 durchgeführt wurde oder sich doch mindestens bis zu diesem Zeitpunkt erstreckte. Die Tafeln mit dem Vermerk »vorhanden« hängen bis auf die von Kohlhase alle noch. Eine weitere Quelle bildet Karl Voß »Reiseführer für Literaturfreunde – Berlin« der eine größere Zahl von Gedenktafeln erwähnt, darunter auch solche, die es heute nicht mehr gibt.

Tafeln sind hier nicht aufgeführt, wenn am einstigen Anbringungsort heute noch die alten oder wieder neue Tafeln hängen (oder bis zur Wende hingen). Die Inschriften sind dann jeweils an der entsprechenden Stelle im Hauptteil wiedergegeben. Es handelt sich hierbei z. B. um die Tafeln für Otto von Bismarck (Stresemannstraße), Alexander Freiherr von Blomberg (Otto-Braun-Straße), Michail Glinka (Glinkastraße), Albrecht von Graefe (Händelallee), Georg Wilhelm Friedrich Hegel (Am Kupfergraben), Ernst Ludwig Heim (Reformationsplatz), Christoph Wilhelm Hufeland (Dorotheenstraße), Gotthold Ephraim Lessing (Nikolaiviertel) und Hans Joachim von Zieten (Kochstraße).

# MITTE

**Franz Carl ACHARD**
*Berlin 28.4.1753 –
†Kunern/Schlesien 20.4.1821
**Dorotheenstraße 10 (heute 30)**

Inschrift: *Franz Carl Achard / Begründer der Rübenzucker-Industrie / wohnte und wirkte in diesem Hause / geb. Berlin 28. April 1753. gest. Kunern 20. April 1821.*

Die »große Bronzetafel mit der Büste« war in Erdgeschoßhöhe angebracht und »wurde auf Veranlassung von Prof. Scheibler gestiftet und gleichzeitig« mit der Tafel für Andreas Sigismund Marggraf (den Lehrer Achards) am 8.6. 1892 enthüllt. Auf dem Gut Kunern wurde er begraben. Das Haus Dorotheenstraße 10 stand an der Nordwestecke Dorotheenstraße/Planckstraße.

**Willibald ALEXIS, eigtl. Georg Wilhelm Heinrich Häring**
*Breslau 29.6.1798 – †Arnstadt 16.12.1871
**Zimmerstraße 95**

Inschrift: *Willibald Alexis / wohnte hier / von 1826–1836 / seinem / Andenken / die Stadt / Berlin 1899.*

**Otto von BISMARCK**
**Klosterstraße 74 (Gymnasium zum Grauen Kloster, neben der Franziskaner-Klosterkirche)**

Inschrift: *Otto von Bismarck / war des Grauen Klosters Schüler / von 4.5.1830 Gr. Sekundaner bis 14.4.1832 Abiturient.*

Es handelte sich um eine »weiße Marmortafel mit vergoldeter Inschrift, deren unterer Teil links von einem Eichenzweig, rechts von einem Lorbeerzweig eingefaßt« war. Sie befand sich »an der Straßenseite der den Hof von der Straße trennenden Mauer«.

**Johann Heinrich Casimir Graf von CARMER**
*Kreuznach 29.12.1721 –
†Rützen/Schlesien 23.5.1801
**Alexanderstraße 70 (heute etwa in Höhe des Kaufhof-Kaufhauses am Alexanderplatz)**

Die Bronzetafel befand sich an einem Pfeiler der Eingangstüren des Kaufhauses Tietz (*Hermann Tietz* = Hertie), Inschrift: *Hier wohnte von 1779 bis 1794 / der Grosskanzler / Joh. Heinrich Casimir / Graf v. Carmer / geb. 29.12.1721. gest. 23.5.1801. / Seinem Andenken / die Stadt Berlin 1900.*

***Daniel* Nikolaus CHODOWIECKI**
*Danzig 17.10.1726 – †Berlin 7.2.1801
**Behrenstraße 31**

Die Bronzetafel für den Kupferstecher und Präsidenten der Akademie der Künste befand sich »am Eckpfeiler der Hauptfront rechts«, Inschrift: *Hier wohnte / Daniel Chodowiecki / von 1777 bis zu seinem Tode / am 7. Febr. 1801. / Seinem Andenken / die Stadt Berlin 1888.*

Grabstätte: Französischer Friedhof, Mitte, Chausseestraße 127, Feld G 6,10 (Stein vom Anfang der dreißiger Jahre in vermuteter Nähe des eingeebneten Grabes).

**Georg Reichsfreiherr von DERFFLINGER**
*Neuhofen a. d. Krems 10.3.1606 –
†Gusow 14.2.1695
**Köllnischer Fischmarkt 4**

Inschrift: *Der Kurfürstliche General-Feldmarschall / Freiherr von Derfflinger / geb. 10.3.1606 gest. 14.2.1695 / wohnte hier in seinen letzten Lebensjahren. / Seinem Andenken / die Stadt Berlin 1898.*

Die Bronzetafel war über dem Eingang angebracht. Außerdem befand sich an der Hausecke ein von einem Privatmann gestiftetes bronzenes Reliefporträt mit der Inschrift: *General-Feld-*

*marschall / Freiherr von Derfflinger / 1606 – 1906.*

Der Köllnische Fischmarkt existiert nicht mehr, er befand sich südwestlich der Mühlendammbrücke auf der Fischerinsel.

**Friedrich *Adolph* Wilhelm DIESTERWEG**
**Oranienburger Straße 29**

Die Tafel soll daran erinnert haben, daß Diesterweg hier von 1832 bis 1847 das königliche Seminar für Stadtschulen leitete.

**Ernst Wilhelm Bernhard EISELEN**
*Berlin 27.9.1792 – †Misdroy 22.8.1846
**Dorotheenstraße 49**

Begraben wurde der »Pfleger deutscher Turnkunst« (Wohlberedt) und Weggefährte des Turnvaters Jahn auf dem Dorotheenstädtischen Friedhof II, Wedding, Liesenstraße 9.

**Ernst Adolf ESCHKE**
*Meißen 17.12.1766 – †Berlin 17.7.1811
**Linienstraße 43–45 (heute 83–85)**

Der Jurist und Pädagoge, »Stifter des Taubstummen Instituts zu Berlin« (Wohlberedt), das er 1788 an der Ecke Friedrichstraße/Leipziger Straße eröffnete, wurde beigesetzt auf dem Sophienkirchhof, Große Hamburger Straße.

**Christian Friedrich *Carl* FASCH**
*Zerbst 18.11.1736 – †Berlin 3.8.1800
**Unter den Linden 59**

Inschrift: *In diesem Hause stiftete / Carl Friedrich Fasch / am 24. Mai 1791 / die Sing Akademie. / Zur Säcularfeier gewidmet / von Gotthold Heymann*

Die Marmortafel befand sich links neben dem Eingang. Grabstätte: Friedhof I der Jerusalems- und Neuen Kirchen-Gemeinde, Kreuzberg, Zossener Straße Ecke Blücherstraße, Abt. 1/1 (Ehrengrab).

**Johann Gottlieb FICHTE**
*Rammenau b. Bischofswerda/Oberlausitz 19.5.1762 – †Berlin 29.1.1814
**Neue Promenade 9/10 (am S-Bahnhof Hackescher Markt)**

Inschrift: *J. G. Fichte / wohnte hier 1800–1806. / Errichtet v. d. Berliner Mitgliedern / des National Vereins 19. Mai 1862.*

Der Philosoph und erste Rektor der Berliner Universität ist begraben auf dem Dorotheenstädtischen Friedhof, Mitte, Chausseestraße 126, H 4, 22. Die Bronzetafel mit einem »Medaillon-Porträt« Fichtes wurde 1878, als das Haus wegen des Baus der Stadtbahn abgerissen wurde, dem Märkischen Provinzialmuseum übergeben.

**Maximilian (*Max*) Franz August von FORCKENBECK**
*Münster 23.10.1821 – †Berlin 26.5.1892
**Voßstraße 5**

Der liberale Politiker (Fortschrittspartei, später Deutsche Freisinnige Partei) war von 1866–1873 Präsident des Preußischen Abgeordnetenhauses, von 1874–1879 des Reichstags. Seit 21.11.1878 war er Oberbürgermeister von Berlin, das während seiner Amtszeit einen gewaltigen Schub in der Entwicklung der Infrastruktur erfuhr. Dabei bevorzugte er »private Unternehmen mit starker städtischer Gewinnbeteiligung«. Das Haus in der Voßstraße fiel dem Bau der Neuen Reichskanzlei zum Opfer. Begraben wurde er auf dem alten Kirchhof von St. Nikolai und St. Marien, Prenzlauer Berg, Prenzlauer Allee 1.

**FREIHEITSKRIEGE**
**Karl-Liebknecht-Straße**

Im heutigen nördlichen Teil der Karl-Liebknecht-Straße, im verschwundenen Haus Prenzlauer Straße 45, befand sich in etwa drei Meter

Höhe eine faustgroße Kanonenkugel. Darunter erinnerte eine Tafel an den 20. Februar 1813, als hier mit der Beschießung Berlins die sogenannten Freiheitskriege gegen die französische Besatzung begannen.

**Friedrich FRIESEN**
**Unterwasserstraße 7 (heute 10)**

**Paul GERHARDT**
**Propststraße 7 und Stralauer Straße 38**

**August Wilhelm Anton *Neidhardt* von GNEISENAU**
*Schilda 27.10.1760 – †Posen 23.8.1831
**Oberwallstraße 4 a**

Wohnort des Generals.

***Carl* Philipp Christian von GONTARD**
*Mannheim 13.1.1731 – †Breslau 23.9.1791
**Zimmerstraße 25**

Inschrift: *An dieser Stätte / wohnte der Baumeister / Carl v. Gontard / 1786-1791. / Seinem Gedächtniss / der Verein f. d. Geschichte Berlins / den 23. Septbr. 1891.*

Die Bronzetafel befand sich auf der linken Seite in Höhe der ersten Etage. Wenn sich die Straßennumerierung nicht geändert hat, wäre das Haus auf der Kreuzberger Seite etwa in Höhe Charlottenstraße gewesen.

**Johann Ernst GOTZKOWSKY**
*Konitz/Westpreußen 21.11.1710 – †Berlin 9.8.1775
**Brüderstraße 28**

Inschrift der an der Erdgeschoßfront angebrachten Bronzetafel: *In diesem Hause wohnte/ Johann Ernst Gotzkowsky. / Seinem Andenken / die Stadt Berlin 1883.*

**Albrecht von GRAEFE**
**Karlstraße 46 (heute Reinhardtstraße 58)**

An der Ecke des ersten Stocks befand sich eine »grau gestrichene Tafel mit vertiefter vergoldeter Inschrift«: *Hier wirkte / von 1852–1870 / Dr. Albrecht von Graefe.*

**GRAF REAL**
**Wilhelmplatz 8–9 (Palais des Prinzen Karl)**

»Auf dem Hofe des Palais des Prinzen Karl erinnerte bis zum Jahre 1875 ein Gedenkstein daran, daß ein Graf Real vormals Besitzer jenes Grundstücks war.« Der Stein wurde dem Märkischen Provinzial-Museum übergeben.

**Karl GUTZKOW**
**Universitätsstraße 6 (ursprünglich Stallstraße)**

Inschrift: *Dem Andenken Karl Gutzkow's / geboren am 17. März 1811. / Die Stadt Berlin 1881.*

Am einstigen Kaiserlichen Marstall war die Bronzetafel am zweiten Pfeiler des Erdgeschosses (von der Dorotheenstraße aus) angebracht. Als das Gebäude durch den Neubau der Königlichen Bibliothek (Universitätsbibliothek) ersetzt wurde, fand sich dort »trotz wiederholter Petitionen« kein Platz für die Tafel. So wurde sie dem Märkischen Provinzialmuseum übergeben und in den zwanziger Jahren am Hause Großbeerenstraße 7 (Kreuzberg) angebracht, wo Gutzkow im Alter lebte.

**Ernst Ludwig HEIM**
*Solz/Thüringen 22.7.1747 – †Berlin 15.9.1834
**Markgrafenstraße 51 (damals Nr. 60)**

Inschrift: *Hier wohnte / Ernst Ludwig Heim / von 1788 bis zu seinem Todestage / den 15. September 1834. / Seinem Andenken / die Stadt Berlin 1884.*

Die Bronzetafel für den Mediziner und Ehrenbürger Berlins befand sich links neben dem Eingang.

**Heinrich HEINE**
**Taubenstraße 32**

Inschrift: *Hier wohnte 1823 / Heinrich Heine / geb. 13. Dezbr. 1799 / gest. 17. Febr. 1856.*

Das Geburtsjahr Heines ist 1797. Die Syenittafel mit einem bronzenen Reliefportrait (1902) wurde vom Besitzer des Hauses, Felix Marcus, am 12.12.1899 – dem Vorabend des auf der Tafel falsch angegebenen 100. Geburtstags – angebracht. Die Tafel wurde 1933 entfernt.

**E. T. A. HOFFMANN**
**Ludwig DEVRIENT**
*Berlin 15.12.1784 – †Berlin 30.12.1832
**Charlottenstraße 49**

Inschrift: *Zur Erinnerung an / E.T.A. Hoffmann / * 24. Jan. 1776. † 25. Juni 1822. / und / Ludwig Devrient / * 15. Decbr. 1784. † 30. Decbr. 1832 / welche in diesem Hause verkehrten. / Gestiftet bei der Jubelfeier des Vereins für / die Geschichte Berlins am 28. Januar 1890.*

Die Bronzetafel befand sich »am Eckpfeiler des Erdgeschosses« des Hauses mit der Weinstube von Lutter & Wegner. Sie wurde von dem Weingroßhändler Alphons Fischer gestiftet. Die Enthüllung erfolgte am 7.6.1890. Ludwig Devrient wurde in Berlin geboren und ist hier begraben auf dem Friedhof I der Französischen Gemeinde, Mitte, Chausseestraße 127, Feld E 15/12.
Eine weitere Tafel für Devrient trug die Inschrift: *Ludwig Devrient / zum 100. Todestage 1932 / Die deutschen Schauspieler*

**Friedrich Ludwig JAHN**
**Wallstraße 21**

Inschrift: *Friedrich Ludwig Jahn / wohnte hier 1817–1819. / 1878 zum 100jährigen Geburtstag Jahn's / von der Berliner Turnerschaft errichtet.*

Die Bronzetafel befand sich über dem Mittelfenster des Erkers.

**Friedrich Ludwig JAHN**
**Unterwasserstraße 7 (heute 10)**

Inschrift: *Hier wohnte / der Vater des deutschen Turnwesens / Friedrich Ludwig Jahn / im Jahre 1811, in dem er den ersten Turnplatz / in der Hasenheide schuf. / Seinem Andenken die Stadt Berlin 1911.*

Angebracht war die »große Bronzetafel rechts vom Eingang zwischen dem 3. und 4. Fenster des Erdgeschosses«.

**JOHANN SIGISMUND**
*Halle 8.11.1572 – † Berlin 23.12.1619
**Poststraße 4**

Hier befand sich Berlins älteste Gedenktafel. Die im Erdgeschoß des Hauses angebrachte Messingtafel wurde gestiftet von dem Hausbesitzer, dem »kurfürstlichen geheimen Kammerdiener Antonius Freitag [...] und seiner Ehefrau Anna Steinfelderin«. Der Text besagte, »daß der Kurfürst Johann Sigismund in Gegenwart seiner Gemahlin, seines ältesten Sohnes, mehrerer kurfürstlicher Prinzessinnen, wie auch vieler geheimer Räte u.s.w. am 23. Dezember 1619 um 3 Uhr nachmittags dort verschieden ist. Aus Furcht vor der weißen Frau [einer angeblichen Spukgestalt im Berliner Schloß] hielt sich der Kurfürst häufig bei Freitag auf.«

**Karl *Friedrich* von KLOEDEN**
*Berlin 21.5.1786 – † Berlin 9.1.1856
**Niederwallstraße 12**

Inschrift: *Hier wohnte von 1824 bis 1855 / K. F. v. Kloeden / geb. 21.V.1786. gest. 9.I.1856. / Seinem Andenken / die Stadt Berlin 1903.*

Die Bronzetafel befand sich über dem »Mittelfenster des Erdgeschosses«. Kloeden war Naturforscher, Historiker und Pädagoge. Beigesetzt war er auf dem – nicht mehr existierenden – Luisenstädtischen Friedhof, Mitte, Alte Jakobstraße.

**Hans Georg Wenzeslaus Freiherr von KNOBELSDORFF**
**Leipziger Straße 85 (heute 62)**

Inschrift der Bronzetafel: *Hier wohnte und starb (/) am 16. Septbr. 1753 / Hans Georg Wenceslaus (/) Freiherr v(on). Knobelsdorff. / Seinem Andenken (/) die Stadt Berlin 1888.*

Die Zeilenteilung weicht bei Schmidt-Neuhaus und Mönch voneinander ab.

**Hans KOHLHASE (»Michael Kohlhaas«)**
**Fischerstraße 26/27 (Fischerinsel)**

Am ebenso wie die Straße verschwundenen Gasthof »Zum weißen Roß« erinnerte eine Tafel an Kohlhase, der hier eine Zeitlang gewohnt oder sich versteckt gehalten haben soll.

**KÖNIGSLINDE**
**Scharnhorststraße 33 (Invalidenfriedhof)**

Inschrift: *Königs-Linde / Zur Erinnerung an Se. Majestät / König Friedrich II.*

Die Königslinde befand sich an einem leicht herausragenden Platz über dem Berlin-Spandauer-Schiffahrtskanal, umgeben von einer quadratisch angeordneten Sitzbankgruppe. Die Anlage ist mit der Wiederherstellung des historischen Wegesystems neu entstanden. Am Zugangsweg zeigt ein großformatiges Foto von 1897 die alte Linde mit der weißen Tafel.
Der Verbleib der 1887 angebrachten Tafel ist nicht bekannt, jedoch ist der späteste anzunehmende Zeitpunkt für das Fällen des Baumes und das Verschwinden der Tafel der Bau der Mauer.

**Karl Gotthard LANGHANS**
*Landeshut/Schlesien 15.12.1732 – †Grüneiche b. Breslau 1.10.1808
**Charlottenstraße 48 Ecke Behrenstraße**

Inschrift: *Hier wohnte 20 Jahre lang / bis kurz vor seinem Tode / der Ober-Baurat / Karl Gotthard Langhans / Erbauer des Brandenburger Tores / * 15.12.1733. † 1.10.1808. / Seinem Andenken die Stadt Berlin 1911.*

Die Bronzetafel befand sich »am ersten Stockwerk zwischen dem dritten und vierten Fenster von der Ecke Behrenstraße«.

**Gotthold Ephraim LESSING**
**Spandauer Straße 68 (später Nr. 33)**

Inschrift: *Hier wohnte von 1748 – 1751 / Gotthold Ephraim / Lessing / geb. 22.1.1729. † 15.2.1781. / Seinem Andenken / die Stadt Berlin 1905.*

Die Bronzetafel war über der Haustür angebracht.

**Albert LORTZING**
**Breite Straße 13**

Inschrift: *Albert Lortzing / wurde hier / am 23. Oktober 1801 / geboren.*

Außer der Inschrift trug die »rechts vom Haustor« angebrachte Bronzetafel ein Reliefporträt.

**Andreas Sigismund MARGGRAF**
*Berlin 3.3.1709 – † Berlin 7.8.1782
**Dorotheenstraße 10 (heute 30)**

Inschrift: *Andr. Sigismund Marggraf / Entdecker des Zuckers in den Runkelrüben / wohnte und wirkte in diesem Hause / geb. Berlin 3. März 1709. gest. Berlin 7. Aug. 1782.*

Es handelte sich um eine »große Bronzetafel« mit Büste, die am 8.6.1892 zugleich mit der Tafel für seinen Schüler Achard (s. d.) enthüllt wurde. Beigesetzt war Marggraf lt. Totenbuch der Dorotheenstadtkirche, Jg. 1782, S. 441, Nr. 192, »auf dem Hiesigen Kirch-Hof«.

**Franz Eberhard MARGGRAFF**
*22.12.1787 – †Berlin 25.12.1879
**Sophienstraße 12 (Ecke Rosenthaler Straße)**

Hier an seinem Sterbehaus (später Kaufhaus Wertheim) befand sich eine Bronzetafel mit

Reliefporträt, darunter in der Mauer eine Granittafel mit der Inschrift: *Dr. Franz Eberhard / Marggraff / geb. 22.12.1787. / gest. hier 25.12.1879.*

Marggraff war ein bekannter Berliner Pädagoge. Die Enthüllung fand am 18.2.1886 statt.

**Karl MARX**
**Mohrenstraße 17/18 Ecke Friedrichstraße**

Inschrift: *An · dieser · Stätte · wohnte / 1837 · und · 1838 / Karl · Marx / Begründer · des · wissen-/schaftlichen · Sozialismus / Seinem · Andenken / die · Stadt · Berlin · 1929.*

Marx wohnte hier von April 1837 bis März 1838. Die Tafel wurde 1933 entfernt, das Haus durch Bomben im Zweiten Weltkrieg zerstört.

**Moses MENDELSSOHN**
**Spandauer Straße 68**

Inschrift: *Hier wohnte Moses Mendelssohn / geb. in Dessau 6.9.1729 / gest. in Berlin 4.1.1786.*

Es handelte sich um eine »rot angestrichene Metalltafel mit großen vergoldeten Buchstaben unter dem Balkon des zweiten Stockwerks«. Diese Tafel (oder die Marmortafel?) soll 1988 wieder aufgefunden worden sein (Uwe Kieling, Berlin. Historische Adressen im Nikolaiviertel, Berlin 1989, S. 131). Eine 1829 enthüllte Marmortafel befand sich nach dem Umbau des Hauses »an einem durchaus unwürdigen Platze im Hofe« und trug die Inschrift: *In diesem Hause / lebte und wirkte Unsterbliches / Moses Mendelssohn. / Geb. in Dessau 1729. Gest. in Berlin 1786.*

Ein Foto vor Seite 193 bei Heinz Knobloch, Herr Moses in Berlin, Berlin 1985 (4. Aufl.) zeigt diese Tafel noch über dem Eingang. Die Hausnummer wird nach der Umnumerierung mit 29 (Manuskript 1932) oder 33 angegeben. In diesem Haus wohnten neben Mendelssohn und Gotthold Ephraim Lessing zeitweilig auch Christlob Mylius (*Reichenbach, Lkrs. Kamenz 11.11. 1722 – †London 7.3.1754), Johann Wilhelm Gleim (*Ermsleben 2.4.1719 – †Halberstadt 18.2.1803), Karl Wilhelm Ramler, hier verkehrten u. a. Ewald von Kleist (*Zeblin b. Köslin 7.3. 1715 – †Frankfurt/Oder 24.8.1759) und auch Johann Kaspar Lavater (*Zürich 15.11. 1741 – †Zürich 2.1.1801). Deshalb ist Kielings Vorschlag weitergebenswert: »Sicher soll man eine Stadt nicht mit Gedenktafeln etikettieren, aber ein halbes Jahrhundert deutscher Geistesgeschichte und Berliner Aufklärung wären einen Hinweis am Wegesrand – der südöstlichen Ecke der Spandauer mit der Karl-Liebknecht-Str. – wohl wert.« Ein Vorschlag, der sich auch schon bei Knobloch findet.

**Felix MENDELSSOHN-BARTHOLDY**
*Hamburg 3.2.1809 – †Leipzig 4.11.1847
**Leipziger Straße 3**

Hier befand sich sein Elternhaus. Später wurde an diesem Ort das Preußische Herrenhauses errichtet. Begraben ist der Enkel Moses Mendelssohns, geniale Dirigent und Komponist auf dem Dreifaltigkeitsfriedhof, Kreuzberg, Zossener Straße.

**Giacomo MEYERBEER, eigtl. Jakob Liebmann Meyer Beer**
*Berlin 5.9.1791 – †Paris 2.5.1864
**Pariser Platz 6 (a)**

Inschrift der Bronzetafel über dem Eingang: *Giacomo Meyerbeer / wohnte hier 1848 – 1863. / Seinem Gedächtnis / die Stadt Berlin 1890.*

Die Hausnummern werden unterschiedlich angegeben. Der Komponist und Generalmusikdirektor der Königlichen Oper ruht auf dem Jüdischen Friedhof, Prenzlauer Berg, Schönhauser Allee 23–25, an der Mauer der angrenzenden Häuser gegenüber Feld B.

**Christoph *Friedrich* NICOLAI**
*Berlin 18.3.1733 – †Berlin 8.1.1811
**Alte Jakobstraße 55 (Luisenstadtkirche)**

An der Außenwand der am 3.2.1945 durch Bomben zerstörten und nach dem Bau der Mauer (1964) endgültig abgerissenen Kirche erinnerte eine Tafel an Nicolai, der in der Kirchengruft beigesetzt war. Weitere Tafeln an der Kirche erinnerten an den Komponisten Wilhelm Friedemann Bach (*Weimar 22.11.1710 – †Berlin 1.7. 1784) und den Generalstabsmedicus Johann Wilhelm Ellenberger, die beide auf dem angrenzenden Luisenstädtischen Friedhof (heute Parkanlage) beerdigt waren.

**Otto NICOLAI**
*Königsberg 9.6.1810 – †Berlin 11.5.1849
**Behrenstraße 57 (damals Metropol-Theater, heute Standort der Komischen Oper)**

Inschrift: *Hier wohnte in seiner letzten Lebenszeit / Otto Nicolai / Königlicher Hofkapellmeister / * 9.6.1810 † 11.5.1849. / Die Stadt Berlin 1910.*

Die beim Ruinenabriß 1947 entfernte Bronzetafel befand sich »rechts vom Durchgang zwischen dem zweiten und dritten Fenster des Zwischenstocks«. Begraben ist Otto Nicolai auf dem Friedhof II der Dorotheenstädtischen Gemeinde, Wedding, Liesenstraße 9, Abt. F 3,19.

**Antoine PESNE**
*Paris 23.5.1683 – †Berlin 5.8.1757
**Oberwallstraße 3**

Inschrift: *Hier wohnte im letzten Lebensjahre / der Königliche Hofmaler / Antoine Pesne / geb. 23.V.1693 [!] gest. 5.VII.1757 [!]. / Seinem Andenken / die Stadt Berlin 1901.*

»Maler Friedrichs des Großen«, so heißt es auf dem Erinnerungsstein auf dem Friedhof I der Jerusalems und Neuen Kirchen-Gemeinde, Kreuzberg, Zossener Straße (Hauptweg 1–1). Geburts- und Sterbedatum werden durchweg anders als auf der von Mönch (Nr. 54, S. 143) wiedergegebenen Tafelinschrift angegeben.

**Wilhelm RAABE**
*Eschershausen/Braunschweig 8.9.1831 – †Braunschweig 15.11.1910
**Spreestraße (Sperlingsgasse) 11**

Inschrift: *In diesem Hause wohnte 1854 und 1855 / Wilhelm Raabe / der Dichter der Chronik der Sperlingsgasse / * 8.9.1831 † 15.11.1910 / Seinem Andenken die Stadt Berlin 1911.*

Die Bronzetafel war über der Haustür angebracht.

**Leopold von RANKE**
*Wiehe/Unstrut 21.12.1795 – †Berlin 23.5.1886
**Luisenstraße 24 a**

Inschrift: *In diesem Hause wohnte / Leopold von Ranke / vom 1. August 1844 / bis zu seinem Tode am 23. Mai 1886. / Seinem Andenken / die Stadt Berlin 1888.*

Die Bronzetafel befand sich an der Gartenseite des Hauses. Begraben ist der Ehrenbürger Berlins (seit 31.3.1885) auf dem Friedhof an der Sophienkirche, Mitte, Große Hamburger Straße.

**Karl RITTER**
*Quedlinburg 7.8.1779 – †Berlin 28.9.1859
**Französische Straße 40**

Inschrift der Bronzetafel: *Hier wohnte von 1842 bis 1859 / der / Geograph / Karl Ritter / * 7.8.1779. † 28.9.1859. / Die Stadt Berlin / 1905.*

Grabstätte: Friedhof der St. Marien- und Klostergemeinde, Prenzlauer Berg, Prenzlauer Allee 7, Abt. 6 a, 1/40.

**RÜCKERSCHES SCHULHAUS**
**Lindenstraße (jetzt Axel-Springer-Straße) Ecke Kommandantenstraße**

Stein mit der Inschrift: *Durch göttliche Fügung und Sr. Königl. / Majestät in Preußen, Friedrich Wilhelm, / gnädigste Mildthätigkeit ist diese / Armenschule, nachdem dieselbe / vormals von dem seligen Rücker / gestiftet, von Grund auf neu erbaut / 1734.*

Der Stein befand sich hier bis 1862 und wurde dann dem Märkischen Provinzial-Museum übergeben.

**Josef *Victor* von SCHEFFEL**
*Karlsruhe 16.2.1826 – †Karlsruhe 9.4.1886
**Friedrichstraße 135 a**

Der Dichter lebte hier während seiner Studienzeit.

***Friedrich* Wilhelm Joseph von SCHELLING**
*Leonberg 27.1.1775 –
†Bad Ragaz/Schweiz 20.8.1854
**Unter den Linden 71 (heute 66)**

Inschrift: *Hier wohnte von 1843–1854 / der Philosoph / Fr. Wilh. Joseph von Schelling / geb. 27.1.1775. gest. 20.8.1854. / Seinem Andenken die Stadt Berlin.*

Die Bronzetafel wurde 1895 in Höhe des ersten Stockwerks angebracht.

**Andreas SCHLÜTER**
*Danzig (13.7.?)1659 oder Hamburg (20. od. 21.5.)1664 – St. Petersburg 19.(?)5.1714
**Brüderstraße 33**

Die Bronzetafel war »an der Front des Erdgeschosses« angebracht. Inschrift: *In diesem Hause wohnte / Andreas Schlüter. / Seinem Andenken die Stadt Berlin. / Errichtet 1883.*

Mönch (S. 139) schreibt dazu: »Wie später festgestellt worden ist, hat Schlüter das Haus Brüderstraße 40 besessen und ebenfalls wahrscheinlich längere Zeit als Nr. 33 bewohnt, so daß die Tafel richtiger an Nr. 40 hätte angebracht werden müssen.« Die Tafel wurde wahrscheinlich erst mit dem Abriß des Hauses nach 1958 entfernt.

**Johann Wilhelm SCHWEDLER**
*Berlin 23.6.1823 – †Berlin 9.6.1894
**Gipsstraße 5**

Inschrift: *An dieser Stätte wurde / Johann Wilhelm Schwedler / am 25. Juni 1823 geboren. Vom Architekten-Verein errichtet 1896.*

Die Steintafel für den Berliner Architekten und Entwickler moderner Stahlkuppelkonstruktionen befand sich »über den beiden Mittelfenstern des zweiten Stockwerks«.

**Otto Christoph Freiherr von SPARR**
*1599 oder 1605 – †1668
**Spandauer Straße 21 (Ecke Königstraße, der heutigen Rathausstraße)**

Bis 1875 erinnerte eine steinerne Gedenktafel mit einer lateinischen Inschrift und einem »Relief-Brustbild« daran, »daß das später mit dem General-Post-Amte vereinigte Haus Spandauerstraße 21 einstmals dem Feldmarschall von Sparr gehörte«. Die Tafel wurde dann dem Märkischen Provinzial-Museum übergeben.
Sein Wandgrabmal von Artus Quellinus d. Ä. befindet sich in der Marienkirche.

**Max STIRNER, eigtl. Caspar Schmidt**
*Bayreuth 25.10.1806 – †Berlin 26.6.1856
**Philippstraße 19**

Inschrift: *Max Stirner (Dr. Caspar Schmidt – 1806–1856) / der Schöpfer des unsterblichen Werks / »Der Einzige und sein Eigenthum«.*

Dieses Buch wurde bezeichnet als »eine programmatische Verkündigung des theoretischen Anarchismus«. Seinen Namen »Stirner« erhielt der Schriftsteller von seinen Freunden wegen seiner »merkwürdig hohen Stirn«. Die Granittafel mit goldener Inschrift wurde auf Veranlassung des Schriftstellers und Musikers Hans von Bülow 1892 in Höhe des ersten Stockwerks angebracht. Beigesetzt wurde Stirner auf dem Sophienfriedhof, Mitte, Bergstraße 29, Abt. V 8/53.

**Wilhelm STOLZE**
*Berlin 20.5.1793 – † Berlin 8.1.1867
**Unter den Linden 54/55 Ecke Kleine Kirchgasse**

Inschrift: *Der Meister der deutschen Kurzschrift / Wilhelm Stolze / geb. zu Berlin am 20. Mai 1793 / starb in diesem Hause am 8. Januar 1867. / Errichtet 1883 vom Stenographischen Verein.*

Die schwarze Marmortafel war »in einer Fensternische des ersten Stockwerks der Kl. Kirchgasse ziemlich versteckt untergebracht«. Die Kleine Kirchgasse verlief zwischen Friedrichstraße und Neustädtischer Kirchstraße. Beigesetzt ist Stolze auf dem Friedhof der St. Hedwigsgemeinde, Mitte, Liesenstraße 8.

**Carl Gottlieb SVAREZ (SUAREZ, SCHWARTZ)**
*Schweidnitz 27.2.1746 – †Berlin 14.5.1798
**Pariser Platz 3 a**

Inschrift: *Hier wohnte vom Jahre 1796 / bis zu seinem am 14. Mai 1798 erfolgten Tode / der Schöpfer des allgemeinen Preußischen Landrechts / Carl Gottlieb Suarez. / Seinem Andenken die Stadt Berlin 1885.*

Die Bronzetafel befand sich im Erdgeschoß »zwischen den beiden letzten Fenstern rechts«. Beigesetzt war Suarez auf dem aufgehobenen Friedhof an der Luisenstadtkirche (Mitte, Alte Jakobstraße / Sebastianstraße, heute Parkanlage).

**Caspar THEISS (THEYSS)**
†Berlin um 1550
**Heiligegeiststraße 10**

Inschrift: *Hier wohnte der Kurfürstliche Schlossbaumeister / Caspar Theiss / bis zu seinem Tode um 1550. / Seinem Gedächtnis / die Stadt Berlin 1887.*

Die Bronzetafel befand sich an der rechten Seite des Eckpfeilers im ersten Stock. Die Heiligegeiststraße existiert nicht mehr. Sie verlief als Verlängerung der Poststraße quer durch die heutige Freifläche (Marx-Engels-Forum) und das Radisson Plaza Hotel (DDR: Palast-Hotel) bis zur Südwestecke der Heiligegeistkapelle. Beigesetzt wurde der Architekt des Jagdschlosses Grunewald in der Nikolaikirche.

**Philipp THEYSSEN (THEISEN, THEISSEN)**
*Elben b. Cochem 1825 – †Berlin 18.3.1848
**Jägerstraße 35 (zwischen Niederwallstraße und Kurstraße)**

Inschrift: *Grenadier Theyssen vom Kaiser-Franz-Grenadier-Regiment aus dem Kreise Cochem, Reg. Bez. Coblenz, fiel hier durch Meuchelmord als erstes Opfer der Revolution in Berlin den 18. März 1848 in Erfüllung seiner Pflicht als treuer Soldat. Sein Andenken ehrt König Friedrich Wilhelm IV.*

Die Bronzetafel befand sich zwischen dem zweiten und dritten Fenster rechts vom Eingang.

**Johann *Ludwig* TIECK (Pseudonym Peter Leberecht)**
*Berlin 31.5.1773 – †Berlin 28.4.1853
**Roßstraße 1**

Inschrift: *Dem / Andenken / Ludwig Tiecks, / welcher am 31. Mai 1773 / an dieser Stätte geboren wurde / die Stadt Berlin / 1881.*

Die Roßstraße auf der Fischerinsel (Kölln) verlief in der Verlängerung von Breiter Straße und Neuer Roßstraße. Sie existiert nicht mehr. Die Bronzetafel befand sich links neben dem Eingang. Beigesetzt ist der Dichter und Übersetzer auf dem Friedhof II der Dreifaltigkeitsgemeinde, Kreuzberg, Bergmannstraße 39–41, Abt. B (oben) 3, 3.

**Johann WEINLEBEN**
†1558
**Lampert (Lamprecht) DISTELMEIER**
*Leipzig 22.2.1522 – †Berlin 12.10.1588
**Poststraße 11**

Inschrift: *Dem Andenken der Kurfürstlichen Kanzler / Johann Weinleben 1541–1558 / Lamp. Distelmeier 1558–1588 / die hier wohnten und starben / die Stadt Berlin 1896.*

Die Bronzetafel befand sich an der Fassade im ersten Stockwerk. Der Name des erstgenannten ist auch in der Schreibweise Weinlöben überliefert, der des zweitgenannten mit Diestelmeier. Beigesetzt wurde Distelmeier in der Nikolaikirche.

**Karl WERDER**
*Berlin 13.12.1806 – †Berlin 3.4.1893
**Charlottenstraße 49**

Der Hegel-Schüler, Philosoph und Dichter wurde beigesetzt auf dem Garnisonfriedhof, Mitte, Kleine Rosenthaler Straße Ecke Linienstraße.

***Friedrich* Heinrich Ernst Graf von WRANGEL**
*Stettin 13.4.1784 – †Berlin 1.11.1877
**Pariser Platz 3 a**

Inschrift: *Hier wohnte vom 1. April 1849 / bis zu seinem im 94. Lebensjahre / am 1. November 1877 erfolgten Tode / Friedrich Graf von Wrangel / Ehrenbürger der Stadt Berlin.*

Die schwarze Marmortafel befand sich rechts vom Eingang zwischen den ersten beiden Fenstern. Die Ehrenbürgerwürde wurde ihm am 24.9.1850 verliehen.

**Leopold ZUNZ**
*Detmold 10.8.1794 – †Berlin 17.3.1886
**Auguststraße 60**

Der Begründer der Wissenschaft des Judentums ruht auf dem Jüdischen Friedhof, Prenzlauer Berg, Schönhauser Allee 23–25, Ehrenreihe, Feld B (Grabnr. 20383).

# TIERGARTEN

**Berthold AUERBACH, eigtl. Moses Baruch Auerbacher**
*Nordstetten b. Horb 28.2.1812 –
†Cannes 8.2.1882
**Hohenzollernstraße 12 (später Graf-Spee-Straße 15 [?], nach Umnumerierung 17 [?], heute Hiroshimastraße)**

Den Sprung in die Berühmtheit schaffte der Schriftsteller mit den vier von 1843–53 erschienenen Bänden »Schwarzwälder Dorfgeschichten«. Beigesetzt wurde er auf dem Jüdischen Friedhof von Nordstetten. In den vorliegenden Quellen wird die Hausnummer von Auerbachs Berliner Wohnhaus mit der von Spielhagen (s. u.) auch vertauscht wiedergegeben!

**Philipp *August* BOECKH**
*Karlsruhe 24.11.1785 –
†Berlin 3.8.1867
**Linkstraße 40**

Der klassische Philologe, der ab 1811 an der Berliner Universität lehrte, Mitglied der Akademie der Wissenschaften, Ehrenbürger Berlins seit 1857, ist beigesetzt auf dem Dorotheenstädtischen Friedhof, Mitte, Chausseestraße 126.

**Ernst CURTIUS**
*Lübeck 2.9.1814 –
†Berlin 11.7.1896
**Matthäikirchstraße 4**

Der Historiker und Archäologe (Grabungen in Olympia) lebte und arbeitete nach mehreren Aufenthalten zuvor seit 1868 ständig in Berlin, wo er das Alte Museum leitete. Bereits seit 1853 war er Mitglied der Königlichen Akademie der Wissenschaften. Begraben ist er auf dem Alten St. Matthäus-Friedhof, Schöneberg, Großgörschenstraße 12–14, D 17/16 (Ehrengrab).

**Joseph Freiherr von EICHENDORFF**
*Schloß Lubowitz bei Ratibor/Oberschlesien 10.3.1788 – †Neiße 26.11.1857
**Potsdamer Platz 1 (Bellevuestraße Ecke Königgrätzer Straße)**.

Inschrift der Bronzetafel, die sich oben rechts am ersten Fenster des ersten Stockwerks befand: *Hier wohnte / von 1839 bis 1841 / Joseph Freiherr / v. Eichendorff / geb. 10.III.1788 gest. 26.XI.1857. / Seinem Andenken / die Stadt Berlin 1906.*

Der damalige nördliche Teil der Königgrätzer Straße entspricht der heutigen Ebertstraße. Die Tafel wurde (wohl wegen der Abnahme beim Bau des Columbushauses) dem Märkischen Museum übergeben.

**Theodor FONTANE**
**Potsdamer Straße 134 c (nach Umnumerierung 1938 Nr. 15)**.

Inschrift: *Hier wohnte von 1872–1898 / Theodor Fontane. / Seinem Andenken die Stadt Berlin 1899.*

Die Bronzetafel befand sich am letzten Fenster im ersten Stockwerk links.

**Heinrich *Rudolf* Hermann Friedrich von GNEIST**
*Berlin 13.8.1816 – †Berlin 22.7.1895
**Linkstraße 40**

Der Jurist und Politiker ist begraben auf dem Alten St. Matthäus-Friedhof, Schöneberg, Großgörschenstraße 12–14, E–n–3/4.

**August Wilhelm IFFLAND**
*Hannover 19.4.1759 – †Berlin 22.9.1814
**Tiergartenstraße 29 (damals Kanonenweg)**

Inschrift: *Aug. Wilh. Iffland / geb. 19.4.1759. gest. 22.9.1814. / Seinem Andenken / die Stadt Berlin.*

Iffland kam Ende 1796 als Direktor des Nationaltheaters aus Mannheim nach Berlin. Er war sehr erfolgreich in dieser Funktion wie als Schauspieler und Verfasser eigener Stücke tätig. 1811 wurde er zum Generaldirektor der Königlichen Schauspiele ernannt. Die Bronzetafel war am Zaun angebracht. Beigesetzt ist Iffland auf dem Friedhof II der Jerusalems- und Neuen Kirchen-Gemeinde, Kreuzberg, Zossener Straße, Abt. 3/1 (Ehrengrab).

**Joseph JOACHIM**
**Beethovenstraße 3**

Die Beethovenstraße verlief als kurze Verbindung zwischen dem Kronprinzenufer (heute Schlieffenufer) und In den Zelten nordöstlich der Kongreßhalle (Haus der Kulturen der Welt).

**Ferdinand LASSALLE**
*Breslau 11.4.1825 – †Genf 31.8.1864
**Bellevuestraße 13**

Lasalle lebte hier seit 1859. Der (Mit-)Begründer der deutschen Sozialdemokratie starb an einer in einem Duell erlittenen Verwundung. Beigesetzt ist er auf dem Jüdischen Friedhof in Breslau. Sein Grab wurde Ende der achtziger Jahre mit finanzieller Unterstützung der Friedrich-Ebert-Stiftung wiederhergerichtet. Die von der Stadt Berlin angebrachte Gedenktafel in der Bellevuestraße wurde 1933 von den Nationalsozialisten entfernt.

**Ludwig *Adolf* Wilhelm Freiherr von LÜTZOW**
*Berlin 18.5.1782 – †Berlin 6.12.1834
**Bendlerstraße 43 (heute Stauffenbergstraße)**

Der berühmte Freikorpsführer aus den sogenannten Befreiungskriegen, zu dessen »Schwarzer Schar« u. a. Theodor Körner, Friedrich Friesen und Friedrich Ludwig Jahn gehörten, ist begraben auf dem Garnisonfriedhof, Mitte, Kleine Rosenthaler Straße Ecke Linienstraße. Nach einer Quelle ist er nicht in Berlin, sondern in der Mittelmark (ohne nähere Ortsangabe) geboren.

**Adolph Friedrich Erdmann von MENZEL**
*Breslau 8.12.1815 – †Berlin 9.2.1905
**Sigismundstraße 3**

Inschrift: *Hier wohnte / von 1875 bis zu seinem Tode / der Ehrenbürger Berlins / Adolf von Menzel / *8.XII.1815. †9.II.1905. / Seinem Andenken / die Stadt Berlin / 1907.*

Die Bronzetafel befand sich rechts neben dem Eingang. Die Ehrenbürgerwürde erhielt Menzel zu seinem 80. Geburtstag am 8.12.1895 verliehen. Beigesetzt ist der Maler auf dem Friedhof II der Dreifaltigkeitsgemeinde, Kreuzberg, Bergmannstraße 39–41, Abt. A WS 48. Am Grab befindet sich eine Büste von Reinhold Begas.

**Friedrich von PROBST**
*27.1.1743 – †2.3.1788
**Hofjägerallee (zwischen Großer Weg und Stülerstraße)**

Hier befand sich ein Sandstein mit einer Urne. Derselbe trug die Inschrift: *Friedrich von Probst, Lieutenant des Regiments Friedrich von Braunschweig. Geboren den 17. Januar 1743. Gestorben den 2. Martii 1788.*

»Dieser Denkstein, geschmückt mit den Emblemen des Soldatenstandes und des Gartenbaues, trägt außer dem Medaillonbilde des Gefeierten eine nicht mehr lesbare Inschrift. Er wurde von den dortigen Anwohnern dem Leutnant von Probst, der um die Verschönerung jenes Teiles des Tiergartens sich besonders verdient gemacht hatte, gegenüber dem ehemaligen Hofjäger errichtet und im Anfange der siebziger Jahres dieses [19.] Jahrhunderts auf Veranlassung eines Nachkommen an seine jetzige Stelle versetzt.« (Schmidt-Neuhaus, S. 17)

**Friedrich SPIELHAGEN**
**Hohenzollernstraße 12 (oder 17?; später Graf-Spee-Straße, heute Hiroshimastraße 23)**

Die Tafel wurde zum 100. Geburtstag des zu seiner Zeit viel gelesenen Schriftstellers und Redakteurs angebracht, der hier in den achtziger Jahren des 19. Jahrhunderts wohnte. Er erlebte als Student die Märzrevolution in Berlin mit. Die Erlebnisse verarbeitete er in seinem erfolgreichen Roman »Problematische Naturen«. Seit 1862 lebte er wieder in Berlin. Den kurzen Rausch der »Gründerjahre« beschrieb er in dem 1876 erschienenen Roman »Sturzflut«. Zuletzt wohnte Spielhagen in der Kantstraße.

**Heinrich von SYBEL**
*Düsseldorf 2.12.1817 –
†Marburg/Lahn 1.8.1895
**Hohenzollernstraße 11 (heute Hiroshimastraße)**.

Der Historiker (Schüler Rankes) und Politiker (u. a. Mitglied des Preußischen Abgeordnetenhauses), hatte Professuren in Marburg, München und Bonn inne. Seit 1875 war er Direktor des Preußischen Staatsarchivs in Berlin und ab 1876 Mitglied der Preußischen Akademie der Wissenschaften.

***Rudolf* Ludwig Karl VIRCHOW**
**Schellingstraße 10**

Inschrift: *Hier wohnte / von 1864 / bis zu seinem Tode / Rudolf Virchow / geb. 13.X.1821 / gest. 5.IX.1902. / Seinem Andenken die Stadt Berlin / 1902.*

Die Bronzetafel für den Ehrenbürger Berlins befand sich im Erdgeschoß zwischen dem ersten und zweiten Fenster rechts vom Eingang.

**Karl WEIERSTRASS**
*Ostenfelde/Westfalen 31.10.1815 –
†Berlin 19.2.1897
**Friedrich-Wilhelm-Straße 14 (heute Klingelhöferstraße)**

Der bedeutende Mathematiker (Neubegründung und systematischer Aufbau der allgemeinen Theorie der analytischen Funktionen) war seit 1856 Lehrer am Beuthschen Gewerbeinstitut und ab 1864 ord. Professor an der Berliner Universität. Beigesetzt wurde er auf dem St. Hedwigs-Friedhof, Mitte, Liesenstraße 8, Feld IV. Weil dieser Bereich nach dem Mauerbau im Grenzgebiet lag, wurde der auf seinem Grab stehende schwarze Obelisk aus schwedischem Granit an die Mauer zum benachbarten Domfriedhof in der Nähe des Eingangs Wöhlertstraße versetzt.

**Ernst von WILDENBRUCH**
*Beirut/Libanon 3.2.1845 – †Berlin 15.1.1909
**Hohenzollernstraße 14 (später Graf-Spee-Straße 30 [nach Umnumerierung Nr. 19], heute Hiroshimastraße)**

Inschrift: *Hier wohnte von 1885 / bis zu seinem Tode / Ernst von Wildenbruch / * 3.II.1845. † 15.1.1909. / Die Stadt Berlin 1909.*

Der Schriftsteller und Dramatiker war ursprünglich Offizier und Jurist, einige Zeit auch im Auswärtigen Amt tätig. Die Bronzetafel befand sich über dem mittleren Fenster des Erdgeschosses rechts vom Eingang.

## WEDDING

**Johann Heinrich *Gustav* MEYER**
**Humboldthain**

Inschrift: *Dem Andenken des Städtischen / Garten-Directors J. H. C.[!] Meyer / geb. 14. Jan. 1816. gest. 27. Mai 1877. / Von der städtischen Park-Verwaltung errichtet.*

Die Marmortafel befand sich am Verwaltungsgebäude. Bei dem Geehrten handelt es sich um den Schöpfer des Humboldthains und des Treptower Parks sowie anderer Grünanlagen Berlins. Der Schüler Peter Joseph Lennés (*Bonn 29.9.1789 – † Potsdam 23.1.1866) wurde beigesetzt in Potsdam, Neuer Friedhof, Saarmunder Straße (heute Heinrich-Mann-Allee).

**OPFER DES NATIONALSOZIALISMUS**
**Nettelbeckplatz**

Unter den zwei Kopfzeilen: *Nie vergessen! / Hingerichtete und ermordete Weddinger Antifaschisten:* standen in zwei Spalten die Namen (linke Spalte) *Bartsch Willi 18.04.45 / Benjamin Dr. Georg 26.08.42 / Bösch Wilhelm 10.04.45 / Bollin Willi 14.10.44 / Dietrich Otto 18.03.39 / Dolgner Willi 10.01.34 / Drews Wilhelm 04.04.33 / Fleischmann Martin 21.07.44 / Gesche Paul 21.08.44 / Garske Charlotte 16.12.44 / Gutmann Alfons 13.09.44 / Hampel Otto 08.04.43 / Henkel Hermann 07.38 / Herbst Richard 29.08.33 / Horn Cäsar 19.03.45 / Hoppe Herbert 12.08.35 / Hübner Karl 30.01.45 / Jendrusch Friedrich 26.11[!].44 / Junius Paul 04.11.44 / Kalinowski Paul 28.03.42 / Kaiser Albert 18.10.44 / Knorr Paul 16.09.44 / Korus Hermann 11.12.44 / Krause Erich 29.09.34 / Krebs August 21.01.40 / Lemm Otto 17.07.44 /* (rechte Spalte) *Ladeburg Hans 12.06.42 / Leichtmann Georg 18.04.45 / Lemke Erich 23.04.45 / Lutzki Raffael 27.06.41 / Matern Max 22.05.35 / Magnor Arthur 22.01.45 / Metzger Max Josef 17.04.44 / Müller Richard*

*06.03.44 / Neumann Gustav 23.05.44 / Pohl Erich 11.04.45 / Rolle Walter 02.09.36 / Sachse Willi 21.08.44 / Sandtner Gustl 11.10.44 / Saß August 01.05.45 / Seutz Erwin 27.07.40 / Scharfschwerdt Otto 04.05.43 / Scheffler Hermann 19.09.33 / Schmirgal Otto 24.10.44 / Schulz Erwin 27.07.40 / Schulz Egmund 28.01.45 / Steffelbauer Kurt 21.05.42 / Strohmann Walter 14.08.44 / Trebe Ella 11.08.43 / Voß Paul Arthur 24.07.42 / Werdermann Karl 01.09.44 / Wilhelm Hans 03.05.45 / Seiffert Rudolf 29.01.45*

Die von Karl Winkel (Ehrenvorsitzender der VVN Wedding) entworfene Tafel wurde bereits in der Nacht vom 6. zum 7. Juni 1951 von Unbekannten entfernt, ihr Verbleib ist nicht bekannt.

Charlotte Garske, *Berlin 4.12.1906 – †Berlin-Plötzensee 16.12.1944; Friedrich Jendrusch, *1890 – †Sachsenhausen 26.11.1944; Paul Junius, *Berlin 10.7.1901 – †Brandenburg 4.12. 1944; Hermann Korus, *Berlin 18.3.1888 – †Brandenburg 11.12.1944; Max Matern, *Berndshof/Pommern 19.1.1902 – †Berlin-Plötzensee 22.5.1935; Arthur Magnor, *Königshütte 3.8.1890 – †Brandenburg 22.1.1945; Richard Müller, *Landsberg/Warthe 8.3.1890 – †Brandenburg 6.3.1944; Otto Scharfschwerdt, *Belgard/Pommern 20.1.1887 – †Sachsenhausen 4.5. 1943; Egmund Schulz/Egmont Schultz, *13.10. 1903 – †Brandenburg 29.1.1945; Walter Strohmann, *Barmen 6.10.1891 – †Brandenburg 14.8. 1944; Ella Trebe, *Berlin 6.11.1902 – †Sachsenhausen 11.8.1943.

# KREUZBERG

**Leopold ARENDS**
*Rakischi/Westrußland 4.12.1817 –
† Berlin 22.12.1882
**Besselstraße 16**

Inschrift: *In diesem Hause starb / am 22. Dezember 1882 / Leopold Arends.*

Arends lebte seit 1844 in Berlin. Er war »Begründer der rationellen Volks-Stenographie« (»Leitfaden einer rationellen Kurzschrift«, 1850). Die Gedenktafel wurde 1883 vom Arendschen Stenographie-Verein angebracht. Die »schwarze Steintafel mit vergoldeter Inschrift« befand sich auf er linken Seite »zwischen den letzten beiden Fenstern des ersten Stockwerks«.

**Adolph DIESTERWEG**
**Hafenplatz 2**

Inschrift: *In diesem Hause / lebte und starb / Adolph Diesterweg / geb. d. 29. October 1790 / gest. d. 7. Juli 1866.*

Die Steintafel für den berühmten Pädagogen, der der Cholera erlag, befand sich über dem Eingang.

**Franz Freiherr von GAUDY**
*Frankfurt/Oder 19.4.1800 – †Berlin 5.2.1840
**Markgrafenstraße 17**

Inschrift: *An dieser Stätte wohnte der Dichter / Franz Freiherr von Gaudy / bis zu seinem Tode am 6. Februar 1840. / Seinem Gedächtnis / die Stadt Berlin 1890.*

Gaudy kam 1833 auf Empfehlung Chamissos nach Berlin. Zuvor wohnte er in der Fischerstraße und der Kanonierstraße. Sein Zimmer in der Markgrafenstraße schildert er in »Besuch bei einem Dichter« (1837). Die Bronzetafel befand sich über der Haustür. Begraben ist der an einem Herzanfall gestorbene humorvolle Dichters auf dem Friedhof I der Jerusalems- und

Neuen Kirchen-Gemeinde, Kreuzberg, Zossener Straße, Abt. 2/3 3,8/9.

**Emanuel GEIBEL**
*Lübeck 17.10.1815 – †Lübeck 6.4.1884
**Enckeplatz 3 (heute im Bereich der Enckestraße unmittelbar südlich der Besselstraße)**

Hier wohnte der Dichter wohl während seiner Berliner Studienzeit.

**KARL VON RUMÄNIEN**
*Sigmaringen 20.4.1839 –
†Schloß Pelesch b. Sinaia/Rumänien 10.10.1914
**Alte Jakobstraße 173**

Inschrift: *König Karl von Rumänien / wohnte hier als Prinz von Hohenzollern / bis zum 11. April 1866 / dem zweiten Garde Dragoner Regiment angehörig / Furchtlos als Held im Kriege, / Weise als Führer im Frieden, / Erkämpfte er in harten Zeiten / Seinem Volke die Unabhängigkeit und Königskrone / In langer segensreicher Regierung / Sein Reich mit blühendem Ruhmeskranze / umrankend.*

Er wurde als Prinz Karl Eitel Friedrich Zephyrin von Hohenzollern geboren. 1866 wurde er Nachfolger des gestürzten rumänischen Fürsten Alexander Cuza und am 22.Mai 1881 in Bukarest zum König gekrönt. Die Bronzetafel mit einem Reliefporträt befand sich links vom Eingang und wurde 1911/12 angebracht.

**Karl Friedrich *August* LEHMANN**
*Zossen 16.4.1843 – †Berlin 8.4.1893
**Möckernstraße 112**

Inschrift: *In diesem Hause lebte und wirkte / August Lehmann / der Erfinder der Stenotachygraphie / * 16.4.1843. † 8.4.1893.*

Der Schuhmacher und Fabrikant widmete sich ab 1875 der Stenographie, für die er ein eigenes System ersann. Die Steintafel über der Tür wurde von der »Stenographischen Gesellschaft von 1885« gestiftet. Beigesetzt wurde er auf dem Friedhof der Gemeinde Zum Heiligen Kreuz, Mariendorf, Eisenacher Straße 62, Grab C III Reihe 8 Nr. 9.

**Ernst von PFUEL**
*Jahnsfelde b. Müncheberg 3.11.1779 –
†Berlin 3.12.1866
**Köpenicker Straße 11–14**

Der General und Begründer der Berliner Volksbadeanstalten wurde in seinem Geburtsort beigesetzt. Die Pfuelsche Schwimmanstalt befand sich in der Spree unweit der Brommystraße.

***Friedrich* Ludwig Georg von RAUMER**
*Wörlitz 14.5.1781 – †Berlin 14.6.1873
**Kochstraße 67**

Inschrift: *Hier wohnte von 1834 / bis zu seinem Tode / der Geschichtsforscher / Friedr. v. Raumer / geb. 14.5.1781. gest. 14.6.1873. / Seinem Andenken / die Stadt Berlin 1900.*

Die Bronzetafel befand sich in Höhe des ersten Stockwerks. Begraben ist der Historiker (Professuren in Breslau und Berlin) und Politiker (Zentrumsabgeordneter in der Frankfurter Nationalversammlung) auf dem Friedhof II der Dreifaltigkeitsgemeinde, Kreuzberg, Bergmannstraße 39–41, Abt. H UA 32 (Ehrengrab).

**Eugen RICHTER**
*Düsseldorf 30.7.1838 – †Berlin 10.3.1906
**Tempelhofer Ufer 12**

Der eloquente, liberale Politiker (Fortschrittspartei, später Deutsche Freisinnige Partei, schließlich Freisinnige Volkspartei), Mitglied des Norddeutschen Reichstags, des Deutschen Reichstags und des Preußischen Abgeordnetenhauses, ist begraben auf dem Luisenstadt-Friedhof I, Kreuzberg, Südstern 8.

**Carl Gottfried *Wilhelm* TAUBERT**
*Berlin 23.3.1811 – †Berlin 7.1.1891
**Königgrätzer Straße 108 (heute Stresemannstraße)**

Inschrift der Bronzetafel: *Hier wohnte und wirkte / Wilhelm Taubert. / Seinem Andenken / die Stadt Berlin.*

Der Komponist und Dirigent wurde beigesetzt auf dem Friedhof I der Jerusalems- und Neuen Kirchen-Gemeinde, Kreuzberg, Zossener Straße, Abt. 3/1–1–25.

## CHARLOTTENBURG

**Georg Leo Graf von CAPRIVI**
*Berlin 24.2.1831 –
†Skyren b. Crossen/Oder 6.2.1899
**Oranienstraße 3 (auch Orangenstraße, heute Nithackstraße)**

Militär und Politiker, am 30.3.1890 als Nachfolger Bismarcks zum Reichskanzler ernannt.

**Theodor MOMMSEN**
**Marchstraße 8**

**Kurt SCHUSTEHRUS**
*Rittergut Bärholz/Ostpreußen 25.3.1856 –
†Charlottenburg 25.2.1913
**Scharrenstraße (o. Nr.; heute Schustehrusstraße)**

Schustehrus war seit 1.2.1899 Bürgermeister (ab 27.1.1900 durch Kabinettsorder Oberbürgermeister) von Charlottenburg und Mitglied des Preußischen Herrenhauses.

# NEUKÖLLN

## OPFER DES NATIONALSOZIALISMUS
**Karl-Marx-Straße (Rathaus Neukölln)**

»Eine bis Ende der 40er Jahre im Rathaus Neukölln hängende Tafel zu Ehren der Opfer des Faschismus soll vom Bezirksamt nach einem Beschluß der BVV wieder befestigt werden. Die Tafel befindet sich zur Zeit in den Händen der Vereinigung der Verfolgten des Naziregimes und des Verbandes der Antifaschisten.« (Tsp., 25.6.1987). Nach Mitteilung des Kunstamts Neukölln vom August 1992 soll eine neue Tafel angebracht werden, da die alte einige Unrichtigkeiten aufweise und sich zudem in einem stark mitgenommenen Zustand befinde. Die Inschrift der alten Tafel lautet : *Ehrentafel / ermordeter antifaschistischer Widerstandskämpfer aus Neukölln. / Sie starben für Deutschlands Ehre und Freiheit! / Benario, Olga April 1942 / Bernau, Erwin unbek. / Berner, Erwin 2.2.1933 / Bischoff, Fritz April 1945 / Blenkle, Conrad 20.1.1943 / Braune, Erwin 1937 / Büchner, Herbert April 1945 / Danda, Wolfgang 3.12.1942 / Dimentstein, Georg unbek. / Dombrowski, Johannes 5.10.1943 / Dreher, Theodor 21.7.1936 / Eichborn, Karl 5.11.1944 / Fabian, Alfred 12.3.1944 / Fonden, Margarete 5.11.1944 / Franke, Hedwig 1945 / Frinke, Gertrud 26.9.1942 / Fröhlich, Walter 13.12.1941 / Fürst, Paul 6.6.1941 / Gärtner, Kurt 15.12.1944 / Götze, Ursula 5.8.1943 / Grasse, Herbert 24.10.1942 / Günther, Hanno 3.12.1942 / Gutsche, Werner 8.5.1944 / Häberlein, Johannes 27.10.1944 / Heine, Albert 1937 / Hermann, Reinhold 29.4.1945 / Hipler, Paul 29.7.1933 / Jadamowitz, Hildegard 13.8.1942 / Jensch, Richard 3.11.1943 / Kapelle, Heinz 1.7.1941 / Kapstein, Hugo 15.2.1945 / Klamm, Franz 1937 / Kribinski, Margot 18.8.1942 / Lesch, Fritz 1937 / Loriades, Johannes 19.10.1944 / Manasse, Ignatz unbek. / Mannaberg, Hans-Georg 18.8.1942 / Mühsam, Erich 9.7.1934 / Nawrocki, Joseph 27.4.1941 / Peter, Rudolf 2.3.1945 / Pitrewski, Otto 20.5.1944 / Pogede, Adolf 11.8.1944 / Pohle, Carl 5.6.1944 / Pütz, Franz 8.2.1944 / Reuter, Paul Feb. 1933 / Roman, Julius 24.4.1945 / Schaper, Emmerich 15.11.1942 / Schaumann, Elfriede Sept. 1942 / Schaumann, Werner 10.5.1945 / Schiftan, Hans 3.11.1941 / Schmerl, Karl 23.11.1933 / Schönfeld, Kurt 20.1.1940 / Schönhaar, Eugen 2.2.1934 / Schulz, Karl 30.6.1933 / Schulz, Otto 27.11.1944 / Schütze, Paul unbek. / Seele, Gertrud 12.1.1945 / Seelenbinder, Werner 24.10.1944 / Sellheim, Max 3.5.1945 / Sieg, John 22.2.1942 / Sikorski, Bernhard 3.12.1942 / Steinbrink, Werner 18.8.1942 / Steinert, Kurt 10.8.1943 / Thieß, Wolfgang 9.9.1943 / Tschäpe, Herbert 27.11.1944 / Utzfeld, Heinrich 24.2.1941 / Vötter, Hans-Georg 10.5.1943 / Voigt, Elli 8.12.1944 / Walter, Margarete 21.10.1935 / Weise, Martin 15.11.1943* (»Widerstand in Neukölln«, hg. von der VVN Neukölln, 1987)

Die Namensliste war in zwei nebeneinanderstehende Spalten beginnend mit Olga Benario und Ignatz Manasse gegliedert.

Olga Benario, *München 12.2.1908 – †Bernburg April 1942; Fritz Bischoff,*Rixdorf 1.7.1900 – †Ostsee 3.5.1945; Konrad Blenkle, *Berlin 28.12.1901 – †Berlin-Plötzensee 20.1.1943; Erwin Braune, †Spanien 1937; Georg Dimentstein, *1888 – †Berlin (Untersuchungshaft); Gertrud Finke, *Berlin 22.4.1897 – †Auschwitz 26.9. 1942; Paul Fürst, *Berlin 14.4.1889 – †Sachsenhausen 6.6.1941; Kurt Gärtner, *Fürstenwalde 26.6.1879 – †Sachsenhausen 15.12. 1944; Herbert Grasse, *Berlin 9.10.1910 – †Berlin 24.10. 1942; Werner Gutsche, *Neukölln 15.12.1910 – †Brandenburg 8.5.1944; Johannes Häberlein, *Arnheim/Holland 17.2.1892 – †Dortmund 27.10. 1944; Reinhold Hermann, *Berlin 10.11.1895 – †Bayern 29.4.1945; Richard Jänsch, *Wolfshagen, Krs. Niederbarnim 23.6. 1898 – †Brandenburg 11.12.1944; Hugo Kapteina, *Gelsenkirchen 23.6.1903 – †Brandenburg 20.4.1945; Franz Klamm, †Spanien 1937; Johannes Loriades, *11.11.1914 – †Berlin 19.10.1944; Josef Nawrocki, *Krs. Adelnau/Posen 10.2.1880 – †Sonnenburg 27.4.1941; Hans Schiftan, *Berlin 8.12.1899 – †Mauthausen 3.11.1941; Karl Schulz, *Braunschweig 7.6.1884 – †Berlin 30.6. 1933; Otto Schultz, *Britz 20.11.1901 – †Brandenburg 27.11.1944; Paul Schütze, *Mittenwalde, Krs. Teltow 21.1.1891 – †Brandenburg 8.5.1944; Gertrud Seele, *Berlin 22.9.1917 – †Berlin-Plötzensee 12.1.1945; Heinrich Uetzfeld *Berlin 22.7.1906 – †Dachau 24.2.1941; Elli Voigt, *Berlin 22.2.1912 – †Berlin-Plötzensee 8.12.1944; Margarethe Walter, *Berlin 22.2. 1913 – †Berlin 21.10.1935; Martin Weise, *Torgau 12.5.1903 – †Brandenburg 15.11.1943.

# TREPTOW

## JOACHIM FRIEDRICH

*27.1.1546 – †Berlin 18.7.1608

**neben Kablower Weg 63 oder 65 (Bohnsdorf)**

Inschrift: *An dieser Stelle entschlief seeliglich im Herrn auf dem Wagen der Durchläuchtigste Hochgeborene Fürst und Herr, Herr Joachim Friedrich, Marggraf zu Brandenburg, des Heill. Römischen Reichs Erz-Kämmerer und Churfürst, in Preußen, zu Stettin, Pommern der Kassuben und Wenden, auch zu Schlesien, zu Crossen und Jägerndorf Herzog, Burggraf zu Nürnberg, Fürst zu Rügen, hochlöblichen Andenkens, plötzlich und unversehens vom Schlage gerühret, am 18ten July zu Mittag des Jahres 1608 und ist diese Tafel die Nachkommen daran zu erinnern hierher gesetzet worden.*

Schon bald nach dem plötzlichen Tod des Kurfürsten, der sich auf der Fahrt von Storkow nach Berlin befand, wurde eine Tafel angebracht, die 1713 durch eine Steintafel ersetzt wurde. Deren farbliche Ausgestaltung (»die ausgehauene Schrift verguldet und den Grund mit schwarze Farbe bemalet«) fertigte der Malermeister Andreas Hübner. 1751 »wurde die Tafel beim Umfallen eines Baumes so beschädigt, daß sie beseitigt werden mußte; statt ihrer wurde ein Hügel aufgeworfen und auf ihm ein Pfahl mit einer hölzernen Tafel und der alten Inschrift errichtet«. 1819 errichtete man – vermutlich nach Entwürfen von Karl Friedrich Schinkel – ein über zwei Meter hohes gußeisernes Kreuz. 1845 schließlich wurde an der Stelle eine Gedenkhalle nach einem Entwurf von August Stüler gebaut. Diese wurde nach der Ausweitung des Bahngeländes um 1942 abgebrochen. Der genaue Standort ist dort zu suchen, wo die Verlängerung der Joachimstraße (!) das Bahngelände erreicht. (nach: Hans E. Pappenheim, Die Joachim-Friedrich-Gedenkstätte bei Grünau, in: Der Bär von Berlin, Jahrbuch 1965, S.195– 224)

# WEISSENSEE

**LUISE**
*Hannover 10.3.1776 –
†Schloß Hohenzieritz b. Neustrelitz 19.7.1810
**Berliner Allee (Trianonpark, Gasthaus zum grünen Baum)**

Beigesetzt ist die bis heute sehr populäre preußische Königin im Mausoleum im Schloßpark Charlottenburg.

# ANHANG

## ABKÜRZUNGEN

| | | |
|---|---|---|
| ADGB | = | Allgemeiner Deutscher Gewerkschaftsbund |
| AL | = | Alternative Liste |
| BM | = | Berliner Morgenpost |
| BVG | = | Berliner Verkehrs-Betriebe |
| BVP | = | Bayerische Volkspartei |
| BVV | = | Bezirksverordnetenversammlung |
| CDU | = | Christlich Demokratische Union |
| d. i. | = | das ist |
| D. F. V. | = | Deutscher Freidenker Verband |
| DAG | = | Deutsche Angestelltengewerkschaft |
| DDP | = | Deutsche Demokratische Partei |
| DDR | = | Deutsche Demokratische Republik |
| DGB | = | Deutscher Gewerkschaftsbund |
| DNVP | = | Deutschnationale Partei |
| DVP | = | Deutsche Volkspartei |
| eigtl. | = | eigentlich |
| ERP | = | European Recovery Program (Marshallplan) |
| FAZ | = | Frankfurter Allgemeine Zeitung |
| FDGB | = | Freier Deutscher Gewerkschaftsbund |
| ggf. | = | gegebenenfalls |
| HJ | = | Hitlerjugend |
| KJVD | = | Kommunistischer Jugendverband Deutschlands |
| KPD | = | Kommunistische Partei Deutschlands |
| Krs. | = | Kreis |
| KZ | = | Konzentrationslager |
| Lkrs. | = | Landkreis |
| LPD | = | Landespressedienst |
| MASCH | = | Marxistische Arbeiterschule |
| MdB | = | Mitglied des Bundestages |
| NPT | = | Nationalpreisträger |
| OdF | = | Opfer des Faschismus |
| OFD | = | Oberfinanzdirektion |
| RAF | = | Rote Armee Fraktion |
| RAW | = | Reichsbahnausbesserungswerk |
| RIAS | = | Rundfunk im amerikanischen Sektor |
| s. d. | = | siehe dort |
| SAJ | = | Sozialistische Arbeiterjugend |
| SAP | = | Sozialistische Arbeiterpartei |
| SBZ | = | Sowjetische Besatzungszone |
| SPD | = | Sozialdemokratische Partei Deutschlands |
| stv. | = | stellvertretend |
| taz | = | Die Tageszeitung |
| Tsp. | = | Der Tagesspiegel |
| UGO | = | Unabhängige Gewerkschafts Opposition |
| USPD | = | Unabhängige Sozialdemokratische Partei Deutschlands |
| UV | = | Unitas Verband |
| VEAG | = | Vereinigte Energiewerke AG |
| VVN | = | Vereinigung der Verfolgten des Naziregimes |
| ZK | = | Zentralkomitee |

# LITERATURAUSWAHL


Autorenkollektiv, Berlin-Information (Hg.), 750x Berlin, Berlin (DDR) 1987

Autorenkollektiv (unter Leitung von Joachim Herrmann), Berlin. Ergebnisse der heimatkundlichen Bestandsaufnahme, Berlin (DDR) 1987 (Werte unserer Heimat, Band 49/50)

Berlin-Friedrichshain, Rat des Stadtbezirks, Abteilung Kultur (Hg.), Berlin-Friedrichshain. Baudenkmale, Gedenkstätten, Plastiken im Stadtbezirk, Berlin (DDR) 1979

Berlin-Information (Hg.), Stadtbezirk Marzahn, Der Stadtbezirk Berlin-Marzahn stellt sich vor, Berlin (DDR) 1981

Berlin-Information (Hg.), Memorial in Berlin-Karlshorst, Berlin (DDR) 1985[3]

Berlin-Information (Hg.), Ehrenmal für die gefallenen sowjetischen Helden Berlin-Schönholz, Berlin (DDR) 1985

Berlin-Information (Hg.), Ehrenmal für die gefallenen sowjetischen Helden in Berlin Treptow, Berlin (DDR) 1984[8]

»Berliner Gedenktafel«, Gesamtübersicht des Programms in alphabetischer Reihenfolge. Stand Mai 1991 (Manuskript) und November 1996 (Manuskript)

Berliner Forum, Schriftenreihe des Presse- und Informationsamts, herausgegeben in den Jahren 1968 bis 1990

Berliner Geschichtswerkstatt (Hg.), Der Wedding – hart an der Grenze. Weiterleben in Berlin nach dem Kriege, Berlin 1987

Bezirksamt Kreuzberg, Kunstamt (Hg.), Kreuzberger Antifaschistisches Gedenktafelprogramm 1985-87 (1987) und Kreuzberger Antifaschistisches Gedenktafelprogramm 1985 bis 1990 und Gedenkzeichen an den Orten des jüdischen Gemeinde- und Kulturlebens vor 1941, Berlin 1990, 2. durchgesehene und erweiterte Auflage der Broschüre von 1987

Bezirksamt Schöneberg von Berlin (Hg.), Leben in Schöneberg/ Friedenau 1933–1945 (Katalog zur Ausstellung), Berlin 1987[2]

Felicitas Bothe-von Richthofen, Widerstand in Wilmersdorf, Berlin 1993 (Schriftenreihe über den Widerstand in Berlin 1933 bis 1945, Band 7)

Bund der Antifaschisten Berlin-Pankow e.V. (Hg.), Jüdisches Leben in Pankow. Eine zeitgeschichtliche Dokumentation. Berlin 1993

Hans-Norbert Burkert / Klaus Matußek / Doris Obschernitzki, Pädagogisches Zentrum Berlin (Hg.), Zerstört – Besiegt – Befreit. Der Kampf um Berlin bis zur Kapitulation 1945, Berlin 1985 (Stätten der Geschichte Berlins, Band 7)

Hans-Norbert Burkert / Klaus Matußek / Wolfgang Wippermann, Pädagogisches Zentrum Berlin (Hg.), Machtergreifung, Berlin 1982 (Stätten der Geschichte Berlins, Band 2)

Heinz Busch / Bernd Dochow / Horst Schulze / Klaus Weise, Das Berliner Rathaus, Berlin 1984

Stefanie Endlich / Bernd Wurlitzer, Skulpturen und Denkmäler in Berlin, Berlin 1990

Helmut Ernst / Heinrich Stümbke, Wo sie ruhen... Kleiner Führer zu den Grabstätten bekannter Berliner in West und Ost, Berlin 1986

Ulrich Fischer / Hans Halter, Hundert Jahre Revolutionäres Berlin. Ein Stadtplan, Berlin 1978

Birgit Fleischmann, Die Ehrenbürger Berlins, Berlin 1993

Wolfgang Gottschalk, Ausländische Ehrenfriedhöfe und Ehrenmale in Berlin (Sonderdruck hg. von der Senatsverwaltung für Stadtentwicklung und Umweltschutz), 1992

Dieter B. Herrmann, Rat des Stadtbezirks Berlin-Treptow, Abteilung Kultur, Heimatgeschichtliches Kabinett (Hg.), Sterne über Treptow. Die Geschichte der Archenhold-Sternwarte, Berlin (DDR) 1987 (Treptower Historische Hefte 3)

Informationszentrum Berlin, Gedenk- und Bildungsstätte Stauffenbergstraße (heute: Gedenkstätte Deutscher Widerstand), Stätten des Berliner Widerstandes 1933–1945, eine Auswahl für Stadtrundfahrten durch Berlin (West), o. J. [um 1980]

Institut für Denkmalpflege (Hg.), Die Bau- und Kunstdenkmale in der DDR, Hauptstadt Berlin I und II, Berlin 1984[2] / 1987

Gabriele Jäger, Bezirksamt Wilmersdorf von Berlin – Pressestelle (Hg.), Wilmersdorfer Portraits. Spurensuche in einem Berliner Bezirk, Berlin 1991 (Aspekte der Wilmersdorfer Lokalgeschichte. Die blaue Reihe. Bd. 5)

Jerusalems- und Neue-Kirchengemeinde zu Berlin-Kreuzberg. Gemeindekirchenrat (Hg.), Festschrift Zur 500-Jahr-Feier der Jerusalems-Kirche 18.10.1484–18.10.1984, Berlin 1984

Gerhard Keiderling, Berlin 1945–1986, Geschichte der Hauptstadt der DDR, Berlin (DDR) 1987

Dorothea Kolland (Hg.), Zehn Brüder waren wir gewesen..., Spuren jüdischen Lebens in Berlin-Neukölln, Berlin 1988

Komitee der Antifaschistischen Widerstandskämpfer der Deutschen Demokratischen Republik Berlin-Weißensee (Hg.), Antifaschistischer Widerstand in Berlin-Weißensee 1933 bis 1945. Erinnerungen / Berichte / Biographien, Berlin (DDR) 1988

Walter Krumholz (Hg. im Auftrag des Presse- und Informationsamtes des Landes Berlin), Berlin-ABC, Berlin 1968[2]

Kulturbund der DDR, Mitteilungen der Interessengemeinschaft Denkmalpflege, Kultur und

Geschichte der Hauptstadt Berlin,
Nr. 7, September 1980
Nr. 9, November 1981
Nr. 11, Dezember 1982
Landesarchiv Berlin (Hg. im Auftrag des Senats von Berlin), Berlin. Chronik der Jahre 1945-1960, Berlin 1956/78 (acht Teilbände und zwei Dokumentenbände)
Landespressedienst, (Hg. Presse- und Informationsamt des Landes Berlin [Senatskanzlei]) [von Sommer 1990 bis Ende Januar 1991 unter dem Namen Pressedienst Berlin (PDB) erschienen]
Hans Maur (hg. von der Bezirksleitung Berlin der SED, Bezirkskommission zur Erforschung der Geschichte der örtlichen Arbeiterbewegung), Mahn-, Gedenk- und Erinnerungsstätten der Arbeiterbewegung in Berlin-Treptow, Berlin o. J. [etwa 1978/79]
Anna Dora Miethe, Institut für Denkmalpflege in der DDR (Hg.), Gedenkstätten. Arbeiterbewegung, Antifaschistischer Widerstand, Aufbau des Sozialismus, Leipzig-Jena-Berlin 1974
Otto Mönch, Die Gedenktafeln in Berlin, in: Mitteilungen des Vereins für die Geschichte Berlins 28, 1911, Nr. 11, S. 138–146
Mario Offenberg (Hg.), Adass Jisroel, Die jüdische Gemeinde in Berlin (1869–1942), Vernichtet und vergessen, Berlin 1986
Dieter Pawlowski, Preußisch schlicht: Neue Gedenktafeln aus KPM-Porzellan, in: Berlin '90, Das Jahr im Rückspiegel 17, Berlin o. J. [1990], S. 167–171
Hans Prang / Horst Günter Kleinschmidt, Durch Berlin zu Fuß, Berlin/Leipzig 1984
Helene Roggenbruck, Antifaschistischer Widerstand – Befreiung – Neubeginn (in Berlin-Wilhelmsruh), Berlin (DDR) 1986 (Miniaturen zur Geschichte, Kultur und Denkmalpflege Berlins, Nr. 19, hg. von den Bezirksvorständen Berlin der Gesellschaften für Heimatgeschichte und für Denkmalpflege im Kulturbund der DDR)
Heiko Roskamp, Verfolgung und Widerstand. Tiergarten – Ein Bezirk im Spannungsfeld der Geschichte 1933–1945 (Stätten der Geschichte Berlins, Bd. 8), Berlin o. J. [1985]
Hans-Rainer Sandvoß, Gedenkstätte Deutscher Widerstand (Hg.), Widerstand in einem Arbeiterbezirk (Wedding), Heft 1 der Schriftenreihe über den Widerstand in Berlin von 1933 bis 1945, Berlin 1983
Hans-Rainer Sandvoß, Gedenkstätte Deutscher Widerstand (Hg.), Widerstand in Steglitz und Zehlendorf, Heft 2 der Schriftenreihe über den Widerstand in Berlin von 1933 bis 1945, Berlin 1986
Hans-Rainer Sandvoß, Gedenkstätte Deutscher Widerstand (Hg.), Widerstand in Spandau, Heft 3 der Schriftenreihe über den Widerstand in Berlin 1933 bis 1945, Berlin 1988
Hans-Rainer Sandvoß, Gedenkstätte Deutscher Widerstand (Hg.), Widerstand in Neukölln, Heft 4 der Schriftenreihe über den Widerstand in Berlin von 1933 bis 1945, Berlin 1990
Hans-Rainer Sandvoß, Gedenkstätte Deutscher Widerstand (Hg.), Widerstand in Pankow und Reinickendorf, Heft 6 der Schriftenreihe über den Widerstand in Berlin von 1933 bis 1945, Berlin 1992
Hans-Rainer Sandvoß, Gedenkstätte Deutscher Widerstand (Hg.), Widerstand in Mitte und Tiergarten, Heft 8 der Schriftenreihe über den Widerstand in Berlin von 1933 bis 1945, Berlin 1994
Hans-Rainer Sandvoß, Gedenkstätte Deutscher Widerstand (Hg.), Widerstand in Kreuzberg, Heft 10 der Schriftenreihe über den Widerstand in Berlin von 1933 bis 1945, Berlin 1996
Paul Schmidt-Neuhaus, Berliner Gedenktafeln. Sonderabdruck aus dem »Bär«, Berlin 1893
Martin Schönfeld, Gedenktafeln in Ost-Berlin. Orte der Erinnerung an die Zeit des Nationalsozialismus, Berlin 1992 (Schriftenreihe des Aktiven Museums Faschismus und Widerstand in Berlin e.V., Nr. 4)
Martin Schönfeld, Gedenktafeln in West-Berlin, Orte der Erinnerung an Verfolgte des Nationalsozialismus, Berlin 1993 (Schriftenreihe des Aktiven Museums Faschismus und Widerstand in Berlin e.V., Nr. 6)
Senatsbeschluß Nr. 3067 vom 16.3.1993 »Bericht der Kommission zum Umgang mit den politischen Denkmälern der Nachkriegszeit im ehemaligen Ost-Berlin«, Berichterstatter: Senator Ulrich Roloff-Momin (unveröffentlicht)
Kurt Trumpa, Zehlendorf gestern und heute, Berlin 1983[3]
Mary Tucholsky / Friedrich Lambart (Hg.), Kurt Tucholsky und Deutschlands Marsch ins Dritte Reich (Stätten der Geschichte Berlins, Band 3), Berlin o.J. [etwa 1983]
Vereinigung der Verfolgten des Naziregimes Westberlin (Hg.), Ehrenbuch der Opfer von Berlin-Plötzensee, Berlin 1974
Vereinigung der Verfolgten des Naziregimes Westberlin und Neuköllner Kulturverein, Widerstand in Neukölln, Berlin 1987
Verzeichnis der in Berlin befindlichen Gedenktafeln für berühmte Persönlichkeiten (Stand 31.12.1932), 6 Schreibmaschinenseiten o. Verfasser
Karl Voß, Reiseführer für Literaturfreunde Berlin, Frankfurt(Main)/ Berlin/Wien 1980
Wegweiser durch das jüdische Berlin, Geschichte und Gegenwart, Berlin 1987
Wolfgang Wippermann, Pädagogisches Zentrum Berlin (Hg.), Steinerne Zeugen. Stätten der Judenverfolgung in Berlin, Berlin 1982 (Stätten der Geschichte Berlins, Band 1)
Heinrich-Wilhelm Wöhrmann, Gedenkstätte Deutscher Widerstand (Hg.), Widerstand in Charlottenburg, Heft 5 der Schriftenreihe über den Widerstand in Berlin von 1933 bis 1945, Berlin 1991
Heinrich Wilhelm Wöhrmann, Gedenkstätte Deutscher Widerstand (Hg.), Widerstand in Köpenick und Treptow, Heft 9 der Schriftenreihe über den Widerstand in Berlin von 1933 bis 1945, Berlin 1995
Hermann Zech, Gedenktafeln in Berlin-Mitte 1855–1996, Gedenken – Erinnern – Informieren, Berlin 1996

# ORTSNAMENKONKORDANZ

Frühere deutsche Ortsnamen und ihre heutigen Namen.

Agnetendorf/Riesengebirge (Jagniątków/Polen)
Allenstein/Ostpreußen (Olsztyn/Polen)
Arnswalde/Neumark (Choszczno/Polen)
Auschwitz (Oświęcim/Polen)
Bad Salzbrunn/Niederschlesien (Szczawno Zdroj/Polen)
Belgard/Pommern (Białogard/Polen)
Berent/Westpreußen (Kościerzyna/Polen)
Beuthen/Oberschlesien (Bytom/Polen)
Biała/Polen s. Zülz/Oberschlesien
Białogard/Polen s. Belgard/Pommern
Birnbaum/Westpreußen (Międzychód/Polen)
Bratislawa s. Preßburg
Brauchitschdorf/Niederschlesien (Chróstnik/Polen)
Breslau (Wrocław/Polen)
Briesen/Westpreußen (Wabrzeźno/Polen)
Brno s. Brünn
Bromberg/Westpreußen (Bydgoszcz/Polen)
Brünn (Brno/Tschechien)
Buchwald b. Liebau/Schlesien (Bukówka/Polen)
Bukówka/Polen s. Buchwald b. Liebau/Schlesien
Bydgoszcz/Polen s. Bromberg/Westpreußen
Bytom/Polen s. Beuthen/Oberschlesien
Cammin/Pommern (Kamień Pom./Polen)
Carlsruhe/Oberschlesien (Pokój/Polen)
Chelmno/Polen s. Culm/Westpreußen
Chodzie/Polen s. Kolmar/Westpreußen
Choinice/Polen s. Konitz/Westpreußen
Choszczno/Polen s. Arnswalde/Neumark
Chróstnik/Polen s. Brauchitschdorf/Niederschlesien
Crossen/Oder (Krosno Odrzańskie/Polen)
Culm/Westpreußen (Chelmno/Polen)
Czarne/Polen s. Hammerstein/Westpreußen
Danzig (Gdansk/Polen)
Deutsch-Eylau/Westpreußen (Iława/Polen)
Deutsch Krone/Westpreußen (Wałcz/Polen)
Elbing (Elbląg/Polen)
Elbląg/Polen s. Elbing
Exin, Krs. Bromberg/Westpreußen (Kcynia/Polen)
Falkenberg/Oberschlesien (Niedmodlin/Polen)
Flatow/Westpreußen (Złotów/Polen)
Frauendorf/Oder (Wróblin/Polen)
Freiburg/Schlesien (Świebodzice/Polen)
Gdansk/Polen s. Danzig
Gießmannsdorf b. Neiße (Goświnowice/Polen)
Gizycko/Polen s. Lötzen/Ostpreußen
Glatz/Schlesien (Kłodzko/Polen)
Głogów/Polen s. Groß-Glogau/Niederschlesien
Głubczyce/Polen s. Leobschütz/Oberschlesien
Golańcz/Polen s. Gollantsch/Posen
Gollantsch/Posen (Golańcz/Polen)
Gorzów Wlkp./Polen s. Landsberg/Warthe
Gorzyce/Polen s. Großgorschütz b. Ratibor/Oberschlesien
Goświnowice/Polen s. Gießmannsdorf b. Neiße
Grätz/Westpreußen (Grodzisk/Polen)
Grodzisk/Polen s. Grätz/Westpreußen
Groß-Glogau/Niederschlesien (Głogów/Polen)
Großgorschütz b. Ratibor/Oberschlesien (Gorzyce/Polen)
Grünberg/Schlesien (Zielona Góra/Polen)
Gwardejsk/Rußland s. Tapiau/Ostpreußen
Hammerstein/Westpreußen (Czarne/Polen)
Hermannstadt/Siebenbürgen (Sibiu/Rumänien)
Hindenburg/Oberschlesien (Zabrze/Polen)
Hirschberg/Schlesien (Jelenia Góra/Polen)
Hohkirch b. Görlitz (Przesieczany/Polen)
Iława/Polen s. Deutsch-Eylau/Westpreußen
Jagniątków/Polen s. Agnetendorf/Riesengebirge
Jelenia Góra/Polen s. Hirschberg/Schlesien
Kaliningrad/Rußland s. Königsberg/Ostpreußen
Kamień Pom./Polen s. Cammin/Pommern
Kamienna Góra/Polen s. Landeshut/Schlesien
Katowice/Polen s. Kattowitz
Kattowitz (Katowice/Polen)
Kcynia/Polen s. Exin, Krs. Bromberg/Westpreußen
Kętrzyn/Polen s. Rastenburg/Ostpreußen
Klaipeda/Litauen s. Memel
Klein-Oels (Oleśniczka/Polen)
Kłodzko/Polen s. Glatz/Schlesien
Kolberg/Pommern (Kołobrzeg/Polen)
Kolmar/Westpreußen (Chodzie/Polen)
Kołobrzeg/Polen s. Kolberg/Pommern
Konary (Wojewodschaft Wrocław/Polen) s. Kunern/Schlesien
Königsberg/Ostpreußen (Kaliningrad/Rußland)
Königshütte/Oberschlesien (Królewska Huta/Polen)
Konitz/Westpreußen (Choinice/Polen)
Kościerzyna/Polen s. Berent/Westpreußen
Królewska Huta/Polen s. Königshütte/Oberschlesien
Krosno Odrzańskie/Polen s. Crossen/Oder
Kuckädel b. Crossen/Oder (Kukadło/Polen)
Kukadło/Polen s. Kuckädel b. Crossen/Oder
Kunern/Schlesien (Konary, Wojewodschaft Wrocław/Polen)
Landeshut/Schlesien (Kamienna Góra/Polen)
Landsberg/Warthe (Gorzów Wlkp./Polen)
Lauenburg/Pommern (Lębork/Polen)
Lębork/Polen s. Lauenburg/Pommern

Legnica/Polen s. Liegnitz/Niederschlesien
Leobschütz/Oberschlesien (Głubczyce/Polen)
Lesno/Polen s. Lissa/Westpreußen
Liegnitz/Niederschlesien (Legnica/Polen)
Lissa/Westpreußen (Lesno/Polen)
Lodz/Westpreußen (Łódz/Polen)
Łódz/Polen s. Lodz/Westpreußen
Loslau/Oberschlesien (Wodzisław/Polen)
Lötzen/Ostpreußen (Gizycko/Polen)
Lubowice/Polen s. Schloß Lubowitz
Lubsko/Polen s. Sommerfeld/Niederlausitz
Malbork/Polen s. Marienburg/Westpreußen
Marienburg/Westpreußen (Malbork/Polen)
Markowice/Polen s. Markowitz/Westpreußen
Markowitz/Westpreußen (Markowice/Polen)
Memel (Klaipeda/Litauen)
Międzychód/Polen s. Birnbaum/Westpreußen
Międzylesie/Polen s. Mittelwalde/Niederschlesien
Międzywodzie/Polen s. Misdroy
Misdroy (Międzywodzie/Polen)
Mittelwalde/Niederschlesien (Międzylesie/Polen)
Moschin/Posen (Mosina/Polen)
Mosina/Polen s. Moschin/Posen
Mrągowo/Polen s. Sensburg/Ostpreußen
Mühlbock, Krs. Züllichau/ Ostbrandenburg (Ołobok/Polen)
Nakel/Posen (Naklo/Polen)
Naklo/Polen s. Nakel/Posen
Neidenburg/Ostpreußen (Nidzica/Polen)
Neiße/Oberschlesien (Nysa/Polen)
Nidzica/Polen s. Neidenburg/Ostpreußen
Niedmodlin/Polen s. Falkenberg/Oberschlesien
Niwica/Polen s. Ober-Zibelle/ Oberlausitz
Nysa/Polen s. Neiße/Oberschlesien
Ober-Zibelle/Oberlausitz (Niwica/Polen)
Oels/Schlesien (Oleśnica/Polen)
Ohlau/Schlesien (Oława/Polen)
Oława/Polen s. Ohlau/Schlesien
Oleśnica/Polen s. Oels/Schlesien
Oleśniczka/Polen s. Klein-Oels
Ołobok/Polen s. Mühlbock, Krs. Züllichau/Ostbrandenburg
Olsztyn/Polen s. Allenstein/Ostpreußen
Opole/Polen s. Oppeln/Oberschlesien
Oppeln/Oberschlesien (Opole/Polen)
Osterode/Ostpreußen (Ostróda/Polen)
Ostróda/Polen s. Osterode/Ostpreußen
Oświęcim/Polen s. Auschwitz
Piła/Polen s. Schneidemühl
Pokój/Polen s. Carlsruhe/Oberschlesien
Połczyn Zdrój/Polen s. Polzin/Pommern
Polzin/Pommern (Połczyn Zdrój/Polen)
Posen/Westpreußen (Poznań/Polen)
Poznań/Polen s. Posen/Westpreußen
Preßburg (Bratislawa/Slowakei)
Preußisch Stargard (Starogard Gdanski/Polen)
Przesieczany/Polen s. Hohkirch b. Görlitz
Racibórz/Polen s. Ratibor/Oberschlesien
Rastenburg/Ostpreußen (Kętrzyn/Polen)
Ratibor/Oberschlesien (Racibórz/Polen)
Rützen/Schlesien (Ryczeń/Polen)
Ryczeń/Polen s. Rützen/Schlesien
Samotschin/Westpreußen (Szamocin/Polen)
Schivelbein/Pommern (Świdwin/Polen)
Schlawe/Pommern (Sławno/Polen)
Schloß Lubowitz (Lubowice/Polen)
Schneidemühl (Piła/Polen)
Schreiberhau/Riesengebirge (Szklarska Poręmba/Polen)
Schubin bei Bromberg/Westpreußen (Szubin/Polen)
Schweidnitz/Schlesien (Świdnica/Polen)
Schwersenz/Westpreußen (Swarzędz/Polen)
Sensburg/Ostpreußen (Mrągowo/Polen)
Sibiu/Rumänien s. Hermannstadt/Siebenbürgen
Sławno/Polen s. Schlawe/Pommern
Sommerfeld/Niederlausitz (Lubsko/Polen)
Sowjetsk/Rußland s. Tilsit/Ostpreußen
Stargard/Pommern (Stargard Szczeciński/Polen)
Stargard Szczeciński/Polen s. Stargard/Pommern
Starogard Gdanski/Polen s. Preußisch Stargard
Stettin (Szczecin/Polen)
Strehlen/Schlesien (Strzelin/Polen)
Strzelin/Polen s. Strehlen/Schlesien
Sulechów/Polen s. Züllichau/Ostbrandenburg
Swarzędz/Polen s. Schwersenz/Westpreußen
Świdnica/Polen s. Schweidnitz/Schlesien
Świdwin/Polen s. Schivelbein/Pommern
Świebodzice/Polen s. Freiburg/Schlesien
Szamocin/Polen s. Samotschin/Westpreußen
Szczawno Zdroj/Polen s. Bad Salzbrunn/Niederschlesien
Szczecin/Polen s. Stettin
Szklarska Poręmba/Polen s. Schreiberhau/Riesengebirge
Szubin/Polen s. Schubin bei Bromberg/Westpreußen
Tapiau/Ostpreußen (Gwardejsk/Rußland)
Tilsit/Ostpreußen (Sowjetsk/Rußland)
Trebnitz/Niederschlesien (Trzebnica/Polen)
Trzebnica/Polen s. Trebnitz/Niederschlesien
Wabrzeźno/Polen s. Briesen/Westpreußen
Wągrowiec/Polen s. Wongrowitz/Westpreußen
Wałcz/Polen s. Deutsch Krone/Westpreußen
Wirsitz/Westpreußen (Wyrzysk/Polen)
Wodzisław/Polen s. Loslau/Oberschlesien
Wollstein/Westpreußen (Wolsztyn/Polen)
Wolsztyn/Polen s. Wollstein/Westpreußen
Wongrowitz/Westpreußen (Wągrowiec/Polen)
Wróblin/Polen s. Frauendorf/Oder
Wrocław/Polen s. Breslau
Wyrzysk/Polen s. Wirsitz/Westpreußen
Zabrze/Polen s. Hindenburg/Oberschlesien
Zielona Góra/Polen s. Grünberg/Schlesien
Złotów/Polen s. Flatow/Westpreußen
Züllichau/Ostbrandenburg (Sulechów/Polen)
Zülz/Oberschlesien (Biała/Polen)

# REGISTER

Bei mehrfach genannten Personen sind die Lebensdaten auf der durch Fettdruck hervorgehobenen Seite angegeben.

# BILDNACHWEIS

Berlin:
Bildarchiv Preußischer Kulturbesitz: 51, 53, 57, 90 (Radierung: Ludwig Grimm), 92 (Selbstporträt), 105 (Foto: Lotte Jacobi), 110, 120, 121, 130, 131, 133, 139 (Foto: A. Grimm), 149, 150, 156, 171 (Zeichnung: Max Liebermann), 181 (Selbstporträt), 191 (Foto: Fritz Eschen), 192, 194 (Foto: Benno Wundshammer), 198 (Foto: Felicitas Timpe), 199* (Fotos von 1945 und 1965), 200, 213 (Foto: Tita Binz), 226, 227 (Foto: Grimm), 230 (Foto: Dürkopp), 231, 237 (Lithographie: Willibald Krain), 250 (Foto: Fritz Eschen), 252 (Foto Lotte Jacobi), 254 (Foto: Archiv Serkis), 259 (Foto: Bieber), 260, 273 (Foto: Manfred Uhlenhut), 278 (Zeichnung: Dolbin), 282 (Foto: Felicitas Timpe), 308 (Foto: Benno Wundshammer), 315 (Lithographie: Max Liebermann), 318, 320 (Foto: Fritz Eschen), 322 (Trickfoto: Sasha Stone), 323, 342, 343 (Foto: O. Anschütz), 345 (Foto: Becker & Maass), 346, 354, 358, 362, 379 (Foto: Franz Fischer), 417 (Zeichnung: C. W. Allers), 425 (Foto: Fritz Eschen), 427, 436 (Foto: F. Goedhart), 437 (Selbstbildnis; Foto: Braun)

Deutsches Technikmuseum: 188

Heimatmuseum Zehlendorf -Archiv-: 80

Holger Hübner: 23, 27, 28, 29, 30*, 32, 34, 37, 40, 41, 42, 43, 44, 45, 49*, 59*, 60, 63, 64, 65, 68*, 69, 73, 75*, 77, 78, 85, 87, 95, 96, 104, 107, 110, 113, 114*, 115, 117, 119, 123, 126*, 127, 128, 129, 136, 137, 138, 140, 142, 147, 154, 157, 165, 168, 170, 173, 174, 175, 176, 177, 178, 180, 184*, 187, 195, 197, 201, 208, 210, 215, 216*, 217*, 218, 220, 221, 225, 239, 240, 241, 242, 244, 245, 246*, 247, 251, 257*, 258, 263, 266, 267*, 270, 272, 280, 283, 286 (Foto: Peter v. Waldthausen), 289*, 291, 292, 296, 298, 302*, 303, 305, 306, 307, 309, 311, 320, 327*, 328*, 330*, 333*, 344, 348, 350, 355, 356, 359, 360, 363, 364*, 366, 369*, 370, 371, 372, 373, 374, 375, 377, 380, 381*, 383, 387, 388, 389, 390, 393, 394, 395, 396, 398, 399*, 400, 401, 406, 408, 411*, 412, 419, 420, 421, 422, 425, 428, 430, 432, 435, 438, 440, 441, 443, 444*, 445, 446, 447, 448, 449, 451, 452*, 454, 455, 456, Umschlag

Landesbildstelle: 70, 76, 83, 102, 103, 145, 151, 160, 164, 223 (L. P. mit Gary Cooper), 235, 300, 312, 325, 338, 339, 341, 342, 343, 349, 350, 361, 375, 405, 407, 415

Karl-Robert Schütze: 31, 153, 205 (Zeichnung: Maryan Žurek), 281, 378

Köln:
Wallraff-Richartz-Museum/Rheinisches Bildarchiv: 92

Osnabrück:
Kulturgeschichtliches Museum, Sammlung Felix Nussbaum der Nieders. Sparkassenstiftung: 269 (Foto Strenger/Christian Grovermann)

Stuttgart:
Staatsgalerie: 437

Aus Büchern:
189 (Ausstellungskatalog Erwin Barth, Berlin 1980, S. 6), 196 (Heinrich Vogeler/Johannes R. Becher, Das Dritte Reich, Moskau 1934 [Reprint: Berlin 1995]), 214 (Jeanne Mammen 1890-1976, Berlin 1978 [Bildende Kunst in Berlin 5], S. 95)